U0894597

中国低碳经济
年度发展报告

（2012）

中国人民大学气候变化与低碳经济研究所 编著

石油工業出版社

内 容 提 要

本报告强调应科学看待气候变化和低碳经济，坚定不移推动低碳经济发展。在完善2011年报告中省域低碳经济竞争力指标基础上继续对中国省域低碳竞争力做排名分析，并对低碳经济国际竞争力继续做排名分析。报告梳理了中国相关的法律体系与政策；全方位分析了终端能源消费引起的二氧化碳排放变化特征、趋势及影响因素，给出相应对策；研究了新能源汽车问题，特别关注了智能电网和物联网技术对发展低碳经济的重要作用；研究了碳关税、碳标签和碳排放转移对中国的影响；研究设计了中国碳交易市场制度与运行模式。

本报告可供低碳经济的研究、决策和实施者以及相关专业的师生参考使用。

图书在版编目（CIP）数据

中国低碳经济年度发展报告.2012/中国人民大学气候变化与低碳经济研究所编著. —北京：石油工业出版社，2012.6

ISBN 978-7-5021-9050-7

Ⅰ.中…

Ⅱ.中…

Ⅲ.气候变化-影响-经济发展-研究报告-中国-2012

Ⅳ.F124

中国版本图书馆CIP数据核字（2012）第089352号

出版发行：石油工业出版社

（北京安定门外安华里2区1号　100011）

网　址：www.petropub.com.cn

编辑部：（010）64523738　　发行部：（010）64523620

经　　销：全国新华书店

印　　刷：北京中石油彩色印刷有限责任公司

2012年6月第1版　2012年6月第1次印刷

787×1092毫米　开本：1/16　印张：34.75

字数：738千字

定价：79.00元

（如出现印装质量问题，我社发行部负责调换）

版权所有，翻印必究

《中国低碳经济年度发展报告（2012）》编委会

主　任：程天权　山红红

副主任：牛维麟　冯惠玲　王利明　陈甬军

主　编：杨　志　赵彦云　王　岩

编　委（除国外人士，按姓氏笔画排名）：

门淑莲　马　艳　王　汶　王　岩　王小虎　韦保仁
田　鑫　刘　铮　刘丹萍　刘晓梅　李　漾　李明奎
李家福　齐晓丹　安志伟　杨　志　杨　殊　邱海平
张卫国　张宇振　张建超　张洪国　陈　超　陈满华
周　珂　屈璐璐　赵彦云　章卫兵　程会强　戴铁军
萨琪娜
苏珊·魏格林 Susanne Weigelin-Schwiedrzik（德国）
约瑟夫·鲍姆 Josef Baum（奥地利）
里贯纳·希岑伯格 Regina Hitzenberger（奥地利）
罗克·苏特 Luc Soete（比利时）
勒内·坎普 Rene Kemp（荷兰）
高兴 Binod Singh（印度）
周游 Constantin Holzer（奥地利）
安德鲁·米切尔 Andrew Mitchell（英国）
齐家国（美国）
盐地洋 Shioji Hiromi（日本）

编写组（除国外人士，按姓氏笔画排名）：

丁嘉伦　门淑莲　马　艳　马玉荣　王　岩　王小虎
王尚坤　王美舒　龙　华　田　子　田　鑫　仝晓婷
吕雅菲　庆东瑞　刘丹萍　刘晓棠　孙云琨　李金平
杨　志　杨宇辰　张　华　张　璐　张卉聪　张建超
陈张良　林　寅　苑　璐　金　欣　周　珂　郑　磊
屈璐璐　赵彦云　姜　馨　贾利军　徐匆匆　郭兆晖
韩　姗　傅江湲　蔡园园　管瑞龙　颜　易　戴铁军
萨琪娜　马克西蒙 Maxim Khisamutdinov（俄）

Preface 序言

40年前，即1972年，联合国在瑞典首都斯德哥尔摩召开了第一次人类环境会议，发表了具有划时代意义的历史性文献《人类环境宣言》(亦称《斯德哥尔摩宣言》)，形成了第一个人类环境行动计划，提出了一个响遍世界的口号：只有一个地球！这标志着人类对环境问题的普遍觉醒，开启了世界各国可持续发展的新纪元。中国的环保和可持续发展事业，也从此列入了政府的工作日程，并逐渐成为全中国人民的自觉行动。

30年前，即1982年，为纪念斯德哥尔摩联合国人类环境会议召开10周年，国际社会成员国相聚在肯尼亚首都内罗毕，审议了为执行《人类环境宣言》及其《行动计划》而采取的各种措施，郑重要求各国政府和人民巩固与发展取得的成果，同时对全世界的环境现状表示严重关注，指出迫切需要在全球、地区与国家为保护与改善环境而加紧努力，并在合理利用能源、预防环境破坏、鼓励公众参与等方面做出了进一步的工作规划。会后发表了著名的《内罗毕宣言》。

20年前，即1992年，联合国在巴西里约热内卢召开了世界环境与发展大会，183个国家和地区的代表、102位国家元首出席了这个题为地球高峰会议的大会。这是一个具有里程碑意义的会议，会议通过了《里约热内卢环境与发展宣言》(亦称《地球宪章》)和《21世纪议程》以及相关国际公约，目标在于通过建立一种新的、公平的全球伙伴关系，为履行尊重大家的利益和维护全球环境与发展体系完整的国际协定而共同努力，以维护大自然的完整性和互相依存性。

经过联合国和国际社会这40年来的努力，特别是在1987年2月首先在第八次世界环境与发展委员会上通过，后来又经联合国大会辩论通过的关于人类未来的报告《我们共同的未来》，以及2000年联合国191个成员国一致通过的《联合国千年宣言》中“保护我们共同环境”的决定先后问世之后，联合国可持续发展的理念已经越来越深入人心，联合国寻求把环境保护与人类发展切实结合起来的机制，也就越来越成为人类共同体所探索的重大问题。

如果说，在20世纪，我们迫切关心的是经济发展对生态环境带来的糟糕影响，那么，在21世纪，我们急切感受到的则是以气候变化为代表的地球生态压力对世界各国经济社会发展所带来的恶劣影响。我们需要一条新的发展道路，一条不是仅能在若干年内、在若干地方支持人类进步的道路，而是一直到遥远的未来都能支持全球人类进步的道路。这条道路应该是绿色经济和低碳发展之路。

绿色经济、低碳发展之路是世界各国必须不遗余力地坚持，使人类尤其是我们的后代子孙，不致生活在一个资源短缺、环境污染、生态失衡的世界的道路；是世界各国重申支持联合国环境与发展大会议定的可持续发展原则，包括《21世纪议程》各项原则的道路；是我们决心在我们一切有关环境的行动中，采取新的养护和管理的道德标准的道路；是竭尽全力确保《京都议定书》生效和全面执行《联合国气候变化框架公约》及《生物多样化公约》的道路。

《中国低碳经济年度发展报告（2012）》是中国人民大学气候变化与低碳经济研究所，以中国人民大学国际学院（苏州研究院）为依托，借助中国人民大学法学院、经济学院、环境学院、统计学院等单位的科研力量，联合来自北京工业大学、北京理工大学、上海大学、上海财经大学、内蒙古大学、中国石油大学（华东）、首都经济贸易大学等高校，还有国外的维也纳大学、爱丁堡大学、京都大学、哥伦比亚大学、密歇根州立大学和加拿大西安大略大学，联合国大学技术创新中心等高校机构的学者协同合作的产物。

值得称道的是，由于低碳经济本身是个复杂系统，因此对低碳经济进行跨专业、跨学科、跨学校、跨国的研究是非常必要的。例如中国石油大学（华东）的加盟，将使报告对低碳发展的物质基础、技术手段、工程过程、科技管理的研究有更为可靠的科学技术依据；不仅如此，中国石油大学（华东）的加盟还将为碳排放的统计、监测、核定，以及从可测量、可报告、可核实的角度为碳交易市场提供更为便捷的路径。我们对于同中国石油大学（华东）的合作满怀期待。

最后，我们还要衷心感谢石油工业出版社，没有你们的远见卓识，就不会有这个报告。你们不仅是这个报告的出版者，而且是这个报告的推动者与合作者。你们还吸取了中国丧失石油期货市场定价权的惨痛教训，认识到中国构建自己的碳市场，进而获取全球碳市场话语权的重要性，因而和中国人民大学气候变化与低碳经济研究所一起，引进、翻译和出版了世界银行的报告《世界碳市场发展状况与趋势分析》，为构建中国碳市场作出了贡献！

中国自愿碳减排标准理事会理事长

中国人民大学党委书记　程天权

2012年5月

Preface 前言

本报告是中国人民大学气候变化与低碳经济研究所继《中国低碳经济年度发展报告（2011）》之后推出的第二个报告。本报告在2011年报告的基础上，把时间和数据扩展到2011年，对全国各省市区低碳排名，低碳地区、中碳地区、高碳地区划分及低碳竞争力进行分析，并对包括中国、美国、英国等在内的50个国家及地区的低碳经济国际竞争力和排名进行了进一步的分析。本报告详细解读了中国低碳经济的法律体系构建与政策推动。报告认为，中国发展低碳经济，最重要的是节能减排，并且对产业部门总体、各产业部门、工业分行业以及居民生活部门终端能源消费所引起的二氧化碳排放量变化特征、变化趋势及影响二氧化碳排放量变化的重要因素进行了全方位的分析，找出能源消耗和二氧化碳排放大户，提出节能减排的路径和对策。报告指出，在2010年，中国将新能源产业列为国家加快培育和发展的七大战略性新兴产业之一，明确提出到2020年要使新能源产业发展成为我国国民经济的先导产业，以及2012年的政府工作报告提出，优化能源结构，安全高效发展核电，提高新能源和可再生能源比重，制止太阳能和风电等产业盲目扩张，大力发展新能源汽车产业是2012年的工作任务之一的背景下，报告认为，实现这些目标，必须要注重技术创新，掌握关键核心技术，加大开发力度，加强基础性研究工作，并且要合理配置资源，积极开拓国内外市场，努力做到齐头并进。报告指出，由于中国出口产品主要集中于低技术、高耗能、高污染的劳动密集型和资源密集型产业，面对低碳、环保名义掩盖下的各种关税和非关税的壁垒新形式，我国出口发展面临日益严峻的挑战，相关出口产业也成为世界各国碳关税、碳标签政策的主攻目标和制造贸易摩擦的主要对象。从国际产业分工发展态势看，我国实际上已成为美、日及欧洲发达国家高耗能、高污染产业向外转移（亦即碳排放转移）的重要目的地。这对我国经济可持续发展将产生极为不利的影响。对此报告提出了应对之策。报告最后指出，中国从1990年开始正式把应对气候变化列为政府的重要工作之一，经过20多年的政策演进，最终把建立自己的碳交易市场作为应对气候变化的主要工具。在此期间，中国碳交易市场从清洁发展机制受到启蒙，通过自发进行自愿减排交易，进入了萌芽阶段。中国政府2011年提出了一系列相关政策，为中国碳交易市场的发展指出了方向，报告沿着这一系列政策思路，设计了中国碳交易市场的基本制度与运行模式。

本报告是中国人民大学国际学院的科研成果，是中国人民大学全球化研究中心对外发布的重点项目，也是中国人民大学国际学院同石油工业出版社的战略合作项目。

本报告编委会主任是中国自愿碳减排标准理事会理事长、中国人民大学党委书记程天权教授，中国石油大学（华东）校长山红红教授；副主任是中国人民大学党委副书记牛维麟教授、中国人民大学副校长冯惠玲教授、中国人民大学副校长兼国际学院院长王利明教授，中国人民大学国际学院党委书记兼常务副院长陈甬军教授。本报告总负责人杨志、赵彦云、王岩，负责确定主题、设计框架、给出方法、提炼观点、审评修改报告、与国内外科研机构交流。本报告总执行人王岩、张建超，负责科研团队分工、整合团队科研成果、反馈科研信息。本报告的绪论由杨志执笔撰写；第一部分负责人为赵彦云，参加写作的有林寅、金欣、姜馨、田子；第二部分负责人为周珂，参加写作的有张卉聪、徐匆匆、王美舒、傅江湲；第三部分负责人为王岩和戴铁军，参加写作的有管瑞龙、张华、苑璐、蔡园园、张璐、李金平；第四部分负责人为田鑫，参加写作的有马艳、贾利军、陈张良、庆东瑞、仝晓婷；第五部分负责人为门淑莲、刘丹萍，参加写作的有丁嘉伦、韩姗、王尚坤、孙云琨、杨宇辰、郑磊、吕雅菲、龙华、刘晓棠、颜易、马克西蒙 Maxim Khisamutdinov（俄）；第六部分负责人为杨志，参加写作的有郭兆晖、马玉荣、王小虎、萨琪娜；附录由王岩和门淑莲负责整理。

本报告在研究与撰写过程中得到了教育部哲学社会科学研究重大课题攻关项目（09JZD0020）、教育部人文社会科学研究规划基金项目（09YJA790193）、宇宙集团和浙江宇天科技股份有限公司等的资金支持；先后得到李仰哲、白泽生、张宇振、邱海平、程会强、郑新业、王汶、于同申、孙久文、郭志新、刘铮、韦保仁、李建建、宋宪萍、李路阳、黄灿、赵津津、姚景平、夏阳、董雅妮和吴羽佳等同仁，来自外国的苏珊·魏格林 Susanne Weigelin-Schwiedrzik（德国）、里贾纳·希岑伯格 Regina Hitzenberger（奥地利）、约瑟夫·鲍姆 Josef Baum（奥地利）和周游 Constantin Holzer（奥地利）、高兴 Binod Singh（印度）、罗克·苏特 Luc Soete（比利时）、勒内·坎普 Rene Kemp（荷兰）、约翰·沃利 John Walley（加拿大）、安德鲁·米切尔 Andrew Mitchell（英国）、齐家国（美国）和盐地洋 Shioji Hiromi（日本）等朋友，以及联合国大学技术创新中心、哥伦比亚大学、维也纳大学、爱丁堡大学、密歇根州立大学、京都大学、加拿大西安大略大学，还有北京工业大学、中国石油大学（华东）等高校的帮助、信任和鼓励，值此向他们表示衷心感谢与崇高敬意！另外，还要感谢联合国亚太经社理事会东亚东北亚办公室、2011 世界青年低碳论坛秘书处、苏州工业园区、远大集团、中关村数字视频产业技术创新联盟、低碳世界杂志、国际融资杂志、湖北网络广播电视台，特别是宇宙集团，长期以来在资源和资金上给予我们的无私支持！ 特别感谢石油工业出版社为本报告的出版付出的巨大努力！

中国人民大学气候变化与低碳经济研究所负责人　杨志

2012 年 5 月

目录 | Contents

第一部分　低碳经济统计体系和竞争力分析

低碳统计体系的建立，一方面能够完善目标管理流程，为政策制定提供依据，另一方面，通过构建低碳经济竞争力评价体系，构筑起绩效管理、政策评估以及发展水平考核、检验、比较的科学根基。利用评价体系，分析中国省域和试点省市的低碳经济竞争力以及中国在世界范围内的低碳经济竞争力。总体看，中国特别是西北地区和欠发达地区的低碳经济竞争力还处于弱势地位，发展低碳经济任重道远。

第二部分　中国低碳经济发展的法律保障和政策支持

发展低碳经济，法律保障和政策支持十分重要，为此，在了解国际促进低碳经济发展的法律演进和相关国际公约、客观评述我国的履行机制、低碳经济法治现状和发展前景、把握低碳经济发展政策推动的新动向基础上，提出我国低碳经济发展的政策支持构想，包括政策策略、手段、领域和执行与监督体系。

第三部分 二氧化碳排放：特征、影响因素及减排路径

中国发展低碳经济，最重要的是节能减排，全方位把握产业部门总体、各产业部门、工业分行业以及居民生活部门终端能源消费所引起的二氧化碳排放量变化特征、变化趋势及影响二氧化碳排放量变化的重要因素，发现能源消耗和二氧化碳排放大户，寻找其节能减排的路径和对策，是中国推进节能减排，降低二氧化碳排放，在工业化和城镇化框架下发展低碳经济的关键。

第四部分 低碳技术和新能源产业发展

2012年的政府工作报告中指出，优化能源结构、安全高效发展核电、提高新能源和可再生能源比重、制止太阳能和风电等产业盲目扩张、大力发展新能源汽车产业是2012年的工作任务之一。实现这些目标，必须要注重技术创新，掌握关键核心技术，加大开发力度与基础性研究工作；要合理配置资源，积极开拓国内外市场，努力做到齐头并进。

第五部分 低碳经济与国际贸易

面对低碳、环保名义掩盖下的各种关税和非关税的壁垒新形式，我国出口发展面临日益严峻的挑战，相关出口产业也成为世界各国碳关税、碳标签政策的主攻目标和制造贸易摩擦的主要对象。从国际产业分工发展态势看，我国实际上已成为美、日及欧洲发达国家高耗能、高污染产业向外转移（亦即碳排放转移）的重要目的地。这对我国经济可持续发展将产生极为不利的影响。

第六部分　构建中国特色的碳交易市场

借助市场机制运作、借助碳金融的力量，降低节能减排的总成本，这是中国政府2011年一系列政策给地方政府与企业发展低碳经济发出的信号。因此，如何从基础设计、主体设计、顶层设计的不同层面，系统探讨中国碳交易市场运行模式，应该成为我们急需解决的机制设计问题。

附录 低碳经济指标体系相关数据

绪　论

在过去的2011年，世界面临着重重困难，选择什么样的经济增长和发展的方式成为重中之重。联合国“后京都时代”应对气候变化的战略和计划面临又一次巨大挑战，在2011年的德班会议上，坚持《联合国气候变化框架公约》，拯救《京都议定书》竟然成为主要任务。在中国，尽管国务院在身体力行推进节能减排和生态环境保护国策，并且在控制温室气体排放、加强环境保护实践中取得很大成绩，但是，是否还需要坚持绿色增长、低碳发展的增长方式和发展方式却又一次遭受质疑。在舆论和相关研究领域，“气候变化阴谋论”、“低碳发展陷阱论”、“气候变暖与人类活动没有多大关系”的说辞又一次泛起。我们应当从人类社会可持续发展的宏大历史发展观出发，用客观科学的态度看待气候变化和发展低碳经济的重要性，在科学发展观的指引下坚定不移地推动低碳经济发展。

一、应对气候变化是阴谋吗？发展低碳经济是陷阱吗？

如果说20世纪末是经济全球化、市场一体化、“华盛顿共识”一统天下的时代，那么21世纪初就是经济世界多样化、市场创新常态化、互利合作趋势化的时代。如果说以美国等发达国家为时代标志的20世纪正在成为过去，那么以金砖国家崛起为时代特征的21世纪则正在成为方兴未艾的现在。正如国家主席胡锦涛前不久在金砖国家领导人第四次会晤大范围会谈时所说的：“当今世界正处于大发展、大变革、大调整时期。虽然影响世界和平稳定的国际和地区热点问题此起彼伏，世界经济复苏面临诸多不稳定、不确定因素，国际发展问题十分突出，但谋和平、求发展、促合作的时代潮流没有改变，建设一个持久和平、共同繁荣的和谐世界仍是人心所向。”发展中国家唯有真心实意地坚持共同发展，促进共同繁荣；坚持平等协商，深化政治互信；坚持务实合作，夯实合作基础；坚持国际合作，促进世界发展，才能抓住或延长这难得的重要的历史战略机遇期，为世界的和平、稳定、繁荣作出更大贡献。

无须回避，在过去与现在牵手的2012年，无论是世界还是中国，无论是发达国家还是发展中国家，都面临着重重困难、复杂的发展环境，选择什么样的经济增长和发展的方式成为了发展问题中的重中之重。历史，在这一刻仿佛又回到联合国的德班会议（2011）、坎昆会议（2010）、哥本哈根会议（2009），甚至更早的会议之前。难道不是吗？看世界，欧债危机、美国金融危机、主要经济体失业率居高不下、增长动力不足、西亚北非局势动荡和军事冲突，新兴经济体面临通货膨胀和经济增速回落的双重压力、主要货币汇率剧烈波动、大宗商品价格大幅震荡，国际贸易投资保护主义强化等已经成为各国政要关注的焦点问题。看中国，经济增长下行压力、物价水平仍处高位、房地产市场调控、农业稳定发展、农民持续增收、就业总量压力与结构性矛盾并存、一些企业特别是小型微型企业经营困难、部分行业产能过剩、能源消费总量增长过快、体制性结构性矛盾、发展不平衡不协调不可持续等问题则是全国人民最为关注、急需解决的问题。

在这种情势下，毫无疑问，联合国“后京都时代”应对气候变化的战略和计划面临又一次巨大挑战。2011年在德班会议上坚持《联合国气候变化框架公约》，拯救《京都议定书》竟然成为主要任务。同时在中国，是否还需要坚持绿色增长、低碳发展的增长方式和发展方式也又一次遭受质疑。最近“气候变化阴谋论”“低碳发展陷阱论”又一次风生水起，“气候变暖与人类活动没有多大的关系”的说辞又一次热闹于各种媒体，尽管2011年国务院在身体力行推进节能减排和生态环境保护国策、在加快发布实施“十二五”节能减排综合性工作方案、在贯彻并实践控制温室气体[1]排放工作方案和加强环境保护重点工作的意见中取得很大成绩。当然，从人类历史发展的宏大视角看，这个“反复”一点不奇怪：因为应对气候变化的实质是对日渐稀缺的温室气体大气容量资源的重新分配；因为发展低碳经济的实质是改变每个企业和每个家庭的活动方式，因而这是一场与调整全球利益格局和改变每个人行为习惯密切相关的深刻变革。

众所周知，自20世纪50年代以来，那种以军事入侵方式分割别国疆土资源的活动已基本成为被人唾弃的历史，但以各种硬实力和软实力为基础的权力资本（或权益资本）对环境容量资源的分割却刚刚开始。某些发达国家置全人类生存环境危机于不顾，就像它们置自身引发但波及全世界的金融危机于不顾一样，它们口喊“绿色”与“低碳”只是为了争当未来经济秩序的制定者，只是为了在“顶端设计（标准）”中牟取垄断利润。在这里，需要强调：在经济科学框架中，配置（分配）资源永远是获取利益的手段；只有骗人的经济学才把资源配置说成是至高无上的目的。因此，以美国为代表的一些发达国家，在应对全球气候变化方面出尔反尔的恶劣态度，以及它们拿“气候变化”说事儿、利用“低碳经济”做“斯诺克”，绝不是什么“阴谋”和“陷阱”，而是光天化日下的“帝国主义逻辑”，是赤裸裸的“气候帝国主义行径”！在当代，在这个阴谋与阳谋交织的时代，只有借助科学发展观，看清人类利益之真相，才能求得合作与发展。因此，阴谋论、陷阱论可以休矣！

二、对联合国应对气候变化、推动低碳经济发展行动的回顾

应该说，应对气候变化、推动低碳经济发展是联合国精心组织、苦心经营了半个世纪的战略性的行动。从可持续发展和永续发展的角度出发，联合国自始至终把气候变化归结为必须要应对的关乎人类生存命运的最大的生态环境问题。当代世界对生态

[1]温室气体：自然和人类释放的温室气体将热量存留在地球大气中，导致温室效应。水蒸气、二氧化碳、一氧化二氮、甲烷和臭氧是主要的温室气体。

环境问题的关注，开始于20世纪60年代。1962年美国海洋生物学家蕾切尔·卡逊的著作《寂静的春天》拉开了绿色革命的帷幕。1965年美国经济学家肯尼斯·鲍尔丁提出的《宇宙飞船经济学》预示了循环经济和绿色经济将成为未来经济发展趋势。进入70年代，1972年罗马俱乐部发布了关于人类困境的研究报告《增长的极限》（又称《米都斯报告》）；同年，英国科学家芭芭拉·沃德和美国微生物学家勒内·杜勒斯受联合国人类环境会议秘书长摩尔·斯特朗的委托，发表了《只有一个地球——对一个小小行星的关怀和维护》，为当年在斯德哥尔摩召开的联合国人类环境会议提供了背景材料。到了80年代，发达国家对生态环境的关注已经上升到一定要转变世界观和发展观的高度。1984年美国学者杰瑞米·里夫金发表了《熵：一种新的世界观》；同年，法国经济学家弗朗索瓦·佩鲁提出了《新发展观》。1987年，挪威女首相布伦特兰夫人受联合国委托主持并发布了世界环境与发展委员会报告《我们共同的未来——从一个地球到一个世界》，把新世界观和新发展观概括为事关全人类命运的可持续发展观。需要指出，《我们共同的未来》除了提出可持续发展的总体思路外，还提出如下重要观点：环境危机、能源危机与发展危机是不可分割的，地球的资源和能源远不能满足人类发展的需要，必须为当代人和下代人的利益改变发展模式。这为90年代，联合国在全世界范围内发起应对气候变化之大浪潮，提供了直接依据。

1992年6月在巴西首都里约热内卢，联合国召开了题为“地球高峰会议”的世界环境与发展大会，183个国家和地区的代表、102位国家元首出席了该次会议。这是一个确定人类生存和发展方式向绿色转型的会议，是具有里程碑意义的会议。会议通过了《地球宪章》和《21世纪议程》纲领性文件，以及相关国际公约。在国际公约中最著名的便是《联合国气候变化框架公约》（以下简称《公约》）。这个由153个国家和欧共体签署的具有全球环境宪法性质的纲领性文件或具有国际法效力的国际公约，是国际社会在共同应对全球气候变化问题上开展国际合作的一个基本框架。它将缔约方分为两类：附件一缔约方[1]（即强制减排方，包括发达国家和经济转型国家缔约方）和非附件一缔约方（主要是发展中国家）。这两类缔约方的责任和权利有所区别。《公约》重在体现发达国家和发展中国家之间“共同但有区别的责任”原则；旨在强调一个事实，即只有人类向自然的索取能够同向自然的回报相平衡时，只有当人类为当代的努力能够同人类为后代的努力相平衡时，只有人类为本地区发展的努力同为其他地区共建共享的努力相平衡时，全球的可持续发展或永续发展才能真正实现。《公约》自1994年3月21日生效，并依据约定，自1995年每年召开缔约方会议，以评估气候变化的进展。从1995年起至今，共召开17轮缔约方会议，其中最为著名的是，1997年12月11日在日本通过了《京都议定书》的第三次缔约方大会。《京

[1] 附件一缔约方包括1992年时经济合作与发展组织（OECD）工业化国家成员，还包括俄罗斯、波罗的海诸国以及中欧和东欧的若干经济转型国家。

都议定书》规定2008—2012年，主要发达国家的温室气体（即二氧化碳、甲烷、氧化亚氮、六氟化硫、氢氟碳化物、全氟化碳）的排放量在1990年的基础上平均减少5.2%，其中欧盟削减8%，美国削减7%，日本削减6%。

《京都议定书》的成就，不仅在于把应对气候变化的公约转化为附件一国家削减温室气体排放量的具体指标、规定了发展中国家从2012年开始承担减排义务的期限，而且在于在附件一缔约方中建立了国际排放贸易机制（IET）、联合履行机制（JI）和清洁发展机制（CDM）三个机制。IET是在附件一缔约方中构建排放额贸易市场，即将超额完成减排的指标，以贸易的方式转让给未能完成减排义务方，并从转让方的允许排放限额（AAU）上扣减相应的转让额度。JI是附件一缔约方通过项目合作，形成减排缔约联盟，以共同完成基于配额的减排指标，所实现的减排单位（ERU）可转让给另一缔约方，但同时必须在AAU上扣减相应的额度。CDM是允许附件一缔约方通过提供资金和技术的方式在非附件一国家进行项目级的减排，并获得项目减排量（CER）抵消额的转让。这三个机制，开创了把应对气候变化问题与发展低碳经济问题耦合起来、把人类社会效益和各国特殊效益结合起来，借助市场机制和金融手段进行操作的先河。以CDM为例，它允许附件一的投资者，从其在发展中国家实施的减排项目中获取经证明的减排量，从而获得互惠之结果。这表明，虽然气候变化问题本身以及由联合国出面应对气候变化本身，已经意味着“市场机制失灵”，但如果对市场机制进行“改造”或重新构建一个“人为市场”，或把金融手段直接嵌入遏制气候变化活动和全球生态环境保护活动之中，那么在市场机制中就会演化出与应对气候变化相关的新机制或新市场，同样在金融活动中也会内生出绿色金融、环境金融、碳金融。应该说，《京都议定书》三个机制的实施意味着全世界在应对气候变化问题上，拉开了借助市场机制推动低碳经济发展的序幕！

三、用客观科学的态度看待气候变化和发展低碳经济的重要性

低碳经济，作为一个应对气候变化危机和能源危机的概念，最早见于2003年英国能源白皮书《我们能源的未来：创建低碳经济》；2008年，联合国秘书长潘基文指示把联合国环境日的口号定为“转变传统观念，推行低碳经济”；此后在金融危机中低碳经济成为引领经济发展向绿色转型的话语体系。然而，要想坚定不移地推动其深入发展，还需要真正理解它与气候变化之间的内在联系，否则，它随时随地有可能被反复“乌龙”地理解为“阴谋”或“陷阱”[1]。实际上，从科学角度看，首先是应对

[1]参见（美）S. 弗雷德·辛格，丹尼斯 T. 艾沃利，林文鹏等译《全球变暖——毫无由来的恐慌》，上海：上海科学技术文献出版社，2008年。

气候变化需要人类选择发展低碳经济战略。在这里，我们不用去追溯地球46亿年漫长演化过程中到底发生过多少次巨大的气候变化。我们只需要了解，气候变化是地球生态系统最原始、最重要的构成要素系统；气候变化的科学含义，是“气候平均状态在统计学意义上的巨大变化或者持续较长一段时间的气候变动，是气候平均值和离差值两者中一个或两个同时随时间出现的统计学意义上的显著变化。其中，平均值的升降表明气候平均状态的变化；离差值的增大，表明气候状态不稳定性增加，气候异常明显。也就是说，科学意义上的气候变化，绝不是那种“去年冬天很暖和，今年冬天很寒冷”的感觉，尽管“极端气候频发”也是衡量气候变化指标体系中的重要指标。在充满复杂性的今天，确立“透过现象看本质”，摒弃“浏览式、随意性、跳跃式、碎片化思维方式”，坚持“在学习研究的基础上创新”，尽量深入地从世界观和认识论的层面认识气候变化对经济活动产生的影响，对于加快推动低碳经济的发展，是非常必要的。从这个意义上看，在推动低碳经济发展的道路上还很不平坦。

必须强调，发展低碳经济，目的只是在于应对影响气候变化的人为因素。实际上，影响气候变化的原因有两大类：自然因素和人为因素；前者主要是太阳辐射变化和火山爆发等；后者主要是使用化石燃料、森林火灾、森林覆盖面的变化、土地被利用的变化、硫化物气溶胶浓度变化等。《公约》第一款把“气候变化”定义为：“经过相当一段时间的观察，在自然气候变化之外由人类活动直接或间接改变全球大气组成所导致的气候变化”。这就是说，所谓“应对气候变化”，特指去应对由人为因素导致的气候变化；而不是去应对那种由自然因素导致的“自然变率”。后者早已经被排除在人为应对的气候变化范围之外了。在科学上，明确应对活动的框架界限是非常重要的。因为科学本质上是探索真相的思维实践活动和行为实践活动；既然是实践活动，那么它的范围和界限就是与人的实践能力的框架和界限相匹配的。而人的这种实践能力框架和界限，又常常是借助技术体系来完成的。正是在这个科学的框架之内，越来越多的自然科学研究成果表明：气候变化或气候变暖的直接原因，是大气层中以二氧化碳为代表的温室气体的过量堆积。而自工业化以来，确切地说自1750年以来，人类工业化活动引起了全球温室气体排放的增加。其中，在1970—2004年增加了70%，二氧化碳作为最重要的人为温室气体，在此期间，其排放增加了大约80%。同时，全球大气中的二氧化碳（CO_2）、甲烷（CH_4）和氧化亚氮（N_2O）的浓度已经明显增加，目前已经远远超出根据冰芯记录测定的工业化前几千年的浓度值：工业革命以前，二氧化碳的浓度为280毫克/升，现在大约是389毫克/升，并已远远超出了根据冰芯记录测定的工业化前几千年中的浓度值。

在全球范围内推动低碳经济的发展，还有一个重要的原因，那就是在1970—2004年发达国家工业化进程已经进入高级阶段，而发展中国家则刚刚进入工业化的初始阶段或中级阶段，即远未达到“碳排放峰值”的阶段。在这段时间中，全球二氧化碳的排放增加了80%，其严重后果是大气容量中的二氧化碳含量增加了25%，远远超过科学家可能勘测出来的过去 16 万年的全部历史纪录。这种情况导致地球大气系统（气圈）和生态系统（生物圈）发生重大变化。按照政府间气候变化专门委员会（IPCC）第四次报告的意见：近百年来全球地表平均温度上升 0.74℃，过去 50 年的升温速度几乎是过去 100 年升温速度的 2 倍，由此造成了全球性的生物多样性消失、物种的加速灭绝、土地退化和荒漠化、淡水资源危机、能源短缺、森林资源锐减、海洋环境恶化，以及由化学物质引起的污染和垃圾成灾等问题。2008 年 3 月，南极巨型冰架突然崩塌；4 月 18 日由特伦特大学极地专家、加拿大巡逻员等组成的科研小组发现北半球最大冰架已断裂为三部分。此外，2009 年、2010 年、2011 年的观测都表明，世界各地的陆地冰川也在不断缩小，由此造成的海水上涨，已经使众多小岛国家人民无法继续在他们的家园中生活。问题的严重性在于，据预测，伴随着更多发展中国家工业化的进行，到 2050 年世界经济规模比现在要高出 3 ~ 4 倍，而目前全球能源消费结构中，碳基能源（煤炭、石油、天然气）在总能源中所占的比重高达 87%，未来的发展如果仍然采用高碳模式，到 21 世纪中期地球将不堪重负。如果温度升高超过 2.5℃，全球所有区域都可能遭受不利影响，发展中国家所受损失尤为严重；如果升温 4℃，则可能对全球生态系统带来不可逆的损害，造成全球经济重大损失。于是，发展中国家选择什么样的工业化和城市化道路问题，亦成为应对气候变化中的大问题。

四、在应对气候变化的“博弈”中急需能够展现“真实情景”的方法体系

在气候变化阴谋论者和低碳经济陷阱论者看来，联合国政府间气候变化专门委员会（IPCC）先后四次的评估报告，并不能完全说明全球气候变化的事实，他们甚至怀疑 IPCC 弄虚作假，以诱骗发展中国家节能减排，走低碳发展道路。然而，全世界越来越多的科研机构却提出越来越多与 IPCC 相同的结论。例如，2011 年美国加利福尼亚州伯克利地表温度研究中心（BEST）公布最新全球变暖科学证据：自 1950 年来地球温度已经上升了 0.911℃。这是该研究中心客观地科学地研究气候变化的成果。这个成果使很多原来持“阴谋论”和“陷阱论”观点的人摒弃了意识形态或价值观上的偏见。应该如何看待这件事呢？笔者认为，从上述对应对气候变化、发展低碳经济的历史回顾，可以看出从应对气候变化到推动低碳经济发展，绝不是“一时而起”的“政治炒作”，相反，它是自联合国成立以来，所作所为中最符合联合国宗旨的一件大事。起码它首先是把 1987 年联合国提出的可持续发展观落到了实处。事实上，联合国政府间气候变化专门委员会就是在联合国世界环境与发展委员会《我们共同的未来——从一个地球到一个世界》发表后的第二年，即 1988 年，由联合国环境规划署与世界气象组织一起策划成立的。IPCC 并不像“阴谋论”和“陷阱论”说的那样，

是个很无知、很龌龊的组织。相反，它集中了全世界所有地区的数百名优秀专家，在全面、客观、公开的基础上，本着对人类福祉负责的宗旨、对科学负责的精神，使用了全世界有关气候变化方面最好的科学、技术对全世界所有地区的社会经济信息进行评估。虽然从科学永远具有局限性的观点、从任何科学成果都不免带有“谬误风险”的角度看，这些评估不可能没有“纰漏”，因而不可能“至善至美”，但却依然可以说它是迄今为止最权威和最公正的。

IPCC 不仅吸收了世界上所有地区数百名最优秀专家的工作成果，而且力求确保平衡地反映现有各种观点并具有政策相关性，但是却不具有政策指示性。从 IPCC 已经发布的四个报告来看，它越来越明确地证明了自 20 世纪中叶以来，全球温度的增高主要应归因于人为排放物；同时把应对气候变化的行动，当作为搞好全球生态环境的最重要的抓手；它还为在全球范围内推进低碳经济提供了科学依据。事实上，联合国无论在 2007 年的巴厘岛会议，还是在 2009 年的哥本哈根会议、2010 年的坎昆会议、2011 年的德班会议上，使用的主要是 IPCC 的评估报告。然而，在 IPCC 未来的评估报告中，如何提高其统计数字和统计计量方法的科学性问题，笔者认为，写作《世界经济千年史》的剑桥大学赛尔温学院的荣誉院士安格斯·麦迪森（Angus Maddison）的“麦迪森风格”，是值得弘扬和借鉴的。麦迪森院士被公认为当代最伟大的关于经济历史数据考证和分析的“泰山北斗”，他在长期经济增长和国际比较的研究方面享有极高声望。在他那里，“数字”已经从“宇宙的谶语（语言）”转变成“科学的白话儿”。因为，他作为数字使用者和数字记录者之间的中介，不仅清楚地交代了所有数据的来源、定义及其统计、报告、记录方法，而且还清晰地阐释了某一个指标同其他宏观指标的关系如何，它的微观基础在哪里，即宏观系统变化与各个具有自组织特征的微观个体之间的关系何在，所以麦迪森竟然可以用数据再现了世界千年历史之真实风貌。笔者认为，科学精神和科学方法是可以穿越学科或跨越学科的。麦迪森的数字方法和统计方法，既然可以再现世界千年历史风貌，那么 IPCC 等应对气候变化的科研组织，也可以借鉴其方法再现世界各国在发展低碳经济的全球性博弈过程中显现的竞争力。

显然，眼下的问题是，包括 IPCC 评估报告在内的所有科研机构的研究报告，都还没有像麦迪森那样：（1）对世界各国在各个有关气候变化历史研究中所挖掘出来的各种数据和资料进行系统性整理、诠释和分析；（2）对在历史数据考证和处理上的客观性、严谨性、透明性，以及必须在逻辑上交叉检验不同来源资料的方法上，给予公开性的说明和阐释；（3）特别是对这些资料、数据的加工处理方法，给予公开透明的交代和分享。在这样的情况下，发达国家在应对气候变化方面，特别是在计量排放量方面，提出的“三可”即“可测量、可报告、可核定”的标准，是难以再现世界各国在应对气候变化、推动低碳发展方面的真实情景的，因而也是难以被发展中国家接受的。同时，在“后京都时代”即 2012 年以后，如何确定发展中国家的减排任务，也是很难用科学方法体现出“共同但有区别”的原则，因而也是很难操作的。实际上，在欧盟坚持征收航空税这个问题上，如何用科学的方法测量碳排放量，本身就是个值得商榷的问题。笔者很赞成学者武晓鹰的话，并将其与读者分享：“不知道是否有人思考过统计数字饶有意味的性质：一方面，它可能被公认为是最枯燥的东西；但是另一方面，它又会使所有的说教黯然失色，苍白无力。历史可以被按照不同需要编撰成绘声绘色的故事，只有可靠的数字可以使他恢复本来面目。当然，数字的力量也促使一些人去编造数字以服务于不同的目的，这在我们生活中也并不罕见。科学离不开数字，也可以说数字的精神本身就体现着科学的精神。”因此，用什么样的方法获得数字、处理数字，绝不是个小事情。在笔者看来，我国基于发展中国家实际状况提出构建绿色转型低碳发展的“统计、监测、考核”指标体系是极为科学的伟大举措。

五、中国在科学发展观的指引下坚定不移地推动低碳经济发展

气候变化对我国造成的不良影响是不容置疑的。2006 年国家发布的《气候变化国家评估报告》证明，气候变化对我国不良影响与世界大致相同。第一，近百年来，我国年平均气温升高了 0.5 ~ 0.8℃，略高于同期全球增温平均值。第二，近 50 年伴随气候变暖，年平均降水量明显减少，其中华北地区与西南地区平均年降雨量从每 10 年减少 20 ~ 40 毫米，到每 10 年减少 20 ~ 60 毫米；近几年来我国自然灾害频频发生，诸如近两年冬天和春天在我国广西和云南等地接连出现干旱。第三，气候变化已经成为影响我国南方地区洪涝灾害、北方地区水资源供需矛盾加剧、生物灾害频发、台风和风暴潮和沿海地带灾害加剧、农业生产不稳定性增加、森林和草原等生态系统退化，以及许多重大工程建设和运营安全不能如期实现的因素。第四，近 50 年来，中国沿海海平面年均上升速率为 2.5 毫米，略高于全球平均水平。第五，中国山地冰川，包括号称世界第三极的喜马拉雅山脉，都在快速萎缩，并有加速的趋势。值得注意的是，中国在近 50 年中，有 30 年是在走全球化道路中度过的。不管人们如何评价中国与全球化的关系，中国离不开世界，世界也离不开中国越来越成为不以人们评价为转移的事实了。面对上述提及的联合国应对气候变化的总动员，面对世界各国越来越关注全球生态环境治理的趋势，中国既没有置若罔闻也没有袖手旁观。作为联合国常务理事国，中国早在 1983 年就成为首届世界环境与发展委员会的 22 个国家代表之一。

1992 年，中国参加了 1972 年联合国人类环境会议之后召开的级别最高、规模最大的国际大会，即题为“地球高峰会议”的世界环境与发展大会。历史事实证明，中国是最早参与联合国应对气候变化的发展中国家。在这个会议上，李鹏总理和宋健国务委员分别代表中国政府作了重要讲话，还签署了《公约》。不仅如此，1994 年中国

还率先发表了《中国21世纪议程》，提出经济社会与环境可持续发展的具体方案，并把环境保护包括治理大气污染、能源领域的可持续发展作为最重要的部分纳入该议程，同时还把节约资源和保护环境作为必须要坚持的基本国策。然而，进入21世纪，伴随我国工业化和城市化进程的加快，能源短缺、环境污染、生态失衡的问题日趋严重。但这没有动摇一个对人类福祉负责任的社会主义大国坚定走科学发展道路的决心。2002年底，党的第十六次代表大会提出了科学发展观的指导思想，即“解放思想、实事求是、与时俱进、开拓创新”。与此同时，还首次把建设“小康社会”确定为科学发展的新方向，在人与自然和人与人的关系体系中把环境与发展结合起来了，从而把中国走可持续发展道路落在“以人为本”的新目标上。2003年，在党的十六届三中全会上，科学发展观得到首次系统表述——坚持以人为本，树立全面、协调、可持续的发展观，促进经济社会和人的全面发展。从此中国就按照统筹城乡发展、统筹区域发展、统筹经济社会发展、统筹人与自然和谐发展、统筹国内发展和对外开放的科学发展的要求，推进各项事业改革和发展。2004年，党的第十六届四中全会又把建设小康社会的目标，具体化为建设“社会主义和谐社会”的新蓝图。2005年在联合国成立60周年首脑会议上，胡锦涛主席发表了题为《努力建立持久和平、共同繁荣的和谐世界》的讲话，把在国内建设和谐社会的美好目标，发展成为在国际建立和谐世界的美好理想，同年，党的十六届五中全会作出了中国一定要走新型工业化道路、建设社会主义新农村和大力发展循环经济的战略安排。

在科学发展观的引领下，从国民经济和社会发展第十一个五年规划开始，我国就把以人为本、资源节约、环境保护以及应对气候变化问题放在突出位置。2006年胡锦涛在中共中央政治局集体学习会上说：“人的生命是最宝贵的。中国是社会主义国家，发展不能以牺牲精神文明为代价，不能以牺牲生态环境为代价，更不能以牺牲人的生命为代价”。2007年他在亚太经合组织非正式会议发言说：“气候变化是全球性问题，事关各方利益，需要各国联手应对。在气候变化上，帮助别人就是帮助自己，开展合作才能互利共赢。发达国家应该正视自己的历史责任和当前人均排放高的现实，严格履行《京都议定书》确定的减排目标，并在2012年后继续率先减排。发展中国家应该根据自身情况采取相应措施，特别是要注重引进、消化、吸收先进清洁技术，为应对气候变化作出力所能及的贡献。”他还说，“中国一贯高度重视气候变化……我们将全力落实应对气候变化国家方案，在发展经济的同时努力减缓温室气体排放，不断增强适应气候变化能力。”需要指出，中国虽然是《京都议定书》最早的十个缔约国之一，但作为发展中国家，属于非附件一国家，按照联合国“共同但有区别的责任”原则，无须承担强制减排任务。2009年，温家宝总理在联合国哥本哈根会议上庄严宣布，中国将加大本来已进行的自愿减排行动，减排目标是到2020年单位国内生产总值二氧化碳的排放强度，比2005年下降40%～45%。为实现这个长期目标，中国“十二五”规划纲要明确规定，未来5年单位国内生产总值二氧化碳排放降低

17%；并把节能减排、加快低碳技术研发、建立完善的温室气体排放统计核算制度、建立碳排放交易市场、推进低碳试点示范作为重点工作。中国在推进低碳经济发展过程中彰显着其社会主义的竞争力。

六、在发展低碳经济中需要注意的几个问题

（1）用复杂性观点思考，推动低碳经济发展。21世纪是个充满复杂性的世纪。所有复杂问题都是系统问题、整体问题，而不是要素问题、局部问题；复杂的环境，使“我们被迫在一切知识领域中运用整体或系统概念来处理复杂性问题”；复杂的问题，使我们必须结束“现实世界简单性”的观念，而确立把复杂性当做复杂性来处理的思维和方法。面对复杂，这样一种存在于“秩序与混沌之边缘”的状态，这样一个既具有“亦此亦彼”又具有“非此非彼”的中介十字路口，这样一种既具有确定性又具有不确定性的二重过程，认真研究从混沌到有序、从存在到演化转变的临界点，及其附近瞬息可变的条件和行为是十分重要的。本文表明，低碳经济是个起因于应对气候变化、兴起于金融危机爆发之机、被寄希望于引领后危机时代经济发展方式转型、同时具有阳谋和阴谋二重性的复杂问题。因此，用“阴谋论”揭穿某些气候强权主义的卑鄙伎俩是可以一用的，但是用“陷阱论”排斥节能减排、拒绝走新工业化道路是不足取的。

（2）引进复杂网络，承载低碳发展生产方式。在经济学的框架中，生产方式指的是包括资源和能源的配置方式、生产劳动的技术方式、再生产的运行方式，以及流通方式、分配方式和消费方式在内的广义的生产方式。在这里，复杂网络是指那些以微观组织（例如企业，包括虚拟企业）信息化为基础，具有“供应链”、“客户链”、“业务流程重组和再造能力”，与电子商务和物流中心、金融网络保持密切交互关系的，自组织、自运转、自繁衍的组织形式。复杂网络具有技术与法律二重属性：所谓技术属性，即它是以互联网、物联网及其技术授权为基础的；所谓法律属性，即它是以委托代理为经济交往关系保障的。作为一种新型的产业组织形式，或区域经济发展形态，复杂网络，还可以在一定的空间范围内，借助通常的信息，实现资源能源共享、环境共建、生态共同维护，例如，智能城市。复杂网络，还可以超越物理空间，表现为以“虚拟”空间为特征的低碳形态。需要指出的是，离开复杂网络，不可能有低碳城市的出现。2010年7月19日，我国发改委气候司下发《关于开展低碳省区和低碳试点城市试点工作的通知》，确定广东、辽宁、湖北、陕西、云南五省和天津、重庆、深圳、厦门、杭州、南昌、贵阳、保定八市，作为首批低碳试点省和低碳试点市，8月正式启动了试点工作。

（3）关于“市场中立”。所谓市场中立，是说市场就本质而言，只是一种运行机制，而不是一种生产方式，因为它没有自己的生产动机、生产目的问题，在当代全球

化、市场一体化的经济系统中，决定为何而生产，为谁而生产，生产什么、生产多少的，依然是资本。尽管它们在危机中不断被“绿色”、“低碳”、“社会责任”所扬弃、创新、革命，但“我死以后哪怕洪水滔天”依然是资本的本性。关于资本的本性，19世纪60年代，在伦敦发行的一本《评论家季刊》这样评述：“资本害怕没有利润或利润太少，就像自然界害怕真空一样。一旦有适当的利润，资本就胆大起来。如果有10%的利润，它保证到处使用；有20%的利润，它就活跃起来；有50%的利润，它就铤而走险；为了100%的利润，它就敢践踏一切人间法律；有300%的利润，它就敢犯任何罪行，甚至绞首的危险。如果动乱和纷争能带来利润，它就会鼓励动乱和纷争。走私和贩卖奴隶就是明证。”今天，围绕气候变化发生的“扯皮”、围绕阿拉伯国家发生的战争依然是明证！在这种情况下，在国际和国内法律制度体系上，保护和支持应对气候变化和发展低碳经济，是所有发达国家包括许多发展中国家，控制资本本性、改变资本功能的重要战略选择。我国也不应该例外。

（4）在金融市场中尽快构建碳金融市场。尽管资本的本性并没有变，但是资本赖以生存、发展的环境却发生了巨大的变化。从生态科学的角度看，在资本的生存和发展的环境发生变化的情况下，资本的功能和作用也会发生改变。在我国社会主义市场经济条件下情况就是这样。例如，在2011年8月31日，国务院下发“十二五”节能减排综合性工作方案，其中第四十四条就要求推进排污权和碳排放权交易试点，完善主要污染物排污权有偿使用和交易试点，建立自愿减排机制，建立健全排污权、碳排放权交易市场建设。由此，中国低碳经济、低碳金融、低碳交易区域试点拉开序幕。碳金融，简单地说是利用市场机制和金融工具应对气候变化的工具或机制，是以低碳创新、低碳创业、低碳发展为目的的金融资本及其各种创新活动的统称。作为金融产品的创新，碳金融是以环境、生态、应对气候危机、低碳治理等理念，吸引市场参与者进入金融市场，参与主观为获利、客观为遏制气候变化或环境保护的投资活动。作为金融制度或机制的创新，碳金融是把以二氧化碳排放权为代表的温室气体排放权的交易制度，嵌入金融市场之中的构建活动，其特征是构建一个以碳排放权（排放配额）及其衍生物为交易对象（商品）的碳交易市场。

由此可见，碳金融有广义和狭义之分。广义的碳金融，是一个具有包容性的创新金融体系：一方面是传统金融活动的改造升级，核心在于金融产品创新，创新主体主要是碳银行、碳基金、碳保险、碳信用等机构投资者；另一方面是创新的金融机制或金融机构，即碳金融交易体系，亦即狭义的碳金融。而所谓狭义的碳金融，就是特指具有制度创新性质的碳交易制度，也就是把碳排放权（排放配额）及其衍生产品，当做商品进行交易的制度，或碳交易体系，或碳市场。一言以蔽之，碳金融，在本质上只是借助市场机制和金融手段来实现遏制大气环境恶化并兼得资本收益的政策工具。在市场经济的框架中，金融市场是资本流动、聚集的空间，而资本不仅是资源配置的权利主体，而且是价值增值和经济发展的引擎和令旗。借助金融市场推动低碳经济发展，这本身就是一个伟大的悖论。说它伟大，是因为应对气候变化与发展低碳经济本质上是为了应对全球化背景之下的资源短缺、能源转换、环境污染、生态系统失衡，以及人类生存环境面临的系统性挑战；说它是悖论，是因为当前尚在进行中的金融危机、经济危机、制度危机、道德危机以及“后京都时代”的迷茫，本身就是资本主义生产方式运行的苦果。因此，应对气候变化与发展低碳经济本质上是人与自然和人与人的新对话。

（5）中国坚持用行动告诉世界！温家宝总理在2012年政府年度报告中指出：我国在2011年，清洁能源发电装机达到2.9亿千瓦，比上年增加3356万千瓦；加强重点节能环保工程建设，新增城镇污水日处理能力1100万吨，5000多万千瓦新增燃煤发电机组全部安装脱硫设施；加大对高耗能、高排放和产能过剩行业的调控力度，淘汰落后的水泥产能1.5亿吨、炼铁产能3122万吨、焦炭产能1925万吨；实施天然林保护二期工程并提高补助标准，实行草原生态保护补助奖励政策，开展湖泊生态环境保护试点；植树造林9200多万亩。我国“十二五”规划纲要还明确提出：到2015年我国单位国内生产总值能耗比2010年降低16%、单位国内生产总值二氧化碳排放比2010年降低17%、非化石能源占一次能源比重达到11.4%等约束性指标，并提出经济增速预期目标7%，资源产出率提高15%以及合理控制能源消费总量的政策导向。毫无疑问，“十二五”规划纲要充分表明了中国积极应对气候变化、加快推进绿色低碳发展的决心。从国际视角看，在充满复杂性和不确定性的环境中，中国始终坚持发展中国家的立场，同金砖国家团结一致，积极致力于推动全球稳定、安全和繁荣的伙伴关系形成，共同探讨全球治理、可持续发展、金砖国家合作，以及设立共同开发银行等问题，积极为造福人类福祉而承担责任。从国内视角看，我国已经将“十二五”能耗和碳强度下降目标分解落实到各地方，相应的任务落实到部门和行业，接下来就是通过进一步健全统计、监测和考核体系，对地方、部门节能减排、降低碳强度目标和任务完成情况进行评价考核，并将考核结果纳入政府绩效管理，实行问责制。显然，“十二五”规划纲要是统筹考虑国际国内两个大局，着眼于实现可持续发展和积极应对全球气候变化而采取的重大举措，对增强世界各国合作应对气候变化的信心具有重要意义。中国人民大学气候变化与低碳经济研究所，正是以“十二五”规划纲要为指导，给出《中国低碳经济发展年度报告（2012）》。

第一部分

低碳经济统计体系和竞争力分析

低碳经济发展体系和评价体系十分复杂，统计科学是能够提供准确、科学认识和评价低碳经济的重要工具。低碳统计体系的建立，一方面能够完善目标管理流程，为政策制定提供依据；另一方面，通过构建低碳经济竞争力评价体系，构筑起绩效管理、政策评估以及发展水平考核、检验、比较的科学根基。利用评价体系，分析中国省域和试点省市的低碳经济竞争力以及中国在世界范围内的低碳经济竞争力。总体看，中国特别是西北地区和欠发达地区的低碳经济竞争力还处于弱势地位，发展低碳经济任重道远。

第一章　中国省域低碳经济竞争力分析

本章研究介绍了国内外对低碳经济竞争力指标的最新研究成果，根据在《中国低碳经济年度发展报告（2011）》中推出的适合中国国情的省域低碳经济竞争力指标体系[1]，对2005—2010年全国各省、直辖市、自治区的低碳经济发展情况进行了分析，将全国划分为低碳地区、中碳地区、高碳地区，并进行综合比较评估。

第一节　2005—2010年全国省域低碳竞争力分析

本节根据《中国低碳经济年度发展报告（2011）》中现实版的低碳竞争力指标体系，对2005—2010年全国省市低碳竞争力进行分析比较。

一、低碳竞争力排名

评价的思路是对三级指标直接进行汇总，即对三级指标进行标准化处理，然后将三级指标汇总得到省域低碳竞争力指数。在三级指标的数据处理过程中，为了保证标准化后的数据在不同年份和省份间具有可比性，首先使用Min-Max方法对数据进行标准化，然后进行等权汇总。表1-1是2005—2010年全国省域低碳竞争力排名情况。

表1-1　2005—2010年全国省域低碳竞争力排名

地区	2005年	2006年	2007年	2008年	2009年	2010年
海南	1	1	1	1	1	1
江西	2	2	2	2	2	2
北京	11	6	13	13	5	3
广东	4	4	5	4	6	4
重庆	16	16	6	5	3	5
福建	3	3	3	3	4	6
广西	9	9	11	10	7	7

[1] 2012年在其中的理想版低碳社会指标体系中新加入了低碳时尚指标，在这个二级指标下，设置新型节能建筑数目、新型节能建筑技术评价、低碳主题相关活动数目、低碳时尚概念普及程度四个三级指标，考察构建低碳社会过程中对"低碳时尚"的建设力度。其中，新型节能建筑技术评价与低碳时尚概念普及程度都是定性指标。新型节能建筑技术评价用来考察节能建筑是否真的能够达到节能效果，而不是起到使设备耗能增高的反作用；低碳时尚概念普及程度则可通过调查问卷等方式调查低碳时尚在民众心中的地位等，用来辅助衡量低碳时尚的发展水平。

续表

地区	2005 年	2006 年	2007 年	2008 年	2009 年	2010 年
浙江	6	7	12	7	11	8
安徽	5	12	7	11	12	9
黑龙江	8	14	10	15	16	10
四川	10	11	9	8	9	11
湖南	19	15	15	12	10	12
山东	14	5	8	9	14	13
陕西	21	10	14	14	15	14
江苏	7	8	4	6	8	15
吉林	18	20	18	19	19	16
云南	12	21	17	16	13	17
河南	20	19	20	18	18	18
湖北	15	18	21	17	17	19
天津	17	13	19	21	21	20
辽宁	13	17	16	20	20	21
河北	22	22	22	22	22	22
上海	26	23	23	28	23	23
贵州	24	24	26	23	24	24
甘肃	23	26	24	27	27	25
山西	28	29	28	26	26	26
新疆	25	27	25	25	25	27
宁夏	29	28	27	24	28	28
内蒙古	27	25	29	29	29	29
青海	30	30	30	30	30	30
西藏	31	31	31	31	31	31

根据低碳经济竞争力指标体系，本报告从国家统计年鉴、各省统计年鉴上查询到了相关指标 2005—2010 年的指标值，对 2010 年指标值进行了标准化，通过加权平均法计算得到了低碳竞争力这一综合指标的分值，并根据分值对我国 31 个省、市、自治区进行了排名。排名情况如表 1–2 所示。

表 1-2 2010 年全国低碳经济竞争力得分情况及排名

地区	低碳经济竞争力得分	排名
海南	83.88	1
江西	80.56	2
北京	79.27	3
广东	77.48	4
重庆	77.19	5
福建	75.70	6
广西	74.33	7
浙江	73.65	8
安徽	73.37	9
黑龙江	73.35	10
四川	73.12	11
湖南	72.01	12
山东	71.49	13
陕西	71.43	14
江苏	70.86	15
吉林	70.72	16
云南	70.39	17
河南	69.41	18
湖北	69.19	19
天津	66.36	20
辽宁	66.29	21
河北	65.74	22
上海	63.80	23
贵州	59.29	24
甘肃	59.23	25
山西	57.25	26
新疆	55.26	27
宁夏	50.97	28
内蒙古	50.37	29
青海	41.11	30
西藏	39.43	31

需要说明的是，本排名是建立在本报告低碳经济竞争力指标体系之上的利用2010年各省、市、自治区数据得出的一个相对排名，是对我国各地区低碳经济发展情况进行划分的一种尝试，并不与其他低碳定义方式相矛盾。随着低碳概念的进一步推广和低碳经济的持续发展，本报告给出的排名情况也会因不同地区的发展水平变化而发生变化。

二、低碳竞争力区域划分

根据各省、市、自治区低碳竞争力的得分及排名情况，本报告将低碳竞争力指标得分排名为全国前11位的地区归为低碳地区，将得分排名为全国第12 ~ 21位的地区归为中碳地区，将得分排名为全国第22 ~ 31位的地区归为高碳地区。其中，低碳地区包括海南、江西、北京、广东、重庆、福建、广西、浙江、安徽、黑龙江、四川；中碳地区包括湖南、山东、陕西、江苏、吉林、云南、河南、湖北、天津、辽宁；高碳地区包括河北、上海、贵州、甘肃、山西、新疆、宁夏、内蒙古、青海、西藏。

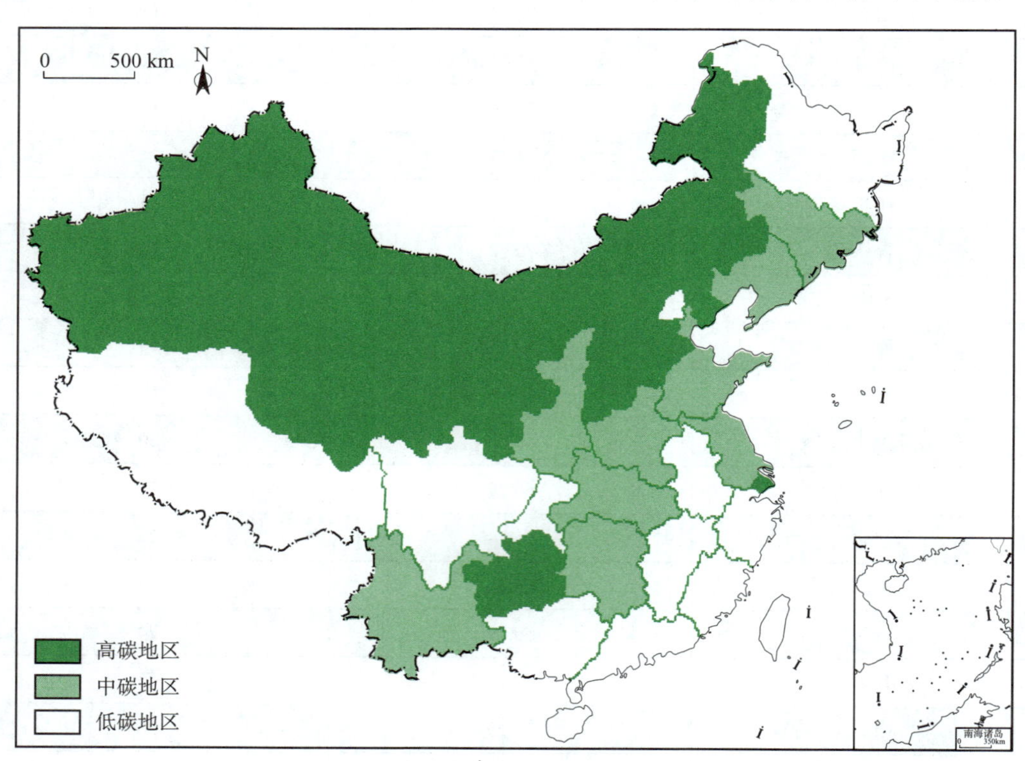

图1–1　中国高碳、中碳、低碳地域分布

从中国高碳、中碳、低碳地域分布（图1–1）中可以清晰地看到，中国高碳排放主要集中在西北地区和欠发达地区。比较例外的是作为发达地区的上海也位列高碳地区行列。图1–1中还显示，随着地理位置向东南方向推移，低碳竞争力逐渐提高，这种变化和经济发展水平及产业布局等多方面紧密相关，具体影响因素将在下一节进行分析。

第二节 2005—2010 年中国高中低碳地区竞争力排名比较

本节将根据高碳、中碳、低碳地区的各部分排名进行比较分析，最后引入低碳试点的五省八市进行深入分析。

一、低碳地区竞争力分析

（一）低碳效率处于中上游

从图 1–2 可以看到几个比较突出的现象：海南一直排在低碳效率的全国前列；北京的排名一直在上升，从 2005 年低碳效率全国排名 13 上升到 2008 年的全国排名第 11，但是 2009 年小幅下滑到了第 12，2010 年又上升到第 6。福建排名持续下滑，2006 年以后一直在下降，从 2006 年排名第 10 退到了 2009 年排名第 14，2010 年回升到第 13。四川的排名也在后退，2005 年排名第 5，到了 2009 年排到了第 10，2010 年排名第 11，名次下降幅度比较大。浙江一直游离在 14 名以外，尤其是在 2006 年下滑了两个名次。重庆 2005—2008 年一度从第 10 前进到第 5，到 2009 年慢慢退到了第 8，2010 年排名第 9。广东、江西、广西、海南一直处于全国前列，排名基本没有变化。

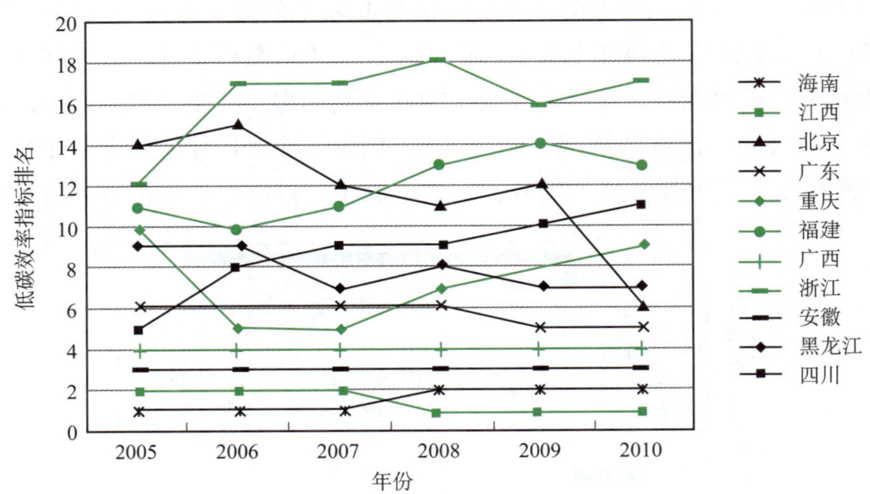

图 1–2 低碳地区 2005—2010 年低碳效率指标排名变化

从图 1–2 可看出，低碳地区的部分省份的低碳效率较差。这说明了这些省份需要进一步控制碳排放与能耗。从总体低碳发展来看，低碳地区之所以能够排名前列，与它们在低碳效率方面的排名靠前有着很大的关系。不过其中浙江、江苏和福建值得关注，因为它们在低碳效率方面的排名只是处于全国的中游水平，能够成为低碳地区可见这三个省份在其他领域占了更大的优势。

首都北京连续六年排名总体呈现上升趋势，其在低碳效率的很多方面逐年改进，可见近几年北京市政府在能耗和碳排放控制方面的政策取得了成效。比如北京现在交通管理实行机动车限号行驶的政策等，这些政策落实到能耗和碳排放上效果相当好。湖南这六年来名次稳定，湖南省政府的相关部门对低碳管理也是十分重视，目前和广东处在相近的水平。

江西和海南历年在能耗控制和温室气体控制上都排在了全国第 1 和第 2 位，这与这两个省份工业不发达的经济结构密切相关。两广的排名比较靠前，广东得益于经济的快速发展，在能耗控制方面也投入了相当大的精力，不过广东的各指标排名既有排在领先位置，也有排在靠后的情况；比如人均 CO_2 排名处于华南地区的最高位置，但是单位 GDP 能耗又处于全国领先的水平。广东的经济发展对能耗和温室气体的控制提供了相当广袤的基础，在以后增大对能耗和排放控制的话，能够继续保持低碳发展的先进水平。广西的发展模式在低碳效率方面比较有优势，各个分指标排名也比较靠前，总体排名一直保持在全国第 4。

浙江、福建等地的低碳效率指标排名处于中游水平，从各个分指标的情况看，浙江、福建的各个分指标排名也中规中矩。这两个省份在低碳效率方面的竞争力可能还有待提升，不过从总体排名看，这两个省份在低碳引导和低碳社会方面做得也很出色，成为了全国低碳排名领先的省份。

从图 1–3 可以看出，低碳地区北京的排名上升非常快，2010 年排名比 2009 年上升了 6 名；其他地区变动幅度不大；四川、浙江、重庆略有下降。我们对于引起北京名次变动的原因希望能够深入研究探索，因此我们列出了北京 2009 年和 2010 年的低碳效率各子项目的标准分数情况（图 1–4）。我们发现，引起北京排名变化的原因主要是人均能耗与人均电耗分值的提升，人均二氧化碳排放的分值也有一定的提高。

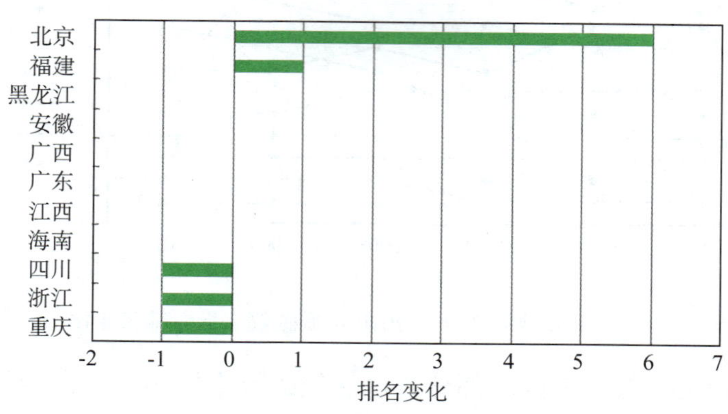

图 1–3　低碳地区排名相较于 2009 年的变化

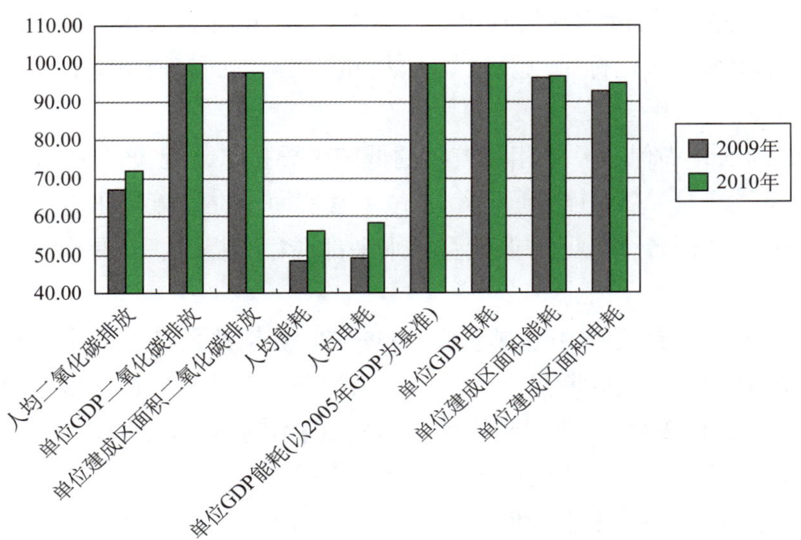

图 1-4 北京 2009 年和 2010 年的低碳效率各子项目的标准分数情况

（二）低碳地区在低碳引导方面无明显优势

从低碳地区的 11 个省、市、自治区在 2005—2010 年低碳引导方面的排名变化情况（图 1-5）可以看出，这 11 个省、市、自治区虽然在低碳竞争力排名中实力很强，但是其低碳引导水平并非都在领先集团中；只有北京、重庆和四川在低碳引导方面比较具有竞争力；两广地区和安徽、黑龙江的低碳引导水平比较落后，有待提高。

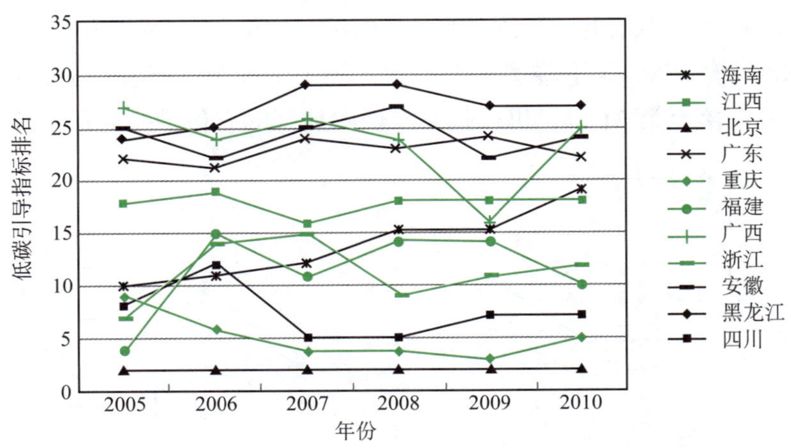

图 1-5 低碳地区 2005—2010 年低碳引导指标排名变化

首都北京连续六年保持在第 2 的位置，其在低碳引导的很多方面都处于领先水平，只是空气质量不是很好，但这样的历史遗留问题只能逐步改善。而重庆前五年名次持续上升，从最初 2005 年的第 9 名上升到 2009 年的第 3 名，2010 年略有下降居于第 5 名，其在空气质量和单位 GDP 废水排放量两方面略有欠缺，而最近的六年中这两方面均有很大的改善。这些改善和重庆在环保方面的投入密不可分，这可以从重庆环境保护投资指数的持续领先看出。四川在 2006 年排名大幅下降，降至第 12 位，主要是在工业废水排放达标率以及燃气天然气占比两方面有所下降，在之后几年又回升到一个比较好的水平。

海南在 2005 年尚保持一个相对较好的低碳引导排名，处于第 10 位，但在之后的五年间排名持续下降，2010 年到了第 19 位。其实海南在这五年来低碳引导水平有显著提升，这表明全国各个地区的低碳引导水平都在稳步提升，只是海南的提升速度略显缓慢。

浙江、福建两地的低碳引导排名在 2005—2010 年都是在波动中略有上升。浙江在 2006 年和 2007 年名次的明显下降主要是因为那两年该地区的工业废水排放达标率很低，在 2008 年和 2009 年才逐步有所改善；而福建排名在 2006 年的大幅下降是因为该年福建地区垃圾无公害化处理水平大幅下降。

江西一直维持在中等偏下的低碳引导排名，两广地区和安徽、黑龙江低碳引导排名一直不是很理想，这五个地区的低碳引导水平都有待进一步提升。

（三）低碳社会指标普遍较好

从 2005—2010 年低碳地区的低碳社会指标排名变化（图 1-6）可见，四川、北京的低碳社会建设程度始终处于较为落后的位置。北京市的低碳社会发展水平在低碳地区中始终落后于平均水平，与重庆不同的是，其低碳社会的名次先经历了较大幅度的下滑，后又有一定的回升，2010 年又发生了下滑，排到低碳地区里的末位。北京市 2010 年低碳经济竞争力综合排名位列全国第 3，较 2009 年上升了两个位次，低碳经济发展成效总体是不错的。但在 2005—2010 年，北京市在低碳社会方面的排名先降后升，2008 年较 2005 年下降了 6 个位次，降至全国第 23 位，2009 年回升到第 16 位，2010 年又回落至第 21 位，仍然是所有低碳地区的省份中排名最靠后的。

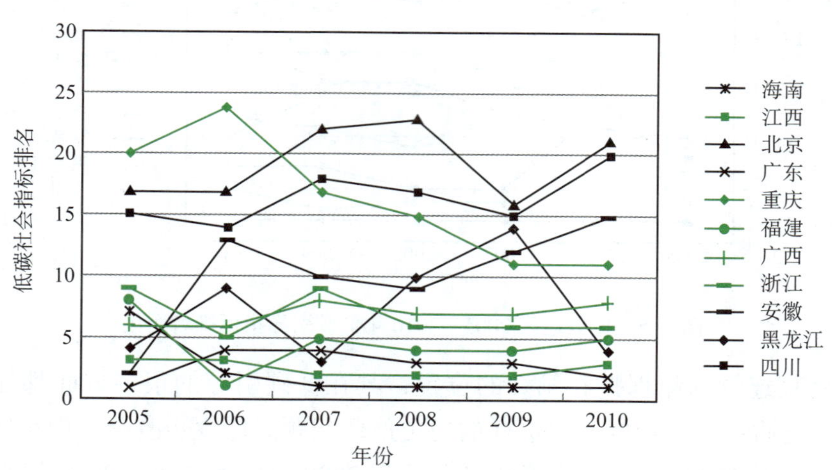

图 1-6　低碳地区 2005—2010 年低碳社会指标排名变化

具体来看，北京市 2007 年人均城市园林绿化面积和建成区绿化覆盖率都有显著下降是导致在低碳社会方面排名滑落的主要原因之一。在随后的三年中，北京市人均城市园林绿化面积和建成区绿化覆盖率整体上呈上升趋势，2010年的绝对水平超越了2006年，是导致北京市在低碳社会方面的排名有所回升的主要原因之一。值得关注的是，北京的人均生活消费二氧化碳排放量在全国范围内始终高居榜首，这也是导致北京的低碳社会建设水平在低碳地区中始终靠后的原因之一。

除此之外，重庆市也值得关注。重庆市低碳社会的建设程度最初处于低碳地区的最后一名，但五年来不断转好，位次上升较快。重庆市2010年低碳经济竞争力综合排名位列全国31个省、市、自治区中的第5位，说明重庆市发展低碳经济的总体成效较为突出。但在2005—2010年，重庆市低碳社会方面的排名始终处于前十名开外，2006年排到了全国第24名，随后几年排名有所上升，到2010年升至全国第11名。

具体来看，2005—2007年重庆市在森林覆盖率、人均城市园林绿地面积和建成区绿化覆盖率方面的表现均在平均水平之下，2008年和2009年各指标的表现有所好转，特别是森林覆盖率和建成区绿化覆盖率有显著提升，使得重庆市在低碳社会中的综合排名位次不断上升。

除重庆市、北京市以外，海南省在低碳社会的排名变化幅度也较为明显，但与重庆市、北京市不同的是，海南省的排名近五年来不断上升。海南省2010年低碳经济竞争力综合排名位列全国第一，自从2007年后其在低碳社会中的排名也一直保持全国首位，具体来看，海南省森林覆盖率、人均城市园林绿地面积和建成区绿化覆盖率这五年来一直处于全国前列，人均生活消费二氧化碳排放量也处于全国较低水平，是海南省得以维持低碳社会中的较高名次的原因。

另外，黑龙江、安徽的低碳社会名次变化也较为显著，其中黑龙江2010年与2005年的排名相比变化不大，而安徽2010年的排名与2005年相比则大幅下降，由低碳地区的前排跌落至后排。江西、福建、广东、广西、浙江在低碳社会排名上的变化幅度不如重庆、北京和海南显著，并且这五个地区在2010年低碳经济竞争力方面的排名情况与其各自在低碳社会方面的排名情况较为一致。

2009—2010年黑龙江的低碳社会指标排名在低碳地区中排名上升幅度最大，从低碳地区中的第9位跃升至第4位，究其原因，黑龙江2010年的单位面积生活消费能耗有明显的下降，除此之外，人均城市园林绿地面积、建成区绿化覆盖率也均有一定的上升，低碳社会指标整体表现有较好的改善；然而，低碳地区有6个省、市的低碳社会指标排名有所下降，分别是北京、四川、安徽、广西、福建和江西，应注意相关指标的控制，进一步发展低碳社会。

二、中碳地区竞争力分析

（一）低碳效率处于中游水平

从2005—2010年中碳地区低碳效率指标排名变化（图1-7）可以看到几个比较

突出的现象：中碳地区的排名趋向于稳定，不过有几个中碳地区的省份排名前列，部分中碳地区在低碳效率方面还是很有潜力；吉林的名次一直在上升，于 2009 年冲击到了第 9 的位置，2010 年排名第 10。我们能够看出中碳地区具有冲击低碳效率的领先位置的能力。

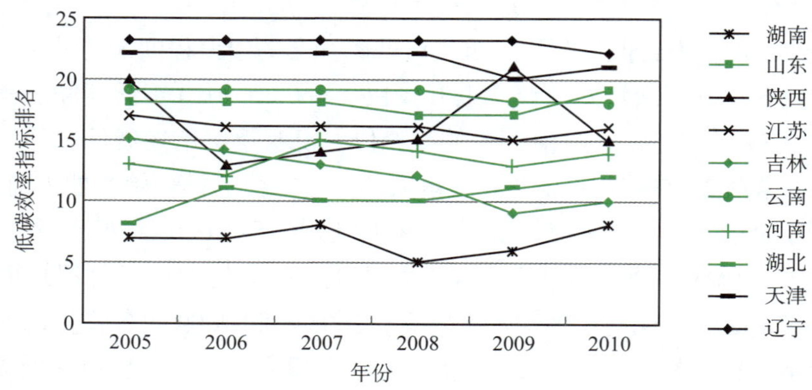

图 1-7　中碳地区低碳效率指标排名变化（2005—2010 年）

湖南地区在低碳效率方面排名连续六年保持在前八，其在低碳效率的各方面都处于中碳地区的领先位置，其低碳效率发展经验值得推广。陕西和山东在低碳效率方面表现一般，主要问题在于能耗与电耗的控制上。湖北、吉林的发展水平还是具有向上走的空间，在低碳效率方面这两个省份的排名都比较靠前，如果接下来的几年在政策上更加注重能耗和温室气体排放的控制，尤其再加强低碳社会和低碳引导方法的话，整体名次一定能够上升。

辽宁、天津的低碳排名处于相对靠后的水平，在能耗控制、碳排放方面存在着需要改良的地方。从分指标情况来看，单位 GDP 能耗还需要降低。

从中碳地区的排名变化情况（图 1-8）来看，陕西的名次变动也非常剧烈，前进了 6 名。而其他地区的名次大多是下降的。我们对于引起陕西名次变动的原因希望能够深入研究探索，因此我们列出了陕西 2009 年和 2010 年的低碳效率各子项目的标准分数情况，如图 1-9 所示。

我们发现，引起陕西排名变化的原因主要是单位建成区面积的二氧化碳排放，因为 2009 年陕西的单位建成区二氧化碳排放排名处于末尾，从而影响了标准分数的得分。除此以外，2010 年陕西单位建成区面积电耗的分值也上升了，虽然上升的部分可能被单位建成区面积能耗的下降所抵消。

（二）中碳地区的低碳引导水平在波动中发展

从中碳地区 2005—2010 年低碳引导指标排名变化（图 1-10）可以看出，这 10 个省、市、自治区在低碳引导方面的排名也是分布广泛，并非集中在中等水平。其中天津、陕西和山东在低碳引导方面比较有优势，而湖北、湖南和吉林低碳引导水平相对较低，有待提升。

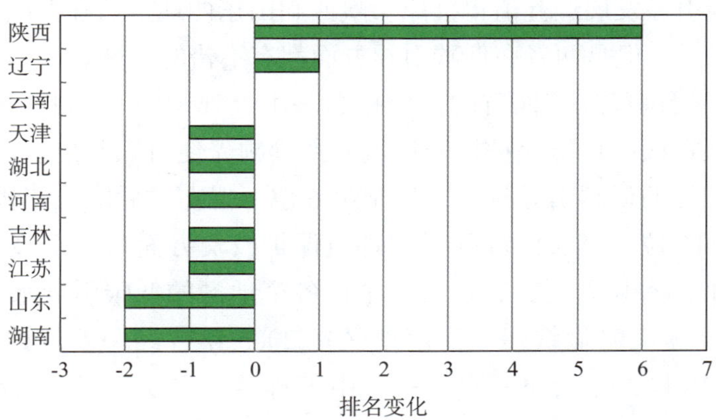

图 1-8　中碳地区排名相较于 2009 年的变化

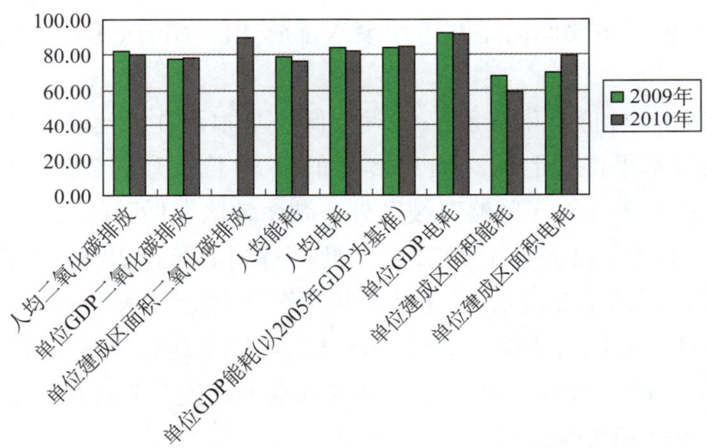

图 1-9　陕西 2009 年和 2010 年的低碳效率各子项目的标准分数情况

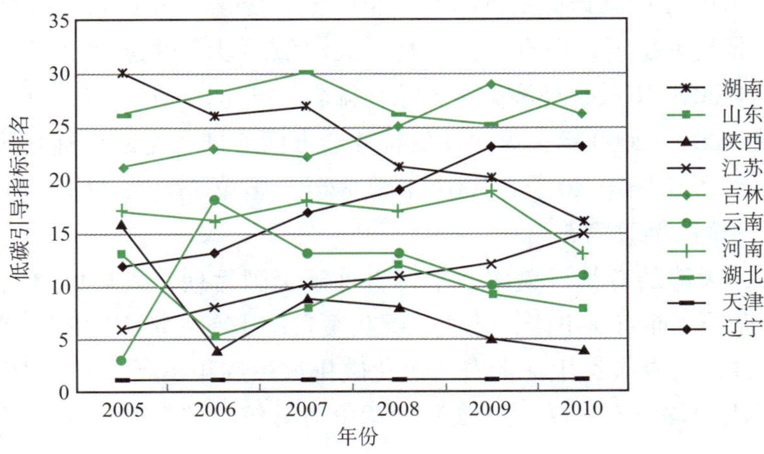

图 1-10　中碳地区 2005—2010 年低碳引导指标排名变化

天津地区在低碳引导方面连续六年保持在第1位，其在低碳引导的各方面都处于领先位置，其低碳引导发展经验值得推广。陕西和山东两地虽然在低碳整体竞争力方面只是处于中等水平，但是两者在低碳引导方面都有不错的表现。

江苏、云南、河南和辽宁四省的低碳排名基本上处于中等水平，这与环境保护投入密不可分，从重庆的环境保护投资指数的持续领先便可以看出。江苏在2005年尚保持一个相对较好的低碳引导排名，处于第6位，但在之后的五年排名持续下降，在2010年到了第15位。其实江苏除了在环境保护投资方面略有下降外，在低碳引导的其他方面水平都有显著提升，这表明全国各个地区的低碳引导水平都在稳步提升，而江苏的提升速度略显缓慢。云南地区在2005年曾经一度位列第3，但是在2006年跌落到第18位，之后也一直维持在中等排名，主要原因是云南的生活垃圾无公害处理率和燃气天然气占比在2006年均有显著下降，特别是燃气天然气占比在2006年下降之后一直保持在一个较低的水平。而辽宁在六年之间低碳排名从第12位持续下降到第23位，主要原因是其工业废水排放达标率持续走低，废水处理水平亟待改善。

湖北、湖南和吉林低碳引导水平相对较低，基本都在末尾十位之内。湖南地区在6年间低碳引导水平持续上升，从2005年的第30位提升到2010年的第16位，除了工业废水达标排放率在5年间略有波动外，湖南地区在低碳的各个方面都有稳步提升。而吉林地区2005年排名处于第21位，此后持续下降到2009年的第29位，2010年名次有所回升，到达第26位，其生化垃圾无公害化处理水平一直未有提升，并且在2006年和2008年有明显下降。此外，吉林工业废水达标排放率在2007年和2008年略有改善之后，又在2009年恢复至原来的低水平，说明其在低碳引导方面确实有所付出，但是并不能长久保持成果。

（三）**低碳社会指标稳中有降**

从2005—2010年中碳地区的低碳社会指标排名变化（图1-11）可见，中碳地区整体的排名情况基本稳定，但有下滑趋势。天津低碳社会的建设程度显著低于其他各个地区。天津2010年低碳经济竞争力综合排名位列全国31个省、市、自治区中的第20位，但在2005—2009年，天津在低碳社会方面的排名先是有所上升后又不断下滑，2006年排到了全国第20位，2007年跌落至全国第27位，2010年较2009年有小幅回升，位列全国倒数第5。

具体来看，天津的森林覆盖率水平一直处于全国后列，人均城市园林绿化面积这几年并没有提升反而有所下降，建成区绿化覆盖率也有一定程度的下滑，绿化水平并没有显著提升，另外人均生活消费二氧化碳排放量逐年不断上升。天津2010年较2009年各指标表现均略有好转，低碳社会竞争力有较大的提升空间，仍需要加强低碳社会建设。

江苏2005—2010年在低碳社会上的排名变化也值得关注。2010年江苏低碳经济竞争力综合排名处于全国第 15 位，而 2005—2010 年低碳社会排名从第 10 位上升至第 5 位，2010 年又滑落至第 12 位，波动较为剧烈。具体来看，江苏的人均城市园林绿地面积有所下降，是导致其低碳社会总体排名下滑严重的主要原因。

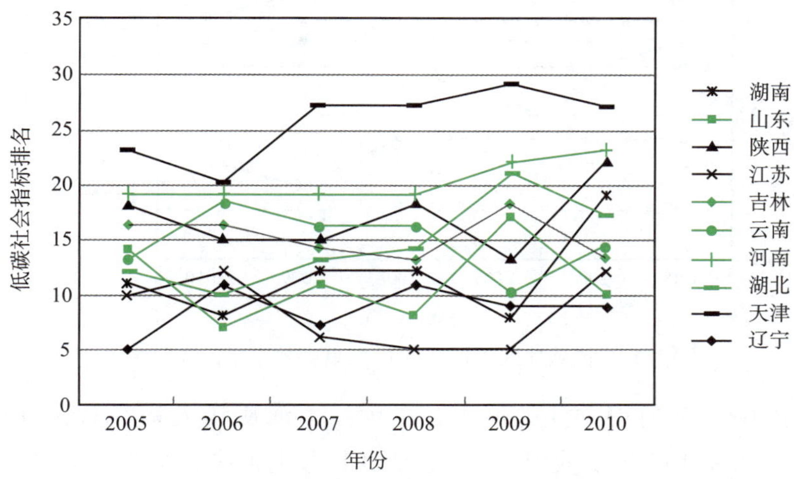

图 1-11 中碳地区 2005—2010 年低碳社会指标排名变化

湖北的排名变化也值得关注。湖北 2010 年低碳经济竞争力综合排名居全国第 19 位，而 2005—2010 年湖北在低碳社会中的排名在波动中由第 12 位下落至第 17 位。具体来看，湖北人均园林绿地面积和建成区绿化覆盖率有所下滑，是导致其在低碳社会中排名变化的原因之一。

除江苏、湖北在低碳社会的排名变化波动较大之外，云南、山东等省份均表现出了一定的波动，但相对而言总体名次变化不大。中碳地区其余省份的排名则都较为稳定。

2009—2010 年，山东的低碳社会指标排名在中碳地区中排名上升幅度最大，从低碳地区中的第 6 位跃升至第 2 位，究其原因，山东 2010 年的人均城市园林绿地面积有大幅提升，增加了 8 平方米 / 人，低碳社会指标整体表现有较好的改善；然而，中碳地区有 3 个省、市的低碳社会指标排名有所下降，分别是陕西、湖南、江苏，其中湖南降幅最大，从低碳社会中的第 2 位下落至第 7 位，应注意相关指标的控制，进一步建设低碳社会。

三、高碳地区竞争力分析

（一）低碳效率处于下游

从图 1-12 可以看出，高碳地区在低碳效率方面的排名基本处于全国的尾部，高碳地区低碳效率水平最高的甘肃和新疆也是排到了第 20 名左右。低碳效率指标偏低，是制约高碳地区发展低碳经济的一个很重要的因素。

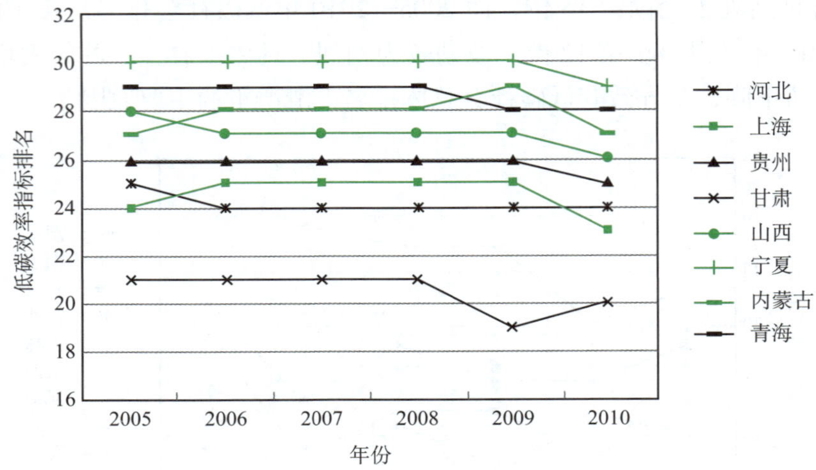

图 1-12　高碳地区 2005—2010 年低碳效率指标排名变化

高碳地区中一个值得关注的城市是上海。上海历年人均二氧化碳排放远高于其他地区，平均在 13 吨 / 人附近；电耗方面上海也很高，上海 2005 年人均电耗是 5185.43 千瓦时，逐年缓慢上升，到 2008 年后上升势头得到遏制，2009 年人均电耗为 6004.06 千瓦时，2010 年人均电耗达到 5627.7 千瓦时。作为国际大都市，上海比其他省份有着更多的先进经验和改革动力，应该更注重对用电的控制。虽然上海历年平均单位 GDP 能耗都在 0.8 吨标准煤 / 万元左右，但是经济发展的同时也要更加注重能耗控制，这方面上海可以借鉴广东的经验。宁夏、内蒙古、山西、河北、贵州处于中游水平。这些省份是历来的能耗大省，在低碳效率评比上相关的指标都处于全国的末尾。

甘肃和新疆两地在高碳地区中比较具有冲击进入中碳地区的潜力，各部分指标水平还是有很大的发展空间，当地政府可能需要在政策和引导上加强对低碳发展的投入。

高碳地区排名变化（图 1-13）与中碳地区相反，除了甘肃排名下降 1 位外，其他地区的排名大多上升了 1 ～ 2 位。

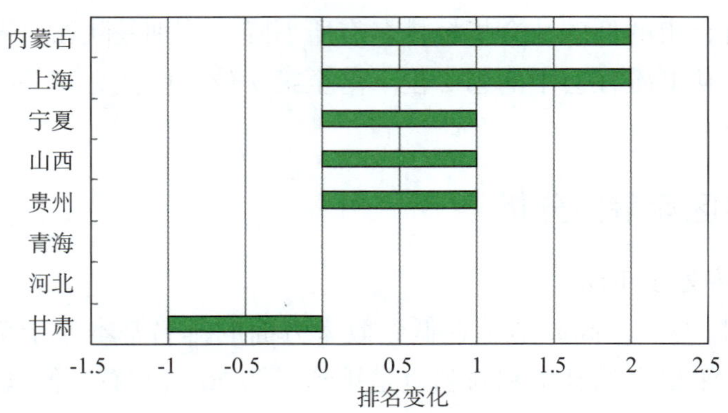

图 1-13　高碳地区排名相较于 2009 年的变化

高碳地区中上海排名上升了两位，作为中国的经济大都市，我们希望能够了解上海排名分值结构的变化（图 1-14），我们发现，引起上海排名变化的主要原因是人均二氧化碳排放、人均能耗与人均电耗这几项，与前面北京的变化来源相似，然而上海单位建成区面积电耗的上升也带来了排名的优势。

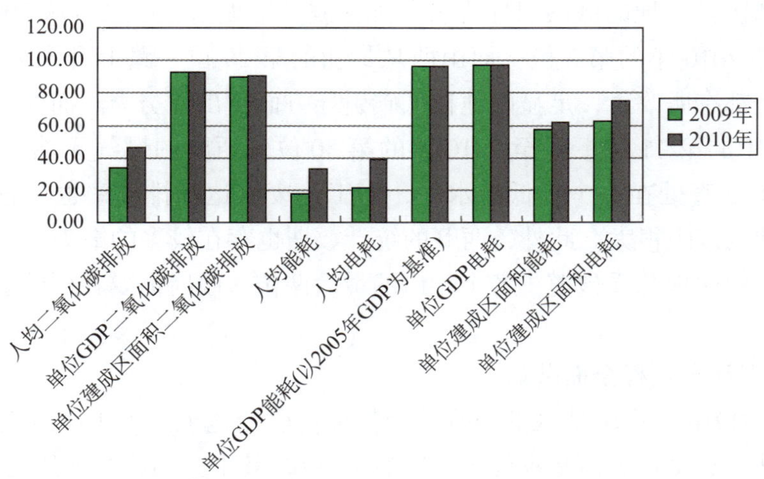

图 1-14 上海 2009 年和 2010 年的低碳效率各子项目的标准分数情况

（二）**低碳引导略有优势**

从高碳地区的 10 个省、市、自治区在 2005—2010 年低碳引导方面的排名变化（图 1-15）可以看出，这 10 个省、市、自治区虽然在低碳竞争力排名中实力很弱，但是在低碳引导水平上并非都在落后集团中；只有新疆、甘肃、西藏和山西在低碳引导方面略显落后；上海和宁夏两地具有比较高的低碳引导水平。

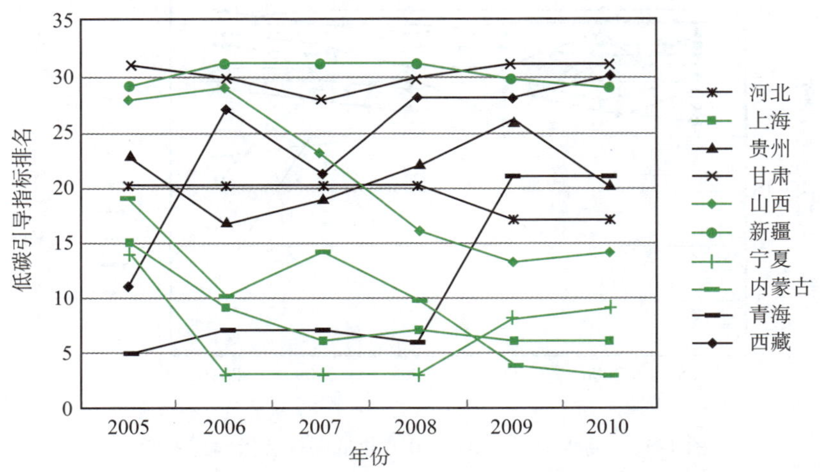

图 1-15 高碳地区 2005—2010 年低碳引导指标排名变化

宁夏在 2006—2008 年低碳引导水平一直保持在第 3 的水平，在 2009 年下降到第 8 位，2010 年下降到第 9 位。上海地区的低碳引导排名持续上升，最后稳定在第 6

位，其各项指标在2005—2010年均有所改善，说明上海近年在低碳引导方面也付出了不懈的努力。青海地区一直维持在一个比较高的低碳引导水平，在2009年名次突然下降到第21位，2010年仍然保持在第21位，由于其垃圾无公害处理水平持续走低，急需提高垃圾无公害化处理水平。

内蒙古和山西两地的低碳引导排名分别在波动中提高。内蒙古从2005年的第19位一路上升到2010年的第3位，而山西从最初的第29位一路上升到第14位，两地在各项指标上都有所改善，足显两地在低碳引导方面付出的努力。而西藏排名一路降低，从2005年的第11位下降至2010年的第30位，西藏的燃气天然气占比在2006年大幅下降后一直处在一个较低的水平，而工业废水达标排放率也一直处于较低水平，和别的地区差距很大。此外，西藏的统计数据也存在较多的缺失。

甘肃和新疆两地几乎包揽了各个年份的最后两位，政府需要在低碳引导方面做更多工作。

（三）低碳社会指标全面落后

从2005—2010年高碳地区的低碳社会指标排名变化（图1-16）可见，高碳地区整体在低碳社会竞争力方面基本处于全国后10位，其中变动最剧烈的是河北、新疆。河北在2010年低碳经济竞争力排名中处于全国第22位，在2005—2010年其低碳社会竞争力从全国第24位不断上升，2010年一跃进入全国前十位，位列第9，高碳地区中也从中等位次上升至第1位。河北近五年的建成区绿化覆盖率有较大幅度的上升，人均生活消费CO_2排放量在其他省份仍在不断攀升的时候却有明显的逐年下降趋势，因而其在低碳社会中的排位在高碳地区中升幅最大。

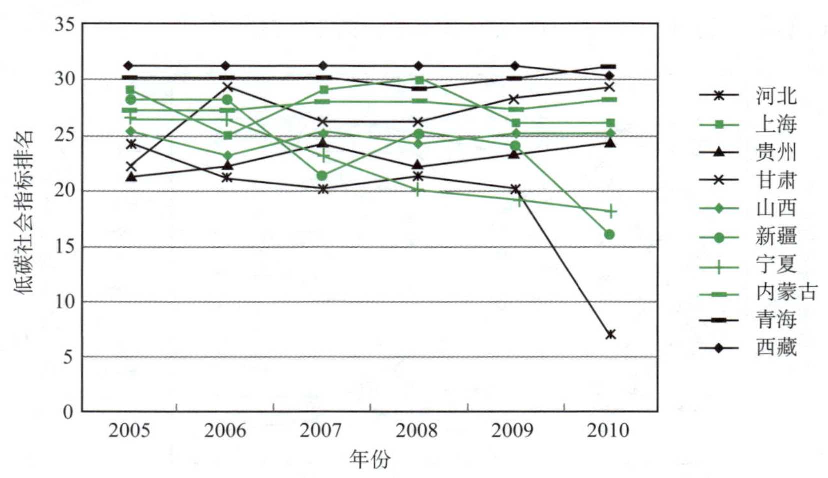

图1-16　高碳地区2005—2010年低碳社会指标排名变化

新疆在经过较为剧烈的波动后，在低碳社会中的排名整体上升，从第28位上升至第16位。具体来看，人均城市园林绿地面积的显著提升是导致其排名在波动中上升的原因。

青海、西藏的排名也值得关注。2010年青海和西藏在低碳经济竞争力排名中分居全国倒数第2位和最后1位，近六年来青海和西藏在低碳社会的排名中也基本处于全国后3位。究其原因，两地区在森林覆盖率、人均城市园林绿地面积、建成区绿化覆盖率和人均生活消费二氧化碳排放量等指标上均处于全国末位水平，导致了其在低碳社会中的排位十分靠后。西藏、青海受地理条件限制，低碳社会建设存在一定的困难。

2009—2010年，高碳地区中表现最突出的是河北省，其低碳社会指标排名名次跃升了15位，整体从所有地区中的第20位上升至第5位，其原因为河北2010年的建成区绿化覆盖率有所提升；除去河北省，新疆的低碳社会指标排名也有大幅提升；然而，高碳地区中的内蒙古、青海位次有所下降，应注意相关指标的控制，进一步建设低碳社会。

第三节　2005—2010年低碳试点省份和城市竞争力分析

2010年8月，国家发改委启动我国低碳省份和低碳城市试点工作。承担低碳试点工作的有广东、辽宁、湖北、陕西、云南五省和天津、重庆、深圳、厦门、杭州、南昌、贵阳、保定八市。在《中国低碳经济年度发展报告（2011）》中，已经根据收集到的资料对相关省市的竞争力进行了分析。本节在2011年度报告的基础上，根据可以获得的数据，对试点省市的竞争力进行进一步分析。

一、低碳效率指标分析

温室气体控制方面，试点省市大致分成了两个集团，第一个集团是云南、陕西、重庆、湖北和广东，基本在7吨/人以下；第二个集团是厦门、辽宁、天津、杭州和深圳，平均为7～14吨/人。各个省市的排放增长速度都不大，不过还是在缓慢增长。云南排放量历年都是最少，而2005年以后杭州的排放量则在试点省市中排最高。根据建成区面积二氧化碳排放，大致分为3个集团，最好的是深圳、厦门和广东，最差的是云南，其他省市排在中间。

能耗控制方面，从试点省市的人均电耗看，重庆、云南和湖北排在最前面，并且与其他省市拉开了距离。排在中间的分别是辽宁、广东、天津和厦门，杭州和深圳排最后。从单位GDP能耗看，整体省市都在缓慢下降，试点省市单位GDP能耗分成了5个水平，最好的是深圳和厦门，其次是杭州和广东；天津处于中间；湖北、重庆和陕西处于相似水平，而云南和辽宁排最后。从建成区面积能耗看，试点省市大致分为3个集团，最好的是深圳、厦门和广东，最差的是云南，其他省市排在中间。从单位建成面积电耗来看，又是另一番景象。杭州和云南接近，排在末尾；陕西与其他省市都有差距；而剩下的省市差距在缩小，而且排名也在逐年变化。重庆是历年平均水平最低的试点城市，从 2005 年的 5969 万千瓦时 / 平方千米上升到 2009 年的 6815 万千瓦时 / 平方千米。

二、低碳引导指标分析

基础建设方面，试点的五省八市中，南昌市在垃圾无公害化处理方面处于最高的水平，2006—2008 年，南昌的垃圾无公害化处理率一直高达 100%；厦门、深圳在垃圾无公害化处理率方面也有不错的表现，在“十一五”初期就在 90% 以上，在 2010 年分别达到了 94.60% 和 100%。天津和贵阳处于第二集团，其垃圾无公害化处理率从 2005 年开始就稳居 80% 以上，并且逐年提高，分别提高到 90% 以上，尤其是天津在 2009—2010 年有迅猛的发展，从 94.31% 提升到 100%。此外，重庆市在最近六年也有很好的表现，从 2005 年的 54.78% 逐年大步提升直至 2010 年的 98.82%，可见重庆市垃圾无公害化处理水平的显著提升；而陕西的垃圾无公害处理水平的提升仅次于重庆，从 2005 年的 39.78% 上升到 2010 年的 79.84%，尤其在 2010 年比前一年提高了 10.68%。辽宁、广东两省的垃圾无公害处理水平在 2005—2009 年略有提升，分别从 2005 年的 50.04% 和 50.60% 增长到 2009 年的 59.87% 和 65.49%，但在 2010 年均有比较大的提升，分别达到了 78.8% 和 72.12%。只有湖北和云南两省的垃圾无公害处理水平在这五年中增长出现大幅下降，而且都出现在 2006 年，2010 年也只是比“十一五”初期略有增长。各个省市在危险固体废物处置方面都有较好的表现，这也是全国的一种大方向，只是广东省、重庆市、厦门市和杭州市在“十一五”初期没有达到危险固体废物零排放，危险固体废物处置率分别是 99.99%、96.26%、99.97% 和 97%，但在之后几年有所改善，广东省、重庆市、厦门市在“十一五”末期均达到 100%，杭州没有 2009 年的数据，是否达到危险固体废物零排放不得而知❶。

在环境引导方面，我们发现深圳、厦门这样的经济特区的城市环境保护投资指数明显高于其他地区，两市在 2005—2009 年投资指数均在 2.3 以上，而且逐年提升，只有深圳市在 2008 年略有下降，但是两市总体保持在一个较高的城市环境保护投资水平。辽宁、湖北、云南在历经了 2006 年和 2007 年的下降之后，又在 2008 年和 2009 年保持了上升的趋势。而广东省在整体环境保护投资指数方面一直处于最低的水平，并且在 2006—2008 年逐年下降，直到 2009 年才略有上升，但是一直处于 0.8 以下。而天津和重庆两市在 2005—2009 年一直波动发展，在五省八市中维持在中等水平。❷

在空气质量方面，昆明的空气质量水平很高，空气二级和好于二级的时间（天）占全年比例在 2005—2010 年一直保持在 99% 以上，其中在 2007—2010 年一直保持

❶杭州 2010 年的危险固体废物处置率截至 2012 年 1 月尚未公布。

❷天津和重庆 2010 年的城市环境保护投资指数截至 2012 年 1 月尚未公布。

在100%。此外，深圳的空气质量也尤其的好，在“十一五”初期空气二级和好于二级的时间（天）占全年比例达到98%以上，在2010年更是达到了100%。广州、厦门、南昌和贵阳四市的空气二级和好于二级的时间（天）占全年比例在这六年也一直保持在90%以上，并且逐年有所增加，在2010年分别达到97.81%、97.50%、94.25%和96.35%。紧随其后的是沈阳市，一直保持在85%～90%，且逐年有所增加，2010年提升到90.14%。再往后依次是天津、西安、重庆、武汉。武汉市空气质量水平最低，空气二级和好于二级的时间（天）占全年比例一直保持在74%～83%，2010年下降到77.81%。2011年的《“十二五”规划与政府工作报告》提出在空气指标方面的目标：地级以上城市空气质量达到二级标准以上的比例达到80%。但是在数据搜集过程中我们发现地级市很少对该指标进行核查，建议在今后地级市环境方面的统计中也采纳该指标。

在产业引导方面，每个省市的万元GDP废水排放量在2005—2010年均保持平稳下降，并且大部分省市的工业废水排放达标率都处于较高的水平。其中天津的万元GDP废水排放水平最低，从2005年的15.45吨/万元持续下降到2010年的7.39吨/万元；仅次于天津的是杭州，万元GDP废水排放量一直保持在19吨/万元以下，在2008年达到12.83吨/万元（没有2009年和2010年的数据）。此外，南昌、云南、陕西和厦门等地万元GDP废水排放量水平基本相当，在六年之间均在22吨/万元以下，并且持续下降。排放水平逐步提高的排名依次为：辽宁、厦门、广东、贵阳、湖北、重庆。所有省市中，重庆万元GDP废水排放量最高，在2005年高达41.88吨/万元，是排放水平最低的天津市的两倍多，在之后几年，重庆的排放水平逐年下降，到2009年下降到22.52吨/万元，约为2005年的一半，在2010年更是下降到16.16吨/万元，减排效果显著。五省八市中大部分省市的工业废水排放达标率都处于较高的水平。其中水平最高的是天津市，2005—2010年工业废水排放达标率一直保持在99%以上，在2009年更是达到了100%，在2010年也达到了99.95%。其次是厦门市，工业废水排放达标率一直保持在95%以上，并在“十一五”期间持续提高，2007—2009年保持在99%以上。此外，深圳在“十一五”期间虽然略有波动，但工业废水排放达标率也保持在95%以上。广东、湖北、云南、贵阳在“十一五”期间基本保持增长，2009年排放水平最终均达到92%以上，2010年广东和湖北达标率分别上升到93.11%和96.77%，云南略下降至91.84%。此外，辽宁、陕西、重庆、南昌这六年达标率在波动中上升，基本保持在88%以上。工业废水排放达标率水平最低的是杭州市，但在2006—2010年逐步上升，从2006年的72.92%上升至2010年的96.88%，依然和其他省市持平。但在搜集废水排放和处理的相关数据时，我们发现大部分非直辖市的城市缺乏相关方面的统计数据，而且在统计口径上也差异很大，建议建立统一的统计口径，并且加强该方面的统计，因为废水排放量和污水处理情况是反映低碳水平和环境水平的重要指标。

在生活引导方面，各个省市的燃气天然气占比差距很大，基本分为 3 个集团，当然这跟地理位置也有很大的关系，集团间差异跟地域因素也有很大关系。第一集团是重庆、陕西和天津。其中重庆、陕西地处西边，有地域优势，所以天然气使用量比较高；天津地处京津唐地区，天然气的供应也比较多，但是燃气天然气占比波动比较大。湖北和辽宁处于第二集团。湖北地区燃气天然气占比逐年稳步提升，从 2005 年的 5.16% 提升到 2010 年的 26.06%；六年间辽宁省的燃气天然气占比也是逐年提升，但是提升幅度没有湖北省那么明显，只是从 2005 年的 7.32% 提升到 2010 年的 12.81%。第三集团是云南和广东两省。两省地处南方，天然气供应不足，六年间在燃气天然气占比方面没有明显改善。搜集数据时我们发现像燃气、天然气这样的能源数据的统计在市一级的统计年鉴上非常少。在这样一个提倡节能和清洁能源使用的时代，能源统计是必不可少的，所以在此建议在各地建立统一合理的能源统计体系。

三、低碳社会指标分析

低碳环境方面，五省八市在森林覆盖率、人均城市园林绿地面积和建成区绿化覆盖率方面均有一定程度的数据缺失，主要表现为城市数据不全面。

具体来看，森林覆盖率并不在所有市级年鉴的统计范围内，除了重庆和天津两个直辖市外，深圳、厦门、杭州、南昌、贵阳、保定市级统计年鉴中均缺少这一口径。在有数据可查的五省二市中，森林覆盖率近五年来整体水平最高的是广东省，始终处于 45% 之上；紧随其后的是云南省，也保持在 40% 以上；天津市最低，始终在 8% 左右，需要加强植树造林建设。

城市园林绿地面积也不在所有市级年鉴的统计范围内，除五省和重庆、深圳数据较为全面之外，其他城市均有一定程度的缺失，其中，天津缺失 2007—2008 年城市园林绿地面积数据；厦门缺失 2005 年城市园林绿地面积数据；杭州、南昌、贵阳、保定缺失 2005—2010 年城市园林绿地面积全部数据。在有数据可查的省市中，人均城市园林绿地面积近 5 年来整体水平最高的是厦门市，2010 年达到 101 平方米 / 人，较 2006 年的水平翻了一番；紧随其后的是广东省，2010 年达到 66 平方米 / 人；水平最低的是云南省和深圳市，2010 年仅达到 14 平方米 / 人左右；天津市的人均园林绿地面积也不容乐观，2010 年仅为 18 平方米 / 人。

建成区绿化覆盖率也不在所有市级年鉴的统计范围内，大部分省份和直辖市缺失 2005 年数据，部分城市整体缺乏数据，具体来说，深圳、厦门、杭州数据较为全面，重庆、广东、辽宁、湖北、陕西、云南缺少 2005 年数据，天津缺失 2005 年、2007 年、2008 年数据，南昌、贵阳、保定缺少 2005—2010 年全部数据。在有数据可查的省市中，建成区绿化覆盖率水平较高的省市有广东、深圳和厦门，2010 年均在 40% 以上；重庆、辽宁、湖北、陕西、云南、杭州在建成区绿化覆盖率方面的表现也都较好，基本为 36% ~ 40%；天津在有数据的省市中表现稍显逊色，2010 年仅为

30.3%。

低碳生活方面，五省八市在单位面积生活消费能耗上有很大程度的数据缺失，人均生活消费二氧化碳排放量数据有一定程度的缺失，市级年鉴比省级年鉴问题更为严重。

具体来看，计算单位面积生活消费能耗所需要的生活消费能耗和建成区面积在不同省市之间均有不同程度的缺失，重庆市缺少2005年、2006年、2009年、2010年数据，天津、湖北缺少2009年、2010年数据，广东缺少2006年、2009年、2010年数据，辽宁缺少2008—2010年数据，陕西、云南、深圳、厦门、杭州、南昌、贵阳、保定缺少2005—2010年全部数据。在有数据可查的省市中，天津市的单位面积生活消费能耗绝对水平最高，基本都在9千克标准煤/平方米之上；辽宁的单位面积生活消费能耗较小，在5千克标准煤/平方米左右。

西藏、深圳、厦门、杭州、南昌、贵阳、保定则缺少2005—2010年人均生活消费 CO_2 排放量全部数据。在有数据可查的省市中，北京市的人均生活消费二氧化碳排放量始终处于全国之首；青海、天津的人均生活消费二氧化碳排放量也不容乐观；江西的人均生活消费二氧化碳排放量则始终处于全国较低水平。

除此之外，广东省和辽宁省是五省八市中在低碳社会指标体系中表现最为突出的地区，建议其他试点省市多向这两个省份寻求低碳社会发展经验；天津市是在有数据的省市中在低碳社会指标系中表现最差的地区，森林覆盖率、人均城市园林绿地面积、建成区绿化覆盖率和单位面积生活消费能耗等指标表现均处于后列，建议继续加强低碳社会的建设，加强造林绿化建设，并注意节约生活消费能耗。

四、低碳统计体系急需完善

综上所述，南昌、贵阳、保定的统计体系是五省八市中最不健全的，缺少低碳社会中五个三级指标的2005—2010年全部数据，建议这三个城市尽快建立、健全统计体系，尤其是低碳经济统计体系；深圳、厦门、杭州的统计体系情况好于上述三市，但仍有很大程度的数据缺失，建议对低碳经济统计体系中的统计指标进行全面的统计工作，并保证数据发布及时与准确；五省和两直辖市的统计情况在五省八市中表现相对较好，但仍有很大的提升空间，建议监督不同年份统计数据的全面性。

参 考 文 献

[1] 中国人民大学气候变化与低碳经济研究所. 低碳经济——中国用行动告诉哥本哈根[M]. 北京：石油工业出版社，2010.

[2] 杨志，刘丹萍. 低碳经济与经济社会发展 [M]. 北京：中国人事出版社，2011.

[3] 中国人民大学气候变化与低碳经济研究所. 中国低碳经济年度发展报告（2011）[M]. 北京：石油工业出版社，2011.

第二章　中国低碳经济国际竞争力评价

本章从国际比较的角度对 2005—2011 年的全球低碳经济国际竞争力进行综合排名，对中国低碳经济国际竞争力进行综合水平评价，并将本报告得出的各国及地区低碳经济竞争力排名与其国家综合竞争力排名进行比较，考察低碳经济竞争力与综合国力的关系。总体来看，中国的低碳经济竞争力还处于弱势地位，亟待改进。

第一节　低碳经济国际竞争力综合排名

本节的基本内容是：以低碳效率为核心，能耗效率为主体，依据低碳社会、低碳引导两大外围作用机制构建低碳经济国际竞争力指标体系。评价结果显示，瑞士、瑞典、奥地利位列低碳经济国际竞争力排名前三名，而中国的排名靠后，仅为第 45 名。

一、低碳经济国际竞争力指标体系说明

《中国低碳经济年度发展报告（2011）》中发布了低碳经济国际竞争力评价的四级指标体系，数据均来自于世界银行——世界发展指数数据库（World Bank—World Development Indicator）及瑞士洛桑国际管理发展学院的世界竞争力年度发展报告（IMD World Competitiveness Yearbook）。基于国际惯例，硬指标数据的收集会存在 2~3 年的滞后性，因此本研究中涉及的硬指标数据采用的是从 WDI 及 IMD 中获得的最新数据，为 2002—2008 年数据；软指标数据（调查数据）时效性更强，采用的是最新数据，即 2005—2011 年数据。根据对硬指标数据的年度趋势分析可知，在 2 ~ 3 年范围内，各国之间的相对水平变化差异变动不大，总体结构差异不会发生根本性变化，因此在研究过程中，部分指标采用滞后两年数据仍可以对目前国家间的相对地位作出准确定位。基于以上分析，本研究对包括中国、中国香港、美国、英国等在内的 50 个国家及地区计算了 2005—2011 年低碳经济国际竞争力指数，并基于此指数对中国在国际中的低碳经济发展变化进行具体分析。

二、2005—2011 年全球低碳经济国际竞争力综合排名

根据《中国低碳经济年度发展报告（2011）》中公布的低碳经济国际竞争力评价体系。本报告对包括中国、英国、美国等在内的 50 个国家及地区 2005—2011 年的低碳经济竞争力进行了测度。2011 年各国及地区的排名及综合得分（满分 100）见图 2-1。

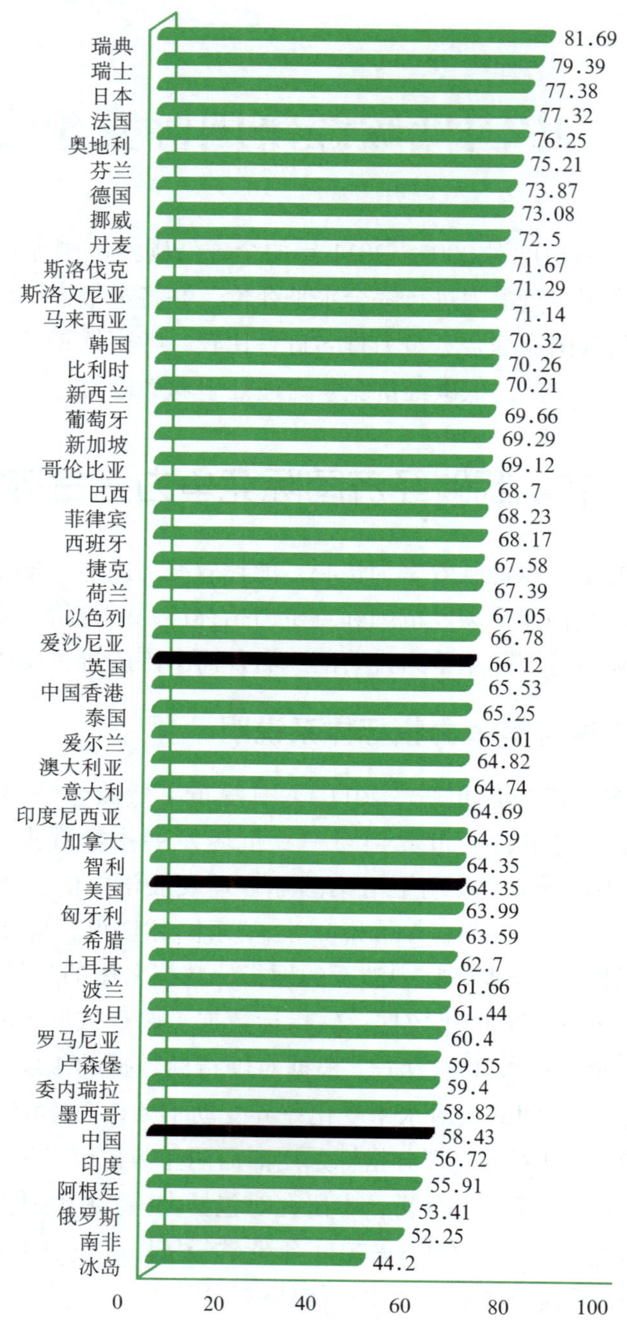

图 2-1　各国及地区 2011 年低碳经济国际竞争力指数得分

从图 2-1 可以看出，瑞士、瑞典、日本三国的低碳经济国际竞争力位于前三名，而中国的低碳经济国际竞争力排名靠后，与 2009 年位次持平，比 2010 年上升了 1 个位次，为第 45 位，英国、美国的排名亦较靠后，分别为第 26 名和第 35 名。由此可见，经济与低碳经济并不划等。正是鉴于全球经济快速发展，但环境逐渐恶化的现实情况，各国纷纷提出发展低碳经济，保证经济与环境的和谐可持续发展。就我国而言，多名委员已经针对备受国内外关注的中国低碳发展建言献策，呼吁出台“低碳经济法”“低碳发展国家行动方案”等法律法规，并就发展低碳和无碳能源、建筑节能等提出建议。

第二节 中国低碳经济国际竞争力综合水平评价

中国的低碳国际竞争力一直处于弱势地位，落后于世界平均水平，但2005—2011年竞争力水平稳中上升。这说明我国在积极促进低碳经济的发展，同时低碳发展之路仍然任重而道远。

一、中国低碳经济国际竞争力处于弱势地位

从图2–2可知，低碳经济国际竞争力综合排名前六位的国家瑞士、瑞典、日本、法国、奥地利、芬兰在四个一级指标即低碳效率、能耗效率、低碳社会、低碳引导方面的得分均较高，说明这些国家政府及人民对于实施低碳的信心很强且保持乐观态度，而且政策到位。相对而言，中、英、美三国在低碳效率、低碳社会构建方面与前六强的差距相对较小，主要差异在于低碳效率和低碳引导。这表明，中、英、美三国在 CO_2 排放的效率方面有较大不足，除此之外，能源基础设施不够充足有效、环境污染等问题等仍然存在。因此如何降低 CO_2 排放率、加强低碳引导，同时继续增强经济发展仍然是中、美、英三国亟待解决的问题。中国在低碳引导要素上的得分也显著低于其他国家，说明人们对中国的低碳之路的信心强度与乐观态度相较其他国家较弱，国家的低碳政策实施力度较弱。

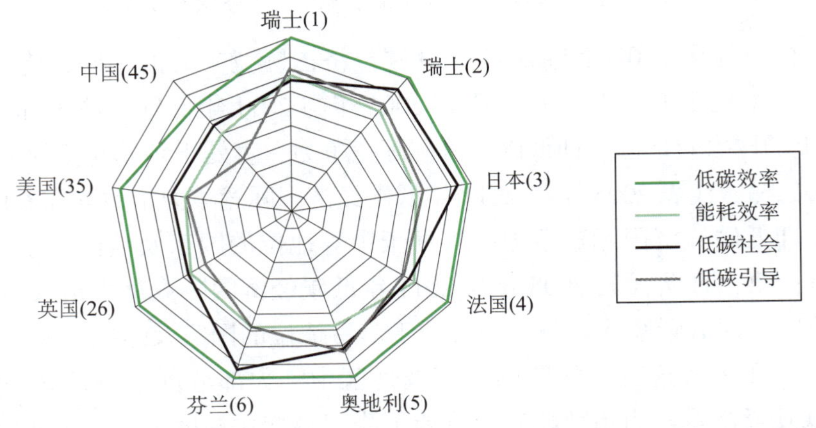

图2–2 重点国家的低碳经济国际竞争力中各子竞争力得分对比（数字为综合排名）[1]

[1] 本报告中所有雷达图的各项指标数据均为标准化分值。

二、中国低碳经济国际竞争力排名稳中有跌

以各国及地区 2005 年与 2011 年的低碳经济国际竞争力指数作图（图 2–3），对角线以上的点，说明对应的国家及地区在 2011 年的竞争力强于 2005 年的竞争力，即该国家及地区的低碳经济国际竞争力有所增强；相对的对角线以下的点，说明对应的国家及地区在 2011 年的竞争力弱于 2005 年的竞争力，即该国家及地区的低碳经济国际竞争力有所减弱。

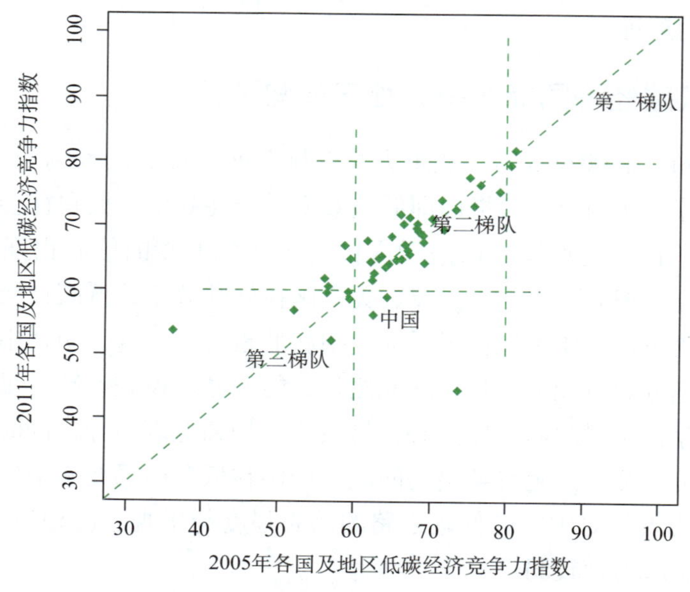

图 2–3　2011 年较 2005 年各国及地区低碳经济国际竞争力动态变化

根据各国及地区 2005 年与 2011 年低碳经济国际竞争力的不同，将国家及地区分为三个梯队（表 2–1）。第一梯队代表 2005 年与 2011 年低碳经济国际竞争力指数均在 80 以上的国家及地区，即低碳经济国际竞争力一直处于领先地位的国家及地区，如瑞士；第二梯队代表 2005 年与 2011 年低碳经济国际竞争力指数均在 60 ~ 80 的国家及地区，即低碳经济国际竞争力一直处于中等地位的国家及地区，主要包括爱尔兰、美国等；第三梯队代表 2005 年与 2011 年低碳经济国际竞争力指数均在 60 以下的国家及地区，即低碳经济竞争力一直处于落后地位的国家及地区，主要包括印度、委内瑞拉等。在隶属这三个梯队的国家及地区中，大部分国家及地区 2011 年相较 2005 年的低碳经济竞争力指数略有上升或下降，且变化幅度不大，例如中国由 2005 年的 59.57 分降至 58.43 分，下降了 1.92%，仍处于第三梯队；但同时有少数国家及地区 2011 年较 2005 年有较大提高，其中印度和俄罗斯分别增长了 8.84% 和 47.30%，

但是这两个国家仍隶属于第三梯队，说明虽然七年来来低碳经济发展取得显著成就，但仍低于世界平均水平。

在三个梯队包括的国家及地区以外，还存在梯队变化的国家。除了罗马尼亚从第三梯队跃升至第二梯队外，爱沙尼亚、波兰、罗马尼亚、印度尼西亚的低碳经济国际竞争力指数也都上升了一个梯队。阿根廷、冰岛、墨西哥的低碳经济国际竞争力指数则有所下降，由第二梯队降至第三梯队。

表 2-1　依据 2011 年较 2005 年低碳经济国际竞争力动态变化对各国及地区进行的梯队划分

梯队	2011 年较 2005 年增长率	
	正增长	负增长
第一梯队	瑞典	
第一梯队→第二梯队		瑞士
第二梯队	比利时、丹麦、德国、法国、菲律宾、哥伦比亚、韩国、捷克、马来西亚、美国、葡萄牙、日本、斯洛伐克、斯洛文尼亚、泰国、土耳其、新西兰、以色列、意大利	爱尔兰、奥地利、澳大利亚、巴西、芬兰、荷兰、西班牙、希腊、新加坡、加拿大、匈牙利、挪威、英国、约旦、智利、中国香港
第二弟队→第三梯队		阿根廷、冰岛、墨西哥
第三弟队→第二梯队	爱沙尼亚、波兰、卢森堡、罗马尼亚、印度尼西亚	
第三梯队	俄罗斯、委内瑞拉、印度	南非、中国

三、中国低碳经济国际竞争力中各子竞争力变化平稳

由图 2-4 可知，中国的能耗效率、低碳社会子竞争力的变化趋势并不显著，2005—2011 年呈现微弱的下降趋势，相对的，低碳效率和低碳引导子竞争力则变化较为明显，其中低碳效率在 2011 年有显著上升，低碳引导在 2008 年以前呈下降趋势，但 2008 年之后逐渐上升，2011 年又略有下降。以上信息说明，目前我国的低碳

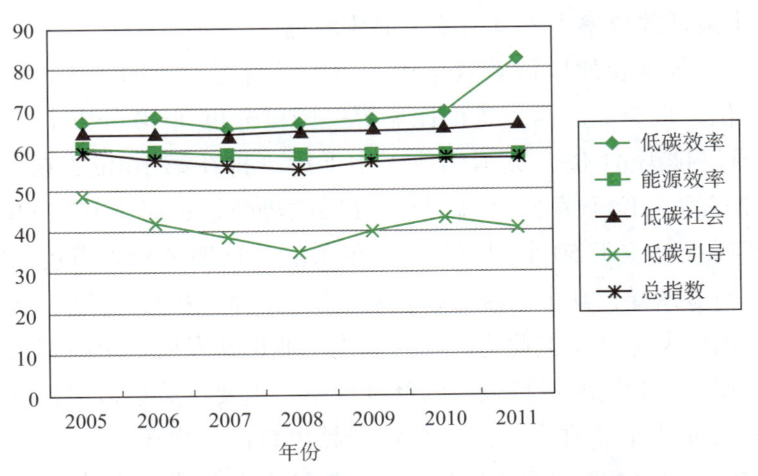

图 2-4　中国低碳经济国际竞争力及四项子竞争力动态变化

经济发展总体比较平稳且有较好的发展趋势，竞争力在缓慢上升过程中。尤其是低碳效率方面，这一年呈现明显的良好上升趋势，说明政府对于低碳发展的重视与促进作用正在加强，同时我国人民对于低碳的发展也有了更积极的态度与行动。但是相较世界平均水平，我国的四项子竞争力均在平均水平之下，因此我国发展低碳经济，增强低碳经济国际竞争力的任务仍然很沉重，寻求经济与环境的协调发展是我国的重要课题。

第三节　2011 年中国低碳经济国际竞争力评价

一、中国低碳效率亟待提升

低碳效率子竞争力是一国低碳经济竞争力评价的核心内容，主要对一国排放的 CO_2 量进行比较，具体指标体系如表 2-2 所示。由于 CO_2 排放量与国家的经济总量、人口总量有关，因此采用人均 CO_2 排放量、单位 GDP 的 CO_2 排放量可以更好地消除人口规模、经济规模间的差异，利于对国家及地区间进行统一尺度的对比。此外，工业部门是产生 CO_2 的最主要的部门，一国工业部门 CO_2 的排放量很大程度上决定了该国的总 CO_2 排放水平。因此在低碳效率子竞争力中也引入了单位 GDP 工业过程排放 CO_2 这一指标。

表 2-2　低碳效率子竞争力指标体系

一级指标	二级指标	单位
低碳效率	人均 CO_2 排放	吨 / 人
	单位 GDP CO_2 排放	吨 / 万美元（2000 年不变价）
	单位 GDP 工业过程排放 CO_2	吨 / 万美元

（一）中国低碳效率子竞争力处于弱势地位

从 2011 年各国及地区低碳效率子竞争力综合得分（图 2-5）来看，瑞士以 93.3 分排在第 1 位，瑞典、巴西、哥伦比亚等三国得分也在 90 分以上，而中国仅列于第 49 位，美国仅排第 41 位，英国则位于中上游，排在第 16 位。在“金砖四国”中，巴西以 91.7 的高分位于第 3，低碳经济发展优势凸显；居于其次的印度仅排名第 46 位；而俄罗斯更是位于 50 个国家及地区的最后。这四个新兴市场国家在低碳效率发展方面存在明显差异，其中巴西具备很强的实力，而中国、印度、俄罗斯均较落后。

新兴市场国家正处于工业化时期，国内工业迅猛发展是影响其低碳效率的重要原因。而巴西却能与此同时保持较高的低碳效率，主要得益于多项积极的应对措施，例如，巴西的农业比重非常高，是一个农产品出口国，由于以耕种为主的农业是巴西的重要排放源，因此巴西正在大力开发非耕种农业技术。在能源领域，高效利用优势资源——水源及甘蔗等生物质，将其转换成为可再生能源。尽管中国、印度、俄罗斯等新兴市场国家低碳效率仍较低，但都表达了应对气候变化、减缓排放、保护环境的真诚意愿：中国计划到2020年单位国内生产总值CO_2排放量比2005年下降40%~45%；俄罗斯计划到2020年碳排放量较1990年水平减少20%~30%；印度决定在2020年前，在2005年基础上减少20%~25%。

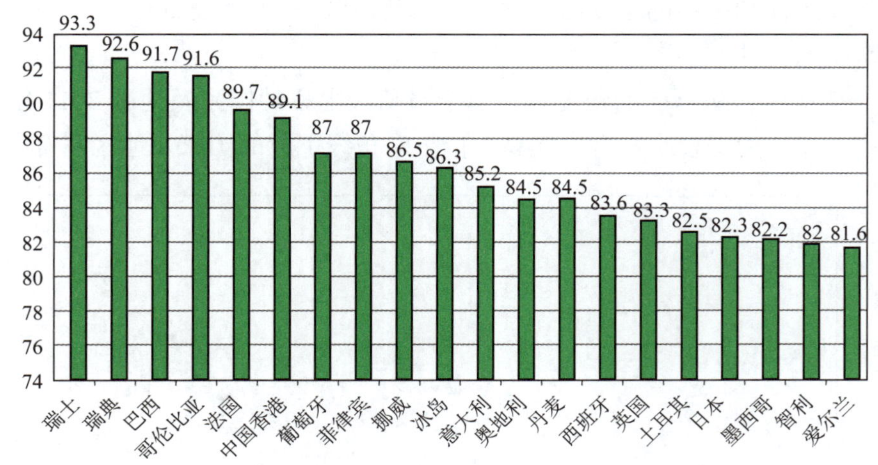

图 2-5 2011年低碳效率子竞争力综合水平排名前20国家及地区

通过进一步比较各国及地区低碳效率子竞争力构成要素得分（图2-6），我们可以深入探究各国及地区低碳效率子竞争力综合得分存在差异的根源所在。

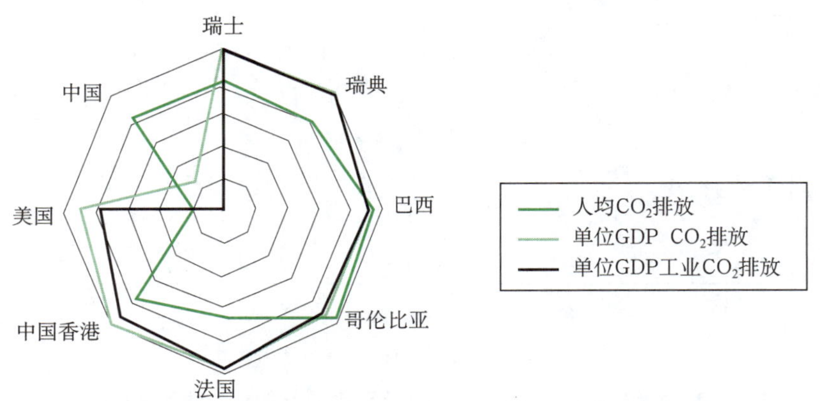

图 2-6 2011年前六名及部分国家和地区低碳效率子竞争力分要素得分比较

分列第一、第二的瑞士与瑞典无论在人均CO_2排放、单位GDP CO_2排放，还是单位GDP中由工业过程排放的CO_2上，都具备很强的竞争力。居于五、六位的法国、中国香港，以及仅列于第41位的美国均具有较高的单位GDP碳排放效率，但人均CO_2排放效率相对较低，美国尤其严重。从CO_2排放在经济发展过程中的控制效果来看，这些发达国家固然已具备明显优势，但从国民生活环境质量的角度来看，人均

CO_2 排放量较高则揭露出低碳效率子竞争力仍待提升的事实。

对于印度、俄罗斯及中国等新兴市场国家而言，过高的单位 GDP 的 CO_2 排放量是导致低碳效率子竞争力综合得分较低的主要原因。我国单位 GDP 的 CO_2 排放量高达 29.21 吨 / 万美元，比美国高出 6 倍。

（二）中国低碳效率子竞争力增速较缓

以下将从纵向和横向的角度综合比较各国及地区 2011 年较 2005 年低碳效率子竞争力综合水平的变动。

如图 2–7 所示，从纵向的角度看，位于对角线上方的国家及地区 2011 年较 2005 年低碳效率子竞争力综合水平有所提高，位于对角线下方的国家及地区则有所下降。

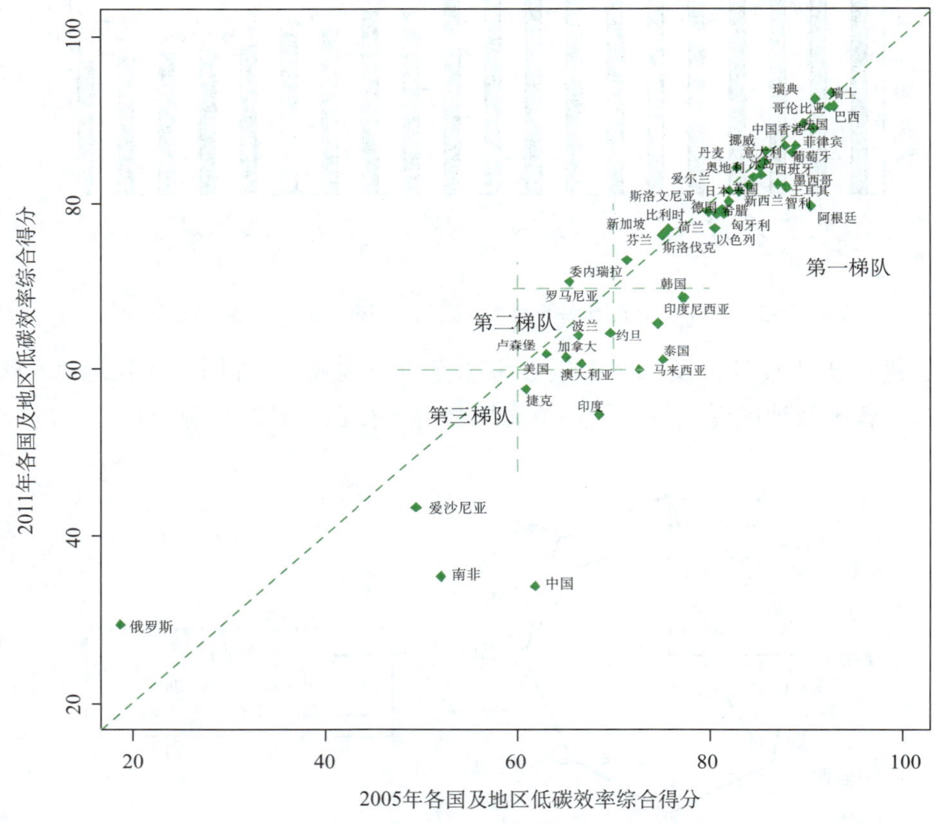

图 2–7 2011 年较 2005 年各国及地区低碳效率子竞争力综合水平动态变化

将两个视角结合起来，并将增速划分为小于 0%、0%~5%、大于 5%，得到表 2–3。从表 2–3 中可以清晰地看到，墨西哥、土耳其、智利、爱尔兰、奥地利、巴西、冰岛、德国、法国、菲律宾、哥伦比亚、葡萄牙、日本、西班牙、新西兰、意大利、英国、中国香港、丹麦、挪威、瑞典、瑞士等地区的低碳效率子竞争力在 2005 年和 2011 年均保持在 80 分以上。其中丹麦、挪威、瑞典、瑞士等国家的分值上升，增幅为 0%~5%，低碳效率子竞争力水平高且稳定；墨西哥、土耳其、智利尽管均位于第一梯队，但分值呈现下降趋势。同时有部分国家从第一梯队滑落到了第二梯队，它们是阿根廷、荷兰、斯洛文尼亚、希腊、匈牙利、以色列等国家，其中阿根廷降幅超过了 10%，值得留意。

处于第二梯队没有变化的国家是澳大利亚、波兰、韩国、马来西亚、美国、泰国、印度尼西亚、约旦等几个下降幅度较大的国家，以及比利时、加拿大、卢森堡等微弱下降的国家。同时，第二梯队的芬兰、斯洛伐克、委内瑞拉、新加坡以及罗马尼亚分值上升，有接近第一梯队的趋势。其中罗马尼亚分值涨幅达到了 8.24%，有冲上第一梯队的趋势。同时，捷克、印度和中国从原本的第二梯队下降到了第三梯队。其中中国的分值降幅接近 15%，可见我国在低碳效率方面还需要有更大的改进与作为。

停留在第三梯队的国家是爱沙尼亚、南非和俄罗斯。其中爱沙尼亚与南非分值下降，而俄罗斯分值上升，有希望冲击第二梯队。

表 2–3 依据 2011 年较 2005 年低碳效率子竞争力综合水平动态变化对各国及地区进行的梯队划分

2005 年	2011 年	2011 年较 2005 年增长率			
		<-5%	-5% ~ 0%	0% ~ 5%	>5%
第一梯队	第一梯队	墨西哥（-6.52%）、土耳其（-5.36%）、智利（-6.95%）	爱尔兰（-0.49%）、奥地利（-0.95%）、巴西（-1.36%）、冰岛（-2.61%）、德国（-1.92%）、法国（-0.19%）、菲律宾（-2.24%）、哥伦比亚（-0.94%）、葡萄牙（-1.03%）、日本（-2.08%）、西班牙（-2.13%）、新西兰（-1.84%）、意大利（-0.60%）、英国（-1.56%）、中国香港（-1.90%）	丹麦（1.99%）、挪威（0.62%）、瑞典（1.70%）、瑞士（0.61%）	
第一梯队	第二梯队	阿根廷（-11.82%）	荷兰（-2.39%）、斯洛文尼亚（-2.82%）、希腊（-2.28%）、匈牙利（-3.26%）、以色列（-4.21%）		
第二梯队	第二梯队	澳大利亚（-8.83%）、波兰（-7.34%）、韩国（-10.78%）、马来西亚（-17.34%）、美国（-5.33%）、泰国（-18.53%）、印度尼西亚（-11.10%）、约旦（-11.91%）	比利时（-0.87%）、加拿大（-3.02%）、卢森堡（-1.64%）	芬兰（1.89%）、斯洛伐克（1.67%）、委内瑞拉（2.84%）、新加坡（1.77%）	罗马尼亚（8.24%）

续表

2005 年	2011 年	2011 年较 2005 年增长率			
		<-5%	-5% ~ 0%	0% ~ 5%	>5%
第二梯队	第三梯队	捷克（-5.24%）、印度（-20.26%）、中国（-14.94%）			
第三梯队	第三梯队	爱沙尼亚（-11.94%）、南非（-32.18%）			俄罗斯（5.90%）

（三）中国低碳效率子竞争力要素剖析

综合以上分析，中国的低碳效率子竞争力综合水平竞争力不强，且增速较缓，因此有必要进一步对中国低碳效率子竞争力各项指标进行考察（图 2-8）。

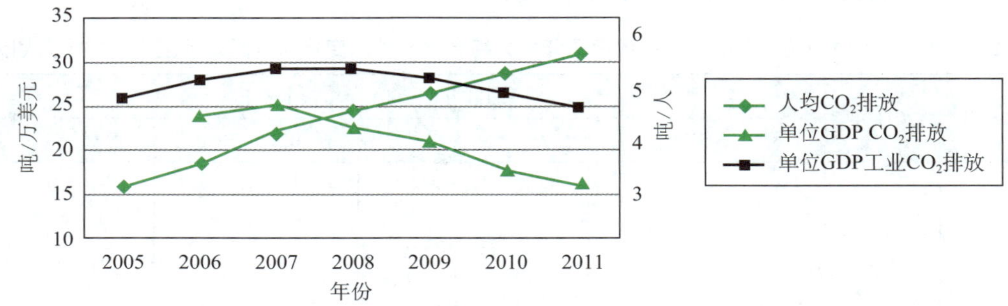

图 2-8　2005—2011 年中国低碳效率子竞争力综合水平动态发展

2005 年以来，中国单位 GDP 的 CO_2 排放量上升至 29.68 吨 / 万美元，随后缓慢下降，2011 年降至 25.21 吨 / 万美元，但仍然与排名靠前的国家存在较大差距，如瑞士单位 GDP 的 CO_2 排放量仅为 1.35 吨 / 万美元。进一步考察中国单位 GDP 中由工业过程排放的 CO_2，在单位 GDP 总 CO_2 排放量中占有较大比重，但比重呈逐年递减趋势。

2005—2011 年人均 CO_2 排放量呈现直线上升的增长趋势，年均增速达 10.3%，2011 年增长至 5.52 吨 / 人，远远高出 4 吨 / 人的世界平均水平。

二、中国能耗效率出现回落

能耗效率子竞争力从能源利用率与清洁能源两方面来度量一国的低碳水平，具体指标体系如表 2-4 所示。传统能源的使用是 CO_2 的主要来源，因此国家能源的利用率直接决定了该国 CO_2 的排放量，同样在度量能源利用率时需要消除人口规模与经济规模的影响，采用人均能源消耗量与单位 GDP 能源消耗量。能源的一个主要用途在于供电，因此本指标体系加入电力消耗的相关指标以进一步度量能源利用率。另外，传统能源即化石燃料会对环境造成较大的污染，而可替代能源与核能则对环境的污染很小，因此一国不同种类能源的使用量不同，对环境的影响也不同，可认为一国可替代能源与核能的利用比例越高，则其低碳成就越大，为此本部分又引入了可替代能源和核能占比、化石燃料能耗占比两个指标。

表 2-4　能耗效率子竞争力指标体系

一级指标	二级指标	单位
能耗效率	人均能源消耗	吨油当量 / 人
	单位 GDP 能源消耗	吨油量 / 万美元（2000 年不变价）
	人均电力消耗	千瓦时 / 人
	单位 GDP 电力消耗	千瓦时 / 万美元（2000 年不变价）
	电力传输损失比例	%
	可替代能源和核能占比	%
	化石燃料能耗占比	%

（一）**中国能耗效率子竞争力处于弱势地位**

从 2011 年各国能耗效率子竞争力综合得分（图 2-9）来看，排名与低碳效率子竞争力综合水平普遍较为接近，这在一定程度上验证了能耗效率子竞争力对低碳效率子竞争力的直接影响作用。

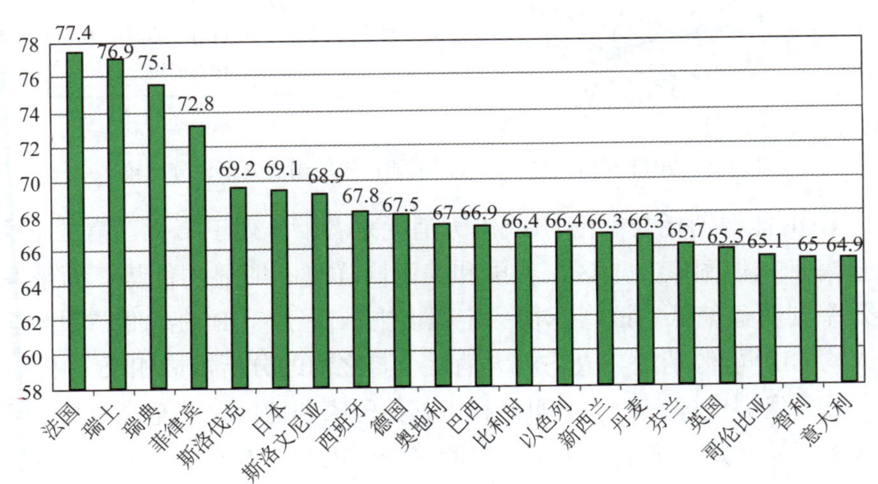

图 2-9　2011 年能耗效率子竞争力综合水平排名前 20 国家

法国以 77.4 分排在第一位，另外还有瑞士、瑞典、菲律宾三国得分在 70 分以上，而中国仅以 55.61 分列于第 43 位，美国排第 37 位，得分仅为 59.55，英国则位于中上游，以 65.5 分排在第 17 位。在“金砖四国”中，巴西以 66.9 分局于第 11 位，其低碳经济发展体现出的明显优势起到重要的支撑作用；印度仅有 53.26 分，位列第 47，落后于中国；俄罗斯以 34.84 的低分仍然位于 50 个国家及地区的最后。与低碳效率发展状况相似，这四个新兴市场国家在能耗效率发展方面同样存在明显差异，其中巴西具备很强的能耗效率竞争力，而中国、印度、俄罗斯均较落后。

在能耗效率综合水平方面，仍然呈现出处于工业化进程的新兴市场国家能耗效率偏低的现象。这些国家大部分的能源消耗都产生于工业生产，且消耗量很大，成为影响能耗效率的主要原因。然而，由于巴西积极走可持续发展路线，拥有非常严格的环境立法，目前已取得了明显的成效，2005 年可再生能源达到了 44.5%。美国等发达国家的能源消耗结构则恰好相反，美国 60% ~ 65% 的能源消耗是在日常生活和消费领域，而产品制造领域能耗仅为 35% ~ 40%，尽管如此，由于美国低碳经济策略相对不积极，政策改革力度不够，同样存在能耗效率过低的问题，常被作为绿色发展的反面教材。

进一步比较各国及地区能耗效率构成要素得分（图 2-10），可以深入探究各国及地区能耗效率综合得分存在差异的根源所在。

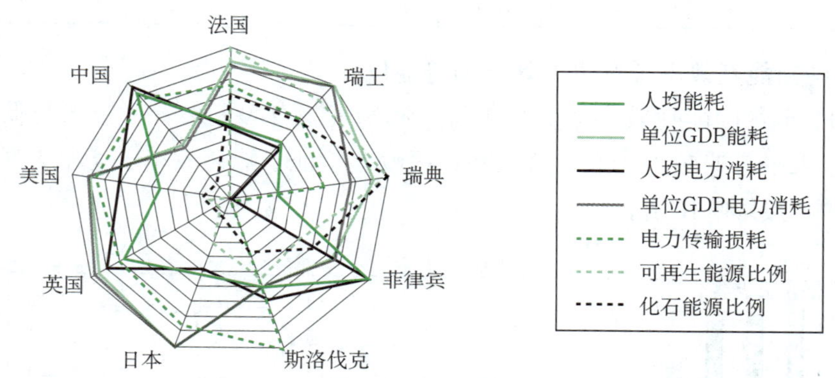

图 2-10　2011 年前六名及部分国家能耗效率构成要素得分比较

从单位 GDP 能源消耗与单位 GDP 电力消耗来看，分列于第一、第二位的法国能耗效率明显高于其他国家及地区，英国和美国同样具有明显的优势，而俄罗斯与中国的能耗效率则明显偏低。该指标在一定程度上取决于 GDP 的高低，因此需要再进一步考察人均 GDP 能源消耗与人均电力消耗。与之前的分析恰恰相反，中国、巴西、菲律宾、印度等发展中国家的效率明显高于其他国家和地区，甚至高于排名靠前的发达国家。该指标从一定程度上取决于人口的多少，因此，有必要进一步从能耗结构的角度探讨。

由于化石燃料是阻碍低碳经济发展的重要因素之一，越来越多的国家正在致力于开发可再生能源，其中的可替代能源和核能等清洁能源的开发尤其重要。从图 2-11 可以看出，法国、瑞士、瑞典、菲律宾、斯洛伐克、日本等国的能源结构在清洁化方面显示出较强的竞争力，而美国、英国、中国则大大落后，进一步削弱了能耗效率子竞争力。

电力传输损失比例可在一定程度上代表一国能源科技的强弱，从而反映出该国节能技术的开发能力与能耗效率的提升潜力。再一次地，法国、瑞士、瑞典、美国、英国等发达国家表现出明显的优势。值得一提的是，在这方面中国也具备一定的竞争优势，中国的科技发展实力不容小视，若将其更多地投入到可再生资源的开发中，能耗效率的大幅提升指日可待。排名靠前的菲律宾电力传输效率的得分却过低。

（二）中国能耗效率竞争力明显下降

以下将从纵向和横向的角度综合比较各国及地区 2011 年较 2005 年能耗效率综合水平的变动。

如图 2-11 所示，从纵向的角度看，位于对角线上方的国家及地区 2011 年较 2005 年有所增长，位于对角线下方的国家及地区则有所下降。从横向的角度看，将本报告所研究的 50 个国家及地区大体分为三个梯队，能耗效率子竞争力指数高于 70 的归为第一梯队，介于 60~70 的归为第二梯队，在 60 以下的则属于第三梯队。

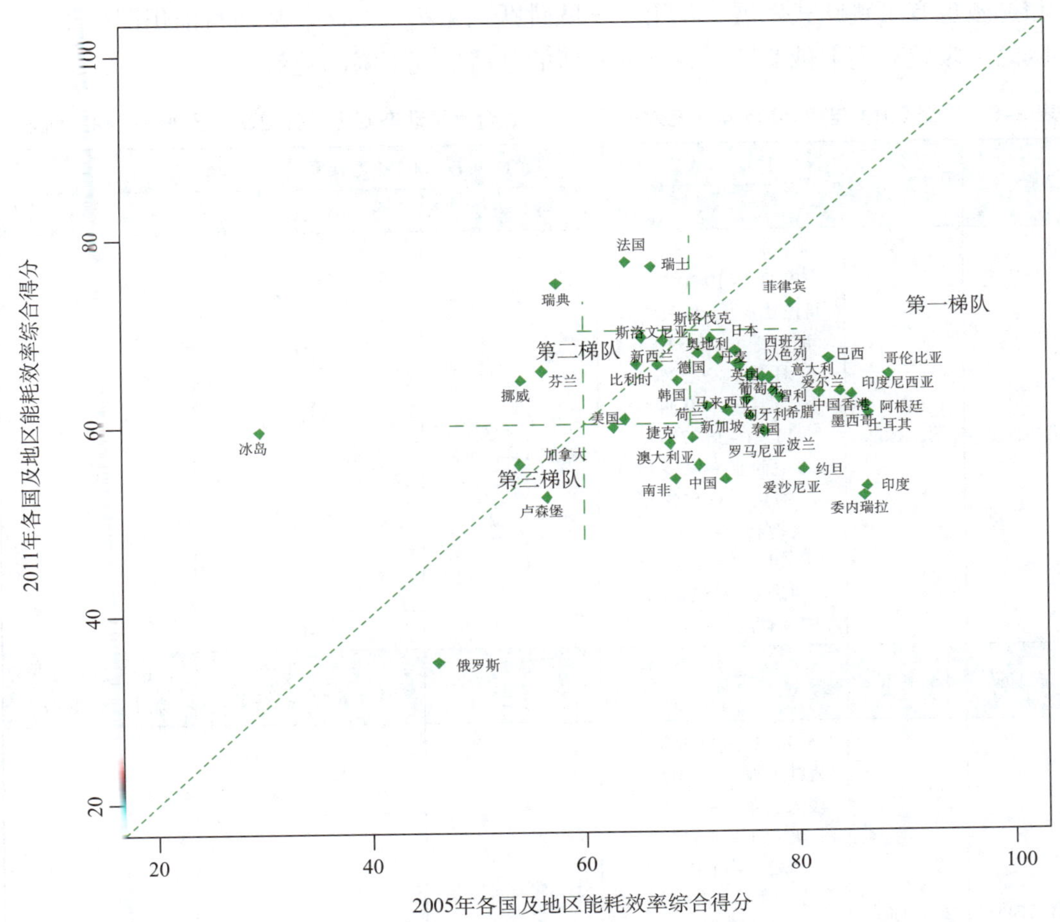

图 2-11　2011 年较 2005 年各国及地区能耗效率子竞争力综合水平动态变化

将两个视角结合起来，并对增速划分为小于 0%、0%~5%、大于 5%，得到表 2-5，从中可以清晰地看到，因为能耗的上升，大多数第一梯队国家和地区都滑落到了第二梯队的水平，除了日本和德国跌幅较小外，其他国家及地区的跌幅都在 10%

以上，这些国家及地区包括阿根廷、巴西、哥伦比亚、墨西哥、土耳其、委内瑞拉、印度、印度尼西亚、约旦、奥地利、菲律宾、西班牙以及中国香港。然而，也有三个国家从第二梯队上升到了第一梯队，这三个国家分别是斯洛文尼亚、法国与瑞士。其中法国与瑞士的分值上升幅度很大，这表明它们几年来的能耗控制取得了良好成效。

大部分第二梯队国家还是维持在了第二梯队中，并且分值整体都呈现下降的水平，这些国家是爱尔兰、爱沙尼亚、澳大利亚、波兰、丹麦、韩国、荷兰、捷克、罗马尼亚、马来西亚、美国、南非、葡萄牙、泰国、希腊、新加坡、匈牙利、以色列、意大利、英国、智利、卢森堡以及中国。

第三梯队国家中，值得注意的是瑞典，能耗的分值上涨很快，从第三梯队跳跃到了第一梯队，这也是唯一一个从第三梯队跨越到第一梯队的国家。冰岛、芬兰、加拿大和挪威也有了跳跃式发展，从第三梯队跳跃到了第二梯队。从而目前仍旧处于第三梯队的国家就只剩下俄罗斯，并且俄罗斯的分值呈现下降的趋势。

表 2–5　依据 2011 年较 2005 年能耗效率子竞争力综合水平动态变化对各国及地区进行的梯队划分

2005 年	2011 年	2011 年较 2005 年增长率			
		<-5%	-5% ~ 0%	0% ~ 5%	>5%
第一梯队	第二梯队	阿根廷（-25.90%）、巴西（-19.30%）、哥伦比亚（-26.38%）、墨西哥（-28.39%）、土耳其（-29.53%）、委内瑞拉（-39.34%）、印度（-38.37%）、印度尼西亚（-22.84%）、约旦（-31.52%）、奥地利（-7.71%）、菲律宾（-8.19%）、西班牙（-8.60%）、中国香港（-24.47%）	日本（-3.84%）、德国（-4.44%）		
第二梯队	第一梯队			斯洛文尼亚（2.18%）	法国（21.02%）、瑞士（15.89%）
第二梯队	第二梯队	爱尔兰（-18.36%）、爱沙尼亚（-26.09%）、澳大利亚（-14.91%）、波兰（-23.07%）、丹麦（-11.19%）、韩国（-6.00%）、荷兰（-13.64%）、捷克（-5.18%）、罗马尼亚（-16.72%）、马来西亚（-16.60%）、美国（-5.10%）、南非（-20.97%）、			

续表

2005 年	2011 年	2011 年较 2005 年增长率			
		<-5%	-5% ~ 0%	0% ~ 5%	>5%
第二梯队	第二梯队	葡萄牙（-16.08%）、泰国（-19.54%）、希腊（-19.82%）、新加坡（-16.12%）、匈牙利（-16.92%）、以色列（-10.65%）、意大利（-15.33%）、英国（-13.50%）、智利（-13.96%）、卢森堡（-7.42%）、中国（-21.42%）			
第三梯队	第一梯队				瑞典（30.72%）
第三梯队	第二梯队				冰岛（10.43%）、芬兰（17.27%）、加拿大（3.49%）、挪威（19.68%）
第三梯队	第三梯队	俄罗斯（-24.68%）			

（三）中国能耗效率子竞争力要素剖析

综合以上分析，中国的能耗效率综合水平竞争力不强，且在 2006—2011 年有所下降，因此有必要进一步对中国能耗效率各项指标进行考察（图 2-12 ~ 图 2-15）。为了保证数据可比性，我们的 2011 年能耗竞争力采用的是各国 2008 年的原始数据，实际表述时仍旧采用 2011 年能耗效率竞争力的说法。

能耗效率的变化趋势如图 2-12 所示，与低碳效率子竞争力变化趋势一致，2005 年以来，中国的单位 GDP 能源消耗量上升至 6.05 吨油当量 / 万美元，随后缓慢下降，至 2011 年降至 5.58 吨油当量 / 万美元，但仍然与排名靠前的国家存在一定差距，如法国的单位 GDP 能源消耗量仅为 1.1 吨油当量 / 万美元。2005—2011 年中国人均能源消耗量呈现直线上升的增长趋势，年均增速达 7.02%，至 2011 年增长至 1.03 吨油当量 / 人，远低于法国的 2.67 吨油当量 / 人，与巴西持平。

随着经济的高速发展以及工业化进程的深入，中国能源消耗与日俱增，尽管与快速增长的 GDP 相比，能耗的增速相对较缓，然而从人均的角度来看，尽管与大多数国家相比具备较大的优势，但却呈现出非常显著的上升势头，为保证可持续发展，中国亟待通过开发可再生资源等有效手段缓解能耗压力。

在各类能源中，电力消耗在能源消耗中始终占有较大的比重，电耗效率的变化趋势如图 2-13 所示。与单位 GDP 能源消耗的变化趋势相反，单位 GDP 电力消耗基本呈上升趋势，2005 年后增速有所放缓，2011 年较 2010 年有所下降。整体来看，单位 GDP 电力消耗由 2005 年的 10713.84 千瓦时 / 万美元升至 2011 年的 12545.87 千瓦时 /

万美元，年均增长率为 2.59%。与人均能源消耗的变化趋势相同，自 2005 年，人均电力消耗以 11.98% 的年均增速快速上升至 2455.19 千瓦时 / 人，远高于人均能耗的增长速度。而同样作为新兴市场国家，巴西 2011 年单位 GDP 电力消耗为 4995.18 千瓦时 / 万美元，年均增速仅为 0.785%；人均电力消耗为 2237.1 千瓦时 / 人，年均增速仅为 3.13%。

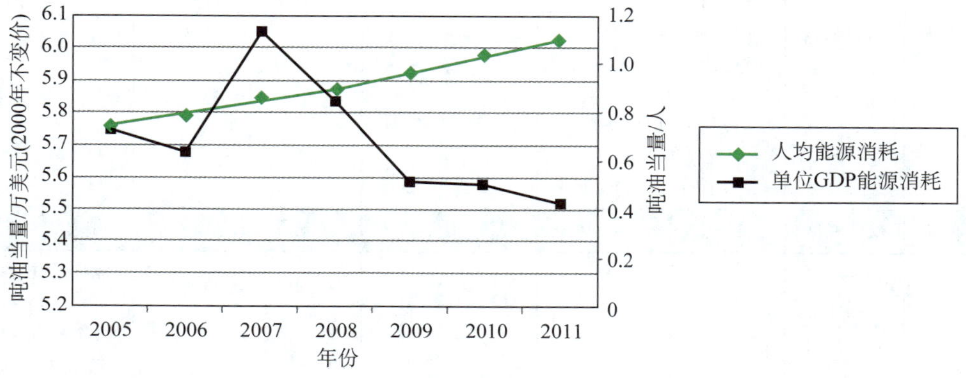

图 2–12　2005—2011 年中国能耗效率发展

随着人民生活水平的提高、全社会信息科技的迅猛发展，电力消耗的增长成了必然的趋势，尽管单位 GDP 能耗量有所下降，但电耗效率却未曾提升，且人均电耗增速过快。中国有必要借鉴巴西的经验，充分利用可再生资源，增强科技创新投入以大力提高能源利用效率。

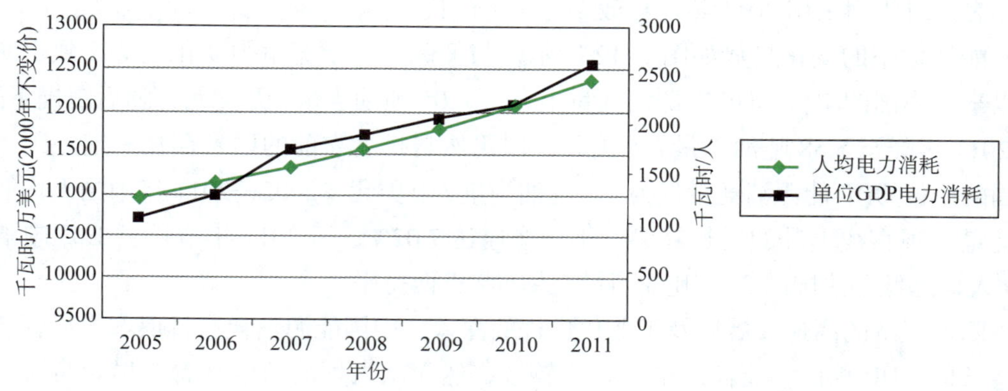

图 2–13　2005—2011 年中国电耗效率发展

电力传输损失比例可在一定程度上代表一国能源科技的强弱，从而反映出该国节能技术的开发能力与能耗效率的提升潜力。如图 2–14 所示，2005—2011 年，除 2009 年有明显提升外，中国的电力传输损失比例降幅明显，从 2005 年的 7.12% 降至 2011 年的 5.42%，呈现出较强的竞争力，能耗效率的提升仍具备较大潜力。

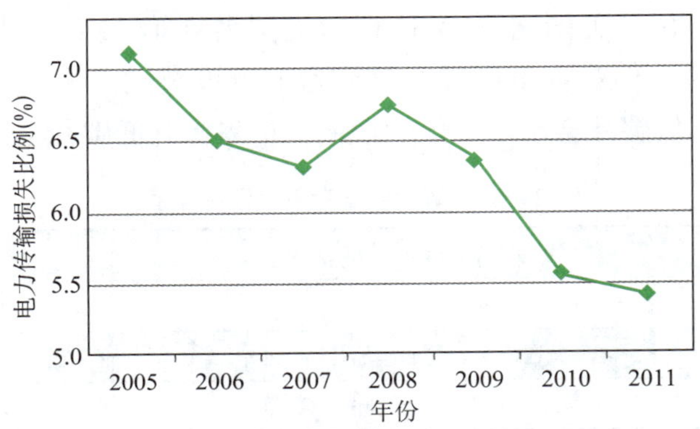

图 2-14 2005—2011 年中国电力传输损失比例变动

进一步考察中国能耗的构成，如图 2-15 所示。化石燃料在能源消耗中始终占有较大比重，且呈现逐年扩大的趋势，由 2005 年的 80.35% 逐年增长至 86.91%，而可替代能源和核能占比尽管呈逐年扩大趋势但始终非常微小，至 2008 年也仅占 3.53%。而法国的这一比例已高达 45.29%。

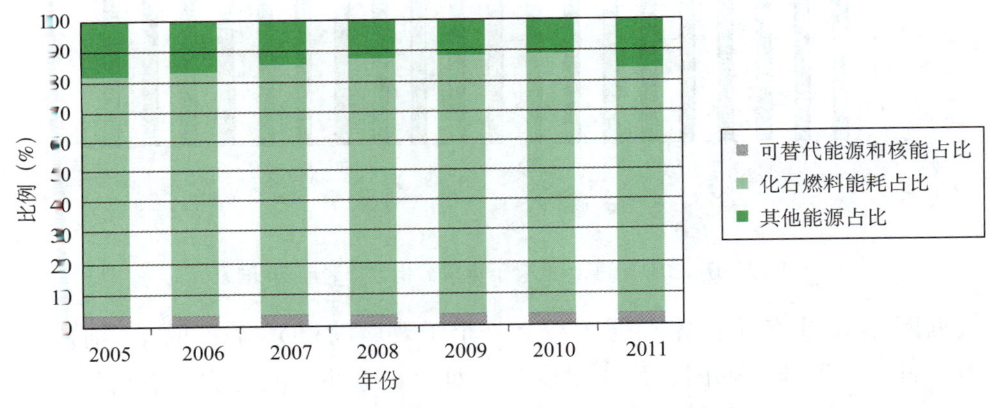

图 2-15 2005—2011 年中国能耗构成变动

三、中国低碳社会构建有待完善

低碳社会子竞争力是从人们居住的自然环境与生活环境两方面进行评价度量，森林覆盖率可代表一国的自然环境状态，交通与商业是与人们生活密切相关的两个主要耗能部门，因此用这两个部门的能源消耗量测度人们生活过程中的能源利用强度（表 2-6）。

（一）中国低碳社会子竞争力处于弱势地位

由图 2-16 可知，低碳社会子竞争力排名前六的国家依次为芬兰、日本、瑞典、韩国、哥伦比亚、巴西，说明这六国在自然环境与交通、商业部门的能源消耗率方面都已达到相对很高的水平。“金砖四国”中的巴西、俄罗斯、印度、中国分列第 6、第15、第34、第41位，美国名列第37位，英国名列第39位。由此可知，虽然美国、英国的经济发达，但是在低碳社会该要素的测度范围内，其低碳水平还是较低的。对中国而言，其低碳社会水平也仍然很低，仍需提升低碳社会的建设力度。

表 2-6 低碳社会子竞争力评价体系

一级指标	二级指标	单位
低碳社会	森林覆盖率	%
	交通部门人均能源消耗	吨 / 人
	单位美元 GDP 消费的商业能源数量	千焦 / 美元

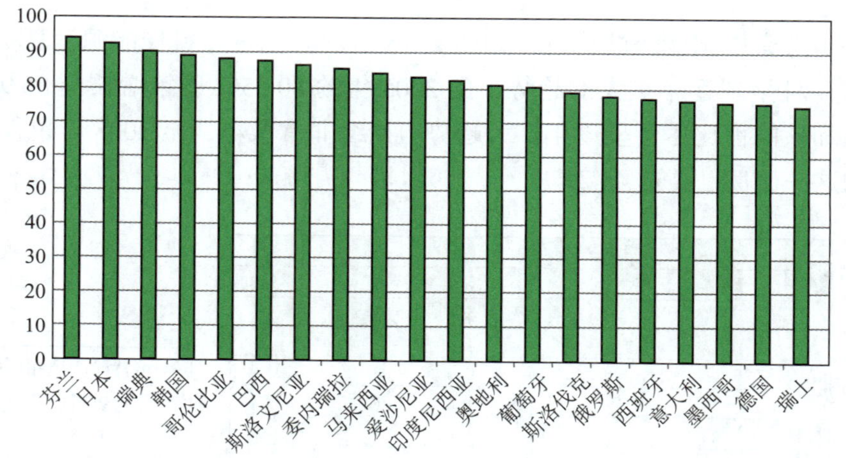

图 2-16 2011 年低碳社会子竞争力指数排名前 20 国家

根据图 2-17 中各个国家在低碳社会三个子要素的得分对比可知，前六强国家即芬兰、日本、瑞典、韩国、哥伦比亚、巴西的交通部门人均能源消耗量、单位美元 GDP 消费的商业能源数量都较低且相近（这两个要素为逆指标，因此原始数据小则对应的要素标准化得分高），森林覆盖率逐渐降低。相比这六个国家，中国的森林覆盖率明显过低，仅为 22.02%，其单位美元 GDP 消费的商业能源数量为 21827.74 千焦 / 美元，相对于芬兰的 4532.494 千焦 / 美元，约为其 5 倍，芬兰相较 2010 年在单位美元 GDP 消费的商业能源数量上有所下降，而中国反而有所上升，说明中国的商业部门能源利用率仍然相对较低，有待提高。而中国的交通部门人均能源消耗量则相对其他国家及地区都较低，其原因可能是中国人口多，虽然城市人口拥有的机动车数量在迅速上升，但农村人口的机动车使用量还较低，因此整个国家在交通部门的人均能源消耗相比其他国家要低。英、美在低碳社会子竞争力的排名比较落后，主要是由于其森林覆盖率较低，分别为 11.85%、33.12%。而且美国的交通部门人均能源消耗量较高为 1700 吨油当量 / 人，相对中国的 90 吨油当量 / 人，约为中国的 19 倍，这主要是由国家的经济发展与地域人口密度所决定的，美国的私人汽车普及化广，相应的其人均消耗量也必然高。相对的英国由于一直提倡低碳生活，推广公共交通设施和环保汽车的使用，从而有效地降低了交通部门的人均能源消耗量，其值为 640 吨油当量 / 人，在发达国家中是相对低的人均能源消耗量。由此可见，积极的低碳推进政策及人民的配合有助于推进低碳社会的构建。

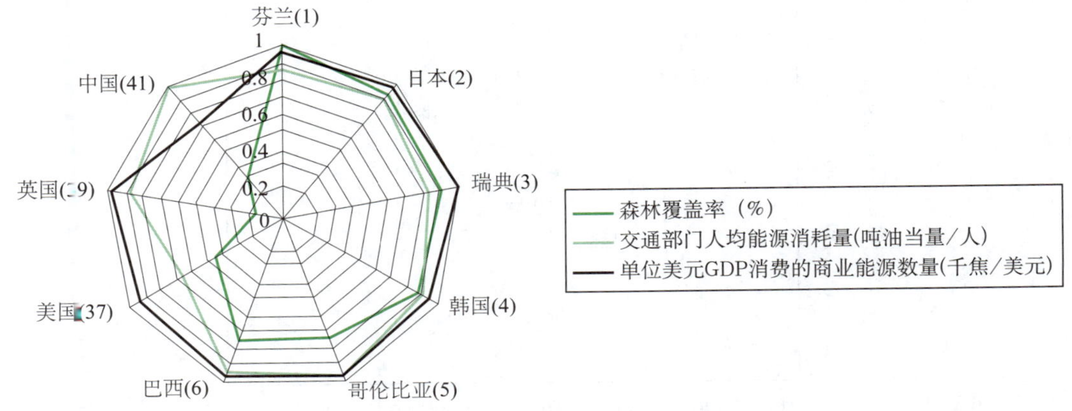

图 2-17 重点国家的低碳社会子竞争力中各项具体要素的得分对比（数字为综合排名）

（二）中国低碳社会构建有所成效

以国家及地区 2005 年与 2011 年的低碳社会子竞争力指数作图（图 2-18），除卢森堡外，各点都在对角线以上，说明各国及地区 2011 年的低碳社会子竞争力均强于 2005 年的低碳社会子竞争力，即各国及地区在森林覆盖率、交通部门人均能源消耗量以及商业部门的能源利用率方面在 2005—2011 年有不同程度的提升，其低碳水平均有所提升。

根据国家及地区 2005 年与 2011 年低碳社会子竞争力的不同，将国家及地区分为三个梯队（表 2-7）。第一梯队代表 2005 年与 2011 年低碳社会子竞争力指数均在 80 以上的国家及地区，即低碳社会水平一直处于领先地位的国家及地区，主要包括奥地利、巴西、哥伦比亚等；第二梯队代表 2005 年与 2011 年低碳社会子竞争力指数均在 60 ~ 80 的国家及地区，即低碳社会水平一直处于中等地位的国家及地区，主要包括美国、印度、中国等国；第三梯队代表 2005 年与 2011 年低碳社会子竞争力指数均在 60 以下的国家及地区，即低碳社会水平一直处于落后地位的国家及地区，主要包括卢森堡。在隶属这三个梯队的国家及地区中，大部分国家及地区 2011 年相较 2005 年的低碳社会子竞争力有大幅上升，例如中国的增长率为 37.8%；只有卢森堡 2011 年较 2005 年有一定回落，增长率为 -3.2%。

在三个梯队包括的国家及地区以外，还存在梯队变化的国家。阿根廷、俄罗斯等国家从第三梯队上升到第一梯队。俄罗斯低碳社会子竞争力的显著提高，主要是由于其单位美元 GDP 消费的商业能源数量有了显著下降。阿根廷从第三梯队上升到第二梯队。委内瑞拉、葡萄牙等国的低碳社会子竞争力指数从 2005 年低于 80 上升到

2011 年的 80 以上，由第二梯队上升至第一梯队。

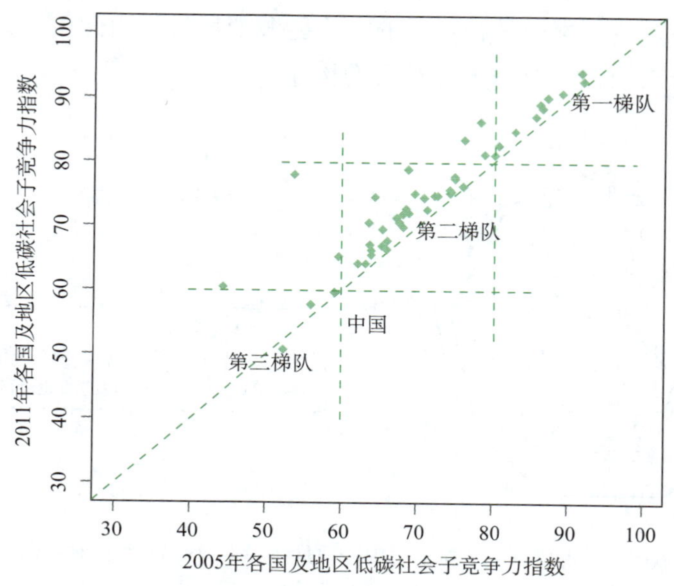

图 2-18　2011 年较 2005 年国家及地区低碳社会子竞争力动态变化

表 2-7　依据 2011 年较 2005 年低碳社会子竞争力动态变化对各国及地区进行的梯队划分

梯队	2011 年较 2005 年增长率	
	负增长	正增长
第一梯队		奥地利、巴西、哥伦比亚、韩国、马来西亚、日本、瑞典、斯洛文尼亚、印度尼西亚、芬兰
第二梯队→第一梯队		爱沙尼亚、葡萄牙、瑞士、斯洛伐克、委内瑞拉
第二梯队		爱尔兰、澳大利亚、比利时、波兰、丹麦、德国、法国、菲律宾、荷兰、加拿大、捷克、罗马尼亚、美国、墨西哥、挪威、泰国、土耳其、西班牙、新西兰、新加坡、希腊、匈牙利、以色列、意大利、英国、印度、智利、中国、中国香港
第三梯队→第二梯队		阿根廷、南非、俄罗斯
第三梯队	卢森堡	冰岛、约旦

（三）中国低碳社会的子竞争力要素剖析

中国 2011 年低碳社会子竞争力的排名为第 41 名（共 50 个国家及地区），落后于芬兰、日本、英国、美国等。从低碳社会要素的三个指标具体分析中国 2005—2011 年的动态变化，由图 2-19（a）可知中国的森林覆盖率近 6 年来有所上升，虽然上升幅度不大，从 19.85% 上升至 22.02%，说明中国的退耕还林及一系列加大绿化的政策有所成效，但相较芬兰（74.02%）、日本（68.22%）的森林覆盖率还有相当大的差距，即使是与世界平均水平相比也有一定差距，说明我国应进一步加强对森林的保护及造林力度。

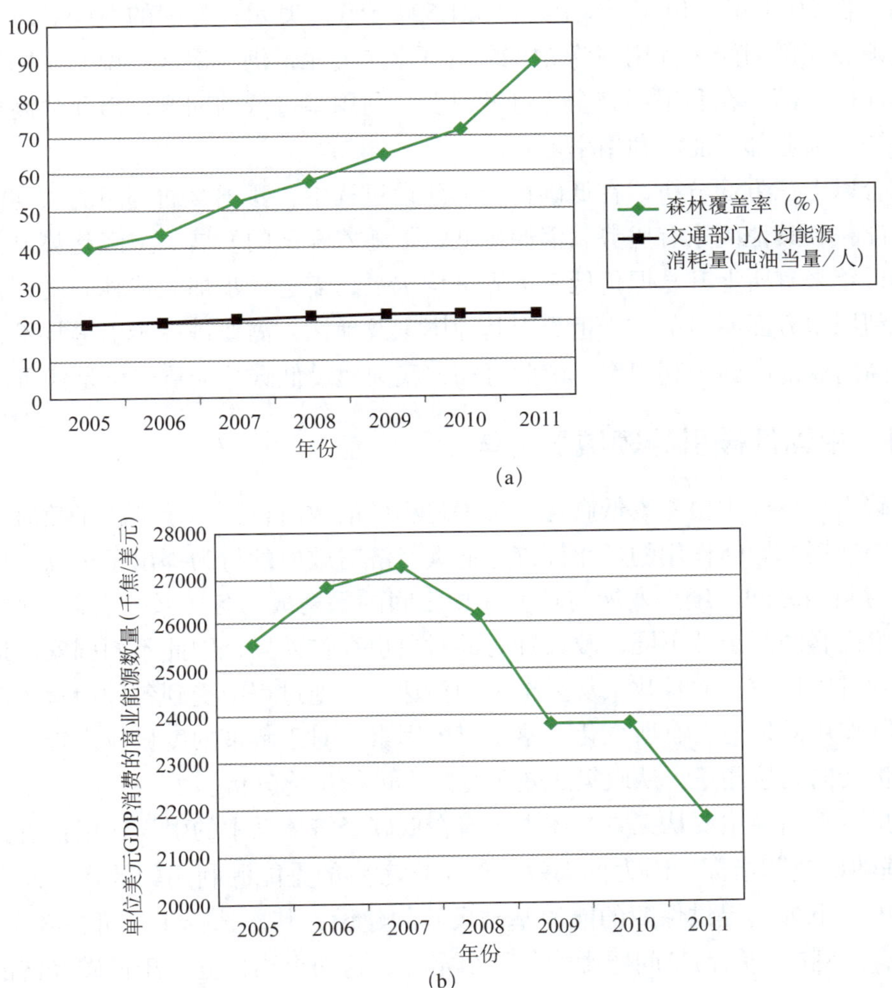

图 2-19 中国低碳社会子竞争力下的具体要素动态变化

随着中国经济的发展与人民生活水平的提高，汽车的普及化程度逐步提高，私人汽车拥有量也随之增多，因此交通部门的人均能源消耗量从 2005 年以来逐年提高，由 40.0 吨油当量 / 人上升至 90 吨油当量 / 人。相对比其他发达国家，如美国的 1700 吨油当量 / 人、英国的 640 吨油当量 / 人，中国的人均能耗量相对较低，但是中国该能源消耗量的直线上涨趋势需引起重视，见图 2-19（a）。鉴于此，北京推出机动车限行、摇号买车、降低公共交通工具收费等一系列措施，从限制汽车出行量、汽车购买量及促进公共交通工具使用量方面控制交通造成的污染及能源消耗。但是随着中国经济的发展，汽车拥有量会进一步上升，在一段时间内中国交通部门的人均能源消耗量肯定还会有所上升，因此我们主要应着力于控制其上升力度与上升空间。

从能源消耗角度分析，中国的商业部门能源利用率从 2005 年上升至 2007 年，之后开始下降[1]［图 2-19（b）］，这说明 2007 年以后我国的商业部门能源利用率有了显著提高。但 2011 年，相较于美国的 6321.524 千焦 / 美元、英国的 3048.227 千焦 / 美元，我国商业部门能源利用率为 21827.74 千焦 / 美元，仍然偏低，说明我国在商业部门能源使用方面存在利用不完全、过度浪费、利用率过低的问题，需要从高科技角度进一步提高商业部门能源利用率。

综合以上三方面分析，在低碳社会的建设过程中，我国交通部门的人均能源消耗虽然目前相较其他国家有优势，消耗量低，但随着经济的发展，上涨趋势显著；森林覆盖率近年来有所上升，但仍低于世界平均水平，需进一步加大造林力度；在商业部门能源利用率方面明显落后于世界上其他国家及地区，需要进一步引进技术，发展技术，提高商业部门能源利用率。由此可知，我国建设低碳社会目前仍是任重而道远。

四、中国低碳引导领域显劣势

低碳引导指标主要考察低碳经济发展过程中的政府行为，重点在于政府制定的政策对发展规划的导向作用的量化评价。低碳经济对政府的行为提出了更高的要求，寻求建设与制约之间、经济发展与环境保护之间的平衡成为各国政府普遍面临的问题。但是政策内容的复杂性不同，政策针对的对象也存在差异，因此不同国家、地区的政策和规划难以比较；而且政策从上至下的传达、实施过程中受到各种因素的影响，政策的实际作用效果也会有所变化。鉴于以上因素，对于政策的度量应当转换角度，从直接测量转向间接测量，从政策成效角度入手进行量化分析。

这里低碳引导主要从三方面体现政府在低碳经济体系中的引导作用：首先选择了“能源基础设施”指标，因为低碳效率等指标考察的是能源利用的效率，而在此之前不妨考虑一下为其提供保障的能源基础设施的建设；其次选择了“可持续发展能力”和“没有受到严重的污染问题影响”两个指标，这两个指标立足于低碳经济的两个重要关注点——环境和可持续发展，以此考察政府在这两大问题上的把握；最后选择了“环境法案没有妨碍商业发展”指标，以此考察政策制定对低碳发展与经济发展两者的平衡，因为低碳经济应当是低碳发展与经济发展并重，而不是以牺牲经济发展为代价实现低碳（表 2-8）。

（一）污染问题制约中国低碳引导子竞争力提升

如图 2-20 所示，在低碳引导方面，与 2010 年相比较，欧洲国家普遍表现出色，在前 20 名国家中仍然占据了 13 席，并且再次包揽了前 6 名。同时在低碳引导综合得分上，排名前两位的丹麦与芬兰得分均超过了 85 分，与去年相比在分数上有了进一步的提高，显示出了其在低碳经济领域较强的综合实力与较为完善的政府引导机制。与去年相比，综合得分在 80 分以上的国家数量减少了一个，80 分以上的国家全部为

[1] 由于 2010 年数据缺失，采用 2009 年数据代替。

表 2-8 低碳引导子竞争力指标体系

一级要素	二级要素
低碳引导	能源基础设施
	可持续发展能力
	没有受到严重的污染问题影响
	环境法案没有妨碍商业发展

欧洲国家，并集中于北欧、西欧地区，表明这一区域仍然是全球低碳经济的领先地区。同时，作为欧洲第一大经济体的德国，其综合得分达到了 77.22 分，较 2010 年上涨了 2.9 分，排名也上升一位至第 9 名；而欧洲第二大经济体法国的得分却大幅下降至 59.74，同时其排名也由第 14 名骤降至第 20 名。值得一提的是，往年在低碳经济领域表现较差的美国在 2011 年却有了显著的发展，其政府引导综合得分为 60.08 分，在 50 个国家及地区中排名第 19 位。这些数据表明，美、德等西方主要发达国家在“后危机”时代提出的清洁能源发展计划初见成效，但以法国为代表的一些国家其相关政策效果依然不明显，数据上暂时还未发现其排名的上升趋势，甚至出现了后退。

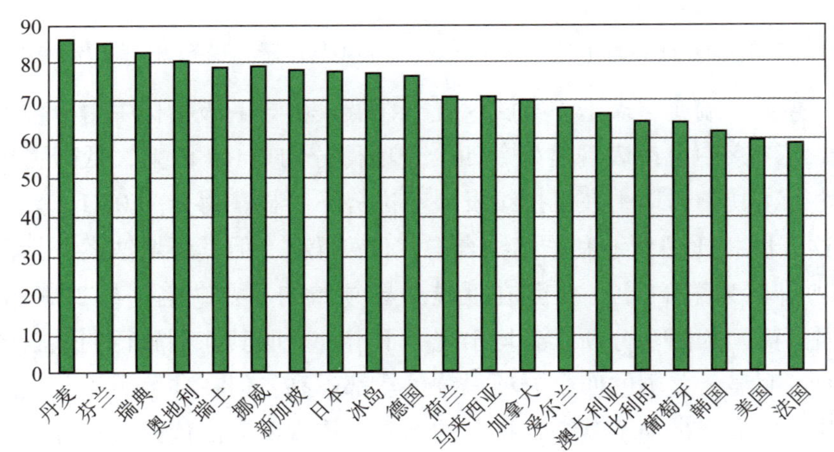

图 2-20 2011 年低碳引导子竞争力综合水平排名前 20 国家

而与 2010 年数据相比较，2011 年中国的低碳引导综合得分从前一年的 38.58 分上涨到了 46.50 分，上涨了 20.5%；而同期 50 个主要国家及地区的低碳引导指数综合得分仅仅上涨了 5.34%，排名也从 2010 年的第 38 名上升至第 34 名，取得了明显的进步；在 2010 年与 2011 年低碳引导排名中均位列最后五位的国家，其低碳得分均值也从 24.90 分上涨到了 30.35 分，出现了 21.89% 的上涨。这一变化趋势表明在低碳引导的综合得分中排名较低的国家普遍有着较大幅度的上涨，且中国的进步尤为明显。

从图 2-21 中可以看出，在“金砖四国”中，中国在“没有受到严重的污染问题”

一项上得分仍然较低：标准化得分仅为 0.13 分，虽然与 2010 年相比得分有所提高，但仍然列 50 个国家及地区中的最后一名，表明严重的污染问题仍然是拉低中国低碳引导得分的最主要因素。2011 年，印度在能源基础设施、可持续发展得分和环境法案上的得分都明显低于中国，其中可持续发展得分与环境法案得分均出现了大幅倒退，使其综合得分下降为“金砖四国”中的最后一名；而俄罗斯在环境法案指标上的得分也出现了明显下滑，并导致其综合得分下降。巴西的低碳引导各部分得分与去年相比基本没有变化，在 50 个国家及地区中仍处于发展程度较差的水平层次。

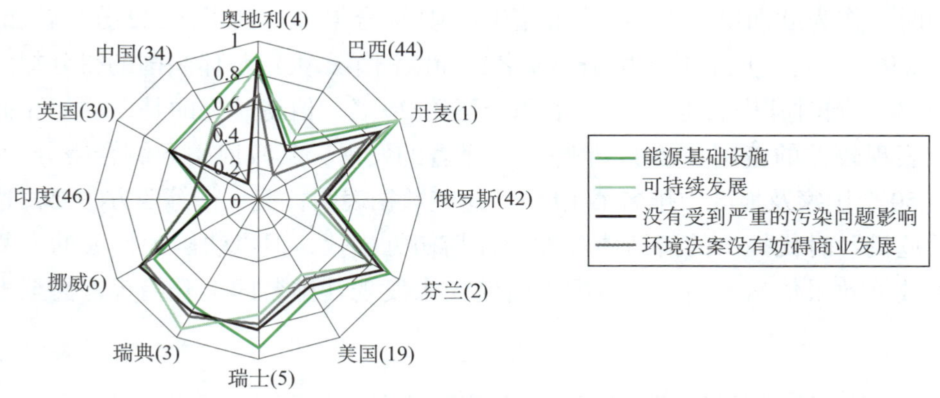

图 2-21　2011 年重点国家的低碳引导子竞争力中各项具体要素得分对比（数字为综合排名）

丹麦、芬兰、瑞典、瑞士、挪威这五个在低碳引导一级指标中得分位列前六的国家，在分要素考察中也都表现良好，四个分项得分均在 0.7 以上，低碳引导的各方面发展较为均衡，其中，瑞士在可持续发展上优势不明显，得分为 0.71，分项排名列第 12 位。与这五国相比，奥地利虽然综合得分位列第 4，但其环境法案分指标得分仅为 65 分，分项排名为第 11 名，是其在低碳引导领域的主要缺陷。与 2010 年的情况相比，传统强国英国的四个分项排名均出现了下滑，表明其前期施行的低碳经济发展政策效果依旧不明显；美国的四个分项得分虽然都不高，但在环境污染分项的得分却有了显著提升，并最终带动了其综合排名的上升，体现出美国依托其良好的科技实力基础和环境优势发展低碳经济的强大竞争力。

与 2010 年相比，2011 年在低碳引导综合得分中位列前六名的国家及地区保持了其在各子竞争力要素得分上的优势地位，其各项要素得分均超过了 0.7 分。在 2011 年，美国的各项得分与 2010 年相比出现了较为稳定的上涨，但仍然保持为 0.5 ~ 0.7。在这两年间，英国的各子项得分也保持了其“两高两低”的一贯特征，即能源基础设施与严重污染问题得分较高，而可持续发展能力与环境法案的得分则相对较低，并且在 2011 年各项得分与 2010 年相比均出现了一定程度的下降。“金砖四国”的低碳引导指数各项得分在这两年中也依然较低。其中中国 2011 年虽然在能源基础设施、可持续发展能力与环境法案三项上的得分与 2010 年相比有较大的增长，甚至达到了美国的水平，但是在严重污染问题上中国的得分却依然严重偏低；而与2010年相比，"金砖四国"中的另外三国在2011年各项得分与其他国家相比差距更为明显。

表2-9展示了"金砖四国"以及英、美、德、日、韩五国在四个分项得分中的排名情况，其中以斜粗体加下划线方式标出的是在50个国家及地区中排名35以后的。可以看出，"金砖四国"除中国以外，在低碳经济发展领域存在着全面的劣势，特别是在环境因素（"没有受到严重的污染问题影响"）一项上，四国排名全部位于35名以外，中国更是位列50个国家及地区的最后一名；在其他各分项指标方面，印度、巴西、俄罗斯三国排名均较为靠后，与去年相比在各分指标排名上也都出现了不同程度的下降。与此三国相比，2011年中国在能源基础设施分指标与可持续发展分指标上的排名与2010年相比均出现了大幅上升，并带动中国的综合得分排名较前一年上升两名，达到了第34名；但与此同时，中国在环境法案分指标上的排名却出现了下降，表明这一领域应当成为政府下一步低碳引导工作的重点环节。

表2-9 2011年"金砖四国"及美、英、德、日、韩在50个考察国家及地区中的分项排名比较

国家	能源基础设施	可持续发展	没有受到严重的污染问题影响	环境法案没有妨碍商业发展	综合得分
中国	28	22	***<u>50</u>***	23	34
印度	***<u>47</u>***	***<u>38</u>***	***<u>47</u>***	***<u>38</u>***	***<u>46</u>***
俄罗斯	***<u>43</u>***	***<u>47</u>***	***<u>39</u>***	***<u>39</u>***	***<u>42</u>***
巴西	***<u>44</u>***	34	***<u>42</u>***	***<u>48</u>***	***<u>44</u>***
美国	24	24	19	17	19
英国	30	***<u>40</u>***	18	***<u>36</u>***	30
德国	9	5	8	16	10
日本	16	4	12	8	8
韩国	21	1	***<u>43</u>***	27	18

在普遍关注的可持续发展能力上，韩国超越日本，成为所考察的50个国家及地区中的第一名，展现出极强的经济发展潜力和持续性，而日本却从2010年的第1名下降到了第4名。日本和德国在传统发达国家中表现出色，不仅在低碳引导中排名靠前（分别为第8、第10名），而且具有很强的低碳经济综合竞争力。传统强国英国在四个分项考察中并没有表现出很强的竞争力，可持续发展能力得分在50个国家及地区中仅列第30位，仅有"没有受到严重的污染问题影响"一项的得分可以排在前20名，可持续发展分项与环境法案分项排名甚至跌落到了35名以外，其低碳引导综合得分为51.53分，与2010年相比下降了近1.5分，与日本之间的差距拉大到26.48分。美国在低碳引导的四个分项中表现比较平均，但都与其居于统治地位的政治、经

济影响力不匹配，其中，去年表现较好的“可持续发展”和“环境法案”得分排名均出现了下降，分别位列第 24 和第 17。

（二）各国及地区低碳引导子竞争力排名变动（2006—2011 年）

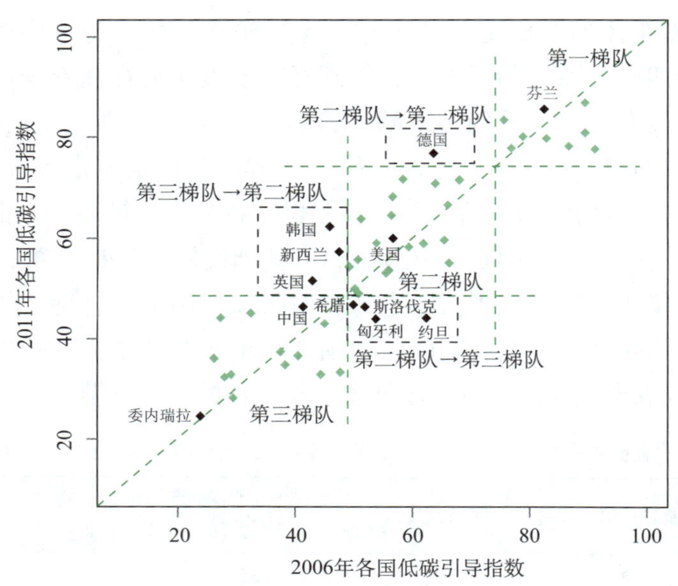

图 2-22　2011 年较 2006 年各国及地区低碳引导子竞争力综合水平动态变化

由图 2-22 和表 2-10 可以看出，与 2006 年相比，低碳引导水平下降的国家及地区有 22 个，而去年这一数据为 26 个。第一梯队的国家数量上升到了 9 个，其中芬兰、日本、瑞典、瑞士四国均呈现出正增长趋势，并且其 2011 年的低碳引导综合得分也均位列前 10 位，表现出良好的发展态势；奥地利、挪威、冰岛、丹麦、新加坡五国 2011 年低碳引导得分相对于 2006 年则下滑，其中受次贷危机影响最为严重的冰岛更是下降了 14.5%，但由于其前期发展水平较高，因此在 2011 年的榜单上依然位列第一梯队；新加坡的得分继 2010 年后仍然呈现较为明显的下降趋势，但其综合排名仍然与去年持平，仍位列第 7。从 2006 年到 2011 年，仅有德国从第二梯队跃升至第一梯队。第二梯队包括 19 个国家和地区，其中爱尔兰、澳大利亚、比利时等 12 个国家得分呈现出正增长态势，其中爱尔兰上升了 20.78%，年均增幅为 4.20%；而同为第二梯队的爱沙尼亚、法国等国却呈现出了下降趋势，其中，斯洛伐克、匈牙利、希腊、约旦四国更是从第二梯队下降到了第三梯队。从整体上看，与去年数据相比，第二梯队国家数大幅减少。一方面是由于德国等国家在适当的低碳经济政策引导下，其综合得分大幅上扬，跃升到了第一梯队，但更为主要的因素还是多数国家综合得分减少，排名下降。这一现象表明在次贷危机之后，由于经济不景气，多数国家减少了对低碳经济发展的投入，使得各国及地区低碳引导竞争力发生了普遍性的下滑。

第三梯队包括 14 个国家：“金砖四国”中仅有中国保持了正向增长，总增长率达到了 12.48%，而印度、巴西、俄罗斯三国在 2006—2011 年分别下降了 25.12%、8.59% 和 9.35%。在第三梯队中，韩国、新西兰、英国取得了较为明显的增长，分别上涨了 35.59%，20.98%，19.94%，三国也因此跃升到了第二梯队。在第三梯队中，委内瑞拉的下滑仍然严重，继 2010 年后综合得分再次位列 50 个国家及地区中的最后一位。

表 2-10 依据 2011 年较 2006 年各国及地区低碳引导子竞争力综合水平动态变化对各国及地区进行的梯队划分

梯队	2011 年较 2006 年的年均增长率	
	正增长	负增长
第一梯队	芬兰（4.38%）、日本（1.29%）、瑞典（10.69%）、瑞士（1.72%）	奥地利（-8.87%）、冰岛（-14.50%）、丹麦（-2.69%）、挪威（-3.48%）、新加坡（-9.34%）
第二梯队→第一梯队	德国（21.13%）	
第二梯队	爱尔兰（20.78%）、澳大利亚（1.01%）比利时（15.12%）等 12 个国家	爱沙尼亚（-1.11%）、法国（-8.99%）等 7 个国家和地区
第二梯队→第三梯队		斯洛伐克（-10.96）、希腊（-5.57%）、匈牙利（-18.04%）、约旦（-28.90%）
第三梯队	中国（12.48%）、波兰（0.38%）、菲律宾（12.38%）等 8 个国家	巴西（-8.59%）、俄罗斯（-9.35%）、印度（-25.12%）等 6 个国家
第三梯队→第二梯队	韩国（35.59%）、新西兰（20.98%）、英国（19.94%）	

与 2010 年相比，2011 年从第二梯队跃进到第一梯队的国家数量从 3 个下降到了 1 个，而从第三梯队跃进到第二梯队的国家数量则从 0 个增加到了 3 个。不过值得注意的是，从第二梯队向第三梯队滑落的国家数量则从 1 个增加到了 3 个，而这三个国家都是在次贷危机及随后的主权信用危机中受到严重冲击的南欧、东欧国家，这一情况表明新一轮经济危机对于世界各国的低碳经济发展能力有着较为明显的负面影响，也就是说，在经济危机中，受危机影响较大的国家更有可能放松对高耗能产业的限制，从而导致低碳引导能力的下降。

中国在 2006—2011 年低碳引导得分的增长，主要是由于“能源基础设施”和“环境法案没有妨碍商业发展”的带动，两项指标得分分别从 0.39 和 0.50 上升至 0.65 和 0.53；但“可持续发展”一项的得分则出现了下降，表明中国在可持续发展领域仍需要加大投入。在环境污染分项目上，中国得分虽然较 2006 年有所上升，但排名仍然位列 50 个国家及地区中的最后一位，说明中国在污染治理问题上必须加大力度。总体而言，2006—2011 年，中国在低碳引导领域的综合竞争力水平有所提升，但污染问题带来的威胁需要引起我们的极大关注。

（三）中国低碳引导竞争力变化分要素剖析

从图 2-23 中可以看出，在中国的低碳引导四项分指标中，仅有“能源基础设施”得分[1]整体上呈现增长趋势；“可持续发展”得分自 2006 年以来一路下降，由 7 分下降至 5.46 分，但 2011 年出现了回升；“环境法案没有妨碍商业发展”得分经过 2007—2009 年的下降后，在 2010 年、2011 年又呈现明显的上升；“没有受到严重的污染问题影响”这一项的得分一直保持低位，说明污染问题在 2005—2011 年并未得到有效的改善，其中 2009 年甚至出现了恶化趋势，并且与该项得分最高的国家之间的差距越来越大。“能源基础设施”得分和“没有受到严重的污染问题影响”得分在 2005—2011 始终低于 50 个国家及地区的平均水平：但前者与平均水平的差距不断缩小，由 2.52 分的差距缩小到 0.02 分；后者与平均水平的差距却有不断增大的趋势，由 2005 年的 2.95 分增大至 2010 年的 3.05 分，2011 年这一差距又缩小到了 2.87 分，但仍是四项分指标中与国际平均水平差距最大的一项得分。

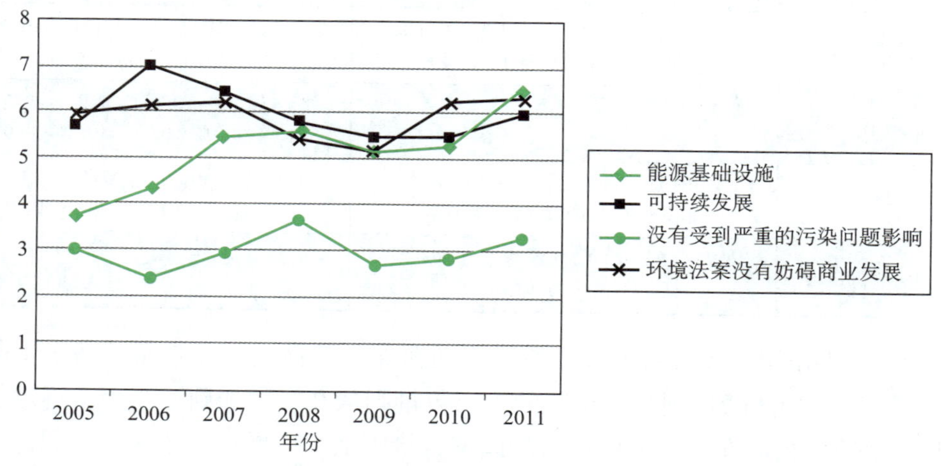

图 2-23　2005—2011 年中国低碳引导子竞争力综合水平动态发展

综上可知，环境治理效果不理想依然是影响低碳引导得分提升的关键所在，也是目前需要引起政府高度重视的方面，如果不能妥善处理、及时修正，极有可能成为中国未来低碳经济发展路上的最大“绊脚石”。

第四节　国内外低碳经济国际竞争力指标体系比较

本节主要将本报告的指标体系与普华永道低碳竞争力指标体系的设计及排名结果进行比较，以揭示本报告指标体系对一国当前低碳竞争力的准确衡量能力。

[1]这里的得分使用的是 IMD 数据的原始得分，分值范围为 1 ~ 10。

一、不同的低碳竞争力指标体系设计比较

2010年，普华永道会计师事务所（Pricewaterhouse Coopers LLP，PwC）发布Low Carbon Economy Index。该指数以碳强度（Carbon Intensity）为依据，通过计算低碳完成指数与低碳挑战指数比较分析了G20成员国在低碳经济领域的发展程度。

两个指标体系的时间存在差异。普华永道编制的低碳完成指数主要建立在2009年与2000年数据比较的基础之上。本报告采用WDI、IMD数据，分别计算2005—2010年年度指数，每一年指标都选取当年数据，其中只有少量缺失数据采用上一年数据替代等方法进行填补，具有较强的连续性、时效性。

两个指标体系的侧重点有所不同。普华永道低碳完成指数的设计仅依据单一指标，且只用于衡量减排目标完成程度；低碳挑战指数则是在前一指数的基础上通过与标准值进行比较而得到的，并未消除单一指标的缺陷。而本报告编制的低碳竞争力指数采用多项指标以形成综合评价体系，但二者的结构设计及指标选取均存在一定差异:（1）本报告以低碳效率为核心，并依次引入能耗效率、低碳社会、低碳引导三大影响要素，一级级向外延扩展，并对四个一级要素赋予相同的权重;（2）在指标选取上，本报告指标体系采用的指标有交通部门人均能源消费量、清洁能源比重（可替代能源和核能占比）、电力运输损失比例等核心指标，对于其余指标，有效利用了IMD中的几项主观性指标，有效地衡量了低碳经济发展的支撑力。

二、不同的低碳竞争力指标体系排名结果比较

这两份报告均以G20国家（19个国家和欧盟）为研究对象，将主要依据两个指标体系分别对G20中除欧盟及沙特阿拉伯之外的十八国总指数排名[1]，比较其差异（表2-11和表2-12），其中本报告指数采用2007年度数据。

表2-11 G20十八国普华永道与本报告低碳竞争力指数排名比较

国家	本报告低碳竞争力排名	普华永道低碳完成指数排名	本报告相对于普华永道低碳完成指数排名差异[2]	普华永道低碳挑战指数排名	本报告相对于普华永道低碳挑战指数排名差异
日本	1	5	▲4	8	▲7
法国	2	7	▲5	9	▲7
德国	3	11	▲8	16	▲13

❶本报告没有将沙特阿拉伯作为研究对象，因此在比较中将其排除在外。

❷这里的向下三角▼（同时以下划线标注出来）表示本报告中构建的低碳经济竞争力排名低于普华永道排名，向上三角▲（同时以下划线标注出来）表示本报告中构建的低碳经济竞争力排名高于普华永道排名。

续表

国家	本报告低碳竞争力排名	普华永道低碳完成指数排名	本报告相对于普华永道低碳完成指数排名差异❷	普华永道低碳挑战指数排名	本报告相对于普华永道低碳挑战指数排名差异
韩国	4	16	▲12	18	▲14
巴西	5	3	▼2	1	▼4
英国	6	9	▲3	11	▲5
土耳其	7	2	▼5	7	0
澳大利亚	8	12	▲4	12	▲4
加拿大	9	15	▲6	10	▲1
意大利	10	13	▲3	3	▼7
印度尼西亚	11	8	▼3	5	▼6
墨西哥	12	17	▲5	4	▼8
美国	13	10	▼3	13	0
阿根廷	14	6	▼8	6	▼8
中国	15	18	▲3	15	0
印度	16	4	▼12	2	▼14
南非	17	14	▼3	14	▼3
俄罗斯	18	1	▼17	17	▼1

表 2-12　按低碳经济竞争力排名与两个报告排名之间的差距进行的汇总

排名差异	国家数目	
	本报告 & 低碳完成指数	本报告 & 低碳挑战指数
0	0	3
1 ~ 2	1	2
3 ~ 5	11	4
6 ~ 10	3	6
11 ~ 15	2	3
16 ~ 20	1	0

首先从整体上考察本报告指数与普华永道低碳完成指数、低碳挑战指数排名差异。本报告的排名与普华永道低碳完成指数排名相对比较接近，18 个国家中多达 12 个国家的排名差异在 5 位以内；而与普华永道的低碳挑战指数排名相比差异则比较明显，虽然有 3 个国家的排名相同，但有一半的国家排名差异在 6 位以上。而总体来看，本报告排名与普华永道的两个指数排名的差异都较为明显，究其原因，主要是普华永道指数指标过于单一，并不能全面反映一国低碳经济发展状况，更难以从整体上准确衡量低碳竞争力。在进一步的分析中，本报告将主要比较本报告指数排名与普华

永道低碳完成指数排名之间的差异。

就国家及地区排名来看，日本、法国、巴西、英国、土耳其五国在两指数中均排在前十位，但在两报告中的排名差异仍十分明显，例如日本与法国在两报告中的差异均达到了7，并且在低碳完成指数排名中这些国家的排名都较本报告指数排名较低；而本报告指数排名的前十位中，列于第4位的韩国在低碳完成指数排名中仅位列第16，两者排名差异达到了12位；而在低碳完成指数排名的前十位中，位于第1、第6的俄罗斯、印度在本报告中仅列于第18、第16位，前者的排名更是出现了排名第1与倒数第1的巨大差别。

总体来看，由于本报告在研究中综合考虑了低碳竞争力发展的各方面因素，因而本报告指数对各国及地区低碳竞争力的衡量较为准确，并且与后者相比的优势在于所有指标均与低碳、能耗密切相关，基本避免了国家经济发展程度的过度干扰，能够更加准确地衡量一国当前低碳竞争力。

而纵向与2009年的排名情况相比，在两个报告中2010年G20各国低碳竞争力排名与2009年相比并没有发生变化，表明低碳竞争能力的发展是一个长期积累的过程，在短期内并不会产生飞跃式的发展。

第五节　低碳经济国际竞争力与国家综合竞争力比较

本节利用国际影响力最大的综合国际竞争力排名——IMD全球竞争力和WEF全球竞争力排名，进一步考察一国低碳经济竞争力与综合国力的关系。由于侧重点不同、数据资源不同、发展阶段不同等原因，二者之间的排名有较大差距，印证了低碳经济竞争力指数编制的必要性。

一、WEF、IMD全球竞争力与低碳经济竞争力排名比较

自1989年以来，IMD（瑞士洛桑管理学院）每年发布世界竞争力年鉴，对世界市场上的主要国家进行全面而综合的竞争力分析，被公认为是研究国家和地区竞争力最好的一手资料。根据相关文献和已有研究成果，并结合商业团体、政府机构和学者们的意见，IMD精选300多个指标进行竞争力指数的构建，并且在过去20多年里，不断进行适当的调整以适应环境变化和新研究发展的需要。IMD全球竞争力报告采用多构面的分析方法，除了分为四大竞争因素——经济表现、政府效能、企业效能和基础建设外，每个因素又由5个分项因素指标构成，而分项因素指标又进一步由多个细项指标构成，其中约2/3为统计指标，1/3为调查指标。

世界经济论坛（World Economic Forum，WEF）全球竞争力指标（Global Competitiveness Index，GCI），将一个国家的竞争力定义为“能够持续性地保持经济增长的能力”，包含3个一级指标、12个二级指标和110项具体指标。按照各国经济发

展程度分成要素驱动、效率驱动和创新驱动三个阶段，给予不同评比的权重。与 IMD 的全球竞争力评比稍有不同的是，WEF 竞争力中调查指标的比重较高，约占 7 成左右。

作为负有盛名的两大竞争力指数，WEF 和 IMD 对各国竞争力的度量涵盖内容较广，度量方法较为细致，具有较高的参考价值和比较意义，因此用本报告中构建的低碳竞争指数与这两项较为成熟的竞争力指数进行比较（表 2-13 和表 2-14）。

表 2-13　50 个国家和地区的 2011 年 WEF、IMD 全球竞争力排名与低碳经济竞争力（ILCC）排名情况

排序	国家和地区	排名指数	排序	国家和地区	排名指数	排序	国家和地区	排名指数
1	瑞典	低碳竞争指数	1	美国	IMD	1	瑞士	WEF
2	瑞士	低碳竞争指数	1	中国香港	IMD	2	新加坡	WEF
3	日本	低碳竞争指数	2	新加坡	IMD	3	瑞典	WEF
4	法国	低碳竞争指数	3	瑞典	IMD	4	芬兰	WEF
5	奥地利	低碳竞争指数	4	瑞士	IMD	5	美国	WEF
6	芬兰	低碳竞争指数	6	加拿大	IMD	6	德国	WEF
7	德国	低碳竞争指数	8	澳大利亚	IMD	7	荷兰	WEF
8	挪威	低碳竞争指数	9	德国	IMD	8	丹麦	WEF
9	丹麦	低碳竞争指数	10	卢森堡	IMD	9	日本	WEF
10	斯洛伐克	低碳竞争指数	11	丹麦	IMD	10	英国	WEF
11	斯洛文尼亚	低碳竞争指数	12	挪威	IMD	11	中国香港	WEF
12	马来西亚	低碳竞争指数	13	荷兰	IMD	12	加拿大	WEF
13	韩国	低碳竞争指数	14	芬兰	IMD	15	比利时	WEF
14	比利时	低碳竞争指数	15	马来西亚	IMD	16	挪威	WEF
15	新西兰	低碳竞争指数	16	以色列	IMD	18	法国	WEF
16	葡萄牙	低碳竞争指数	17	奥地利	IMD	19	奥地利	WEF
17	新加坡	低碳竞争指数	18	中国大陆	IMD	20	澳大利亚	WEF
18	哥伦比亚	低碳竞争指数	19	英国	IMD	21	马来西亚	WEF
19	巴西	低碳竞争指数	20	新西兰	IMD	22	以色列	WEF
20	菲律宾	低碳竞争指数	21	韩国	IMD	23	卢森堡	WEF
21	西班牙	低碳竞争指数	22	比利时	IMD	24	韩国	WEF
22	捷克	低碳竞争指数	23	爱尔兰	IMD	25	新西兰	WEF
23	荷兰	低碳竞争指数	24	智利	IMD	26	中国大陆	WEF
24	以色列	低碳竞争指数	25	日本	IMD	29	爱尔兰	WEF
25	爱沙尼亚	低碳竞争指数	26	泰国	IMD	30	冰岛	WEF
26	英国	低碳竞争指数	28	法国	IMD	31	智利	WEF

续表

排序	国家和地区	排名指数	排序	国家和地区	排名指数	排序	国家和地区	排名指数
27	中国香港	低碳竞争指数	29	捷克	IMD	33	爱沙尼亚	WEF
28	泰国	低碳竞争指数	30	冰岛	IMD	36	西班牙	WEF
29	爱尔兰	低碳竞争指数	31	印度	IMD	38	捷克	WEF
30	澳大利亚	低碳竞争指数	32	爱沙尼亚	IMD	39	泰国	WEF
31	意大利	低碳竞争指数	33	波兰	IMD	41	波兰	WEF
32	印度尼西亚	低碳竞争指数	34	西班牙	IMD	43	意大利	WEF
33	加拿大	低碳竞争指数	36	印度尼西亚	IMD	45	葡萄牙	WEF
34	智利	低碳竞争指数	37	墨西哥	IMD	46	印度尼西亚	WEF
35	美国	低碳竞争指数	38	土耳其	IMD	48	匈牙利	WEF
36	匈牙利	低碳竞争指数	39	葡萄牙	IMD	50	南非	WEF
37	希腊	低碳竞争指数	40	菲律宾	IMD	53	巴西	WEF
38	土耳其	低碳竞争指数	41	意大利	IMD	56	印度	WEF
39	波兰	低碳竞争指数	43	巴西	IMD	57	斯洛文尼亚	WEF
40	约旦	低碳竞争指数	45	哥伦比亚	IMD	58	墨西哥	WEF
41	罗马尼亚	低碳竞争指数	46	匈牙利	IMD	59	土耳其	WEF
42	卢森堡	低碳竞争指数	47	斯洛伐克	IMD	66	俄罗斯	WEF
43	委内瑞拉	低碳竞争指数	48	俄罗斯	IMD	68	哥伦比亚	WEF
44	墨西哥	低碳竞争指数	49	罗马尼亚	IMD	69	斯洛伐克	WEF
45	中国大陆	低碳竞争指数	50	斯洛文尼亚	IMD	71	约旦	WEF
46	印度	低碳竞争指数	51	南非	IMD	75	菲律宾	WEF
47	阿根廷	低碳竞争指数	52	约旦	IMD	77	罗马尼亚	WEF
48	俄罗斯	低碳竞争指数	53	阿根廷	IMD	85	阿根廷	WEF
49	南非	低碳竞争指数	55	希腊	IMD	90	希腊	WEF
50	冰岛	低碳竞争指数	58	委内瑞拉	IMD	124	委内瑞拉	WEF

表 2–14 50 个国家和地区的 2011 年 WEF、IMD 全球竞争力排名与低碳经济竞争力排名情况（按国别）

国家和地区	低碳竞争力排名	IMD 全球竞争力排名	WEF 全球竞争力排名	低碳竞争力排名与 IMD 排名差距	低碳竞争力排名与 WEF 排名差距
瑞典	1	3	3	+2	+2
瑞士	2	4	1	+2	–1
日本	3	25	9	+22	+6

续表

国家和地区	低碳竞争力排名	IMD 全球竞争力排名	WEF 全球竞争力排名	低碳竞争力排名与 IMD 排名差距	低碳竞争力排名与 WEF 排名差距
法国	4	28	18	+24	+14
奥地利	5	17	19	+12	+14
芬兰	6	14	4	+8	−2
德国	7	9	6	+2	−1
挪威	8	12	16	+4	+8
丹麦	9	11	8	+2	−1
斯洛伐克	10	47	69	+37	+59
斯洛文尼亚	11	50	57	+39	+46
马来西亚	12	15	21	+3	+9
韩国	13	21	24	+8	+11
比利时	14	22	15	+8	+1
新西兰	15	20	25	+5	+10
葡萄牙	16	39	45	+23	+29
新加坡	17	2	2	−15	−15
哥伦比亚	18	45	68	+27	+50
巴西	19	43	53	+24	+34
菲律宾	20	40	75	+20	+55
西班牙	21	34	36	+13	+15
捷克	22	29	38	+7	+16
荷兰	23	13	7	−10	−16
以色列	24	16	22	−8	−2
爱沙尼亚	25	32	33	+7	+8
英国	26	19	10	−7	−16
中国香港	27	1	11	−26	−16
泰国	28	26	39	−2	+11
爱尔兰	29	23	29	−6	0
澳大利亚	30	8	20	−22	−10
意大利	31	41	43	+10	+12
印度尼西亚	32	36	46	+4	+14
加拿大	33	6	12	−27	−21
智利	34	24	31	−10	−3
美国	35	1	5	−34	−30

续表

国家和地区	低碳竞争力排名	IMD 全球竞争力排名	WEF 全球竞争力排名	低碳竞争力排名与 IMD 排名差距	低碳竞争力排名与 WEF 排名差距
匈牙利	36	46	48	+10	+12
希腊	37	55	90	+18	+53
土耳其	38	38	59	0	+21
波兰	39	33	41	-6	+2
约旦	40	52	71	+12	+31
罗马尼亚	41	49	77	+8	+36
卢森堡	42	10	23	-32	-19
委内瑞拉	43	58	124	+15	+81
墨西哥	44	37	58	-7	+14
中国大陆	45	18	26	-27	-19
印度	46	31	56	-15	+10
阿根廷	47	53	85	+6	+38
俄罗斯	48	48	66	0	+18
南非	49	51	50	+2	+1
冰岛	50	30	30	-20	-20

二、造成全球竞争力与低碳经济竞争力排名差异的因素

第一，侧重点不同。现有的全球竞争力指数重在对国家综合实力的考察，其考察范围包括环境、生态等属于低碳范畴的内容，但更是包括了许多低碳考察范畴以外的因素，尤其是贸易、财政等纯经济信息占据了较大比重，而这些内容与低碳的联系并不紧密。低碳以外的“冗余”信息的加入在一定程度上导致了二者之间的差距。

第二，数据资源不同。本报告对低碳竞争指数的编制采用的都是 2008 年的国际数据，对其中少量空缺数据采用将前一年数据插补等方法进行填充，绝大多数数据反映的是 2008 年度情况。而对于 IMD 指数和 WEF 指数而言，由于宏观数据的延迟性，而这些指数又都是当年或下一年发布，因此很多指标 2008 年当年的数据都是缺失的，而采用上一年甚至更早年份的数据进行插补，这也在一定程度上造成了误差。

第三，发展阶段不同。虽然现在低碳经济已经是世界性关注的热点话题，但是各国的数据对接仍旧有着很大的问题，并且各国采用的体系与口径都存在着差异，数据来源与可信度也值得商榷。并且在发展低碳经济的问题上，发达国家与发展中国家处于不同阶段，对低碳发展的判断也存在着差异。对于大多数发展中国家来说，发达国家高排放、高污染的经济发展道路仍旧是其目前正在践行的道路，即使有碳排放的国

际压力，发展中国家仍旧无法采纳不能满足其国内经济增长要求的发展模式。然而，我们也可以看到，随着各国在全球碳排放上取得的共识的增多，对于低碳发展阶段和模式的看法也会逐步走向一致。在此，我们以后的研究方向将更深入比较不同国家不同阶段之间的路线差异。

三、各国及地区低碳竞争指数与 WEF 竞争指数排名的综合分析

图 2–24 中，虚线表示在本报告所涉及的 50 个国家和地区中，2011 年的低碳竞争指数与 WEF 竞争指数排名相等。如图 2–24 所示，大部分国家还是在虚线附近，说明这两个排名之间的差距并不是很大，当然也有诸如美国、加拿大、哥伦比亚、菲律宾、斯洛伐克等这种极端值，说明这些国家两项排名的结果迥然不同。值得注意的有以下四个区域：

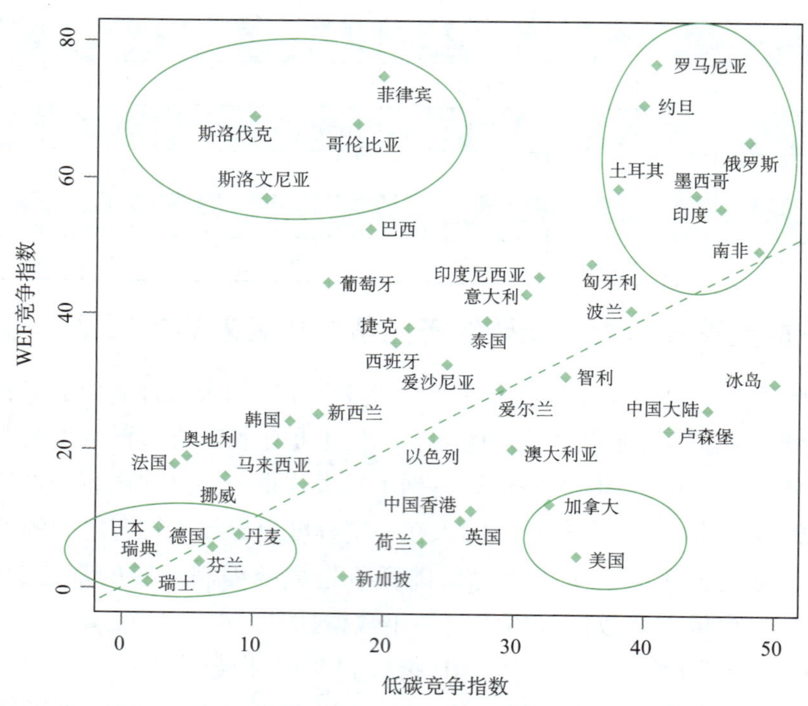

图 2–24　2011 年各国及地区低碳竞争指数排名与 WEF 竞争指数排名的综合分析

（1）以日本、瑞典、瑞士、德国、芬兰、丹麦为代表的“双高”国家，即低碳经济竞争力排名和 WEF 全球竞争力排名都名列前茅，说明这些国家在整体实力和低碳经济发展上都具有很强的竞争优势。

（2）以加拿大、美国为代表，这些国家和地区的经济实力较强，但其低碳经济竞争力排名却相对比较靠后，与其实际经济地位不符。

（3）以斯洛伐克、菲律宾、斯洛文尼亚、哥伦比亚为代表，这些国家在低碳经济

这一新兴领域起步较早，表现出了较强的竞争力，但其国家综合实力尚属中等。

（4）以俄罗斯、印度为代表，包括了南非、墨西哥、罗马尼亚、约旦、土耳其等“双低”国家，虽然近年来发展迅猛，在国家综合实力上取得了长足进步，但其低碳经济竞争力依然比较落后。当然，这些国家都处于上升期，国家的综合竞争力尚不够强，依然有较大的提升空间。

四、各国及地区低碳竞争指数与 IMD 国际竞争力排名综合分析

图 2-25 中，虚线表示在本报告所涉及的 50 个国家和地区中，2011 年的低碳竞争指数与 IMD 国际竞争力指数排名相等。如图 2-25 所示，大部分国家还是在虚线附近，说明这两个排名之间的差距并不是很大，当然也有诸如美国、卢森堡、斯洛伐克、斯洛文尼亚等这种极端值，说明这些国家两项排名的结果迥然不同。值得注意的有以下四个区域：

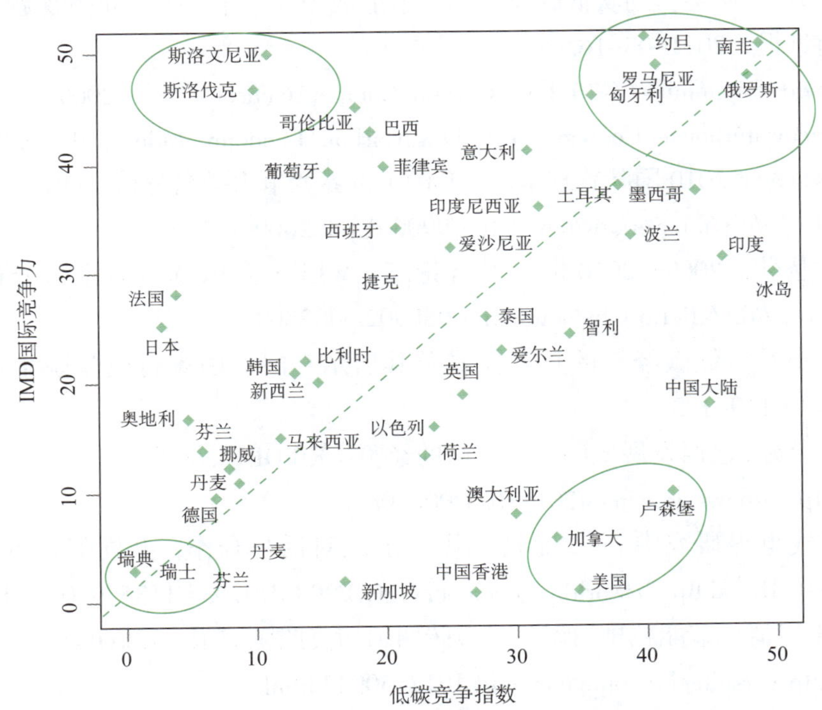

图 2-25 2011 年各国及地区低碳竞争指数排名与 IMD 国际竞争力排名的综合分析

（1）以瑞士、瑞典为代表的“双高”国家，即低碳经济竞争力排名和 IMD 全球竞争力排名都名列前茅，说明这些国家在整体实力和低碳经济发展上都具有很强的竞争优势。

（2）以加拿大、美国、卢森堡为代表，这些国家和地区的经济实力较强，但其低碳经济竞争力排名却相对比较靠后，与其实际经济地位不符。

（3）以斯洛文尼亚、斯洛伐克为代表，这些国家在低碳经济这一新兴领域起步较早，表现出了较强的竞争力，但其国家综合实力尚属中等。

（4）以俄罗斯、匈牙利、南非、约旦、罗马尼亚等国为代表，这些国家 IMD 国际竞争力和低碳竞争力的排名都比较靠后，不仅需要发展经济，而且需要注意发展过程中对碳排放的控制，可谓充满挑战。

参考文献

[1] 许晓娟 . 两会代表委员建言能源八大关键词 新能源最热门［OL］. http：//www.chinanews.com/ny/2011/03-10/2895100.shtml，2011-03-10.

[2] 周芳 .“两会”劲吹低碳风　建筑节能成国家“十二五”重点课题［N］. 济南日报，2011-03-16.

[3] Vivid Economics. G20 Low Carbon Competitiveness［M］，2009.

[4] Pricewaterhouse Coopers LLP. Low Carbon Economy Index［M］，2009.

[5] 李慧萍 . 2010 国际管理学院（IMD）世界竞争力排名分析［OL］. http：//div6.tier.org.tw/newsletter/990601.pdf.2009.

[6] 李慧萍 . 2009—2010 世界经济论坛（WEF）全球竞争力排名分析［OL］. http：//div6.tier.org.tw/newsletter/980902.pdf.2009.

[7] 董小君 . 低碳经济的丹麦模式及其启示［J］. 国家行政学院学报，2010，（3）：119-123.

[8] 马卡劳 . 巴西发展低碳经济方面的经验［EB/OL］. http：//news.qq.com/a/20111031/000408.htm.

[9] 当代世界研究中心 .“金砖四国”加强对话与合作，共同促进可持续增长［EB/OL］.http：//world.people.com.cn/GB/89881/97035/11357930.html.

[10] 朱广清 . 节能减排怕误区，金砖四国切莫照搬美国［EB/OL］. http：//scitech.people.com.cn/GB/12750943.html.

第二部分

中国低碳经济发展的法律保障和政策支持

发展低碳经济，是实现我国可持续发展的重要途径之一。发展低碳经济，为国际竞争提供了新的契机，中国能否在未来处于世界发展的前列，很大程度上取决于发展低碳经济的能力。发展低碳经济，法律保障和政策支持十分重要，中国在低碳经济法律与政策领域的贡献与成绩举世瞩目，但也应看到其中存在的问题。为此，在了解国际促进低碳经济发展的法律演进和相关国际公约、客观评述我国的履行机制、低碳经济法治现状和发展前景、把握低碳经济发展政策推动的新动向基础上，提出我国低碳经济发展的政策支持构想，包括政策策略、手段、领域和执行与监督体系。

第三章 中国低碳经济发展的法律保障

世界大多数国家为了实现其低碳经济发展目标，设计构建了各种行之有效的法律制度，并且不断发展完善。我国也已认识到，建立切实有效的法律制度是保障中国发展低碳经济的根基。我国关于应对气候变化和发展低碳经济领域的立法处于初步阶段，主要以能源领域的法律法规为核心，反映了当前低碳经济的法制需求。本章以能源领域的法制现状为重点，结合其他与低碳经济密切相关的法律法规，对我国低碳经济的法制现状进行客观描述并对其前景进行分析。

第一节 国际发展低碳经济的法律现状

2011 年是充满挑战的一年，在全球经济低迷和欧元区债务危机的背景下，与低碳经济相关的气候变化立法还是取得了较大进展。各国基于国家利益，越来越多地采取行动来应对气候变化，包括制定符合国际趋势的法律制度和措施来发展低碳经济。

一、世界主要国家发展低碳经济的立法情况

目前国际上应对气候变化和发展低碳经济的立法形式各异，但国际各主要国家应对气候变化的机构设置、法律制度和措施反映出相关立法的国际性。根据第二届全球气候立法研究提供的研究报告，对 17 个国家的相关立法情况进行分类梳理，如表 3-1 ~表 3-3 所示。

表 3-1 欧盟及其主要成员国的立法情况

国家	法案名称	主要目的	通过时间	变化
欧盟	气候与能源一揽子计划（CARE）	该计划的核心由 4 个互补法案构成： （1）修订和加强欧盟碳排放权交易方案； （2）共同责任分担； （3）促进和推广可再生能源利用的一个共同框架； （4）一个用于环保安全储备 CO_2 的法律框架	2008 年	2011 年颁布新法律规定轻型商用车的执行标准；提出新的能效指令议案。 **显著进步**
英国	气候变化法案	为提高碳管制和促进低碳经济的转型提供了一个长期框架，并且鼓励对低碳商品投资。包括了具体减排目标（到 2050 年至少要在 1990 年的基础上减少 80% 的排放量），并建立了一个五年的碳预算	2008 年	通过了第四个 2023—2027 年的碳预算；2011 年能源法。 **显著进步**

续表

国家	法案名称	主要目的	通过时间	变化
法国	法国协商一号文件和二号文件	法国协商法律包括全面减排目标政策、可再生能源、能源效率及其研发	2009 年 2010 年	2011 年无明显变化
德国	综合气候变化和能源项目	在 2020 年将温室气体排放量在 1990 年的基础上减少 40%，计划主要集中在建筑部门	2007 年（2008 年更新）	2011 年加强了可再生能源法监管的力度。**显著进步**
意大利	气候变化行动计划	综合行动计划，帮助其温室气体减排目标达到《京都议定书》要求	2007 年	2011 年无明显变化

表 3–2　欧盟以外的主要发达国家的立法情况

国家	法案名称	主要目的	通过时间	变化
美国	无联邦气候变化综合立法。措施：13514 号行政命令；联邦在环境、能源和经济上的领导；美国复苏和再投资法案	13514 号行政命令使得联邦机构应对温室气体排放进行优先管理，并增加了具体排放目标和截止日期的报告需求，其重心在运输、整体能源使用和采购政策上。所有联邦机构都必须发展、执行和年度更新可持续发展战略计划。 美国复苏和再投资法案批准了一项经济刺激计划，为新能源和现存可再生能源以及能源效率方案提供了 186 亿美元的资助	2009 年	对美国国家海洋和大气局的气候服务基金和能源与气候变化总裁助理职位的削减；承诺大幅削减国家气候资金；剥夺美国环境保护局（EPA）监管权的法律草案。**明显倒退**
加拿大	《京都议定书》实施法案	目的是确保加拿大及时采取有效措施以履行《京都议定书》的义务	2007 年	2011 年无明显变化
澳大利亚	《清洁能源法》	到 2050 年，澳大利亚将减少 80% 温室气体的排放量。法案的主要内容是碳价，先通过碳税，随后通过碳排放权交易计划	2011 年	2011 年 11 月通过《清洁能源法》。**显著进步**
日本	与应对全球变暖相关的促进措施的法律	建立了全球环境保护部长理事会；细化了《京都议定书》的实现计划；规定了地方政府建立和实施的措施	1998 年（2005 年修改）	2011 年无明显变化
俄罗斯	气候准则	为制定和实施未来的气候政策提供了战略性指导，涵盖了与气候变化相关的问题及其影响。主要内容：加强科学研究以便更好地了解气候系统和评估未来气候的影响和风险；减缓和适应气候变化发展及执行短期和长期措施；与国际社会合作	2009 年	2011 年无明显变化

表 3–3　部分发展中国家的立法情况

国家	法案名称	主要目的	通过时间	变化
中国	2007 年国家气候变化项目	该项目主要关注的 5 个领域： （1）温室气体减缓； （2）适应； （3）科学与技术； （4）公众意识； （5）制度与机制措施	2007 年（2008 年、2009 年进行了修订）	2011 年 3 月发布了“十二五”规划；2011 年 11 月发布了提高碳强度的目标行动计划。**显著进步**

续表

国家	法案名称	主要目的	通过时间	变化
巴西	气候变化国家政策（NPCC）	政策以《联合国气候变化框架公约》中巴西承担的国际义务为基础，并与当前相关政府部门合作（例如关于气候变化的国家方案、国家气候变化基金等）	2009年	颁布了12512/2011法令，为生态系统服务计划提供资金 **显著进步**
墨西哥[①]	《可再生能源利用和能源过渡基金法》（LUREFET）	应对气候变化秘书处委员会协调国家关于适应和减缓气候变化的政策；LUREFET旨在通过促进可再生能源和清洁技术发电，从而减少墨西哥对碳氢化合物发电的依赖。设定能源过渡、能源可持续利用与能源过渡基金的国家战略	2005年 2008年	2011年底在各方意见一致的基础上将四个法律草案融合为一个法案，并进行投票表决。 **显著进步**
印度	气候变化国家方案（NPACC）	该方案概括了现行以及将来的减缓和适应气候变化的政策和方案，这个方案设定了2017年之前8个国家的排放行动	2008年	2011年无明显变化
印度尼西亚	全国理事会气候变化总统规约（NCCC）	气候变化委员会协调决策，委员会由17个部长组成，总统领导。各部门协调共同进行气候变化适应、减缓、技术转型、基金会、后2012、森林和土地的使用转换	2008年	总统暂停新森林地区的让步。 **显著进步**
南非[②]	气候政策的视角、战略导向和框架	政策倡导在如下领域采取行动： （1）温室气体减排； （2）加强目前的激励机制； （3）呼吁非商业行为参与； （4）为将来做准备； （5）脆弱性和适应性； （6）利益相关者之间的协调与合作。 预计2012年将其制定为法律	2008年	2011年颁布应对气候变化白皮书；2011年底或2012年初进行投票表决。 **显著进步**
朝鲜	低碳行动绿色发展框架法案	规定中长期减排目标、限额交易、碳税、碳标签、碳泄漏、扩展新能源和可再生能源的法律框架	2009年	提出了限额交易的法律。 **显著进步**

①墨西哥虽然已经加入有“发达国家俱乐部”之称的经济合作与发展组织（OECD），但是从国际气候变化的角度看，墨西哥不在发达国家的谈判阵营。

②国际货币基金组织的世界经济展望报告中，发达经济体（Advanced Economies）为29个，与经合组织有差异，分别为：美国、德国、法国、意大利、西班牙、荷兰、比利时、奥地利、芬兰、希腊、葡萄牙、爱尔兰、卢森堡、日本、英国、加拿大、韩国、澳大利亚、中国台湾省、瑞典、瑞士、中国香港（特别行政区）、丹麦、挪威、以色列、新加坡、新西兰、塞浦路斯、冰岛。鉴于世界气候变化谈判中形成的不同阵营，南非不属于“伞形国家”之列。

表3-1～表3-3显示，发展中国家在应对气候变化和发展低碳经济的立法方面态度较为积极，成效也较为显著。相比之下，“伞形国家”中，美国关于全面应对气候变化立法活动出现倒退，联邦层面的低碳经济领域立法活动降温。而欧盟的相关立法呈现出相对积极的形态，其立法的水平和发展程度都处于领先地位。因此笔者重点对欧盟的相关立法体制、制度与特点进行分析，以对我国在此领域相关立法模式的选择等问题提供有益参考。

二、欧盟发展低碳经济的立法制度与特点

2010 年 3 月 9 日，欧盟委员会发布了《后哥本哈根国家气候政策：重振全球气候变化行动刻不容缓》的通讯[1]。文件对后哥本哈根时代欧盟气候谈判的总体战略进行了布局，包括各国携手控制气候变暖的全球战略目标、多边机制框架下的国际气候谈判、重申欧盟 20% 和一定条件下 30% 的温室气体减排义务、启动《哥本哈根协议》中国际资金援助项目等内容。

2011 年 3 月 8 日，欧盟委员会发布了名为《能源效率规划》的通讯[2]。文件提出，如果不进行进一步的努力，在现有措施下，欧盟到 2020 年将能源利用效率提高 20% 的目标将无法实现。而为了实现这个目标，欧盟将进一步采取措施提高建筑、交通和工业领域的能效。欧盟将通过一些立法手段来保障规划中提出的约束性措施的实施，包括修订能源服务和热电联产指令[3]。同日，欧盟委员会还发布了名为《2050 年迈向具有竞争力的低碳经济路线图》的通讯[4]。该路线图提出，到 2050 年欧盟将温室气体排放量在 1990 年的基础上减少 80% ~ 95%，实现低碳经济转型。为了实现这一目标，到 2030 年和 2040 年，欧盟应分别在 1990 年的基础上减排 40% 和 60%。至于到 2020 年的减排目标，该路线图分析认为，要实现 2050 年的目标，最符合成本效益的方式就是到 2020 年实现减排 25% 的目标，而不是目前确定的 20%，而这可以通过充分实施《能源效率规划》中的举措来实现。该文件还指出，为了实现 2050 年目标，向低碳经济转型，所有的部门都应当作出努力；而在未来 40 年里，欧盟平均每年需要新增投资 2700 亿美元。

欧盟为应对气候变化、发展低碳经济，并未制定专门的“气候变化指令”，即不存在一部统领应对气候变化的法律，而采用的是各领域分别进行立法的分散立法模式。这些领域包括能源、温室气体排放权交易、税收、交通、适应气候变化等。欧盟之所以积极进行气候变化立法，是因为在国际法层面，《京都议定书》为其强制性减排立法提供依据；而在欧盟法层面，《欧洲联盟运转条约》作为欧盟的宪法性条约，其对气候变化政策的规定（第 191 条），则是欧盟气候变化政策及立法的直接依据。欧盟发展低碳经济的法律包括以下方面：欧盟加入的有关气候变化的国际公约；欧盟基础条约；欧盟机构制定的相关条例、指令和决定等。上述法律共同组成了欧盟应对气候变化的立法体系。

---

[1] COM（2010）86 final.

[2] Energy Efficiency Plan 2011. COM（2011）109 final.

[3] 即指令 200632/EC 和指令 2004/8/EC.

[4] A Roadmap for moving to a competitive low carbon economy in 2050. COM（2011）112 final.

（一）欧盟发展低碳经济的立法制度

能源与经济、气候变化关系密切。2009 年，欧洲温室气体排放有 79.3% 来自于能源消耗有关的部门[1]。即使采用更细致的划分，2009 年排放量最大的部门也是能源生产，占到了 30.7% 的比例[2]。可见，能源方面的减排对欧盟履行减排承诺至关重要。在欧盟的“20—20—20”目标中，有两项都与能源有关。欧盟理事会也认为，由于能源生产与消耗是欧盟温室气体排放最大的来源，如果不能把能源与气候综合起来考虑并采取措施，欧盟就不可能在 2020 年实现温室气体减排 20% 的目标。因此，与气候变化有关的能源立法制度是欧盟应对气候变化立法的核心制度之一。长期以来为了应对气候变化，欧盟的能源政策与立法在可再生能源、提高能源效率、建筑节能以及其他方面已经形成了较为全面的体系。

1. 促进可再生能源的发展

可再生能源政策与立法在欧盟能源政策与立法方面占有重要地位。为了确保可靠的能源供应，减缓欧盟对外部能源的依赖，欧盟提出要加强可再生能源的发展。欧盟目前促进可再生能源发展的立法主要是：在内部电力市场促进可再生能源电力生产的指令 2001/77/EC[3]；在运输领域推广使用生物燃料和其他可再生燃料的指令 2003/30/EC[4]。2009 年，欧盟颁布了促进可再生能源利用的指令 2009/28/EC[5]，这一指令修改了上述两个指令的部分内容，并规定于 2012 年 1 月 1 日废止上述两个指令。

2. 提高能源效率

提高能源效率可以减少能源消耗，因此可以减少由于能源消耗产生的温室气体。针对提高能源效率，欧盟主要措施包括电器产品的最低能效标准和能效标识制度。

第一，电器产品的最低能效标准。最低能效标准法规由一系列欧盟指令组成，例如，指令 92/42/EEC（使用液体或气体燃料的新型热水器的能效要求[6]）和指令 2000/55/EC（关于荧光灯镇流器的能效要求[7]）。可以看出，这些指令都是针对具体产品的指令。电器产品满足最低能效标准是生产和进入市场销售的条件之一，满足条件的产品将加贴 CE 标志（Conformite Europeenne）。

第二，能效标识制度。欧盟能效标识制度，通过对产品的能效进行分等级的比较

---

[1] Annual European Union greenhouse gas inventory 1999-2009 and inventory report 2011，EEA Technical report，No，2/ 2011.

[2] See Why did greenhouse gas emissions fall in the EU in 2009 ? EEN analysis in bief.

[3] Directive 2001/77/EC of 27 September 2001 on the promotion of electricity produced from renewable energy sources in the internal electricity market，OJ L 283，27.10.2011，P.33.

[4] Directive 2003/30/EC of 8 May 2003 on the promotion of the use of biofuels of other renewable fuels for transport，OJ L 123，17.5.2003，P.42.

[5] Directive 2009/28/EC of 23 April 2009 on the promotion of the use of energy from renewable sources and amending and subsequently repealing Directives 2001/77/EC and 2003/30/EC. OJ L140，5.6.2009，p.16.

[6] OJ L 167，22. 6. 1992，P.17.

[7] OJ L 236，18.9.1996，P.36. 已作废。

标志，一方面可以促使产品生产和设计商不断提高产品的能源效率，另一方面也可以引导消费者购买能效产品。

3. 建筑节能

欧盟涉及建筑节能的立法也有很多，但最主要的是关于建筑能源性能的指令2002/91/EC，这一指令建立了建筑节能完整的制度体系。根据指令，从2006年1月起，成员国要采取必要措施，保证根据建筑能耗的计算方法，确定其最低能效标准。在确定最低标准时，新建筑、既有建筑以及不同类型的建筑可以区别对待。按照标准要求，采取间隔期少于五年的定期检查制度，并随着建筑技术和建筑材料的发展而进一步提高该标准。对于符合节能标准的建筑物可以颁发能耗性能证书，证书的有效期不应超过10年。此外，为了加强建筑节能，指令还规定需要对锅炉和空调系统进行定期检查。需要注意的是，上述指令已被指令2010/31/EU所修订废止[1]。新指令扩大了受规制建筑物的范围，并制定了更为严格的建筑物能源效率规定。

（二）欧盟低碳经济立法的特点

1. 立法的多元目标模式

减少温室气体排放并非是欧盟气候变化立法的唯一目标。欧盟应对气候变化立法往往从促进长远经济发展和提升长远竞争力出发，使气候变化立法成为一种应对气候变化、促进经济与社会发展、增强欧盟实力的多元目标性立法。以能源与气候变化为例，欧盟2009年通过的“能源与气候一揽子法案”，将气候变化与能源综合考虑，在完成减排目标的同时，既能为能源安全提供保障，也可以增加就业岗位促进社会发展，还能提升欧盟工业的竞争力。

2. 广泛的公众参与和多元的监督机制

欧盟在气候变化立法过程中高度重视普通公民和非政府组织的参与，在广泛寻求民意的基础上进行气候立法。而且，为了减轻行政监管的压力和弥补行政监管的不足，欧盟在气候变化立法中也注重多元监督机制的建立，如温室气体排放权交易体系（EU ETS）中企业温室气体排放报告不仅要接受政府机构审查，还应当公布于众，接受公众（尤其是环境非政府组织）的监督。这种将自上而下与自下而上的监督机制相结合的做法，无疑是有利于集思广益、认清问题、把握问题、解决问题的。

3. 立法的域外效应突出

在全球一体化的背景下，全人类共同的利益在环境保护领域越来越受到关注。这一理念的诞生，带来了环境立法上的一些突破。欧盟气候变化立法的域外效应便是体现之一。一般认为，一国的管辖权应限于其主权范围内，但是欧盟气候变化立法显然突破了这一点。以EU ETS为例，根据欧盟指令规定，从2012年1月1日起，所有

[1] OJ L 279，1. 11.2000，p.33-39。

起飞自或降落于欧盟机场的空运活动都纳入 EU ETS 中。显然，欧盟已将对航空活动温室气体排放的管辖权扩张到欧盟管辖范围以外。暂且不论这是否侵犯了他国的主权，在全球化背景下，环境保护对国家主权的冲击，以及环境立法的域外影响，确实是一个值得深思的问题[1]。

第二节 相关国际公约的国内履行机制

我国发展低碳经济的法律大致分为国际公约和国内法律规范两部分。我国参与的国际公约主要有《联合国气候变化框架公约》和《京都议定书》。我国适用国际公约的主要形式是将其转化为国内法律规范。因此，着重分析相关国际公约在我国的履行机制。

一、气候变化及低碳经济的相关国际公约

1992 年 6 月 4 日在巴西里约热内卢举行的联合国环发大会（全球首脑会议）上通过的《联合国气候变化框架公约》是世界上第一个为全面控制 CO_2 等温室气体排放，以应对全球气候变暖给人类经济和社会带来不利影响的国际公约，也是国际社会在应对全球气候变化问题上进行国际合作的一个基本框架。该公约旨在控制大气中 CO_2、甲烷和其他造成"温室效应"的气体的排放，将温室气体的浓度稳定在使气候系统免遭破坏的水平上。公约对发达国家和发展中国家规定的义务以及履行义务的程序有所区别。公约要求发达国家作为温室气体的排放大户，采取具体措施限制温室气体的排放，并向发展中国家提供资金以支付它们履行公约义务所需的费用。而发展中国家只承担提供温室气体源与温室气体汇的国家清单的义务，制定并执行含有关于温室气体源与温室气体汇方面措施的方案，不承担有法律约束力的限控义务。

《联合国气候变化框架公约》规定每年举行一次缔约方大会。1997 年 12 月，第三次缔约方会议在日本京都举行，会议通过了《京都议定书》，对 2012 年前主要发达国家减排温室气体的种类、减排时间表和额度等作出了具体规定。《京都议定书》于 2005 年开始生效。根据这份议定书，2008—2012 年，主要工业发达国家的温室气体排放量要在 1990 年的基础上平均减少 5.2%，其中欧盟将 6 种温室气体的排放量削减 8 %，美国削减 7 %，日本削减 6 %。《京都议定书》建立了旨在减排温室气体的三个灵活合作机制——国际排放贸易机制、联合履行机制和清洁发展机制[2]。

2007 年 12 月，第十三次缔约方大会在印度尼西亚巴厘岛举行，会议着重讨论"后京都"问题，即《京都议定书》第一承诺期在 2012 年到期后如何进一步降低温

[1] 邓海峰．欧盟应对气候变化立法概览．"国外应对气候变化法所涉重点问题识别和研究"中期报告：208-212.

[2] Kyoto Protocol.《联合国气候变化框架公约》官方网站 http：//unfccc.int/kyoto_protocol/items/2830.php.

室气体的排放。此次缔约方大会通过了“巴厘岛路线图”，启动了加强《联合国气候变化框架公约》和《京都议定书》全面实施的谈判进程，致力于在2009年底前完成《京都议定书》第一承诺期2012年到期后全球应对气候变化新安排的谈判并签署有关协议[1]。

哥本哈根世界气候大会，即《联合国气候变化框架公约》第十五次缔约方会议于2009年12月7日在丹麦首都哥本哈根拉开了帷幕。经过12天艰苦的谈判，与会各方终于达成了《哥本哈根协议》。作为哥本哈根气候变化大会最重要的成果，该协议是国际社会为共同应对气候变化所迈出的具有重大意义的一步：体现了各国对气候变化问题的高度重视，维护了《联合国气候变化框架公约》及《京都议定书》的框架，并坚持了“巴厘岛路线图”的授权。该协议在减缓行动的测量、报告和核实方面，维护了发展中国家的权益，并在发达国家提供应对气候变化的资金和技术支持方面取得了积极的进展。

2010年，第十六次缔约方会议在墨西哥坎昆召开。会议通过了《京都议定书》附件一缔约方进一步承诺特设工作组决议，以及《联合国气候变化框架公约》长期合作行动特设工作组决议。决议指出，经济和社会发展以及减贫是发展中国家最重要的优先事务，发达国家根据自己的历史责任必须带头应对气候变化及其负面影响，并向发展中国家提供长期、可预测的资金、技术以及能力建设支持。决议还决定设立绿色气候基金，帮助发展中国家适应气候变化[2]。

2011年12月，第十七次缔约方会议在南非德班召开。会议就《京都议定书》第二期承诺问题作出了安排，同时启动了绿色基金，在资金问题上也取得了重大进展。会议在《坎昆协议》基础上进一步明确和细化了适应、技术、能力建设和透明度的机制安排。会议还深入讨论了2020年后进一步加强《联合国气候变化框架公约》实施的安排，并明确了相关进程，向国际社会发出积极信号[3]。

二、中国在国际公约中应履行的义务

作为《联合国气候变化框架公约》的缔约方，中国应按照国际公约的要求，积极履行国际义务。

（1）制定符合成本效益的国家方案以及在适当情况下区域的方案。

（2）制定、执行、公布和定期更新载有减缓气候变化措施和有利于充分适应气候

---

❶ “WHAT WILL BALI BE ABOUT?”《联合国气候变化框架公约》官方网站 http：//unfccc.int/files/meetings/cop_13/press/application/pdf/071025__media_info_on_bali.pdf.

❷ “Cancun Agreements”.《联合国气候变化框架公约》官方网站 http：//unfccc.int/meetings/cancun_nov_2010/items/6005.php.

❸ “Duban Climate Change Conference”.《联合国气候变化框架公约》官方网站 http：//unfccc.int/meetings/durban_nov_2011/meeting/6245/php/view/decisions.php.

变化措施的国家方案，以及在适当情况下区域的方案。

（3）在有关部门包括能源、运输和工业部门以及农业、林业和废物管理领域促进合作和发展、应用及传播（包括转让）各种用来控制、减少和防止《蒙特利尔议定书》未予管制的温室气体的人为排放的技术、做法和过程。

（4）促进可持续的管理，并促进合作，维护和加强《蒙特利尔议定书》未予管理的汇和库，包括生物质、森林和海洋以及其他陆地、沿海和海洋生态系统。

（5）拟定和详细制定关于沿海地区的管理、水资源和农业以及关于受到旱灾和沙漠化及洪水影响的地区的综合性规划。

（6）在有关的社会、经济和环境的政策和行动中，在可行的范围内将气候变化考虑进去，并采用本国拟定和制定的适当方法，以尽量减少它们为了缓解和适应气候变化而进行的项目或采取的措施对经济、公共健康和环境质量产生的不利影响。

（7）促进关于气候系统和气候变化以及各种应对战略所带来的经济和社会后果的科学、技术、公益、社会经济和法律方面的有关信息充分、公开和迅速地交流。

（8）在科学技术研究方面进行合作，促进维持和发展系统的观测系统并发展数据库，以减少与气候相关的不确定性、气候变化的不利影响和各种应对战略的经济和社会后果。

（9）促进拟定和实施教育及培训方案，包括加强本国能力建设，特别是加强人才和机构能力，并在国家一级促进公共意识和促进公众获得有关气候变化的信息，鼓励人们参加有关的教育、培训和提高公众意识的工作，并鼓励人们对这个过程最广泛的参与，包括各种非政府组织的参与。

三、中国发展低碳经济应对气候变化的措施

中国是最大的发展中国家，人口众多，能源资源匮乏，气候条件复杂，生态环境脆弱，尚未完成工业化和城镇化的历史任务，发展很不平衡，还有上亿贫困人口，发展经济、消除贫困、改善民生的任务十分艰巨。同时，中国是最易受气候变化不利影响的国家之一，全球气候变化已对中国经济社会发展产生诸多不利影响，成为可持续发展的重大挑战。中国政府一贯高度重视气候变化问题。

（一）制定相关法律、政策

中国政府认真履行了在《联合国气候变化框架公约》下承担的具体义务。中国政府早在1994年就制定和发布了可持续发展战略——《中国21世纪议程——中国21世纪人口、环境与发展白皮书》，并于1996年首次将可持续发展作为经济社会发展的重要指导方针和战略目标，2003年中国政府又制定了《中国21世纪初可持续发展行动纲要》。经国务院批准，《中华人民共和国气候变化初始国家信息通报》已于2004年11月正式提交《联合国气候变化框架公约》缔约方会议。此外，中国根据《联合国气候变化框架公约》的有关规定，着手制定了《应对气候变化国家方案》，用以指

导未来几十年中国应对气候变化的政策措施。❶

中国政府把积极应对气候变化作为关系经济社会发展全局的重大议题，纳入经济社会发展中长期规划。2006年，中国提出了2010年单位国内生产总值能耗比2005年下降20%左右的约束性指标，2007年在发展中国家中第一个制定并实施了应对气候变化国家方案，2009年确定了到2020年单位国内生产总值温室气体排放比2005年下降40%～45%的行动目标。❷

中国制定或修订《可再生能源法》、《循环经济促进法》、《节约能源法》、《清洁生产促进法》、《水土保持法》、《海岛保护法》等相关法律，颁布《民用建筑节能条例》、《公共机构节能条例》、《抗旱条例》，出台《固定资产投资节能评估和审查暂行办法》、《高耗能特种设备节能监督管理办法》、《中央企业节能减排监督管理暂行办法》等规章，发布《可再生能源中长期发展规划》、《核电中长期发展规划》、《可再生能源发展"十一五"规划》、《关于加强节能工作的决定》、《关于加快发展循环经济的若干意见》等重要文件。2007年发布的《"十一五"节能减排综合性工作方案》明确了节能减排的具体目标、重点领域及政策措施，对"十一五"时期开展节能减排工作发挥了重要作用。

（二）优化产业结构，推进技术进步，提高能源利用率

改造提升传统产业。制定和发布汽车、钢铁等十大重点产业调整和振兴规划，提高高耗能行业准入门槛，对固定资产投资项目进行节能评估和审查，加强传统产业的技术改造和升级，促进企业兼并重组，调整出口退税政策，对煤炭、部分有色金属、钢坯和化肥等产品征收出口关税，抑制高耗能、高排放和资源性产品出口。加快淘汰落后产能。培育和壮大战略性新兴产业。2010年中国高技术制造业的产值达到7.6万亿元人民币，位居世界第二，比2005年增长了一倍多。加快发展服务业。2005—2010年，中国服务业增加值年均增长11.9%，比国内生产总值年均增速高0.7个百分点，服务业增加值占国内生产总值比重由40.3%提高到43%。

推动重点领域节能，推广节能技术与节能产品，推行节能市场机制，发展循环经济。中国完成了"十一五"规划提出的节能目标，2010年单位国内生产总值能耗比2005年累计下降19.1%，相当于少排放$CO_2$14.6亿吨以上。"十一五"期间，中国以能源消费年均6.6%的增长支撑了国民经济年均11.2%的增速，能源消费弹性系数由"十五"期间（2001—2005年）的1.04下降到0.59，缓解了能源供需矛盾。

（三）发展低碳能源和可持续再生能源

通过国家政策引导和资金投入，加强了水能、核能、石油、天然气和煤层气的开

❶气候变化的挑战及中国的应对战略．刘江在20国能源环境部长圆桌会议上的主题发言.http：//www.ccchina.gov.cn/cn/NewsInfo.asp?NewsId=3837.

❷中国应对气候变化政策与行动白皮书（2011）. 中国政府官方网站 http：//www.gov.cn/jrzg/2011-11/22/content_2000047.htm.

发和利用，支持在农村、边远地区和条件适宜的地区开发利用生物质能、太阳能、地热、风能等新型可再生能源，使优质清洁能源比重有所提高[1]。截至2010年底，水电装机容量达到2.13亿千瓦，比2005年翻了一番；核电装机容量1082万千瓦，在建规模达到3097万千瓦。2010年，风电装机容量从2005年的126万千瓦增长到3107万千瓦，光伏发电装机规模由2005年的不到10万千瓦增加到60万千瓦，太阳能热水器安装使用总量达到1.68亿平方米，生物质发电装机约500万千瓦，沼气年利用量约140亿立方米，全国户用沼气达到4000万户左右，生物燃料乙醇利用量180万吨，各类生物质能源总贡献量合计约1500万吨标准煤[2]。

（四）开展植树造林，增加碳汇

开展碳汇造林试点，加强林业经营及可持续管理，提高森林蓄积量，中央财政提高了造林投入补助标准，每亩补助由100元人民币提高到200元人民币，建立了中国绿色碳汇基金会。目前，中国人工林保存面积6200万公顷，全国森林面积达到1.95亿公顷，森林覆盖率由2005年的18.21%提高到2010年的20.36%，森林蓄积量达到137.21亿立方米，全国森林植被碳储量达78.11亿吨。

1999—2009年，全国累计实施退耕还林任务4.15亿亩，其中退耕地造林1.39亿亩，荒山荒地造林和封山育林2.76亿亩。根据现有退耕还林政策标准和已完成任务测算，退耕还林中央总投入将达4300多亿元，其中到2009年底中央已投入2332亿元，2010年~2021年中央还将继续投入2000多亿元[3]。

（五）实施清洁发展机制

为充分利用《京都议定书》规定的为清洁发展机制提供的机会，中国政府成立了由相关部门组成的清洁发展机制国家审核理事会，并于2004年6月30日发布实施了《中国清洁发展机制项目运行管理暂行办法》，规定了项目申报和许可程序。我国启动了包括上海在内的7个省市的碳排放交易试点，截至2011年12月29日，我国目前已有663个清洁发展项目，占东道国CDM项目签发总量的58.77%[4]。

（六）加强教育培训和公众参与

将气候变化内容逐步纳入国家教育体系。中、高等院校加强低碳和气候变化教育，陆续建立环境和气候变化相关专业。中央政府有关部门举办了气候变化、可持续发展和环境管理培训班，地方政府也开展了气候变化培训。政府积极发展各级各类教育，提高全民低碳生活的意识。充分发挥报纸、广播、电视、杂志等传统媒体和互联网、手机等新媒体的作用，加强应对气候变化和节能低碳的宣传教育。一些民间公益

[1] 应对气候变化国家方案．中国政府官方网站 http：//www.gov.cn/gzdt/2007-06-04/content_635590.htm.

[2] 中国应对气候变化政策与行动白皮书（2011）中国政府官方网站 http：//www.gov.cn/jrzg/2011-11/22/content_2000047.htm.

[3] 我国退耕还林、植树造林等情况．中国政府官方网站 http：//www.gov.cn/xwfb/2010-08/18/content_1682606.htm.

[4] 中国 CDM 项目最新进展．中国清洁发展机制网 http：//cdm.ccchina.gov.cn/web/NewsInfo.asp?NewsId=5823.

组织也积极开展宣传教育活动，提高了公众应对气候变化的意识。中国公众也以实际行动积极应对气候变化，广泛参与自备购物袋、双面使用纸张、控制空调温度、不使用一次性筷子、购买节能产品、低碳出行、低碳饮食、低碳居住等节能低碳活动，从日常生活衣、食、住、行、用等细微之处，实践低碳生活消费方式。

（七）积极参与国际合作

中国政府积极拓展与国际组织的合作，加强与发达国家的合作，深化与发展中国家的务实合作。我国与世界银行和全球环境基金合作开展了全球规模最大的可再生能源国际合作项目；与美国、欧盟、意大利、德国、挪威、英国、法国、澳大利亚、加拿大、日本等国家和地区建立了气候变化领域对话和合作机制，签署相关联合声明、谅解备忘录和合作协议等；为发展中国家援建200个清洁能源和环保项目，加强科技合作，实施了100个中非联合科技研究示范项目。

四、中国发展低碳经济应对气候变化存在的问题

在低碳立法和政策制定上，中国虽然颁布了多项发展低碳经济和应对气候变化的相关法律，但是立法缺乏体系，存在缺漏之处。同时，出台的政策和法律之间缺乏协调性和配合性。很多法律条文规定虽然在方向上有利于低碳经济的发展，但是规定过于原则化，缺乏实际的可操作性。

我国清洁发展机制的发展不完善。清洁发展缺乏相关的宣传，公众对清洁发展了解不足，很多相关领域和人员没有动起来，没有得到私人部门的广泛参与。清洁发展机制交易不完善。中国作为清洁发展机制最大的供应方，环境能源交易规模小，清洁发展项目申报程序复杂，成本高，尚处于起步阶段。相应的政策和法律框架还不完善，咨询、监测、考核办法也不完善。建立全国性的统一、成熟，与国际接轨的碳交易市场平台是目前中国的迫切需要[1]。

能源消费和结构调整存在问题。中国能源消费总量居高不下，能源需求还将保持较快增长，产业结构不合理，高耗能、高排放行业在工业中的比重偏高，节能减排能力、手段明显不足。能源结构方面，我国煤炭消费和世界石油天然气消费比例相当，而石油天然气消费又与世界煤炭消费相当。虽然通过我国能源结构的优化，煤炭消费的比例有所下降，但是短时间内很难改变我国以煤炭为主的能源消费现状。“十二五”期间，尽管国家在优化能源结构方面决心很大，但能否实现中国单位GDP的能源消耗的减少，形势依然不容乐观。

[1] 发展低碳金融存在的问题及相关建议．中国金融网 http：//www.zgjrw.com/News/20101125/home/285741173201.shtml.

第三节 中国低碳经济法制现状与前景分析

我国关于应对气候变化和发展低碳经济领域的立法正处于初步阶段，主要以能源领域的法律法规为核心，以节约能源为主要内容，反映了当前低碳经济的法制需求。本报告以能源领域的法制现状为重点，选取其他与低碳经济密切相关的法律法规，对我国低碳经济的法制现状进行客观描述并对其前景进行分析。

一、中国低碳经济法制现状

我国为适应气候变化发展低碳经济取得的立法成果与确立的诸多法律制度主要有：农业领域的农业保护性耕作促进制度，农村建筑节能推广制度（《民用建筑节能条例》《建筑节能专项规划》），国家大工程项目的资金投入制度（重大工程包括长江上游和黄河中上游地区的生态建设和保护工程、农村水利工程、农村沼气工程、退耕还林工程），其他农村适应性项目（农村生物质能利用、沼气项目、滴灌项目、测土施肥项目）；水资源领域的流域综合治理制度，小水电能源替代生态保护制度等；海洋领域的海岛、海岸线和沿海地区保护管理制度，海域使用审批制度，海域（海洋特别保护区）保护区制度等。限于篇幅，以下按与低碳经济联系的密切程度进行评述。

（一）**能源法**

1. 我国能源法律体系的构成

我国能源法律体系是指调整在能源勘探、开发、利用与保护等活动中形成的社会关系的所有法律规范组成的相互联系、相互补充、内部协调一致的统一整体。从我国现有的诸多能源法律法规来看，与气候变化和低碳经济相关的能源法律体系已经建立并日趋完善。我国能源法体系主要由宪法中的能源条款、能源法律、能源行政法规、能源地方性法规、能源部门规章、地方性规章、能源标准、相关法律中的能源规定及我国加入的国际能源条约构成。

2.《电力法》中与低碳经济相关的法律制度

1）可再生能源和清洁能源发电激励制度

可再生能源和清洁能源发电激励制度是指国家为改变我国以煤为主的能源结构，在现有的技术条件下，国家通过土地划拨、税收优惠等积极的财政激励手段鼓励和支持利用可再生能源和清洁能源发电的制度设计。

《电力法》的重要贡献之一，为我国《可再生能源法》、《清洁生产促进法》和《循环经济法》的制定提供了法律依据，也为我国可再生能源，特别是水电，尤其是中小型水电开发、风电和太阳能等可再生能源的发展奠定了法律基础，提供了法律依据。国家发改委据此制定的《可再生能源发电价格和费用分摊管理试行办法》和《可再生能源发电有关管理规定》中通过建立框架性的制定，为未来的细化与具体措施奠定了基础。

该制度取得了非常好的执行效果，这与其适度超前的制度设计有关。为改变我国以煤为主的能源结构，大力发展核电、太阳能、风能和水电等新能源和可再生能源奠定了法律基础和依据。不仅有利于能源结构的多元化，而且有利于我国更灵活地应对气候变化和发展低碳经济。但是由于该制度设计之初主要是针对我国农村地区和农业使用，所以有范围过狭之嫌。随着《可再生能源法》、《清洁生产促进法》和《循环经济法》的颁布，该制度得以在更大的范围内得到使用。未来我国制定气候应对的法律中也应保留此制度。

2）电力发展规划制度

电力发展规划是我国电力行业未来发展的主要指导方针，特别是其中有关电源结构多元发展的原则，对我国应对气候变化和发展低碳经济具有非常重要的意义。我国能源发展“十二五”规划（讨论稿）明确了大力发展非化石能源基本原则：大力开发水电、加快发展核电、积极发展风电、扩大利用太阳能、科学开发生物质能和稳步发展其他可再生能源。环境保护规划、计划必须纳入电力发展规划、计划，采取有利于环境保护的经济、技术措施，使电力与环境保护同步规划、同步实施、同步发展。

电力发展规划已经成为我国能源领域一个重要的政策工具。根据电力“十二五”发展规划，2015 年全国常规水电装机预计 2.84 亿千瓦左右，2020 年全国水电装机预计达 3.3 亿千瓦左右。2015 年，抽水蓄能电站规划装机容量 4100 万千瓦左右，2020 年 6000 万千瓦左右。“十二五”期间，我国电力发展的原则是：优先开发水电、优化发展煤电、高效发展核电、积极推进新能源发电、适度发展天然气集中发电以及因地制宜发展分布式发电。电力发展规划对于我国可再生能源的发展起到了非常重要的作用。

3）分类电价制度

国家针对使用不同的能源资源发电规定不同的电价。分类电价制度对于改变我国以煤为主的能源结构具有非常重要的意义。该制度的确立有利于国家鼓励和扶持可再生能源和新能源发电项目，为后来的可再生能源发电项目上网电价的国家补贴政策奠定了基础。

我国近年来大力发展生物质能发电项目，国家对此类项目给予补贴。生物质项目上网电价实行政府定价，由国务院价格主管部门分地区制定标杆电价，电价标准由各省（自治区、直辖市）2005 年脱硫燃煤机组标杆上网电价加补贴电价组成。补贴电价标准为每千瓦时 0.25 元。发电项目自投产之日起，15 年内享受补贴电价；运行满 15 年后，取消补贴电价。自 2010 年起，每年新批准和核准建设的发电项目补贴电价比上一年新批准和核准建设项目的补贴电价递减 2%。未来制定低碳经济相关法律，可以将分类电价制度纳入可再生能源和新能源激励制度的规定中。

4）节约用电和计划用电制度

节约用电和计划用电制度是气候变化减缓措施中的一项非常重要的制度。我国政府近年来一直提倡居民使用节能产品。一方面，节能减排是密切联系的，能源节约了，电力使用减少了，电力的生产也会相应减少，碳排放量就随之减少；另一方面，提高能源利用效率也是节约能源的重要途径。

3.《煤炭法》中与低碳经济相关的法律制度

《煤炭法》在2009年8月27日进行了第一次修订，并在2011年4月22日进行了第二次修订，虽然经过两次修订，却无实质变化，因此修订意义不大。在此重点分析与低碳经济相关的几项法律制度。

1）煤炭资源规划制度

煤炭资源开发利用规划制度对低碳经济的重要意义在于，煤炭资源的勘探、开发、利用和保护规划与我国未来CO_2的排放与控制关系密切。从《煤炭法》目前的规定来看，条款原则性强，缺乏对违反规划的法律责任与制裁措施的规定，没有具体的可操作性，现实中并未得到很好的执行。这种原则性导致现实中煤炭资源的生产开发一直处于无序状态，争夺资源、浪费和破坏煤炭资源的现象十分普遍。煤炭资源规划必须符合我国煤炭业的发展，特别是与我国当前的节能减排和应对气候变化的政策法律相一致。要减少CO_2的排放，煤炭资源规划制度应鼓励新的清洁煤技术、煤气层开发利用技术以及其他与应对气候变化相一致的技术的研发与应用。

2）煤炭生产许可制度

《煤炭法》、《矿产资源法》、《乡镇煤矿管理条例》、《矿产资源法实施细则》、《煤炭生产许可证管理办法》、《关于预防煤矿生产安全事故的特别规定》、《煤炭生产许可证环境保护年检办法》和《煤炭生产许可证管理办法实施细则》等都对煤炭生产许可证制度作出了规定。对于高碳行业，通过生产许可证设定企业必须遵守的某些条件，就能够减少其碳排放。如果为了我国的低碳经济发展，法律制度能够从能源行业准入角度要求使用煤炭发电的火电厂必须采取清洁煤炭的措施，则可以有效减少CO_2的排放。

3）煤炭综合开发利用制度

针对煤炭开发利用中损失浪费严重、资源利用率低、环境污染等问题，《煤炭法》确立了煤炭综合开发利用制度。该制度将国家关于煤炭产品的开发、加工转化和综合利用的方针、政策法律化。鼓励、引导煤矿大力发展煤炭的精加工、深加工以及综合利用，这不仅对于提高社会效益和经济效益有重大作用，而且也是具有战略意义的发展重点。我国作为煤炭第一大国，煤炭在我国一次能源利用中的份额极大，煤炭综合开发利用不仅有利于节约煤炭资源，而且有利于减少CO_2的排放，符合发展低碳经济的要求。

4）煤炭环境保护制度

煤炭环境保护制度是一项具有适应和减缓气候变化双重功能的法律制度。其主要任务在于：合理开发利用煤炭及与煤共生、伴生的矿产资源，依靠科学技术进步，推行清洁生产，防治矿区生态破坏和环境污染，发展洁净煤技术，提供清洁能源。我国的气候变化与低碳经济立法无法避开对煤炭资源的管理，因此相关的制度设计尤为重要。该制度取得了一定的效果，特别是煤矸石和粉煤灰的综合利用方面，但在环境影响评价、生态补偿机制方面效果并不理想。《煤炭法》的两次修订也未使得生态补偿制度得到法律的认可，故有待今后改进。

4.《节约能源法》中与低碳经济相关的法律制度

1）节能标准体系制度

节能标准体系制度是节能法律制度的基础，是一项减缓气候变化的法律制度。《节约能源法》、《民用建筑节能条例》、《公共机构节能条例》、《能源效率标识管理办法》、《民用建筑节能管理规定》和《道路运输车辆燃料消耗量检测和监督管理办法》等都对节能标准体系制度作出了规定。该制度的意义在于国家通过建立节能标准体系规范企业的能源使用、能源产品的生产、进出口和使用、能源效率的提高以及建设节能建筑物等的行为，从而相应减少 CO_2 的排放。

节能标准体系基本可以满足国家、行业、企业和公众对节能的要求。随着该体系的完善，其在气候变化和低碳经济中发挥的作用也将日益增大。2011 年，全国交通运输行业有 122 个节能减排项目获得共 2.5 亿元专项资金支持，拉动投资达到 80.6 亿元。经测算，已经补助的 122 个项目，除无法准确计算节能减排量的交通运输服务与能力建设类项目外，所形成的年度节能减排量达到 31.5 万吨标准煤和替代燃料 22.4 万吨标准油，减少 CO_2 排放量达到 113.8 万吨。

2）高耗能项目、产品、设备和工艺淘汰制度

由于我国不同的地区、不同所有制的企业之间在经济发展水平、技术工艺水平方面存在很大差异，不少地方盲目上马许多技术落后、耗能过高、严重浪费能源的工业项目，不仅浪费了大量宝贵的能源资源，而且排放了大量的 CO_2，使我国成为全球第一大 CO_2 排放国。这种以牺牲能源资源和生态环境为代价的粗放式经济发展模式与我国科学发展观和可持续发展战略相悖。《节约能源法》、《民用建筑节能条例》、《公共机构节能条例》、《中央企业节能减排监督管理暂行办法》、《民用建筑节能管理规定》和《节约用电管理办法》等对高耗能项目、产品、设备和工艺淘汰制度作出了规定。

目前该制度执行良好。我国已经出台了众多的高耗能项目、产品、设备和工艺淘汰名录，如第一、第二、第三批《煤矿设备目录》、第一、第二批《高耗能机电设备淘汰名录》等。“十二五”机械工业节能减排目标已初步确定，机械工业万元工业增加值综合能耗由 2009 年的 0.42 吨标准煤下降到 2015 年的 0.31 吨标准煤，年均下降 5.9%。在煤炭行业，截至 2011 年 11 月，中国累计关停小火电 7210 万千瓦，电力工业结构得以优化。30 万千瓦及以上机组比重已从 2005 年的不到一半提高到 70% 左

右，每千瓦时供电煤耗从 370 克下降到 340 克。两者累计节约原煤超过 3 亿吨[1]。

3）节能目标责任制和节能考核评价制度

节能目标责任制和节能考核评价制度是一项具有中国特色的法律制度。《节约能源法》、《民用建筑节能条例》、《公共机构节能条例》、《中央企业节能减排监督管理暂行办法》、《中央企业节能减排考核细则》和《重点用能单位节能管理办法》等对该制度作出了规定。

除上述法律制度外，《节约能源法》还对节能技术创新、能效标识、建设项目节能评估审查、节能产品认证、重点用能单位节能、建筑节能、交通运输节能、公共机构节能和节能经济激励制度进行了规定。这些法律制度均取得了一定的成效并在逐步完善中，对我国应对气候变化和发展低碳经济起到了推动作用[2]。

5.《可再生能源法》中与低碳经济相关的法律制度

《中华人民共和国可再生能源法》（简称《可再生能源法》）与发展低碳经济的关系更直接、更密切。2009 年 12 月全国人大常委会通过了《可再生能源法修正案》，修改后的《可再生能源法》为可再生能源的发展构筑了“绿色通道”，确立了可再生能源总量目标制度[3]、可再生能源并网发电审批和全额保障性收购制度[4]、可再生能源上网电价与费用分摊制度[5]、可再生能源发展基金制度[6]、可再生能源经济激励制度[7]等相关法律制度。

2011 年 12 月，财政部公布印发《可再生能源发展基金征收使用管理暂行办法》（简称《暂行办法》），自 2012 年 1 月 1 日起实行。《暂行办法》中称，根据可再生能源开发利用中长期总量目标和开发利用规划，以及可再生能源电价附加收支情况，征收标准可以适时调整。《暂行办法》规定，可再生能源发展基金包括国家财政公共预算安排的专项资金和依法向电力用户征收的可再生能源电价附加收入等。可再生能源发展专项资金由中央财政从年度公共预算中予以安排（不含国务院投资主管部门安排的中央预算内基本建设专项资金）。新能源电价附加加倍征收标准定为每千瓦时 8 厘，成为可再生能源的利好消息[8]。

（二）清洁生产促进法

清洁生产促进法中与发展低碳经济相关的法律制度主要有：清洁生产制定和推广

---

[1] 上大压小：千万吨级以上煤炭企业产量占全国 58%.http：//finance.ifeng.com/news/special/energyhuanshuai/20110113/3199132.shtml.

[2] 曹明德等 . 中国已有相关法律与应对气候变化内容分析 .“中国已有相关法律与应对气候变化内容分析”课题中期报告 .119.

[3]《中华人民共和国可再生能源法》第 7 条 .http：//www.gov.cn/flfg/2009-12/26/content_1497462.htm.

[4]《中华人民共和国可再生能源法》第 13、14 条 .http：//www.gov.cn/flfg/2009-12/26/content_1497462.htm.

[5]《中华人民共和国可再生能源法》第 19、20 条 .http：//www.gov.cn/flfg/2009-12/26/content_1497462.htm.

[6]《中华人民共和国可再生能源法》第 24 条 .http：//www.gov.cn/flfg/2009-12/26/content_1497462.htm.

[7]《中华人民共和国可再生能源法》第 25、26 条 .http：//www.gov.cn/flfg/2009-12/26/content_1497462.htm.

[8] 可再生能源电价附加标准上调为每千瓦时 8 厘 .http：//www.zjol.com.cn/epmap/system/2011/12/22/018095263.shtml.

政策、规划制度、循环经济促进制度、清洁产品环境标志制度、清洁生产教育宣传制度、环境信息公开制度、产品包装、回收制度以及清洁生产审核制度。2011 年 5 月，国家发改委、环境保护部会同有关部门决定，围绕实现节能减排和降低 CO_2 排放强度约束性指标，进一步完善法律法规，加强规划指导，健全标准体系，强化政策支持，加快技术创新，发挥市场作用，形成有效的激励和约束机制，加快构建企业为主、政府指导、市场驱动、全民参与的清洁生产工作格局；通过抓好清洁生产审核、清洁生产评价，在重点区域、重点领域实施清洁生产重大工程，带动企业实施清洁生产改造，实现经济社会效益提高、科技研发能力增强、资源能源消耗降低、污染物排放减少的综合效益。

（三）循环经济促进法

中国政府高度重视发展循环经济，积极推进资源利用减量化、再利用、资源化，从源头和生产过程减少温室气体排放。

国家制定《中华人民共和国清洁生产促进法》[1]（简称《清洁生产促进法》)、《中华人民共和国固体废物污染环境防治法》[2]（简称《固体废物污染环境防治法》)、《中华人民共和国循环经济促进法》[3]（简称《循环经济促进法》)、《城市生活垃圾管理办法》[4]《废弃电器电子产品回收处理管理条例》(2011 年 1 月 1 日起施行)[5]等法律法规，建立起较完备的循环经济法律体系；建立了循环经济规划制度、抑制资源浪费和污染物排放的总量调控制度、循环经济评价考核制度、以生产者为主的责任延伸制度等法律制度。

实现可持续发展是循环经济立法的根本目的，也是我国国民经济和社会发展的基本指导方针。《循环经济促进法》的制定，通过在全社会倡导一种资源节约和环境友好的理念，逐渐让政府、企事业单位、公民、行业协会等主体形成一种资源节约和环境友好的行为方式，从而促进可持续发展。

《循环经济促进法》对于循环经济的各主要环节、各主要方面仅是原则性地提出了一些要求，但对于一些要求如何遵守以及违反了应当如何追求责任等问题，却没有进一步明确。这说明，《循环经济促进法》是促进我国循环经济发展的基本法，需要一些新的条例和规章予以配合。如果立法不能破除地方保护主义，没有相关细则和规章的衔接规定，就缺乏有力的监督执行。这种现状使我国在发展循环经济的基础制度方面存在相当大的困难，不能适应发展循环经济的要求。缺乏法律规章就难以从制度上约束不合理的行为，不利于循环经济的发展。同时，法律、法规或者部门规章之间

❶《中华人民共和国清洁生产促进法》.http：//www.gov.cn/gongbao/content/2002/content_61640.htm.

❷《中华人民共和国固体废物污染环境防治法》.http：//www.gov.cn/gongbao/content/2005/content_63310.htm.

❸《中华人民共和国循环经济促进法》.http：//www.gov.cn/flfg/2008-08/29/content_1084355.htm.

❹《城市生活垃圾管理办法》.http：//www.gov.cn/ziliao/flfg/2007-06/05/content_636413.htm.

❺《废弃电器电子产品回收处理管理条例》.http：//www.gov.cn/zwgk/2009-03/04/content_1250419.htm.

也存在着衔接协调的问题。

（四）碳金融法

碳金融是指在低碳经济的背景下，旨在减少温室气体排放从而应对气候变化的市场机制和金融方法的统称，包括银行“绿色信贷”、低碳项目直接投融资、温室气体排放权及衍生品的创制和交易、相关金融中介服务等金融制度安排和金融交易活动。

碳金融法是指调整减少温室气体排放的金融监管关系和交易关系的法律规范的总称。目前金融法以及财税法中有关的成文法律法规较少，大多是以规范性法律文件形式制定的“通知”、“指导意见”以及政策。

2005 年 10 月，我国颁布了《清洁发展机制项目管理办法》，规定国家从清洁发展机制项目减排量转让收入中收取一定比例的费用，用于应对气候变化的工作。2006 年 8 月，国务院批准成立中国清洁发展机制基金。2010 年 9 月 14 日，国务院批准了《中国清洁发展机制基金管理办法》。《中国清洁发展机制基金管理办法》中确立的环境协议制度、申报许可制度、优惠措施制度等法律制度对于适应国际气候变化的趋势以及自我创新、发展低碳经济具有重大意义。

二、我国发展低碳经济的法制前景

气候变化是一个长期性和全球性的环境问题，对人类的经济社会乃至政治都有着深刻的影响，是我们全人类面临的重大挑战。我国始终以一个负责任的大国的态度采取有效措施，发展低碳经济，积极应对气候变化问题。我国低碳经济法制的发展会随着国家应对气候变化的形势紧迫而更高效和务实。对我国而言，从我国的现实国情、能源结构及科技发展水平来看，目前发展低碳经济仍面临着诸多挑战。为此，笔者提出如下发展低碳经济的法律建议：

第一，构建低碳经济法制需要注意的问题。首先，符合我国国情。气候变化问题虽是全球性问题，但由于各国的实际情况并不相同，因此我国应对气候变化的法制建设，特别需要紧密结合我国的国情，而不能简单地照搬照抄发达国家的经验。其次，注意维护核心利益。国家环境利益中的核心利益必须坚决维护，这个核心利益主要表现为近年来各国尤其是美国强调的国家环境安全的利益。在我国，国家环境安全主要表现为防止自然灾害等环境问题所造成的社会动荡，而与气候变化关联最紧密的自然灾害主要表现为碳循环异常导致的水循环异常进而导致的旱涝灾害及水土流失问题。

第二，完善我国的气候变化立法体系。首先，尽快完善以大气污染防治法为核心的相关法规体系。关于应对气候变化的立法模式，笔者不主张制定新的专门性的“应对气候变化法”，而是主张在既有的法律框架下，通过完善大气污染防治法来构建我国应对气候变化的法律体系。这不仅是因为这样的立法模式，可以节约立法资源；而且其他发达国家的立法与实践经验，为我国提供了充分的例证。其次，尽快出台一部综合性的能源基本法，即能源法。笔者虽不主张创制专门性的“应对气候变化法”，但是建议制定《能源法》来统率能源立法。这主要是基于以下两点考虑：一是从能源的重要性来看，合理的能源消费结构与使用方式，不仅会帮助我国降低温室气体的排放、减轻我国在温室气体减排上的国际压力，而且有利于我国实现向低碳经济发展模式的转变，还有助于提升我国的能源国家安全；二是从能源立法结构上看，我国虽已出台《节约能源法》、《可再生能源法》、《煤炭法》等单行法，但是这些单行法都不是综合性的能源基本法，只是对能源问题的某些方面加以规定，并未涵盖所有的能源问题。此外，从上述能源单行法调整范围的角度出发，也存在立法规定不够详细、缺乏足够操作性等问题。

第三，建立健全与发展低碳经济相关的主要法律制度。首先，通过创制“碳排放的总量管制与交易”制度，来发挥市场在调节温室气体排放中的作用。该制度主要分为两大部分的内容。一是关于碳排放的总量管制。为了碳排放总量管制与交易制度的有效执行，应在全国范围内要求企业减量排放温室气体并完成以下碳排放减排目标，即：到2020年，全国单位国内生产总值CO_2排放比2005年下降40%～45%。二是关于碳排放的交易。欲排放温室气体的企业必须先获得排放许可证。由于企业的生产能力、生产水平不同等因素影响，使得不同的企业对排放额度的需求不同，即：有的企业需额多，有的企业需额少。而政府发放的排放许可证额度是有限的，如果企业超额排放，将遭受高额的罚款。因此，超额排放的企业，为了规避被罚款的风险，就会在市场上向其他企业寻求剩余的额度；此外，有剩余额度的企业也乐意通过出售一部分富余的额度来赚取利润，因此碳排放市场最终就在买卖双方的推动下形成了。其次，要增强全社会应对气候变化的意识，加快形成低碳绿色的生活方式和消费模式。当前要结合国际社会合作应对气候变化的良好机遇，让社会公众了解并认识应对气候变化的重要性和紧迫性，认清应对气候变化对国家、地区和企业自身发展和竞争力的重要影响。要倡导全民自觉参与，鼓励企业自愿采取行动。倡导健康、文明的消费观念，抑制奢侈消费。增强企业的社会责任感，自觉制定并实施减缓碳排放的目标和措施。引导企业生产方式的转变和社会民众消费方式的转变，逐渐形成全民应对气候变化的体制和机制。

最后，加大科技投入，加快应对气候变化相关技术的研发。科技的进步和创新，在人类应对气候变化的过程中发挥着至关重要的作用。因此，我国的法律要为应对气候变化相关技术研发及其所需资金提供制度性保障。

综上，未来的立法中，我国需要确认和固化以往成功的制度，这些制度包括：低碳转型的规划和计划制度、温室气体目标控制责任制、碳排放标准制度、低碳产品补贴制度、阶梯价格制度、地方低碳防治促进制度、落后高碳产能淘汰制度。

在目前的条件下需要通过立法来进行积极推动的法律制度有：碳税和碳排放权交易制度；建设项目、规划和政策战略的气候环评制度；温室气体排放检测、报告和核准制度；低碳消费促进制度；低碳金融制度；林业碳汇交易或补偿制度；促进存量型社会建设制度；低碳技术发展促进制度；低碳标签和标识制度；碳减排政策制定和执行的外部参与和监督制度。

参考文献

[1] Franklin Dehousse, Tania Zgajews. The EU Climate Policy after the Climate Package and Copenhagen Promises and Limits [M]. Academia Press, 2010.

[2] Sonial Labatt, Rodney R White. Carbon Finance: The Finance Implication of Climate Change [M]. Hoboken, NJ: John Wiley & Sons, Inc., 2007.

[3] 危敬添. 联合国气候变化框架公约的历史和现状 [J]. 中国远洋航务, 2009, (11): 26–27.

[4] 周珂, 李博. 哥本哈根会议述评——兼谈对中国的影响 [EB/OL]. 北京环境法制论坛网 http://bjelf.com/onews.asp?id=919.

[5] 乔雪峰. 全国交通运输行业 122 个节能减排项目获 2.5 亿支持 [EB/OL]. http://finance.people.com.cn/GB/16392372.html.

[6] 杨丽萍. 我国将修订清洁生产促进法，发改委表示将增强法律的约束力 [EB/OL]. http://news.163.com/11/0512/10/73RLVB9N00014AEE.html.

[7] 周珂, 李博. 我国低碳经济的法制保障 [EB/OL]. http://www.legaldaily.com.cn/bm/content/2010-03/31/content_2099260.htm?node=20740.

[8] 曹明德, 等. “中国已有相关法律与应对气候变化内容分析”课题中期报告: 中国已有相关法律与应对气候变化内容分析 [R], 2011.

第四章 中国低碳经济发展的政策支持

为了应对气候变化和发展低碳经济，中国制定政策的密度和广度在全球范围都是空前的，在发展中国家起到了表率作用。我国已基本奠定了以建设资源节约型和环境友好型社会为基本目标，以节能和发展可再生能源为两大支柱的政策体系。低碳经济发展的政策框架体系基本形成，政策手段日益丰富，政策与关联领域政策的融合度逐渐加强，政策的实施效果凸显，政策与立法的良性互动初现端倪。

第一节 推动中国低碳经济发展的政策新动向

我国低碳经济政策体系包括循环经济促进法律政策、清洁生产法律政策、产业结构转型促进政策、低碳省区和低碳城市等子政策系统，其覆盖的领域包括农业、制造业、电力行业、交通运输、建筑、消费等。这些领域的相关政策制定对低碳经济发展有着重要而深远的影响。

一、探索和推进低碳经济发展的政策新动向

在加快构建资源节约型、环境友好型工业体系方面，按照淘汰落后生产能力、改造升级传统产业、加快发展战略性新兴产业的思路，充分利用现有工业基础，坚持调整优化存量与积极有效发展增量相结合、应对当前发展与培育未来产业竞争力相结合，加快构建产业结构优化、产业链完备、科技含量高、资源消耗低、污染排放少、可持续发展的工业体系，从主要依靠规模扩张、过度消耗能源资源的粗放发展向注重效率、注重发展质量和效益的可持续发展转变。针对节能降耗、环境保护等薄弱环节，继续加大企业技术改造力度。在钢铁、化工、有色金属、建材等重点行业组织开展“两型”企业和工业园区建设试点工作，探索重点行业资源节约型、环境友好型发展模式。

在调整经济结构、促进产业结构优化升级方面，第一，抑制高耗能、高排放行业过快增长。“十二五”规划中指出要“严格控制高耗能、高排放和产能过剩行业新上项目，进一步提高行业准入门槛，强化节能、环保、土地、安全等指标约束，依法严格节能评估审查、环境影响评价、建设用地审查，严格贷款审批。建立健全项目审批、核准、备案责任制，严肃查处越权审批、分拆审批、未批先建、边批边建等行为，依法追究有关人员责任。严格控制高耗能、高排放产品出口。中西部地区承接产业转移必须坚持高标准，严禁污染产业和落后生产能力转入。”第二，加快淘汰落后

产能。抓紧制定重点行业“十二五”淘汰落后产能实施方案，将任务按年度分解落实到各地区。完善落后产能退出机制，指导、督促淘汰落后产能企业做好职工安置工作。第三，推动传统产业改造升级。严格落实《产业结构调整指导目录》，加快运用高新技术和先进适用技术改造提升传统产业，促进信息化和工业化深度融合，重点支持对产业升级带动作用大的重点项目和重污染企业搬迁改造。调整《加工贸易禁止类商品目录》，提高加工贸易准入门槛，促进加工贸易转型升级。合理引导企业兼并重组，提高产业集中度。第四，调整能源结构。在做好生态保护和移民安置工作的基础上发展水电，在确保安全的基础上发展核电，加快发展天然气，因地制宜大力发展风能、太阳能、生物质能、地热能等可再生能源。到2015年，非化石能源占一次能源消费总量比重达到11.4%。最后，提高服务业和战略性新兴产业在国民经济中的比重。到2015年，服务业增加值和战略性新兴产业增加值占国内生产总值比重分别达到47%和8%左右。

在发展循环经济、促进温室气体减排方面，首先制定促进填埋气体回收利用的激励政策，发布《城市生活垃圾处理及污染防治技术政策》和《生活垃圾卫生填埋技术规范》等行业标准，推动垃圾填埋气体的收集利用，减少甲烷等温室气体的排放。研究推广先进的垃圾焚烧、垃圾填埋气体回收利用技术，发布相关技术规范，完善垃圾收运体系，开展生活垃圾分类收集，提高垃圾的资源综合利用率，推动垃圾处理产业化发展，加强垃圾处理企业运行监管。其次推进资源综合利用，国家先后制定和发布了关于资源节约综合利用和环境保护的260项技术，为循环经济的发展提供了技术支持。最后，实施支持循环经济发展的投融资政策措施。为加大对发展循环经济的投融资政策支持力度，促进循环经济形成较大规模，加快调整经济结构，转变经济发展方式，建设资源节约型和环境友好型社会，国家发改委、人民银行和证监会等部门制定了《支持循环经济发展的投资融资政策措施意见》（以下简称“意见”），意见指出应全面改进和提升支持循环经济发展的金融服务。同时，意见还通过多渠道拓展促进循环经济发展的直接融资途径和加大利用国外资金对循环经济发展的支持力度等措施支持循环经济的发展。

在加快节能减排技术开发和推广应用方面，“十二五”规划指出要加快节能减排共性和关键技术研发。在国家、部门和地方相关科技计划和专项中，加大对节能减排科技研发的支持力度，完善技术创新体系；加大节能减排技术产业化示范。实施节能减排重大技术与装备产业化工程，重点支持稀土永磁无铁芯电动机、半导体照明、低品位余热利用、地热和浅层地温能应用、生物脱氮除磷、烧结机烟气脱硫脱硝一体化、高浓度有机废水处理、污泥和垃圾渗滤液处理、废弃电器电子产品资源化、金属无害化处理等关键技术与设备产业化，加快产业化基地建设；加快节能减排技术推广应用，建立节能减排技术遴选、评定及推广机制。重点推广能量梯级利用、低温余热发电、先进煤气化、高压变频调速、干熄焦、蓄热式加热炉、吸收式热泵供暖、冰蓄冷、高效换热器，以及干法和半干法烟气脱硫、膜生物反应器、选择性催化还原氮氧化物控制等节能减排技术。加强与有关国际组织、政府在节能环保领域的交流与合作，积极引进、消化、吸收国外先进节能环保技术，加大推广力度。

在大力培育战略性新兴产业方面，积极跟踪世界科技创新的最新成果，调整优化原材料工业，做强装备制造业，改造提升消费品工业，提高信息产业核心竞争力。着重从核心技术突破、产业链完善、商业模式创新、市场培育等多方面下工夫，大力发展节能环保的新一代信息技术、新材料、高端装备制造、新能源汽车等战略性新兴产业。切实把节能减排约束性指标转化成对节能环保低碳产业的市场需求拉动力量，全面推进节能环保低碳技术、装备、产品、服务发展，促进节能环保低碳产业发展。

二、对政府行为约束政策的新动向

在强化节能减排目标责任方面，“十二五”规划中指出首先要合理分解节能减排指标。综合考虑经济发展水平、产业结构、节能潜力、环境容量及国家产业布局等因素，将全国节能减排目标合理分解到各地区、各行业。各地区要将国家下达的节能减排指标层层分解落实，明确下一级政府、有关部门、重点用能单位和重点排污单位的责任。其次要健全节能减排统计、监测和考核体系。加强能源生产、流通、消费统计，建立和完善建筑、交通运输、公共机构能耗统计制度以及分地区单位国内生产总值能耗指标季度统计制度，完善统计核算与监测方法，提高能源统计的准确性和及时性。修订完善减排统计监测和核查核算办法，统一标准和分析方法，实现监测数据共享。加强氨氮、氮氧化物排放统计监测，建立农业源和机动车排放统计监测指标体系。完善节能减排考核办法，继续做好全国和各地区单位国内生产总值能耗、主要污染物排放指标公报工作。最后，加强目标责任评价考核。把地区目标考核与行业目标评价相结合，把落实五年目标与完成年度目标相结合，把年度目标考核与进度跟踪相结合。省级人民政府每年要向国务院报告节能减排目标完成情况。有关部门每年要向国务院报告节能减排措施落实情况。国务院每年组织开展省级人民政府节能减排目标责任评价考核，考核结果向社会公告。强化考核结果运用，将节能减排目标完成情况和政策措施落实情况作为领导班子和领导干部综合考核评价的重要内容，纳入政府绩效和国有企业业绩管理，实行问责制和“一票否决”制，并对成绩突出的地区、单位和个人给予表彰奖励。

在加强节能减排管理方面，合理控制能源消费总量。建立能源消费总量控制目标分解落实机制，制订实施方案，把总量控制目标分解落实到地方政府，实行目标责任管理，加大考核和监督力度。强化重点用能单位节能管理。落实目标责任，实行能源审计制度，开展能效水平对标活动，建立健全企业能源管理体系，扩大能源管理试点；实行能源利用状况报告制度，加快实施节能改造，提高能源管理水平。地方节能主管部门每年组织对进入万家企业节能低碳行动的企业节能目标完成情况进行考核，公告考核结果。对未完成年度节能任务的企业，强制进行能源审计，限期整改。中央企业要接受所在地区节能主管部门的监管，争当行业节能减排的排头兵。加强工业节能减排，推动建筑节能，推进交通运输节能减排，并促进农业和农村的节能减排，推动商业和民用节能加强公共机构节能减排。

节能减排将会更多地依靠市场和税收优惠，将通过推行“领跑者”标准制度、施行合同能源管理以及加强节能发电的调度这三条路径来实现用市场化机制促成“十二五”减排目标。“十二五”期间，将构建完善有利于节能减排的税收体系，其中消费税的征收范围和税率结构都将有所调整。而节能减排的限制类政策中，根据出口退税政策的调整思路，高污染、高能耗、资源型产品的退税将逐步取消，最终实现零退税。对加工贸易的管理，亦即是加工贸易禁止类目录或限制类目录的设置也会与取消出口退税商品清单相结合。中国的税收优惠政策已经由过去由区域政策为主向以产业政策为主倾斜，而节能减排的财税政策是产业政策的重要组成部分。归纳下来，这两年的节能减排税收政策主要分为鼓励类和限制类两大类，通过税收激励措施鼓励能源的节约，或者是通过惩罚性的税收措施限制高污染、高能耗等产业的发展。

第二节 中国低碳经济发展的政策支持构想

2011 年，我国促进低碳经济发展的政策取得了令人瞩目的成就，低碳经济发展的政策框架体系基本形成，政策手段日益丰富，政策与关联领域政策的融合度逐渐加强，政策的实施效果凸显，政策与立法的良性互动初现端倪。在取得成绩的同时，我们也要发现不足，提出构想，为政府制定促进低碳经济发展的更全面、高效的政策提供依据。

一、政策策略

（一）将碳减排技术提高到与提高能源效率和改善能源结构相同的战略地位

从世界各国的温室气体减排政策策略观察，提高能源效率和改善能源结构是实现温室气体减排目标的两大战略。我国近年来的节能减排政策和可再生能源发展政策很好地贯彻了这一战略。同时，随着我国人均温室气体排放额的增加和总量的增加，我国也面临着降低温室气体排放强度的巨大压力。所以，为了奠定良好的制度和政策框架，中国需要建立起温室气体排放成本内部化的制度（主要是碳税和碳排放交易），需要在低碳技术的促进和发展上加大力度。目前提高能源效率和改善能源结构的政策并不具有上述两个方面的直接政策效果。现实的能源状况决定了煤炭在相当时期内占据能源消费的重要角色，因此煤炭利用的低碳化技术对我国未来的温室气体减排具有重要战略意义。

为推动我国长期的温室气体减排和低碳经济发展，就需要将碳减排技术提高到与提高能源效率和改善能源结构相同的战略地位。提高能源效率和改善能源结构的政策与低碳技术促进政策相关并存在交叉，但提高和改善能源结构的政策不能包括全部低碳技术促进政策。为了促进低碳技术的发展，我国需要建立体现温室气体减排成本的制度体系，并需要建立专门的基金（特别是在煤炭利用中的碳吸收和碳封存技术方面）。

（二）贯彻温室气体减排和其他经济社会政策的整合和一体化

按2006年3月欧盟委员会发布的能源政策绿皮书，减少温室气体排放量是可持续发展、竞争力和安全这三大目标的中心。中国共产党十六届三中全会提出“统筹城乡发展、统筹区域发展、统筹经济社会发展、统筹人与自然和谐发展、统筹国内发展和对外开放”。这是党中央领导集体对发展的内涵、要义和本质的深化和创新，其中蕴含着全面、协调、均衡、可持续发展和人的全面发展的科学发展观。

在温室气体减排领域贯彻科学发展观，可以借鉴欧盟的政策战略，把温室气体减排和其他经济社会政策进行整合，把温室气体减排与其他公共政策目标联动，通过一体化的规制策略，以实现最佳的政策效果。例如，对我国来说，地区和个人之间收入和发展的不平衡是需要解决的一个社会公共政策问题，所以节能减排指标的地区分配应贯彻确保生存排放、限制奢侈排放的原则，向欠发达地区倾斜。在针对个人消费领域的规制方面，应当根据碳足迹的测算，对碳足迹高的奢侈品征收高的环境税，而确保保障基本需求的碳排放。再如，对高能量、高脂肪的食品消费的快速增长的规制措施可以缓解我国健康风险和成本增加的社会问题，而且也可在温室气体减排上作出贡献。提高建筑质量、长远规划、谨慎拆迁的政策不仅可以避免许多社会矛盾和社会问题，而且可以避免因重复建设而导致的问题气体排放增长。

（三）增加将温室气体排放社会成本内部化的基本政策和制度

在温室气体排放政策中，将温室气体排放社会成本内部化的基本政策对长期的温室气体减排和低碳技术的发展具有至关重要的意义，然而到目前为止，我国尚无这方面的基本政策和制度。

二、政策手段

虽然我国已经构筑了较为体系化的温室气体减排宏观政策体系，但是实践功能较强的具体政策措施却严重滞后。其不足之处在于这些制度未体系化。我国的温室气体减排措施仅涉及行政调控手段的节能目标责任考核、温室气体排放标准、能效标识和限额等行政性调控措施，以及税费等市场性调控措施，但是，诸如自愿减排、温室气体自愿报告和公私合作的社会性调控措施却处于空白状态。

因此，在政策手段上，一方面要引入温室气体规制的经济手段和社会手段；另一方面，还要注重对传统的命令控制式手段进行改造，把命令控制式政策手段与自愿性政策手段、命令控制式政策手段与经济手段进行组合，使命令控制式手段具有更多弹性和灵活性的同时又不损害其效能。这种组合的方式很多，例如允许地区和重点企业之间交易节能和减排指标，允许一个企业在其全部产品平均达标的前提下某些产品超标等。

三、政策领域

温室气体的减排政策是一个涉及社会各行业和各领域的综合性政策，温室气体减排目标的实现，特别是远期目标能够顺利实现，需要在各个重要的领域都积极推行相关的政策。我国目前的政策涉及工业、农业、交通、建筑等各个领域，应该说各个行业和领域都出台了相应的政策。但是，仍然有一些重要领域的政策措施还处于缺位状态，例如在低碳社会领域的政策不到位，林业碳汇交易或补偿制度的阙如等。

温室气体减排不仅是一个生产领域和经济领域的问题，更是一个消费领域和社会领域的问题。我国几年来奢侈品消费增速显著，2011 年已成奢侈品消费第一大国。许多奢侈品同时也是高碳排放商品，因此，我国有必要在消费领域出台更有体系的规制政策。

在社会发展理念上，我国需要学习欧洲建设可持续社会的模式：存量型社会——即在基础设施和建筑修建上能够考虑长远，使资源消耗较高的“住”成为几代人可持续利用的长寿型资源。这不仅有利于提高福利水平，而且可以避免我国目前的基础设施和建筑修建模式所带来大量的资源消耗和温室气体排放增长。

四、政策执行和监督体系

政策的执行必须有组织保障并建立相应的监督体系。在组织保障方面，我国已在中央层面建立了节能减排气候变化应对领导小组，并在国家发改委内部建立了专门司职气候变化应对的机构。但在地方层面的组织建设存在不配套和不规范的情况。

理论上，确保政策执行的监督体系主要包括外部的监督体系和内部的监督体系两方面。近年来，在推行节能减排相关政策的过程中，我国已形成一系列相对成熟和成功的制度体系。例如限批制度、挂牌督办制度、考核及问责制度、节能减排行政建议及约谈制度，这些成功的内控制度和体系也可运用于温室气体减排和发展低碳经济。然而，与内部的监督体系和制度相比，我国对环境法规政策执行的外部监督体系和制度并不完善，外部监督制度包括信息公开制度、人大监督制度、公开听证制度、公益诉讼制度等。为了促进低碳经济的政策有效实施，应当通过立法规定政府温室气体减排信息方面的公开制度、政府向人大报告温室气体减排情况制度、重大项目立项的公开听证制度以及允许公民或合法环保团体就行政不作为提起公益诉讼的制度等，以建立相关政策执行监督的完善体系。

参考文献

［1］曹明德，等．“中国已有相关法律与应对气候变化内容分析”课题中期报告：中国已有相关法律与应对气候变化内容分析［R］，2011.

第三部分

二氧化碳排放：特征、影响因素及减排路径

中国在加速工业化和城镇化过程中能源消费量不断增加，由此产生的二氧化碳排放增加很快，是温室气体排放的最主要来源。中国发展低碳经济，最重要的是节能减排，全方位把握产业部门总体、各产业部门、工业分行业以及居民生活部门终端能源消费所引起的二氧化碳排放量变化特征、变化趋势及影响二氧化碳排放量变化的重要因素，发现能源消耗和二氧化碳排放大户，寻找其节能减排的路径和对策，是中国推进节能减排、降低二氧化碳排放、在工业化和城镇化框架下发展低碳经济的关键。

第五章　中国能源消费二氧化碳排放特征

分析二氧化碳排放特征，首先需要分别从产业部门和生活部门对终端能源消费产生的二氧化碳排放量进行估算，在此基础上，分别从工业分行业、产业各部门、产业部门总体以及生活部门角度对二氧化碳排放特征进行分析，以求从产业部门和生活部门二氧化碳的排放总量、各部门内部不同主体的占比、变化趋势等角度全方位了解中国二氧化碳排放特征。

第一节　二氧化碳排放量估算方法研究综述

由于我国目前还没有二氧化碳排放量的官方统计，所以学者们在研究中国二氧化碳排放问题时均面临着二氧化碳排放量估算问题，这本身就是一个需要不断研究改进的问题。本节介绍目前国内外关于二氧化碳排放量估算的研究进展以及本文所选用的估算方法。

一、国内外碳排放量估算方法研究进展

（一）主要估算方法的研究

目前，国际上的环境统计工作中，估算气体排放量与污染物排放量计算方法相似，主要采用三种方法，实测法、物料衡算法和排放系数法。这三种方法是获得估算数据的根本依据，在使用过程中各有所长，互为补充。另外还有一些应用研究主要是构建碳排放测算模型，从宏观和微观上对碳源碳排放进行定量分析，下面分别简要介绍这些方法。

1. 实测法

实测法主要是通过监测手段或国家有关部门认定的连续计量设施，测量排放气体的流速、流量和浓度，用环保部门认可的测量数据来计算气体的排放总量的统计计算方法。公式为：

$$G=KQC$$

$$C=ECQ/EQ$$

式中，G 为某气体排放量；Q 为介质（空气）流量；C 为介质中某气体浓度；K 为公式中单位换算系数。

实测法具有较高的精度，因为实测法的基础数据主要来源于环境监测站。监测数据是通过科学、合理地采集样品、分析样品而获得的。样品是对监测的环境要素的总

体而言的，如果采集的样品缺乏代表性，即使测试分析很准确，不具备代表性的数据也毫无意义。通常建议采用这种方法，但考虑到对二氧化碳单独进行连续监测的成本相当高、监测范围有限，而且也并不能改善其精度，因此，这种方法在实践中运用并不广泛。当然，当安装的监测器是用于测量其他污染物，如502、N_2O等，而监测的CO_2在这种系统中是作为稀有气体时，可能采用连续监测的办法（IPCC，2000）。

2. 物料衡算法

此方法的基本原理就是质量守恒定律，也就是说对任何一个生产过程，原料消耗量应为产品量与物料损失量之和。通过物料衡算法可知原料转变为产品以及损失的情况，以便寻求改善的途径。对整个过程或过程的某一阶段，都同样适用。可对参与过程的全部物质进行衡算，也可对任何一个组分进行计算。简单来说，就是投入某系统或设备的物料质量必然等于该系统产出物质的质量。物料衡算可采用总量法或定额法。总量法是以原材料总量、主副产品和回收产品总量为基础进行物料衡算，来计算物料总的流失量。定额法是以原材料消耗额为基础先计算单位产品的物料流失量，再求物料流失总量。一般对生产过程的某一步骤或局部设备进行物料衡算，采用总量法较为方便，对整个生产过程采用定额法比较简单。目前大部分的碳源碳排放量的估算工作和基础数据的获得都是以此方法为基础的，具体应用中，主要有表观能源消费量估算法和以详细的燃料分类为基础的排放量估算法。

3. 排放系数法

排放系数法是指在正常技术经济和管理条件下，生产单位产品所排放的气体数量的统计平均值，排放系数也称为排放因子。排放系数的数值是在企业正常生产条件下的单位产品的排放物的量，可通过实测、物料衡算或调查得到。目前使用的排放系数有两种：一种是在没有气体回收的情况下，生产某单位产品所排放的气体量；另一种是在有气体回收或治理的情况下，生产某单位产品所排放的气体量（IPCC，1990）。

排放系数法的计算公式为：

$$E=EF=\text{产品}\times\text{产品产量}$$

式中，E为排放量；EF为生产单位产量产品时的二氧化碳排放量。

由排放系数法的公式推断可知，只要知道了某生产单位的产品产量和排放系数即可以确定排碳量。但在不同技术水平、生产状况、能源使用情况、工艺过程等因素的影响下的碳排放系数存在很大差异。因此，使用系数法存在的不确定性也较大。此法对于统计数据不够详尽的情况有较好的适用性，对我国一些小规模甚至是非法的企业估算其排碳量也有较高的效率。

4. 模型法

国内外的应用研究主要集中在模型的构建上。研究人员发现，温室气体的排放源几乎涉及与人类生产生活相关的各个方面，因此从宏观层次、行业层次和项目层次进行排放情景与政策分析时，研究对象就成为较为复杂的系统。此时采用模型分析法是最为有效的研究手段。目前模型法主要应用的领域为土地利用变化和森林的碳通量研究、能源环境经济综合评价和气体变化政策分析、气候变化的社会经济评价与对策研究等 从宏观角度和微观角度构建了许多模型。从微观角度构建的碳排量模型有锅炉排碳模型。学者梅国栋、韩瑞国等曾经推导出锅炉二氧化碳排放量的计算公式，研究了二氧化碳的排放量，以及减少锅炉二氧化碳排放的途径（王雪娜，2006）。从宏观角度构建的碳排量模型有 ERI-AIM 模型、生物地球化学模型、IMAGE 模型等（吕学都，2003），下面仅简要介绍比较典型的几种模型。

1）生物地球化学模型

土地利用变化和森林碳排放量的研究近期成为学术界关注的热点。大气中二氧化碳的增加一方面是由于化石燃料燃烧造成的，而且人类活动破坏陆地原有碳库，使碳汇变为碳源（周广生，2003），如森林碳库。森林生态系统由于呼吸作用，原本是一个巨大的固碳系统，但由于人类无节制地滥砍滥伐使森林面积急剧减少，森林的固碳功能丧失，转而成为碳源。因此，土地和森林到底是碳源还是碳汇与人类利用方式有直接联系（张小全，2003）。另一方面，由于森林自身的生长规律的特殊性，如 Valentini 等研究欧洲森林二氧化碳通量的变化发现，不同维度森林生态系统的二氧化碳通量具有显著的差异，随着维度的增高，森林碳汇的功能减弱，甚至成为大气的碳源（吴加兵，2003）。对于森林和土壤生态系统碳通量的复杂性，人们对其认识有一个渐近的过程，这方面的研究进展缓慢。1996 年美国和欧洲科学家发起建立了全球碳通量观测网，我国于 2002 年才正式启动中国陆地生态系统碳通量观测项目❶。

由于研究对象是以森林与土壤这类复杂的生态系统为介质，受季节、地域、气候、人类与各种生物活动、社会发展等诸多因素的影响，碳排量的估算不确定性很大。而各因素之间又是相互作用的，因此，对于森林与土壤的碳排量，国际上比较多用生物地球化学模型进行模拟。它通过考察环境条件，将温室、降水、太阳辐射和土壤结构等条件作为输入变量来模拟森林、土壤生态系统的碳循环过程，从而计算森林—土壤—大气之间的碳循环以及温室气体通量。代表模型有：F7 气候变化和热带森林研究网络、COPMAP 模型、COZFLX 模型、BIOME-BGC 模型、CENTURY 模型和 TEM 模型以及我国自主开发的 F-CARBON 模型。目前，COZFLX 模型发展最为成熟。基于碳循环模型的模拟方法要求准确获得森林、土壤呼吸、各种生物量在其生态学过程的特征参数，即使是森林、土壤类型可通过详尽办法获得较准确的资料数据，但以上数值目前还处于研究之中，因此，其局限性很大，不仅一些生态学过程特征难以把握，而且模型参数的时间和空间代表性也值得怀疑（Denni S D B，Kell B W，2001）。

2）I/O-INET 模型

I/O-INET 模型是投入产出模型与能源系统优化模型融合构成的模型体系，研究

❶陆地生态系统碳通量是指二氧化碳在单位时间、单位面积由陆地碳库传入平流层的质量。

减排温室气体技术对策与宏观经济的相互影响。I/O 模型一般是通过一组线性方程描述经济部门间的复杂联系，经过适当的扩展使其包括经济行为与环境间的关系后用于环境政策分析。但 I/O 模型主要用于分析二氧化碳排放清单、减排政策的产业效果等，由于模型方程中的系数是固定的，因此难以描述模型中相关要素替代、技术变化以及行为变化。长期能源替代规划模型（LEAP），通过预测长期能源的使用状况来估算温室气体等的排放情况，其局限性主要表现在模型只反映了经济系统过去相应时间段的行为特征，经济主体不可以直接对政策作出有效率或准确的响应，因而不适合于分析较大的政策变化。

3）CGE 模型

CGE（Computable General Equilibrium）模型是计算一般均衡模型，源于瓦尔拉斯一般均衡理论，在对气候变化领域的研究中，用来估计温室气体的排放和分析减排政策的影响。通过描述多个市场和机构的相互作用，估计某一特殊政策变化所带来的直接和间接影响以及对经济整体的全局性影响。在某一影响下得到能源等相关要素的变化来估算温室气体的排放量。中国社科院构建的中国经济 CGE 模型即属于这一类。与计量经济模型相比，CGE 模型有着清晰的微观经济结构和宏观变量与微观变量之间的链接关系，模型不再是一个“黑箱”；与 I/O 模型相比，它考虑了要素的相互替代，引入经济主体的优化决策等；与混合模型相比，由于它将政策变量纳入经济系统的整体之中，不论政策的变化如何，冲击均能反映到整个经济系统中，从而对政策的评估收到较好的效果。但 CGE 模型是以一般均衡理论为基础的模型，其动态模型一般都是采用递推机制，这在短期模型中有其合理性，但如何体现长期动态机制是 CGE 模型面临的挑战之一。

4）ERI-AIM 模型

ERI-AIM 模型是集温室气体排放、气候、影响三类模型于一体的较为完整的政策评价模型。该模型预测了中国未来温室气体排放情景，建立了一个适合中国能源系统的模型体系及其他测算方法，开展了对未来能源需求、二氧化碳排放趋势及对宏观经济影响的预测；同时研究了涉及温室气体排放与吸收的各种活动的未来发展情况，测算了到 2030 年的主要温室气体排放情景。该模型的主要功能和目标是：评价在各种技术减排对策中引入碳税政策后的效果和影响；评估将碳税与其他对策结合起来的可能性和综合效果。ERI-AIM 模型由三个模块组成。

第一个是“能源服务量计算模块”。它可进行社会服务量（能源服务量）需要量的计算，与决定经济、社会等变量的外部模块进行结合，以反映生活方式、环境保护意识变化的服务单位量为基础，推算能源服务需求量。

第二个是计算能源效率变化的“能源效率计算模块”。它以二次能源供应为一方，能源服务需求为一方，形成“参照能源系统”，它是对能源设备的技术信息进行充分描述的部分。

第三个是对决定能源效率的各种服务技术进行选择的模块。其以经济核算等标准来评价服务设备的好坏，为各阶段各种服务需求选择最佳设备。ERI-AIM 模型对中国 26 个用能部门的 400 多种能源服务技术（设备）进行了分析与评价，得到了全国和分部门不同排放情景下 1990—2030 年的能源需求量和二氧化碳排放量。

ERI-AIM 模型的计算过程为：

（1）由情景和外部模型给出能源服务量（产品产量、运输量、冷气设备需求量）；

（2）选择服务生产技术来满足这种服务量，在各阶层（工艺、过程）进行技术设备选择，替换或增设更合适的技术；

（3）计算技术设备所需要的能源量；

（4）对于（3）计算出的能源量中的电力和蒸汽等二次能源要选择更合算的能源转换技术，计算这些技术设备运行所需的能源量；

（5）求得各种燃料的能源需求量，计算相应的二氧化碳排放量。

5）IMAGE 模型

IMAGE（Integrated Model to Assess Greenhouse Effect）模型是荷兰环境与公共健康研究所在 20 世纪 80 年代末 90 年代初开发的主要用于进行温室气体排放的情景与减排政策分析研究的综合评估模型（Rotmas，1990），最早用于研究温室气体排放及其对气候的影响。IMAGE 模型的第一个模块用于计算温室气体排放量。该模块由能源消耗模型和土地利用模型两个子模块组成。能源消耗由需求驱动，根据不同部门在能源市场中所占的比例，可以计算出不同部门未来的能源需求趋势，进而计算出能源消耗过程中温室气体排放的总量。在土地利用模型中，主要考虑了 8 种土地类型，计算水稻田和牲畜牧群等温室气体排放的总量。IMAGE 模型第二个子模块是它的核心，模拟气候系统中的各种物理、化学以及生物过程。第三个子模块是影响分析，但它对气候变化影响评估的研究十分有限，主要局限于探索海平面变化对荷兰沿海地区影响的风险分析。

6）CARBON 模型

中国林业科学二氧化碳院森林生态环境研究所的徐德应教授，根据他们自己研制的 CARBON 模型对我国森林碳平衡问题也进行了计算。在 IPCC 的算法框架之下，CARBON 模型在实施过程中考虑了区域分布和森林结构变化，中国森林被分为 5 个区，每个区又被分成 5 个年龄组（幼龄林、中龄林、近龄林、成熟林和过熟林）。

（二）碳平衡交易体系[1]

传统碳排放计算方法大多基于碳源量计算，而忽视对碳汇量的计算，因而缺乏

[1] 大气环境部．首部《中国碳平衡交易框架研究》报告在京发布［OL］.http：//www.caep.org.cn/ReadNews.asp?NewsID=1845.

系统性。2008 年 11 月 6 日，《中国碳平衡交易框架研究》报告发布，由中科院首席科学家牛文元教授牵头组织，历时一年多研究完成。项目组拟定对中国 31 个省、市、自治区的碳平衡状况，即碳源量（碳排放）与碳汇量（碳吸收）进行了统计分析，将碳源排放空间作为资源，碳汇吸收能力作为收益手段，建立中国碳基金制度和中国生态补偿金制度的基础。若某省碳源总量大于碳汇总量，超出部分现金支付缴入中国碳基金管理委员会；若某省碳源总量小于碳汇总量，按照比例数额得到补偿。依此，除云南、青海和西藏可获补偿金外，其余省份均应按比例上缴碳基金。采用均值分层的办法，以计算得出的全国碳源与碳汇的差值为基线，超出均值的省份按所占比例缴纳生态补偿金，低于均值的省份按照所占比例获取生态补偿金。年度收取的生态补偿金不留存，当年收缴、当年发放。

（三）消费排放论

气候变化研究的重要智库——英国丁铎尔中心 2011 年在《科学》杂志上发表文章，提出“消费排放论”。许多数据表明，一个国家国内生产产生的碳排放量，往往和该国在实际终端消费中消耗的碳排放量存在很大的不平衡，这个不平衡来源于国际贸易。一些国家通过进口消耗了大量能源强度很高的产品，而另一些国家生产这些产品输出到国外，留下的是碳排量，送走的是产品核心利润。不公平就此产生。近年来，越来越多国内外研究人员提出，应从能耗全生命周期的角度来考虑碳排放的问题。

二、二氧化碳排放量估算方法介绍

文献综述表明，对碳排放量的估算属于气候变化研究中比较复杂的问题之一。目前已经出现许多二氧化碳排放量估算的方法，但还远没有达成共识，比较公认的是 IPCC 公布的碳排放系数估算方法。在我国，由于没有官方公布的二氧化碳排放统计数据，一般只能基于已有的其他统计量，粗略估算化石能源使用所产生的二氧化碳排放量。但需要注意的是，在排放量估算中，有两个指标可以度量：二氧化碳排放量与碳排放量，两者的结果相差很大。碳排放量到二氧化碳排放量的转换系数为 44/12。

本章的二氧化碳排放量采用《国家发改委关于省级温室气体清单编制指南》（〔2011〕1041 号）提供的方法进行估算，它的基本原理与 IPCC 公布的基本相同。该指南中的二氧化碳排放量是指由于终端能源消费引起的二氧化碳排放量。具体方法介绍如下：首先确定能源平衡表以及分行业、分品种能源消费量以及分部门、分品种燃料燃烧量；随后确定分部门的排放因子数据；然后再根据分部门、分燃料品种，以及排放因子数据估算出每种主要能源活动的温室气体排放量；最后加总计算化石燃料燃烧的二氧化碳排放量。具体计算公式为：

二氧化碳排放量 = 燃料消费量（热量单位）× 单位热值燃料含碳量 × 燃料燃烧过程中的碳氧化率）×（44/12）

燃料消费量（热量单位）= 燃料消费量（实物单位）× 换算系数（燃料单位热值）

上述式中，燃料消费量（实物单位）数据来源于历年《中国能源统计年鉴》[1]中的终端能源消费量统计；碳氧化率是指各种化石燃料在燃烧过程中被氧化的碳的比率，表示燃料的燃烧充分性[2]；单位热值燃料含碳量来源于《国家发改委关于省级温室气体清单编制指南》（〔2011〕1041号）；燃料单位热值数据来源于原国家经委、国家统计局《1986年重点工业、交通运输业能源统计报表制度》。

二氧化碳排放量估算的基本逻辑是：先估算工业分行业终端能源消费产生的二氧化碳排放量，通过工业分行业加总得出工业部门二氧化碳排放量，其余产业部门根据各自的终端能源消费量，按照和工业相同方法进行估算。全国二氧化碳排放量是指产业部门二氧化碳排放量和生活部门二氧化碳排放量加总，其中产业部门二氧化碳排放量是六大产业部门终端能源消费产生的二氧化碳排放量的加总，生活部门二氧化碳排放量是指生活部门终端能源消费引起的二氧化碳排放量。

第二节 工业各行业二氧化碳排放估算及特征

工业是公认的二氧化碳排放大户，工业部门对减排二氧化碳目标的实现具有举足轻重的作用。本节在现有研究的基础上，对中国工业分行业二氧化碳排放量进行估算，从中选出工业部门中的二氧化碳排放大户，并就工业分行业二氧化碳排放特征进行分析。

一、工业各行业终端能源消费二氧化碳排放量的估算

根据本章第一节所介绍的方法，得出中国工业部门1998—2009年39个行业的二氧化碳估算（表5-1）。

表5-1 1998—2009年工业各行业终端能源消费二氧化碳排放量 单位：万吨

部门	1998年	1999年	2000年	2001年	2002年	2003年
I1	9824.87	9111.48	8964.19	9325.68	9750.28	10868.27
I2	5814.53	6247.44	6787.95	7227.81	7475.98	7604.02
I3	916.58	823.93	872.23	909.02	1063.17	1408.38
I4	896.77	865.28	969.42	1029.12	1082.41	1405.72
I5	1341.74	1394.13	1543.35	1627.65	1700.66	1996.09
I6	598.19	471.72	523.01	485.14	449.62	518.86
I7	4640.72	3904.15	3826.96	3950.00	4230.94	3842.55

[1] 由于《中国能源统计年鉴》提供的相关数据只到2009年，因此，本章对二氧化碳排放量估算和特征分析只做到2009年。

[2]《国家发改委关于省级温室气体清单编制指南》（〔2011〕1041号）。

续表

部门	1998 年	1999 年	2000 年	2001 年	2002 年	2003 年
I8	2525.03	2651.35	2437.62	2443.82	2581.16	2238.46
I9	2245.91	2148.55	1961.14	1948.33	2045.43	2007.24
I10	614.00	825.74	699.78	731.42	735.52	717.74
I11	6669.92	6474.87	6522.58	6755.77	7451.28	8357.84
I12	752.28	822.82	793.46	860.82	922.12	996.37
I13	491.95	507.67	468.46	498.85	551.84	616.10
I14	861.30	871.64	811.98	885.95	903.57	1140.15
I15	206.77	249.05	227.11	253.94	232.57	279.50
I16	4748.32	4742.36	5099.58	5259.32	5817.85	5918.19
I17	398.31	437.24	448.44	496.43	495.60	871.57
I18	301.16	253.29	269.88	315.83	378.97	354.30
I19	13067.10	12711.71	13707.36	13979.29	15259.04	17358.37
I20	33626.33	30010.00	31240.78	31776.50	35029.56	40543.98
I21	1921.45	2063.07	1919.36	2049.28	2086.85	2314.56
I22	3295.23	3353.02	3677.75	3632.57	3900.35	2971.68
I23	1620.02	1628.24	1548.51	1672.68	1712.37	1878.99
I24	1459.90	1436.55	1549.57	1627.85	1718.54	1990.27
I25	34099.93	34842.11	35417.91	34046.93	31544.01	37191.08
I26	47603.98	46682.43	47332.60	50517.37	52523.28	66728.18
I27	7713.71	8371.97	8629.94	8890.49	10156.01	12607.27
I28	2620.90	2754.26	2800.72	3159.34	3725.19	4176.65
I29	3602.56	3218.76	2973.78	3150.28	3499.52	3920.75
I30	2037.19	2063.89	1938.66	1925.81	1947.52	2280.94
I31	3377.41	3361.75	3259.78	3566.05	3984.83	3903.70
I32	1443.83	1460.69	1415.49	1454.83	1755.66	2068.18
I33	1117.59	1352.10	1450.92	1542.29	1806.12	2345.49
I34	301.79	352.17	340.79	350.72	408.81	483.03
I35	2551.38	2973.96	2944.46	2928.47	2979.50	2898.38
I36	0.00	0.00	0.00	0.00	0.00	82.93
I37	14957.07	15809.20	16046.31	16384.69	18227.88	20941.14
I38	702.11	1048.06	1011.75	1078.04	986.92	989.67
I39	1166.93	1325.84	1314.44	1306.36	1251.30	1276.85
合计	222134.76	219622.49	223748.02	230044.74	242372.23	280093.44

续表

部门	2004 年	2005 年	2006 年	2007 年	2008 年	2009 年
I1	15483.54	15631.79	16057.54	17790.12	18405.68	18633.30
I2	6754.76	6798.24	6682.46	6772.49	7882.27	7227.18
I3	1705.33	2262.23	2693.22	3119.83	3352.59	3009.12
I4	1495.77	1549.59	1715.18	1909.95	2020.00	1982.36
I5	2079.54	2072.20	2201.63	2352.52	2297.72	2441.14
I6	170.78	224.61	301.47	280.87	426.44	596.59
I7	4391.25	4675.06	5140.82	5580.55	5917.84	6027.73
I8	2396.25	2648.85	2881.40	3059.63	3199.14	3255.94
I9	2214.20	2270.30	2453.03	2487.06	2548.25	2561.86
I10	601.65	577.89	581.86	561.24	519.64	517.71
I11	10317.58	10758.59	12718.78	13434.50	12959.68	12876.50
I12	1124.93	1276.46	1483.71	1600.39	1634.31	1625.73
I13	682.00	727.71	826.08	878.63	884.31	885.50
I14	1422.52	1750.45	1977.96	2101.89	2299.83	2419.91
I15	266.68	296.83	338.15	340.87	408.45	412.69
I16	7262.83	7481.87	8025.64	7745.71	8459.83	8545.11
I17	781.89	618.24	681.98	723.44	778.40	808.76
I18	430.96	441.93	460.48	475.70	504.49	499.15
I19	21544.10	20817.90	21521.32	23138.00	23276.29	26194.77
I20	45596.35	49654.29	56014.09	61300.69	62480.23	62516.56
I21	2281.09	2407.39	2529.86	2569.99	2758.23	2727.08
I22	2601.57	2655.76	2839.36	3081.48	2863.25	2815.10
I23	2142.71	2539.81	2833.21	2961.27	3062.11	3102.69
I24	2698.32	3320.35	3660.15	3756.23	4284.32	4425.90
I25	48506.77	50465.07	54410.55	56062.59	60423.16	63768.96
I26	81142.47	105540.59	118121.84	129385.67	134283.62	145894.62
I27	14466.77	16169.44	19642.79	23934.42	25213.76	26154.29
I28	4700.36	5138.40	6066.02	6513.07	7024.76	7154.81
I29	4215.93	5163.51	5823.14	6390.60	6624.37	7348.64
I30	2740.72	2918.11	3222.09	3507.41	3637.64	3757.01
I31	4905.78	4466.43	4991.07	5514.04	6126.08	6897.65
I32	2534.40	2635.17	3003.77	3408.54	3994.35	4164.30
I33	2842.49	3159.43	3825.26	4344.55	4909.82	5061.55

续表

部门	2004 年	2005 年	2006 年	2007 年	2008 年	2009 年
I34	393.19	430.90	515.71	579.78	643.19	673.10
I35	2564.15	2889.35	3007.29	2988.30	3244.45	3298.86
I36	72.31	79.51	117.93	115.13	131.47	143.84
I37	22205.28	22458.34	25576.66	26691.95	26407.84	28327.96
I38	974.09	909.82	954.72	1065.52	1052.73	984.01
I39	1509.50	1543.31	1713.84	1789.79	1926.56	2057.62
合计	330220.81	369425.72	407612.06	440314.41	458867.08	481795.62

注：I1 为煤炭开采和洗选业；I2 为石油和天然气开采业；I3 为黑色金属矿采选业；I4 为有色金属矿采选业；I5 为非金属矿采选业；I6 为其他采矿业；I7 为农副食品加工业；I8 为食品制造业；I9 为饮料制造业；I10 为烟草制品业；I11 为纺织业；I12 为纺织服装、鞋帽制造业；I13 为皮革、毛皮、羽毛（绒）及其制品业；I14 为木材加工及木、竹、藤、棕、草制品业；I15 为家具制造业；I16 为造纸及纸制品业；I17 为印刷业和记录媒介的复制；I18 为文教体育用品制造业；I19 为石油加工、炼焦及核燃料加工业；I20 为化学原料及化学制品制造业；I21 为医药制造业；I22 为化学纤维制造业；I23 为橡胶制品业；I24 为塑料制品业；I25 为非金属矿物制品业；I26 为黑色金属冶炼及压延加工业；I27 为有色金属冶炼及压延加工业；I28 为金属制品业；I29 为通用设备制造业；I30 为专用设备制造业；I31 为交通运输设备制造业；I32 为电气机械及器材制造业；I33 为通信设备、计算机及其他电子设备制造业；I34 为仪器仪表及文化、办公用机械制造业；I35 为工艺品及其他制造业；I36 为废弃资源和废旧材料回收加工业；I37 为电力、热力的生产和供应业；I38 为燃气生产和供应业；I39 为水的生产和供应业。

二、工业各行业二氧化碳排放特征

根据表 5-1 作图 5-1，从中可见，工业及其分行业二氧化碳排放总体呈现明显的阶段性特征。2003 年之前，工业及其分行业二氧化碳排放量基本保持稳定，但在 2003 年之后，工业各行业二氧化碳排放出现迅速上升的势头。黑色金属冶炼及压延加工业，非金属矿物制品业，化学原料及化学制品制造业，电力、热力的生产和供应业，石油加工、炼焦及核燃料加工业，有色金属冶炼及压延加工业，煤炭开采和洗选业等 7 个行业不仅二氧化碳排放绝对量大，而且增长趋势与工业总体增长趋势几乎一致；其余工业行业中，除烟草制品业二氧化碳排放绝对量下降外，基本保持稳定。

为便于观察，将最终结果利用百分比呈现（表 5-2 和图 5-2）。从占比关系可以明显看出，黑色金属冶炼及压延加工业是工业部门第一大二氧化碳排放大户，2009 年二氧化碳排放量占工业总排放的 30.28%。紧随其后的分别是非金属矿物制品业，化学原料及化学制品制造业，电力、热力的生产和供应业，石油加工、炼焦及核燃料加工业，有色金属冶炼及压延加工业，煤炭开采和洗选业，纺织业，造纸及纸制品业，石油和天然气开采业。可以看出，在排名前十的二氧化碳排放大户中，有 8 个行业是重化工工业，2009 年这 8 个重化工行业二氧化碳排放量占工业总排放的 78.62%。

从二氧化碳排放占比变化趋势看，除黑色金属冶炼及压延加工业、有色金属冶炼及压延加工业排放比例不断上升外，其余 6 个行业排放比例相对稳定。黑色金属冶炼及压延加工业不仅是第一大二氧化碳排放大户，而且该行业二氧化碳排放增长比例也非常迅速，已由1999年的21.43%上升到2009年的30.28%。令人惊奇的是，造纸及纸制品业二氧化碳排放占工业总排放的比例在2009年位列39个行业的第9位，而2009年其产值比例仅位列39个行业的第21位，因此可以判定，造纸及纸制品业二氧化碳排放强度是比较高的。纺织业二氧化碳排放趋势较为稳定，二氧化碳排放占工业总排放比例基本保持不变。

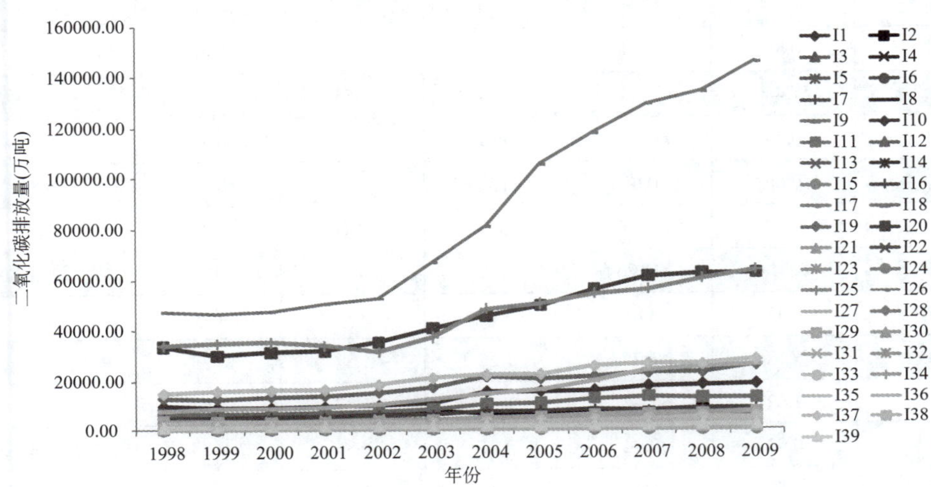

图5-1 1998—2009年工业各行业终端能源消费二氧化碳排放变动

表5-2 1998—2009年工业各行业终端能源消费二氧化碳排放占工业总排放比例 单位：%

行业	1998年	1999年	2000年	2001年	2002年	2003年
I1	4.42	4.15	4.01	4.05	4.02	3.88
I2	2.62	2.84	3.03	3.14	3.08	2.71
I3	0.41	0.38	0.39	0.40	0.44	0.50
I4	0.40	0.39	0.43	0.45	0.45	0.50
I5	0.60	0.63	0.69	0.71	0.70	0.71
I6	0.27	0.21	0.23	0.21	0.19	0.19
I7	2.09	1.78	1.71	1.72	1.75	1.37
I8	1.14	1.21	1.09	1.06	1.06	0.80
I9	1.01	0.98	0.88	0.85	0.84	0.72
I10	0.28	0.38	0.31	0.32	0.30	0.26
I11	3.00	2.95	2.92	2.94	3.07	2.98
I12	0.34	0.37	0.35	0.37	0.38	0.36
I13	0.22	0.23	0.21	0.22	0.23	0.22
I14	0.39	0.40	0.36	0.39	0.37	0.41
I15	0.09	0.11	0.10	0.11	0.10	0.10
I16	2.14	2.16	2.28	2.29	2.40	2.11

续表

行业	1998 年	1999 年	2000 年	2001 年	2002 年	2003 年
I17	0.18	0.20	0.20	0.22	0.20	0.31
I18	0.14	0.12	0.12	0.14	0.16	0.13
I19	5.88	5.79	6.13	6.08	6.30	6.20
I20	15.14	13.66	13.96	13.81	14.45	14.48
I21	0.86	0.94	0.86	0.89	0.86	0.83
I22	1.48	1.53	1.64	1.58	1.61	1.06
I23	0.73	0.74	0.69	0.73	0.71	0.67
I24	0.66	0.65	0.69	0.71	0.71	0.71
I25	15.35	15.86	15.83	14.80	13.01	13.28
I26	21.43	21.26	21.15	21.96	21.67	23.82
I27	3.47	3.81	3.86	3.86	4.19	4.50
I28	1.18	1.25	1.25	1.37	1.54	1.49
I29	1.62	1.47	1.33	1.37	1.44	1.40
I30	0.92	0.94	0.87	0.84	0.80	0.81
I31	1.52	1.53	1.46	1.55	1.64	1.39
I32	0.65	0.67	0.63	0.63	0.72	0.74
I33	0.50	0.62	0.65	0.67	0.75	0.84
I34	0.14	0.16	0.15	0.15	0.17	0.17
I35	1.15	1.35	1.32	1.27	1.23	1.03
I36	0.00	0.00	0.00	0.00	0.00	0.03
I37	6.73	7.20	7.17	7.12	7.52	7.48
I38	0.32	0.48	0.45	0.47	0.41	0.35
I39	0.53	0.60	0.59	0.57	0.52	0.46
行业	2004 年	2005 年	2006 年	2007 年	2008 年	2009 年
I1	4.69	4.25	3.94	4.04	4.01	3.87
I2	2.05	1.85	1.64	1.54	1.72	1.50
I3	0.52	0.62	0.66	0.71	0.73	0.62
I4	0.45	0.42	0.42	0.43	0.44	0.41
I5	0.63	0.56	0.54	0.53	0.50	0.51
I6	0.05	0.06	0.07	0.06	0.09	0.12
I7	1.33	1.27	1.26	1.27	1.29	1.25
I8	0.73	0.72	0.71	0.69	0.70	0.68
I9	0.67	0.62	0.60	0.56	0.56	0.53

续表

行业	2004 年	2005 年	2006 年	2007 年	2008 年	2009 年
I10	0.18	0.16	0.14	0.13	0.11	0.11
I11	3.12	2.93	3.12	3.05	2.82	2.67
I12	0.34	0.35	0.36	0.36	0.36	0.34
I13	0.21	0.20	0.20	0.20	0.19	0.18
I14	0.43	0.48	0.49	0.48	0.50	0.50
I15	0.08	0.08	0.08	0.08	0.09	0.09
I16	2.20	2.04	1.97	1.76	1.84	1.77
I17	0.24	0.17	0.17	0.16	0.17	0.17
I18	0.13	0.12	0.11	0.11	0.11	0.10
I19	6.52	5.67	5.28	5.25	5.07	5.44
I20	13.81	13.51	13.74	13.92	13.62	12.98
I21	0.69	0.66	0.62	0.58	0.60	0.57
I22	0.79	0.72	0.70	0.70	0.62	0.58
I23	0.65	0.69	0.70	0.67	0.67	0.64
I24	0.82	0.90	0.90	0.85	0.93	0.92
I25	14.69	13.73	13.35	12.73	13.17	13.24
I26	24.57	28.72	28.98	29.38	29.26	30.28
I27	4.38	4.40	4.82	5.44	5.49	5.43
I28	1.42	1.40	1.49	1.48	1.53	1.49
I29	1.28	1.41	1.43	1.45	1.44	1.53
I30	0.83	0.79	0.79	0.80	0.79	0.78
I31	1.49	1.22	1.22	1.25	1.34	1.43
I32	0.77	0.72	0.74	0.77	0.87	0.86
I33	0.86	0.86	0.94	0.99	1.07	1.05
I34	0.12	0.12	0.13	0.13	0.14	0.14
I35	0.78	0.79	0.74	0.68	0.71	0.68
I36	0.02	0.02	0.03	0.03	0.03	0.03
I37	6.72	6.11	6.27	6.06	5.76	5.88
I38	0.29	0.25	0.23	0.24	0.23	0.20
I39	0.46	0.42	0.42	0.41	0.42	0.43

从平均增长率（图 5-3）来看，排放量平均增长较快的前五大行业有通信设备、计算机及其他电子设备制造业，黑色金属矿采选业，有色金属冶炼及压延加工业，黑色金属冶炼及压延加工业，塑料制品业，平均增长率分别为 14.97%、12.3%、

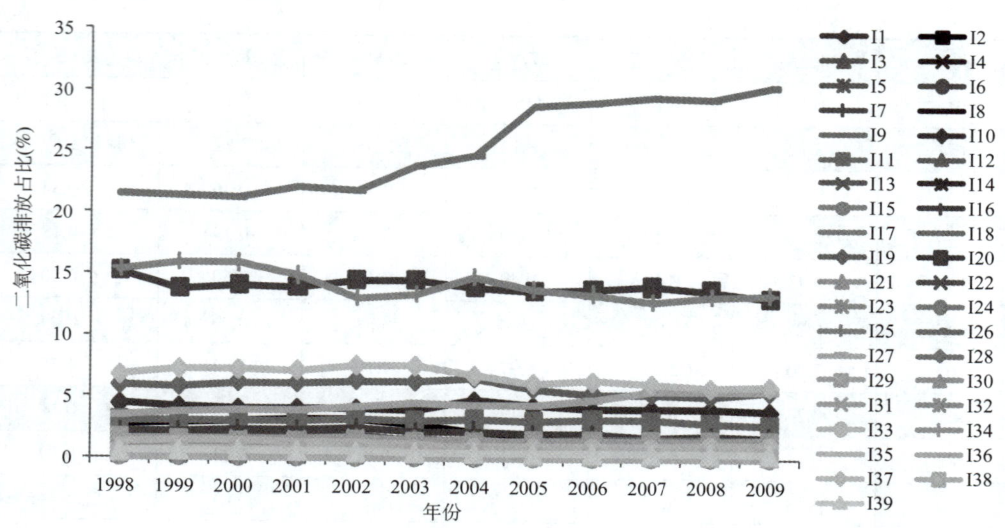

图 5-2 1998—2009 年工业各行业终端能源消费二氧化碳排放占工业总排放比例

11.99%、11.16%、11.05%；平均增长率最慢的前五大行业为化学纤维制造业、烟草制造业、饮料制造业、石油和天然气开采业和工艺品及其他制造业，平均增长率分别为 –0.9%、–0.81%、1.33%、2.27%、2.63%。

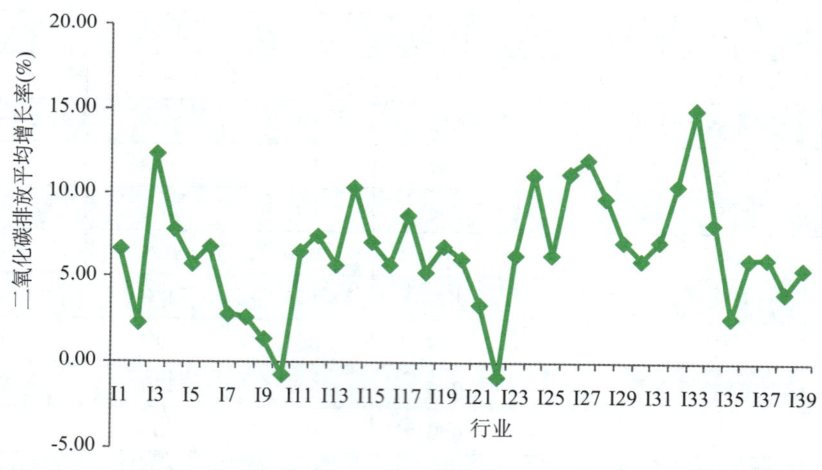

图 5-3 1998—2009 年工业各行业终端能源消费二氧化碳排放平均增长率

通过对工业分行业二氧化碳排放特征分析可以看到，中国工业中，重化工部门共同的特征是二氧化碳排放的绝对量大、在总二氧化碳排放中的占比大以及二氧化碳排放平均增长率快，因此，工业部门中重化工部门是节能减排的重点领域。

第三节 各产业部门二氧化碳排放估算及特征

中国经济近年来发展势头迅猛，二氧化碳的排放量也随之越来越高，将中国各个产业部门分开讨论，进行研究，可以更加清晰地区分出不同部门对中国产业部门总体二氧化碳排放的影响，进而明确，为了控制我国的二氧化碳排放，将哪些产业部门作为重点治理对象会更加有效。

一、各产业部门终端能源消费二氧化碳排放量的估算

本节主要是利用1998—2009年各产业部门的终端能源消费量，利用与工业分行业相同的估算方法对各部门二氧化碳排放进行估算，需要指出的是，工业部门二氧化碳排放量是上一节所估算的工业39个行业二氧化碳排放的加总。利用前面所介绍的方法经过计算，得出表5-3中的结果。观察表5-3中的数据，1998—2009年，中国产业部门终端能源消费二氧化碳排放量从277858.4万吨增长到602751.44万吨，增长了124.50%，其中二氧化碳排放量涨幅最小的是农、林、牧、渔、水利业的能源消费，2009年相较于1998年增长了8.38%；工业能源消费二氧化碳排放量增长了115%；建筑业能源消费二氧化碳排放量增长了116.97%；交通运输、仓储和邮政业能源消费二氧化碳排放量增长了128.93%；批发、零售业和住宿、餐饮业能源消费二氧化碳排放量增长了129.57%；其他部门能源消费二氧化碳排放量则增长了154.65%。从表5-3可以看出，在绝对数量上，工业部门是中国最主要的二氧化碳排放部门。

表5-3 1998—2009年各产业部门终端能源消费二氧化碳排放量估算 单位：万吨

年份	农、林、牧、渔、水利业	工业	建筑业	交通运输、仓储和邮政业	批发、零售业和住宿、餐饮业	其他部门	总排放
1998	8619.45	224132.76	4988.61	21808.56	6657.28	11651.74	277858.4
1999	8681.67	221621.49	4954.28	22658.31	6721.55	12012.37	276649.67
2000	9013.18	225748.02	5073.19	23730.98	7097.66	12579.77	283242.8
2001	9504.59	232045.74	5273.18	24537.21	7392.51	13047.06	291800.29
2002	10062.19	244374.23	5629.46	26001.18	7817.69	13847.45	307732.2
2003	11500.45	282096.44	6306.76	29935.93	8995.23	15905.44	354740.25
2004	13365.75	332224.81	7215.54	35262.28	10289.32	18357.16	416714.86
2005	14272.31	369430.72	7891.45	38924.23	11249.41	20867.22	462635.34
2006	14935.96	409618.06	8756.55	42766.52	12382.53	23220.58	511680.2
2007	19810.84	442321.41	9436.24	43945.27	13542.94	21987.34	551044.04
2008	14590.38	458867.08	9015.18	48310.38	13605.72	27119.58	571508.32
2009	15251.19	481795.62	10823.82	49926.72	15283.39	29670.70	602751.44

二、各产业部门二氧化碳排放特征

由表5-3作图5-4，由该图可以清晰地看出，我国在2003年之前各部门二氧化

碳排放量较为平稳，在2003年以后各产业部门二氧化碳排放量均有不同程度的上升，其中工业部门的二氧化碳排放量远远高于农、林、牧、渔、水利业，建筑业，交通运输、仓储和邮政业，批发、零售业和住宿、餐饮业以及其他部门，在二氧化碳排放总量中占据主导地位，与二氧化碳总排放量有着高度的正相关一致性，因此工业部门是我国二氧化碳排放量的研究中至关重要的部分，在2002年后，工业部门的二氧化碳排放量有了明显的快速增长，而其余部门的二氧化碳排放变化虽然不甚明显，但也可看出在2001年后有着相同的增加趋势。

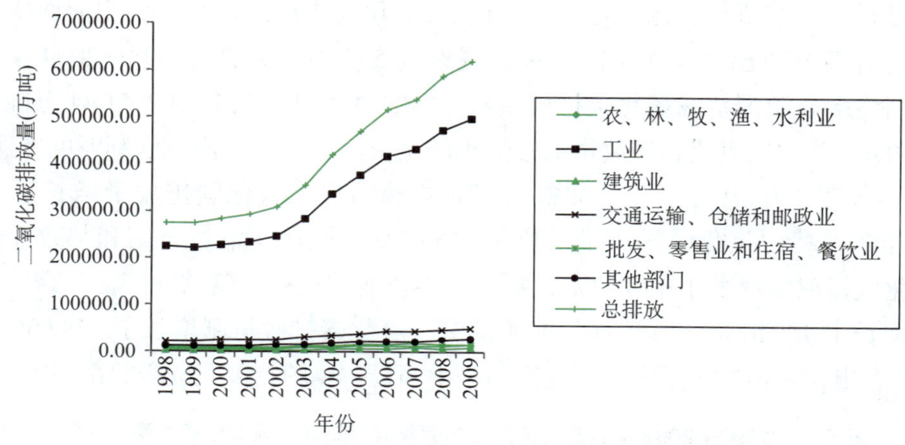

图5-4　1998—2009年各产业部门终端能源二氧化碳排放量变动趋势

利用表5-3计算得出表5-4、图5-5和图5-6。在表5-4和图5-5中可以明显看出，工业部门从1998年至今的二氧化碳排放占比一直保持在80%左右的水平，是我国各生产部门当中的二氧化碳排放大户。在各产业部门二氧化碳排放占比中排位第二的是交通运输、仓储和邮政业，其二氧化碳排放约占各生产部门排放总量的8%左右，而其余产业部门在二氧化碳总排放中的所占比例更低，这一点在图5-6中表现得更加直观与清晰。

从各产业部门二氧化碳排放占比变化趋势观察，各个产业部门所占排放比例基本保持平稳，没有明显地大幅波动，唯有农、林、牧、渔、水利业的二氧化碳排放比例有较为确定的下降趋势，从1998年的3.12%下降到2009年的2.46%。

表5-4　1998—2009年各产业部门终端能源消费二氧化碳排放占比　　单位：%

年份	农、林、牧、渔、水利业	工业	建筑业	交通运输、仓储和邮政业	批发、零售业和住宿、餐饮业	其他部门
1998	3.12	80.52	1.81	7.91	2.41	4.22
1999	3.16	79.99	1.80	8.24	2.44	4.37
2000	3.18	79.71	1.79	8.37	2.50	4.44
2001	3.24	79.62	1.80	8.37	2.52	4.45
2002	3.25	79.52	1.82	8.41	2.53	4.48

续表

年份	农、林、牧、渔、水利业	工业	建筑业	交通运输、仓储和邮政业	批发、零售业和住宿、餐饮业	其他部门
2003	3.23	79.58	1.77	8.42	2.53	4.47
2004	3.18	79.89	1.72	8.39	2.45	4.37
2005	3.03	80.20	1.68	8.27	2.39	4.43
2006	2.88	80.30	1.69	8.25	2.39	4.48
2007	3.67	79.87	1.75	8.14	2.51	4.07
2008	2.49	80.81	1.54	8.23	2.32	4.62
2009	2.46	80.47	1.75	8.06	2.47	4.79

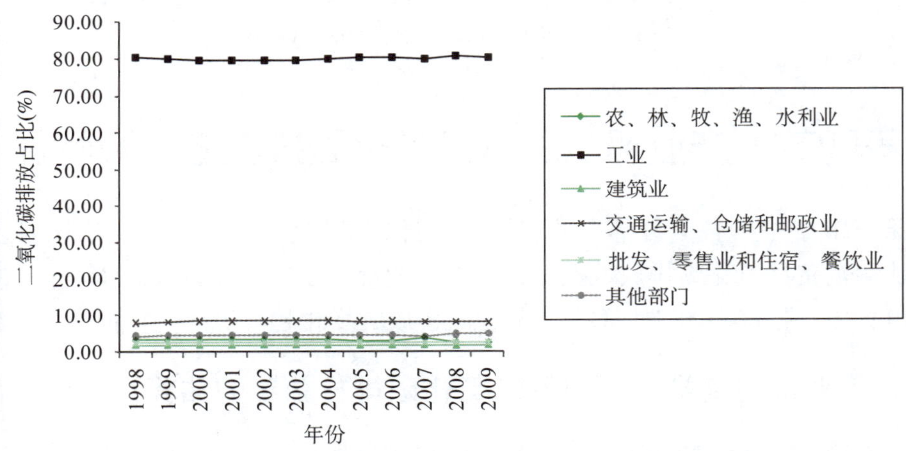

图 5-5　1998—2009 年各产业部门终端能源消费二氧化碳排放占总排放比例

观察图 5-6 可以看出，1998—2009 年我国各个产业部门的二氧化碳排放的平均增长率差别不是很大，农、林、牧、渔、水利业二氧化碳排放平均增长率为 6.24%，在所有部门的增长速度中处于最低水平，工业部门二氧化碳排放平均增长率为 7.77%，建筑业二氧化碳排放平均增长率为 7.50%，交通运输、仓储和邮政业二氧化碳排放平均增长率为 7.93%，批发、零售业和住宿、餐饮业二氧化碳排放平均增长率 7.95%，其他部门二氧化碳排放平均增长率为 9.12%，居所有部门增长速度的榜首。

从对我国各产业部门二氧化碳排放特征分析中可以看到，中国工业部门在产业部门二氧化碳排放中占比高达 80%，是二氧化碳排放大户，工业部门的二氧化碳排放增长直接影响到整体的二氧化碳排放，是节能减排的重点领域。但是从 1998—2009 年二氧化碳排放的平均增长率来看，工业部门低于批发、零售业和住宿、餐饮业和其他部门，这一方面与工业部门的绝对量排放有关，另一方面也说明工业部门的节能减排效果也较为明显。

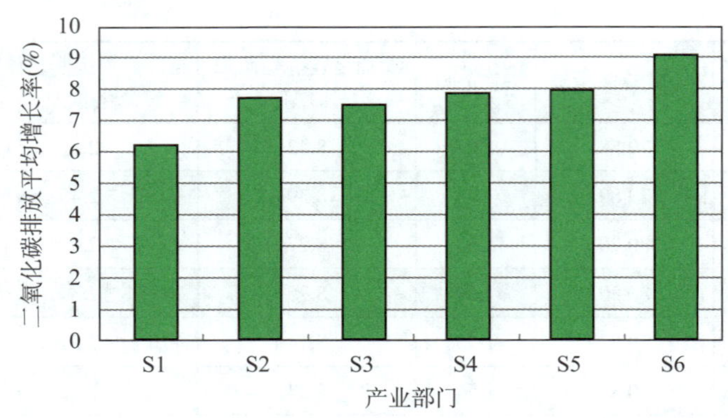

图 5-6　1998—2009 年各产业部门终端能源消费二氧化碳排放平均增长率

S1—农、林、牧、渔、水利业；S2—工业；S3—建筑业；S4—交通运输、仓储和邮政业；
S5—批发、零售业和住宿、餐饮业；S6—其他部门

第四节　产业部门总体二氧化碳排放估算及特征

将第三节中中国各个分部门的二氧化碳排放量加总，可以得到中国产业部门总的终端能源消费二氧化碳排放数据。通过对产业部门二氧化碳排放总量进行估算和分析，可以大体上把握中国产业部门二氧化碳排放的变化趋势等一些特征。

一、产业部门终端能源消费二氧化碳排放总量的估算

通过对第三节各个产业部门的二氧化碳排放量加总，得到中国历年产业部门二氧化碳排放总量（表 5-5）。

表 5-5　1998—2009 年产业部门终端能源消费二氧化碳排放量估算

时间	1998	1999	2000	2001	2002	2003
总排放（万吨）	275827.3	275049.6	283363.3	293251.0	309343.2	355671.0
时间	2004	2005	2006	2007	2008	2009
总排放（万吨）	420156.0	470808.6	518194.0	540082.9	587093.5	619238.2

二、产业部门二氧化碳排放特征

从表 5-5 可以看到，1998—2009 年二氧化碳的排放量从 275827.3 万吨增长到 619238.2 万吨，增长了 1.25 倍。根据表 5-5 作图 5-7，从图 5-7 中可以看出，1998—2002 年，二氧化碳的排放量处于比较平缓的增长状态；从 2002 年开始，二氧化碳的排放量出现明显上升，以 2002—2005 年的增长表现最为明显，之后增长速度放缓，这种上升趋势一直持续到 2009 年。

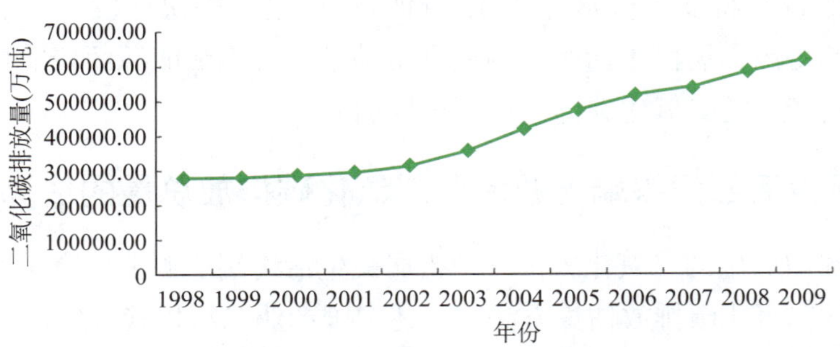

图 5-7 1998—2009 年产业部门终端能源消费二氧化碳排放量变动趋势

根据表 5-5 数据，可以得到 1999—2009 年二氧化碳排放量的增长率（表 5-6 和图 5-8）。从表 5-6 和图 5-8 可以看到，1999—2004 年二氧化碳的排放增长率持续上升，从 2005 年开始呈下降趋势。中国 2005 年以来经济保持年平均 11.22% 的高速增长；但是产业部门的二氧化碳排放增长率持续下降，年平均增长率为 8.104%。这样的变动趋势表明，中国产业部门在节能减排方面持续取得成绩。

表 5-6 1999—2009 年产业部门终端能源消费二氧化碳排放增长率

年份	1998	1999	2000	2001	2002	2003
二氧化碳排放增长率（%）	—	-0.28	3.02	3.49	5.49	14.98
年份	2004	2005	2006	2007	2008	2009
二氧化碳排放增长率（%）	18.13	12.06	10.06	4.22	8.7	5.48

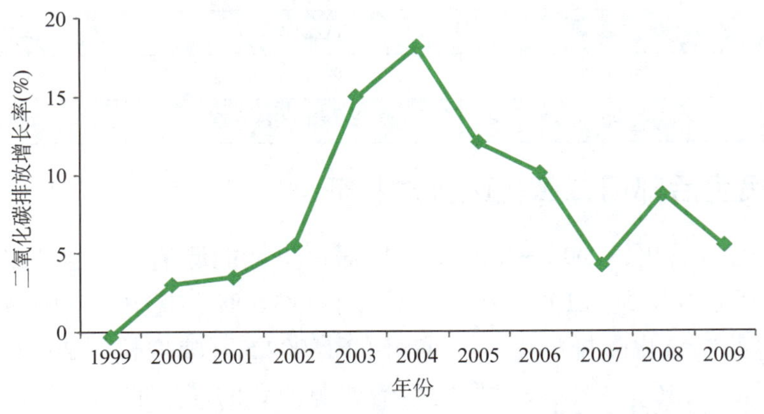

图 5-8 1999—2009 年中国产业部门终端能源消费二氧化碳排放增长率

第五节 居民生活部门二氧化碳排放估算及特征

前三节分析了中国产业部门二氧化碳排放特征，本节分析中国居民生活能源消费产生的二氧化碳排放特征。1998 年以来，随着中国经济的快速发展，中国居民生活水平得到了快速提高，居民生活水平的提升带动了居民生活能源消费的快速发展，居民生活能源消费产生的二氧化碳排放量逐年增加。

一、居民生活部门终端能源消费二氧化碳排放总量的估算

居民生活部门产生的二氧化碳排放是指居民生活终端能源消费产生的二氧化碳排放。本节采用的二氧化碳排放估算方法与前述中国产业二氧化碳排放估算方法一致。

根据前述方法和数据，可以得出 1998—2009 年中国生活部门，即居民生活能源消费产生的二氧化碳估算（表 5–7）。

表 5–7　1998—2009 年居民生活部门终端能源消费二氧化碳排放量估算　　单位：万吨

年份	中国居民生活能源消费产生的二氧化碳排放量	城镇居民生活能源消费产生的二氧化碳排放量	农村居民生活能源消费产生的二氧化碳排放量
1998	33798.24	18002.54	15795.70
1999	33722.33	17870.32	15852.01
2000	34056.63	18046.07	16010.56
2001	35491.84	18844.56	16647.27
2002	37359.82	19983.44	17376.38
2003	41753.17	22454.69	19298.48
2004	47699.92	25566.33	22133.59
2005	52833.82	28507.97	24325.84
2006	58225.57	31749.42	26476.15
2007	65745.03	36218.49	29526.53
2008	67530.55	36931.04	30599.51
2009	72190.77	39242.16	32948.60

二、居民生活部门二氧化碳排放特征

从表 5–7 可以看出，1998—2009 年中国居民生活能源消费产生的二氧化碳排放量从 33798.2 万吨增长到 72190.8 万吨，增长了 113.59%。其中，中国城镇居民生活能源消费产生的二氧化碳排放量从 1998 年的 18002.5 万吨增长到 2009 年的 39242.2 万吨，增长了 117.98%。中国农村居民生活能源消费的产生的二氧化碳排放量则从 1998 年的 15795.7 万吨增加到 2009 年的 32948.6 万吨，增长了 108.59%，低于同时期中国城镇居民生活能源消费产生的二氧化碳排放增长幅度。

由表 5–7 作图 5–9，可以看出，1998—2002 年中国居民生活能源消费产生的二氧化碳排放量呈现缓慢上升的态势。2003 年以来，中国经济的高速增长带来了居民生活水平的快速提升，同时也引起了居民生活能源消费产生的二氧化碳排放量的不断增加。

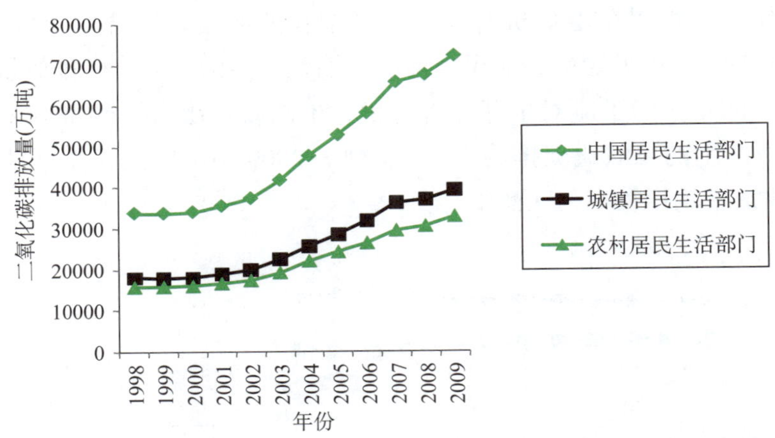

图 5-9　1998—2009 年居民生活部门终端能源消费二氧化碳排放量变动趋势

根据表 5-7，可以得到表 5-8 和图 5-10，可以看到，城镇居民生活能源消费产生的二氧化碳排放量占比高于农村居民，从变动趋势看，1998—2007 年，城镇居民生活能源消费产生的二氧化碳排放量占比呈上升趋势；从 2008 年开始，农村居民生活能源消费产生的二氧化碳排放量占比开始出现上升趋势。

表 5-8　1998—1999 年城镇、农村居民生活部门终端能源消费二氧化碳排放占比

年份	二氧化碳排放占比（%）	
	城镇居民生活部门	农村居民生活部门
1998	53.26	46.74
1999	52.99	47.01
2000	52.99	47.01
2001	53.10	46.90
2002	53.49	46.51
2003	53.78	46.22
2004	53.60	46.40
2005	53.96	46.04
2006	54.53	45.47
2007	55.09	44.91
2008	54.69	45.31
2009	54.36	45.64

根据表 5-7 可以得到居民生活能源消费产生的二氧化碳排放增长率以及其中的城镇、农村居民生活能源消费引起的二氧化碳排放增长率（表 5-9 和图 5-11）。

可以看出，2003—2007 年居民生活引起的二氧化碳排放量出现了快速增长的势头。2008 年由于世界金融危机对中国经济增长的冲击，经济增长率从 2007 年的 14.4% 下降到 9.6%，受此影响，居民生活能源消费产生的二氧化碳排放量增长出现了放缓趋势。2008 年末为了应对全球经济危机，中国政府出台了经济刺激方案，居民生活能源消费产生的二氧化碳排放上升。1999—2009 年中国居民生活能源消费产生的二氧化碳排放平均增长率为 7.24%。

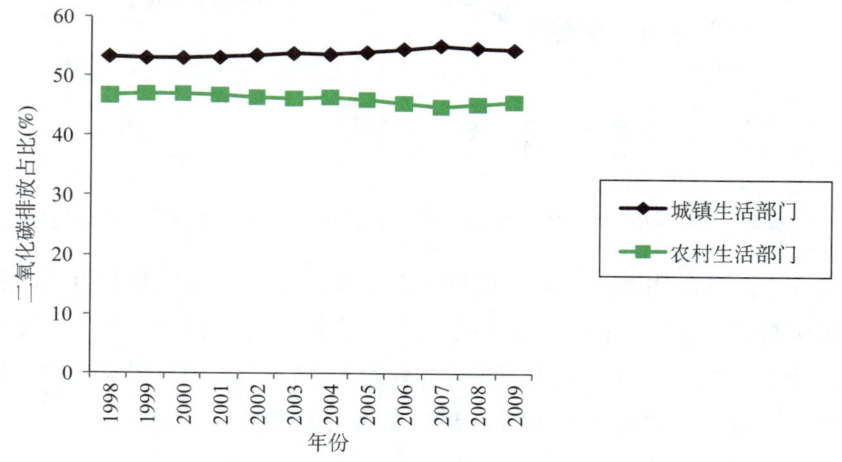

图 5-10 1998—2009 年城镇、农村居民生活部门终端能源消费二氧化碳排放占比

进一步从城镇和农村居民生活能源消费各自引起的二氧化碳排放量增长率看，二者差别不大。1999—2009 年，城镇居民生活能源消费产生的二氧化碳排放平均增长率为 7.47%；农村居民生活能源消费产生的二氧化碳排放平均增长率为 7.00%，增长幅度略低于同期的城镇居民生活能源消费产生的二氧化碳排放平均增长率。

表 5-9 1999—2009 年居民生活部门终端能源消费二氧化碳排放增长率 单位：%

年份	居民生活二氧化碳排放增长率	城镇居民生活二氧化碳排放增长率	农村居民生活二氧化碳排放增长率
1999	−0.22	−0.7	0.36
2000	0.99	0.98	1
2001	4.21	4.42	3.98
2002	5.26	6.04	4.38
2003	11.76	12.4	11.1
2004	14.24	13.9	14.7
2005	10.76	11.5	9.9
2006	10.21	11.4	8.84
2007	12.91	14.1	11.5
2008	2.72	1.97	3.63
2009	6.90	6.26	7.68

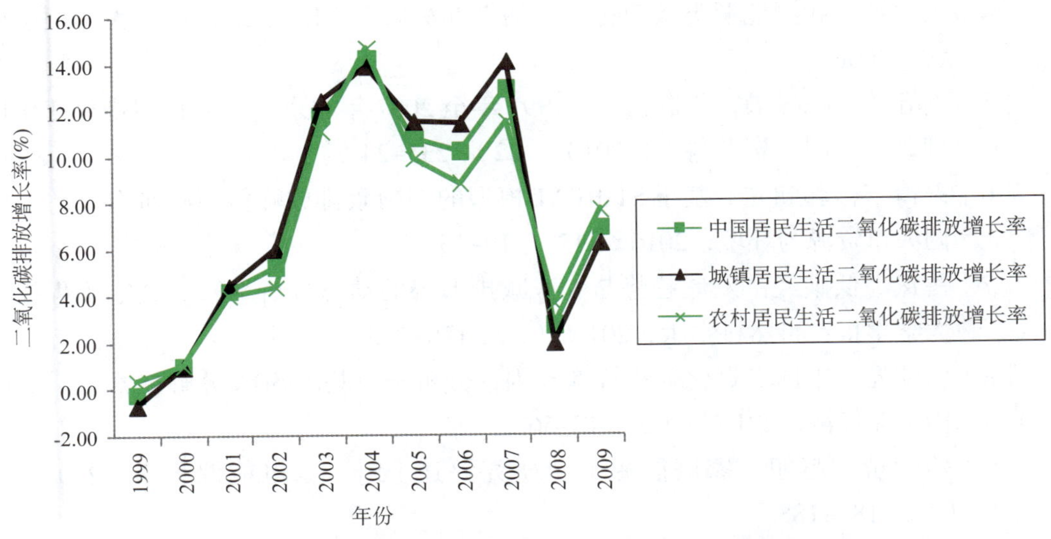

图 5-11 1999—2009 年居民生活部门终端能源消费二氧化碳排放增长率

居民生活能源消费产生的二氧化碳排放与居民生活水平变化紧密相关，伴随着居民生活水平的提高，无论是城镇还是农村，居民生活能源消费产生的二氧化碳排放都呈现上升趋势。与产业部门二氧化碳排放变化相比，同期产业部门二氧化碳排放增长率持续下降，年平均增长率为 8.104%，而生活部门二氧化碳排放增长率在波动中上升，二氧化碳排放平均增长率达到 7.24%；2005—2009 年，产业部门的二氧化碳排放平均增长率达到 8.1%，而生活部门的二氧化碳排放平均增长率达到 8.7%，从变动趋势看，生活部门的二氧化碳排放平均增长率超过产业部门的二氧化碳排放平均增长率。在中国政府未来以扩大内需为核心的经济政策和加速城镇化的刺激下，居民生活能源消费产生的二氧化碳排放将会持续上升。所以，今后需要非常重视居民生活能源消费的节能减排工作。

参考文献

[1] 车卫红．我国工业碳源和能源碳源排碳量估算研究［D］．中国优秀硕士学位论文，2010.

[2] 陈斐．贸易下碳排放计算方法综述［J］．合作经济与科技，2011，(21)：84-85.

[3] 胡秀莲，姜克隽．中国温室气体减排技术选择及对策评价［M］．北京：中国环境科学出版社，2001.

[4] 王雪娜．我国能源类碳源排碳量估算办法研究［D］．北京林业大学硕士论文，2006.

[5] 刘春兰，陈操操，陈群，等．1997 年至 2007 年北京市二氧化碳排放变化机理研究［J］．资源科学，2010，(02)：235-241.

[6] 渠慎宁，郭朝先．基于 STIRPAT 模型的中国碳排放峰值预测研究［J］．中国人口资源与环境，2010，(12)：10-15.

[7] 岳岚．低碳经济发展趋势与 CO_2 减排形势的动态分析［J］．辽宁工程技术大学学报：自然科学版，2010，(2)：170-173.

[8] 郭朝先．中国二氧化碳排放增长因素分析——基于 SDA 分解技术［J］．中国工业经济，2010，(12)：47-56.

[9] 陆莹莹，赵旭．家庭能源消费研究评述［J］．水电能源科学，2008，26(1)：187-188.

[10] 冯蕊，朱坦，陈胜男，等．天津市居民生活消费 CO_2 排放估算分析［J］．中国环境科学，2011，(1)：163-169.

第六章　中国二氧化碳排放影响因素分析

目前研究二氧化碳排放影响因素比较成熟的方法是 LMDI 因素分解法。本章在第五章中国终端能源消费二氧化碳排放量估算的基础上，采用 LMDI 因素分解方法，分别对中国产业部门总体、各产业部门、工业分行业以及居民生活部门二氧化碳排放影响因素进行分析，以求全方位了解影响中国二氧化碳排放的重要因素。

第一节　文献综述和因素分解方法介绍

因素分解法被广泛运用于研究二氧化碳排放影响因素分析当中，形成了很多成果，并且其研究方法也在不断改进。本节主要介绍因素分解方法和目前已有的对于二氧化碳排放影响因素分析的研究成果。在此基础上，构建本章所运用的因素分解模型。

一、因素分解方法基本理论介绍

研究二氧化碳排放影响因素目前通行的分解方法主要有两类：（1）指数分解方法（Index Decomposition Analysis，IDA），该方法因只需使用部门加总数据，特别适合分解含有较少因素的、包含时间序列数据的模型，在环境经济研究中得到广泛使用；（2）结构分解方法（Structural Decomposition Analysis，SDA），该方法需要投入产出表数据作为支撑。

（一）结构分解方法

结构分解法是基于投入产出表对二氧化碳排放驱动因素进行定量研究的方法，又被称为投入产出分解法，具有理论基础明确、数据整齐、能分析各种直接因素和间接因素影响等特点，越来越成为经济、社会、资源环境领域中的常用工具。在研究二氧化碳排放问题时一般可以分解为投入产出系数、最终消费比例、产业部门的排放系数和总产值等因子的乘积，然后计算投入产出系数和消费对二氧化碳排放的影响。SDA 的主要优势在于可凭借投入产出模型全面分析各种直接或间接的影响因素，特别是研究部门需求变动给其他部门带来的间接影响，而这是 IDA 法所不具备的。与 IDA 法相比，其主要劣势就是对数据要求较高，需要国家投入产出表数据来做支撑，但我国投入产出表并不具备时间序列，因此数据方面会受到约束。本报告主要选取另一类方法——指数分解方法（IDA）。

（二）指数分解方法

指数分解法（IDA）于 20 世纪 70 年代被广泛运用到能源与二氧化碳排放研究领

域，其实质是将二氧化碳排放的计算公式表示为几个因素指标相乘的形式，并根据不同的确定权重的方法进行分解，以确定各个指标的增量余额。该方法是日本教授 Yoichi Kaya 在 1989 年最先提出的，在 Kaya 等式基础上，根据不同确定权重的方法，可以将其分为 Laspeyres IDA 和 Divisia IDA 两大类。

Laspeyres 指数是 1864 年由德国的 E.Laspeyres 提出来的，它是以基期的数量指标作为权重的加权综合指数，同度量因素固定在基期。在具体应用中，如果需要考察某一个变量因素的贡献时，只需保持其他变量不变。Laspeyres 指数法在 20 世纪 80—90 年代比较盛行，比较著名也是被相关学者引用最多的是 Park 的文章，他对这种方法进行了很好的总结。

Divisia IDA 法一般采用始年和末年相应参数的某种平均值作为因子权重，根据计算平均值方法的不同，可以分为很多种。Boyd 等提出的分解方法采用始年和末年能源消费量的平均值作为权重，并采用对数方法计算相应因素的增量。这种方法发展初期存在的主要缺陷在于，无法处理具有 0 值和负值的数据，为此 B.W.Ang 和 S.Y.Lee 提出的分解方法采用两个年份相应参数的简单算术平均值作为因子权重，该方法不会产生很大的余值，且即使数据中包含零也不会出现计算问题，但是该方法应用得却很少。后来 Ang 等人比较了之前的几种分解方法，在此基础上提出了对数平均权重分解法（Logarithmic Mean Weight Divisia Index Method，LMDI），采用对数平均公式，替换了之前的简单算术平均权重计算方法。此方法具有全分解、无残差、易使用，以及乘法分解与加法分解的一致性、结果的唯一性、易理解等优点，在众多分解技术中受到重视，目前在许多领域得到广泛应用。国内外大量研究实践表明，不论是理论背景、实用性、可操作性还是结果表达，LMDI 都是一种极好的研究二氧化碳排放影响因素的方法。

二、二氧化碳排放因素分解研究综述

近年来，随着二氧化碳排放的温室效应日益显现，国内外学者对二氧化碳排放影响因素研究也与日俱增，典型研究方法是运用各类因素分解法结合相关模型对本国、本地区 CO_2 排放量进行影响因素分解。

（一）国外方面的相关研究

A.Torvanger（1991）对九个 OECD 国家 1973—1987 年制造业部门的二氧化碳排放量，采用 Divisia IDA 法，按照排放系数、工业结构、能源消耗强度和国际结构等因素进行分解分析。Stephen D. Casler 和 Adam Rose（1998）对美国 1972—1982 年二氧化碳排放量影响因素，利用结构分解法（SDA）进行实证研究。H.S.Chung，H.C.Rhee（2001）对韩国工业部门二氧化碳排放量，运用 Divisia IDA 法进行因素分解分析。J.W.Tester 等（2005）对中、日、欧、美和世界 1980—1999 年的碳排放驱动因素，运用 Kaya 公式进行定量比较分析。B.W.Ang 和 Na Liu（2007）对能源与碳排放分解分析方法做了比较研究，考察了 IEA 模型与其他主要研究方法的优点和缺点。Ratnakar Pani，Ujjaini Mukhopadhyay（2010）对全球 114 个国家 1992—2004 年的二氧化碳排放量，采用因素分解法进行研究，目的是判别日益增长的全球二氧化碳排放量的主要影响因素，研究发现 GDP 增长是二氧化碳排放量增加的最主要影响因素。

（二）国内方面的相关研究

徐国泉等（2006）采用对数平均权重分解法（LMDI），建立了中国人均碳排放的因素分解模型，定量分析了 1995—2004 年中国人均碳排放的影响因素，结果显示经济发展对拉动中国人均碳排放的贡献率呈指数增长，而能源效率和能源结构对抑制中国人均碳排放的贡献率都呈倒 U 形。

冯相昭、邹骥（2008）利用修改后的 Kaya 恒等式，对 1971—2005 年中国的二氧化碳排放进行分解，并结合宏观经济背景的变迁，对排放变化展开详细分析，结果表明经济的快速发展和人口的增长是二氧化碳排放增加的主要驱动因素，能源效率的提高有利于减少二氧化碳排放，而能源结构的低碳化则是降低二氧化碳排放水平的重要战略选择，最后强调指出加快产业结构调整、发展高能效技术以及清洁燃料技术等政策选择能有效减少中国二氧化碳的排放量，为减缓气候变化作出贡献。

魏一鸣等（2008）应用 LMDI 分解方法，从终端能源消费角度对中国 1980—2005 年电力部门、物质生产部门（农业，工业，建筑业，交通运输、仓储和邮电通信业，批发、零售业和住宿、餐饮业）和工业部门 36 个行业碳排放变化和影响因素进行了研究，分析产业结构、能源强度、排放系数、能源消费结构对碳排放及碳排放强度变化的影响。指出电力生产的碳排放增长对化石能源利用的碳排放增长起了主要推动作用；能源强度是物质生产部门碳排放强度变化的决定因素，而产业结构和能源结构变化抵消了一部分能源强度的影响，说明要调整产业结构和能源结构以促进二氧化碳减排；工业中的重工业部门的能源强度降低对于减缓工业二氧化碳排放具有非常重要的意义。

朱勤等（2009）基于扩展的 Kaya 等式应用 LMDI 分解方法，分析中国 1980—2007 年经济规模、人口规模、产业结构、能源结构及能源效率等因素对碳排放的影响。研究结果表明，经济产出效应对我国该阶段能源消费碳排放的贡献率最大，达到 152.73%；其他各影响因素按贡献率绝对值大小依次是能源强度效应（–79.93%）、人口规模效应（20.20%）、产业结构效应（7.78%）、能源结构效应（–0.77%）。研究认为，产业结构整体变化对该阶段碳排放增长未能表现出负效应，其主要原因是产业规模占 GDP 近半的第二产业的碳排放呈现长期增长态势，其贡献率抵消了第一产业、第三产业对碳排放增长的负效应。目前我国节能减排的重点在于调整产业结构、优化能源结构及提高能源效率。

赵奥、武春友（2010）基于改进的 Kaya 等式和 LMDI 分解法，对 1990—2008 年中国二氧化碳排放量变动的影响因素进行效应测算与贡献率分析。研究表明：二氧化碳排放量变动的影响因素可以分解为排放强度效应、能源强度效应、经济效应和人口效应；经济效应和人口效应刺激二氧化碳排放量增长，排放强度效应和能源强度效应抑制二氧化碳排放量增长，但这种抑制作用难以抵消由经济效应拉动的二氧化碳排放量的增长。

汪宏韬（2010）建立了上海能源消费碳排放的LMDI分解模型，从经济规模、产业结构、能源强度和产业碳排放系数四个影响因素着手，实证研究了1995—2005上海分三次产业的能源消费碳排放变化机理。研究表明：经济快速增长是上海碳排放增加的主导因素，能源强度下降是抑制碳排放增长的重要因素。产业结构、能源结构优化有利于控制碳排放，而重工业化、能源结构高碳化会增加碳排放。

郭朝先（2010）运用LMDI分解技术，对中国1995—2007年的碳排放从产业层面和地区层面进行了分解。结果表明：经济规模总量的扩张是中国碳排放继续高速增长的最主要因素，能源利用效率的提高则是抑制碳排放增长最主要的因素，产业结构或者地区结构的变化、传统能源结构的变化对碳排放影响有限，潜力还没有发挥出来。我国碳减排需要进一步的努力：短时间内，在产业内部推进产业内升级，特别是工艺创新和工艺升级等是提高能源利用效率的有效途径；从长远来看，产业结构调整和产业结构升级则是降低二氧化碳排放的可行选择；通过大力发展可再生能源和新能源来优化能源结构才有可能真正达到减排的目的。

潘佳佳（2011）利用Divisia指数分解法构建中国工业能源二氧化碳排放因素分解模型，从产业视角出发，分析了中国工业部门能源消耗强度、能源结构、能源效率、产业结构以及产出对于二氧化碳排放的影响。

国内关于二氧化碳排放量的影响因素分析在模型、方法运用方面均已比较完善，取得了许多达成共识的研究成果。还需要进一步研究完善的问题主要有：许多研究把二氧化碳排放与碳排放两个不同概念混淆；研究中使用的数据来源不规范；研究主要集中在宏观总体、产业部门和地区层面，对于产业部门内部和工业分行业全面系统的分析还不够全面充分，对于生活部门的能源消费引起的二氧化碳排放研究还很少。

三、模型构建与分解技术——基于对数平均权重分解法

从上述文献可以看出，目前理论界在分析二氧化碳排放影响因素时，基于对数平均权重分解法（LMDI）是运用最多、最成熟的方法，已有的研究对终端能源使用引起的二氧化碳排放的影响因素达成共识、重点关注的是经济规模、部门结构、能耗强度、能源结构四个因素。本报告根据LMDI方法，使用上述四个因素，分析它们在终端能源使用中对二氧化碳排放的影响，这样，二氧化碳排放总量可以表达为：

$$C=\sum_{ij}C_{ij}=\sum_{ij}Q\frac{Q_i}{Q}\frac{E_i}{Q_i}\frac{E_{ij}}{E_i}\frac{C_{ij}}{E_{ij}}=\sum_{ij}QS_iI_ie_{ij}R_{ij} \quad (6-1)$$

式中，C 代表各种能源消费引起的二氧化碳排放总量；Q 代表部门（可以根据所选择的研究对象比如产业部门、工业部门而定）增加值之和，以此来代表总体部门经济规模；i 代表部门；j 代表化石能源消费类型，如煤炭、石油和天然气等；Q_i 为 i 部门（比如产业部门中的农业部门、工业部门等）的增加值，以此来代表 i 部门经济规模；$S_i=Q_i/Q$，代表 i 部门的部门结构，即 i 部门在总体部门中所占的比例；E_i 为 i 部门的能源消费量；E_{ij} 为 i 部门燃料 j 的消费量；$I_i=E_i/Q_i$，代表 i 部门的能源消耗强度；$e_{ij}=E_{ij}/E_i$，代表 i 部门的能源消费结构；$R_{ij}=C_{ij}/E_{ij}$ 代表 i 部门燃料 j 的二氧化碳排放系数。

在式（6–1）的基础上，进一步分析基期和报告期的二氧化碳排放量差异。该差异的计算方法主要有两种：乘法模式和加法模式，本报告采用的是加法模式，这里主要介绍加法模式的推导。

首先，第 t 期相对于 t–1 期的二氧化碳排放量变化可以表示如下：

$$\Delta C_{经济规模}=\sum_{ij}\frac{C_{ij}^{t}-C_{ij}^{t-1}}{\ln C_{ij}^{t}-\ln C_{ij}^{t-1}}\ln\left(\frac{Q^{t}}{Q^{t-1}}\right) \tag{6–2}$$

$$\Delta C_{部门结构}=\sum_{ij}\frac{C_{ij}^{t}-C_{ij}^{t-1}}{\ln C_{ij}^{t}-\ln C_{ij}^{t-1}}\ln\left(\frac{S_{i}^{t}}{S_{i}^{t-1}}\right) \tag{6–3}$$

$$\Delta C_{能耗强度}=\sum_{ij}\frac{C_{ij}^{t}-C_{ij}^{t-1}}{\ln C_{ij}^{t}-\ln C_{ij}^{t-1}}\ln\left(\frac{I_{i}^{t}}{I_{i}^{t-1}}\right) \tag{6–4}$$

$$\Delta C_{能源结构}=\sum_{ij}\frac{C_{ij}^{t}-C_{ij}^{t-1}}{\ln C_{ij}^{t}-\ln C_{ij}^{t-1}}\ln\left(\frac{e_{ij}^{t}}{e_{ij}^{t-1}}\right) \tag{6–5}$$

$$\Delta C_{排放系数}=\sum_{ij}\frac{C_{ij}^{t}-C_{ij}^{t-1}}{\ln C_{ij}^{t}-\ln C_{ij}^{t-1}}\ln\left(\frac{R_{ij}^{t}}{R_{ij}^{t-1}}\right) \tag{6–6}$$

各因素时间序列的累积影响可以表示如下：

$$\left(\Delta C_{经济规模}\right)_{0,T}=\left(\Delta C_{经济规模}\right)_{0,t}+\left(\Delta C_{经济规模}\right)_{t,t+1}+\cdots+\left(\Delta C_{经济规模}\right)_{T,T-1} \tag{6–7}$$

$$\left(\Delta C_{部门结构}\right)_{0,T}=\left(\Delta C_{部门结构}\right)_{0,t}+\left(\Delta C_{部门结构}\right)_{t,t+1}+\cdots+\left(\Delta C_{部门结构}\right)_{T,T-1} \tag{6–8}$$

$$\left(\Delta C_{能耗强度}\right)_{0,T}=\left(\Delta C_{能耗强度}\right)_{0,t}+\left(\Delta C_{能耗强度}\right)_{t,t+1}+\cdots+\left(\Delta C_{能耗强度}\right)_{T,T-1} \tag{6–9}$$

$$\left(\Delta C_{能源结构}\right)_{0,T}=\left(\Delta C_{能源结构}\right)_{0,t}+\left(\Delta C_{能源结构}\right)_{t,t+1}+\cdots+\left(\Delta C_{能源结构}\right)_{T,T-1} \tag{6–10}$$

$$\left(\Delta C_{总排放量}\right)_{0,T}=\left(\Delta C_{总排放量}\right)_{0,t}+\left(\Delta C_{总排放量}\right)_{t,t+1}+\cdots+\left(\Delta C_{总排放量}\right)_{T,T-1} \tag{6–11}$$

式（6–7）~ 式（6–10）分别表示经济规模、部门结构、能耗强度以及能源结构对于二氧化碳排放的影响，式（6–11）表示二氧化碳排放总量的变化量。值得一提的是，由于目前我国缺乏官方公布的二氧化碳排放数据，本报告在第五章中对二氧化碳排放量的估算采用的是《国家发改委关于省级温室气体清单编制指南》(〔2011〕1041号）提供的方法，该方法采用的是固定的二氧化碳排放系数，因此在因素分解过程中，由于排放系数引起的二氧化碳排放量为0。

由于此模型涉及数据较多，这里需要将数据来源单独说明：1998—2009年中国历年GDP、历年各部门增加值、工业各行业增加值数据来源于历年的《中国统计年鉴》；中国历年分品种终端能源消费量、各部门分品种终端能源消费量、工业分行业分品种终端能源消费量来源于1990—2009年《中国统计年鉴》《中国能源统计年鉴1991—1996》《中国能源统计年鉴1997—1999》《中国能源统计年鉴2000—2002》《中国能源统计年鉴2004》《中国能源统计年鉴2006》和《中国能源统计年鉴2010》。

此外，本报告将化石燃料类能源分为：煤炭、焦炭、原油、汽油、煤油、柴油、燃料油、天然气和电力。

根据上述介绍的方法，在以下几节中，我们分别从产业部门、产业部门的六个分部门、工业部门分行业、居民生活部门对二氧化碳排放影响因素进行分析。需要说明的是，在对居民生活部门进行二氧化碳排放影响因素分析时，在影响因素的选取上与产业部门不同，具体问题在第五节中说明。

第二节　产业部门二氧化碳排放影响因素分析

通过第五章对中国二氧化碳排放量的估算，大致可以看出终端能源消费产生的二氧化碳排放的变化趋势以及排放特征。本节将利用LMDI模型对中国产业部门二氧化碳排放量进行分解，得出1999—2009年产业部门以及六大产业分部门由于经济规模、部门结构、能源消耗强度以及能源结构变化所引起的二氧化碳排放量的变化数据。

一、产业部门二氧化碳排放影响因素分解结果

通过LMDI因素分解方法分解中国产业部门二氧化碳排放量，得到1999—2009年产业部门由于经济规模变化、部门结构变化、能源消耗强度变化以及能源结构变化所引起的二氧化碳排放量的变化以及二氧化碳排放总量变化量数据（表6-1）。需要说明的是，产业部门各影响因素引起的二氧化碳排放变化量相加后与其二氧化碳排放总量变化量之间存在误差。这有两方面原因：一方面是这里没有考虑碳排放系数的影响，这是因为我们选取的碳排放系数除电力行业外均为不变值，由于电力行业碳排放系数的变化，各影响因素引起的二氧化碳排放变化量相加后与其二氧化碳排放总量变化量之间的误差应该有电力碳排放系数的影响；另一方面是在数据处理时选取的量为有效数字，由于是以万吨、亿立方米为单位，因此也有部分误差。这个说明适用于之后的所有相关问题的讨论。

表 6-1 不同因素对中国产业部门二氧化碳排放的影响及二氧化碳排放总量变化量 单位：万吨

年份	二氧化碳排放总量变化量	经济规模影响	部门结构影响	能源消耗强度影响	能源消费结构影响
1999	−1208.73	22915.78	3023.752	−2532.39	−20875.9
2000	6593.13	25071.35	2504.529	−2730.95	−14026.8
2001	8557.49	23723.87	712.0378	−1472.93	−12363.2
2002	15931.91	27443.67	1237.174	−2072.8	−9278.75
2003	47008.05	36538.08	4984.295	849.563	8940.255
2004	61974.61	41629.09	4466.918	2068.612	20787.2
2005	45920.48	47686.86	867.0011	1926.904	1038.857
2006	49044.86	58677.48	−273.667	−2816.38	−8475.66
2007	39363.84	71005.05	1143.403	−6567.99	−42548.2
2008	20464.28	51699.37	68.07914	−1013.98	−3674.81
2009	31243.12	59602.85	−3913.9	−100.149	−16973.7

注：能源消耗强度为每万元 GDP 所消耗的标准煤。部门结构是指各分部门增加值在总体产业部门增加值中所占比重。

根据表 6-1 中的数据作图 6-1，根据此图展开对二氧化碳排放因素的具体分析。

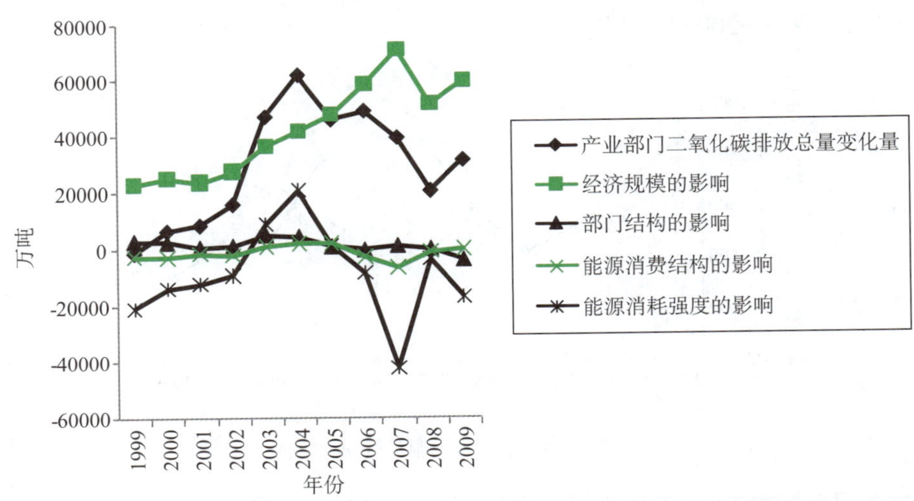

图 6-1 不同因素对中国产业部门二氧化碳排放的影响及二氧化碳排放总量变化量

二、经济规模因素是二氧化碳排放的主要影响因素

经济规模是总体产业部门二氧化碳排放的主要影响因素。具体看，1999—2009 年，产业部门的经济规模不断扩大，国内生产总值（2005 年不变价）由 1999 年的 107159.78 亿元增长到 2009 年的 284844.8 亿元，增长了 1.658 倍，根据第五章相关数据计算，同期二氧化碳排放量增长了 1.6 倍，与经济规模几乎是同步增长。由图 6-1 可见，与产业部门二氧化碳排放增加量比较，经济规模扩大引起的产业部门二氧化碳排

放有逐年增加的趋势，同期产业部门的二氧化碳排放量的变化量也呈现上升趋势，二者差距不是很大，这说明经济规模因素是产业部门二氧化碳排放的主要影响因素。还可以看到，1999—2002 年、2006—2009 年，由经济规模扩大引起的二氧化碳排放增加量都比同期二氧化碳排放增加量大，这说明存在其他因素抑制了二氧化碳排放的增加。

三、部门结构因素对二氧化碳排放的影响很小

从图 6–1 可以看到，产业部门的部门结构变动对二氧化碳排放量的影响较小，这表明虽然中国虽然一直在强调产业结构调整，但是，产业部门结构仍然是工业、建筑业和交通运输业占主导地位，产业结构调整并不明显，产业部门的部门结构因素对减少二氧化碳排放量的贡献很小。这在后面对六大产业部门的部门结构变化分析中可见。

四、能源消耗强度因素是影响二氧化碳排放的重要因素

按照 2005 年不变价格，产业部门的能源消耗强度由 1998 年的 1.1404 吨标准煤 / 万元 GDP 下降到 2009 年的 0.9330 吨标准煤 / 万元 GDP，即 10 年期间万元 GDP 能源消耗强度降低了 18.19%，年均下降率达到 1.82%。从图 6–2 可以看出，1998—2002 年能源消耗强度一直下降，2002—2004 年出现反弹，经历了 2004—2006 年比较缓慢的调整之后，2006—2009 年又趋于下降。

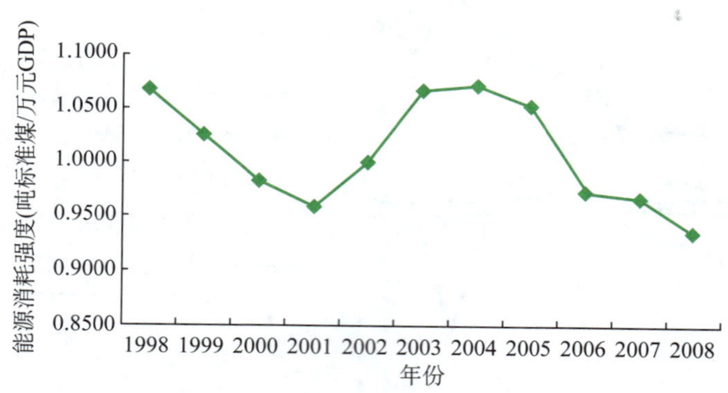

图 6–2　产业部门的能源消耗强度变化

产业部门能源消耗强度对抑制二氧化碳排放增加的效果明显，1999—2009 年实现二氧化碳减排量达 97450.7 万吨。从图 6–1 可以看出，能源消耗强度变化引起的二氧化碳排放量与产业部门二氧化碳排放量呈同向变动，2005 年以来，能源消耗强度下降明显降低了二氧化碳排放量，能源消耗强度变化是影响中国二氧化碳排放的关键因素，降低产业部门的能源消耗强度，对于促进减少产业部门的二氧化碳排放至关重要。

五、能源消费结构因素对二氧化碳排放的影响甚微

由于电力生产绝大部分是火电，因此，产业部门的能源使用以煤炭为主，能源消

费结构中的原煤是指对原煤的直接使用。从产业部门的能源消费结构（图 6–3）看，使用量较多的是电力、原煤，其次是焦炭、汽油和柴油，天然气的使用只占很小的比例；从变化趋势看，电力的消耗逐年递增，而原煤的使用量经历一个比较缓慢的增长过程，在 2007 年出现小幅下降，之后持续上升。煤油和柴油的使用一直缓慢地增长，2002—2009 年增长速度有所加快。其他能源的使用量保持比较平稳的状态。

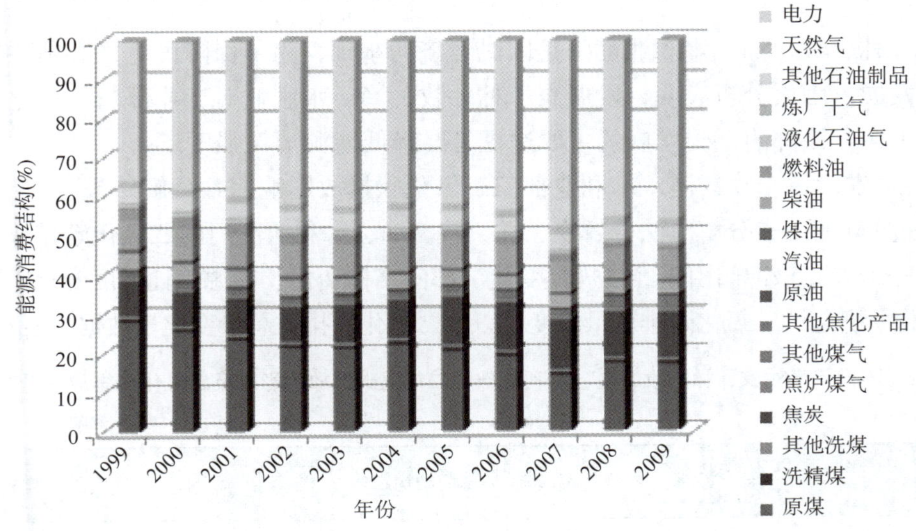

图 6–3　产业部门能源消费结构变化

从图 6–3 可以看出，由于 1999—2009 年产业部门的能源结构没有发生明显变化，因此该因素对二氧化碳减排的贡献很小。能源结构的变化，对于二氧化碳排放变化影响较大，2006 年和 2007 年原煤使用量的下降，就对减少二氧化碳排放产生作用。这表明，发展低碳经济，未来应在调整能源消费结构方面下大力气，加大天然气、水电及核电等优质能源供应比例，推广新能源技术及各种可再生能源利用。

六、小结

综上所述，促进产业部门二氧化碳排放量增加的主要因素是经济规模和部门结构，抑制产业二氧化碳排放的主要因素是能源消耗强度、能源消费结构因素，其中能源消耗强度对于抑制二氧化碳排放增加起到了主导作用，而能源消费结构效果并不明显，这主要是因为在此期间以煤炭使用为主的能源消费结构未发生根本性变化，部门结构因素对二氧化碳排放的影响很小，这主要是因为工业为主导地位的产业结构变化不大。

第三节　产业部门六个分部门二氧化碳排放影响因素分析

在产业部门二氧化碳排放量影响因素分解结果的基础上，进一步对其六个分部门的二氧化碳排放量影响因素进行分解，分析各部门各因素变化所引起的二氧化碳排放量的变化特征。从产业部门的六个分部门入手，具体分析各种因素对六个部门二氧化碳排放的影响，搞清楚什么因素为什么成为影响各产业部门二氧化碳排放的主要因素，搞清楚各种因素如何影响各产业部门的二氧化碳排放。

一、农、林、牧、渔、水利业部门二氧化碳排放影响因素分析

农、林、牧、渔、水利业部门是国民经济的基础，为了保障民生，必须要保证该部门的发展。因素分析表明，发展农、林、牧、渔、水利业对产业部门二氧化碳排放的影响不大，该部门低碳发展的主要途径是要降低能源消耗强度。

（一）农、林、牧、渔、水利业部门二氧化碳排放影响因素分解结果

通过 LMDI 因素分解方法分解农、林、牧、渔、水利业部门的二氧化碳排放量，得到 1999—2009 年该部门由于经济规模变化、部门结构变化、能源消耗强度变化以及能源结构变化所引起的二氧化碳排放量的变化以及二氧化碳排放总量变化量数据（表 6–2）。

表 6–2　不同因素对农、林、牧、渔、水利业部门二氧化碳排放的影响及二氧化碳排放总量变化量

单位：万吨

年份	二氧化碳排放总量变化量	经济规模影响	部门结构影响	能源消耗强度影响	能源消费结构影响
1999	62.22	523.38	168.7	–43.03	–132.99
2000	331.51	209.76	–505.52	164.14	–42.38
2001	491.41	255.62	–483.38	290.93	–55.14
2002	557.6	279.58	–571.79	278.61	–0.6
2003	1438.26	260.22	–742.5	1153.05	24.99
2004	1865.3	757.54	–434.56	1030.91	76.85
2005	906.56	703.91	–768.23	202.3	0.35
2006	663.65	712.37	–1030.16	4.94	–53.67
2007	4874.88	633.72	–1649.92	4044.74	196.41
2008	–5220.46	891.3	–673.65	–5893.67	–218.08
2009	660.81	611.37	–703.46	71.4	–21.96

根据表 6–2 作图 6–4，从中可以看出，能源消耗强度变化是影响该部门二氧化碳排放的主要因素。部门结构变化对抑制该部门的二氧化碳排放也有一定作用。

（二）经济规模因素对二氧化碳排放的影响

1998—2009 年，中国的农、林、牧、渔、水利业部门国内生产总值（2005 年不变价）由 1998 年的 17560.263 亿元增长到 2009 年的 26812.6 亿元，是 1998 年的 1.53 倍，其经济规模的扩张速度比产业部门经济规模（GDP）扩张速度较小些，说明农、林、牧、渔、水利业部门经济规模扩张并不慢。从图 6–4 中可以看到，随着时间的变

化，该部门由经济规模变化引起的二氧化碳排放量变化幅度很小，而该部门的二氧化碳排放量的变化量在 2002 年之后波动很大。这说明该部门的经济规模变动对其二氧化碳排放量的变化影响不是很大。该部门的二氧化碳排放量在 2002 年之后有较大幅度波动应该为其他因素所致。

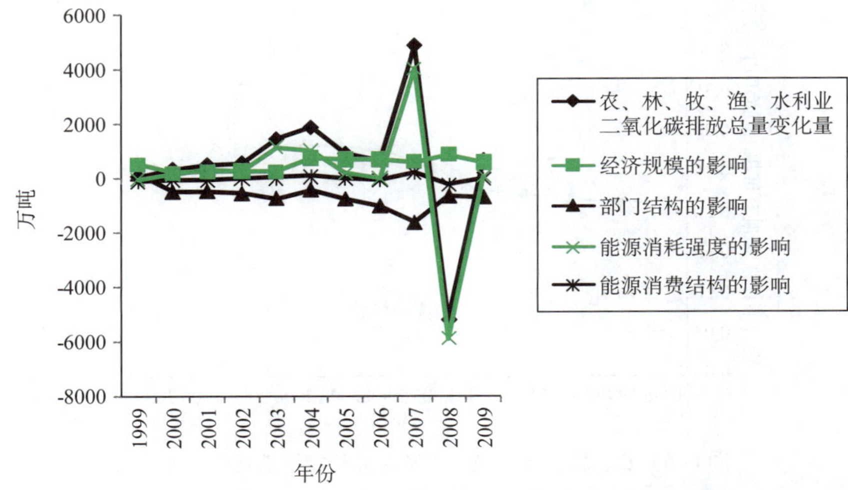

图 6-4 不同因素对农、林、牧、渔、水利业部门二氧化碳排放的影响及排放总量变化量

（三）部门结构因素对二氧化碳排放的影响

图 6-5 显示，由农、林、牧、渔、水利业部门增加值在产业部门增加值中的占比表示的部门结构在 1998 年以后一直呈下降趋势。

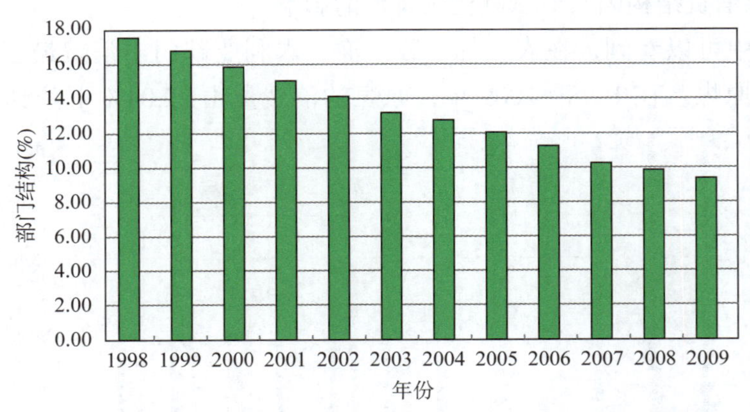

图 6-5 农、林、牧、渔、水利业部门的部门结构变化

图 6-4 显示，1999—2009 年，由农、林、牧、渔、水利业部门结构持续下降引起的二氧化碳排放一直保持在负值水平，在 2002 年之前，农、林、牧、渔、水利业的二氧化碳排放量的变化量与其部门结构变化引起的二氧化碳排放量变化趋势基本相当，而在 2002 年之后其二氧化碳排放量的变化量波动很大。这说明农、林、牧、渔、水利业的部门结构变化对减少该部门的二氧化碳排放有一定作用，但是作用有限。

（四）能源消耗强度因素对二氧化碳排放的影响

图 6-6 显示了农、林、牧、渔、水利业部门 1998—2009 年的能源消耗强度。1999—2009 年，该部门能源消耗强度持续上升，2003 年之前上升缓慢，之后上升速度加快，在 2007 年达到最高点后有一个较大幅度的下降，2009 年回落到 2003 年的水平。

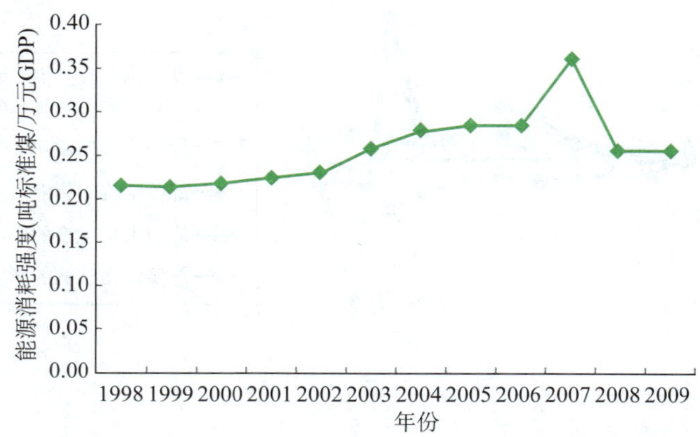

图 6-6　农、林、牧、渔、水利业部门能源消耗强度变化

从图 6-4 中可以看出，农、林、牧、渔、水利业部门能源消耗强度变化引起的二氧化碳排放量的变化量及变化趋势与该部门二氧化碳排放量的变化量及变化趋势极为相似，表明在 1999—2009 年，该部门能源消耗强度引起的二氧化碳排放对其二氧化碳排放量的变动起决定性的作用。

（五）能源消费结构因素对二氧化碳排放的影响

从图 6-7 中可以看到，在农、林、牧、渔、水利业部门中消费最多的能源是电力、柴油以及原煤。在 1998—2009 年，原煤的消费量由 22.04% 下降到 16.10%，柴

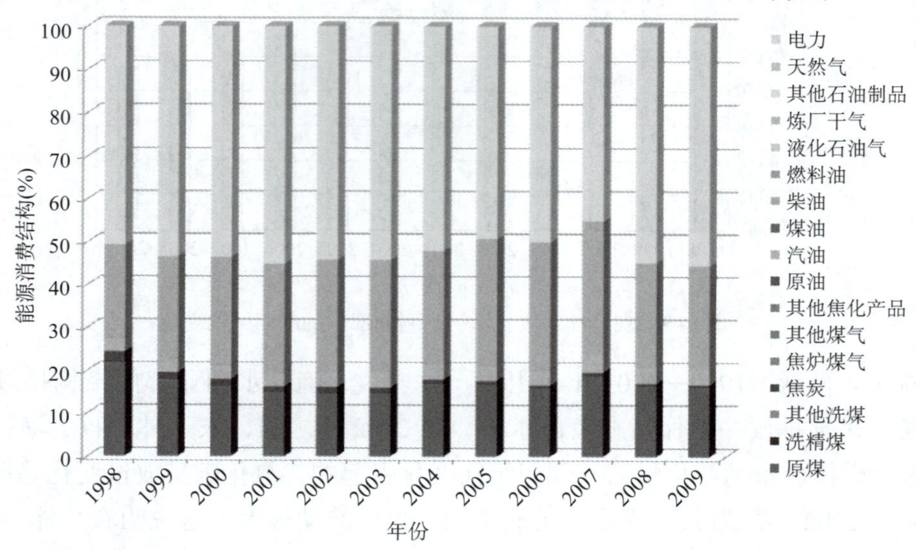

图 6-7　农、林、牧、渔、水利业部门能源消费结构变化

油的消费量由 21.76% 上升到 24.07%，而电力的消费量则是由 50.63% 升至 55.31%。

从图 6–4 中可以看到，1999—2009 年，农、林、牧、渔、水利业部门能源消费结构变化引起的二氧化碳排放变化很小，在近 10 年间，由能源消费结构引起的二氧化碳排放量基本在 0 值附近徘徊。

（六）小结

综上所述，在农、林、牧、渔、水利业部门中，影响其二氧化碳排放的最主要因素是能源消耗强度。虽然该部门经济规模和部门结构变化较大，但是这两个因素对其二氧化碳排放影响程度很小，这主要是因为，农、林、牧、渔、水利业部门所消耗的能源总量与其他产业部门相比较小，其经济规模和部门结构较大变化所产生的终端能源消耗量较少。该部门的能源消耗结构因素几乎对其二氧化碳排放没有影响，主要是因为，在这 10 年间，该部门的能源结构变化很小。

把农、林、牧、渔、水利业部门放在总体产业部门中看，由于农、林、牧、渔、水利业部门在总体产业部门二氧化碳排放量中所占比重很小（表 6–1），比如 2009 年只有 2.46%，又由于该部门二氧化碳排放平均增长速度在所有产业部门的增长速度中处于最低水平，所以，它的各种因素变化对总体产业部门二氧化碳排放量的变化影响非常小。

作为人口大国，中国除了要保持农、林、牧、渔、水利各行业之间的合理比例，提高这些行业生产效率以扩张该部门的经济规模外，还必须要保持农、林、牧、渔、水利业部门在整个产业部门中的适当比例，以保证粮食安全。这些方面的工作与发展低碳经济并不冲突。就农、林、牧、渔、水利业部门发展低碳经济而言，重点在于降低能源消耗强度，同时把调整能源结构、使用新能源和清洁能源作为战略目标，逐步推进。

二、工业部门二氧化碳排放影响因素分析

中国工业部门在产业部门中占比最大，其二氧化碳排放量也是六大部门中最高的。详细分析影响工业部门二氧化碳排放的因素，对于探索低碳经济发展路径具有重要意义。

（一）工业部门二氧化碳排放影响因素分解结果

通过 LMDI 方法对工业历年二氧化碳排放数据进行分解，得到 1999—2009 年工业部门由于经济规模变化、部门结构变化、能源消耗强度变化以及能源结构变化所引起的二氧化碳排放量的变化以及二氧化碳排放总量变化量数据（表 6–3）。

表 6–3 不同因素对工业部门二氧化碳排放的影响及二氧化碳排放总量变化量 单位：万吨

年份	二氧化碳排放总量变化量	经济规模影响	部门结构影响	能源消耗强度影响	能源消费结构影响
1999	–2511.27	18057.63	1866.29	–18068.6	–2069.31
2000	4126.53	20802.54	2783.03	–12437.7	–2517.78
2001	6297.72	19089.16	756.93	–10174.8	–1286.33

续表

年份	二氧化碳排放总量变化量	经济规模影响	部门结构影响	能源消耗强度影响	能源消费结构影响
2002	12328.49	22769.44	1913.51	-8264.14	-2016.6
2003	37722.21	31684.29	6564.16	4424.81	932.97
2004	50128.37	33600.94	3948.42	16751.79	2285.95
2005	37205.91	38382.69	1020.34	1547.31	2008.03
2006	40187.34	48016.6	701.36	-6912.27	-2576.41
2007	32703.35	58749.7	2748.13	-37814.4	-5706.96
2008	16545.67	42760.35	1216.59	1485.35	-1153.73
2009	22928.54	40690.92	-2157.09	-16878.2	17.4

根据表 6-3 作图 6-8，从中可以看出，工业部门经济规模变化引起的二氧化碳排放量远远高于其他三种因素引起的二氧化碳排放量，是影响该部门二氧化碳排放的主要因素。部门结构和能源消费结构变化对产业部门二氧化碳排放的影响不大。能源消耗强度变化引起的二氧化碳排放在不同年份差别较大，并且以负值为主，是影响该部门二氧化碳排放的重要因素。工业部门是产业部门二氧化碳排放的最大部门，工业部门二氧化碳排放影响因素分解结果特征决定了产业部门的特征，二者因素分解结果特征完全相同。

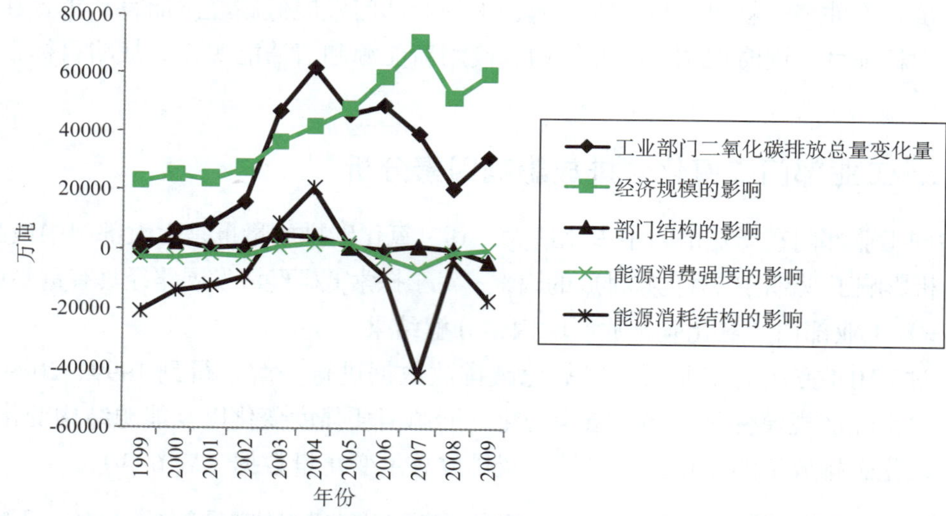

图 6-8　不同因素对工业部门二氧化碳排放的影响及二氧化碳排放总量变化量

（二）经济规模因素对二氧化碳排放的影响

自 1999 年以来，工业部门的经济规模持续扩张。从图 6-8 中可以看出，由该部门经济规模扩张引起的二氧化碳排放持续上升，在 2007 年达到顶峰，随后有所下降。1999—2003 年，由经济规模扩张引起的二氧化碳排放与其二氧化碳排放量的变化量基本保持同向变动。2004—2009 年，其间除了 2008 年之外，经济规模变化引起的二氧化碳排放与工业部门二氧化碳排放量的变化量呈负相关变动，这表明同期一定有其他因素对工业部门的二氧化碳排放量的变化产生影响。总体看，工业部门的经济规模变动引起的二氧化碳排放量变动在多数年份高于该部门的二氧化碳排放量的变化量，是促使该部门二氧化碳排放量增加的主要因素。

（三）部门结构因素对二氧化碳排放的影响

从图 6–9 中可以发现，工业部门结构在 1998—2009 年一直呈上升趋势，但在 2003 年以后，工业部门结构上升速度趋于平缓，2009 年和 2008 年相比略有下降。

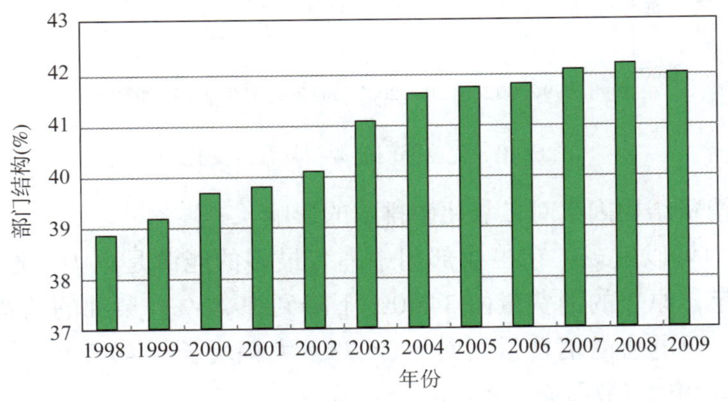

图 6–9　工业部门的部门结构变化

从图 6–8 中可以看到，工业部门结构虽然持续上升，但是该因素变化引起的二氧化碳排放整体水平很低且呈波动状态，这说明工业部门结构上升不一定带来二氧化碳排放快速增加，工业部门内部的结构调整和升级改造，都可以在工业部门结构上升情况下降低二氧化碳排放。另外，工业部门结构变化对该部门二氧化碳排放量的变化量影响不大，在 2007 年和 2008 年还出现了工业部门结构变化引起的二氧化碳排放与该部门的二氧化碳排放量的变化量反向变化情况，说明有其他因素对工业部门的二氧化碳排放量的变化产生更大的影响。

（四）能源消耗强度因素对二氧化碳排放的影响

图 6–10 显示了工业部门 1998—2009 年能源消耗强度总体上呈现在波动中下降的趋势，2003—2005 年有所上升。

从图 6–8 中可以看到，由能源消耗强度变化引起的二氧化碳排放在 1999—2004 年一直保持上升趋势，并且在 2003 年时由负值转变为正值，在 2004 年达到最高点，2007 年，由于能源消耗强度下降幅度较大带来了较大的二氧化碳减排量，二氧化碳排放量甚至低于 1999 年的水平，达到近 10 年来的最低点。从图中可以清晰地看到，能源消耗强度变化引起的二氧化碳排放除 2008 年外一直与工业部门二氧化碳排放量的变化趋势相同。这说明工业部门能源消耗强度变化引起的二氧化碳排放变化较大，进而对该部门二氧化碳排放量的变化量影响较大，能源消耗强度下降带来的较大的二氧化碳减排量抵消掉一部分工业部门同期经济规模扩张和部门结构上升带来的二氧化碳排放量的增加。

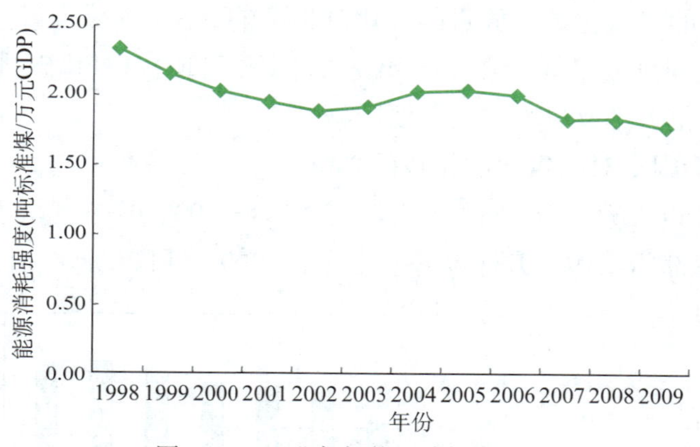

图 6-10 工业部门能源消耗强度变化

（五）能源消费结构因素对二氧化碳排放的影响

从图 6-11 中可以发现，在工业部门中消费最多的能源是电力、原煤以及焦炭。在 1998—2009 年，原煤的消费量由 34.50% 下降到 19.89%，柴油的消费量由 12.00% 上升到 14.62%，而电力的消费量则是由 34.73% 大幅增长至 47.34%。其中，煤炭占比呈波动性下降，电力消耗占比持续上升。

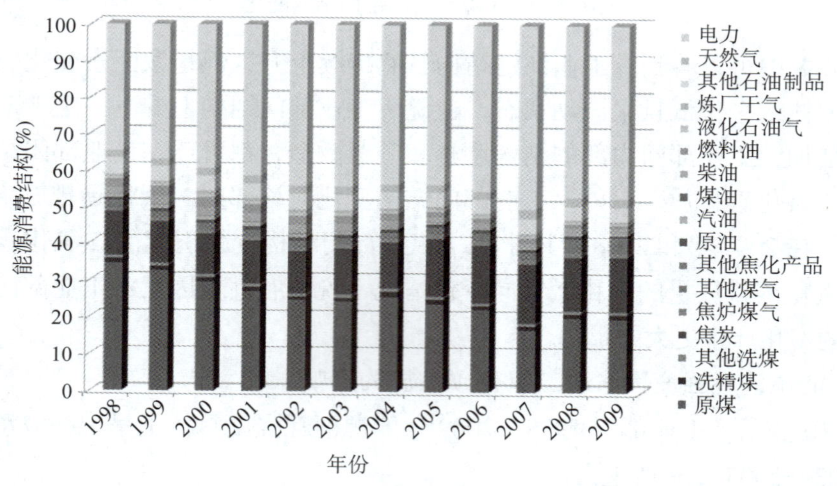

图 6-11 工业部门能源消费结构变化

从图 6-8 中可以看出，能源消费结构变化引起的二氧化碳排放量很低，在 2003—2008 年有一个微小的波动，2006—2008 年能源消费结构变化引起的二氧化碳排放量均为负值，这三年的二氧化碳排放量波动与其煤炭消费占比的波动一致，说明降低煤炭消费比例对于工业部门减少二氧化碳排放量有一定影响。能源消费结构变化引起的二氧化碳排放在工业二氧化碳排放量的变化量中仅占很小的比例，二者的变化也缺少一致性，说明该部门的能源消费结构变化对其二氧化碳排放的影响很小。

（六）小结

综上所述，1999—2009 年，工业部门的经济规模变动对二氧化碳排放的影响最大，能源消耗强度变动影响也很大，部门结构对工业部门二氧化碳排放的影响不大，主要是因为在部门结构上升的同时，工业部门内部的结构调整和升级改造使二氧化碳排放增加较少。能源结构因素对工业部门二氧化碳排放的影响不大，主要是因为能源结构变化不显著，火电和焦炭占比大的状况没有改善。

由于工业部门在总体产业部门中所占比例最高，其二氧化碳排放量在总体产业部门二氧化碳排放量中占比最高，工业部门的二氧化碳排放量下降对于发展低碳经济具有重要意义。降低工业部门的二氧化碳排放量，重点是要控制工业经济规模过快扩张，加强工业部门内部的结构调整和升级改造，降低能源消耗强度，持续抓能源消费结构调整，逐步减少原煤消费，增加新能源和清洁能源的使用比重。

三、建筑业部门二氧化碳排放影响因素分析

建筑业是和人们日常生活息息相关的部门，伴随着经济发展和生活条件的不断改善，建筑业部门的规模迅速扩大，其二氧化碳排放不断增加，成为促进产业部门二氧化碳排放的一个潜在因素。分析影响建筑业二氧化碳排放的因素，有针对性地减缓其二氧化碳排放，对于未来控制产业部门二氧化碳排放非常重要。

（一）建筑业部门二氧化碳排放影响因素分解结果

通过 LMDI 方法对工业历年二氧化碳排放数据进行分解，得到 1999—2009 年建筑业部门由于经济规模变化、部门结构变化、能源消耗强度变化以及能源结构变化所引起的二氧化碳排放量的变化以及二氧化碳排放总量变化量数据（表 6–4）。

表 6–4 不同因素对建筑业部门二氧化碳排放的影响及二氧化碳排放总量变化量 单位：万吨

年份	二氧化碳排放总量变化量	经济规模影响	部门结构影响	能源消耗强度影响	能源消费结构影响
1999	–34.33	208.05	–155.61	–218.63	–23.75
2000	118.91	276.44	–128.98	–148.71	–8.82
2001	199.99	339.26	–73.52	–152.38	13.12
2002	356.28	458.33	–15.38	–122.39	20.34
2003	677.3	679.76	112.78	6.03	–8.49
2004	908.78	526.95	–121.2	410.27	–28.44
2005	675.91	1119.64	315.05	–413.57	–30.16
2006	865.1	1320.45	328.96	–438.82	–16.54
2007	679.69	1362.89	159.61	–639.23	–43.97
2008	–421.06	832.92	–11.11	–1142.6	–111.38
2009	1808.64	1681.9	810.94	89.78	36.98

根据表 6-4 作图 6-12，从中可以看出，建筑业部门由经济规模变化引起的二氧化碳排放量变化最为显著，2004 年开始能源消耗强度变化也成为重要影响因素，部门结构变化也产生一定影响，能源消费结构变化引起的二氧化碳排放量变化最弱。

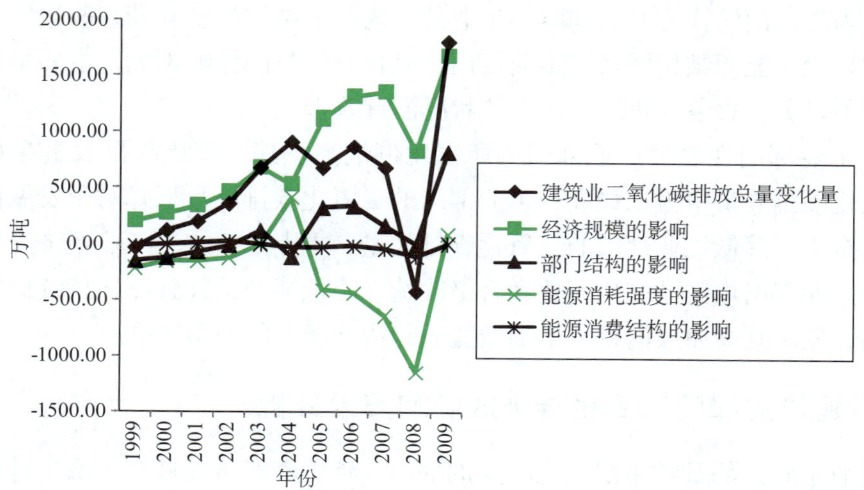

图 6-12 不同因素对建筑业部门二氧化碳排放的影响及二氧化碳排放总量变化量

（二）经济规模因素对二氧化碳排放的影响

自 1999 年以来，建筑业部门的经济规模持续增长，2005 年后增长加速。从图 6-12 中可以看出，经济规模变化引起的二氧化碳排放整体水平高，一些年份高于该部门的二氧化碳排放量的变化量，而且除 2004 年外，经济规模变化引起的二氧化碳排放量变化趋势与该部门二氧化碳排放量的变化趋势一致，说明建筑业部门的经济规模变化是影响其二氧化碳排放的重要因素。

（三）部门结构因素对二氧化碳排放的影响

从图 6-13 可以看到，建筑业部门的部门结构在 1998—2009 年经历了先下降后升高的变化，在 1998—2004 年呈现持续下降的趋势，只在 2003 年小幅上升；2005—2009 年保持上升态势，仅在 2008 年有很小的下降，2009 年大幅增长。

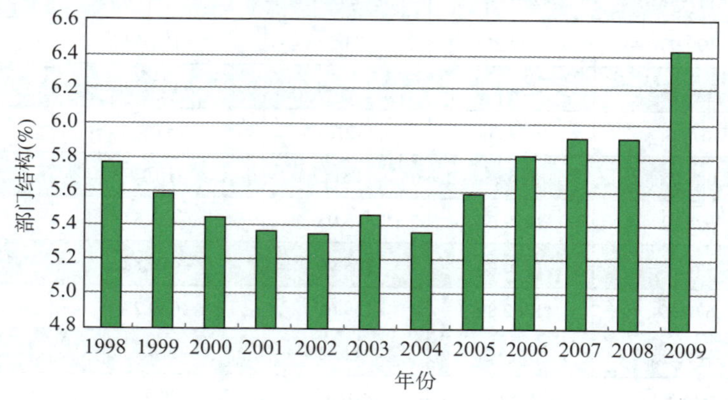

图 6-13 建筑业部门的部门结构变化

从图 6-12 中可见，部门结构变化引起的二氧化碳排放变化在 2009 年前整体水平不高，波动较为平缓，而且与部门结构变化趋势基本相同。部门结构变化引起的二氧化碳排放与该部门二氧化碳排放量的变化量仅在 2003 年以及 2004 年前后有所背离，其余年份二者的变化波动基本相吻合，2009 年，建筑业部门在产业部门中的占比快速提高，引起该部门二氧化碳排放及二氧化碳排放量的变化量快速增加，说明建筑业部门的部门结构变化是影响其二氧化碳排放的一个重要因素。

（四）能源消耗强度因素对二氧化碳排放的影响

图 6-14 显示了建筑业部门 1998—2009 年能源消耗强度变化总体上呈现在波动中下降的趋势，2003 年、2004 年和 2009 年有所上升。

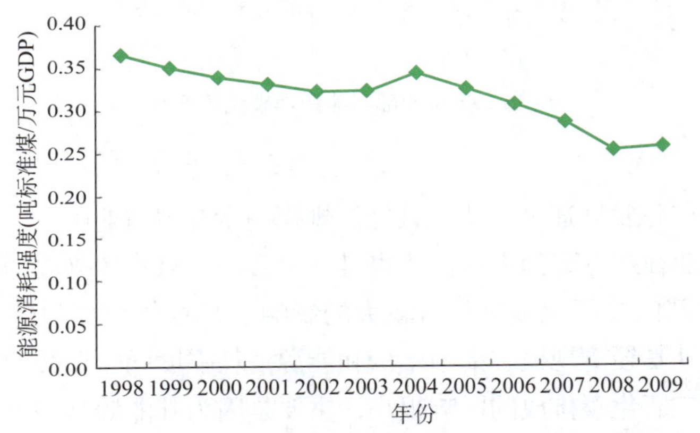

图 6-14 建筑业部门能源消耗强度变化

从图 6-12 中可见，建筑业由能源消耗强度变化引起的二氧化碳排放除 2003 年、2004 年和 2009 年上升为正值之外，其余年份均为负值，能源消耗强度下降使二氧化碳排放减少。在近 10 年间，能源消耗强度变化引起的二氧化碳排放与部门内二氧化碳排放量的变化量的变动趋势基本相同。这说明建筑业部门能源消耗强度变化对其二氧化碳排放有较大的影响。

（五）能源消费结构因素对二氧化碳排放的影响

从图 6-15 中可以发现，在建筑业部门中消费最多的能源是电力、其他石油制品以及原煤和柴油，原煤消费最少。在 1998—2009 年，原煤的消费量由 20.38% 下降到 9.54%，柴油的消费量由 10.61% 上升到 12.91%，电力的消费量则是由 32.39% 增长至 36.36%，其他石油制品的消费量由 25.63% 增长到 31.76%。

从图 6-12 中可见，建筑业能源消费结构变化引起的二氧化碳排放变化非常平缓，且围绕着 0 值上下波动。能源消费结构变化对建筑业二氧化碳排放的影响很小，与建筑业二氧化碳排放量的变化量相比相差很多。这说明在 1999—2009 年，能源消费结构在建筑业部门中对于其二氧化碳排放量的影响最小。

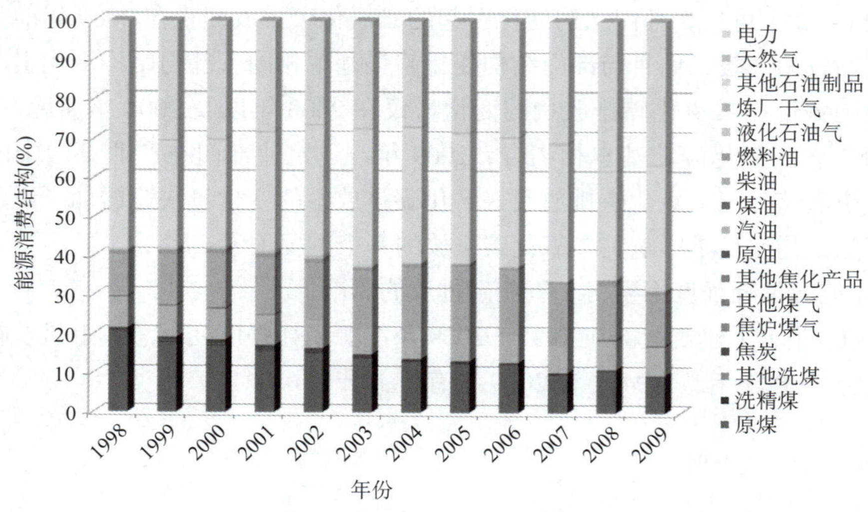

图 6–15　建筑业部门能源消费结构变化

（六）小结

由于建筑业近些年发展速度很快，其经济规模因素在建筑业中对二氧化碳排放的影响最为显著，建筑业在产业部门中的占比也是一个影响二氧化碳排放的重要因素。能源消耗强度对建筑业部门二氧化碳排放有较大的影响。2009 年该部门的二氧化碳排放量的变化量快速上升就是经济规模、部门结构和能源消耗强度同时上升的结果。能源结构因素对建筑业部门二氧化碳排放的影响很小，主要是因为其能源结构变化不大。建筑业是所有部门中排放二氧化碳最少的部门，但是，由于建筑业部门发展迅速，是产业部门潜在的促进二氧化碳排放的部门之一，因此要关注建筑业部门的二氧化碳排放的影响因素，特别是对其经济规模的快速扩张和在产业部门中占比的快速提高需要引起关注。

四、交通运输、仓储和邮政业部门二氧化碳排放影响因素分析

交通运输、仓储和邮政业是产业部门中的二氧化碳排放大户，2009 年该部门的二氧化碳排放量在产业部门中位列第二，了解影响该部门二氧化碳排放的因素，对于寻找该部门减缓二氧化碳排放的途径，从而控制产业部门二氧化碳排放非常重要。

（一）交通运输、仓储和邮政业部门二氧化碳排放影响因素分解结果

通过 LMDI 方法对工业历年二氧化碳排放数据进行分解，得到 1999—2009 年该部门由于经济规模变化、部门结构变化、能源消耗强度变化以及能源结构变化所引起的二氧化碳排放量的变化以及二氧化碳排放总量变化量数据（表 6–5）。

根据表 6–5 作图 6–16，从中可以看出，该部门由经济规模变化引起的二氧化碳排放量远远高于其他三种因素引起的二氧化碳排放量，是影响该部门二氧化碳排放的主要因素。能源消耗强度变化也是重要影响因素。能源消费结构变化对二氧化碳排放的影响很小。

表 6–5 不同因素对交通运输、仓储和邮政业部门二氧化碳排放的影响及二氧化碳排放总量变化量

单位：万吨

年份	二氧化碳排放总量变化量	经济规模影响	部门结构影响	能源消耗强度影响	能源消费结构影响
1999	849.75	2550.16	923.13	–1552.51	–147.91
2000	1072.67	1907.78	33.52	–799.78	–35.33
2001	806.23	2036.57	109.87	–1176.84	–53.5
2002	1463.97	1737.89	–460.01	–221	–52.91
2003	3934.75	1659.64	–996.09	2322.21	–47.1
2004	5326.35	4390.81	1268.45	1085.04	–149.5
2005	3661.95	3933.43	–16.11	–228.56	–42.92
2006	3842.29	3873.36	–991.84	13.72	–44.79
2007	1178.75	4827.98	–904.48	–3712.18	62.95
2008	4365.11	3246.34	–978.03	1496.38	–377.61
2009	1616.34	2008.76	–2318.56	–324.45	–67.97

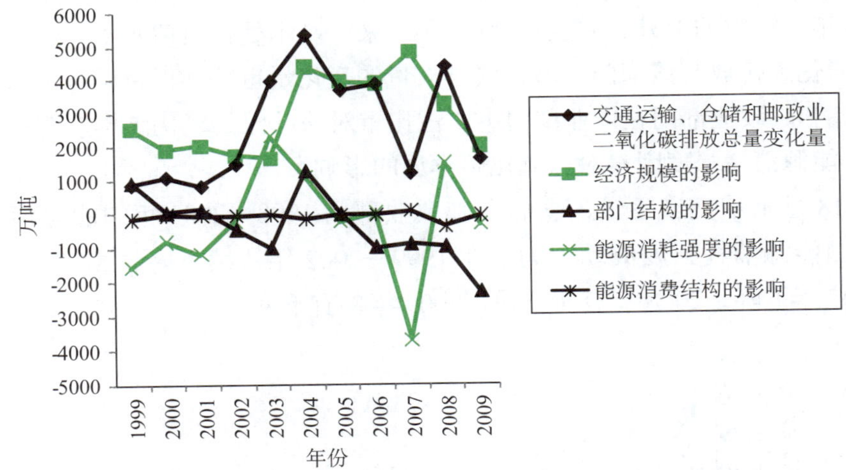

图 6–16 不同因素对交通运输、仓储和邮政业部门二氧化碳排放的影响及排放总量变化量

（二）经济规模因素对二氧化碳排放的影响

该部门经济规模扩张不稳定，1999—2003 年扩张缓慢，2004—2007 年扩张较快，之后扩张速度下降。从图 6–16 中可见，该部门经济规模变化引起的二氧化碳排放整体水平高，而且与其经济规模变化趋势基本相同。1999—2003 年以及 2007 年与经济规模变化引起的二氧化碳排放量变化趋势与该部门的二氧化碳排放量的变化趋势相反，其余年份二者基本相同。出现相反变化的年份是由于其他因素的影响。说明该部门经济规模变化是影响其二氧化碳排放的一个主要因素，但是在一些年份，存在一些起相反作用的影响因素。

（三）部门结构因素对二氧化碳排放的影响

在图 6-17 中，可以明显看到在 1998—2005 年，交通运输、仓储和邮政业部门结构一直上下波动，但是趋势不甚明显，2005—2009 年其部门结构呈现持续下降的态势。

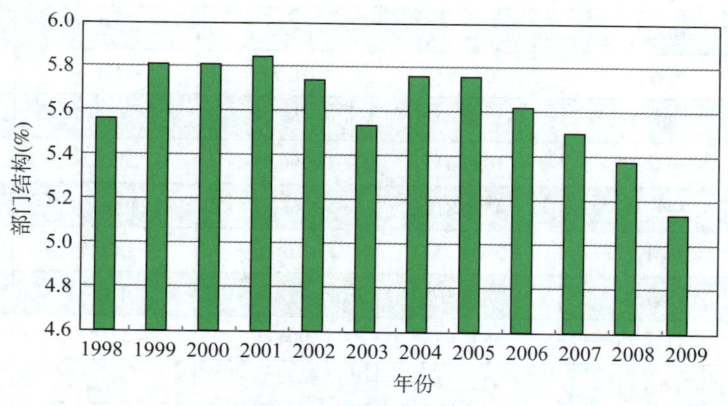

图 6-17　交通运输、仓储和邮政业部门的部门结构变化

从图 6-16 中可以看到，部门结构变化引起的二氧化碳排放总体保持下降趋势，仅在 2004 年有短暂的上升，并且自 2002 年以来，基本处在负值水平。部门结构变化引起的二氧化碳排放与该部门二氧化碳排放量的变化量也基本保持同步。这说明交通运输、仓储和邮政业部门在产业部门中所占比重对该部门二氧化碳排放有一定影响。

（四）能源消耗强度因素对二氧化碳排放的影响

图 6-18 显示了交通运输、仓储和邮政业部门 1998—2009 年的能源消耗强度变化。该部门能源消耗强度波动很大，在 1999—2002 年持续下降，2003 年和 2004 年上升，2007 年下降，2008 年有所反弹，2009 年略有下降。

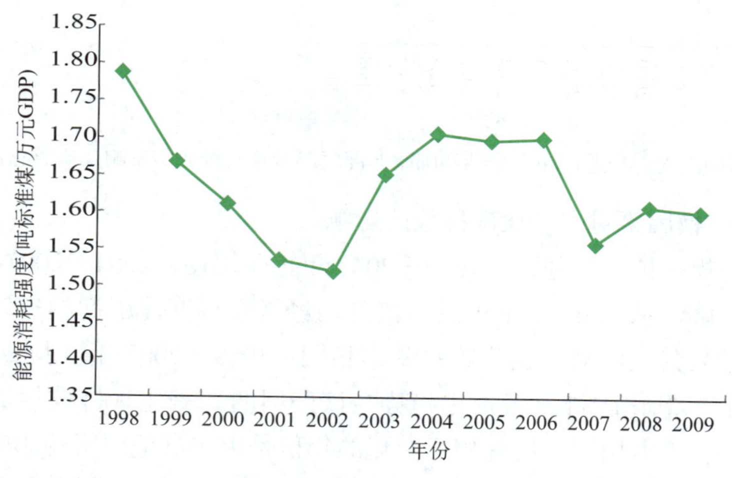

图 6-18　交通运输、仓储和邮政业部门能源消耗强度变化

通过图 6–16 可以看到，能源消耗强度变化引起的二氧化碳排放变化在 2003 年前一直缓慢上升，在 2003 年有一个快速上升并达到高峰，随后到 2007 年间一直下降，2008 年有所反弹，2009 年略有下降。能源消耗强度变化引起的二氧化碳排放量的变化趋势和该部门二氧化碳排放量的变化趋势非常一致，说明该部门能源消耗强度变化是影响二氧化碳排放的重要因素。

（五）能源消费结构因素对二氧化碳排放的影响

从图 6–19 中我们可以发现，在交通运输、仓储和邮政业部门中消费最多的能源是柴油、汽油以及电力。在 1998—2009 年，汽油的消费量由 22.93% 下降到 18.05%，电力的消费量由 11.19% 下降到 10.61%，而柴油的消费量则由 38.24% 快速增长至 48.95%。

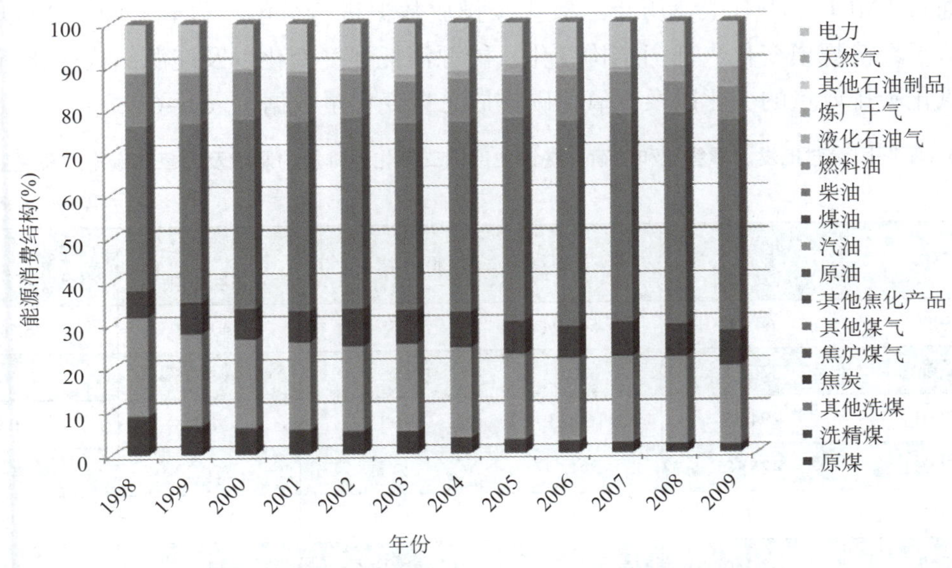

图 6–19 交通运输、仓储和邮政业部门能源消费结构变化

从图 6–16 中可以看到，由能源消费结构变化引起的二氧化碳排放变化在近 10 年间都较为平稳，在 0 值附近波动。能源消费结构变化引起的二氧化碳排放对于该部门二氧化碳排放量的变化量的影响甚微，说明该部门能源消费结构因素变化对其二氧化碳排放的影响很小。

（六）小结

在交通运输、仓储和邮政业部门中依旧是经济规模对二氧化碳排放的影响最为明显，但是在一些年份，存在一些起着相反作用的影响因素。能源消耗强度变化是影响该部门二氧化碳排放的重要因素，2007 年和 2008 年该部门二氧化碳排放量的变化量与其经济规模反向变化，主要是受能源消耗强度的影响。部门结构对该部门二氧化碳排放有一定影响，2009 年该部门二氧化碳排放量的变化量下降的重要影响因素是经济规模和部门结构的下降。由于能源消费结构本身的变化不大，而且柴油、汽油等化石能源消费比重大且变化小，所以能源消费结构因素对该部门二氧化碳排放的影响很小。由于交通运输、仓储和邮政业部门在产业部门中的规模和二氧化碳排放量都位列第二，重视该部门的二氧化碳减排对于发展低碳经济非常重要。发展互联网、鼓励新能源汽车使用，降低能源消耗强度，是可以选择的二氧化碳减排措施。

五、批发、零售业和住宿、餐饮业部门二氧化碳排放影响因素分析

随着居民收入水平的不断提高，批发、零售业和住宿、餐饮业部门不断扩张，将成为影响产业部门二氧化碳排放的潜在因素，通过改变影响该部门二氧化碳排放量的因素实现低碳发展在中国未来低碳经济发展中有重要作用。

（一）批发、零售业和住宿、餐饮业二氧化碳排放影响因素分解结果

通过 LMDI 方法对工业历年二氧化碳排放数据进行分解，得到 1999—2009 年该部门由于经济规模变化、部门结构变化、能源消耗强度变化以及能源结构变化所引起的二氧化碳排放量的变化以及二氧化碳排放总量变化量数据（表 6-6）。

表 6-6 不同因素对批发、零售业和住宿、餐饮业部门二氧化碳排放的影响及二氧化碳排放总量变化量

单位：万吨

年份	二氧化碳排放总量变化量	经济规模影响	部门结构影响	能源消耗强度影响	能源消费结构影响
1999	64.27	544.94	55	-403.91	-76.76
2000	376.11	620.13	61.92	-145.35	-98.66
2001	294.85	609.3	31.15	-242.38	-72.07
2002	425.18	691.51	29.77	-220.22	-46.11
2003	1177.54	835.14	36.99	390.72	-48.33
2004	1294.09	727.25	-197.53	633.71	-66.86
2005	960.09	1299.71	153.2	-381.43	41.81
2006	1133.12	1940.94	532.05	-765.21	-42.6
2007	1160.41	2071.27	403.26	-388.34	-522.52
2008	62.78	1792.56	580.15	-2156.19	426.41
2009	1677.67	1479.69	208.26	254.69	-56.71

根据表 6-6 作图 6-20，从中可以看出，该部门总体看在产业部门二氧化碳排放中所占比重不大，自 2003 年开始，能源消耗强度成为影响该部门二氧化碳排放的重要因素；自 2005 年开始，经济规模变动成为影响该部门二氧化碳排放的主要因素，特别是 2009 年引起的二氧化碳排放量直线上升。部门结构和能源消费结构的变化对二氧化碳排放的影响很小。

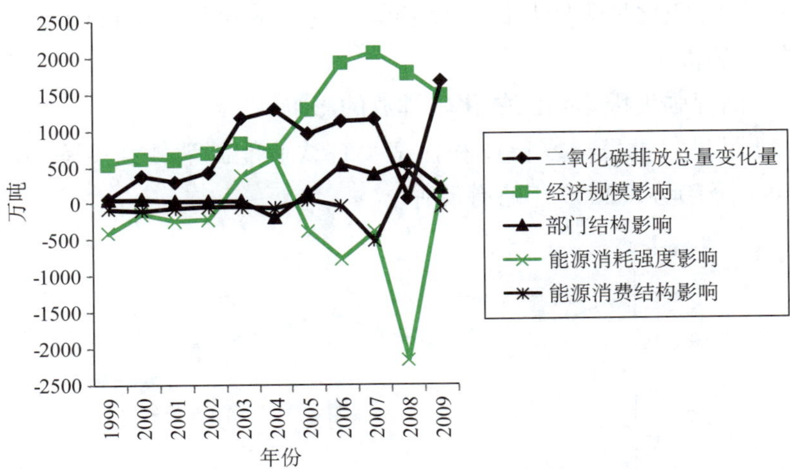

图 6-20 不同因素对批发、零售业和住宿、餐饮业部门二氧化碳排放的影响及二氧化碳排放总量变化量

（二）经济规模因素对二氧化碳排放的影响

该部门经济规模持续扩张，自 2006 年开始，经济规模比 1999—2005 年有较快的扩张，但是扩张平稳。从图 6-20 中可以看到，1999—2004 年批发、零售业和住宿、餐饮业经济规模变化引起的二氧化碳排放变化比较平稳，2004—2007 年有一个较快上升，之后开始下降。由该部门经济规模因素引起的二氧化碳排放与同期该部门的二氧化碳排放量的变化量的变动基本一致，2005—2008 年经济规模因素引起的二氧化碳排放高于二氧化碳排放量的变化量，这说明该部门的经济规模是影响其二氧化碳排放的重要因素。

（三）部门结构因素对二氧化碳排放的影响

由图 6-21 可见，批发、零售业和住宿、餐饮业部门的部门结构在 1998—2003 年一直缓慢上升，2004 年下降，2005 年回升，之后一直保持着较高的增长，2009 年增长放慢。

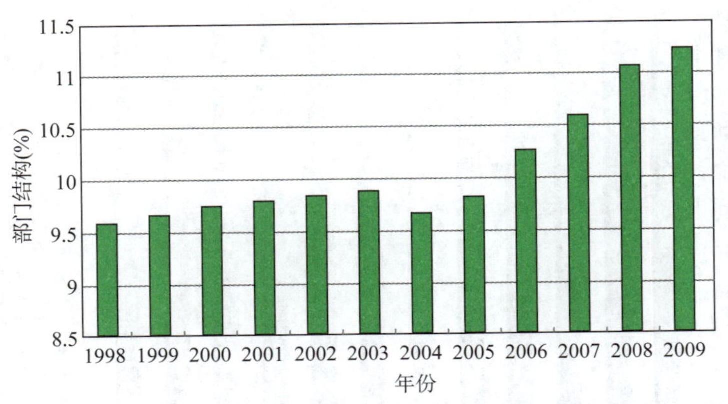

图 6-21 批发、零售业和住宿、餐饮业部门的部门结构变化

从图 6-20 中可以看到，部门结构变化引起的二氧化碳排放不大，与其部门结构变化规律相同，但与该部门二氧化碳排放增量的变化量的变动趋势不尽相同，尤其从

2002 年以后，二者变化呈现明显的相反趋势。这说明该部门的部门结构变化对其二氧化碳排放的影响很小。

（四）能源消耗强度因素对二氧化碳排放的影响

由图 6–22 可见，批发、零售业和住宿、餐饮业能源消耗强度除 2003 年和 2004 年之外总体呈下降趋势，2009 年略有反弹。

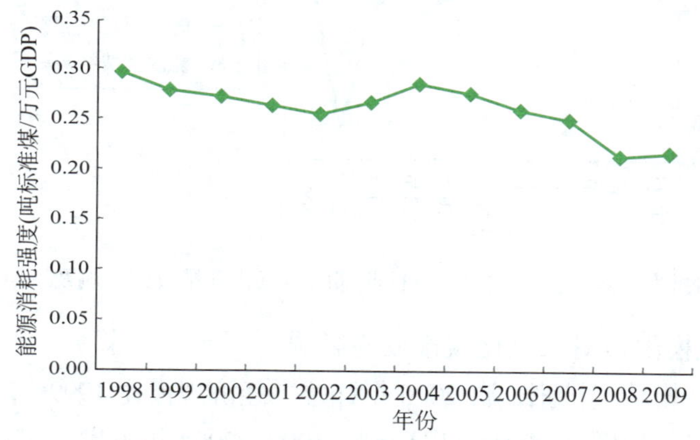

图 6–22　批发、零售业和住宿、餐饮业部门能源消耗强度变化

从图 6–20 中可以看到，批发、零售业和住宿、餐饮业由能源消耗强度变化引起的二氧化碳排放在 1999—2002 年处于较为平稳的时期，2002 年后波动较大。由能源消耗强度变化引起的二氧化碳排放量的变化趋势与该部门二氧化碳排放量的变化趋势高度一致，只有 2006 年呈幅度不大的相反变化。这说明该部门的能源消耗强度变化对其二氧化碳排放的影响很大。

（五）能源消费结构因素对二氧化碳排放的影响

由图 6–23 可见，批发、零售业和住宿、餐饮业部门消费最多的能源是电力、原

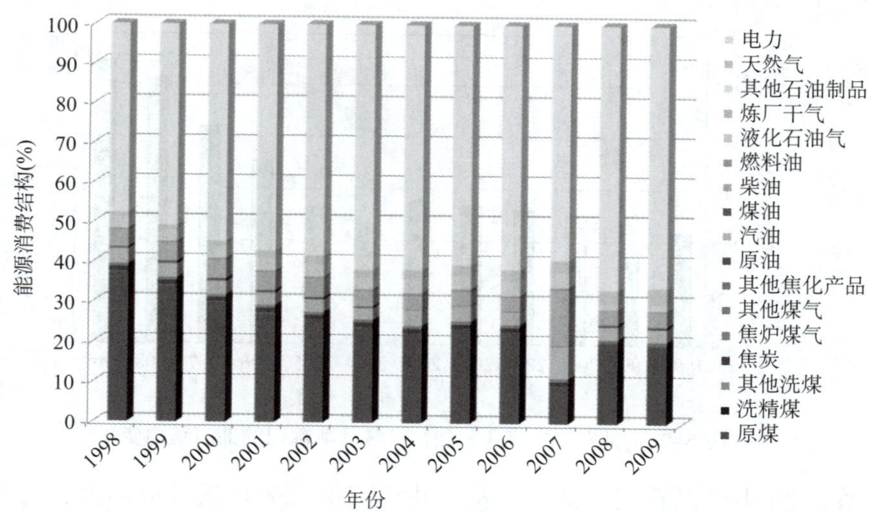

图 6–23　批发、零售业和住宿、餐饮业部门能源消费结构变化

煤以及柴油。在 1998—2009 年，原煤的消费量由 37.35% 下降到 19.68%，柴油的消费量由 4.29% 下降到 3.80%，而电力的消费量则由 47.63% 快速增长至 65.94%。

从图 6-20 中可以看到，批发、零售业和住宿、餐饮业的能源消费结构变化引起的二氧化碳排放在 2006 年前一直处在比较平稳的变化趋势中，2007 年由于原煤使用量较大幅度下降，能源消费结构变化引起的二氧化碳排放较大幅度减少，2008 年则因为原煤使用出现较大回升引起二氧化碳排放较大幅度增加。能源消费结构变化引起的二氧化碳排放与该部门的二氧化碳排放量的变化量趋势不一致，2005 年开始呈现相反变化状态，说明该部门的能源消费结构变化对其二氧化碳排放几乎没有影响。

（六）小结

批发、零售业和住宿、餐饮业部门的经济规模变化对二氧化碳排放的影响最大。能源消耗强度变化对其二氧化碳排放的影响也很大，该部门二氧化碳排放量的变化量在 2003 年、2004 年、2009 年的较快上升和 2008 年的较快下跌都与其能源消耗强度的下降和上升紧密相关。部门结构变化对其二氧化碳排放的影响很小。能源消费结构变化因其能够真正引起减少二氧化碳排放的原煤使用量下降不多，对其二氧化碳排放几乎没有影响。所以，在批发、零售业和住宿、餐饮业部门发展过程中，要关注经济规模变化因素对其二氧化碳排放的影响，高度关注能源消耗强度变化，特别是要加强能源消费结构的调整，减少原煤消费，节约用电，倡导使用新能源。

六、其他部门二氧化碳排放影响因素分析

其他部门中的大多数行业与人们的日常生活密切相关，比如房地产业、金融业等，近些年发展相当迅速，是影响产业部门二氧化碳排放的一个潜在因素。

（一）其他部门二氧化碳排放影响因素分解结果

通过 LMDI 方法对工业历年二氧化碳排放数据进行分解，得到 1999—2009 年其他部门由于经济规模变化、部门结构变化、能源消耗强度变化以及能源结构变化所引起的二氧化碳排放量的变化以及二氧化碳排放总量变化量数据（表 6-7）。

表 6-7　不同因素对其他部门二氧化碳排放的影响及二氧化碳排放总量变化量　单位：万吨

年份	二氧化碳排放总量变化量	经济规模影响	部门结构影响	能源消耗强度影响	能源消费结构影响
1999	360.63	1031.62	166.22	−589.3	−81.68
2000	567.4	1254.71	260.55	−659.33	−27.98
2001	467.29	1393.95	370.99	−907.66	−19.01
2002	800.39	1506.91	341.07	−729.6	23.09
2003	2057.99	1419.03	8.96	643.44	−4.48
2004	2451.72	1625.6	3.33	875.5	−49.38

续表

年份	二氧化碳排放总量变化量	经济规模影响	部门结构影响	能源消耗强度影响	能源消费结构影响
2005	2510.06	2247.48	162.74	312.8	-50.21
2006	2353.36	2813.75	185.97	-378.02	-82.36
2007	-1233.24	3359.51	386.8	-4038.83	-553.91
2008	5132.24	2175.91	-65.86	2535.92	420.42
2009	2551.12	2745.93	245.97	-186.94	-7.87

根据表 6-7 作图 6-24，从中可以看出，该部门经济规模变化是影响二氧化碳排放的主要因素，能源消耗强度变化也是主要影响因素。部门结构变化和能源消费结构变化对二氧化碳排放的影响很小。

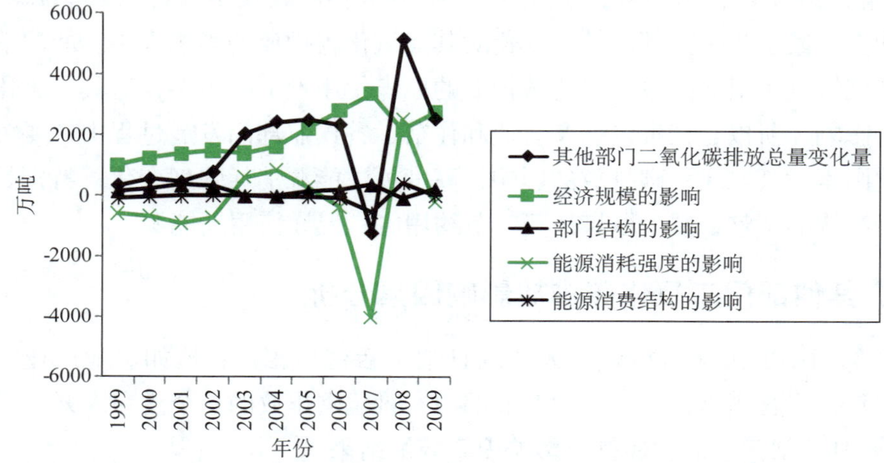

图 6-24　不同因素对其他部门二氧化碳排放的影响及二氧化碳排放总量变化量

（二）经济规模因素对二氧化碳排放的影响

其他部门的经济持续扩张，自 2004 年开始规模扩张加快，其中房地产业的经济规模增加的速度很快，金融业发展较快。从图 6-24 中可以看到，在 1999—2004 年经济规模变化引起的二氧化碳排放一直是处在平缓上升的区间，随后一直到 2007 年，增长速度加快，但是在 2008 年有所下降，2009 年回升。其他部门的经济规模变化引起的二氧化碳排放在该部门的二氧化碳排放中占有绝对比重，在 2006 年之前经济规模变化引起的二氧化碳排放量的变化趋势大致与该部门的二氧化碳排放量的变化趋势相同，但从 2007 年开始二者变动趋势相反。这说明该部门的经济规模是影响其二氧化碳排放的最重要因素，但是从 2007 年开始，有一些起相反作用的因素抵消了一部分经济规模因素的影响。

（三）部门结构因素对二氧化碳排放的影响

从图 6-25 中可以看到，1998—2002 年其他部门的部门结构保持快速增长；

2003—2009 年增长速度减缓。

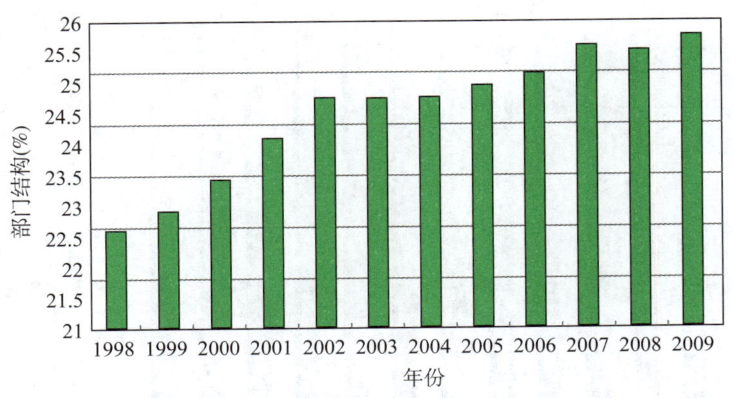

图 6–25　其他部门的部门结构变化

从图 6–24 中可以看到，由部门结构变化引起的二氧化碳排放变化在近 10 年间基本保持平稳，仅在 2001 年、2007 年与 2008 年前后有很小的波动。部门结构变化引起的二氧化碳排放量很小，对其二氧化碳排放量的变化量影响甚微。

（四）能源消耗强度因素对二氧化碳排放的影响

从图 6–26 可见，其他部门的能源消耗强度在 2003 年前持续下降，2003—2006 年上升，在 2007 年有一个较快下降后，2008 年出现较快反弹，2009 年略有下降。

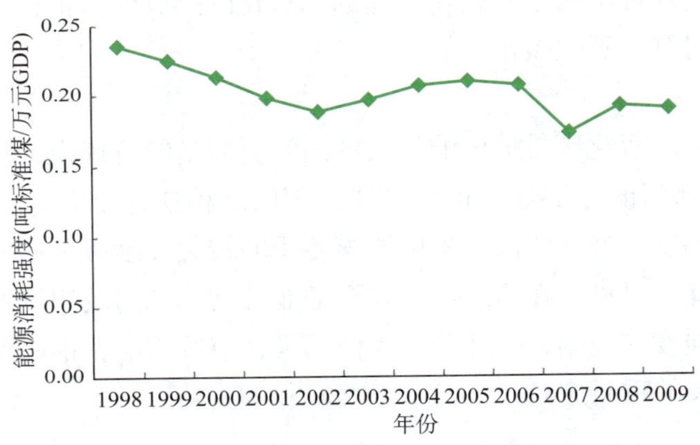

图 6–26　其他部门能源消耗强度变化

从图 6–24 中可以看到，该部门能源消耗强度变化引起的二氧化碳排放变化很大，与该部门二氧化碳排放量的变化量变动趋势相同，说明该部门能源消耗强度变化是影响其二氧化碳排放的重要因素。

（五）能源消费结构因素对二氧化碳排放的影响

从图 6–27 中可见，其他部门消费最多的能源是电力、汽油以及柴油和原煤。在 1998—2009 年，原煤的消费量由 16.66% 下降到 9.42%，汽油的消费量由 19.63% 下降到 11.35%，柴油的消费量由 14.43% 下降至 11.89%，电力的消费量则由 42.51% 增长到 63.77%。

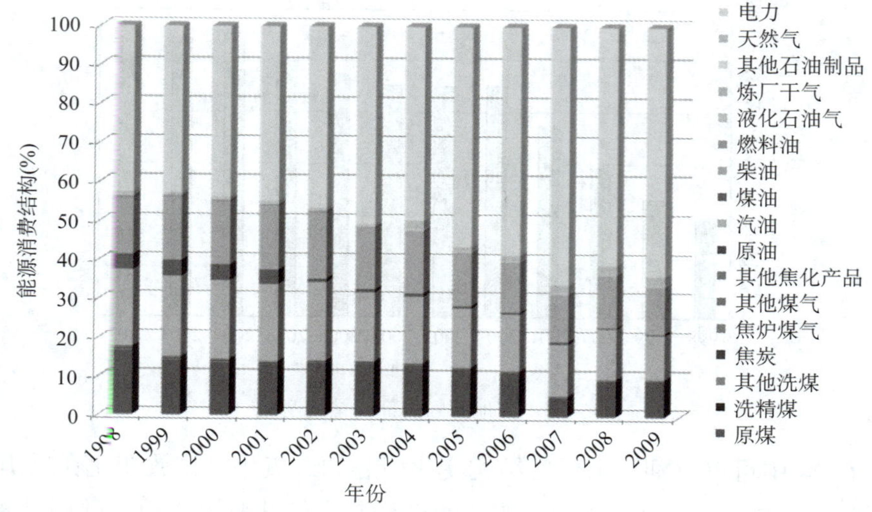

图 6–27　其他部门能源消费结构变化

从图 6–24 中可以看到，该部门能源消费结构变化引起的二氧化碳排放的变化趋势在 1999—2006 年比较平稳，在 2007 年后开始有所波动，但幅度不大，2007 年能源消费结构变化引起的二氧化碳排放量下降是由于该部门使用原煤的比例有较大幅度的下降。由该部门能源消费结构变化引起的二氧化碳排放数值很小，这说明该部门能源消费结构变化对其二氧化碳排放的影响不大。

（六）小结

其他部门中对二氧化碳排放影响最大的因素仍旧是经济规模，其次是能源消耗强度。2007 年，该部门的经济规模扩张最快，部门结构快速上升，但是，该部门能源消耗强度的较大幅度下降和能源结构中原煤使用的较大幅度减少使该部门的二氧化碳排放量大幅度下降。可见，在房地产业和金融业等其他部门较快发展的过程中，注重该部门能源消耗强度的控制，降低其原煤使用量，节约用电，推广使用新能源，是该部门实现低碳发展的重要途径。

第四节　中国工业部门分行业二氧化碳排放影响因素分析

如上所述，中国工业部门是二氧化碳排放大户，处于工业化中期的中国经济要实现低碳经济，了解中国工业部门内部影响二氧化碳排放的因素非常必要。本节主要从工业各行业入手讨论二氧化碳排放的影响因素，希望能够更加细致、更加直观地把握工业部门二氧化碳排放主要行业的二氧化碳排放的影响因素，为研究我国低碳经济实现路径提供依据。

一、工业部门的行业分类及数据说明

（一）行业分类

为后面分析方便，本文根据39个行业的二氧化碳排放平均增长率将39个行业分为三类。

第一类是二氧化碳排放平均增长率在10%以上的行业，包括黑色金属矿采选业，木材加工及木、竹、藤、棕、草制品业，塑料制品业，黑色金属冶炼及压延加工业，有色金属冶炼及压延加工业，金属制品业，电气机械及器材制造业，通信设备、计算机及其他电子设备制造业8个行业。

第二类是二氧化碳排放平均增长率为10%~5%的行业，包括煤炭开采和洗选业，有色金属矿采选业，非金属矿采选业，纺织业，纺织服装、鞋帽制造业，皮革、毛皮、羽毛（绒）及其制品业，家具制造业，造纸及纸制品业，印刷业，记录媒介的复制，文教体育用品制造业，石油加工、炼焦及核燃料加工业，化学原料及化学制品制造业，橡胶制品业，非金属矿物制品业，通用设备制造业，专用设备制造业，交通运输设备制造业，仪器仪表及文化办公用机械制造业，电力、热力的生产和供应业，燃气生产和供应业，水的生产和供应业等21个行业。

第三类是二氧化碳排放平均增长率在5%以下的行业，包括石油和天然气开采业、其他采矿业、农副食品加工业、食品制造业、饮料制造业、烟草制品业、医药制造业、化学纤维制造业、工艺品及其他制造业、废弃资源和废旧材料回收加工业等10个行业。

由于工业部门的行业众多，所以把39个行业由于经济规模变化、行业结构变化、能源消耗强度变化和能源结构变化所引起的二氧化碳排放量的变化以及二氧化碳排放总量变化量数据放在了附录中。由于第三类行业二氧化碳排放平均增长率很低，对工业部门的二氧化碳排放影响不大，限于篇幅，不对其影响因素进行具体分析。

（二）数据说明

第一，关于所选取时间段说明。2004年以后，我国工业部门数据统计口径发生了变化：从2004年起正式实行新的工业发展速度计算方法[1]。为了使研究具有可比性，这里选择2004—2010年作为研究阶段。

第二，关于各行业增加值率问题。2007年以前，我国统计年鉴公布了工业各分行业增加值率，但2008年开始，该指标没有在统计年鉴中公布。通过观察2004—2007年各行业增加值率，可以发现该指标变化幅度非常小。因此，2008—2010年的工业分行业增加值率取2007年数据，这种方式虽然有误差，但不会影响整体讨论。

---

[1] 参见《国家统计局关于从2004年起正式实行新工农业发展速度计算方法的通知》（国统字〔2003〕25号）

第三，关于各行业增加值计算问题。各行业增加值通过各行业总产值与该行业增加值率相乘得出；为了使各行业增加值具有可比性，还对增加值进行了基于2005年不变价格处理，处理的方法是通过历年生产者价格指数（PPI）计算而得。

二、工业部门分行业经济规模因素对二氧化碳排放的影响

（一）第一类行业经济规模因素对二氧化碳排放的影响

通过对第一类行业二氧化碳排放量进行LMDI因素分解，得到经济规模变化引起的二氧化碳排放变化量（图6–28）。从中可见，黑色金属冶炼及压延加工业的经济规模变化引起的二氧化碳排放变化尤为明显，其次是有色金属冶炼及压延加工业，在经历了2006—2008年迅速上升，到2008年达到了最高点之后，2009年迅速下降。这与我国当时的经济形势有很大的关系。2006—2008年，经济快速增长带动这些行业规模扩张，在国家宏观调控和世界金融危机冲击下，2009年增长下滑，使得这些行业规模扩张下滑，二氧化碳排放量迅速下降为负值。2005—2009年，由于经济规模变化带来的二氧化碳排放占其各自二氧化碳排放变化量的比例依次为（按照图6–28所示排序）：81.6%、75.3%、80%、69.9%、67.7%、93.7%、73.3%、67.6%，二氧化碳排放变化量占比均超过50%。第一类行业中，经济规模是影响各行业二氧化碳排放的主要因素。

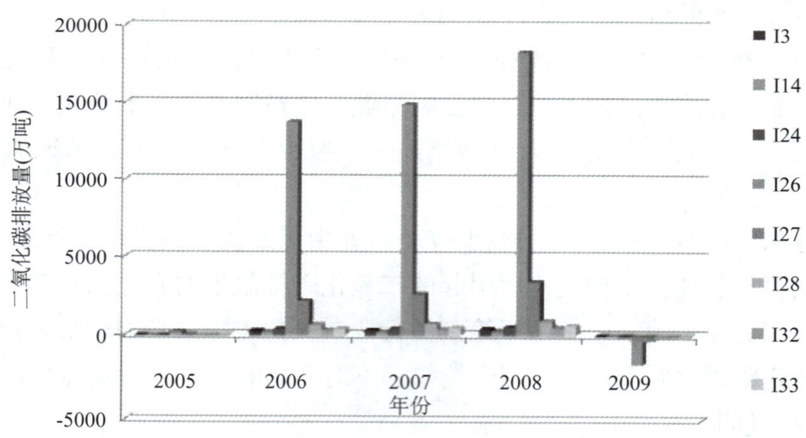

图6–28 第一类工业行业的经济规模变化带来的二氧化碳排放变化

（二）第二类行业经济规模因素对二氧化碳排放的影响

通过对第二类行业二氧化碳排放量进行LMDI因素分解，得到经济规模变化引起的二氧化碳排放变化量（图6–29）。从中可见，由经济规模引起的二氧化碳排放变化趋势波动幅度较大，2005年排放量变化很小，2006—2008年，排放量大幅增加，其中特别需要关注的几个行业是电力、热力的生产和供应业、煤炭开采和洗选业，化学原料及化学制品制造业，非金属矿物制品业。2005—2009年，各行业的经济规模引起的二氧化碳排放占其二氧化碳排放变化量的比例依次为（按照图6–29所示排序）：

199.5%、137.2%、230.1%、183.5%、111.8%、152.3%、86.7%、228.5%、965.1%、254.7%、176.9%、126.5%、110.5%、134%、71.1%、121.1%、97.5%、71.6%、154.5%、3729.4%、117.6%。21 个行业的二氧化碳排放变化量占比均超过 50%，其中燃气生产和供应业占比高达 3729.4%，印刷业和记录媒介的复制业的二氧化碳排放变化量占比也高达 965.1%，经济规模是影响各行业二氧化碳排放变化的主要因素。随着工业化和城市化的加快，对于上述行业的产品需求将不断扩大，对于它们的经济规模扩大引起的二氧化碳排放增加需要加以重视。

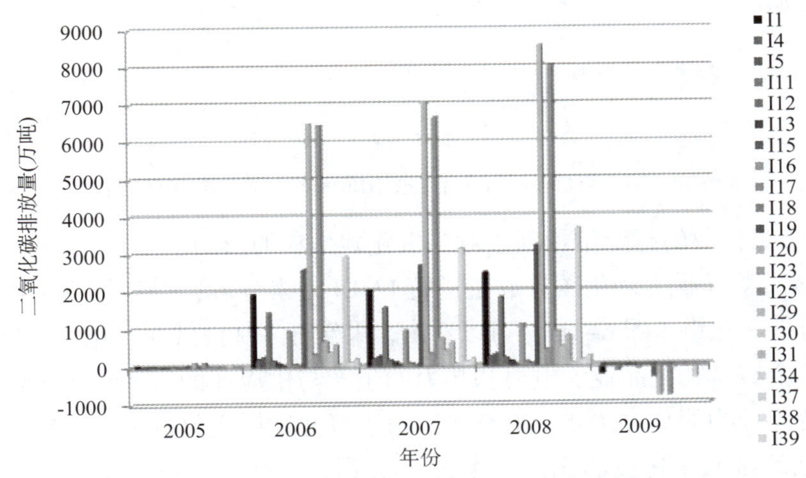

图 6-29 第二类行业经济规模变化带来的二氧化碳排放变化

三、工业部门分行业的行业结构因素对二氧化碳排放的影响

（一）第一类行业的行业结构因素对二氧化碳排放的影响

工业部门的行业结构是指工业各行业占工业总产值的比例。通过对第一类行业二氧化碳排放量进行 LMDI 因素分解，得到行业结构变化引起的二氧化碳排放变化量（图 6-30）。2005—2009 年，第一类行业的行业结构变化特别需要关注黑色金属冶炼及压延加工业和有色金属冶炼及压延加工业。伴随着黑色金属冶炼及压延加工业在工业部门中占比的变化，该行业二氧化碳排放大幅度上下波动，2006 年和 2009 年，黑色金属冶炼及压延加工业在工业部门中的占比略有下降，但是引起了二氧化碳排放大幅度减少，这说明该行业在工业部门的比例变化对于工业部门的二氧化碳排放有重要影响。

2005—2009 年，由于行业结构变化带来的二氧化碳排放占其各自二氧化碳排放变化量的比例依次为（按照图 6-30 所示排序）：113.9%、52.5%、–22.7%、–13%、90.4%、110.7%、18.1%、–62.2%。在此期间，有 5 个行业的行业结构因素促进二氧化碳排放，其中 4 个行业的二氧化碳排放变化量占比超过 50%；塑料制品业，黑色金属冶炼及压延加工业和通信设备、计算机及其他电子设备制造业三个行业的二氧化碳排放变化量占比为负值，其行业结构因素拟制了二氧化碳排放，但是影响不大。总体看，第一类行业的行业结构因素对其二氧化碳排放影响不大。

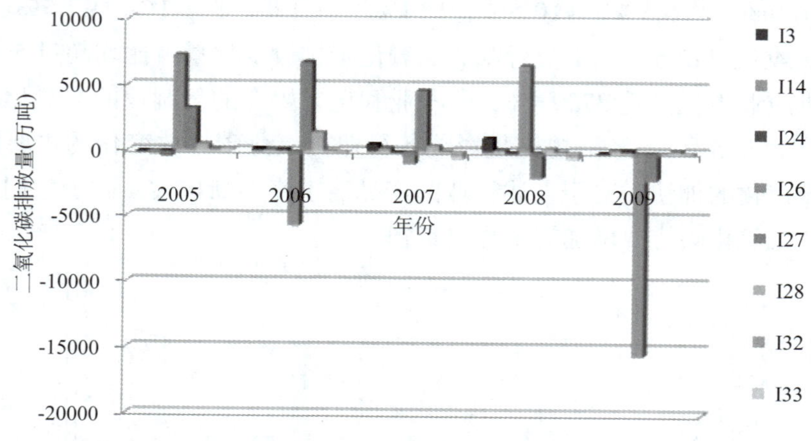

图 6-30　第一类行业的行业结构变化带来的二氧化碳排放变化

（二）第二类行业的行业结构因素对二氧化碳排放的影响

通过对第二类行业二氧化碳排放量进行 LMDI 因素分解，得到行业结构变化引起的二氧化碳排放变化量（图 6-31）。可以看出，煤炭开采和洗选业、化学原料及化学制品制造业、非金属矿物制品业、电力和热力的生产与供应业的行业结构变化引起的二氧化碳排放变化较为明显。2005—2009 年，由于行业结构变化带来的二氧化碳排放占其各自二氧化碳排放变化量的比例依次为（按照图 6-31 所示排序）：204%、134.3%、–66%、–98%、–10.9%、–53.4%、–10.5%、–105.4%、–948.5%、–191.4%、–62.2%、23.5%、–16.5%、14.9%、15.3%、73.3%、46.8%、–36.8%、–134.8%、6544.6%、–108%。21 个行业只有这 4 个行业的行业结构变化引起的二氧化碳排放的变化量超过 50%。燃气生产和供应业因在工业行业中的占比很小且占比持续增长，由此引起的二氧化碳排放变化量占比高达 6544.6%，煤炭开采和洗选业因在工业行业中的占比持续增长，其行业结构变化引起的二氧化碳排放变化量占比为 204%；大多数行业的行业结构变化引起的二氧化碳排放变化量的占比为负值，有 7 个行业占比超过 –50%，印刷业和记录媒介的复制业因在工业行业中占比很小且占比持续下降，因此其行业结构变化引起的二氧化碳排放变化占比为 –948.5%，电力、热力的生产和供应业也因在工业行业中占比很小且占比持续下降，其行业结构变化引起的二氧化碳排放变化占比为 –134.8%。第二类行业的行业结构因素对其二氧化碳排放影响较大。

四、工业分行业能源消耗强度因素对二氧化碳排放的影响

（一）第一类行业的能源消耗强度因素对二氧化碳排放的影响

通过对第一类行业二氧化碳排放量进行 LMDI 因素分解，得到能源消耗强度变化引起的二氧化碳排放变化量（图 6-32）。由此可见，黑色金属冶炼及压延加工业、有色金属冶炼及压延加工业，能源消耗强度变化对二氧化碳排放的影响作用非常明显。特别是在

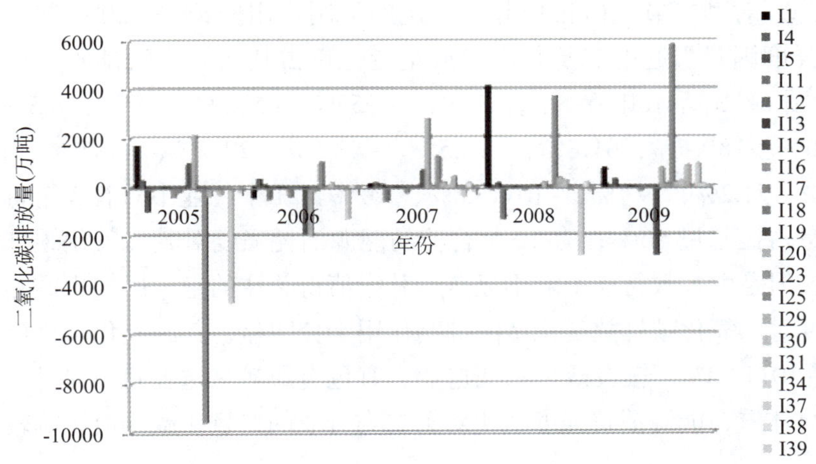

图 6-31 第二类工业行业的行业结构变化带来的二氧化碳排放变化（单位：万吨）

2005 年和 2009 年，黑色金属冶炼及压延加工业能源消耗强度出现了上升势头，带来二氧化碳排放的增加。2005—2009 年，能源消耗强度变化带来的二氧化碳排放量变化占其二氧化碳排放变化量比例依次为（按照图 6-32 所示排序）：-85.6%、-7.3%、53.6%、51.3%、-49.9%、-93%、16.5%、100%。8 个行业中只有塑料制品业，黑色金属冶炼及压延加工业和通信设备、计算机及其他电子设备制造业 3 个行业的二氧化碳排放变化量占比超过 50%；有 4 个行业的能源消耗强度变化对其二氧化碳排放产生拟制作用，但是只有金属制品业的二氧化碳排放变化量占比下降超过 50%，为 -93%。总体看，能源消耗强度变化对各行业的二氧化碳排放影响较小。

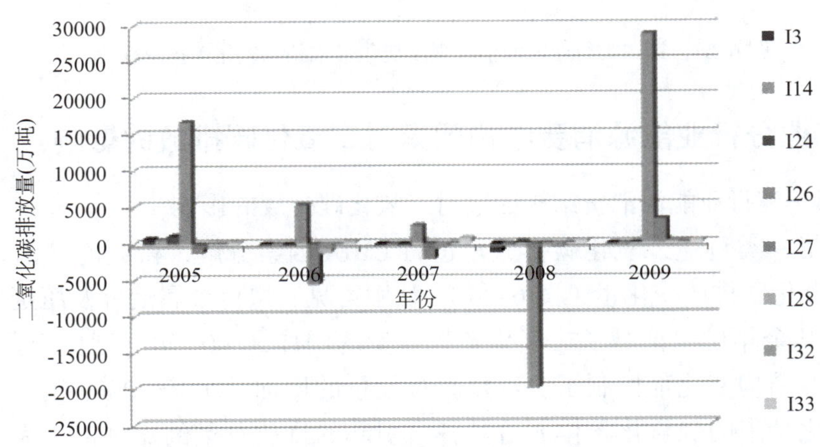

图 6-32 第一类行业能源消耗强度变化带来的二氧化碳排放变化

（二）第二类行业能源消耗强度因素对二氧化碳排放影响

通过对第二类行业二氧化碳排放量进行 LMDI 因素分解，得到能源消耗强度变化引起的二氧化碳排放变化量（图 6-33）。从中可见，第二类行业中，大部分行业能源消耗强度下降，对其二氧化碳排放起了一定的抑制作用。2005—2009年，第二类行业能源消耗强度因素引起的二氧化碳排放量变化量占其二氧化碳排放变化量比例依次为（按照图6–33所示排序）：–297.6%、–153%、–51.2%、46%、16.5%、28.2%、36.9%、–5.6%、180.5%、61.8%、–15.5%、–43.5%、23.7%、–38.5%、15.9%、–77%、–35.4%、71.2%、99.7%、–10113.8%、102%。21个行业中只有5个行业二氧化碳排放变化量占比超过50%；有10个行业的能源消耗强度对其二氧化碳排放起一定的抑制作用，但是大多数行业影响不显著，其中值得关注的是，燃气生产和供应业的能源消耗强度对二氧化碳排放变化量的抑制作用十分明显，其二氧化碳排放变化量占比下降高达–10113.8%，煤炭开采和洗选业、有色金属矿采选业也分别达到–297.6%和–153%。总体看，能源消费强度变化对第二类行业的二氧化碳排放影响较小。

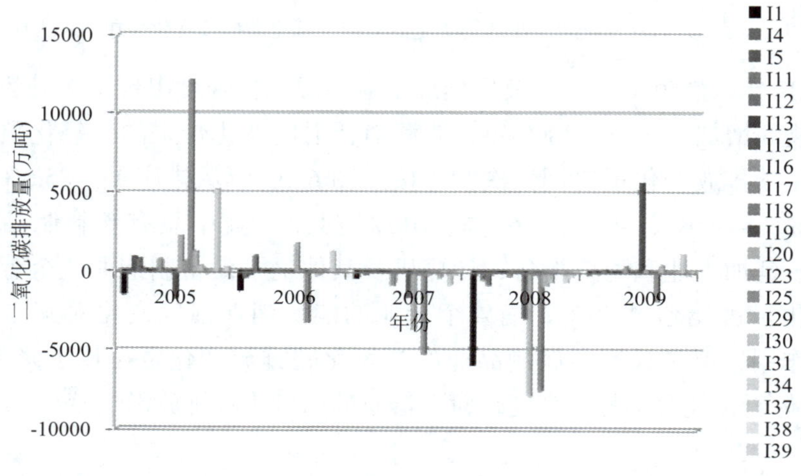

图6–33　第二类行业能源消耗强度变化带来的二氧化碳排放变化

五、工业分行业能源消费结构因素对二氧化碳排放的影响

（一）第一类行业能源消费结构因素对二氧化碳排放的影响

通过对第一类行业二氧化碳排放量进行LMDI因素分解，得到能源消费结构变化引起的二氧化碳排放变化量（图6–34）。从中可见，黑色金属冶炼及压延加工业除2005年外，其余年份也抑制了二氧化碳排放量的增加，2007年抑制作用尤为明显。其他行业能源结构变化都抑制了二氧化碳排放量的增加。2005—2009年，由于能源消费结构变化带来的二氧化碳排放占其各自引起的排放总量的比例依次为（按照图6–34所示排序）：–5.1%、–18.4、–6.4%、–8.1%、–3.9%、–4.9%、–4.1%、–1%。能源消费结构变化对第一类行业的二氧化碳排放产生拟制作用，但是影响很小。

（二）第二类行业能源消费结构因素对二氧化碳排放影响

通过对第二类行业二氧化碳排放量进行LMDI因素分解，得到能源消费结构变化引起

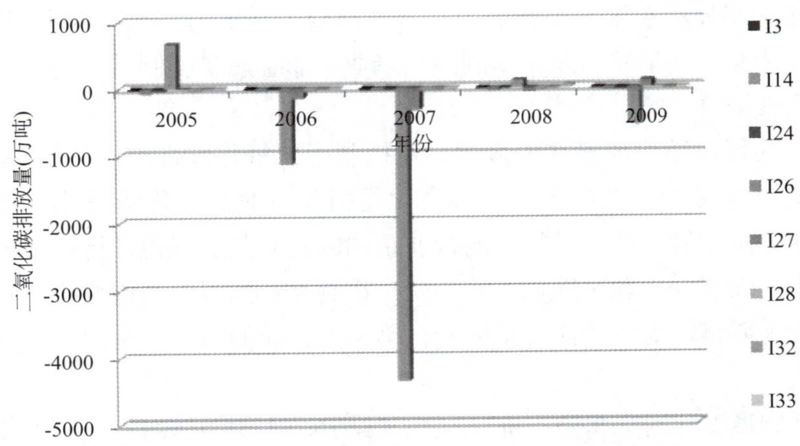

图 6–34　第一类行业能源消费结构变化带来的二氧化碳排放变化

的二氧化碳排放变化量（图 6–35）。从中可见，除个别行业在个别年份外，第二类行业的能源消费结构变化都减少了各行业的二氧化碳排放。2005—2009 年，第二类行业能源消费结构因素引起的二氧化碳排放量变化量占其二氧化碳排放变化量比例依次为（按照图 6–35 所示排序）：–0.7%、–7.6%、–2.8%、–20.3%、–11.4%、–18.2%、–8.4%、–8.6%、–23.2%、–9.4%、–0.5%、–2.4%、–11.6%、–9%、–0.5%、–12.2%、–8.1%、–1.7%、–9%、10.8%、–2.5%。第二类行业中除了燃气生产和供应业外，能源消费结构变化对其二氧化碳排放都产生拟制作用，但是影响都很小。

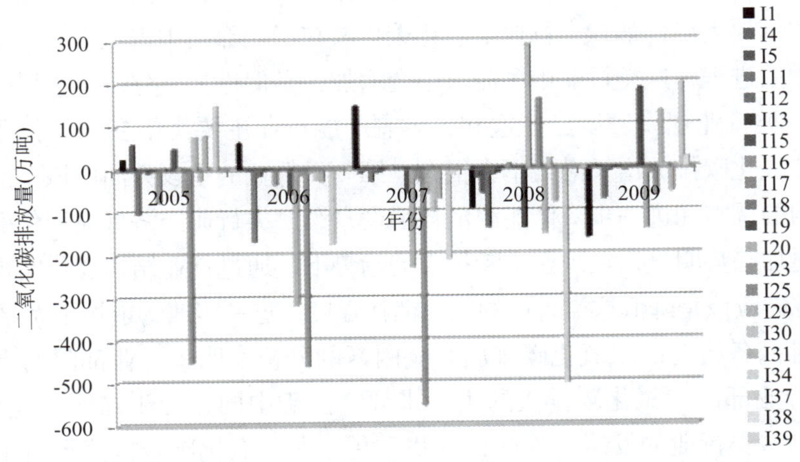

图 6–35　第二类行业能源消费结构变化带来的二氧化碳排放变化

六、小结

经济规模是影响工业部门各行业二氧化碳排放的主要因素。在第一类行业中，黑色金属冶炼及压延加工业、有色金属冶炼及压延加工业的经济规模变化引起的二氧化碳排放变化尤为明显；在第二类行业中，特别需要关注电力、热力的生产和供应业，煤炭开采和洗选业，化学原料及化学制品制造业，非金属矿物制品业的经济规模变化引起的二氧化碳排放。

工业部门的行业结构因素在大多数行业拟制了二氧化碳排放。在第一类行业中，黑色金属冶炼及压延加工业的行业结构变化是引起行业二氧化碳排放变化的重要因素，需要关注。总体看，第一类行业的行业结构因素对其二氧化碳排放影响不大；在第二类行业中，煤炭开采和洗选业、非金属矿物制品业的行业结构变化引起的二氧化碳排放增加较为明显，需要关注。总体看，第一类行业的行业结构因素对其二氧化碳排放影响较大。

能源消耗强度变化对大多数行业二氧化碳排放产生拟制作用，说明工业部门大多数行业能源消耗强度有所下降，但是总体看该因素的影响不大。需要关注的是，第一类行业中的黑色金属冶炼及压延加工业和有色金属冶炼及压延加工业能源消耗强度变化对二氧化碳排放的影响非常明显，从可得到的 2009 年数据看，这两个行业能源消耗强度反弹，带来二氧化碳排放量的较大增长。

能源消费结构变化对工业部门各行业二氧化碳排放产生拟制作用，但是总体看，该因素的影响很小。在第二类行业中，只有煤炭开采和洗选业能源消费结构变化引起的二氧化碳排放量增加，但是影响很小。

工业部门是产业部门二氧化碳排放大户，发展低碳经济，需要重点控制工业部门的二氧化碳排放。其中，第一类行业的二氧化碳排放平均增长率高，大多数行业是工业部门二氧化碳排放大户；第二类行业二氧化碳排放在工业部门中占比大，而且伴随着工业化和城市化的进程，这类行业市场需求还会增加，是促进二氧化碳排放增加的潜在力量。由于第一类行业规模发展已经饱和，过剩产能行业主要集中在这类行业中，经济规模引起的二氧化碳排放增长潜力不会很大，第一类行业的主攻方向应该是能源消费结构、行业结构的调整和进一步降低能源消耗强度；第二类行业经济规模变化引起的二氧化碳排放的增加趋势明显，在规模不断扩大的趋势下，通过行业结构变化实现减排效果有限，主攻方向应该是降低这类行业的能源消耗强度，进一步改善能源消费结构。

对工业部门各行业的二氧化碳排放影响因素的分析表明，工业部门的重化工业是该部门也是产业部门二氧化碳排放的主要来源。由于中国正处于加速工业化过程中，不能简单限制这类行业的发展，因此，寻找重化工业二氧化碳减排路径对于中国在工业化框架下发展低碳经济至关重要，该问题将在第八章中展开讨论。

第五节　中国居民生活部门二氧化碳排放影响因素分析

二氧化碳排放不仅包括产业部门的排放，还包括居民生活部门的排放。前述几节内容着重分析了中国产业部门二氧化碳排放的影响因素，本节分析生活部门二氧化碳排放的影响因素。中国已经步入中等收入国家，居民生活消费二氧化碳排放已经成为重要的二氧化碳排放源，本节利用前述LMDI因素分解方法，分析居民生活部门终端能源消费产生的二氧化碳排放影响因素。

一、文献综述

目前，国内外关于生活消费引起的二氧化碳排放影响因素文献较少，但也有几篇具有代表性的文章。

Birdsall（1992）认为，人口增长对二氧化碳排放通过两种方式产生影响，一是较多的人口会对能源产生越来越多的需求，因此能源消费产生的二氧化碳排放也越来越多；二是快速的人口增长导致了森林破坏，改变了土地利用方式等，这些都导致了二氧化碳排放量的增加。T.Knapp等（1996）使用Granger因果检验方法研究了全球二氧化碳排放量和全球人口之间的因果关系，认为全球人口增长是全球二氧化碳排放量增长的重要原因。

张咪咪等（2010）研究了1997—2007年人口规模、能源消费结构等因素对我国居民生活二氧化碳排放的影响。指出1997—2007年，居民生活能源结构发生了很大的变化，而能源结构的变化则直接引起了居民生活二氧化碳排放的变化。

姚亮等（2011）采用结构分解分析（SDA）研究了能源消耗强度变化、人均消费水平变化、城市化进程和人口总量变化等因素对二氧化碳排放总量变化的影响，指出能源耗费强度和人均消费是驱动二氧化碳排放变化的两大主要力量。

彭希哲等（2010）研究了中国1980—2008年的人口规模、城乡结构、人均消费等因素对二氧化碳排放的影响。研究结果显示，人口规模的不断增长、城乡结构变迁以及人均消费的提高都对二氧化碳排放产生了影响。人口规模的增长增加了能源需求的上升，进而带动了二氧化碳排放的上升。城乡结构的变迁则体现在近30来中国不断提高的城镇化率。城镇化率的提高则从三个方面来影响二氧化碳排放：第一，城镇化进程相伴的居民生活方式的改变使得对生活性能源消耗的需求增长，所以在化石能源占主要比重的能源结构条件下，城镇化进程直接推动了二氧化碳排放的增长；第二，城镇化的推进使得城镇基础设施及居民住宅建设的需求量增大，拉动了水泥行业的生产与消费，由此产生了二氧化碳排放相应增长；第三，城镇化进程往往伴随着因耕地、林地的占用，使得土地利用变化导致的二氧化碳排放相应增加。居民消费水平作为衡量一国生活水平富裕程度的重要指标，其对二氧化碳排放的影响表现为居民生活消费对能源的直接消耗及其产生的二氧化碳排放。

综上所述，已有的文献在研究居民生活能源消费引起的二氧化碳排放影响因素时，都包括两部分：居民生活直接能源消费引起的二氧化碳排放和居民间接能源消费引起的二氧化碳排放。居民直接能源消费指居民在消费终端产品时所必需的能源消费，居民间接能源消费主要包括为居民衣食住行提供产品的产业所引起的二氧化碳排放。本报告在前面的研究过程中，已经对与居民衣食住行相关产业的终端能源消费二氧化碳排放的影响因素进行了分析，例如农副产品加工业，食品业，纺织业，饮料业，家具制造业，交通运输、仓储和邮政业等。为避免重复，本报告在研究居民能源消费引起的二氧化碳排放时，只考虑居民直接能源消费引起的二氧化碳排放。因此，本报告以居民生活终端能源消费引起的二氧化碳排放为研究对象，选择了人口规模、城乡结构、人均消费、居民生活能源消耗强度以及能源消费结构五个因素展开讨论。相关数据来源于《中国能源统计年鉴》。为了使城镇地区和农村地区不同年份的人均消费额具有可比性，我们对不同年份的人均消费额进行基于2005年不变价格处理，处理的方法是通过历年消费者价格指数（CPI）计算而得。

二、生活部门二氧化碳排放影响因素分解结果

根据LMDI因素分解方法分解中国生活部门终端能源消费二氧化碳排放量，得到1999—2009年生活部门由于人口规模、城乡结构、人均消费、居民生活能源消耗强度和能源消费结构变化所引起的二氧化碳排放量的变化以及二氧化碳排放总量变化量数据（表6–8）。

表6–8　不同因素对中国生活部门二氧化碳排放的影响及二氧化碳排放总量变化量　单位：万吨

年份	生活部门二氧化碳排放总量变化量	人口规模因素	城乡结构因素	人均消费因素	居民生活能源消耗强度因素	居民生活能源消费结构因素
1999	–75.91	685.89	409.73	1486.95	–2026	–222.63
2000	334.3	629.41	372.63	2201.96	–2178	–319.33
2001	1435.21	587.7	346.14	1533.36	–447.4	–238.42
2002	1867.98	563.4	328.58	3619.92	–2046	–269.72
2003	4393.35	565.82	328.48	2203.19	1828.6	–204.29
2004	5946.75	546.46	284.39	3023.69	2727.7	–351.12
2005	5133.9	583.71	288.1	5420.03	–529	–340.9
2006	5391.75	514.94	222.22	4482.28	975.83	–581.3
2007	7519.46	590.57	271.02	5414.64	2430.5	–916.21
2008	1785.52	528.94	190.65	4224.53	–2437	–531.02
2009	4660.22	566.12	213.84	6511.11	–2157	–259.93

根据表6–8作图6–36，从中可见，人均消费因素是影响生活部门二氧化碳排放的主要因素，能源消耗强度也是重要的影响因素，而且这两个因素引起的二氧化碳排放波动很大。人口规模和城乡结构因素引起的二氧化碳排放变化很小，对生活部门的二氧化碳排放影响甚微。能源消费结构对生活部门二氧化碳排放产生抑制作用，但是

影响不大。接下来分别从城镇和农村两个方面对上述五个影响因素进行具体分析。

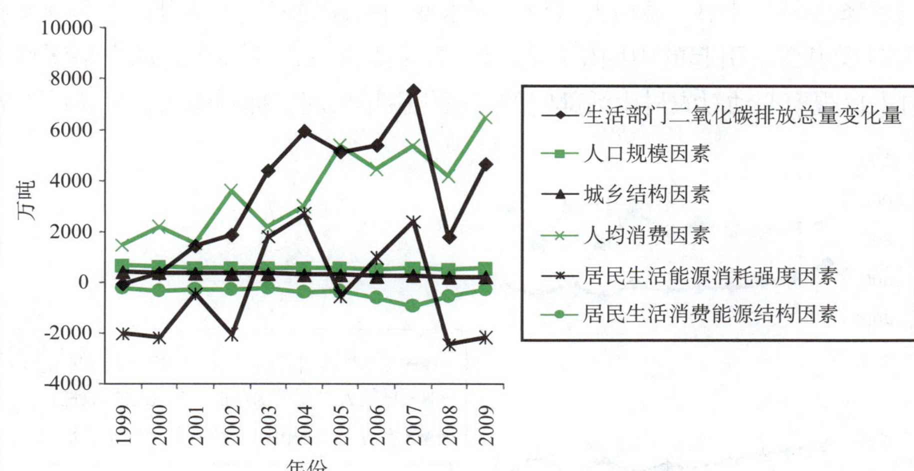

图 6-36 不同因素对中国生活部门二氧化碳排放的影响及二氧化碳排放总量变化量

三、人口规模因素对二氧化碳排放的影响

1998—2009 年，中国人口从 12.48 亿增长到 13.35 亿，增长了 6.98%，人口增长率从 1999 年的 0.82% 缓慢降至 2009 年的 0.51%。人口规模因素会引起居民生活能源需求量变动，从而引起二氧化碳排放变动。

通过 LMDI 因素分解方法分解生活部门人口规模因素引起的二氧化碳排放量，得到 1999—2009 年由于城镇人口规模和农村人口规模变化引起的二氧化碳排放量的变化数据（表 6-9）。

表 6-9 人口规模变化引起的居民生活二氧化碳排放量及二氧化碳排放总量变化量 单位：万吨

年份	人口规模引起的二氧化碳排放总量变化量	城镇人口规模引起的二氧化碳排放量	农村人口规模引起的二氧化碳排放量
1999	685.89	899.42	−213.54
2000	629.41	864.30	−234.90
2001	587.70	846.94	−259.23
2002	563.40	848.23	−284.83
2003	565.82	894.16	−328.33
2004	546.46	857.01	−310.55
2005	583.71	942.23	−358.52
2006	514.94	789.32	−274.38
2007	590.57	968.95	−378.37
2008	528.94	784.03	−255.09
2009	566.12	941.05	−374.93

根据表 6–9 作图 6–37，从中可以看出，人口规模变动引起的二氧化碳排放在波动中呈缓慢下降状态。其中，城镇人口规模因素变动引起的城镇生活部门二氧化碳排放高于总体人口规模变动引起的中国生活部门二氧化碳排放，并且在波动中呈缓慢上升趋势。农村人口规模变动对农村生活部门的二氧化碳排放起了抑制作用，且波动不大。

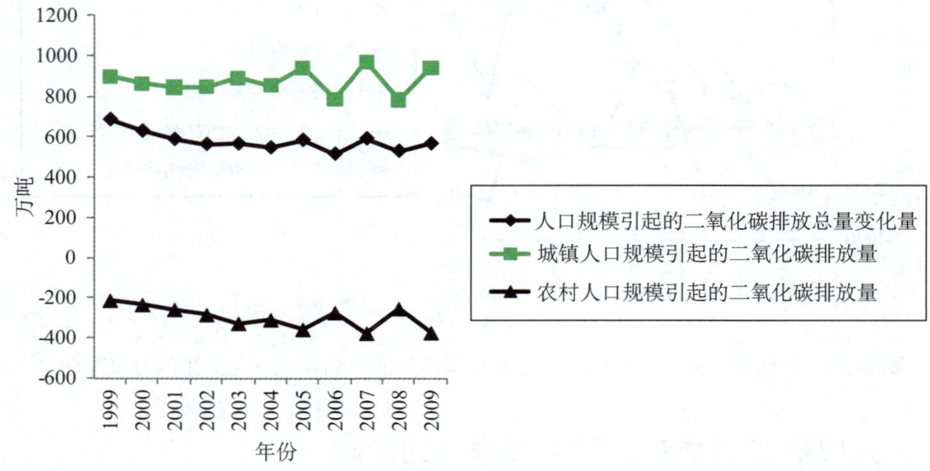

图 6–37　人口规模变化引起的居民生活二氧化碳排放量及二氧化碳排放总量变化量

四、城乡结构因素对二氧化碳排放的影响

由图 6–38 可以看出，1998—2009 年中国城镇化率逐年提高，城镇人口占中国人口的比例从 1999 年的 34.78% 增长到 2009 年的 46.59%，农村人口占中国人口的比例由 1999 年的 65.22% 降至 2009 年的 53.41%。

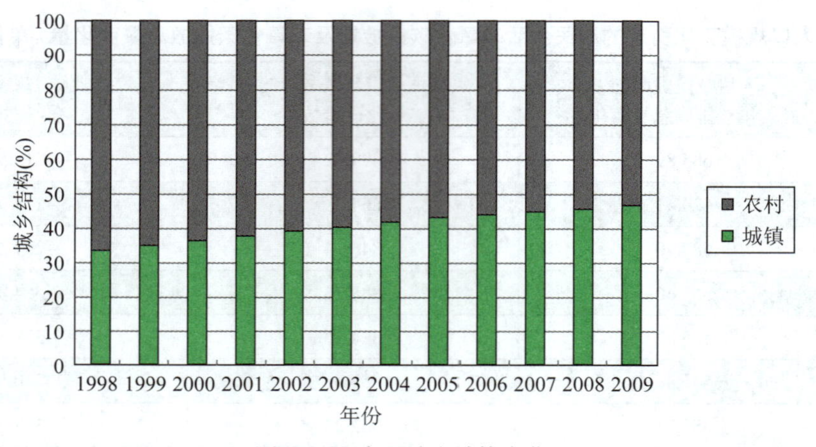

图 6–38　中国城乡结构变化

通过 LMDI 因素分解方法分解生活部门城乡结构引起的二氧化碳排放量，得到 1999—2009 年由于城镇城乡结构和农村城乡结构变化引起的二氧化碳排放量的变化数据（表 6–10）。

表 6–10 城乡结构变化引起的居民生活二氧化碳排放量及二氧化碳排放总量变化量 单位：万吨

年份	城乡结构引起的二氧化碳排放总量变化量	城镇的城乡结构引起的二氧化碳排放量	农村的城乡结构引起的二氧化碳排放量
1999	409.73	752.69	–342.96
2000	372.63	728.25	–355.62
2001	346.14	718.79	–372.66
2002	328.58	723.07	–394.49
2003	328.48	766.85	–438.37
2004	284.39	716.30	–431.91
2005	288.10	783.28	–495.18
2006	222.22	630.48	–408.26
2007	271.02	793.76	–522.74
2008	190.65	598.41	–407.75
2009	213.84	748.98	–535.14

根据表 6–10 作图 6–39，可以看出，中国城乡结构因素引起的二氧化碳排放总体呈现下降趋势。其中，城镇的城乡结构即城镇人口占中国人口比例因素促进了城镇生活部门的二氧化碳排放，但是影响平稳；农村的城乡结构即农村人口占中国人口比例因素抑制了农村生活部门的二氧化碳排放，且影响稳定。

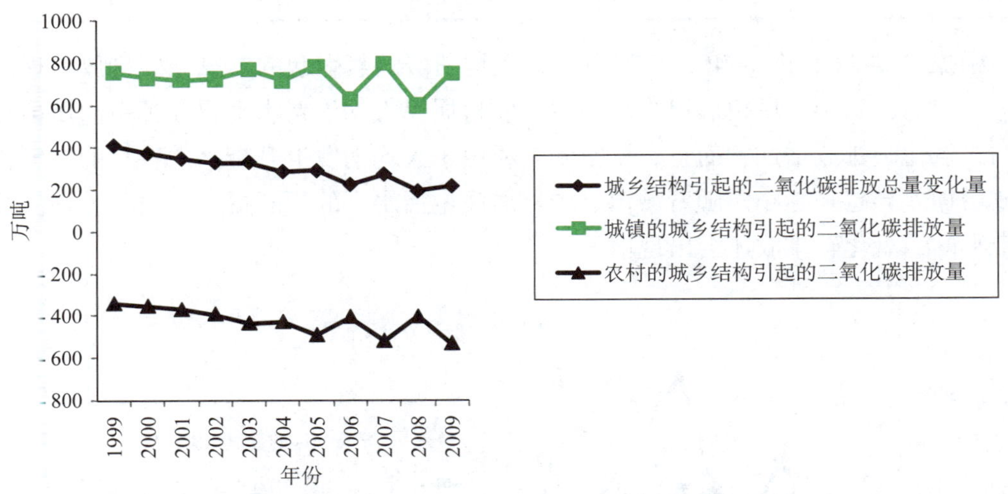

图 6–39 城乡结构变化引起的居民生活二氧化碳排放量及二氧化碳排放总量变化量

五、人均消费因素对二氧化碳排放的影响

1999—2009 年，城镇人均消费从 4893 元（以 2005 年为不变价格）增长到 11049 元，增长了 125.83%；农村居民人均消费从 1730 元（以 2005 年为不变价）上涨到

3516 元，增长了 103.18%。人均消费因素会引起居民生活能源需求量变动，从而引起二氧化碳排放变动。因此，人均消费水平的变化是影响二氧化碳排放的重要因素。

通过 LMDI 因素分解方法分解生活部门人均消费引起的二氧化碳排放量，得到 1999—2009 年由于城镇人均消费和农村人均消费变化引起的二氧化碳排放量的变化数据（表 6–11）。

表 6–11　人均消费变化引起的居民生活二氧化碳排放量及二氧化碳排放总量变化量　单位：万吨

年份	人均消费引起的二氧化碳排放总量变化量	城镇人均消费引起的二氧化碳排放量	农村人均消费引起的二氧化碳排放量
1999	1486.95	1392.87	94.08
2000	2201.96	1355.90	846.1
2001	1533.36	984.37	549.0
2002	3619.92	2665.17	954.8
2003	2203.19	1436.71	766.5
2004	3023.69	1573.00	1451
2005	5420.03	2288.46	3132
2006	4482.28	2279.76	2203
2007	5414.64	3234.03	2181
2008	4224.53	2298.53	1926
2009	6511.11	3653.90	2857

根据表 6–11 作图 6–40，可以看出，人均消费因素引起的二氧化碳排放呈现波动性上升状态，其中，城镇居民人均消费、农村居民人均消费水平提高都引起城镇和农村的二氧化碳排放增加，而且，城镇和农村由于人均消费上升带来的各自的二氧化碳排放增加差异越来越小。随着城镇、农村居民生活水平的不断提高，由于人均消费增加带来的二氧化碳排放还会出现增长。

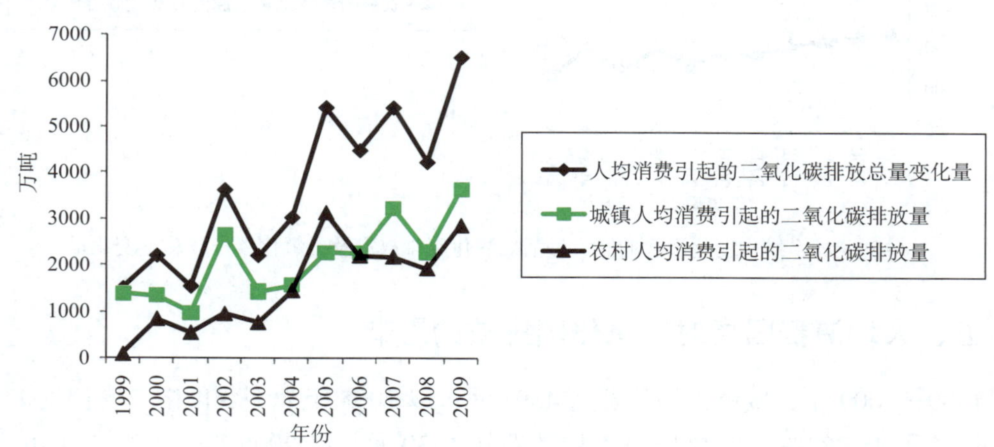

图 6–40　人均消费变化引起的居民生活二氧化碳排放量及二氧化碳排放总量变化量

六、能源消耗强度因素对二氧化碳排放的影响

生活部门能源消耗强度是指居民生活消费一万元所包含的能源消费量，即吨标准煤 / 万元。1999—2009 年农村居民生活能源消耗强度总体上呈上升状态，由 0.43 吨标准煤 / 万元上升到 0.57 标准煤 / 万元，2003—2007 年有较大波动，城镇居民生活能源消耗强度总体上呈下降状态，但 2003—2007 年波动较大。

通过 LMDI 因素分解方法分解生活部门能源消耗强度引起的二氧化碳排放量，得到 1999—2009 年由于城镇居民能源消耗强度和农村居民能源消耗强度变化引起的二氧化碳排放量的变化数据（表 6–12）。

表 6–12 能源耗耗强度变化引起的居民生活二氧化碳排放量及二氧化碳排放总量变化量

单位：万吨

年份	能源消耗强度引起的二氧化碳排放总量变化量	城镇居民能源消耗强度引起的二氧化碳排放量	农村居民能源消耗强度引起的二氧化碳排放量
1999	–2026	–2361	335
2000	–2178	–1846	–332
2001	–447.4	–974.7	527
2002	–2046	–2197	151
2003	1828.6	217.86	1611
2004	2727.7	836.92	1891
2005	–529	–176.5	–352
2006	975.83	375.01	601
2007	2430.5	645.49	1785
2008	–2437	–2103	–334
2009	–2157	–2166	8.66

根据表 6–12 作图 6–41，可以看出，除少数年份外，生活部门能源消耗强度变化引起的二氧化碳排放基本都是负值。其中，城镇居民生活能源消耗强度对城镇生活部门的二氧化碳排放总体上呈现抑制作用，虽然在 2003 年、2004 年、2006 年和 2007 年增加了二氧化碳排放，但是影响不大；农村居民生活能源消耗强度对农村生活部门二氧化碳排放总体上呈现较为明显的促进作用，但波动较为剧烈。

七、能源消费结构因素对二氧化碳排放的影响

中国居民生活能源消费结构（以标准煤来衡量）中比重最大的是电力能源，大约占到居民生活能源使用总量的 50%，其次是原煤、液化石油气、天然气。而且随着时

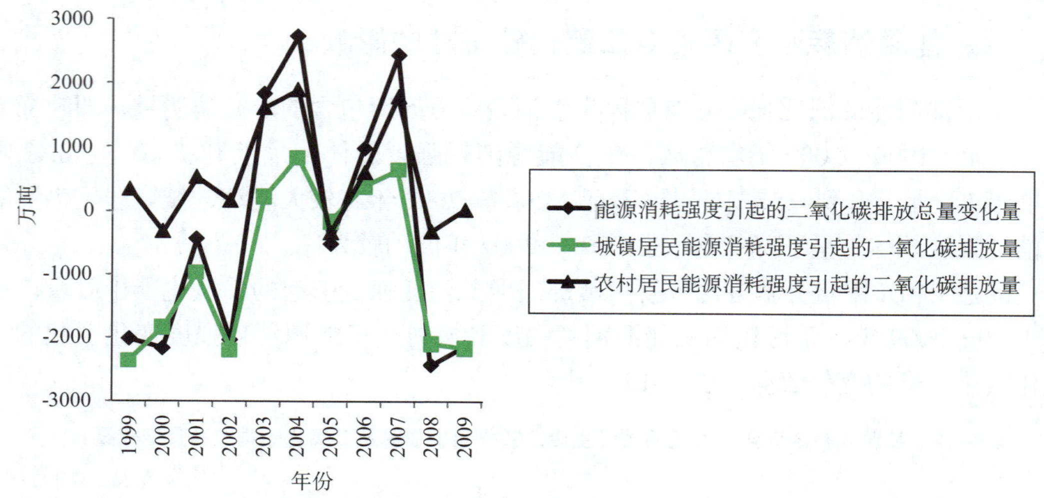

图 6–41　能源消耗强度变化引起的居民生活二氧化碳排放量及排放总量变化量

间的推移，电力、天然气比重上升，原煤、焦炭、其他洗煤等比重下降。图 6–42 和图 6–43 是我国城镇、农村的能源消费结构变化趋势图，可以看出，农村原煤占比远高于城镇，城镇电力占比远高于农村，但是从变化趋势看，二者能源消费结构变化相同。

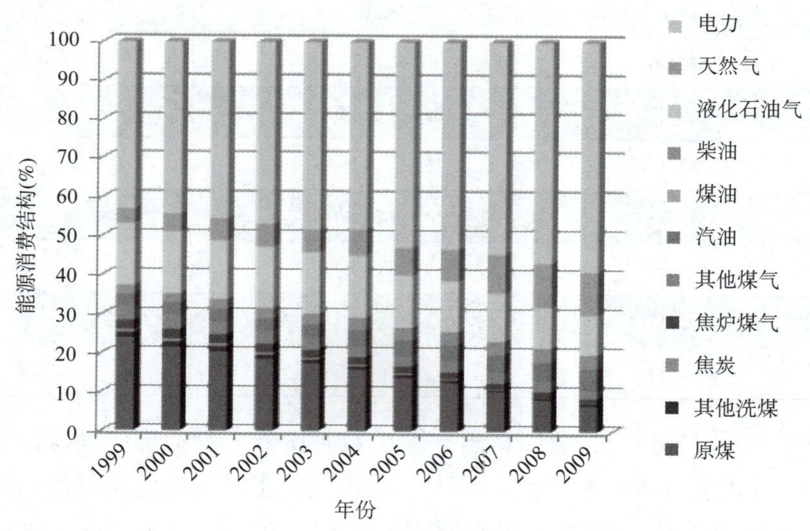

图 6–42　城镇居民生活能源消费结构变化

通过 LMDI 因素分解方法分解生活部门能源消费结构引起的二氧化碳排放量，得到 1999—2009 年由于城镇居民能源消费结构和农村居民能源消费结构变化引起的二氧化碳排放量的变化数据（表 6–13）。

根据表 6–13 作图 6–44，可以看出，由于生活部门能源消费结构引起的二氧化碳排放总体上呈现减少状态，其中，城镇居民生活能源消费结构因素减少了城镇生活部门的二氧化碳排放，2007 年抑制作用最大；农村居民生活消费能源消费结构因素减少了农村生活部门的二氧化碳排放，2007 年抑制作用最大。

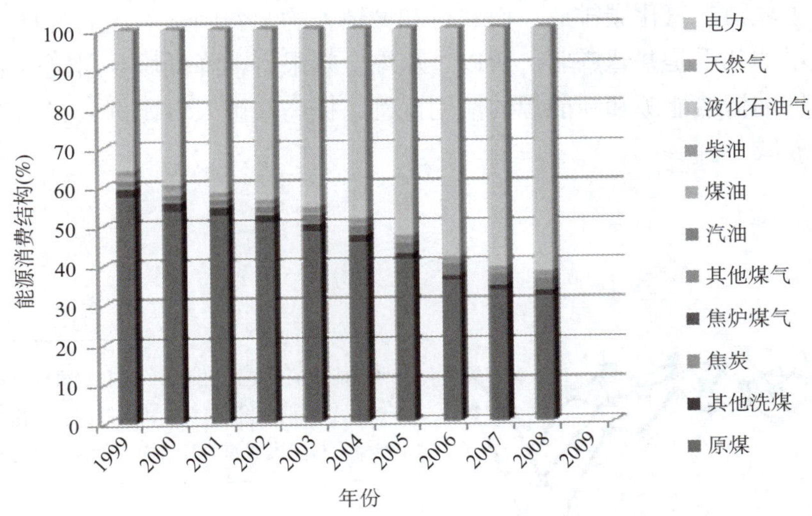

图 6-43　农村居民生活能源消费结构变化

表 6-13　能源消费结构变化引起的居民生活二氧化碳排放量及二氧化碳排放总量变化量

单位：万吨

年份	能源消费结构引起的二氧化碳排放总量变化量	城镇居民能源消费结构引起的二氧化碳排放量	农村居民能源消费结构引起的二氧化碳排放量
1999	–222.63	–63.08	–159.5
2000	–319.33	–198.7	–120.6
2001	–238.42	–58.07	–180.4
2002	–269.72	–178	–91.74
2003	–204.29	–77.48	–126.8
2004	–351.12	–155.3	–195.8
2005	–340.90	–112.6	–228.3
2006	–581.30	–202.6	–378.7
2007	–916.21	–379.4	–536.8
2008	–531.02	–267.5	–263.5
2009	–259.93	–118.1	–141.8

八、结论

综上所述，人均消费是影响生活部门二氧化碳排放的主要因素，能源消耗强度也是重要影响因素；人口规模和城乡结构因素对生活部门的二氧化碳排放影响甚微；能源消费结构因素对生活部门二氧化碳排放产生抑制作用，但是影响不大。上述分析表明，城镇化进程加快使城镇居民生活部门的二氧化碳排放增加，同时减少了农村居民生活部门的二氧化碳排放，但是，城镇居民生活能源消耗强度和能源消费结构因素总体上看减少了城镇二氧化碳排放，而农村和城镇人均消费因素引起的各自生活部门二氧化碳排放增加几乎是并驾齐驱。所以，从综合效果看，降低城乡居民生活终端能源消耗强度，增加清洁能源和新能源的使用比例，提高城镇人口比例，有利于生活部门二氧化碳排放减少。

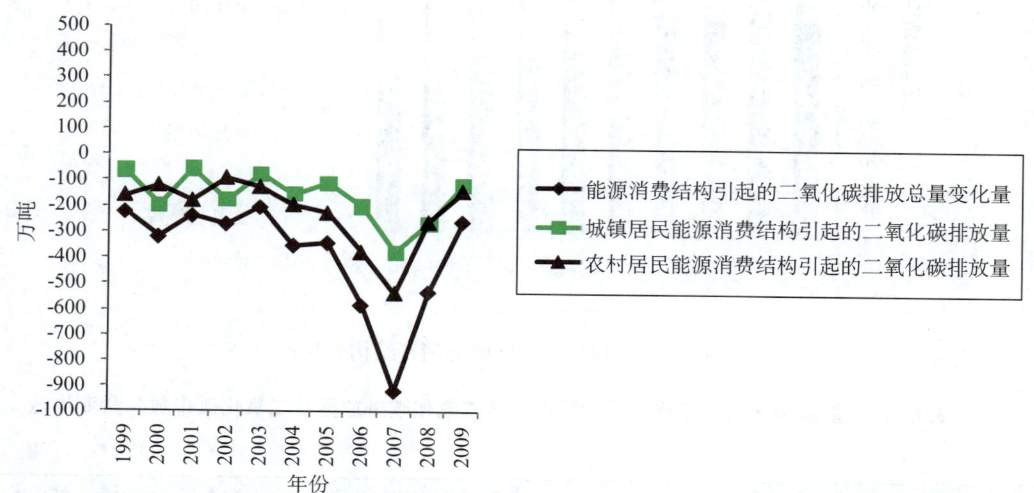

图 6-44　能源消费结构变化引起的居民生活二氧化碳排放量及二氧化碳排放总量变化量

参 考 文 献

［1］郭朝先．中国二氧化碳排放增长因素分析——基于 SDA 分解技术［J］．中国工业经济，2010，(12)：47-56.

［2］徐国泉，刘则渊，姜照华．中国碳排放的因素分解模型及实证分析：1995—2004［J］．中国人口资源与环境，2006，16（6）：158-161.

［3］冯相昭，邹骥．中国 CO_2 排放趋势的经济分析［J］．中国人口资源与环境，2008，18（3）：43-47.

［4］朱勤，彭希哲，陆志明，等．中国能源消费碳排放变化的因素分解及实证分析［J］．资源科学，2009，31（12）：2072-2079.

［5］魏一鸣，刘兰翠，范英，等．中国能源发展报告（2008）：碳排放研究［M］．北京：科学出版社，2008.

［6］刘红光，刘卫东．中国工业燃烧能源导致碳排放的因素分解［J］．地理科

学进展，2009，28（2）：285–292.
[7] 赵奥，武春友．中国 CO_2 排放量变化的影响因素分解研究——基于改进的 Kaya 等式与 LMDI 分解法［J］．软科学，2010，（12）：55–59.
[8] 汪宏韬．基于 LMDI 的上海市能源消费碳排放实证分析［J］．中国人口资源与环境，2010，20（5）：143–146.
[9] 郭朝先．中国碳排放因素分解：基于 LMDI 分解技术［J］. 中国人口资源与环境，2010，20（12）：4–9.
[10] 万良秋．低碳经济要求下的建筑业发展［J］．科技创新导报，2011，（16）：39.
[11] 吴文化．我国交通运输行业能源消费和排放与典型国家的比较［J］．中国能源，2007，（10）：19–22.
[12] 马强．B2C 电子商务发展的低碳模式［D］．兰州大学硕士学位论文，2010.
[13] 申玲，黄佳．低碳经济与中国房地产企业的发展方向［J］．改革与战略，2010，（12）：136–138.
[14] 董红梅，赵景波．中国第三产业碳排放量与入境旅游人均消费的相关关系探析［J］．干旱区资源与环境，2010，（04）：185–189.
[15] 刘兰翠．我国二氧化碳减排问题的政策建模与实证研究［D］．中国科学技术大学博士学位论文，2006.
[16] 周宏春．当前发展低碳经济的重点与政策建议［J］．中国发展观察，2009，（8）：13–15.
[17] 李艳梅，杨涛．中国 CO_2 排放强度下降的结构分解［J］．资源科学，2011，（4）：605–611.
[18] 于林．我国发展低碳经济的制约因素研究［J］．山西财经大学学报，2011，（4）：28–29.
[19] 陈飞，诸大建．低碳城市研究的理论方法与上海实证分析［J］．城市发展研究，2009，16（10）：71–79.
[20] 邢芳芳，欧阳志云，王效科，等．北京终端能源碳消费清单与结构分析［J］．环境科学，2007，28（9）：1918–1923.
[21] 赵敏，赵卫国，俞立中．上海市居民出行方式与城市交通 CO_2 排放及减排对策［J］. 环境科学研究，2009，22（6）：747–752.
[22] 胡初枝，黄贤金，钟太洋，等．中国碳排放特征及其动态演进分析［J］．中国人口资源与环境，2008，（3）：38–42.
[23] 李国志，李宗植．中国二氧化碳排放的区域差异和影响因素研究［J］．中国人口资源与环境，2010，（5）：22–27.
[24] 郭义强，郑景云，葛全胜．一次能源消费导致的二氧化碳排放量变化［J］.

地理研究，2010，（6）：1027-1036.

[25] 邵帅，杨莉莉，曹建华．工业能源消费碳排放影响因素研究——基于STIPPAT模型的上海分行业动态面板数据实证分析［J］．财经研究，2010，（11）：16-27.

[26] 查冬兰，周德群．我国工业 CO_2 排放影响因素差异性研究——基于高耗能行业与中低能耗行业［J］．财贸研究，2008，（1）：13-19.

[27] 潘佳佳，李廉水．中国工业二氧化碳排放的影响因素分析［J］．环境科学与技术，2011，（4）：86-92.

[28] 彭希哲，朱勤．我国人口态势与消费模式对碳排放的影响分析［J］．人口研究，2010，34（1）：48-58.

[29] 姚亮，刘晶茹，王如松．中国居民消费隐含的碳排放量变化的驱动因素［J］．生态学报，2011，31（19）：5634-5635.

[30] 张咪咪，陈天祥．我国居民生活完全碳排放的测算及影响因素分析［A］//经济发展方式转变与自主创新——第十二届中国科学技术协会年会（第一卷）［C］，2010.

[31] 王妍，石敏俊．中国城镇居民生活消费诱发的完全能源消耗［J］．资源科学，2009，31（12）：2093-2100.

[32] Kaya Yoichi. Impact of carbon dioxide emission on GNP growth：Interpretation of proposed scenarios［R］. Presentation to the Energy and Industry Subgroup，IPCC，Paris，1989.

[33] Park S H. Decomposition of industrial energy consumption：An alternative method［J］. Energy Economics，1992，14（4）：265-270.

[34] Boyd G A，Hanson D A，Sterner T. Decomposition of changes in energy intensity：A comparison of the Divisia index and other methods［J］. Energy Economics，1988，10（4）：309-312.

[35] Ang B W，Lee S Y. Decomposition of industrial energy consumption：Some methodological and application issues［J］. Energy Economics，1994，16（2）：83-92.

[36] Ang B W，Zhang F Q，Choi K H. Factorizing changes in energy and environmental indicators through decomposition［J］. Energy，1998，23（6）：489-495.

[37] Torvanger A. Manufacturing sector carbon-dioxide emission s in 9OECD countries，1973-1987：a divisia index decomposition to changes in fuel mix，emission coefficients，industry structure，energy intensities and international structure［J］. Energy Economics，1991，13（3）：168-186.

[38] Stephen D. Casler, Adam Rose. Carbon dioxide emissions in the U. S. economy : a structural decomposition analysis [J]. Environmental and Resource Economics, 1998, 11 (3–4): 349–363.

[39] Chung H S, Rhee H C. A residual–free decomposition of the sources of carbon dioxide emissions : A case of the Korean industries [J]. Energy, 2001, 26 (1): 15–30.

[40] Tester J W et al. Sustainable energy : Choosing among options [M]. US : MIT Press, 2005.

[41] Ratnakar Pani, Ujjaini Mukhopadhyay. Identifying the major players behind increasing global carbon dioxide emissions : a decomposition analysis [J]. The Environmentalist, 2010, 30 (2): 183–205.

[42] Ang B W. Decomposition analysis for policy making in energy : Which is the preferred method? [J]. Energy Policy, 2004, (32): 1131–1139.

[43] Ang B W, Liu Na. Energy decomposition analysis : IEA model versus other methods [J]. Energy Policy, 2007, (35): 1131–1139.

第七章　我国重化工业节能减排路径与对策

钢铁、有色金属、煤炭、电力、石化、建筑和建材等重化工业在我国国民生产中占有举足轻重的地位，它们不仅是经济发展重要的推动力，同时也是资源、能源消耗大户和环境污染大户。然而，随着经济的快速增长和人口的不断增加，水、土地、能源、矿产等资源不足的矛盾愈来愈突出，生态建设和环境保护的形势日益严峻。这在客观上要求重化工业深入推进节能减排工作，降低二氧化碳排放，节约使用资源能源。

第一节　钢铁工业节能减排路径与对策

经过数十年的发展，2010 年我国钢铁工业已形成年产 6.3 亿吨的规模，占全球总产量的 44.3%，是名副其实的钢铁大国，但与国外先进水平相比还存在较大差距，吨钢综合能耗比发达国家高出 10%~15%，吨钢二氧化硫（SO_2）排放高出 50% 以上，吨钢二氧化碳（CO_2）排放高出 40%~50%。要成为钢铁强国，我国钢铁工业必须借鉴各国经验，采用先进技术，采取综合措施以达到节能减排的目标。

一、技术路径

节能减排是树立和落实科学发展观，实现钢铁工业可持续发展的必由之路。针对钢铁生产高能耗、高物耗、高污染的特点，可从产业结构、资源循环利用、产业间关联等方面着手节能减排。

（一）优化产业结构

按照清洁生产的思路，从产品整个生命周期分析生产过程，采用新工艺、新技术，使生产流程朝着简单化、紧凑化、大型化和连续化的方向发展，尽量减少进入生产流程中的物质和能源流量，从而减少废弃物的产生与排放，采取多用废钢和提高各生产环节金属回收率的措施，来降低企业铁钢比和吨钢铁矿石耗量，使吨钢能源、物料消耗不断下降。推行清洁生产，投入较少的资源、原材料和能源，面向市场，调整和优化产品结构，提高产品的加工深度，生产出更多市场需要的高性能、高附加值产品，使钢铁产品生产成本更低、市场竞争力更强，提高经济效益和环境效益。主要通过以下措施优化产业结构。

1. 优化生产工艺流程和工序间的衔接配合

优化生产工艺流程和工序间的衔接配合，合理降低铁钢比，取消或减少高耗能工序，减少资源浪费，减轻钢铁企业的环境负荷。

2. 优化炉料结构，提高精料水平

优化炉料结构，提高精料水平。提高入炉精矿品位，降低渣量，降低焦比；实行铁水全过程预处理，减少能耗、物耗、渣量及金属损耗，降低炼钢成本；提高石灰活性度，改善炼钢技术经济指标。实现以合理配比的烧结矿和球团矿为主，以副产品和废弃物产品化为辅的合理的炉料结构。

3. 扩大工序间副产品的资源化率

在生产过程中，上下游工序间要最大限度地利用各种副产品（包括废钢、渣钢和含铁尘泥等），少用铁矿石等其他天然矿物资源，提高副产品的资源化率。

4. 减量化和无害化

采用资源、能源利用效率最大化，行业废物利用升值化，“三废”产生最小化的清洁生产措施，实现废弃物减量化和无害化，保护生态环境。

（二）采用成熟技术

能源密集、能源消耗大是钢铁冶金生产的主要特点之一。炼铁工序是钢铁生产能耗最大的工序，从整个行业来看，2010 年炼铁工序能耗占总能耗的 60% 左右。通常，二次能源利用是企业综合能耗差异的重要原因，新日铁已将 92% 的二次能源加以回收利用，宝钢为 77%，而我国大多数钢铁企业利用率在 50% 以下，因此，我国钢铁企业节能潜力仍很大，有许多节能降耗的成熟技术可以在钢铁企业得到应用。

1. 高炉炉顶煤气余压发电技术

高炉炉顶煤气余压回收透平发电装置技术（TRT），是目前国际上公认的有价值的二次能源回收技术。它利用高炉炉顶煤气中的压力能和热能，通过透平膨胀做功来驱动发电机发电，可以回收高炉鼓风机所需能量的 30% 左右，这种发电技术既不消耗任何燃料，也不产生环境污染，发电成本又低，是高炉冶炼工序的重大节能项目，经济效益十分显著。一座 2000 立方米的高炉，如果稳定运行，其 TRT 系统的运行效率可以达到 85%，全年发电量可达 0.5 亿千瓦时，相当于节约原煤 3 万吨。

2. 低热值煤气发电技术（全烧高炉煤气锅炉）

炼铁高炉所产生的高炉煤气，是一种低热值的有毒气体，通常条件下，除高炉热风炉自身使用外，还有大量富余，一般在燃煤动力锅炉中掺烧或供小型混合煤气锅炉混烧，回收量都不是很大。由北京首钢电厂、西安交通大学、杭州锅炉厂等单位共同开发研制的第一台全烧高炉煤气的高温高压电站锅炉，为钢铁企业开创了一条清洁高效回收高炉煤气的新途径，该技术 1999 年获得了由中国专利局和世界知识产权组织颁发的中国专利金奖，在首钢、鞍钢、沙钢、武钢、安钢和新疆八一钢厂等均有应用。高炉煤气发电技术成功地将低品位的高炉煤气转化为高品位电能，不但解决了高炉煤气大量放散所造成的能源浪费和环境污染问题，而且缓解了电力紧张，对推动钢铁工业节能降耗、提高市场竞争力具有重要意义。

3. 低热值煤气燃气轮机技术

低热值煤气燃气轮机技术（CCPP）一般由高炉煤气供给系统、燃气轮机系统、余热锅炉系统、蒸汽轮机系统和发电机组系统组成。其工艺流程为：经除尘加压的高炉煤气与加压的空气混合后进入燃烧室并燃烧，所产生的高温、高压燃气进入燃气透平机组膨胀做功，燃气轮机通过减速齿轮传递到汽轮发电机组发电；燃气轮机做功后的排气进入余热锅炉，产生蒸汽后进入蒸汽轮机做功，带动发电机组发电，组成煤气蒸汽联合循环发电系统。CCPP 排烟中的 CO_2 排放比常规火力电厂减少 45%~50%，没有 SO_2、飞灰和灰渣排放。氮氧化物（NO_x）排放也很低，目前其排放量小于 25 毫克 / 千克，今后有望达到 5~9 毫克 / 千克。CCPP 真正的效益在于回收了大量浪费的能源，替代了一定量的燃煤，常规的锅炉蒸汽发电仅为 23% 左右，相同的煤气量，CCPP 要比常规的锅炉蒸汽发电多发出 70%~90% 的电。

4. 转炉负能炼钢工艺技术

转炉负能炼钢是指转炉炼钢工序能耗的总能量小于回收的总能量，即转炉炼钢工序能耗小于零。在现代炼钢技术中，由于负能炼钢技术的应用，转炉工序不但不消耗能源，反而成为生产能源的重要工序。我国宝钢、武钢、鞍钢、本钢、马钢、莱钢和宣钢等已实现负能炼钢。但大多数钢铁企业炼钢仍然消耗大量能源，应用转炉负能技术，在为国家节省资源的同时，减少了环境污染治理的费用，取得可观的经济效益。

5. 蓄热式轧钢加热炉技术

轧钢工序能源消耗最多的是轧钢加热炉，约占轧钢工序能耗的 50% 以上。我国冶金工作者通过多年的努力，开发了蓄热式加热炉技术。采用蓄热式加热炉技术，热回收率在 80% 以上，节能 30% 以上，并可使钢坯氧化烧损小于 0.7%，有害废气量（如 CO_2、SO_2、NO_x 等）的排放大大减少。据不完全统计，国内钢铁企业采用蓄热式加热炉技术进行加热炉改造的已达到 196 座。目前，除热轧宽带轧机的步进式加热炉和无缝钢管轧机的环形加热炉尚未采用蓄热式加热炉技术外，大部分轧钢系统均采用或拟采用此项技术。

（三）能源循环利用技术

充分利用各生产工序产生的各种余热余能，如将焦炉、高炉、转炉煤气回收利用，可从源头削减一次能源的消耗，减少向大气排放的污染物量。主要有以下措施。

1. 采用先进的节能和环保技术

采用先进的节能和环保技术，淘汰或改造资源浪费、污染严重的落后生产工艺和装备，使老工业基地通过现代化改造走上新型工业化道路，实现“少投入、多产出、低污染、高效益、可持续发展”的战略目标。

2. 强化能源与环境管理

设立能源调度中心，对各种能源实行集中管理和统一调配，把科学、完善的节能与环境监测管理体系纳入生产管理之中，以管促治。

3. 服务社会

面向社会，一方面为相关行业提供原料，同时把钢铁产品生产过程中产生的二次能源用于城市生活，改善城市环境空气质量；另一方面利用高炉、焦炉高温冶炼条件形成社会废弃物无害化处理中心。

（四）水循环利用技术

1. 循环用水与串级供水

循环用水是把废水转化为资源实现再利用，串级供水是废水不回到原来的生产过程使用，而是转送到可以接受的生产过程或系统中使用。对于钢铁企业，在用水系统设计上如能统筹安排、合理组织，结合各系统用水的特点，把不同循环水系统的“排污”水合理串级循环使用，可使企业所需用水量降到最低限度。如宝钢根据不同工序对水质要求的不同，设置工业用水、过滤水、软水和纯水四个供水系统，这四个系统的主要用途是作为循环系统的补充水。以铁厂为例，高炉炉体间接冷却水循环系统、炉顶喷淋冷却水循环系统和高炉煤气洗涤水循环系统的“排污”水，依次串接使用，作为补充水。而高炉煤气洗涤循环系统“排污”水，作为高炉冲渣水循环系统的补充水，水冲渣循环系统则密闭不“排污”。这种多系统串接排污，使宝钢实现水循环率达到 95% 以上，它从源头上实现了污染物的排放减量化。

2. 污水回用

钢铁企业污水处理回用通常指钢铁企业在总排水口或相当规模的分排水口对生产和生活污水集中处理后回用。钢铁企业的废水种类繁多、分布广而散，即使各种废水产生部位都有水处理设施，由于技术上、应用上及管理上的原因，其废水处理率也不高，加上生活污水和工艺排水，钢铁企业的总排水量居高不下，造成钢铁企业一个普遍不合理的现象——水质极差的污水仍在循环，而外排水的水质并不太差，有时还很好。随着企业节水工程的逐步深化，工业水重复利用率越来越高，工业水排水量越来越少，生活污水在外排水中所占比例逐年提高，生活污水处理成为重点。通常生活污水经净化处理后，可作为各单位水循环系统的补充水，这样既可大幅度提高水重复利用率，减少新水用量和废水外排量，又可截留生活污水，进一步减少新水用量。污水处理回用工程特别适用于老钢铁企业不断扩大规模和产品结构调整带来的用水规模加大，占地紧张，循环水系统设置分散的情况，既节省管理人员，又提高管理水平，节水减污效果显著。

（五）固体废物的资源化技术

钢铁企业固体废物种类繁多，有的是在生产过程中直接产生的，有的则是在废气、废水处理过程中形成的次生物质。这些种类繁多的固体废物会在堆存的过程中发生物理、化学变化而污染环境，加之占用土地、损伤地表、污染水质，给社会带来严重的危害。钢铁工业的固体废物主要有尾矿、高炉渣、钢渣等，这些固体废物以铁、硅、铝、钙和镁的氧化物为主，含量在 80% 以上。经过多年的科学实验和大量的实践证明，钢铁工业固体废物可实现减量化、资源化和高价值综合利用。目前，钢渣主要利用途径在建筑材料上，特别是水泥行业，钢渣需求量前景非常广泛。钢铁工业主要固体废物资源化技术有下列几项。

1. 粒化高炉矿渣粉技术

20 世纪 90 年代，中冶集团建筑研究总院与宝钢、台湾中钢公司合作开展了粒化高炉矿渣粉的生产工艺和性能的研究工作，用渣粉取代水泥 20% ~ 40% 的原料，与不掺渣粉时相比，混凝土可提高一个强度等级，并可配制 C_{60} ~ C_{80} 的高性能混凝土，还可提高混凝土流动性和密实性，降低混凝土的水化热，提高抗冻性、耐腐蚀性，对提高水泥产量、改善水泥性能起着重要作用。

2. 钢渣热闷粉化技术

钢渣热闷粉化技术是在钢渣温度为 600~800℃时，喷水变成过热蒸汽和钢渣中游离氧化钙（f–CaO）、游离氧化镁（f–MgO），反应生成氢氧化钙［$Ca(OH)_2$］和氢氧化镁［$Mg(OH)_2$］，随着反应的发生，其体积膨胀使钢渣粉化。钢渣粉等量取代水泥配制的混凝土不但具有很高的后期强度，更突出的特点是具有耐磨性好、韧性好、抗渗性能好、抗折强度高等特点。钢、铁渣双掺粉技术使两种渣粉取长补短，水泥性能更加完善，是混凝土掺和料的最佳方案。

3. 尾矿的复选和综合利用

尾矿是选矿过程中产生的副产品，尾矿利用率仅为 9% 左右，利用率较低。尾矿若不及时回收利用，会渣满为患，影响钢铁工业的持续发展；同时会占用大量土地、填满沟溪、淤塞河道、破坏环境并造成污染。据有关部门测算，我国每吨尾矿需尾矿库基建费 1~3 元，经营管理费 3~5 元。每年因堆放尾矿要花费 10 亿 ~15 亿元，占地 3 万 ~5 万亩。这些费用对选矿厂是一个沉重的负担。因此，必须加强尾矿的开发利用。据估算，每利用 1 万吨铁尾矿可回收 250 吨铁精矿粉（按 200 元 / 吨）、生产 300 万块砖（按 0.1 元 / 块），仅此两项可节约资金 20 万 ~30 万元，一举多得。

目前，尾矿再利用的技术较多，可首先对其实施复选，然后用于生产微晶玻璃、瓷质砖、彩色地板砖、井下填充料和配烧水泥熟料等，用量大，易推广。

4. 生态复垦

围绕矿山排岩场、尾矿坝进行矿山生态恢复治理，种植农作物，养殖动物，回用社会。

（六）加大废钢回收使用量

铁矿石和废钢是钢铁生产的两种主要原料，炼钢过程中多用废钢，不仅有利于保存自然资源，节约能源，还可减少污染，保护环境。据统计，全世界钢的生产过程中，约有 45% 的钢是由废钢生产的，美国约 48%，中国低于 20%。初步预测，到 2020 年欧洲钢生产中仅有 32.8% 以铁矿石为原料冶炼超纯钢。废钢是钢铁工业减少环境负荷的最重要因素，用废钢炼钢比用铁矿石炼铁再炼钢节约 75% 的能源，减少

88% 的空气污染，美国回收利用废钢一年节约的能源相当于美国家庭用电量的 1/5。用铁矿石生产 1 吨钢约产生 1.2 吨废渣，而用废钢生产 1 吨钢仅产生 80 千克废渣和 20 千克粉尘，且粉尘中有大量有价金属可回收利用。可见，钢铁生产多用废钢，不但可降低铁矿石等天然资源的消耗，而且可减少污染物的排放，达到经济效益和环境效益的“双赢”。

（七）构建钢铁生态工业园

根据钢铁工业在国民经济中的地位、区域位置、产业间关系、生产规模及特点，确定以“核心企业模式”为其生态工业园的发展模式，即以钢铁企业为核心，其他企业，如机械、建材、电子、医药、化工等企业围绕其组织生产，形成钢铁生态工业园，使园区内物质和能量得到最优利用（图 7–1）。在钢铁生态工业园的构建过程中，将以拓展钢铁产品制造功能、能源转换功能和社会废弃物的处理、消纳功能为中心，构建钢铁企业与其他相关企业间相互利用副产品、废品的生态工业链，形成企业间理想的共生关系，完善园区内物质循环和能量流动，实现区域经济、环境和社会的协调发展。

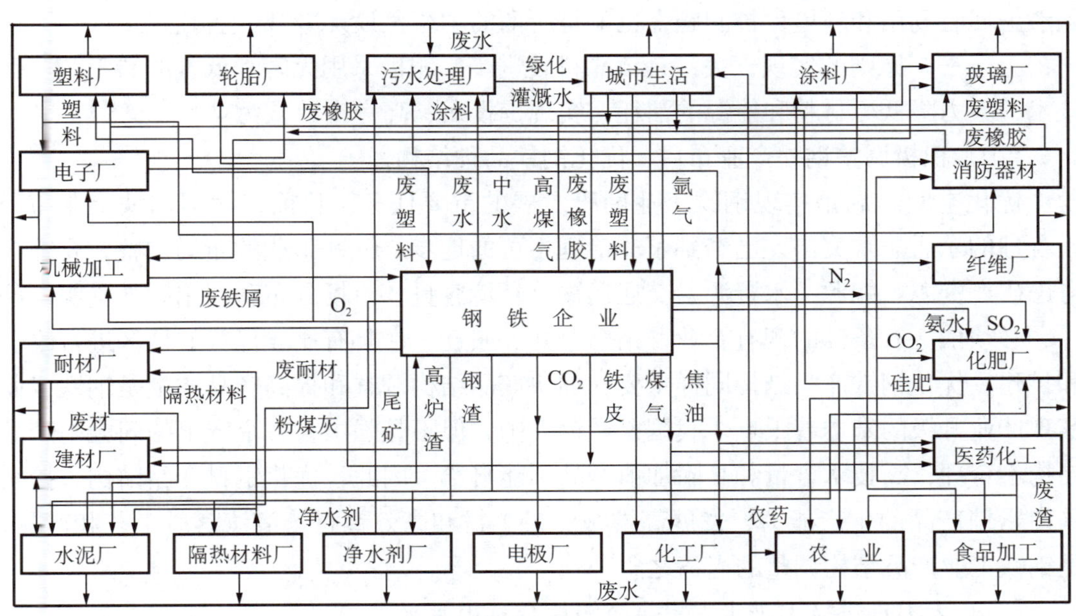

图 7–1 钢铁生态工业园

二、政策措施

钢铁工业节能减排对提高资源利用效率，实施清洁生产，实现资源的循环利用，最大限度减少废物排放具有重要的意义。在钢铁产业布局、资源综合利用、体制机制建设方面仍有很大的潜力可以挖掘，主要有下列政策和措施。

（一）采用绿色设计，制定科学的生产过程

钢铁生产是一个从资源到产品的生产过程，每一环节都要符合科学规范，从源头把关，预防和减少废弃物的产生。具体有以下三个原则。

（1）减量化：旨在减少进入生产过程中的物质和能源流量。例如，在生产过程中多投精料，尽量减少原料（如矿石、煤炭等）的用量，产出尽可能多的钢铁产品，减少钢铁渣的排放。

（2）标准化：在工艺设备设计中，尽量采用标准设计。这样不仅可使备品、备件的资源共享，减少库存，而且还可使生产设施非常便捷地升级换代，而不必更换整套设施。

（3）清洁化：在生产过程中，要尽量减少对人体健康和环境的不利影响。例如，采用传统的钢渣冲渣处理极易形成水渣雨和放炮事故，造成周边环境的污染和安全事故的发生；而采用英巴技术，可将炉渣通过英巴系统，这样既提高了水渣的产量和质量，又避免了放炮事故的发生，处理水和余热还可再利用。再如，采用TRT发电系统将过去浪费掉的高炉炉顶高温高压煤气转化为电能。因此，在工艺设计之初，就必须考虑回收利用和环境保护问题，也就是所谓的“绿色设计”“绿色制造”。

上述三个原则的实现，关键是依靠科技进步，积极采用无害和低害的新工艺、新技术，大力降低原材料和能源的消耗，实现少投入、高产出、低污染。

（二）积极调整钢铁产业布局，优化钢铁品种结构

优化空间布局是实现钢铁工业健康发展的重要任务。目前，我国钢铁工业布局不合理的矛盾非常突出，已经到了非治理不可的地步。钢铁工业的布局调整，要综合考虑矿产资源、能源、水资源、交通运输、环境容量、市场分布和利用国外资源等条件，必须依托有条件的现有企业，结合兼并、搬迁，在具有比较优势的地区进行改造和扩建。优化钢铁产品结构同样重要，加快产品结构调整和提高产品质量是钢铁工业实现产业升级的基本着眼点。我国是产钢大国，但不是强国，一个突出的问题是产品结构不合理，高技术含量和高附加值产品不能自给。因此，优化钢材产品结构，扩大国内紧俏产品的生产能力，发展高端板（带）材和高效钢材，淘汰落后工艺和产品，是钢铁工业产品结构调整的当务之急。

（三）大力推进技术进步，提高资源综合利用水平

钢铁工业发展循环经济，首先要通过设备更新和改造淘汰高能耗、高物耗、高污染的落后生产设备，引进高科技含量的环保设备，作为发展循环经济的设备保障。例如，在转炉炼钢煤气回收利用和除尘方面，通过引进国外干式煤气净化回收技术装备，改变传统的湿法煤气净化回收技术，以节约能源和提高环保水平。其次，要淘汰落后的高能耗的生产工艺和生产技术，研究和引进资源节约和环境保护的生产工艺和技术。要加大资源再生技术的开发力度，实现产品深度开发和资源循环利用，如可采用新技术对废水进行综合治理与循环利用，从废水中回收有用资源，如铁精粉和化工原料。今后，我国钢铁企业应大力推进转炉负能炼钢技术、高炉余热发电技术、转炉煤气回收技术，推广焦炉干熄焦技术、高炉干法除尘技术、转炉干法除尘技术，以提高资源综合利用水平。

（四）加强科技研发，提高钢铁企业自主创新能力

努力增强钢铁企业自主创新能力，是增强钢铁工业国际竞争力的核心。要依靠科技进步和创新，积极采用先进工艺和技术装备，加快培育钢铁工业自主创新能力，支持企业建立产品、技术开发和科研机构，提高创新能力，发展具有自主知识产权的工艺、装备技术和产品。

（五）建立钢铁企业实施清洁生产的机制

清洁生产是一种新的创造性思想，它将整体预防的环境战略应用于生产过程、产品和服务中，以增加生态效率和减少对人类及环境的风险。由于我国钢铁生产具有高耗能、长流程的特点，这决定了其在生产过程中会产生出很多废弃物，如废气、废渣、废水等。在过去很长一段时间里，我国钢铁企业为了避免超标排放，只进行了一些末端治理，即等到废气、废水、废渣排放的环节，才采取一些相关治理措施，这不利于提高钢铁企业资源利用效率，降低污染物的排放。因此，在钢铁企业生产过程中要摒弃传统的末端治理方式，提倡清洁生产模式，形成自觉实施清洁生产的机制，不断采取改进设计、使用清洁的能源和原料、采用先进的工艺技术与设备、改善管理、综合利用等新流程措施，从源头削减污染，实现少投入、高产出、低污染，尽可能把环境污染的排放消除在生产过程中。在生产过程中主要从三个方面加强控制：一是在原材料采购、生产工艺制定时，选用无污染或少污染的原材料及资源利用率高、污染物产生量少的工艺和设备，把好原材料、能源投放和设置准入关口；二是在生产过程中，用规范的工艺操作制度指导日常工作，尽可能把污染物消除在生产过程中，全面推广余热、余能、余压回收利用技术，改善污染防治措施，以减少污染物的产生和排放，最大限度地降低能源的使用和水资源的消耗，减少或者避免产品使用过程中污染物的产生和排放；三是终端控制，采用国家及省、市规定的污染物排放标准和污染物排放控制防治技术，对生产过程中遗留的废弃物进行循环利用。

（六）建立环境管理体系，加强全过程的环境控制

ISO 14000 系列标准是国际标准化组织针对环境管理体系制定的国际化标准，它使不同国家、不同企业之间在经贸往来、技术协作、合作生产方面有了统一的环保方面的共同语言和规范。钢铁工业发展循环经济，应该按照 ISO 14000 标准策划组织的环境管理体系要求，使产品从设计、生产、包装、运输直至报废处理的整个生命周期都考虑环保因素，将环境管理纳入企业的日常生产管理中，并遵循 PDCA 循环原则，防范和处置潜在的和已发生的环境污染，做好环境保护和污染预防，使企业摆脱高投入、高消耗的粗放型增长模式，提高能源和资源的利用效率，提高钢铁企业及其产品在国际市场的竞争力。

（七）树立发展循环经济的战略思想，加强制度建设

钢铁工业发展循环经济，首先要树立循环经济的意识，形成循环经济的战略思想并落实到制度建设和日常管理中。

（1）要加大循环经济宣传力度，组织管理层和公司员工学习循环经济的相关知识，认识循环经济对企业、社会和生态环境带来的影响，将循环经济的发展理念灌输到全体员工的脑海中。

（2）在项目立项时就要充分考虑环保因素，在做工程顶算时，要预算环保资金，要切实保证环保资金的到位。

（3）在生产过程中，要加强制度建设，制定节能、节水、节电、节油的规划和管理办法，在生产的每一个细节抓规范操作，形成节约能源资源的氛围。

（4）形成节能考核体系和运作机制，将循环经济发展情况纳入年度经济责任制考核，利用经济手段形成循环经济发展的激励机制。

（5）建立计算机信息网络系统，对节能状况和废物、废气、废水回收管理信息进行实时监控，并及时发布监测信息，增强企业节能和废物回收的紧迫感和危机感。

第二节　有色金属工业节能减排路径与对策

有色金属工业是耗能大户，也是节能减排的重点领域。尽管近年来有色金属工业节能工作取得一定进步，但在“十一五”期间总耗能仍处于上升状态。2005 年全国有色金属工业共耗能 8084.7 万吨标准煤，耗电 1419 亿千瓦时，分别占全国的 3.62% 和 5.69%；而到 2009 年全国有色金属工业共耗能 12741 万吨标准煤，耗电 2400 亿千瓦时，分别占全国的 4.11% 和 6.49%。严峻的节能减排形势，要求有色金属工业从技术和政策两方面加快节能减排改造。

一、技术路径

有色金属工业节能减排可供选择的技术主要包括资源、能源的高效利用技术和高质量冶炼技术，具体技术路径包括下列几方面。

（一）节约资源技术

积极开展有色金属资源高效开发与加工技术战略研究，大力发展提高现有资源可利用量和效率的关键技术，重点发展采选冶联合新流程技术，提高资源的综合利用率。

1. 矿石采选方面

采用复杂难采矿床经济、安全开采技术，在矿山推广复垦和尾矿井下充填技术，低品位有色金属矿产资源经济开发利用技术，复杂多金属矿高效分离技术，复杂难选矿物高效选冶技术与装备，清洁高效短流程加工技术，选冶过程智能控制及信息化技术等。

2. 冶炼方面

推广应用湿法冶金和生物冶金技术、选矿拜尔法等技术与装备，以及重有色金属的强化火法冶炼（闪速熔炼、富氧熔炼）等以提高冶炼回收率，向生产规模大型化、生产过程自动化和高效节能、改善环境、生产工艺技术和装备先进的方向发展。

（二）高效利用能源技术

高效利用能源技术主要有：铝冶炼工业节能是有色金属工业节能工作的重点，需要发展高效氧化铝生产过程强化与节能关键技术，加快推广选矿拜耳法生产氧化铝工艺技术，提高铝电解槽的电流密度和强度，改进电极质量，跟踪世界电解铝先进技术改革，开发高效节能长寿命铝电解槽优化集成技术；开发硅热法连续炼镁技术与设备；进一步研究推广重金属强化熔炼新技术，降低重有色金属冶炼的能源消耗；开发冶金企业能源优化集成利用技术，开发简洁有效地提高废水、废气、余压、余热和固体废弃物回收利用率的适用技术；开展高效节能设备大型化应用基础理论研究等。

（三）资源循环利用技术

我国原生有色金属的生产技术和装备水平已达到或接近世界先进水平；相对而言，再生有色金属的生产技术和装备水平却差距较大。因此，发展再生有色金属工业是促进我国有色金属工业循环经济建设的根本。通过研究开发有色金属资源循环利用技术，进一步提高铜、铝、铅等金属的循环利用率。主要技术有：（1）废杂有色金属拆解及分离技术和设备；（2）直接利用合金成材技术；（3）复合铜箔板分离技术；（4）再生铝保质技术；（5）二次金属资源中稀贵金属的回收利用技术；（6）清洁回收利用技术。

（四）高质量冶炼技术

（1）氧化铝和电解铝技术：碱石灰烧结法、拜耳－烧结联合法、选矿拜耳法，以及管道化溶出、石灰拜耳法、富矿（强化）烧结法等新工艺技术。

（2）铜冶炼技术：闪速熔炼法、诺兰达法、艾萨法（奥斯迈特法）等富氧熔炼新技术。这些新技术的应用，使 SO_2 烟气浓度提高到 8% 以上，全硫利用率提高到 95% 以上，制酸尾气达到国家规定的排放标准。

（3）铅冶炼技术：氧气底吹—鼓风炉炼铅新工艺和顶吹沉没氧化熔炼—富铅渣鼓风炉还原技术。

（4）锌冶炼技术：湿法炼锌工艺、10%ISP 密闭鼓风炉工艺技术和低浓度 SO_2 烟气制酸工艺技术。这些技术已成功用于生产，环保达到了排放要求。

（5）镍冶炼技术：闪速熔炼新工艺、加压湿法冶炼新工艺和羰基镍生产工艺技术。

（6）锡冶炼技术：采用奥斯迈特炉和锡还原熔炼设备的锡冶炼技术。

（7）镁冶炼技术：硅热法炼镁技术。目前，我国硅热法炼镁产能占世界总产量的

90% 以上，产量居世界第一，而且连续以每年 10% 以上的速度增长。

二、政策措施

有色金属工业节能减排必须有强有力的政策和措施作保障，不断增强有色金属工业的可持续发展能力。

（一）以结构调整为主线，构建资源循环型产业结构

通过兼并、重组、联合等形式，形成若干个区域性、全国性的集团和园区，成为结构调整和产业升级的主导力量。在集团和园区内部构建企业循环式组合结构，实现企业循环式生产，资源循环式利用，实现减量化，提高资源利用率和资源综合利用率。

在开发利用国内矿产资源的同时，要继续重视国内外原料结构调整，尽量利用国外资源和国内外再生资源，注重国内再生资源回收、预处理体系建设；大力开展废杂金属资源进口，简化进口手续，扩大进口品种；发展原料生产，使之与冶炼加工相协调，增强原料生产的基础地位。

（二）大力发展再生资源，提高资源效率

（1）针对再生资源产业“小、散、差”的现状，改造中型企业，淘汰那些资源利用率低、产品质量低劣、污染严重的小企业。推动企业重组，吸引外资合作，逐步提高产业的集约化程度。培育一批有竞争力的再生资源回收利用大型企业和企业集团，带动再生资源产业向规模化、现代化、国际化方向发展。建设若干个不同层次、不同规模的再生资源回收、拆解、预处理集散地和交易市场。强化东西部地区再生资源加工园区建设，发挥示范作用，向周边辐射，形成大型集散地和加工生产中心。同时发挥大型冶炼企业技术装备优势，发展再生金属资源利用。

（2）发展再生金属大型企业。形成以大型企业为龙头、大中型企业为主体的新格局。同时大力推进再生金属产品结构调整，增加产品品种和提高产品质量。

（3）发展再生资源加工园区。为了更多地利用国外再生金属资源，在西部地区，建设符合循环经济要求的园区。区内集中建立高标准污水处理系统，固体废物焚烧、掩埋场，达到生产与环保一体化，实现环保达标。

（三）支持示范工程建设，引导行业健康发展

示范工程有助于推动工业企业和园区树立循环经济发展理念，推进循环经济重大关键技术推广应用，形成资源循环利用产业模式，促进工业节约清洁和高效循环发展，起到技术示范和典型带动作用。

1. 示范项目

发展提高铜、铅、锌等资源利用率的项目；利用废杂铜直接生产低氧铜杆和无氧铜杆项目，双室反射炉熔炼再生铝项目；废家电、废电池回收金属项目；粉煤灰提取氧化铝联产水泥产业化项目；铝电解废炉衬料的处理与回收。

2. 示范企业

在西部铝业生产基地，如在包头铝业建立示范企业，深化选矿拜耳法、烧结法，氧化铝生产新工艺技术创新，产业化、大型化，使低铝硅比矿石得到利用，提高资源利用率，节约能源，降低生产成本；加快清洁生产步伐，推进工业废水零排放；开展废铝和赤泥再利用；坚持土地复垦，实现土地循环利用。通过循环经济示范企业工作的开展，促进西部有色金属工业的发展。

3. 示范园区

再生资源加工园区的出现，引起了国家有关部门的重视，给予了很大支持。在西部地区选择工业集中城市作为示范，建设成为废金属进口基地、产业化基地、产品研发基地，形成从回收、拆解、分选到生产的完整产业链，进而带动循环经济示范城市建设。

（四）构建节能减排的技术支撑体系

矿产资源利用和再生资源利用是支撑节能减排的主要着力点。

1. 建立提高矿产资源利用率技术体系

以技术创新为依托，以提高“四率一综”，即提高采矿回采率、降低损失率、提高选矿和冶炼回收率、提高共伴生金属综合利用率为目标，大力发展溶浸采矿、无废采矿、充填采矿等技术，提高采矿回采率；应用高效、大型选矿设备、新型选矿药剂以及先进的浮选技术、难选复杂矿和共伴生金属综合回收技术，提高分选效率和回收率。

2. 发展再生资源利用关键技术

重点发展废杂金属机械拆解、分选分类、表面洁净化等预处理技术，发展提高金属熔炼回收率技术、再生铝保持性能技术、废电池无害化处理技术、废汽车回收利用技术、废家电回收利用技术等，为再生金属生产能力建设和发展提供技术支持。

（五）加强清洁生产，降低污染物排放

树立人与自然和谐相处的生态文明观，努力开创生产发展、生态良好的文明发展道路。矿产资源开发与节约并举，降低矿产资源消耗，提高资源利用率，减少向环境的最终排放。再生资源回收利用作为尊重自然生态物质循环过程的循环经济运行中的重要一环，既是自然生态链上的重要组成部分，又是“资源—产品—再生资源”这个经济链上的重要组成部分。搞好再生资源回收利用对节约能源资源、实现资源优化配置、减少废弃物排放、保护环境都有着十分重要的意义。把节约能源和保护环境放在突出的战略位置，全面推进节能环保—清洁生产技术，采用源头控制策略，大幅度降低污染物和有毒物对环境的污染。

（六）合理利用海外资源，促进西部有色金属工业发展

由于国内主要有色金属资源已经不能满足经济发展的需要，大力利用海外资源是有色金属工业发展的必然选择。我国在海外基本没有控制和掌握优势矿产资源，进口的原料主要由国际跨国公司安排，受制于人，并且短期内还无法改变这种局面。因此，应积极发挥政府、企业、事业三者的力量和三者之间的良性互动作用，建立全球矿产资源供应系统，培育具有国际竞争力的矿业跨国经营队伍，形成一大批海外矿产资源基地，保证矿产资源的稳定供应。

第三节　煤炭工业节能减排路径与对策

煤炭是我国重要的基础能源和原材料，支撑了我国国民经济的快速增长。但煤炭工业发展过程中还存在增长方式粗放、科技水平低、资源浪费严重、环境治理滞后等突出问题，煤炭燃烧与温室效应、酸雨、臭氧层破坏、煤泥水污染等一系列环境污染问题有直接关系。煤炭工业节能减排要立足于生产与消费过程中资源节约，废弃物减量化、资源化再利用和“零排放”，促进煤炭工业的经济效益、社会效益和环境效益的同步增长，实现经济与环境的协调发展。

一、技术路径

根据煤炭开采过程中所排放的废物特征、矿区的资源条件和外部环境，煤炭工业节能减排的主要技术路径包括以下几方面。

（一）采用环境友好技术和先进技术进行生产

与发达国家相比，我国在煤炭生产过程中技术相对落后，节能减排潜力很大，主要有下列几项技术。

1. 采用清洁开采技术

将综合预防环境污染的技术持续地应用于煤炭开采过程中，以便最大限度地减轻或消除煤炭开采对生态和环境造成的损害。主要的清洁开采技术有：减少废弃物排放的开采技术、减轻地表沉陷的开采技术、露天开采与生态一体化技术、煤层气开发以及煤炭地下气化技术。

2. 减少煤矸石排放技术

改革开拓巷道布置方式，优化采区巷道布置，选择合适的采煤方法和生产工艺，减少煤矸石的产生。同时大力推行井下煤矸石处理技术，从根本上消除煤矸石污染的危害。

3. 加快型煤工业的发展

型煤加工投资少，可提高煤炭利用效率 20% 左右。我国化肥工业每年需要无烟块煤 3000 万吨，而目前可供无烟块煤只有 1800 万吨，建立型煤加工基地，既可解决无烟煤出路，又可满足化肥工业需求。

4. 推广和利用水煤浆

水煤浆是一种低污染、高效率、廉价的代油煤基流体洁净燃料。水煤浆在锅炉和窑炉中的燃烧效率可高达99%，大大降低了损耗和污染。以同样的热量计算，如果我国现有的燃油锅炉改烧水煤浆，每年可节约160亿元。我国现有锅炉约70万台，而因烟尘排放不符合环保标准和运行效率低下，将停用、更换和改造的锅炉高达50%以上。若在现有锅炉本体不变的情况下，改烧水煤浆，可为国家节约数百亿元固定资产投资。

5. 加大原煤洗选比重

目前，我国原煤入选比重只有23%，世界上主要产煤国原煤入选比重已达到70%~85%，应逐步缩小与国外的差距，在完善常规分选方法、发展干法选煤和继续开展新方法的探索基础上，进一步围绕提高经济效益，完善细粒煤的分选与脱水工艺，提高大型设备的可靠性。

6. 地面气化技术

逐步改造和淘汰中小规模和落后的煤气化工艺，发展先进的加压固定床、加压流化床和加压气流床技术。同时，应将大规模高效煤炭气化工艺作为今后的发展和应用方向。

7. 地下气化技术

加强煤炭地下气化技术的研究，将气化遗留的煤柱、采用常规方法不宜开采的煤和限制开采的高硫煤作为主要方向，以达到回收煤炭资源的目的。

8. 复垦技术

1）工业复垦技术

工业复垦技术主要应用于四个方面，一是利用矿区固体废弃物——煤矸石来发电和制作建材；二是覆土改造，主要作为工业用地、民用建筑用地；三是植树造林，形成林业、果树业；四是露天坑的利用。前三种用途应用广泛，并且已经形成一定的规模，产生了一定的效益，如抚顺西露天矿等地的排矸区造林，其他地区的煤矸石利用等。

2）生态复垦

利用生态循环原理，在废弃、破坏的土地上建立生态循环系统。以塌陷区作为基地，围塘蓄水，放养鱼类，种植水草、浮萍，供给牧业饲料和农业用水；牧业供给农业肥料、渔业饲料；农业供给渔业和牧业饲料，同时生产粮食、肉类、蛋类等生活品。这样形成新的循环产业链条。

（二）扩大废物资源化范围，提高资源效率

不仅煤炭是资源，煤炭开采的各种伴生物、煤矸石、矿井水、瓦斯，煤炭加工利用过程中产生的粉煤灰、灰渣、高纯度尾气等都是资源，可通过以下途径利用好这些资源。

1. 加强煤系共生、伴生资源的开发利用

煤系共伴生矿产资源十分丰富，而且储量可观、品质高，应加强开发利用，特别是高岭土、铝矾土、膨润土、油母页岩、硫铁矿等大部分是与煤共伴生的。应以煤系高岭土的超细化、增白、改性为突破口，带动煤系共伴生矿产资源的综合利用和深加工。

2. 加强煤矸石的综合利用

1）利用煤矸石发电

我国每年产生的煤矸石、煤泥等低热值燃料，按热量折算相当于1500万~1800万吨标准煤，利用好这些低热值燃料，相当于新增一个开滦或兖州矿区的煤炭产量，不但可免去每年煤矸石处置费10亿元左右，还可创造产值300多亿元。

2）利用煤矸石制砖

我国的黏土实心砖产量占砖产量总数的近90%，在其生产过程中，不仅毁坏了大量耕地，而且造成严重水土流失。若每年生产的实心砖均用煤矸石，则每年可消耗10亿吨煤矸石，保护耕地1.3万公顷。

3. 矿井水可以作为一种水资源加以利用

矿井水经过简单处理，可用于煤矿生产用水，主要包括矿井开采及原煤洗选用水。处理达标的矿坑水可用于农业灌溉、农村生活及林、牧、渔业的供水水源。如果矿井水的水质较好，还可将矿井水用于公共生活用水。

4. 煤层气可作为主要的化工原料

煤层气是一种资源储藏量大的非常规天然气，不仅是洁净、方便、高效的优质燃料，也是重要的化工原料。我国煤层气资源十分丰富，根据预测，埋深2000m以内的煤层气总量为30万亿~35万亿立方米，相当于45亿吨标准煤，应加强开发利用。

5. 粉煤灰在农业和建材行业有着广泛的用途

在农业方面，粉煤灰可以用来改良土壤，提高土壤的渗透性，防止水土流失，提高土壤的有效磷及多种微量元素的含量；还可利用粉煤灰淤地造田，填坑造地，改良盐碱滩。在建材行业，粉煤灰可以用做混凝土的掺和料，制空心烧结砖、水泥等。

6. 高纯度煤气的再利用

煤炭加工中产生的高纯度煤气的主要成分是一氧化碳（CO）和氢气（H_2），不但可以作为能源，用做城市生活煤气的供应、发电，而且可以作为化工原料合成氨、制备甲醇等。

（三）发展煤炭资源深加工，提高产品附加值

发展煤炭深加工，不论是从国家战略安全角度，还是从产业发展角度出发都势在必行。根据专家预测，2020年我国石油的对外依存度将超过60%。国际市场的波动和变化将直接影响到国内经济乃至政治的安全和稳定。从战略角度来看，通过发展煤炭深加工，可替代部分石油产品，缓解国内石油紧张的状况，应对国际石油市场的制约，有助于保证我国能源安全。从产业发展来看，目前我国煤炭工业产品和产业链单一，产品附加值低。开发和生产附加值高、环境友好的煤基液体燃料和煤化工产品，实现资源优势向经济优势的转化，可提高企业的经济效益，增加就业岗位。

1. 煤炭直接液化，生产液化油

煤炭通过液化，可以得到40%左右的液化油（包括轻油，中、重质燃料油）和15%的高热值煤气。煤液化油近似石油，是一种含硫低、热值高的优质清洁能源，经过进一步精制可以得到汽油和柴油。同时，还可以开发出附加值很高的上百种产品，如乙烯、丙烯、蜡、醇、酮、化肥等，综合经济效益十分可观。目前，煤炭变成“石油”的生产过程已可做到“零液体排放”，并可顺利实现脱硫处理，从而有效地解决酸雨问题。

2. 煤炭间接液化，生产燃料和化工产品

煤炭气化生成合成气后，再生产甲醇、二甲醚，它们不但可以作为优质的清洁能源，还是应用广泛的化工原料。

甲醇可以替代汽油。使用车用清洁甲醇汽油可使汽车行驶中有害气体CO和碳氢化合物排放量降低55%~90%，有效改善城市空气环境质量。二甲醚可替代柴油，使发动机的功率提高10%~15%，热效率提高2%~3%，燃烧噪声降低5~10分贝，NO_x、CO等污染物的排放量也很低；另外，二甲醚可燃性好，燃烧值高，液化压力低，无毒，可替代液化气作为民用燃料。

从二甲醚和甲醇出发可以生产多种高附加值的下游化工产品，如将甲醇和从合成气中分离出的CO进行羰基合成，生产醋酸和甲醛等。另外，通过甲醇制烯烃、二甲醚制烯烃工艺，从甲醇或二甲醚制取低碳烯烃，可极大缓解我国烯烃供需的尖锐矛盾，并开辟石油化工的新路线。

（四）发展煤化工、拉长煤炭工业链

煤炭是主要能源和原料，又是主要污染源，要解决这个矛盾，主要途径就是发展循环经济，采用煤炭洗选加工、液化、气化等洁净煤技术，拉长煤炭产品产业链条，促进产业多元化发展，努力把煤炭变成可以清洁利用的能源。

1. 煤—焦—化产业链

（1）发展煤、焦、化产业，加强化学产品回收能力，在煤焦油深加工和焦炉煤气的利用上，实现规模化和高效生产。

（2）在炼焦的同时，回收废热用于发电。焦炉排出来的热烟气可用来干燥原料煤，并回收废热用于蒸汽发电。

（3）利用焦炉煤气发电，生产甲醇，还可用一步法合成二甲醚，考虑甲醇等产品的深加工和余热的利用，实现物料、热、汽等的循环使用；综合利用生产过程中产生的CO_2、SO_2和炉渣，CO_2可用来生产食品级CO_2，SO_2可用来生产硫酸和化肥硫酸铵，炉渣则可用做建筑材料。

（4）在发展煤焦油加工和粗苯精制方面，可生产市场需求量大并有发展前景的工业萘、精萘、咔唑、苯酚、精蒽和苯、甲苯、二甲苯等石油化工所不能生产代替的重要化工原料。

（5）煤焦油加工应考虑加工深度和综合效益，向集中加工和单机大型化方向发展，加工规模应在30万~40万吨/年；在焦油蒸馏工艺上，在各组分采出后通过直接副产蒸汽或与其他物料换热的方式回收其显热，减少能源的浪费。

（6）焦炉采用干熄焦工艺，用冷氮气带走热焦炉的高温，从而加热蒸汽，带动汽轮机发电，降低温度的氮气再循环使用。

（7）在炼焦污水的处理上，将炼焦污水经蒸氨、脱酚、絮凝降解后，在捣固煤饼、转炉、烧结配料等环节全部消化，达到零排放的目的。

2. 煤—油—化产业链

（1）采用经济高效的煤炭气化工艺，煤炭气化约占煤炭液化投资的70%左右。

（2）发展煤制甲醇、二甲醚及开发甲醇后续加工的产品链，如醋酸、醋酐及其他含氧化合物产品链，甲醛、环保型脲醛胶产品链，甲醛、聚甲醛产品链等，特别是发展可以替代石油化工产品的甲醇下游产品，是提高市场竞争能力的重要方向。

（3）实现规模化、低成本、新工艺的醇醚生产能力建设，降低生产成本以应对市场竞争。

（4）采用煤炭拔头工艺，实现煤炭的油、气、热、电多联产，从液体产品中提取出液体燃料和高价精细化学品。该工艺可从煤炭中提取7%左右的轻质油品，并可从油品中提取2%~3%的甲酚，显著提高煤炭利用的附加值。

（5）考虑煤—油—化产业链与其他产业链的耦合，实现物料、热、汽、电等的循环共生、共用，“吃干榨尽”“三废”，实现零排放。

3. 煤—电—化产业链

（1）电石厂应做好电石炉气的利用，既可回收能源，又可减少大气污染。国外利用途径是除尘后，清净炉气用做石灰窑燃料。

（2）聚氯乙烯的生产应向集中化、大型化方向发展，实现集约化经营，开发生产精细化工产品，如氯化聚氯乙烯、氯化聚丙烯、氯化聚乙烯、氯化橡胶等，并在工程设计建设时考虑上下游产品的一体化和产业链整合，以培养自己独特的竞争优势，增强产品的市场竞争力。

（3）烧碱生产过程产生的盐泥经压滤后，滤饼可用于制取七水硫酸镁，滤液则返回盐水工段，可回收部分食盐。

（4）利用聚氯乙烯、炭黑、纳米碳管、氯丁橡胶生产时产生的电石渣和电厂排出的粉煤灰，采用新型干法生产线生产水泥，可形成煤—电—粉煤灰—氧化铝—电解铝—硅钙渣—水泥熟料产业链。同时将电石渣浆中的废水回收处理用于氯碱化工生产。

（5）应优先考虑采用凝石技术，处理粉煤灰、煤矸石等废弃物，生产新型建筑材料——凝石。凝石是一种建筑胶凝材料，它兼具凝胶和岩石双重特性，具有固沙固土、耐腐蚀、高强度等特点。它的生产不需在高温高压条件下烧结，用 90% 的粉煤灰或过火煤矸石等，再加上 10% 的成岩剂经过粉磨，即可制得。

（6）构建煤—电—镁产业链。在白云石、煤炭资源富集地区，可充分利用煤炭、电力优势和自然资源，进行金属镁的开发、生产和金属镁下游产业的发展。

（五）重点突破煤矿安全领域的关键技术

煤矿安全领域重点要突破的关键技术包括灾害的连续预测技术，高瓦斯区、高应力区、地质异常区超前探测技术与装备等。在瓦斯监控技术方面，国外发达国家采用热催化、热导、红外、光干涉和光纤原理开发瓦斯传感器和检测仪表，以先进的网络结构、光纤传输技术和通信技术构建煤矿安全监控系统。我国在煤矿安全检测仪表方面，主要存在敏感元件的基础研究薄弱，检测元件大多依靠进口，有害气体检测技术单一等问题。

二、政策措施

煤炭工业节能减排应注重产业链上的每个环节，科学规划，完善体制机制，激励企业自主节能减排，主要有下列政策和措施。

（一）发展清洁生产技术

实施煤炭清洁生产技术，按照废物减量化的首要原则，减少煤炭生产过程中各种废物的产生量，利用各种清洁开采技术减轻对土地资源的破坏，实现低开采、高利用、低排放的良性循环。

（二）延伸煤炭工业链

充分依托煤炭资源优势，拓展“煤矸石—煤泥—热电”“灰渣、矸石—建材厂—建材产品”“煤矸石—充填复垦—土地资源”“矿井水—水处理站—供水”等产业链，在发展煤、电、建材联产循环经济的同时，发展煤—化工、煤—焦等高附加值产业，实现煤炭生产的多元化经营，提高煤炭生产的经济效益，促进循环经济的良性发展。

（三）加强结构调整，淘汰落后生产工艺

把发展煤炭循环经济与产业和产品结构调整相结合，在结构调整的过程中注入循环经济理念，以煤炭工业为基础，大力发展煤基多元产业，开发煤基多元产品，进一步发展煤炭深加工、煤炭转化等高新技术产业，逐步规划和建设高效开采和利用与煤共伴生资源，建设具有煤炭企业发展特色的循环经济产业链式集群。把发展煤炭循环经济与淘汰落后生产工艺相结合，紧密围绕“十一五”期间的发展目标，调整和淘汰一批落后开采工艺、煤炭洗选加工工艺，开发、引进和应用高效适用技术和工艺，开发煤炭资源综合利用项目和产品，努力提高煤炭生产力水平，逐步形成低投入、高产出、低消耗、少排放、能循环、可持续的产业体系。

（四）建设煤炭生产节能减排示范工程

选择有条件的重点矿区，建立产业化和规模化的煤电建材联营的循环经济模式。

利用国家对废物综合利用方面的优惠政策，建设技术水平高的大容量煤矸石发电厂，利用煤矸石和粉煤生产新型墙体建材工程，实施矿区土地复垦和生态恢复工程，通过引入先进的技术设备和管理创新机制，真正实现物质的循环使用和资源、能源的梯级利用，并因地制宜地加以推广。

（五）建立行业评价方法及目标体系

评价方法实际上就是确定经济效益、环境效益和社会效益三个效益的具体内涵，并作出相应评价。经济效益的具体内涵应是在准确纳入资源成本、安全成本、环境成本及劳动成本的基础上，使全行业资产利润率超过重点相关行业平均利润率水平。环境效益是指矿区环境、安全环境及劳动环境等具有煤炭工业特点的三大特殊环境应达到国内先进水平。社会效益主要体现在四个方面：一是保证国民经济增长对煤炭的需求；二是通过向社会提供优质产品及服务所产生的社会效果，如提高燃烧效率、减少冶金焦比、缓解运输压力、降低大气污染以使社会获得相应的经济效益等；三是通过煤炭气化、液化为社会带来的效益，如补充石油缺口及清洁能源所带来的环境效益等；四是煤矿发电所产生的社会效益，如减少发电成本及减少煤炭运输等。目标体系应包括七个方面，即结构调整目标、清洁生产目标、节能降耗目标、综合开发目标、综合利用目标、矿区环境目标及产业相关多元化发展目标等。

（六）建立科学规划机制，实现有序发展

按照立足实际、积极探索、量力而行、尽力而为、因地制宜、循序渐进的原则，各煤炭企业要考虑各自的优势和条件，认真组织研究，制定发展循环经济的中长期规划，明确发展思路、目标、要求和工作措施，制定具有科学性、前瞻性、可行性的规划方案，以科学的规划指导循环经济的发展。要注意把握建设过剩的局面，根据国家产业政策，控制国家不鼓励的项目。对与大集团争原料、争市场的小项目要及时转产过渡，避免损失。同时，进一步增加各行业的关联度，实现均衡发展。在自身发展的同时，要不断总结不同行业、不同地区发展循环经济的成功经验，大力进行宣传引导、推广示范，并将其应用到煤炭工业内部，创造更好的效益。

（七）建立政策法规机制，促进企业节能减排

煤炭工业要积极从多个渠道建立有关激励机制，发展循环经济。激励政策主要包括政府奖励政策、税收优惠政策、政府优先采购以及原料、废弃物的税收和收费政策等。通过这些政策，促进企业发展循环经济。要探索建立健全“绿色技术”支撑体系，主要包括用于消除污染物的环境工程技术，用于进行废弃物再利用的资源化技术，生产过程无废少废、生产绿色产品的清洁生产技术以及建立绿色技术体系等，通过机制的转变，促进煤炭企业发展循环经济。

（八）建立综合信息管理系统

坚持以信息化带动生态工业化，逐步建立综合信息系统、安全生产调度监控系统、办公自动化系统、洗煤厂集中控制信息网、煤矸石热电厂流程控制信息网、人力资源信息网、资金管理信息网、煤炭销售信息网、物资管理信息网等，努力提高企业各种资源的利用效率。

第四节 电力工业节能减排路径与对策

电力工业是资源、能源密集型产业，2010年我国电力工业消耗了全国55.1%的煤炭资源，在能源转换过程中排放的SO_2占全国的42.5%，排放的CO_2约占全国总量的50%。电力工业节能减排应利用新技术不断提高能源利用水平，提高电力工业能源利用效率，加强资源综合利用，降低污染物排放，从企业、企业间和社会三个层面构建合理的生产模式，实现经济、环境和社会效益相统一。

一、技术路径

当前，我国电力工业改革进程加快，发展不断提速，环保要求越来越严，在压力和挑战面前，节能减排正日益成为经营管理者所面临的重要课题，资源能源减量化、再利用和再循环是重要的技术路径，构建电力工业生态园则是综合性的节能减排手段。

（一）资源减量化技术

减量化技术指旨在用较少的物质和能源消耗来达到既定的生产目的，在源头节约资源和减少污染的技术，这可以通过优化结构、减少石油和水的消耗以及污染物排放达到。

1. 优化电力资源结构

1）大力发展水电

2020年我国水电装机达2.2亿千瓦，发电7000亿千瓦时，可节约标准煤2.3亿吨，减少SO_2排放826万吨，减少CO_2排放8.26亿吨。

2）优化发展煤电

2005—2010年新建火电机组40%为超临界机组，2010—2020年600兆瓦及以上新建纯凝发电机组原则上全部采用超临界或超超临界机组；新建火电机组一半以上为超超临界机组；积极推进洁净煤示范项目建设。在2020年前，将1990年以前投运的1.3亿千瓦发电设备实施更新、改造或退役；下大力气关停小机组，100兆瓦及以下的约7000万千瓦机组，没有改造为供热机组的，要分批替代关停，到2015年做到改造或替代关停到位。由此，由于供电煤耗降低，2020年与2000年相比，可节约标准煤2.66亿吨，相应地可以节水，减少污染物排放。

3）积极发展核电

加快核电建设进程，扩大核电发展规模，2020年核电装机达4000万千瓦规模，占全国电力装机的比例提高到4%左右。以年发电2600亿~3000亿千瓦时计，每年可以节约0.85亿~1亿吨标准煤，减少SO_2排放量300万~350万吨，减少CO_2排放量3.00亿~3.50亿吨。

4）大力发展可再生能源发电

2020年，完成1600万千瓦风力发电、160万千瓦太阳能发电、500万千瓦生物质发电装机，按年发电量530亿千瓦时计，可节约标准煤0.174亿吨，减少SO_2排放60万吨，减少CO_2排放0.26亿吨。

2. 采用先进适用技术，加快电网建设

加快电网技术升级，实施特高压输电，在现有交流500千伏网架基础上，建设交流1000千伏、直流±800千伏网架和输电线路；采用先进适用技术，如紧凑型输电、同杆多回送电技术，灵活交流输电技术，紧凑型变电站技术，大截面耐热导线、系列变电站典型设计、动态无功补偿技术，优化电网结构和运行，提高电网输送能力，从而达到节约电力、节约占地和节约材料等目的。由于电网线损率降低，与2000年相比，预计2020年可节电665亿千瓦时，相当于节约2194万吨标准煤，相应地也可节约淡水和其他资源；在节约下来的土地上，可以考虑发展能源农业，生产生物质能源；因地制宜推广分布式电源，以提高能源利用效率，保证供电安全，减少输电损失。

3. 推广节水技术

在缺水地区，积极发展空冷机组；在沿海推广海水脱硫技术和海水淡化技术；积极利用城市中水和矿井疏干水；研究推广节水脱硫技术和节水除灰技术；收集雨水再利用；加强水务管理，做到一水多用和水的梯级利用；有条件的工程可由水力除灰改干除灰、水灰场改干灰场，创造灰渣综合利用条件，降低运行耗水量。

4. 节约石油资源

大力推广等离子点火、微量油气化点火、循环流化床燃烧、燃烧器改造、混配煤技术和其他节油技术，以减少发电和点火，低负荷稳燃用油。

5. 减少污染物排放

积极推行洁净煤发电技术，在煤炭—电力生产链的全过程，实施洁净处理和使用，例如，洗选1亿吨原煤，可减少SO_2排放100万~150万吨，成本为湿法脱硫的1/10；选掉10%矸石，可节约575吨千米的运输能耗（以运距500千米计）；我国有50万台工业锅炉，如果有1/4改烧型煤，可减排SO_2约100万吨。

认真做好电厂以“提效、环保”为目的的技术改造。将不能满足环保排放要求的水膜除尘器改为电除尘器；对老电除尘器进行改造，增加集尘面积提高除尘效率，更换为智能节能型整流电源改善其经济性；新建火电机组配套安装脱硫装置，运燃煤机组（3500万千瓦，S>1%）90%以上安装脱硫装置；“十一五”后，新建火电机组80%安装脱硝装置；对运行机组进行低NO_x改造，积极研究炉内高效脱氮技术，争取脱氮效率达到85%；到2020年，电力工业SO_2的排放量控制为800吨（2000年水平）；

积极试点绿色煤电工程，大力提高煤炭利用效率和效益，力争到 2020 年完成 300 兆瓦的煤炭气化多联产工程。

（二）资源循环再利用技术

再利用技术就是延长原料或产品使用周期，通过反复使用来减少资源消耗的技术。

1. 资源综合利用技术

加大粉煤灰综合利用的力度和范围，积极推广利用原形粉煤灰的技术，如建筑材料、道路材料、漂珠利用、填地造田等；开发利用粉煤灰等加工利用技术，如鱼类增产的鱼礁，改良土壤技术；研究应用硫资源化技术，如活性焦脱硫技术、电子束脱硫技术和固炭利用技术等；加大对脱硫石膏的利用研究，积极推广脱硫石膏生产建筑制品和水泥缓凝剂。

在沿海城市和工农业生产及居民生活用水十分紧张的地区建设大型火力发电厂时，可以推广海水淡化技术，用价格较低的蒸汽和丰富的海水资源，来生产发电用水和其他生产生活用水，制水厂排出的浓盐水用于盐业生产，提高效率，实现水电盐联产，发挥循环经济效益，造福于民。

2. 资源循环利用技术

加快整体煤气化联合循环发电（IGCC）示范项目的建设。IGCC 具备高效、清洁、环保的特点，是未来发展多联产的基础，也是未来煤炭发电的重要形式。建设我国首座 IGCC 电站，是我国发展以煤气化为基础，适合可持续发展对煤炭高效清洁利用要求的重要起步点和关键切入点，具有重要的战略意义。

与煤化工、煤炭等行业联合，实施跨行业的循环经济工程，实施以煤炭为原料，生产氢气、液化制油、煤化工产品以及联合循环发电的绿色煤电工程。研究开发、示范推广以煤气化制氢、燃气轮机联合循环发电和燃料电池发电为主，并进行 CO_2 分离和处理的煤基能源系统；大幅度提高燃煤发电效率，使燃煤发电达到包括 CO_2 在内的污染物的近零排放。加大煤炭洗选比例，提高煤炭质量，减少运输能耗，使煤、电、运三方受益，产生的尾煤建设大型循环流化床锅炉，做到行业之间的循环生产，即使在煤炭卖方市场情况下，也应创造条件实现这个目标。

（三）能源节约技术

节约能源是当今世界的一种重要社会意识，是指尽可能减少能源的消耗、增加能源利用率的一系列技术，主要包括以下技术手段。

1. 冷热电联产节能技术

冷热电联产（CCHP）是一种建立在能源梯级利用概念的基础上，将制冷、供热（采暖和供热水）及发电过程一体化的多联产总能系统，目的在于提高能源利用效率，减少碳化物及有害气体的排放。与集中式发电—远程送电比较，CCHP 可以大大提高能源利用效率。大型发电厂的发电效率一般为 35%~55%，扣除厂用电和线损率，终端的利用效率只能达到30%~47%，而CCHP的能源利用率可达到90%，没有输电损耗。另外，CCHP在降低碳和污染空气的排放物方面具有很大的潜力。目前美国已有超过60个区域供冷系统，日本的区域供冷发展最快，而欧洲也已有多个热电冷联产系统投入运行。热电冷联产形式的区域供冷在我国刚刚起步，但发展迅速。全国多个城市拥有在燃煤热电厂基础上建立的热电冷联产系统，在燃气轮机或内燃机基础上建立的燃气热电冷联产系统也已出现，如上海黄浦区中心医院和浦东国际机场热电冷联产系统，北京的燃气集团大楼和清华大学校园热电冷联供系统等。

2. 联合循环发电节能技术

联合循环发电利用燃气轮机循环平均吸热温度高和蒸汽动力循环平均放热温度低的特点，各取所长。作为第一工质的燃气经燃气轮机做功后进入余热锅炉，作为第二工质的水在余热锅炉中吸收余热后变成蒸汽，进入蒸汽轮机做功后，进入冷凝器冷凝，从而构成一个封闭的联合循环发电系统。联合循环发电具有发电效率高（可达48%~58%）、可用率高、投资低、设计和建设周期短、环保性能好、气动迅速等优点。由于世界石油和天然气资源有限，其发展必然要被燃煤的联合循环取代，到目前为止，世界上在建、扩建燃煤联合循环电站24座，总容量8400兆瓦，市场前景十分看好。积极引进先进的燃煤联合循环技术改造50~100兆瓦的旧电厂，大力增加联合循环电厂的建设，才与我国的国情、与可持续发展的战略方针相符。

3. 火电机组节能技术

我国电力工业以火力发电为主，而火电站又是耗煤大户。目前我国发电的煤耗比西方发达国家的先进水平高出50~80克/千瓦时。因此，火电机组节能是非常必要的。我国尚有大量中低参数的老火电机组，其总容量达200亿瓦，低参数火电机组与高参数的机组相比效率低，煤耗高。作为我国火电站主力机组的200~300兆瓦的燃煤机组多为我国自行设计制造的，它们的供电煤耗仍达370~390克/千瓦时，而进口同参数机组则为330~340克/千瓦时，工业发达国家的先进水平仅为320克/千瓦时，其差距是十分明显的。减少空气过剩系数、降低排烟温度、降低凝汽器压力、提高蒸汽参数及采用二次再热等都是提高火电机组效率、实现节能的重要途径。我国应逐步淘汰中低参数的火电机组或将其改造为热电联产机组。

（四）延伸电力产业链，构建生态工业园

电力工业可与铝业、煤炭、石化、林业等行业联合，模仿自然生态系统物质和能量的流动规律，延伸产业链，构建生态工业园，扩大各行业废弃物的资源化范围和能力，提高资源效率，改善生态环境。以下是电力工业构建生态工业园的几种模式。

1. 铝—电生态工业园

铝—电生态工业园是以火电厂为核心企业、以铝厂为龙头企业构筑的生态工业园。在园区内通过铝电联营，实现物质副产品交换，电直供铝厂，降低铝的生产成本，提高铝厂的竞争能力；铝厂、电厂都是用水大户，有利于废水集中处理和回用；

煤矿、电厂和铝厂的副产品送往建材厂节省了资源；区域集中供热，可取缔大量小锅炉，减少污染。图 7–2 为铝—电生态工业园模式。

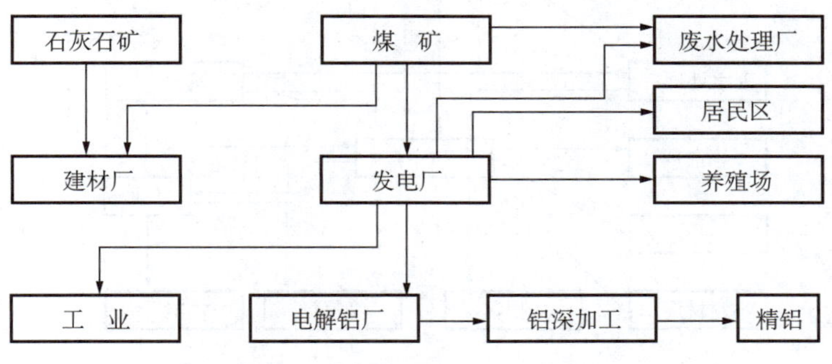

图 7–2　铝—电生态工业园

我国中西部的青海省、包头市、山西朔州、河津等地区具有丰富的煤炭、电力和铝土矿资源，通过建立铝—电生态工业园，可发挥火电厂的区位优势，形成整体优势，促进经济、环境和社会协调发展。

2. 煤—电—气生态工业园

煤—电—气生态工业园就是以煤矿为基础企业，发电厂为核心企业构筑的生态工业园。在园区内，通过煤电直供降低发电成本，提高电厂的竞争能力；煤矿的副产品煤矸石和电厂的粉煤灰作为水泥厂的原料，得到充分利用；煤矿和电厂耗水量大，可进行集中处理后回用；发电厂的热量用于工业供热和居民区供热。图 7–3 为煤—电—气生态工业园模式。

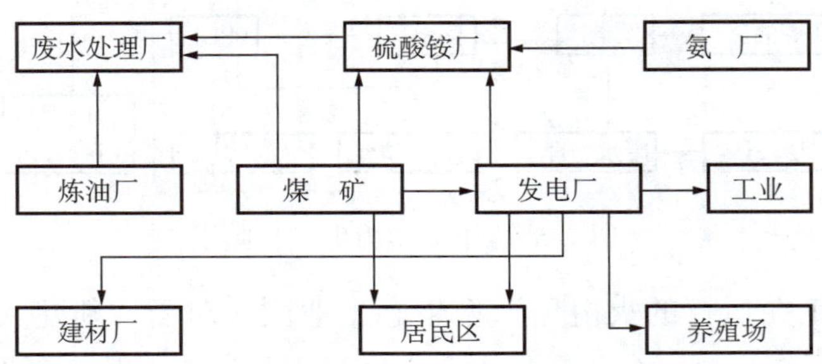

图 7–3　煤—电—气生态工业园

对于煤矿煤气含量大的企业，可开发利用煤气层，为城市提供清洁能源；利用热电厂的废渣和煤矸石，建设水泥厂、烧结砖厂，建立煤—电—气生态工业园。

3. 林—电—纸生态工业园

林—电—纸生态工业园是以林业为基础企业，热电厂为核心企业，构筑的生态工业园。热电厂（CHP）采用循环流化床锅炉（CFB），燃烧来自森林业的碎木、树皮等，燃烧产物灰是很好的肥料，用于园艺或农业；CO_2 被森林系统吸收；热电厂的电、热直供给造纸厂，降低了造纸成本。图 7–4 为林—电—纸生态工业园模式。

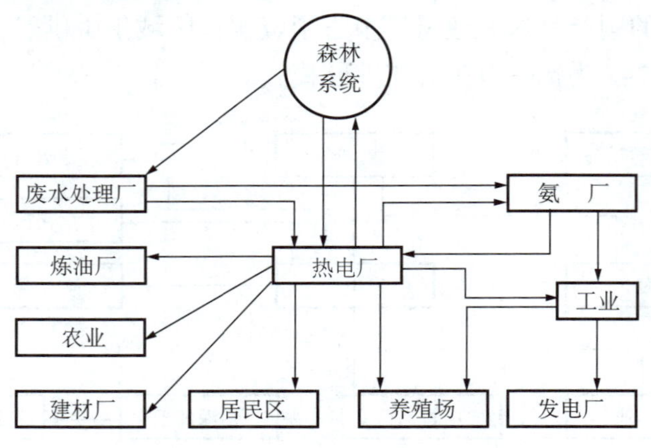

图 7-4　林—电—纸生态工业园

4. 石化—电力生态工业园

石化—电力生态工业园是以石化企业为龙头企业，发电厂为核心企业，构筑的生态工业园。炼油厂为发电厂提供燃料，发电厂向石化企业、居民区直供电、热、冷，园区所有废水进入废水处理厂处理后回用。园区还可建立石化废品回收公司，将回收后废品处理后作为石化企业的原材料。石化企业得到低成本的能源、资源，形成强大的竞争优势和整体优势，同时园区也实现了废物零排放。图 7-5 为石化—电力生态工业园模式。

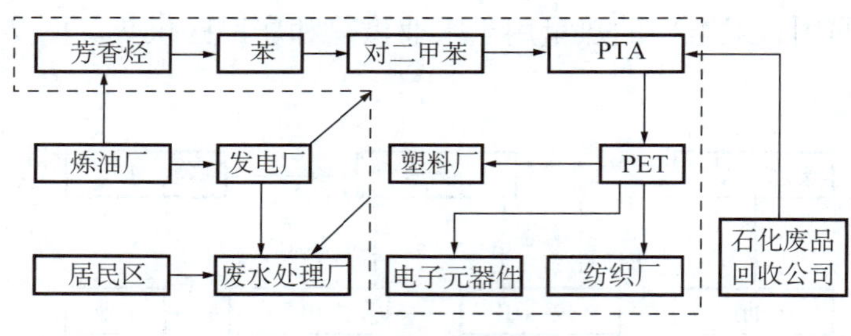

图 7-5　石化—电力生态工业园

图 7-5 是“正在运行的火电厂”型生态工业园，对于“新建火电厂”型生态工业园，要以火电厂作为核心企业，采用全生态工程的方法，结合当地的资源、能源状况，从市场位、生态位二维概念出发，统一规划设计园区内各成员之间的生态链、市场链、效益链，形成分层多级利用的生产工艺系统，使物质循环利用、能量梯级利用、水多层次利用，构筑高效、和谐、稳定、合理、持续的复合工业生态系统，从而实现经济、环境和社会协调发展。

二、政策措施

电力工业涉及煤炭的开采、运输与处理，燃烧过程中产生灰、渣、热等污染，以及局部的噪声污染等。在治理这些污染过程中，如果我们能充分考虑到当地的条件和经济发展状况，因地制宜地推广循环经济模式，则可以变废为宝，而且还可以带动地区经济的健康发展。制定电力工业节能减排的政策和措施，对实现可持续发展、构建资源节约型和环境友好型社会具有重要的意义。

（一）采用节能技术，不断提高能源效率

在发电方面，大力发展高参数大容量发电机组；改造低效中小机组；推广热电联产；建设以三峡电站为代表的水力发电站；积极支持可再生能源发电；努力发展核电；依靠技术进一步降低煤耗，节水、节材、节地等。

在电网方面，加快电网建设，优化网络结构，发展和完善全国、地区、省、市、县五级电网；依靠技术进步降低电网损耗；大力提倡和加强需求预测管理，转移电网高峰负荷，取得延缓发电装机的效益；优化调度运行，提高水能利用率，增加发电量。

在用电方面，通过采用先进的节能技术和高效设备，提高终端用电效率。改善用电方式，在照明方面，采用高效节能灯，用高效电感镇流器和电子镇流器替代普通电感镇流器，用高效反射灯罩替代普通反射灯罩，以及采用节能型开关等。在电动机方面，选用高导电、高导磁性能的电动机替代普通电动机，降低电动机空载率，提高运行的平均负载率，应用各种调速技术实现电动机节电运行等。在空调方面，应用溴化锂吸收式制冷减少用电，应用智能控制高效空调器节约用电，应用热泵替代电阻加热的取暖空调节约用电等。在建筑方面，采用绝热性能高的墙体材料和门窗结构，充分利用自然光和热等。在办公设备及家用电器方面，在设计上采用低待机能耗技术等。

（二）加强资源综合利用，提高资源效率

在废水综合利用方面，火力发电厂应建立完整的水务管理制度以及相应完整的水回收系统，通过处理回收电厂各种工业废水或生活污水，作为冷却塔循环水补充水源，返回到下一级循环水系统再利用，水质较差的用于调湿灰用水，冲灰、煤场喷淋用水等；在脱硫副产品利用方面，脱硫石膏可用于水泥、其他建材制品、土壤改良等领域；在粉煤灰综合利用方面，一般粉煤灰可以用于生产建材、建筑工程、筑路、充填矿井、煤矿塌陷区、改良土壤、生产复合肥料、灰场复土造地等；一些特殊粉煤灰，还可以冶炼铝硅合金或回收有用金属进行高附加值的利用等。

充分利用各种生产工艺排出的未被利用的可燃气资源，如煤层气、焦炉煤气、冶炼尾气、沼气、秸秆气等。由中国工程院的咨询报告《发展燃气机充分利用我国燃气能源的研究》可知，我国各种未被利用的燃气资源的总量很大，如果合理地加以利用，用于发电，每年发电量可达到1150亿千瓦时以上，约占我国2010年全国发电总量（41413亿千瓦时）的2.8%以上。因此，燃气能源可以成为各种主要能源的重要补充，应充分利用，变“废”为宝。

（三）实现清洁生产，降低污染物排放

提高发电效率，减少化石燃料消耗；推广洁净煤燃烧发电技术，实施混煤与配煤；控制污染物排放，全面推广静电除尘器；积极推进脱硫技术国产化和工程应用，降低工程造价；开发并全面推广低氧化氮燃烧技术；实施废水零排放。

（四）大力发展可再生能源发电技术

对西部加大风力资源的调查，研究解决不稳定电源并入电网的有关技术问题，制定合理的政策，加快大型风电、太阳能发电和生物质发电设备的国产化进程，用多种措施保证可再生能源发电的发展，使之尽快从“花瓶能源”发展成主力能源之一。

（五）发展特高压电网，提高输电能力

发展特高压电网，提高输电能力。特高压交流线路可输送电力500万千瓦左右，是500千伏交流线路输送能力的5倍；特高压直流线路可输送电力640万千瓦，是±500千伏直流线路输送能力的2倍以上，可显著减少输电线的回路数，少占土地；建成特高压骨干网架，能够实现跨流域调节，降低网损；特高压电网的建设是开发西部大型水电资源的必要保障，对于促进节能减排具有重要意义。

（六）积极推进电力工业价格改革

2003年7月，国务院办公厅颁布了《电价改革方案》，规定了电价改革的目标、原则和主要改革措施，2005年国家发改委又会同有关部门进一步制定并颁布了《上网电价管理暂行办法》《输配电价管理暂行办法》和《销售电价管理暂行办法》，明确了电价改革的方向和具体措施。2011年11月底，国家发改委发出通知，在全国范围内对发电用煤（以下简称“电煤”）实施临时价格干预措施，同时适当调整电力价格，试行阶梯电价制度。这对于缓解我国煤电油运的紧张状况，电力工业发展循环经济起到了巨大的推动作用。电力工业应该根据相关的电力价格改革政策，在发电环节实行厂网分离，引入竞争机制，发挥市场作用，积极推进竞价上网，对竞价上网的企业实行两部制上网，其中容量电价由政府定，电量电价由市场竞争实现，对可再生能源电价充分发挥政府与市场两种调节手段的作用，同时推进配电价格改革，加强电价需求管理。

第五节　石化工业节能减排路径与对策

石化工业资源资金技术密集，产业关联度高，经济总量大，对促进相关产业升级和拉动经济增长具有举足轻重的作用。同时石化工业也是高能耗和容易产生污染的行业。目前全行业的节能正面临着严峻挑战，石化工业能源年消费量高达我国年消费总量的15%左右，且该行业一般产品的能源费用为20%~30%，高耗能产品能源费用甚至高达60%~70%。推动节能减排，减少对资源的消耗和对环境的污染，石化企业责无旁贷。

一、技术路径

国外石化企业在节能减排方面已经作了许多成功的探索，国内的一些石化企业也进行了一些成功的尝试。如何进一步推动我国石化工业节能减排？以下结合国内外实践，主要从资源能源节约、构建工业生态园方面给出我国石化工业节能减排的技术路径。

（一）资源节约型技术

石油化工行业是资本密集型行业，设备投入技术要求高，节能减排要求石化工业使用先进的加工设备。

1. 原油深度加工技术及装备

针对国际市场重质和超重质原油越来越多的情况，开发并推广应用高硫、高金属含量渣油加氢处理技术及装备。

据测算，与目前广泛采用的渣油焦化路线相比，渣油加氢处理 / 重油催化裂化优化组合工艺技术的液体收率要高出 15%~20%，资源利用率较高，应作为新建炼厂渣油加工的优选方案。

2. 大型生产装置成套技术及装备

包括清洁燃料型千万吨级炼厂成套炼油技术及装备，百万吨级大型乙烯成套技术及装备，60 万吨 / 年苯乙烯、30 万吨 / 年聚丙烯成套技术及装备。

据测算 1600 万吨 / 年大炼厂比 50 万吨 / 年左右的小炼厂轻油收率高 10%，加工损失率和综合能耗低于小炼厂；75 万吨 / 年乙烯装置比 50 万吨 / 年乙烯装置生产成本低 4%~9%，乙烯收率提高，能耗降低。

3. 提高石油资源利用率的成套技术及装备

包括用重质原料油生产低碳烯烃技术及装备；利用炼厂和乙烯装置副产的低价值烯烃资源经催化裂解生产丙烯、乙烯的成套技术及装备。

研究表明，以重质油（VGO）为原料催化裂解制低碳烯烃技术的丙烯收率可达 30% 以上，乙烯收率达 10% ~ 15%，同时还产大量芳香烃，大幅度提高了石油资源利用率。

4. 多级润滑油生产技术

包括研制和全面推广使用低黏度的多级润滑油生产技术等。试验证明，各种黏度级别的发动机多级润滑油比单级油可节约汽车燃油消耗 1% ~ 3%。

（二）能源节约与替代型技术

石化工业在生产能源的同时，也大量消耗能源，这就要求石化工业本身注重能源使用的节约和替代，主要采用下列技术。

1. 改进工艺过程

包括改进生产工艺和流程，采用节能新工艺、新技术、新设备和新型催化剂、溶剂、助剂等。

据测算，采用先进过程系统能量优化集成技术，对现有热回收换热网络和全厂蒸汽动力公用工程进行改造，对全厂各层次的总能量系统进行整合优化，平均节能效果可达 25%~30%。

2. 低温能源回收利用技术

包括热泵技术、用低温热作热源的吸收制冷技术、低温热发电技术等。

据测算，烷基化—气体分馏联合装置，气体分馏部分的丙烯精馏塔采用开路压缩式热泵，使低温热能转化为高温热能，可使气体分馏能耗由 1989 兆焦 / 吨降至 856 兆焦 / 吨。

3. 热电联产技术

充分利用炼厂的高硫石油焦等低质产品，发展流化床锅炉（CFB）和造气—联合循环过程（IGCC），向炼厂和石化厂供应电力、工艺蒸汽和氢气，提高资源和能源的综合利用率。

据测算，IGCC 可使低价值的高硫焦等产品升值为炼厂所必需的电、蒸汽和氢气等产品，发电效率大于 42%，比一般锅炉发电效率提高近 10 个百分点。

4. 煤代油、气代油、焦代油技术

包括以水煤浆替代燃料油技术，改造现有燃油锅炉系统；利用清洁的天然气资源，改造炼厂制氢原料和发电产汽油锅炉，替代轻油或重油。

据测算，通过替代工程，预计 2020 年可替代燃料油约 250 万吨。

（三）环境友好型技术

建设环境友好型社会是和谐社会的主要内容，石油化工行业应采用环境友好型技术进行生产。

1. 清洁生产技术

包括开发清洁生产工艺，开发利用加氢工艺替代炼厂酸洗和碱洗工艺，开发应用生物技术，开发新的分离技术等。

例如，在苯烃化制乙苯、异丙苯等工艺中，采用分子筛催化剂取代 $AlCl_3$ 催化剂，从生产源头上减少污染物的产生；以生物质为原料，生产生物柴油、生物塑料等，大幅减少污染物和 CO_2 排放。

2. 环境友好产品生产技术

开发满足欧Ⅳ排放标准及超低硫的气柴油生产技术；开发可降解材料的“绿色”产品，包括可降解塑料、纤维和抑菌纤维生产技术等。

据测算，汽车尾气排放物造成的大气污染已成为一大公害，降低车用燃料中的硫含量，可大幅减少汽车尾气中 SO_2、NO_x 和颗粒物的排放量，有助于保护大气环境。

3. 废物综合利用技术

包括开发水循环技术和污水回用技术；加工含硫原油的硫黄回收技术；回收利用润滑油、废催化剂、废旧合成材料相关技术；废气、废水和废渣的“无害化”处理技术；贵金属催化剂的回收利用技术、废橡胶制取超细胶粉、废塑料生产化工涂料等回收利用技术；CFB 锅炉炉渣综合利用技术等。

据测算，采用污水回用技术，将污水深度净化后用做锅炉补充用水和冷却水，可节约大量新鲜水用量。

（四）加强物质循环，构建石化生态园区

在石油、天然气、煤炭等集聚区，以资源合理开发利用、产品精深加工、能源综合利用为重点，通过优化产业结构，加强企业内部、企业之间和企业与社会的物质循环，拓宽产品链，开展生态化工园区建设，使资源利用最大化、污染物排放最小化，实现经济社会与生态环境的协调发展。

目前，我国贵阳已建成磷、煤、盐资源共生耦合生态工业园区，建立磷、煤、氯碱多产业横向耦合、纵向延伸的产业链和完善的废物资源化和循环利用体系，构建绿色化、生态化的化工基地。

同样，在煤和天然气资源丰富的地区，例如宁夏、内蒙古、山西、泸州等区域，可发展以煤和天然气为联合原料的甲醇、二甲醚，合成油及发电联合生产的联供—联产型生态工业园区建设；在天然气充足的柴达木盐湖，开展天然气资源的高附加值利用生态工业园区建设，发展钾、锂、镁和溴产品共生制造体系，并与氯气、天然气化工耦合制氯乙烯、聚氯乙烯等。

二、政策措施

当前，我国石化产品消费仍处于增长期，油品、化肥、农药刚性需求长期存在，石化工业节能减排形势严峻，主要采取下列几项应对政策和措施。

（一）实现清洁化生产，加强废物的综合利用

清洁生产是联合国环境规划署与环境规划中心提倡的生产方式，它是对生产过程与产品采取整体预防的环境策略，减少或者消除它们对人类及环境的可能危害，同时充分满足人类需要，使社会经济效益最大化的一种生产模式。

1. 从源头上削减污染物的产生

一是要生产环境友好产品，尤其是清洁运输燃料、可降解材料等绿色产品；二是依靠技术进步，开发和应用清洁生产工艺，淘汰污染严重和不符合安全生产条件的生产工艺，减少“三废”排放。达不到环保要求的炼化生产装置，坚决予以关停。

2. 加强废物回收和循环利用

开发相应技术，提高硫黄回收，润滑油再生，废催化剂、废旧合成材料的回收利用水平；提高水循环技术和污水回用技术水平，实现供水、用水和净水一体化，达到一水多用、分质使用、净水重复使用；通过回收水中的石油类物质、废渣中的催化剂和贵重金属，减少污染，节约资源。

3. 发展环保技术，搞好末端治理

加强节水技术开发，为节水减排提供技术支撑；加快催化裂化再生烟气、加热炉烟气、工艺排气及电站排气中 SO_2 和氮氧化物的处理技术开发，减少废气排放。

（二）调整结构，优化资源配置，加快石化工业的园区化建设

现有的石化企业要通过结构调整、优化布局，在石油和天然气生产集聚地形成一批大型炼油化工基地，根据区域环境条件和区域特点，用循环经济的发展理念加强区域资源优化，以信息技术手段提升优化水平，加强区域内石化原料及中间物料的互供，完善区域内原油、成品油、化工用油的资源优化和整合。围绕优势资源发展核心产品，做到优势互补，形成各具特色并有利于资源高效循环利用的产品链，提高资源利用效率。

对于新建的石化项目，要尽可能做到园区化，以实现产品项目一体化、公用辅助一体化、物流传输一体化、环境保护一体化和管理服务一体化，构建石化工业发展循环经济的体系框架。一是要严格项目审批，构建企业内部循环圈。在项目审批和设计审查过程中，要引导、鼓励企业采用先进工艺和清洁生产技术，推进资源的减量化和综合利用，实现循环经济。二是新建石化园区要循环利用园区资源，构建石化区内部循环圈，通过物质流通、能量利用和公用工程的有机联系，使园区内资源得到优化配置、废弃物得到有效利用。三是要注重和谐发展，构建石化园区的社会循环圈。通过采用国内外先进的环保技术，减少“三废”向园区外的排放量，努力实现经济、社会和生态的和谐统一。

（三）依靠科技进步，推动节能减排

大力支持技术攻关，对石化工业节能减排的关键技术和共用技术要充分调动政府、社会、企业资源进行重点攻关；要用多种有效形式，积极引进国外先进技术，促进我国石化工业快速发展。

（四）积极推动废旧石化产品回收利用体系建设

引导全国各地建立以社区回收网点为基础的点多面广和服务功能齐全的回收网络，形成以回收和集中加工预处理为主体，为工业生产提供合格再生原料的再生资源回收体系。同时推动建立设施先进、管理手段现代化的再生资源交易市场和科学先进的再生资源综合利用处理中心，促进再生资源回收利用形成良性循环。

（五）加大对废旧石化产品回收利用企业的支持力度

要研究制定鼓励废旧石化产品回收利用的有关政策，例如对废旧石化产品回收企业免征增值税、对翻新轮胎免征消费税、对废旧石化产品回收利用企业在信贷等方面给予优先安排技改投资，并给予财政贴息等。

（六）加快制定相关法律法规，实施依法管理

研究制定《再生资源回收利用管理条例》及相配套的办法和标准，包括《废旧石化产品回收利用管理办法》和《废旧轮胎回收利用管理办法》等，提出一些操作性强的法律规范，将再生资源回收利用逐步纳入法制化管理的轨道。

第六节 建筑行业节能减排路径与对策

建筑业是国民经济的重要物质生产部门，它与整个国家经济的发展、人民生活的改善有着密切的关系。2011 年上半年，我国建筑业总产值达 43111 亿元，同比增长 26.1%；房屋建筑施工面积达 57.1 亿平方米，同比增长 25.5%。但同时建筑业耗能已逐渐与工业耗能、交通耗能并列，建筑业成为我国能源消耗的三大“耗能大户”之一。每年超 20 亿平方米的新建建筑量消耗了全世界 40% 的水泥和钢材，其中只有 15%~20% 执行了建筑节能设计标准。不管从存量还是从增量来看，建筑业节能减排潜力巨大。针对不同的气候特征、资源状况、经济发展水平，应采取不同的技术手段和政策措施以达到节能减排的目标，重点抓住新建建筑节能、既有建筑节能改造，可再生能源在建筑中规模化应用及产业化等关键领域，强化建筑节能标准的实施与监督。

一、技术路径

将循环经济理念引入建筑节能领域，并推动建筑节能的发展需要一个漫长而艰巨的过程，结合我国建筑节能的实际情况，建议从资源能源可持续利用、建筑寿命和建筑材料再利用等方面着手，采取如下技术路径。

（一）可持续发展能源技术和各种节能技术

建筑行业节能技术众多，主要包括下列几种。

1. 先进的节能技术和绿色建材

采用先进的围护结构节能技术，如外墙保温技术、外遮阳技术，使建筑物具有良好的保温隔热性能。大力提倡采用绿色建材，以降低室内的通风换气量、降低单位面积的耗能量。

2. 热泵技术

热泵在建筑节能中的作用很大，低品位能源比如土壤热、地下水蓄热等只有通过热泵才能得到高效利用。现有住宅使用水源热泵后，仅冬季采暖的能耗量就可减少 60% 左右。

3. 先进的蓄能技术

冰蓄能空调及蓄热锅炉的使用，对电力供应有力地起到了“削峰填谷”的作用，同时电力供应的波峰时段和波谷时段用电的电价差较大，也使建筑节能成本有了一定的降低。

4. 自然通风技术

在建筑设计中充分利用自然通风技术，争取在过渡季节依靠自然通风来维持室内舒适的居住条件，创造一个更加宜人的健康人居环境。

5. 住宅小区节水技术

节水是建筑节能中非常重要的一部分，应该对住宅小区尽快实施分质供水，即饮用水和其他用途的水分别使用单独的管路供应；排水按质分级处理、梯级利用，特别要加强中水回用，这样不但节水，而且节能效果明显。

6. 太阳能技术

1）被动式太阳房

被动式太阳房是一种完全通过建筑朝向和周围环境的合理布置、内外部空间的巧妙处理，以及材料和结构的恰当选择来实现集取、储存、分配和利用太阳能的建筑。据英国相关部门统计分析，被动式太阳能住宅由太阳能供给的能源占其总耗能量的30%，日本通产省的新太阳能计划（1993—2010年）中提出2600万户太阳能住宅的推广计划，要求新建房屋要用上太阳能供电。我国第一栋被动式太阳房建于1977年，经过20多年的努力，目前我国被动式太阳房已进入规模普及阶段，并开始向太阳能小区、太阳城发展。

2）太阳能采暖、太阳能空调系统的使用

以水为介质的太阳能采暖系统，集热效率较高，采暖系统可以和太阳能热水系统联合使用。北京地区已有建成太阳能地板采暖系统的示范工程，此方式在北方地区很有推广价值。实现太阳能空调的主要途径为太阳能光热转换，以热能制冷。目前，较为普遍的太阳能制冷空调系统的形式有氨—水吸收式、溴化锂—水吸收式及固体吸附式太阳能空调。

3）太阳能热水

充分利用太阳能热水器产生的热水，是降低建筑物能耗的有效手段之一。在2001年于南京召开的“中国太阳能热水器与建筑结合研讨会”上，首次提出了要对太阳能与建筑一体化进行研究、探讨和实践。国内已有许多太阳能中央热水系统成功使用的范例，如青岛千禧龙花园采用太阳能与燃气互补的辅助热源设计，24小时供应卫生热水，并做到太阳能集热自动化、太阳能与辅助热源切换自动化、供水自动化。供水质量无论从温度、压力还是即时性上，完全达到星级宾馆的要求。

7. 严格控制建筑物采暖的各个环节

（1）控制建筑的气密性和通风换气量，同时规定住宅要有满足卫生健康要求的最低通风换气量。

（2）采暖设备和热水系统中，所有的安装燃烧器必须达到国家环保标准；所有小锅炉，必须在采用相应的防止热损失装置之后才能投入使用；中央供暖系统安装的循环水泵，必须配有自动调节装置，以便根据供暖需要提供相应的热水量。

（3）在装有中央供暖系统的住宅居住区的采暖管线上，须安装自动控制系统，根据外界温度和时间等因素对其的影响，相应地自动调节供暖量，以及自动开启和关闭包括在屋顶和墙内的采暖管线；必须外包保温材料。

（二）采用节能建筑材料

选用节能建筑材料的重点部位是围护结构中的外墙、门窗与屋面。从我国建材工业发展的现实水平出发，可选择下列节能建筑材料。

1. 外墙

围护结构的重点是外墙，目前在建筑物外墙中可选用的节能建筑材料主要是新型节能墙体材料，这类材料主要有以下几类。

1）新型砖材料

主要是指各种空心砖，如煤矸石烧结空心砖、粉煤灰烧结空心砖、页岩烧结空心砖、黏土烧结空心砖等。这些产品因具有一定的孔洞率，导热系数比传统的黏土实心砖低。如优质空心砖导热系数为 0.35 ~ 0.4 瓦 /（米・开），而实心黏土砖为 0.7 瓦 /（米・开）。因此，既保温又隔热，还提高了室内环境的舒适感，特别是煤矸石和粉煤灰空心砖，节约了大量能源和土地资源。

2）建筑砌块

节能建筑砌块主要是指加气混凝土砌块、轻骨料砌块、粉煤灰空心砌块等。这类砌块保温隔热性能优异，如加气混凝土砌块导热系数只有 0.12 ~ 0.15 瓦 /（米・开），仅为实心黏土砖的 1/5 左右。而且，这类产品生产能耗也低，节能效果明显。同时，这些产品利用工业废弃物生产，可节约土地资源，符合国家可持续发展的要求，被列入绿色建材范畴。

3）新型保温节能墙板

新型保温墙板的种类较多，主要有彩钢聚苯乙烯复合墙板、彩钢聚氨酯复合墙板、彩钢岩棉复合墙板、钢丝网架聚苯乙烯保温墙板、钢丝网架硬质岩棉夹心复合板等，这类产品均为复合墙体材料，具有很好的保温隔热性，而且施工方便，近些年发展较快。

上述三类节能墙体材料都具有较好的保温隔热性，但随着建筑节能要求的逐步提高，单一砌筑的墙体结构导热系数将不能满足要求。为此，出现了外墙内保温、夹心保温和外墙外保温等复合节能墙体，这类墙体主要是以空心砖、砌块或现浇混凝土墙板为承重材料，与高效保温的聚苯板、玻璃棉板或岩棉板组成复合墙体。这些复合墙体保温隔热效果好，完全能满足建筑节能的要求，其中以外墙外保温复合墙体节能效果最佳。

2. 门窗

在建筑围护结构中，门窗占有重要地位，虽然门窗的面积通常只占围护结构的 25% 左右，但通过门窗的散热量却占整个建筑的 50% 以上。我国外窗能耗是发达国家的 2.2 倍。因此，门窗既是建筑围护结构，也是建筑节能的重要环节。

门窗的节能效果主要取决于门窗的传热系数和门窗的气密性。因此，节能的重点是选用材质及构造设计合理的新型节能门窗，以降低其传热系数，提高其气密性。

目前，可供选择的新型节能门窗有：塑料门窗、铝塑复合门窗、玻璃钢门窗、木塑复合门窗等。这些节能门窗一般多采用新型节能玻璃与之配套组合，如中空玻璃、低辐射玻璃、太阳能热反射玻璃和多功能镀膜玻璃等。这几种玻璃都具有很好的节能效果，如中空玻璃，由于其由两片玻璃与玻璃之间的密封气体组成，其导热系数远低于单层玻璃；又如太阳能热反射玻璃利用镀膜只能透过可见光的功能，使室内热环境得到改善。

3. 屋面

除外墙和门窗外，屋面也是围护结构的重要部分。在现行的各种建筑节能设计标准中，对屋面传热系数的最高限值相对于外墙和外窗均为最低。因此，屋面也应选节能建筑材料。

过去屋面应用较多的是现浇水泥炉渣、水泥膨胀珍珠岩、沥青膨胀珍珠岩、水泥蛭石等整体封闭式保温层，或松散的膨胀珍珠岩、膨胀蛭石等，由于各种原因其干燥程度难以达到规范的要求，保温效果较差。为了有效提高屋面的隔热保温性，应选用憎水性或吸水率低的、密度小、导热系数小的保温材料，如聚苯板、硬质聚氯酯泡沫板、泡沫玻璃板等。

此外，由于采暖能耗占建筑能耗的比例较大，所以，采暖系统正确地选用保温材料也十分重要。

（三）既有建筑节能改造技术

我国大量的既有建筑在不断浪费着有限的能源，既有建筑节能改造已成为我国当前建筑节能的艰巨任务之一。既有建筑节能改造的目的是为了节约能源、减少污染、改善环境、提高生活质量。推进节能减排工作有利于降低既有建筑的能耗，培育建筑节能产业，建立完善的建筑节能市场体系。

1. 门窗

门窗是建筑维护结构的重要组成部分，有1/3多的热量是通过门窗损失掉的。对门窗的改造更为简单易行，如门窗四周应有密封条，门为保温门，窗至少为双层玻璃。冬冷地区散热器以上窗口内部设窗帘，夏热地区窗外设遮阳设施等。

2. 外墙保温

我国外墙外保温技术经过多年的发展现在已经成熟。配套标准图《外墙外保温建筑构造》已出版，并推广使用。外墙内保温一般是配合内装修，在房间内侧贴预制聚苯板或岩棉板，缺点是占用房间使用面积。

3. 屋顶

主要是平屋顶保温隔热层改造。可以按节能热工计算，增加保温层厚度，另外也可以采用平顶改坡顶的方法来提高屋顶的热工性能。南方地区采用适当的屋顶绿化以改善顶层住户室内温度环境。

4. 阳台

寒冷地区阳台要采取保温措施，并且应密封。对没有阳台的旧房，可考虑立柱子，增设阳台，既扩大建筑面积又加强了墙体保温。

5. 采暖系统及其运行管理

住宅改造成分户计量，一户一表，户内设温度控制阀。提高锅炉运行效率，避免“大马拉小车”现象。

其他还包括提倡太阳能、风能、地热等可持续能源的利用；选择高效能空调；节能灯具的选用、智能布线、灯光与自然光的合理配置都是节能的具体手段。

（四）延长既有建筑的使用寿命

随着中国经济的进一步发展，中国城镇化进程将进一步加速；对城市的改造也将持续进行；公众的居住水平也需要进一步改善。目前我国约有90亿平方米的既有住宅，其中近30%建筑标准很低，安全性能不好。除了一些老旧房屋（不属文物性质的保护建筑）与安全性很差的简易楼考虑逐步拆除外，对于这些建筑标准很低的既有建筑，我们不能简单地采用拆除的方法进行改造，否则要消耗大量的人力、物力与财力，并将产生大量的建筑垃圾，对环境构成巨大压力，而拆除后需新建住宅又要消耗大量的宝贵资源。这就迫切要求我们必须提出合理可行的方法，对这些低标准既有住宅进行改造，以提高其建筑标准、使用性能与结构安全性。延长既有建筑使用寿命的主要技术措施如下：

（1）既有建筑的鉴定、加固与改造不单是技术问题，还涉及政策和管理体制，应以法律或建设部规章制度的形式给予明确规定，并形成一整套管理体系，以保障建筑结构的正常安全使用。

（2）规范既有建筑的检测、鉴定、加固与改造的原则和方法，以及加固改造后建筑的功能和性能要求。新标准既要有高度的概括性，又要有一定的可操作性；新标准不是取代现有标准，而是为现有标准的修订提供共同遵循的基础。同时，新标准不应仅着眼于在具体技术层面上有所前进，而且应在充分了解和掌握国际标准、国外先进标准的发展方向和总结我国丰富经验的基础上编制。积极探讨在技术法规、技术标准、技术指南三个层次进行完善与配套的可能性。

（3）采用现行规范要求的可靠度对既有建筑进行鉴定，而不是完全照搬现行规范。这也是既有建筑结构鉴定与结构设计之间的重大差别。因此，需要充分利用既有建筑的已知信息，如实际荷载取值、材料强度（混凝土强度、钢材强度）等。很多既有建筑结构仍可达到现行规范规定的可靠度指标，就不需要进行大面积的加固。既有建筑结构的鉴定应兼顾静力和抗震两个方面，重点对结构体系和结构整体性进行鉴定，同时保证结构构件的构造和连接措施也能满足一定要求。对现行的危房鉴定标准应适当限制其适用范围。

（4）设计使用年限指的是结构在正常维护条件下保持其使用功能而不需进行大修

的年限，它不是指房屋要塌了的年限，也不是指房屋的寿命。如果已达到设计使用年限或虽未达到规定年限而进行加固改造的建筑结构，其继续使用年限是业主最关心的问题，不能回避。继续使用年限应根据加固改造后建筑结构的安全性、适用性和耐久性作出评估。继续使用年限应由上述新编的统一标准作出规定。

（5）我国既有建筑在使用过程中存在重视新建、轻视维护的问题。要对既有建筑制定相应管理制度或标准规定，定期进行检查、维护。

（6）将农村的房屋和城市的房屋同等对待。现在农村的房屋层数越来越多，但管理相对落后。部分地区农村建筑在台风和地震作用下出现较严重的问题，应引起各方重视。

（7）对建筑的使用安全问题，如建筑防火，应给予足够重视。部分地区燃气、煤气进户用的都是刚性接头，一旦发生地震，可能发生火灾、爆炸等严重问题。

（8）加强既有建筑继续使用年限、各种使用环境作用下建筑结构失效的评估、既有建筑鉴定、加固与改造设计合理性、节能改造与主体结构安全性相协调等内容的研究工作。

（五）建筑物拆除后废旧材料的再生利用

建筑物拆除后废旧材料有很多种类，其中再生利用可能性最大、再生利用价值最高的一种是废旧水泥混凝土。其再生利用主要技术包括下列几种：

（1）废旧水泥混凝土综合处理技术和再生混凝土骨料的生产方法。

（2）再生混凝土骨料的自身性能研究，包括再生混凝土骨料的密度、压碎指标、吸水率、强度、杂质含量等。

（3）再生混凝土骨料的强化方法。由于再生骨料在破碎中存在微裂缝，颗粒中包含砂浆和水泥浆，与天然骨料相比，具有孔隙率高、吸水性大、强度等级低等特点，有必要用物理或化学方法对其进行强化，获得足够的强度。

（4）再生水泥混凝土技术性能和应用技术的研究以及相关技术标准的制定。

（六）改善商业照明环境，以挖掘照明节能潜力

在一般的商业建筑中，照明能耗已占到建筑总能耗的30%~40%，仅次于空调能耗，而且照明灯源所散发的热能还是空调冷负荷的主要组成部分。商业建筑在规划初期应引入整体照明节能的理念，合理选择光源、合理进行自然采光、合理设计空间照度，以及合理进行照明系统的控制和管理。

二、政策措施

建筑行业节能减排，实施建筑节能战略，涉及许多行业和相关技术。它要求生产、设计、施工及管理等部门的紧密配合，共同努力；需要建材、建筑、结构、暖通空调、电气等专业的共同协作；需要优化的设计、精心的施工和合理的管理，从多方面保证建筑节能的实施，采取下列具体政策和措施。

（一）严格对墙体材料生产企业的监管

要加大监督检查力度，对禁止生产和使用实心黏土砖地区的企业，仍然继续生产和使用实心黏土砖的，以及无照生产经营、销售使用国家明令淘汰产品的行为，要坚决依法严肃处理。要加强对墙体材料生产企业的环境监督执法，依法处罚污染环境的违法违规行为。要依据有关国家标准或行业标准，严格监督墙体材料生产企业的销售行为，禁止质量未达标的墙体材料产品出厂销售。

（二）优先推行外墙外保温复合墙体

外墙外保温复合墙体是技术最为合理的墙体保温方式，可使围护结构最大限度地减少局部热损，能够对墙体起到保护作用，还可提高房屋有效使用面积，外墙内侧热惰性好，施工技术成熟，造价比夹心复合保温外墙仅稍高。有关部门及设计单位应使建设（开发）单位了解外墙外保温复合墙体的优点，说服建设（开发）单位从长计议，采用先进节能技术。

（三）大力推进技术进步

有关部门要根据社会发展和技术进步要求，适时发布和调整鼓励、限制、淘汰的墙体材料生产技术、工艺、设备及产品目录。地方各级人民政府和有关部门要支持新型墙体材料及节能建筑技术的开发和应用示范，组织引进、消化、吸收国外先进技术，研究、开发科技含量高、利废效果好、节能效果显著、拥有自主知识产权的优质新型墙体材料生产技术与装备，提高墙体材料革新和节能建筑的技术水平。积极推动绿色建筑、低能耗或超低能耗建筑的研究、开发和试点，建设优质新型墙体材料示范生产线和节能建筑样板，推广新型建筑结构体系，拓宽新型墙体材料的应用范围。

（四）加快供热制度改革，实现供热用热的商品化

节能建筑为节约采暖能耗及改善居住环境提供了条件，但没有合理配套的供热制度，离开供热用热的商品化，仍然不能从根本上充分发挥节能建筑的节能效用。节能建筑通过技术措施实现了围护结构保温隔热性能的提高，但几乎所有采暖居住节能建筑都没有安装供热用热的计量装置，节能多少没有可靠数据证明；另外，居住建筑采暖用热现今仍然是按房屋的建筑面积大小收费，热费定价不尽合理，缺少透明度，节能建筑节能多少与用热收费多少不挂钩，用户没有节能积极性，使我们花费大量财力、物力建成的节能建筑不能完全发挥预期节能效用。因此，必须加快实现供热用热的商品化，其关键是使采暖居住建筑达到“一户一阀、一户一表、分户可调”，用热必须付费，供热质量可考核，采暖用热定价合理化、供热用热合同化，变按建筑面积计取热费为按实际用热多少收费，多用热多交钱、少用热少花钱，调动用户的节能积极性，这样才能从根本上发挥节能建筑的节能效用。为此，还应该要求节能建筑均要按考虑安装计量热表及分室可控制温度来进行设计，若暂时不具备条件安装热表，亦应留出相应位置待将来安装。

（五）严格贯彻《建筑节能设计标准》

贯彻《建筑节能设计标准》，首先要抓住新建建筑，新建建筑必须按节能标准设计、施工、验收，对于不执行该标准的工程及房地产经营者，必须严格管理，建立明确的惩罚制度：对不符合节能标准的工程，不予验收，不准进入市场；对其开发、经营者视情节严格处罚，直至吊销执照；对于不按节能标准设计的单位，视为“明知故犯”，吊销其设计资质。

在既有建筑中实施《建筑节能设计标准》。由于涉及面大、情况复杂，工作难度很大，必须做好规划，抓好试点，积极而有计划地推进。

贯彻执行《建筑节能设计标准》是一项政策性、技术性很强的工作。必须建立较全面的建筑节能政策体系、法规体系、技术支撑体系和有效的行政监管体系，以保证《建筑节能设计标准》的顺利实施。

（六）加强对建筑节能的全过程监督管理

建筑节能的全过程监督管理是指拟建项目从报建到竣工验收交付使用的各个阶段，都必须符合节能的有关规定。这一过程主要包括建设项目可行性研究报告审查阶段、初步设计审查阶段、施工图设计文件审查阶段、竣工验收阶段、竣工验收备案阶段。每个阶段都要制定不同的审查标准和要求，对不符合要求的建设项目，不得批准建设或不得交付使用。

（七）加强节能工作领导协调

各地区和有关部门要加强对墙体材料革新和推广节能建筑工作的组织领导，健全机构，落实责任，加强对黏土砖生产的监管，大力推动墙体材料革新和节能建筑推广工作。发展改革、科技、财政、国土资源、建设、农业、税务、工商、质检、环保等有关行政主管部门，要按照职能分工，认真做好相关工作，并由国家发改委牵头建立工作协调机制，指导和推进墙体材料革新与节能建筑推广工作。地方各级人民政府要将墙体材料革新和推广节能建筑工作列入政府工作的议事日程，纳入当地经济和社会发展总体规划、区域经济发展规划和城乡建设规划，并结合本地区的实际情况，研究制定墙体材料革新和推广节能建筑的发展目标、推广重点与政策措施，抓好各项工作的落实。

（八）提高全社会节能意识

在我国，生产节能已形成共识并付诸行动，但是建筑节能的重要性还未被全社会所认识，所以缺乏行动的自觉性，甚至习惯于旧体制，如国家包采暖，这增加了改革的难度。因此，加大建筑节能的宣传力度，是十分重要的。

在利益驱动下，部分房地产商不顾整体利益，不执行节能设计标准或不照施工图施工，是实施《建筑节能设计标准》的最大阻力，是继续生产高能耗建筑的主要原因。对此，必须在加强宣传教育的同时严加管理。

第七节 建材行业节能减排路径与对策

我国已经是世界上最大的建筑材料生产国和消费国，主要建材产品水泥、平板玻璃、建筑卫生陶瓷、石材和墙体材料等产量多年居世界第一位。建材行业的高速增长为国民经济持续快速发展作出了重要贡献，但同时也消耗了大量能源，其高能耗主要有三大原因：结构不合理、单位能耗高、总量增长快。建材行业节能减排必须以节能、节省资源和保护环境为中心，以水泥、墙材等工业为重点，以清洁生产为基础，以提高资源利用率和降低排放为目标，以科技创新和制度创新为动力，依靠国家法律法规和政策措施，把建材产业建设成为有较强可持续发展能力，与经济、社会和环境相协调发展的新型绿色产业。

一、技术路径

由于建材行业是一个关联煤炭、电力、冶金、化工等诸多行业的重要“节点”产业，因此，节能减排途径多样，潜力巨大，前景非常广阔，主要有下列几条技术路径。

（一）资源节约技术

建材行业需要使用大量的水泥、墙体材料，这些都是高耗能、高污染的材料，因此建材行业的节能减排可以从这些材料入手。

1. 高性能水泥产业化制造技术

利用该技术可获得高胶凝性和高硅酸三钙（硅酸三钙含量达 65%~70%）的硅酸盐水泥熟料，28 天抗压强度提高至 65~70 兆帕，在保证质量和性能的前提下减少水泥熟料用量 15% 以上，使混凝土材料具有更高的耐久性。同时，显著降低生产过程中的排放，为固体废弃物工业化处理和环境保护作出贡献。预计该技术的实施将使单位水泥消耗石灰石量降低 20%，水泥生产综合能耗降低 10%~20%，CO_2 等废气排放减少 15%，提高工业废渣利用率 15%。

2. 低品位资源有效利用技术

采用该项技术可将劣质煤和高碳粉煤灰等低品位资源作为水泥工业的替代资源，是促进水泥工业进一步降低资源消耗的重要途径，可使劣质煤替代率达到 30%，高碳粉煤灰的利用量达到 30% 以上。

3. 绿色高性能混凝土的制备和应用技术

绿色高性能混凝土是一种既具有高施工性能、高耐久性和高强度（或中强度），又保护环境、节约资源、有益于健康的新型混凝土。绿色高性能混凝土代表了混凝土技术发展方向，符合可持续发展的要求。

4. 新型墙体材料生产技术

发展非黏土质新型墙体材料替代目前耗费大量土地资源的黏土砖。新型墙体材料生产能耗比同等技术水平的实心黏土砖平均低30%左右，即生产1亿块新型墙体材料可节能4000吨标准煤，节地110亩。

5. 建筑材料的高效率回用及资源化技术

在建筑物的设计、施工、服役、报废等各个环节，均考虑建筑材料的高效回用和资源化。

（二）能源节约技术

建材行业能源节约技术主要包括水泥窑低温余热利用技术、浮法玻璃熔窑全氧燃烧技术、建筑围护结构节能成套技术等。

1. 水泥窑低温余热利用技术

该技术利用水泥烧成系统废气余热（400℃）进行发电，对环境不产生有害影响。该技术已被列入建材工业节能重点工程。

2. 浮法玻璃熔窑全氧燃烧技术

玻璃熔窑全氧燃烧技术，是在玻璃熔制过程中利用纯氧代替空气与燃料进行燃烧。该技术具有节能降耗、减少NO_x排放、提高产量和玻璃熔化质量、延长熔窑寿命等特点。

3. 建筑围护结构节能成套技术

包括用于不同气候条件的各种节能墙体、屋顶和门窗材料，重点是多功能复合墙体材料生产技术和高效节能门窗技术。墙体材料必须采用取代黏土砖的新型节能材料、高保温隔热材料，实施外墙外保温复合技术；高效节能门窗必须采用中空或真空低辐射等节能玻璃复合并充惰性气体等技术，最终达到建筑节能要求。

（三）环境保护技术

建材行业是能耗大户，但节能空间较大，采用各种环境保护技术是节能减排的重要途径，主要包括下列三种技术。

1. 工业废弃物资源化技术

工业废弃物在建材工业的主要利用领域为水泥混凝土和墙体材料行业。

水泥混凝土行业：利用途径有三个方面，一是做原料；二是经处理活化后作混合材料；三是将具有活性的工业废渣经过超细、活化等深加工后作为混凝土掺和料用于配制高性能混凝土。

墙体材料行业：主要是利用各种固体废弃物制作高掺量烧结或非烧结砖、砌块、轻质板材等新型墙体材料。

2. 生活垃圾在水泥工业中的应用技术

一是将城市生活垃圾经专用垃圾焚烧炉焚烧后的灰渣作为水泥原料；二是将工业废油、废轮胎、废溶剂、废塑料、废皮革、城市生活垃圾等可燃废弃物，作为水泥熟料烧制的辅助燃料。

3. 建筑垃圾的资源化再生利用技术

建筑垃圾经回收处理后用于制作混凝土的原料和新型墙体材料。建筑垃圾中含有60% 以上可循环的再生组分，循环利用建筑垃圾可减少对天然资源（砂石、黏土等）的消耗。

（四）以水泥企业为中心，构建生态工业园

水泥企业可与电力（电厂的粉煤灰可作水泥原料和混合材料）、煤炭（煤矸石可作水泥原料）、冶金（金属尾矿可作水泥原料，炉渣可作混合材）等企业建立相互利用副产品、废品的生态工业链。同时可建立水泥企业与社会层面的物质循环，如水泥企业利用社会废弃物作为水泥生产的替代燃料（如废轮胎、废塑料、生活垃圾等），利用生活垃圾等焚烧后的灰渣作为水泥熟料等。通过开展企业内部、企业之间和企业与社会三个层面的物质循环，构建以水泥企业为核心的生态工业园，提高整个园区的资源效率，降低污染物的排放，改善园区的生态环境。

二、政策措施

建材行业是能耗大户，我国的产品平均单位能耗远高于世界先进水平，节能潜力很大。建材行业节能减排应以科技为支撑，提高资源能源利用率，加强行业间合作，主要采取下列政策和措施。

（一）节省资源，提高资源利用率

节省资源属于循环经济减量化范围。建材企业实施的节省资源措施主要是降低单位产品原料消耗、提高产品成品率、使用低品位原料、利用废弃物、实施清洁生产、防止对环境的过量排放等，如把实心砖改为空心砖，既减少资源消耗，又降低生产和建筑使用能耗，一举多得。

鉴于不可再生矿产资源的有限性，实施资源保护性开采，提高开采利用低品位资源的水平，是节省资源的重要内容。

（二）节约能源，提高能源利用效率

在生产领域依靠科技进步和加强管理，有望在较短的时间内将现有能源消耗水平降低一半。以现代窑外分解水泥窑为例，它可以使水泥熟料的烧成热耗接近理论热耗，仅为水泥湿法窑热耗的一半。近年来燃料电力的供应紧张和价格上升严重影响企业的生存发展，水泥企业因限电拉闸而停产的新闻不时见诸报端。节能已不仅是企业长远发展之策，而且已成为建材企业的当务之急。

（三）减排降污，保护环境

目前，我国建材企业在保护生态环境和重视公众利益方面与国际先进水平差距还很大。部分建材企业粉尘排放尚不达标，对有害气体和温室气体的治理问题更没提上议事日程。我们要提高环保意识，通过加大投入、工艺革新、设备改造等手段，降低粉尘排放；积极开发固体废弃物资源化利用技术，实现固体废弃物的再利用；通过大力消纳利用废弃物和开发替代资源等方式，实现原、燃材料的转化，减少温室气体和有毒有害气体的排放。

严格走环保之路，无论是从理论和实践上，还是从历史和现实看都是从事产品生产企业的一条必由之路，也是发展循环经济对建材企业的基本要求。

（四）提高产品质量，延长使用寿命

循环经济的“再利用”原则，要求不断提高产品的使用寿命或服务年限。提高产品质量（包括耐久性和多功能），是延长产品使用寿命的重要途径。

通过加大科技投入、提高管理水平，把产品的质量提高若干等级，产品功能增强或增多，服役寿命提高若干倍，对建材产品或建筑物来说都是可以做到的。比如，通过长寿命设计可以使钢筋混凝土建筑物的寿命从设定的50年延长到100年甚至更长，其结果对节省能源、资源和保护环境的意义是巨大的。

不断提高建材产品的质量和功能，既是企业管理的永恒主题，也是建材企业推进循环经济发展和提高可持续发展能力的上乘选择。

（五）加强源头控制，推动建材企业节能减排

推行清洁生产应注意从各地区建材行业的实际出发，发挥市场在资源配置中的基础性作用，坚持以企业为主体，政府指导推动，强化政策引导和激励，逐步形成企业自觉实施清洁生产的机制。结合产业结构调整，严格执行《环境影响评价法》，加强源头控制，坚决淘汰和关闭浪费资源污染环境的落后设备、工艺和企业；结合技术改造，使重要产业、重点企业实现清洁生产；在各地区建材行业中逐步培育一批环境友好企业和循环经济型企业。

（六）推广新技术，淘汰落后工艺

水泥行业发展新型干法窑外分解技术，提高新型干法水泥熟料比重，积极推广节能粉磨设备和水泥窑余热发电技术，对现有大中型回转窑、磨机、烘干机进行节能改造，逐步淘汰机立窑、湿法窑、干法中空窑及其他落后的水泥生产工艺。玻璃行业发展先进的浮法工艺，淘汰落后的垂直引上和平拉工艺，推广炉窑全保温技术、富氧和全氧燃烧技术等。建筑陶瓷行业淘汰倒焰窑、推板窑、多孔窑等落后窑型，推广辊道窑技术，改善燃烧系统；卫生陶瓷生产改变燃料结构，采用洁净气体燃料无匣钵烧成工艺。积极推广应用新型墙体材料以及优质环保节能的绝热隔音材料、防水材料和密封材料，提高高性能混凝土的应用比重。

（七）促进科技进步，建立节能减排的技术支撑体系

我国建材行业的发展很大程度上还是“资源—产品—废弃物”的线性经济模式，而要改变这一发展模式，重要的是依靠科技进步，建立起发展循环经济的技术支撑体系，主要包括消除有毒有害污染物的环境工程技术，提高资源利用效率、生产过程无废少废、生产绿色产品的清洁生产技术，提高废弃物资源化水平和附加值的材料工程技术，建材行业与其他相关行业的耦合共生技术，新能源、新资源特别是可再生能源、资源的开发利用技术，以及提高管理水平和生产效率的信息技术等。

（八）与建筑业紧密结合，加强行业间的互动与合作

建筑行业是建材行业的下游产业，是建材产品的主要市场，建材行业的发展必须要致力于服务建筑行业。国家统计局数据显示，建材产品 77.37% 用在建筑行业。从量上来看，2020 年我国城镇化率预计将接近 60%，城镇人均住房面积将达到 30 平方米，未来十几年需要新建、更新改造的住房约 108 亿平方米，这就需要大量的建材产品来满足需求；从质上来看，在新的发展阶段，建筑产品化和工厂化生产将成为建筑业现代化的重要标志，建材行业必须满足其相应的要求。

（九）优化产业结构，加强企业重组

与世界发达国家相比，我国建材行业总体上“大而不强”：“大”指产量大、企业数量大、职工人数多、资源和能源消耗大；“不强”则主要体现在生产规模、生产技术和产品结构与世界先进水平相比还有着相当大的差距，同时，行业集中度低、企业分散、产业结构不合理，代表先进生产力的现代工艺与落后工艺并存，传统建材行业在部分产业中还占据主导地位。这些问题说到根本上是产业集中度不高，生产集约化程度太低。要建立节约型社会，建材行业必须围绕落实科学发展观，在结构调整上取得进一步突破，大力推进战略性资源整合，加强企业重组，提高行业集中度和集约化程度，在建材行业内形成具有国际竞争力的大型企业集团，以提升产品技术、质量和制造规模为手段，通过整合资源和市场，推进建材行业走上质量、效益、优化结构的发展之路。

参考文献

[1] 尚凡一，张红进，曹桂荣．电厂—采油厂—污水处理厂循环经济区建设研究［J］. 江苏环境科技，2004，17（3）：17-19.

[2] 孙彪，蒋元力．发展循环经济，构建神火生态工业园初探［J］．中州煤炭，2005，（2）：23-24.

[3] 李景云．钢铁工业发展循环经济的对策［J］．冶金经济与管理，2005，（5）：26-28.

[4] 殷瑞钰，张春霞．钢铁企业功能拓展是实现循环经济的有效途径［J］．钢铁，2005，40（7）：1-8.

[5] 戴铁军．企业内部及企业之间物质循环的研究［D］．东北大学博士论文，2006：128-151.

[6] 李新创．加快发展循环经济实现钢铁可持续发展［J］．冶金经济与管理，2005，(3)：4-7.

[7] 赵敏岗，余斌，何忠伟．以循环经济的发展思路，做好建材资源综合利用工作［J］．粉煤灰，2005，(3)：18-20，32.

[8] 何水清，李素贞．国外新型建材发展的现状与展望［J］．建材工业信息，2005，(1)：45-47.

[9] 庄剑英．建筑节能与节能建筑材料［J］．建筑节能，2005，(7)：47-49.

[10] 张虎．节能技术在我国建筑节能工程中的应用［J］．住宅科技，2005，(6)：25-27.

[11] 李素蕾，郭树荣．论推进绿色建筑发展的措施［J］．建筑经济，2005，(8)：28-30.

[12] 常建华．从平煤实践看煤炭企业发展循环经济之路［J］．煤炭经济研究，2005，(10)：4-6，18.

[13] 钱鸣高．对中国煤炭工业发展的思考［J］．中国煤炭，2005，31(6)：5-9.

[14] 林积泉，王伯铎，马俊杰，等．煤炭工业企业循环经济产业链设计与环境效益研究［J］．环境保护，2005，(4)：55-58.

[15] 孙仲侦，孙启萌．煤炭企业发展循环经济的思考［J］．能源环境保护，2005，19(4)：55-56.

[16] 单光山．海化集团发展循环经济的探索与实践［J］．山东化工，2005，34(5)：46-48.

[17] 邹昭晞．石化产业发展循环经济产业模式与对策研究［J］．现代化工，2006，26(1)：2-5，7.

[18] 王基铭．中国石化推进循环经济的实践与探索［J］．中国石化，2005，(8)：24-25.

[19] 袁闽川，林迎星．关于培育福建石化产业集群的一些思考［J］．沿海企业与科技，2005，(2)：190-192.

[20] 史丽丽．把循环经济理念贯彻到我国有色行业中［J］．有色金属，2004，(9)：8-10.

[21] 洪明洋，刘伏初．构建湖南有色金属产业链的战略选择［J］．有色金属工业，2005，(11)：50-51.

[22] 王恭敏．加快有色金属循环经济的发展［J］．有色金属工业，2005，(11)：10-12.

[23] 卫万顺，姚华军，张宇辉．实现我国有色金属工业可持续发展的对策研究［J］．资源·产业，2005，7(3)：53-56.

[24] 徐传华．中国再生有色金属生产现状及前景［J］．世界有色金属，2004，（4）：9–15.

[25] 陈柳钦．产业发展的集群化、融合化和生态化分析［J］．中州学刊，2006，（1）：36–39.

[26] 周宏春．循环经济的发展模式与战略选择［J］．煤炭经济研究，2006，（1）：17–22.

[27] 齐建国．中国循环经济发展的若干理论与实践探索［J］．学习与探索，2005，（2）：160–167.

[28] 戴铁军．重点行业发展循环经济对策［M］．中国信息化中心，2006.

[29] 韩颖，李廉水，孙宁，等．中国钢铁工业二氧化碳排放研究［J］．南京信息工程大学学报（自然科学版），2011，3（1）：53–57.

[30] 张敬，张芸，张树深，等．钢铁行业二氧化碳排放影响因素分析［J］．现代化工，2009，29（1）：82–87.

[31] 张春霞，胡长庆，严定鎏，等．温室气体和钢铁工业减排措施［J］．中国冶金，2007，17（1）：7–11.

[32] 李奇勇．三钢固体废物综合利用现状及对策［J］．中国资源综合利用，2003，（9）：15–17.

[33] 郭朝先，程国江．我国有色金属工业发展回顾与转型升级研究［J］．学习与实践，2011，（6）：5–13.

[34] 刘延伟．煤化工行业“十二五”发展分析［J］．化学工业，2010，28（10）：8–10.

[35] 李辉，刘建民，朱法华，等．我国电力行业 CO_2 减排技术及应用前景分析［J］．电力科技与环保，2007，27（1）：9–13.

[36] 朱兵，周文戟，李强，等．我国化学工业控制 CO_2 排放的对策思考［J］．化学工业，2009，27（4）：3–5.

[37] 中国建筑标准设计研究院．外墙外保温建筑构造［M］．北京：中国计划出版社，2007：19–33.

[38] JGJ 134—2010. 夏热冬冷地区居住建筑节能设计标准［S］.

[39] 清华大学建筑节能研究中心．中国建筑节能年度发展研究报告 2011［M］．北京：中国建筑工业出版社，2011：138–169.

第四部分

低碳技术和新能源产业发展

2010年，中国将新能源产业列为国家加快培育和发展的七大战略性新兴产业之一，明确提出到2020年要使新能源产业发展成为我国国民经济的先导产业。2012年的政府工作报告中指出，优化能源结构、安全高效发展核电、提高新能源和可再生能源比重、制止太阳能和风电等产业盲目扩张、大力发展新能源汽车产业是2012年的工作任务之一。实现这些目标，必须要注重技术创新，掌握关键核心技术，加大开发力度与基础性研究工作；要合理配置资源，积极开拓国内外市场，努力做到齐头并进。

第八章　低碳技术发展新动向

低碳技术是低碳发展的物质基础。世界各国低碳技术发展迅速，尤为引人注目的是智能电网与物联网这两大新兴技术。发达国家在大力推进智能电网在本国发展的同时，也积极向海外输出技术。我国智能电网投资也进入快速增长期，在智能变电站关键设备研制与技术标准体系构建方面，与国际领先水平相差无几。物联网既是新一代信息技术，又是信息技术改造提升传统产业最关键、最重要的手段，物联网的发展能够最大限度地提高整个社会的自动化和智能化的水平。积极发展物联网产业是中国经济结构转型的需要。

第一节　智能电网技术发展新动向

发展智能电网，能够有效减少能源依赖，减缓全球温室气体排放，已经引起世界各国的广泛关注。中国把发展智能电网作为能源管理的重要内容之一，在智能电网技术方面、输变电方面以特高压输变电为主流攻坚与推广方向，特高压电网建设已经列入“十二五”规划。

一、智能电网的功能和特征

智能电网（Smart Grid），即电网的智能化，也称为“电网 2.0”，它是建立在集成的、高速双向通信网络的基础上，通过先进的传感和测量技术、先进的设备技术、先进的控制方法以及先进的决策支持系统技术的应用，实现电网的可靠、安全、经济、高效、环境友好和使用安全的目标，其基本特征包括自愈、激励和帮助用户抵御攻击，提供满足用户需求的电能质量，容许各种不同发电形式的接入，启动电力市场以及资产的优化高效运行。它可以侦测电力供应者的电力供应状况，与一般家庭用户的电力使用状况，来调整家电用品的耗电量，以此达到节约能源、降低损耗、增强电网可靠性的目的。在传统电网的基础上，电能的传输拓扑网络更加优化以满足更大范围的各种用电状况，如在用电量低的时段给电池充电，然后在高峰时反过来给电网提供电能。智能电网被认为是一种能够有效减少能源依赖，减缓全球温室效应的措施。在美国奥巴马总统宣布振兴经济方案之中纳入智能电网计划后，已经引起世界各国的广泛重视。

中国智能电网发展选择的主要模式是建立以特高压电网为骨干网架，各电压等级协调发展的坚强电网模式。所谓特高压输电指的是比交流 500 千伏输电能量更大、输电距离更远的输电方式，包括交流特高压（UHC）、高压直流（HVDC），具有低成本、电网结构简化、短路电流小、占用空间小及改善电能质量等优点。所谓坚强电网即是在电网系统遭受大规模干扰或障碍时，仍可保持合理的对用户的供电能力，避免大面积停电事故的发生。大规模对电网系统的干扰包括了自然灾害或外界人为外力破坏，而坚强的电网系统具备高质量的信息安全与计算机防病毒破坏能力。所以，中国智能电网可以做如下表述：以物理电网即特高压电网为骨干网架、各电压等级电网协调发展的坚强电网为基础，将现代先进的传感测量技术、通信技术、信息技术、计算机技术和控制技术与物理电网高度集成而形成的新型电网。

需要指出的是，智能电网的发展模式选择需要考虑本国国情。例如，北美地区的智能电网建设工作主要集中在美国与加拿大。美国智能电网建设注重于提升其电网的可靠性及用电效率，这主要是由于美国电网系统比较陈旧，所以美国急需以智能电网建设为抓手改造提升其电网可靠性与效率，而加拿大由于可再生能源比较丰富，如何提升电网对大规模可再生能源的接入能力与传输能力则成为其智能电网建设的重点❶。欧洲则由于传统化石能源短缺，风电和太阳能发电等可再生能源发电得以快速发展，解决风电等可再生能源的并网发电和减少温室气体排放成为促进欧洲智能电网建设的主要驱动力。随着欧洲统一电力市场的建设和各国电力市场的开放，电力公司面临较大的市场压力，需提高用户满意度，争取更多的用户。因此，加强与用户的互动和降低电价成为欧洲智能电网建设的重点之一❷。我国在智能电网技术方面、输变电方面仍以特高压输变电为主流攻坚与推广方向。特高压电网发展是综合能源运输体系的重要组成部分，是国家“十二五”规划纲要强调优化能源开发布局、提高能源就地加工转化水平和发展特高压等大容量、高效率、远距离先进输电技术的关键步骤。

二、中国智能电网的最新发展动态

（一）电网智能化建设主要内容

根据我国的实际情况，目前和未来一段时间，电网智能化建设主要是以建立特高压输变电为骨干网架的坚强智能电网系统为内容。

选取以构建特高压输电骨架电网建设为主要特色的坚强电网为中国智能电网的主要发展模式，其原因在于：第一，中国能源聚集区与能源需求分布不平衡，中西部能源丰富而东部则是主要的能源需求区，因此必须统筹规划能源资源的优化配置问题。以特高压为骨干网架的坚强智能电网，可以高效地连接大型能源基地与主要的用电区域，更好保障国家能源供应，促进能源在供应区与需求区之间的优化配置，进而满足经济社会快速发展的需要。第二，我国电网发电主要以煤炭为主，采用特高压骨干网

❶ http：//www.sp.com.cn/rdzl/dljj/201108/t20110801_181177.htm.

❷ http：//www.1718china.com/pdyj/cimaNews/0-8208index.html.

架输变电，可以有效减少输变电过程中电力的无端损耗，为煤电基地大规模外送提供了可靠高效的输电通道，实现跨区电力高效输送与交易，进而获取良好的经济效益和环境效益；第三，用坚强智能电网可以通过便捷地接入多种发电方式与储能设备，有效吸纳包括风能、太阳能在内的新能源发电，为大规模开发可再生能源提供基础保障。

基于以上原因，我国开展着力建设特高压输电线路，首条特高压输电线路“晋东南—南阳—荆门 1000 千伏特高压试验示范工程”已安全运行 3 年，不仅大大增强了华北、华中电网之间的电力交换和资源优化配置能力，而且还实现了节能降耗，取得了经济效益和社会效益双丰收。晋东南—南阳—荆门 1000 千伏特高压试验示范工程自 2009 年 1 月 6 日正式投入商业运行以来，已经实现了世界上运行电压等级最高、输电能力最大，代表了国际输变电的最高水平，在我国和世界电力发展史上都具有里程碑意义，这标志着我国在远距离、大容量、低损耗的特高压输电核心技术和设备国产化方面取得了重大突破。根据国家电网公司的统一部署，2011 年国家电网将完成淮南（皖南）—上海、锡盟—南京、淮南（南京）—上海、蒙西—长沙、靖边—连云港等五项特高压交流工程，以及溪洛渡—浙西、哈密—河南等两项特高压直流工程的核准工作。2011 年公布的国家“十二五”规划纲要中已经提到要“适应大规模跨区输电和新能源发电并网的要求，加快现代电网体系建设，进一步扩大西电东送规模，完善区域主干电网，发展特高压等大容量、高效率、远距离先进输电技术，依托信息、控制和储能等先进技术，推进智能电网建设，切实加强城乡电网建设与改造，增强电网优化配置电力能力和供电可靠性。”根据国家电网的规划，“十二五”期间国家将投资超过 5000 亿元建成“三纵三横”特高压交流骨干网架和 11 项特高压直流输电工程，“投资额相当于两个三峡工程”，其中交流特高压的投资额约占 2/3[1]。

另外，在对外合作方面，国家电网公司与美国电力公司就先进输变电、智能电网等 6 个领域开展技术及设备方面合作的协议。2011 年 2 月 15 日，中国电力科学研究院通信与用电技术分公司（电科院通信用电分公司）与美国的得州仪器（TI）宣布联合签署《智能电网战略合作备忘录》，旨在加强中国智能电网、智能能源及智能家居等相关领域的发展，TI 将向电科院通信用电分公司提供针对智能电表、智能终端及智能能源产品从芯片到系统的全方位支持，以推动国家电网芯片产业基地的建设和发展。

（二）智能电网技术发展动向

围绕特高压输变电为主要特色的骨干网架建设，需要在特高压输电设备上实现技术性突破，为特高压输变电提供技术支持与设备保障。

2011 年 7 月，中国西电集团公司自主研制的解体运输、现场组装 330 千伏 36

[1] http：//news.10jqka.com.cn/field/20110512/522590732.shtml.

万千伏安三相一体自耦有载调压油浸式电力变压器，通过全部型式检验和出厂试验，各项技术性能指标完全满足国家标准和技术协议的要求。这是中国西电继今年4月研制成功解体运输、现场组装的500千伏75万千伏安三相一体自耦无载调压油浸式变压器之后，在这一领域取得又一重大成就，为我国高电压大容量变压器的运输提供了宝贵经验，满足了工程建设对国产设备的需求，提升了我国变压器整体制造水平。

2011年11月，中国西电集团公司自主设计研发的第二台1000千伏1000兆伏安双柱结构、单柱容量500兆伏安特高压自耦变压器，在中国西电集团公司常州生产基地一次性通过全部例行试验和型式检验。该设备代表了当今国际特高压变压器设计、制造的最高水平，为晋东南—南阳—荆门1000千伏特高压交流试验示范工程南阳变电站扩建工程建设提供了保障。

2011年10月，中国西电集团公司以500千伏和750千伏有级可控并联电抗器的制造经验为依托，开发了大量的计算程序，进行电抗器产品的量化计算、分析和优化，设计研制出1000千伏特高压交流有级可控并联电抗器，性能达到国际领先水平。

在特高压变电站建设技术方面，2011年4月由国电南京自动化股份有限公司与中国南方电网超高压输电公司柳州局、广西电力工业勘察设计研究院共同完成的《建立500千伏完全数字化变电站试点》科技项目在南方电网超高压输电公司主持的科技项目验收评审会上通过评审。该项目解决了南方电网500千伏数字化变电站工程的整体技术方案制定、设计、试验、验收、运行及后期维护等多方面的技术难题。

在特高压输电技术方面，2011年4月我国工业领域的最高奖项——第二届中国工业大奖授予了1000千伏晋东南—南阳—荆门特高压交流试验示范工程。该工程是我国第一条自主研发、设计、建设的世界上运行电压等级最高、技术水平最先进的输变电工程。通过工程建设，我国全面掌握了特高压核心技术和全套设备制造能力，形成了一系列国际标准和国家标准，验证了发展特高压的可行性、安全性、经济性和环保性，实现了“中国创造”和“中国引领”。这项工程被国际大电网组织誉为“一个伟大的技术成就”和“电力工业发展史上的一个重要里程碑”。

（三）智能电网建设发展建议

特高压电网建设已经列入“十二五”规划，在2012年3月5日召开的全国人民代表大会上，温家宝总理政府工作报告中提出2012年的工作任务是要“加强用能管理，发展智能电网和分布式能源，实施节能发电调度、合同能源管理、政府节能采购等行之有效的管理方式”，把发展智能电网作为能源管理的重要内容之一。推动智能电网的发展，需要做的工作很多，这里初步提些建议：

第一，政府要在相关方面提出针对性的扶持政策，在资金引入、项目审批、技术支持等方面给予支持。

第二，特高压坚强电网建设需要相关环节的技术支持与设备保障，需要政府、电网公司及科研院所通力合作，在上述方面不断取得进展，实现技术突破与产品创新，为特高压输变电电网建设提供可靠高效的技术支持。

第三，要加强电网监控工作，中国的智能电网建设一方面是为了实现对于国家能源优化配置，保障国家能源供应安全的内在需要，也是实现资源有效利用、应对全球变暖的需要，相关部门需要借鉴国外智能电网建设与监管的经验，加强智能电网低碳化、高效化的监管措施，提供合理高效的激励手段与惩罚机制，促进智能电网发展过程中高效化、资源化与低碳化的可测量与信息透明。

第四，中国智能电网建设要加大特高压输变电与包括风电、太阳能发电在内的电力发电系统的衔接工作，实现电力发电源上可再生资源发电比例不断提高，特高压输电可以高效吸纳并促进可再生资源在发电环节的比例，降低成本，提高收益。

第五，需要建立统一的电力规划机制，促进电网电源协调发展，实现能源资源优化配置，促进电力系统整体的运作效率，实现智能电网整体化发展目标。

第二节　物联网技术发展新动向

物联网是新一代信息技术的高度集成和综合运用，在智能信息化网络中处于关键地位，拥有独特的技术和产业特征，具有创新性强、辐射面广、带动力强、上下游链条两头延伸长的特点，因而是不同于其他新一代信息技术的新型技术领域。由物联网技术决定的产业包括传感器、射频识别（RFID）为主的感知制造业，通信网络设备制造、传感器网络设备制造以及机器到机器（M2M）网络设备制造等为主的基础网络制造业，还有提供网络传输、信息处理以及运营服务等的应用服务业等。物联网已被国务院作为战略性新兴产业并上升为国家发展战略。

一、中国物联网发展状况

（一）发展物联网具有重大意义

物联网用途极其广泛。作为新一代信息技术，物联网遍及智能交通、环境保护、公共安全、工业检测、家庭护理、个人健康等多个领域。与物联网相关的技术，如芯片设计、感应器及技术、射频识别技术、纳米技术及智能嵌入技术等，也作为信息技术改造提升传统产业最关键、最重要的手段，在各行各业有极大的应用前景。

首先，大力发展自主可控的物联网技术，积极推动产业自主发展，是有力保障我国国防安全、经济安全和社会安全的需要。这是因为物联网具有集承担数据采集、传输、处理于一身的功能，过分依赖国外技术将对我国国家安全带来重大隐患。其次，发展物联网，是促进产业结构调整、推进两化融合、发展低碳经济的迫切需要，这是因为物联网是信息技术改造提升传统产业最关键、最重要的手段，努力把握各行各业对物联网技术的应用需求，大力推动物联网技术在传统产业中的应用，能够有效促进产业结构调整、实现两化深度融合和节能高效的经济发展模式。发展物联网，是实现技术自主可控、保障国家安全的迫切需要。再次，发展物联网，是发展战略新型产业、带动经济增长的迫切需要。这是因为物联网产业是后金融危机时代经济发展的接续产业和战略性新兴产业，潜力大、成长快、带动力强、附加值高。因此，加快实现物联网技术突破和产业发展，增强经济可持续发展能力和可持续竞争力，对进一步提升我国国际经济地位具有重要意义。总之，发展物联网具有重要的政治、经济和社会意义，因此，我国也将这项技术发展列入国家中长期科技发展规划。

（二）**我国物联网与国际基本同步**

严格地说，物联网是21世纪的新一代信息技术，国内国外处于同一起跑线上，或同处于发展初期。从实际情况来看，我国已经初步具备了发展物联网的产业、技术和应用的基础，我国物联网产业的发展应该说已经呈现出良好的发展态势。

一是产业发展初具基础。2010年，我国物联网市场保持快速增长态势，市场规模达到1933亿元。低频和高频射频识别产业相对成熟，市场规模105.3亿元；敏感元件与传感器产业初步建立，全国有1688家企业从事传感器的研制、生产和应用，在生物传感器、化学传感器、红外传感器、图像传感器、工业传感器等领域有较强的专利实力和竞争优势。拥有全球最大、技术最先进的公共通信网和互联网，通信设备制造业具有较强的国际竞争力，移动机器对机器（M2M）终端数量接近1000万，已成为全球最大的M2M市场之一。

二是技术领域取得突破。我国在芯片、通信协议、网络管理、协同处理、智能计算等领域已取得初步成果。在超高频RFID、通信技术以及各类新型传感器等领域取得核心技术的突破性进展。2010年，我国发布了全球首颗二维码解码芯片，研发了具有国际先进水平的光纤传感器，自主研发的LTE也已通过全球20多个地区的验证。

三是标准研制取得进展。近年来，我国在传感器网络接口、标识、安全、传感器网络与通信网融合发展、泛在网体系架构等相关技术标准的研究颇有进展，已具备攻坚物联网国际标准的能力，是传感器网络国际标准化工作组（WG7）的主导国之一。

四是应用推广初见成效。目前，我国物联网应用以示范性质居多，应用行业已经扩展到电力、交通、环保、安防、物流、医疗、家居等领域，新的应用模式正日趋成熟。例如，在安防领域，防入侵、视频监控以及智能家居等细分领域的物联网应用取得良好的效果；在医疗领域，面向病房、手术室、保健室等应用场景的物联网产品及解决方案正日趋成熟。除此之外，物联网在智能楼宇、路灯监控、动物溯源、环境监测等方面也开展了广泛的应用。

二、物联网与智慧城市

物联网应用的主要目标之一是服务于智慧城市。智慧城市，像智慧地球的理念一样，源于数字城市、数字地球；所不同的是，由于物联网技术的嵌入，使它们在技术手段上更具有“共性”，因而更具有“物物相连”性，也更具有可操作性和可度量性。显然，基于物联网技术的智慧城市的建设无疑会大大提高城市的信息化程度，提高人均 GDP。据世界银行测算，一个百万人口的智慧城市建设，当其达到实际应用程度的 75% 时，该城市的 GDP 在投入不变的条件下将能增加 3.5 倍。这意味着智慧城市可促进经济增长翻两番，完全有可能实现“四倍跃进”的城市可持续发展目标。

事实上，物联网在智慧城市领域的应用已经开始启动，例如数字城管、安防与消防联网、安监与应急指挥、环保监测、节能管理、智能建筑、智能家居等。目前我国物联网的发展主要由政府推动，许多地级市乃至县级市都把物联网作为“一把手”工程，由市委书记和市长亲自抓。无锡、北京、重庆等领先的城市都在争夺国内物联网产业“制高点”，并通过应用带动物联网相关产业的发展。目前国外物联网业务，也大多数围绕“智慧城市”的建设展开。从总体上看，美国更为务实，主要由工业界推动，走“自下而上”的物联网应用模式，但政府也以各种方式积极推动，如奥巴马总统提出了“智慧地球”理念，尽管只是一个倡议而非国家战略。值得注意的是，美国物联网产业的发展及服务对象均是企业应用和为企业服务；而中国物联网的应用，主要服务对象和商业机会则是在于公共设施及服务业的建设。

三、物联网与绿色智能建筑

物联网应用的另一主要目标是绿色智能建筑。早期的楼宇自动化系统（BACS）通常只有以 HVAC 楼宇设备为主的自控系统。随着通信与计算机技术，尤其是互联网技术的发展，其他楼宇中的设备也逐渐地被集成到楼宇自动化系统中，如消防自动报警与控制、安防、电梯、供配电、供水、智能卡门禁、能耗监测等系统，实现了基于 IT 的物业管理系统、办公自动化系统等与控制系统的融合，形成智能建筑综合管理系统（IBMS）。现代智能建筑综合管理系统是一个高度集成、和谐互动、具有统一操作接口和界面的“高智商”的企业信息系统，为用户提供了舒适、方便和安全的建筑环境。

“绿色智能建筑”内生于智能建筑之中。“智能建筑”概念大约产生于 20 世纪 80 年代初，源于提高能效。在 1973 年石油危机之前，美国的建筑物往往采用宽敞夸张的设计，尤其在通风方面，基本不考虑能耗方面的可持续性。建筑节能的概念在石油危机之后开始在美国得到关注，一批厂家开始推出基于 DDC、PLC、DCS、HMI、SCADA 等技术的能耗管理系统（EMS），对建筑物的 HVAC 系统实施自动排程等管理，这也成为 BACS 发展的关键因素，由此可见，EMS 一直是 BACS 和 IBMS 系统的关注点。事实上，在智能建筑中，加入可持续发展的概念，便内生发展成为绿色智能建筑。所谓“绿色”，在这里，不仅包含了节能减排，还包含了生态的概念，例如对建筑物的选址、朝向等的考量，对周边环境、交通状况，水资源利用，以及对建筑材料的精心选择和循环利用等。绿色智能建筑，本质上是一个绿色系统工程。欧洲甚至提出“建起一座楼，就是种活一棵树，建起一片楼，就是种下一片森林”的理念和口号。

需要强调，未来绿色智能建筑与节能市场的需求驱动力主要来自两方面：一方面，国家节能减排政策是否可持续，因为它将促进建筑节能市场是否快速发展；另一方面，绿色市场集中度是否能够提高，因为目前低端市场的竞争日趋激烈，规模较小不具备核心能力的解决方案提供商将会被淘汰，高端市场的增长将超过行业平均水平，但对进入者的资金实力和技术能力都将提出很高的要求，具备较强资本实力和技术能力的企业将能充分分享行业的成长，获得较快发展。

四、物联网与节能减排

物联网技术可以在很多方面促进节能和减排。这主要是指通过物联网无处不在的链接和监控技术，实现自动报警或自动调节及统计报表和决策支持来支持系统的高效运行。换句话说，这是通过管理手段实现节能减排。物联网技术可以为合同能源管理（Energy Performance Contracting）和智能电网（Smart Grid）业务提供很好的技术支撑。

首先，物联网能实现对物质世界的远程控制，降低管控成本。在通过RFID实现对物品（商品）信息的采集后，物联网还能通过与中心计算机的互联互通实现对物质世界的远程控制。物联网对远程物品的控制主要是根据一定通信协议，通过通信网络对目标物品发出指令，通过远程控制降低操作的消耗，实现节能减排，降低碳排放量。通过物联网的远程控制的低碳优势来降低碳排放量，如中国远洋物流有限公司近年采用物联网技术实现了信息化管理，把全世界的分销中心数量从100个减少到40个，成本降低了23%，燃料用量降低了25%，碳排放量减少了10% ~ 15%。

其次，通过物联网实现了对物质世界的智能管理，提高了管理能效。物联网在获取实体世界的物品信息后，可通过一定控制方式对信息数据进行整理和分析，从而实现对物品（商品）的智能化管理。智能管理提高了决策效率和决策的精准程度，避免了资源的浪费和无效使用。一个利用物联网智能管理的特点实现节能低碳的典型案例为北京奥林匹克公园。在奥林匹克公园的主要体育场内，安装了由松下电器开发的IPV6照明控制系统，对主场馆的照明控制系统的1.8万盏照明灯进行智能控制，直接降低了10%的电能消耗。

五、小结

中国经济改革的过程是不断推进产业结构调整、实现产业升级的过程。物联网产业发展符合中国经济结构转型的背景。物联网的发展能够提高整个社会的自动化和智能化的水平，可以有效抵御劳动力成本上升给产业带来的成本上升的矛盾，同时对于维持或提高产业竞争力与利润率水平都具有积极作用。更为重要的是，物联网产业的发展会提高社会对能源的利用效率，加大对环境的自动检测能力，提高环境检测效率，推动国内生产与生活方式向低碳、清洁方向发展，从而有利于中国经济增长方式和结构的转型。因此，物联网产业助推智能化有助于提升各行业运营效率、降低运营成本、保障运营安全，发展物联网产业是经济转型和结构升级的重要一环。国家"十二五"规划已经明确提出，要发展宽带融合安全的下一代国家基础设施，推进物联网的应用。但物联网在中国的发展依然要克服技术、标准、应用示范等相关问题。因此为推进物联网在中国的健康发展，在发展策略层面，国家应统筹规划加快构建产业链。通过制定相关扶持政策，引导产业链的各个环节加快融合，重点加强芯片设计制造、设备制造、运营、解决方案、系统集成等环节的产业链构建、整合和优化，尽快形成完整、贯通的产业链。另外，相关省、市也要因地制宜，结合自身特点，发挥差异化优势，有所侧重地发展物联网产业，与本地原有的产业形成良性互动，进而实现产业的协同放大效应。

参考文献

[1] 刘跃新，牛元立，张景超．国内外智能电网发展模式对比分析［J］．河南电力，2011，(3)：1-3.

[2] 邓辉，李健．节能减排背景下智能电网的建设［J］．机电工程，2011，(8)：1019-1024.

[3] 张晓萱，马莉，刘长义，等．我国坚强智能电网促进低碳发展的作用研究［J］．能源技术经济，2011，(8)：19-23.

[4] 曾鸣，马军杰，许文秀，等．智能电网背景下我国电网侧低碳化发展路径研究［J］．华东电力，2011，(1)：32-35.

[5] 周彦伦，杨奖利，王琨．智能电网与"十二五"发展规划［J］．电器工业，2011，(2)：6-8.

[6] 周彦伦，毛昭元，张磊．智能电网与节能减排［J］．电器工业，2011，(1)：14-16.

[7] 华北电力技术编辑部．2011年我国智能电网发展建设情况［J］．华北电力技术，2011，(10)：9.

[8] 严冬，曾孝平．低碳经济的发展建设推动智能电网［J］．自动化与仪器仪表，2012，(1)：170-172.

[9] 魏素蕊．发展智能电网产业：节能减排与经济增长的双赢［J］．中小企业管理与科技，2011，(33)：173-174.

[10] 高财根，宋常青．浅析智能电网技术在我国的发展及应用［J］．科技向导，2012，(1)：279-282.

[11] 蒋荣华，胡灿，汪颖．智能电网促进节能减排的市场执行问题的探索［J］．四川电力技术，2011，（4）：9–12.

[12] 李静玲．智能电网技术与国内外研究现状［J］．中小企业管理与科技，2009，（11）：297.

[13] 钟旭，郭馨．中国智能电网建设［J］．现代物业，2012，（1）：38–39.

[14] 张元元．合同能源管理，政府应以身作则［J］．中国标准化，2011，（8）：15–17.

[15] 中国人民大学气候变化与低碳经济研究所．低碳经济——中国用行动告诉哥本哈根［M］．北京：石油工业出版社，2010.

[16] 杨志，刘丹萍．低碳经济与经济社会发展［M］．北京：中国人事出版社，2011.

[17] 胡向东．物联网研究与发展综述［J］．数字通信，2010，（2）：17–21.

[18] 郭川，邬贺铨．物联网不是网络是应用［N］．人民邮电报，2010–3–18.

[19] 钟义信，周延泉，李蕾．信息科学教程［M］．北京：北京邮电大学出版社，2005：16–18.

[20] 杨震．物联网发展研究［J］．南京邮电大学学报（社会科学版），2010，12（2）：1–10.

[21] 孙其博，刘杰，黎彝，等．物联网：概念、架构与关键技术研究综述［J］．北京邮电大学学报，2010，（6）：1–9.

[22] 纪占武．我国物联网产业发展研究［J］．科技向导，2011，（24）：49，55.

[23] 张军杰，杨铸．我国物联网产业发展状况、影响因素及对策研究［J］．科技管理研究，2011（13）：26–29.

[24] 石军．“感知中国”促进中国物联网加速发展［J］．通信管理与技术，2009，（5）：1–3.

第九章 新能源产业发展

2010年，中国将新能源产业列为国家加快培育和发展的七大战略性新兴产业之一，明确提出到2020年要使新能源产业发展成为我国国民经济的先导产业。2012年的政府工作报告中指出，优化能源结构，安全高效发展核电，提高新能源和可再生能源比重，制止太阳能、风电等产业盲目扩张是2012年的工作任务之一。实现这些目标，必须要注重技术创新，掌握关键核心技术，加大开发力度与基础性研究工作；要合理配置资源，积极开拓国内外市场，努力做到齐头并进。

第一节 太阳能产业发展新动向

中国是太阳能光伏产业生产大国，且增长幅度快，2011年仅中国已有的产能就超过世界需求的50%。中国国内太阳能产品市场潜力巨大，发展太阳能产业，不仅要关注国际市场行情，而且要关注开辟国内市场。

一、国际市场回顾：太阳光伏产业重要的增长期

根据国际能源机构（IEA）数据，全球光伏发电行业累计装机容量从2009年的23042.5兆瓦增长到2010年的39777.845兆瓦，增幅达72.6%。（表9-1）

从地区分布看，北美洲从2009年的1761.2兆瓦增加到2010年的2747.2兆瓦，增幅达56%，其中美国太阳能光伏发电量从2009年的1641.6 兆瓦增加到2010年的2519.6兆瓦，增幅为53%。美国太阳能产业协会（SEIA）的一份报告显示，美国2011年上半年安装的太阳能光伏发电装置比去年同期高出69%，该报告说美国的目标是在2011年安装1750兆瓦的光伏发电装置，是去年总量的两倍。值得关注的是，加拿大太阳能光伏累计装机容量2010年较2009年增幅竟达111%，从2009年的94.6兆瓦跃升至2010年的199.6兆瓦。在欧洲，2010年其全球光伏发电行业累计装机容量达到29617.145兆瓦，较2009年的16288.9兆瓦增幅达81%之多，其中捷克2010年较2009年增幅达321%之多，从2009年的463兆瓦一跃至2010年的1953兆瓦，增幅全球第一，法国、希腊、意大利、德国、英国增幅在欧洲紧随其后。在大洋洲，澳大利亚光伏发电行业累计装机容量从2009年的183.6兆瓦增长到2010年的503.6兆瓦，增幅达174%。在亚洲，印度太阳能光伏发电量从2009年的120兆瓦增加到2010年的189兆瓦，增幅为57.5%；日本光伏发电行业累计装机容量增加了37%，从2009年的2627.2兆瓦增长至2010年的3617.2兆瓦；韩国从2009年的441.9兆瓦

增长至2010年的572.9兆瓦；中国是太阳能光伏产业生产大国，其光伏发电行业累计装机容量从2009年的373兆瓦增长至2010年的893兆瓦，增幅达139%。2010年全球太阳能产业的发展，有七成受惠于欧洲市场快速增加的需求，但如今受到欧元区危机影响，银行贷款缩水，而来自欧洲两个最大市场德国及意大利的政府光伏补助也减少，使得该产业实际上受到的打击远超过整体市场。日本核危机后，许多国家正在重新考虑其核能计划，这将为太阳能产业发展带来机会。

表9–1　2009—2010年全球太阳能光伏产业装机容量比较
（资料来源：IEA Photovoltaic Power Systems Programme，EPIA，EurObserver and SolarBuzz.）

国家	装机容量（兆瓦）		增幅（%）
	2009年	2010年	
美国	1641.6	2519.6	53
加拿大	94.6	199.6	110
北美	1761.2	2747.2	55
丹麦	4.6	7.1	54
法国	261	1025	292
德国	9914	17320	74
希腊	56	206	267
意大利	1181.3	3502.3	196
英国	26.5	71.5	169
欧洲	16288.9	29617.145	81
澳大利亚	183.6	503.6	174
日本	2627.2	3617.2	37
韩国	441.9	572.9	29
中国	373	893	139
世界总计	23042.5	39777.845	72

二、中国太阳能产业发展分析

（一）太阳能产业发展的市场环境

如上文所述，中国是太阳能光伏产业生产大国，且增长幅度快。2011年是“十二五”的开局之年，也是我国光伏产业发展进程中极不平凡的一年，在经历了“十一五”末期的高速发展之后，产业发展开始步入调整期。

2011年10月19日，美国几家太阳能电池和电池板生产商向美国商务部和国际贸易委员会提交申请，要求对中国出口美国的太阳能电池进行反倾销和反补贴调查。该反倾销调查请求认为中国的太阳能产品受到政府补贴而得以以低价出口至美国市场，形成对美国同行业企业的不正当竞争，造成美国太阳能企业的倒闭和减产，美国国际贸易委员会和美国商务部已分别于10月19日和11月8日予以立案。另外，受制于欧洲国家大幅削减太阳能补贴、市场融资环境疲软等因素，中国太阳能产品出口面临严峻考验。

2010年国外市场占到我国整个光伏产业市场的93%以上，2011年虽然有所下降，但也在80%以上，如此高的依赖度使得国外市场一有风吹草动就会影响到国内的太阳能产业，国际市场需求变化对我国太阳能产业有非常大的影响。世界市场太阳能产品已经出现产能过剩局面，2011年初到2011年11月30日，世界市场光伏组件的产能增加了54%，而需求仅增加了19%。中国已有的光伏组件产能为300亿瓦，其他国家的产能为200亿瓦，而2011年世界光伏电站的安装需求量应当在200亿瓦左右，即仅中国已有的产能就超过世界需求的50%。

（二）促进和调整太阳能产业发展的政策

事实上，中国国内太阳能产品市场潜力巨大，发展太阳能产业，不仅要关注国际市场行情，而且要关注开辟国内市场。

2010年，中国将新能源产业列为国家加快培育和发展的七大战略性新兴产业之一，明确提出到2020年要将新能源产业发展成为我国国民经济的先导产业。

2010年3月，财政部、住房和城乡建设部出台了《关于加快推进太阳能光电建筑应用的实施意见》，之后又推出“金太阳计划”，决定综合采取财政补助、科技支持和市场拉动方式，加快国内光伏发电的产业化和规模化发展。财政部、科技部、国家能源局计划在2～3年内，投入约100亿元财政资金采取财政补助方式支持不低于500兆瓦的光伏发电示范项目。

2011年8月1日，国家发改委又发布了《关于完善太阳能光伏发电上网电价政策的通知》，通知明确规定2011年7月1日以后核准批建的光伏项目，上网电价分别为每千瓦时1.15元和1元，这对于启动国内光伏市场有重要意义。

另外，《可再生能源发展“十二五”规划》《太阳能光伏产业发展“十二五”规划》和《太阳能发电“十二五”规划》等即将颁布实施，这将推动该产业健康稳定发展。

在对外贸易方面，针对美国“双反”调查，中国商务部2011年11月25日发布公告，决定对美国可再生能源扶持政策及补贴措施启动贸易壁垒调查。中国商务部部长陈德铭称：对于美国对中国产太阳能电池的调查，中国已做好最坏的打算，并准备采取应对措施。2011年11月29日召开的中国机电产品进出口商会上，14家国内光伏企业共同声明称：开放的国际光伏产品市场对全球环保事业具有重要意义。14家光伏企业的声明强调了中国光伏产品的优势来自于市场竞争力，驳斥了低价倾销与政府补贴的荒谬说法，并将继续寻求与美方相关企业的共同合作，维持在美的市场竞争力。

（三）太阳能产业未来几年的发展趋势及对策建议

未来几年，中国太阳能产业产能过剩以及对于国外市场的过度依赖使光伏产业必然会有一个调整过程，光伏行业离复苏还比较远，走出寒冬期还要较长时期，光伏产业必须要通过技术革新和产业调整，使产品真正迎合市场的需求。

促进太阳能光伏产业的健康快速发展，必须要注重技术创新，掌握关键核心技术。加大开发力度与基础性研究工作；要合理布局，整合相关产业，促进资源的优化配置；要积极开拓国内市场与国外新兴国家市场，努力做到齐头并进；要妥善处理国际贸易摩擦，利用国际法与相关条款维护我国企业合法权益。随着国家支持政策的不断出台以及日本核危机后国际社会对清洁安全能源的普遍意识回归，太阳能产业将在“十二五”期间健康稳步地发展。

第二节　风电产业发展新动向

中国继续主导世界风电市场，到 2010 年底中国已成为全球风电装机规模第一大国。根据《中国风电发展路线图 2050》，到 2050 年风电的二氧化碳减排量将达到 24 亿吨，带来的就业岗位达到 72 万人。中国风电产业技术创新薄弱，缺乏有自主知识产权的核心技术，需要对自主创新技术给予引导和扶持。

一、全球风电产业发展年度回顾及展望

风电行业的发展始于 1973 年的石油危机，美国、西欧等发达国家为寻求替代化石燃料的能源，投入大量经费，用新技术研制现代风力发电机组，80 年代开始建立示范风电场，成为电网新电源。近年来，风电发展不断超越其预期的发展速度。至 2011 年 6 月底，全球风电装机容量达到 215000 兆瓦，2011 年的前 6 个月就新增 18405 兆瓦，比 2010 年上半年增长 15%。目前，位居前五位的风电市场是中国、美国、德国、西班牙和印度，五国占有世界风能装机容量的大部分份额，占全球风电装机容量的 74%。

中国继续主导世界风电市场，仅在 2011 年前 6 个月就增加 80 亿瓦，为近年同期最高的数字。2011 年 1—6 月份，中国新安装的风力涡轮机占世界新安装的风力涡轮机的 43%，至 2011 年 6 月，中国总装机容量约 520 亿瓦。

欧洲风电市场走向复苏，大部分欧洲国家风电装机在 2011 年上半年比 2010 年有较强劲的增长：德国新增能力 766 兆瓦，总计达到 27981 兆瓦；西班牙 484 兆瓦，总计 21150 兆瓦；意大利 460 兆瓦，总计 620 兆瓦；法国 400 兆瓦，总计 6060 兆瓦；英国 504 兆瓦，总计 5707 兆瓦；葡萄牙 260 兆瓦，总计 3960 兆瓦。

2011 年 1—6 月，美国市场增加 2252 兆瓦，同比增长约 90%，但比 2010 年增长缓慢。但是根据美国风能协会《2011 年美国风电产业第二季度市场报告》，截至 2011 年 7 月 1 日，美国还有一个正在建设中的 7354 兆瓦装机容量，包括在美国俄勒冈州的 845 兆瓦、加利福尼亚州的 802 兆瓦、俄克拉何马州的 769 兆瓦、爱荷华州的 619

兆瓦、伊利诺伊州的611兆瓦、科罗拉多州的501兆瓦和得克萨斯州的492兆瓦。加拿大的增长较为强劲，2011年上半年安装了603兆瓦，安大略省增长最强劲，这主要得益于绿色能源法案的推动。

根据《中国风电发展报告2011》显示，展望未来五年，风电还会持续增长。欧盟有望在2015年将风电装机容量提高至1500亿～1800亿瓦，平均年增速在12%左右；印度政府也希望将可再生能源占所有装机容量的比例提升到35%。从全球范围来看，全球各地都显示出对于可再生能源的需要和渴望。据丹麦BTM（Consult Aps-A part of Navigant Consulting）咨询公司近期预测，全球风电年新增装机平均增速将保持在10%～15%，全球每年新增装机会从目前的395亿瓦增至2015年的810亿瓦，累计增速达20.7%。这样一来，未来五年全球累计装机将有望超过3000亿瓦。

二、中国风电产业发展年度回顾

2011年12月2日，中国电监会在北京发布的《风电安全监管报告》显示，中国风电产业发展迅速，装机容量近400000兆瓦，风力发电量占到全国发电量的1.5%，预计到2015年风电装机容量和发电量均将翻番。截至2011年8月，全国并网运行的风电场达486个，分布在除西藏、广西以外的全国29个省、市、自治区，装机容量39240兆瓦，在建容量13770兆瓦，到2010年底中国已成为全球风电装机规模第一大国。

回顾风电2010年表现，《中国风电发展报告2011》显示，2010年我国除台湾省外其他地区共新增风电装机189.3亿瓦，保持全球新增装机容量第一的排名。累计风电装机容量447.3亿瓦，超过美国跃居世界第一位。我国有29个省、市、自治区（不含港、澳、台地区）有了自己的风电场，其中风电累计装机超过20亿瓦的省份有7个。内蒙古自治区以累计装机138.6亿瓦的成绩领跑我国风电发展，紧随其后的是甘肃、河北和辽宁。中国国电集团2010年新增风电装机3490.45兆瓦，继续保持我国装机容量第一，同时五大发电集团占据全国56%的比例。2010年中国十大风电机组制造商排名相对稳定，华锐仍高居首位，新的十强中增加了上海电气和沈阳华创。

三、中国风电发展路线图

国家发改委能源研究所2011年10月19日发布了《中国风电发展路线图2050》（以下简称《路线图》）❶。

《路线图》描绘了未来风电发展三个阶段的战略目标。

第一个阶段（2011—2020年），风电发展以陆上风电为主、近海（潮间带）风电示范为辅，每年风电新增装机达到1500万千瓦，累计装机达到2亿千瓦，风电占电力总装机的10%，风电电量满足5%的电力需求。

---

❶参见21世纪网 http：//www.21cbh.com/HTML/2011-10-20/0ONDE3XzM3MzI0OQ.html.

第二个阶段（2021—2030年），在不考虑跨省区输电成本的前提下，风电的成本低于煤电，风电的发展重点是陆海并重，每年新增装机在2000万左右，累计装机达到4亿千瓦，在全国发电中的比例达到8.4%，在电源结构中的比例扩大到15%左右。

第三个阶段（2031—2050年），实现东、中、西部路上风电和海上风电的全面发展，每年新增装机约3000万千瓦，占全国新增装机的一半左右，风电装机总量达10亿千瓦，在电源结构中占26%，风电成为中国主力电源之一。

根据上述战略布局，到2050年风电开发当年投资可达4276亿元，2011—2050年累计投资可达12万亿。

在风电补贴政策方面，风电上网电价补贴将在未来十年内先逐渐上升，再逐渐下降，在2015年前后达到峰值，未来十年需要累积补贴2100多亿元；2020年前后陆上风电上网电价将达到与脱硫燃煤标杆电价持平的水平；2020年之后，风电补贴将主要投向海上风电。对此，《路线图》特别强调，陆上风电与煤电的比较，如果考虑跨省区输电成本，风电的成本将仍高于煤电；若考虑煤电的资源环境成本，风电的全成本将低于煤电的全成本。和煤电相比，风电的社会环境效益非常明显，从温室气体减排的角度来看，未来三个阶段的发展目标对应的减排量分别为3亿吨、6亿吨和15亿吨，风电带来的就业岗位达到72万人。

四、风电技术的最新动向

随着接入电网的风力发电机容量的不断增加，电网对其要求越来越高，通常情况下要求发电机组在电网故障出现电压跌落的情况下不脱网运行，即要求风电机组具有一定低电压穿越能力。目前国际上公认的风电场并网的最佳技术方案是柔性直流输电技术。柔性直流输电是以电压源换流器为核心的新一代直流输电技术，其采用最先进的电压源型换流器和全控器件，是常规直流输电技术的换代升级。相比于交流输电和常规直流输电，在传输能量的同时，柔性直流输电还能灵活地调节与之相连的交流系统电压。柔性直流输电具有可控性较好、运行方式灵活、适用场合多等显著优点。另外，由于柔性直流输电不受距离限制，因此也是国外大型远距离海上风电场并网的唯一选择。

2011年1月，甘肃省电力公司承担了国家电网公司“大型集群风电有功智能控制系统”项目的开发研制，结合中国在第一个千万千瓦级风电基地——酒泉风电基地建设过程中面临的风电输送等实际技术难题，成功研制开发出“大型集群风电有功智能控制系统”。该系统针对大型集群风电大容量送出与电网安全运行的矛盾，首次实现了电网接纳风电能力的实时评估，然后根据评估结果确定风电最大发电出力，分配并显示各风电场的发电计划，做到了风电智能调度、有功智能控制、风火打捆的协调控制。大型集群风电有功智能控制系统为中国解决风电接入问题初步提供了技术保障，填补了国内空白。

2011 年 5 月，世界首个采用磁浮磁动技术的风力发电试验站在山东省高青县开工建设。这一风电新技术有望实现全风速发电，其设计工作风速为 1 ~ 12 级，风能转化效率大大提高。由大连磁谷科技研究所有限公司开发的磁浮磁动风力发电技术，从理论上实现了全风速发电，微风即可发电。磁浮磁动风电技术可有效解决现行风力发电机组间歇性、缺乏低电压穿越等功能缺陷。

总体而言，中国风能发展的技术创新还很薄弱，缺乏有自主知识产权的核心技术。因此，对国外技术依赖很大。政府要推动相关企业与科研院所通力合作，潜心进行基础性研究与前沿技术性研究，并将二者结合起来，以基础性研究支撑核心技术发展。国内相关部门需要对国内的自主创新技术需要政策给予配套、引导、扶持，对拥有核心技术的风能产品要给予扶持，促进我国风电产业健康快速发展。

第三节 核电产业发展新动向

日本福岛核电站泄漏事故促使所有有关国家对现有的核电站安全进行评估，温家宝总理在 2012 年 3 月 5 日召开的政府工作报告中明确提出要将“安全高效发展核电”作为 2012 年政府的主要任务之一。从中国的实际情况看，火电将长期占有主要地位，而核电的发展在未来中国能源体系中也将逐渐占据重要地位。

一、全球核电产业发展年度回顾

根据世界核能协会（World Nuclear Association）以及国际原子能组织（International Atomic Energy Agency）共同发布的数据显示，2010 年全球核电发电量为 2630 万亿瓦时，其中美国核电发电量占据全球首位，达到 807.1 万亿瓦时，但只占美国 2010 年发电量的 19.6%；法国核电发电量占据全球第二位，达到 410.1 万亿瓦时，占全年法国发电量的 74.1%，是核电发电占国内发电比例最高的国家；日本核电发电量占据全球第三位，达到 280.3 万亿瓦时；在全球市场占据发电量第四、第五位的国家分别是俄罗斯和韩国（表 9-2）。

表 9-2 2009—2010 年全球核能发电量比较

（资料来源：WNA，IAEA，http：//www.world-nuclear.org/info/nshare.html）

国家和地区	2009 年核电力发电量（万亿瓦时）	2010 年核电力发电量（万亿瓦时）	核电占比（%）	
			2009 年	2010 年
阿根廷	7.6	6.7	7.0	5.9
巴西	12.2	13.9	3.0	3.1
比利时	45.0	45.7	51.7	51.1
加拿大	85.3	85.5	14.8	15.1

续表

国家和地区	2009年核电力发电量（万亿瓦时）	2010年核电力发电量（万亿瓦时）	核电占比（%）	
			2009年	2010年
捷克	25.7	26.4	33.8	33.3
芬兰	22.6	28.4	32.9	28.4
法国	391.7	410.1	75.2	74.1
德国	127.7	133.0	26.1	28.4
英国	62.9	56.9	17.9	15.7
俄罗斯	152.8	159.41	17.8	17.1
南非	11.6	12.9	4.8	5.2
美国	796.9	807.1	20.2	19.6
印度	14.8	20.5	2.2	2.9
日本	263.1	280.3	28.9	29.2
韩国	141.1	141.9	34.8	32.2
中国大陆	65.7	70.1	1.9	1.8
中国台湾	39.9	39.9	20.7	19.3
全球总量	2558	2630	—	—

日本福岛核电站泄漏事故促使所有有关国家对现有的核电站安全进行评估，延缓了数十座新核电站的兴建计划。日本核事故所导致的“核恐慌”情绪可能会持续相当长一段时间。

日本福岛核事故爆发后，法国政府已就核电安全问题召开了多次安全紧急会议，布置相关事务，严格确保法国核电系统运作安全。法国之所以坚持不放弃核电，其原因在于背后的经济利益。据法国核学会公布的数据，法国核能工业创造的附加值每年达200亿～280亿欧元，发展核电使法国避免进口大量化石能源，如石油、煤和天然气，为此每年可以节省约60亿欧元。另外，法国核电的价格优势十分突出，据法国能源和气候总局公布的数据，目前法国核电上网电价约每50欧元/兆瓦时，生物质发电价格约120欧元/兆瓦时，海上风力发电电价150～180欧元/兆瓦时，太阳能电价250～600欧元/兆瓦时。

日本福岛核事故爆发后，德国政府要求德国国内的17座核电站于2021年停止运营。瑞士停止了对三个新核电站的审批工作。《世界能源展望2011》称，根据“低核假设”预测，到2035年核能发电比例将从目前的13%下降到7%。这对于能源安全、燃料多样性、能源支出和能源相关碳排放都具有重要的意义。相比日本核事故之前，现在核能发展的前景充满了各种不确定因素，其对于满足世界能源需求的角色也变得模糊起来。

根据日本原子能产业论坛公布的数据，截至2011年5月，日本的54座核能反应堆仅有 17 座处于运行中，发电容量为 15493 兆瓦，即占全国 48960 兆瓦核能发电容量的 31.6%。20 座机组由于进行定期检查而停堆，发电容量为 17705 兆瓦（即占总核能发电容量的 36.2%），同时有两座机组由于计划外检查或者设备更换而停堆。另外，日本东部的一些企业已经搬迁到西部，增加了西部的预期需求。问题的关键在于以火电替代核电，势必增加电力供应成本，这也正是前文所述日本能源经济研究所对核电发电经济竞争力研究的目的所在。

英国核能管理委员会表示，英国核电站安全可靠，而且政府已为新建核电站做好充分的战略准备。在美国，核安全监管部门 2011 年已向美国南方公司发布了执照审批时间表，由西屋公司设计的 AP1000 新机组将于 2012 年前全面开工，两台机组在 2016 年和 2017 年开始运行前，高峰期施工总人数将达到 3500 人。

在日本国内，日本能源经济研究所的研究报告称，在考虑福岛核事故补偿后，核电仍有较强的经济竞争力。其实在 2011 年 9 月 22 日于纽约总部举行的核安全与核安保高级别会议上，日本首相野田佳彦就表示了日本决心将核能发电的安全性提高到世界最高水平。

二、中国核电产业发展年度回顾

2011 年在中国能源工作会议上提出，核电装机容量到 2020 年达到 86000 兆瓦。根据中国电力企业联合会 2011 年 1 月 17 日发布的数据显示，2010 年我国核电装机容量突破 10000 兆瓦，达 10820 兆瓦，在建规模达 26 台 29140 兆瓦。根据中电联 2011 年 11 月发布的《2011 年 1—10 月份电力工业运行情况简要分析》显示，1—10 月，全国电力工程建设完成投资 5334 亿元，同比增长 8%。其中，核电完成投资 600 亿元人民币，同比增长 26.2%，新增核电产能 1090 兆瓦，岭澳核电站二期二号反应堆（2.5 代技术）8 月投入商业运行，其他项目（包括核岛和常规岛）的建设进展顺利。

我国的核电政策正在由“安全第一”以取代“积极发展”的方针。在日本福岛核泄漏事件爆发后，国务院总理温家宝在 3 月 16 日召开的国务院常务会议上，从对设施进行全面安全检查、核设施的安全管理、全面审查在建核电站、严格审批新上核电项目、抓紧编制核安全规划、调整完善核电发展中长期规划、核安全规划批准前暂停审批核电项目包括开展前期工作的项目等几方面对我国核设施安全及运营做了周密安排，审批新项目条件会更加严格。

据咨询公司麦肯锡 2011 能源报告称，未来 20 年，中国核电新增装机容量占比将达到 47%，成为世界核电发展的主要推动力。从中国的实际情况看，火电将长期占有主要地位，而核电的发展在未来中国能源体系中也将逐渐占据重要的地位。

三、核电技术发展新动向

日本福岛核电站事故后，各个利用核能发电的国家对于核电安全性的重视达到了前所未有的高度。核电安全性取决于核电技术进步，中国在核电技术方面的持续突破促进了中国核电系统运行的安全与稳定。

鉴于日本福岛核泄漏事故的发生，发展并建设第三代核电站就构成了和平安全利用核能的关键。第三代先进核电技术在设计中把预防和缓解严重事故作为必须满足的要求，比二代核电技术具有更高的安全性。在核反应堆方面，“代”主要以安全指数来划分。自 20 世纪 70 年代至今仍然运行的大部分商业核电站被称为二代核电站，而三代核电站对核电安全提出了更高的要求。90 年代，美国和欧洲要求新建核电站必须在预防和缓解严重事故上满足一定条件，国际上把这类核电站看做是三代核电站，二代核电站的严重事故概率比三代核电站高 100 倍以上。

在我国，为统一核电发展技术路线，高起点实现我国核电自主化发展，我国于 2006 年决定引进第三代核电中相对最安全和经济的 AP1000 核电技术，通过建立国家核电技术公司，以建设 4 台机组为依托，实施相应的技术引进消化吸收再创新工作。这个重大举措是我国自 20 世纪 80 年代引进 30 万千瓦和 60 万千瓦火电机组技术以来，再次在国家层面组织的大规模能源技术引进工程。2010 年 12 月 27 日，在浙江三门核电 2 号机组 CA01 模块就位于核岛区域，这是我国自主化的三代核电 4 台 AP1000 核电机组在 2010 年成功实现的第 18 个，也是 2010 年最后一个工程节点[1]。中国的三代核电 AP1000 依托项目建设是在中美双方工程技术、项目管理人员的共同努力下，不断攻坚克难，并不断转化为工程实现的。我国三代核电自主化的最后阶段是通过再创新，形成具有自主知识产权的大型先进压水堆核电技术。

我国国产四代核电技术也已在研发之中。第四代核电系统的要求突出了防止核扩散问题，其系统安全性较前几代更为提高。2000 年 5 月，由美国能源部发起、美国阿贡实验室组织的全世界约 100 名专家进行了研讨，提出了第四代核电站 14 项基本要求。关于经济性的有 3 条：要有竞争力的发电成本，其母线发电成本为 3 美分 / 千瓦时；可接受的投资风险，比投资小于 1000 美元 / 千瓦；建造时间（从浇注第一罐混凝土至反应堆启动试验）少于 3 年。有 5 条是关于核安全和辐射安全的：非常低的堆芯破损概率；任何可信初因事故都经验证，不会发生严重堆芯损坏；不需要场外应急；人因容错性能高；尽可能小的辐射照射。关于核废物的有 3 条：要有完整的解决方案；解决方案被公众接受；废物量要最小。关于防核扩散的有 3 条：对武器扩散分子的吸引力小；内在的和外部的防止核扩散能力强；对防止核扩散要经过评估。2011 年 3 月，经国务院批准，山东荣成石岛湾高温气冷堆核电站项目正式启动，这是我国拥有自主知识产权的第一座高温气冷堆示范电站，是我国国产四代核电技术发展的标志性工程。

[1] http：//news.china.com.cn/rollnews/2011-01/31/content_6287393.htm.

第四节 生物质能产业发展

温家宝总理在 2012 年政府工作报告中提出，政府 2012 年的主要任务之一是提高新能源和可再生能源比重。生物质是可再生能源的重要组成部分，发展生物质能，既有利于实现能源多元化，缓解能源紧张，又有利于保护生态环境，减少二氧化碳排放。利用生物质能发电，成本比太阳能发电低，有非常好的发展前景。

一、全球生物质能发展回顾

生物质能是绿色能源的一种，是指通过植物的光合作用而将太阳辐射的能量以一种生物质形式固定下来的能源。生物质能一直是人类赖以生存的重要能源之一，是一种典型的清洁能源和“低碳能源”，具有可再生和环境友好的双重属性。

根据《BP 世界能源统计年鉴 2011》数据，世界生物质能燃料量 2010 年较 2009 年增加 13.8%。生物燃料占全球一次能源消费量的 0.5%。北美洲增长 17.7%，中南美洲增长 14.2%，上述两个地区是 2010 年度增长的主要区域，这两个地区占全球生物燃料产量的 3/4。乙醇占全球生物燃料产量的近 3/4，并在北美洲和中南美洲占据主导地位，而生物柴油则在欧洲及欧亚大陆占据主导地位。以生物燃料总体统计，2010 年美国生物燃料产量居全球第一，达到 25351 千吨油当量，较 2009 年增加了 17%（表 9–3）。

表 9–3 世界生物燃料产量

（资料来源：分析机构 F.O.Licht 和美国能源信息管理局的数据）

国家和地区	生物燃料产量（千吨油当量）		2009—2010 年变化情况（%）
	2009 年	2010 年	
美国	21670	25351	17.0
加拿大	721	996	38.1
北美洲合计	22399	26355	17.7
奥地利	354	383	8.3
法国	2312	2312	—
德国	2728	2930	7.4
意大利	758	670	–11.5
英国	180	180	—
欧洲及欧亚大陆总计	10597	11354	7 .1
中东总计	—	—	—
非洲总计	14	14	—
澳大利亚	174	246	41.8

续表

国家和地区	生物燃料产量（千吨油当量）		2009—2010 年变化情况（%）
	2009 年	2010 年	
中国	1399	1399	—
印度	82	151	84.5
韩国	217	287	31.9
亚太地区总计	3094	3275	5.9
巴西	13962	15573	11.5
阿根廷	1054	1687	60.0
哥伦比亚	326	351	7.8
中南美洲总计	15994	18264	14.2
世界总计	52098	59261	13.8

根据国际能源机构（IEA）的数据，2011 年，全球生物燃料日产量从 2010 年的 182.2 万桶降至 181.9 万桶，结束了生物燃料产量连续 10 年稳步增长的历史[1]，下降的原因被归结于受到美国 2012 年开始取消生物燃料赋税减免政策的影响。在生物燃料行业增长放缓之际，美国政府结束了对该行业长达 30 年的财政支持。在 2012 年元旦，美国取消了一项价值约 60 亿美元的税收抵免政策，同时取消了一项曾经推动国内生物燃料行业发展的关税。巴西和美国是世界最大的生物燃料生产国，生物燃料产量分别占世界总产量的 22.2% 和 50%，而欧洲和世界其他国家分别占总产量的 11.1% 和 16.7%。

二、中国生物质能发展状况

我国《可再生能源中长期发展规划》明确提出生物质能属于可再生能源六大发展领域之一，该发展规划提出了到 2020 年，生物液体燃料总计年替代 1000 万吨成品油的总体目标，强调突出区域特点、加快技术创新、加大节能保护为特色的生物质能产业保护政策。“十二五”时期我国新能源产业发展确定为核电、风电、太阳能和生物质能四大产业。生物质能是重点发展的新能源产业之一。

在中国，现阶段生物质能应用主要集中在沼气利用、生物质直燃发电、工业替代燃料和交通运输燃料四方面。在 2011 年 8 月份召开的全国农村能源工作会议上公布的数据显示，“十二五”末，我国生物质发电装机容量要达到 13000 兆瓦，集中供气将达到 300 万户，成型燃料年利用量达到 20 亿吨，生物燃料乙醇年利用量达到 3 亿吨，生物柴油年利用量达到 1.5 亿吨。截至 2010 年底，我国生物质发电装机约 5500 兆瓦，生物质固体成型燃料年利用量为 5000 万吨左右，非粮原料燃料乙醇年产量为

[1] 全球生物燃料产量 10 年来首次下滑．http：//www.ftchinese.com/story/001042630.

2000万吨，生物柴油年产量为5000万吨左右。

2009年我国发改委即发布了《关于完善农林生物质发电价格政策的通知》，明确了生物质发电的统一标杆上网电价为0.75元/千瓦时（含税），这对于成本在0.5元/千瓦时左右的生物质发电产业而言，可以实现赢利，进而促进生物质发电行业的快速发展。

目前全国已有9个省市正式启动车用乙醇汽油试点，在此基础上将要扩大到更多的省区；“十二五”期间，生物柴油将获得多省政策支持。这些都体现了政策支持和财政扶持的有效性，也将成为推动生物燃料产业发展的动力。

三、生物柴油的发展

生物柴油是指以油料作物、野生油料植物和工程微藻等水生植物油脂以及动物油脂、餐饮垃圾油等为原料油通过酯交换工艺制成的可代替石化柴油的再生性柴油燃料。生物柴油是生物质能的一种，它是生物质利用热裂解等技术得到的一种长链脂肪酸的单烷基酯。生物柴油是含氧量极高的复杂有机成分的混合物，这些混合物主要是一些相对分子质量大的有机物，几乎包括所有种类的含氧有机物，例如，醚、酯、醛、酮、酚、有机酸、醇等。生物柴油具备硫含量低、二氧化硫和硫化物的排放低、较好的低温发动机启动性能、较好的安全性能、生物降解性高、降解速率高、可大大减轻意外泄漏时对环境的污染等优点。

（一）国际社会生物柴油发展新动向

伴随着全球生物质能生产的下跌，2011年生物柴油生产也出现下跌。欧盟生物柴油的进口量则呈增加态势。2010年欧盟进口生物柴油超过190万吨，其中约61%来自阿根廷，26%来自印度尼西亚，少量来自加拿大、马来西亚、印度、新加坡和世界各地。在欧盟内部提出的通过改变土地用途来生产生物燃料以减少碳排放量的计划如今被认为缺乏一个固定的计量经济学模型，因而欧盟宁愿多进口国外的生物柴油，对于国内生物柴油生产也采取谨慎保守的态度。而美国环保署（EPA）的最新数据表明，2011年美国共生产生物柴油9.08亿加仑，超过预定8亿加仑的生产目标，若按照目前的发展速度，至2013年美国生物柴油产量预计能够达到12.8亿加仑，基本满足该类能源的市场需求。

（二）我国生物柴油的发展

我国是从20世纪80年代开始研究生物柴油的。生产生物柴油的方法主要有微乳法、热裂解法和酯交换法等。我国以酯交换法为主，工艺技术发展至今已较为成熟。我国生物柴油行业正式的产业化发展是从2005年前后开始的。从那时起，我国逐渐建立起一批具有自主知识产权的规模型企业，先后建成多套万吨级规模的生物柴油装置。目前，我国生物柴油的产能约为250万吨/年，未来10～20年，生物柴油企业有望完成产业整合，淘汰一些小规模装置、小作坊式的企业，年产十几万吨甚至几十万吨的规模将成为市场主导规模。2010 年 12 月，海南省中国海油新能源投资有限责任公司投资建设的 6 万吨 / 年国家级生物柴油示范项目所产的首批生物柴油，已在该省中国石化所属的 12 家加油站试销售。这是目前国内唯一进入车用领域的生物柴油产品，海南将成为国内首个封闭销售生物柴油的省份。这在我国生物柴油发展史上具有里程碑意义。

生物柴油的原料来源为油料作物种子得到的植物油以及动物油脂、废弃油脂、餐饮业的地沟油等。在我国，生物柴油原料的 90% 是废弃油脂和地沟油。这些废弃油脂和地沟油主要来自餐饮行业。2009 年我国生物柴油企业的产能为 250 万吨 / 年，开工率却只有 20%。导致上述现象产生的原因主要是：第一，由于我国可耕地面积有限，动植物油脂的生产尚且不足以满足居民的食用消费，每年还需大量进口，导致动植物油脂价格偏高；第二，能源树种由于生产周期较长且其基地建设投资巨大，目前只能少量提供，难以形成大规模效应，且能源树种的种植区域多分布在偏远地区，道路交通很不方便，也对生物柴油的原料供给带来不便；第三，廉价的废弃油脂面临收集系统不健全、收集利用率低的问题，且成分复杂，难以形成规模化发展；第四，相关技术落后导致成本巨大，生物柴油被列入了消费税的征收目录，和化石柴油一样，每升生物柴油要缴纳 0.8 元消费税，企业成本大，使一些企业生产难以为继，甚至出现了停产、减产的现象。

需要特别指出的是，在我国台湾地区，生物柴油发展呈现健康发展的态势，生物柴油消费量迄今已达到 5500 万升。台湾《第一次能源会议决议案》将生物柴油及废弃物回收产生的油品纳入《石油管理法》，明确规定，生产业者所销售的可再生能源无须负担石油安全存量及缴纳石油基金义务，以促进生物能源推广。台湾于 2008 年开始正式使用 B1（1% 生物柴油）调和柴油。台湾相关部门规定自 2010 年 6 月 15 日起，所有出售的传统柴油中必须添加 2%（E2）的生物柴油，依据台湾车用柴油的使用量估算，随着 2011 年台湾全面实施 B2 生物柴油之后，台湾生物柴油年使用量可望达 1 亿升，台湾“能源局”计划在 2011—2015 年将这一比例提高至 5%（E5），达 3 亿升；2016—2025 年再提高到 20%（E20），达到 12 亿升。据台湾“经济研究院”估算，若不考虑成本因素，台湾推动生物柴油将带来可观的社会、经济效益：一是能源替代效益，台湾现在每年使用约 1 亿升生物柴油，相当于每年减少 250 万桶原油的进口；二是环境效益，使用生物柴油，每年可减少约 33 万吨二氧化碳等温室气体排放，用废弃食用油生产生物柴油，不仅不会对粮食作物的生产及供应造成影响，反而具有回收废食用油的环境效益，变废为宝；三是产业效益，目前台湾合格的生产生物柴油的企业约 10 家，累计带动产业投资约 10 亿元，全面添加 2%生物柴油后，估算年产值约 30 亿元，已形成一定的规模。

（三）促进我国生物柴油发展的措施

在生物柴油技术标准方面，国家发展改革委员会于 2007 年就已制定了《生物产业发展"十一五"规划》，明确提出要加快制定生物柴油技术标准。随着我国2010年出台GB/T 25199—2010《生物柴油调和燃料（B5）》标准，生物柴油调和燃料B7标准制定的基础工作的开展，生物柴油行业发展的技术条件已基本具备，只待国家行业政策东风的进一步推动。生物柴油调和燃料标准实施后，对于国内生物柴油产业发展是一个利好消息。生物柴油事关国家的能源安全，而能源工业是需要确保长期稳定的事业，包括生物柴油方面的能源产业政策要促使生物柴油企业不受经济利益左右保证市场的稳定供应，这方面显然要给市场行为主体提供利益刺激与保障。

生物柴油行业在"十二五"期间作为新能源产业势必需要国家层面更大的关注与发展。生产柴油标准的制定和完善以及后续相关政策的出台，必须要可以指导并规范企业的生产过程，提高产品生产的标准化程度，加速国内外相关资本流入。在"不与人争粮，不与粮争地"的原则下加大木本植物等非粮食作物的开发利用力度、加大微藻产油技术研究及推广力度，解决原料来源及相配套的技术问题，完善废弃油脂的回收利用过程，加大能源林木基地建设过程，加速我国生物柴油产业化进程。

四、燃料甲醇的发展

（一）甲醇燃料简介

甲醇燃料的原理是利用目前可获得的矿物燃料资源及对二氧化碳加氢还原生产甲醇，在高油价下，不管是作为化工原料，还是作为替代燃料，甲醇及其下游衍生物都将在经济生活中扮演越来越重要的角色，对于减少二氧化碳排放具有重要意义。

甲醇作为燃料利用的形式，大体分为汽车用燃料和发电用燃料两类。甲醇作汽车燃料是目前燃料甲醇利用的唯一方式，因为它基本上不需要改动原发动机，具备燃料效率高以及排放污染物少等优点。最受欢迎的使用方式是与汽油掺和（甲醇少量），配成混合燃料。德国使用的汽油中掺入2%～3%甲醇和2%～3%异丁醇的混合燃料早已商品化。美国、瑞典、日本、新西兰、加拿大、意大利、澳大利亚等的混合燃料都处于试用阶段，一般是掺入15%甲醇，称作M15燃料。最近，许多国家都在进行燃料甲醇（M100）发动机的研究和试验。如美国使用的是90%甲醇和10%汽油，德国使用90%甲醇和10% C_5 馏分。掺入10%汽油或 C_5 馏分主要是解决冷启动问题。此外，日本正在进行甲醇柴油机试验；南非为将甲醇用于标准柴油机，已发明一种提高甲醇十六烷值的廉价添加剂，这样就可以在不用改造原有柴油机的情况下使用燃料甲醇。

（二）甲醇燃料世界市场发展状况

目前国际上甲醇主要进口国家和地区为美国、日本、韩国、中国大陆、印度以及欧洲的一些国家。美国对甲醇有着强烈的需求，但是美国的供应能力很低，近几年，甲醇进口量保持在200万吨/年左右。在西欧各国，甲醇供应能力一直满足不了本国的需求，大概只能满足国内需求的50%，多年来它们的进口量保持在250万吨/年。

日本每年消费200万吨甲醇，主要依靠进口。在亚太和南美地区的需求量更是远大于以上各发达国家，并且需求在以每年5%的增长率增长[1]。据中国氮肥工业协会统计，2011年，我国甲醇生产企业295家，总产能达到4654万吨/年，比上年增加21.2%。其中新增产能867万吨/年，淘汰产能53万吨/年；甲醇产量2627万吨，比上年增长49.9%，超出预期；装置开工率达56.5%，比上年增加10.9个百分点，但开工率仍偏低；甲醇平均出厂价2710元/吨，比上年提高18.1%；甲醇进口573.2万吨，比上年增加10.45%，平均进口价格368.7美元/吨，比上年增加73.7美元/吨，进口甲醇占我国表观消费量的比重由2010年的22.9%下降到18%[2]。

（三）我国促进甲醇燃料发展的政策措施

2011年11月1日起，我国开始正式实施《车用燃料甲醇》国家标准。国家发改委颁布的《我国醇醚燃料及醇醚清洁汽车发展专题报告（征求意见稿）》则确定甲醇燃料为我国今后20～30年过渡性车用替代燃料。《车用燃料甲醇》国家标准规定了车用燃料甲醇的技术要求、试验方法、检验规则及标志、包装、运输、储存和安全等，适用于车用燃料甲醇的生产、检验和销售等一系列甲醇汽车燃料使用环节，《车用燃料甲醇》标准的出台为甲醇从化工产品向燃料转变提供了法律依据。我国《车用燃料甲醇》国家标准的出台将对甲醇车用燃料的推广应用起到一定的推动作用。

五、燃料乙醇的发展

（一）乙醇燃料介绍

燃料乙醇是另一种可再生能源，可在专用的乙醇发动机中使用，又可按一定的比例与汽油混合，在不对原汽油发动机做任何改动的前提下直接使用。使用含醇汽油可减少汽油消耗量，增加燃料的含氧量，使燃烧更充分，降低燃烧中的污染物的排放。乙醇的氧含量高达34.7%，乙醇可以按较甲基叔丁基醚（MTBE）更少的添加量加入汽油中。汽油中添加7.7%乙醇，氧含量达到2.7%；如添加10%乙醇，氧含量可以达到3.5%，所以加入乙醇可帮助汽油完全燃烧，以减少对大气的污染。另外，除了提高汽油的辛烷值和含氧量外，乙醇还能改善汽车尾气的质量，减轻污染。一般当汽油中的乙醇的添加量不超过15%时，对车辆的行驶性能没有明显影响，但尾气中碳氢化合物、NO*x*和CO的含量明显降低。美国汽车油料（AQIRP）的研究报告表明：使用含6%乙醇的加州新配方汽油，与常规汽油相比，HC排放可降低5%，CO排放减少21%～28%，NO*x*排放减少7%～16%，有毒气体排放降低9%～32%。

发酵酒精作为车用燃料有两种方式：其一是配制汽油和无水酒精的混合物——汽油醇，酒精在混合物中的比例最高可达25%。用汽油醇作汽车燃料时，可以利用原有

---

[1] http：//info.chem.hc360.com/2011/10/091559317781-2.shtml.

[2] http：//www.cacs.gov.cn/news/chanyeguanchashow.aspx?articleId=95116.

的汽车发动机；其二是直接利用酒精作为汽车燃料，这时必须使用专门设计的、具有更高压缩比的发动机。在这方面，巴西走在最前面。早在1989年，巴西以甘蔗、糖蜜、木薯、玉米为原料年产发酵酒精1200万吨以上，几乎全部用来代替汽油，并大部分采用第二种方式作为汽车的燃料。也是从那时起，巴西已经不再进口原油，少量国产原油还可出口，率先实现了汽车燃料的酒精化。目前巴西的乙醇产品中普通乙醇占2/3，无水乙醇占1/3。

（二）国外乙醇燃料主要生产国家发展状况

美国燃料乙醇产业主要是以玉米为原料生产生物燃料乙醇。自2006年起，美国超过巴西，成为世界上最大的燃料乙醇生产国。2009年产量达3256万吨，增速降至15.3%。从消费量看，美国燃料乙醇的消费量一直处于增长态势，并处于供不应求的局面，但需求的增速也趋缓，2009年的供应缺口低至26万吨。美国环保局2010年发布可再生燃料法规新提案，呼吁到2022年要使用超过4500万吨/年玉米基乙醇、630万吨/年非食用作物乙醇、480万吨/年纤维素乙醇，其目的是促进国内市场更多地使用生物燃料。

作为世界燃料乙醇的第二大生产国和第一大出口国，巴西是以甘蔗为生产原料，所产乙醇80%用于国内消费，20%出口，美国是其主要出口地。2009年，受世界糖需求旺盛的影响，巴西乙醇产量下降，由2008年的2171万吨下降至2009年的2040万吨，减少6.0%。

欧盟主要是以谷物为原料生产燃料乙醇，其中小麦约占1/3。2009年，欧盟燃料乙醇产量达296万吨，同比增长31.4%。欧盟2009年燃料乙醇消费量约为344万吨。

（三）我国乙醇燃料市场最新发展介绍

在我国方面，中国已继美国和巴西之后，成为全球第三大燃料乙醇生产国。“十一五”期间，我国在燃料乙醇发展方面坚持重点发展，不与粮食争地的非粮食作物如薯类、甜高粱、甘蔗及植物纤维的原料替代，同时结合我国农业种植结构的调整和国外的成功经验，因地制宜，专项发展能源作物，实现燃料乙醇原料供给多元化。截至“十一五”末，我国生物质燃料乙醇的产量达到172万吨。

中粮集团在国内乙醇燃料领域占据主导地位，已经控股国家首批4家燃料乙醇定点生产企业中的3家，拥有全国70%的燃料乙醇产能。中粮集团用于生产燃料乙醇的原料近一半是粮食。国家已经叫停粮食乙醇[1]，作为农产品加工的产业，中粮集团面临空前挑战。面对挑战，2010年5月27日，中粮集团宣布与中国石化、丹麦诺维信公司联手打造中国规模最大的非粮食纤维素乙醇工厂。新工厂于2011年正式投建，规模为1万吨/年。虽然目前其生产成本还比较高，但诺维信公司研制的诺纤力赛力

[1] 2007年6月7日召开的国务院可再生能源会议上决定停止在建的粮食乙醇燃料项目，在不得破坏生态环境的原则下，坚持发展非粮燃料乙醇。

二代酶产品可将成本大幅度降低。

国家大力支持发展非粮燃料乙醇，面对非粮燃料乙醇巨大的潜在市场，已有中国石油等国有大型企业积极投入到非粮燃料乙醇行业中，并提出了各自的规划目标。作为我国最大的能源生产和供应商，中国石油分别与国家林业局、四川和山东等省签署了生物能源合作框架协议，共同建设非粮生物能源原料基地，并相继开展以薯类、甜高粱等非粮食为原料的燃料乙醇中试生产，同时积极开展纤维乙醇生产试验，取得了显著成效。此外，中粮集团、中科院等科研院所也正积极开展甜高粱、菊芋、藻类等非粮燃料乙醇的研究、中试及生产等工作。可以预计未来非粮燃料乙醇的生产将有着广阔的发展空间。

六、生物质发电的发展

（一）生物质发电原理及应用价值

生物质发电是利用生物质所具有的生物质能进行的发电，属于可再生能源发电的一种，包括农林废弃物直接燃烧发电、农林废弃物气化发电、垃圾焚烧发电、垃圾填埋气发电、沼气发电等。生物质直燃发电，就是将生物质直接作为燃料进行燃烧，用于发电或者热电联产。生物质直燃发电是在传统的内燃机发电技术上进行设备改型而实现的技术，该技术基本成熟，可以规模化生产，是生物质发电的主要方式；生物质与矿物燃料（主要是煤的混合燃烧发电）混合燃烧可提高物质发电的效率，可达35%以上，且当生物质比重不高于20%时一般不需对现有设备进行改动，是未来生物质发电的发展方向；生物质气化联合循环发电则是在高温下部分氧化的转化过程，该过程是直接向生物质添加气化剂（空气、氧气或水蒸气），使之在缺氧的条件下转变为小分子可燃气体的过程。该技术还不成熟，有待于商品化。

生物质发电是生物质能最常用的能源方式。发展生物质发电，实施煤炭替代，可显著减少二氧化碳和二氧化硫排放，产生巨大的环境效益。从环境效益的角度来看，基于生物质燃料本身所具有的低灰、低硫特性，以及生物质生长、燃烧过程中的零排放机理，它在氮氧化物、二氧化硫、二氧化碳以及烟尘颗粒的排放上，分别是火电机组排放标准的1/5、1/10和1/28。与传统化石燃料相比，生物质能属于清洁燃料，燃烧后二氧化碳排放属于自然界的碳循环，不形成污染。美国能源部预测，到2025年之前，可再生能源中，生物质能发电将占据主导地位。未来，利用生物质再生能源发电已经成为解决能源短缺的重要途径之一。

（二）生物质能发电的发展状况

世界生物质发电起源于20世纪70年代，当时，世界性的石油危机爆发后，丹麦开始积极开发清洁的可再生能源，大力推行秸秆等生物质发电，在可再生能源领域，丹麦一直是公认的生物质能利用的强国。芬兰是欧盟国家中利用生物质发电最成功的国家之一，奥地利则成功地推行了建立燃烧木材剩余物的区域供电站的计划，国内生物质能在总能耗中的比例已经达到约 25%。德国对生物质直燃发电也非常重视，生物质热电联产应用很普遍。美国也十分重视生物能源的发展，美国能源部的区域生物质能源计划的第一个实习区域早在 1979 年就已开始，美国能源部在 1991 年就提出了生物发电计划。如今美国大量工业生产用电选择利用生物质发电。美国的生物质能发电总装机容量超过 1 万兆瓦，占美国可再生能源发电装机的 40% 以上。目前，全球生物质能发电装机容量已超过 5000 万千瓦，但是生物质发电只占整个电力生产的 1%，预计到 2020 年，西方工业国家 15% 的电力将来自生物质发电，可替代 9000 多万吨标准煤。届时，西方将有 1 亿个家庭使用的电力来自生物质发电，生物质发电产业还将为社会提供 40 万个就业机会[1]。

我国利用薯类、甜高粱、小桐子等非粮作物 / 植物生产燃料乙醇和生物柴油的技术已进入示范阶段。2010 年我国建设了 200 万千瓦农林剩余物直燃发电厂，年发电量超过 100 亿千瓦时，消耗农林剩余物约 1000 万吨，增加农民收入约 30 亿元。截至 2010 年底，我国大陆生物质发电装机约为 550 万千瓦。2011 年广东粤电湛江生物质发电项目（2×50 兆瓦）1 号机组顺利通过 72 小时 +24 小时满负荷试运行，试运期间平均负荷率达 93.6%，各项技术参数指标优良，创造了国内生物质发电领域新纪录，该项目是迄今为止全世界单机容量及总装机容量最大的纯燃生物质发电项目。中国生物质发电的先行者——国能生物发电集团有限公司，截至 2011 年 6 月已投资建设生物质发电厂 37 家，其中 26 家已经投入商业运营。

（三）推动我国生物质能发电的政策措施

我国在税收、财政等多方面出台了扶持生物质发电产业的政策，力促生物质能发电发展。从 2005 年 2 月全国人大颁布《可再生能源法》开始，国家有关部门就不断推出促进生物质能发电的各项政策，包括《可再生能源中长期发展规划》、《关于完善农林生物质发电价格政策的通知》和《关于生物质发电项目建设管理的通知》。在 2007 年 9 月开始实施的《国家可再生能源中长期规划》中提到可再生能源占总能源消费量在 2020 年要达到 15% 左右，其中生物质发电于 2020 年要达到 3000 万千瓦。2011 年 7 月 9 日，国家能源局、财政部、农业部在北京联合召开全国农村能源工作会议。该次会议提出，预计到 2015 年中国生物质能发电装机将达 1300 万千瓦，具体包括农林生物质发电 800 万千瓦，沼气发电 200 万千瓦，垃圾焚烧发电 300 万千瓦。这一目标较 2010 年中国电力企业联合会发布的《电力工业“十二五”规划研究报告》中所提目标翻了两番。在《可再生能源发展“十二五”规划》中明确提出，要在黑龙江、吉林和新疆等粮食规模化生产及人均耕地面积较多的地区，建设直燃发电项目；在人口较为密集、人均耕地面积较少的河南、江苏、浙江、安徽、湖南和湖北等地区，重点建设秸秆气化发电 / 供气项目；在三北地区、重点林区，结合生态建设，利

[1] 中国新能源网：http：//www.newenergy.org.cn/html/0122/2281244864_1.html.

用林业剩余物发电；鼓励在城镇人口规模大的地区，建设垃圾焚烧发电工程。在燃料方面要在坚持“不与民争粮，不与粮争地”原则下大力发展以麦秆、稻草和木屑等农林废弃物或藻类、纸浆废液为主要原料，使用纤维素酶或其他发酵手段将其转化为生物乙醇或生物柴油的模式的第二代生物质能原料使用。

（四）我国生物质能发电发展过程中存在的问题

2010年国家发改委发布了《关于完善农林生物质发电价格政策的通知》，出台了全国统一的农林生物质发电标杆上网电价标准（0.75元/千瓦时）。新政策提高了上网电价，为生物质电厂发展进一步清除了障碍。目前存在下列问题：

第一，生物质电厂建设成本较高。目前生物质发电单位建设成本一般在9000元/千瓦左右，而火电单位建设成本在4500元/千瓦左右，小型水电、光伏发电、风电单位建设成本则为8000元/千瓦左右。虽然2010年国家发改委发布的《关于完善农林生物质发电价格政策的通知》出台了全国统一的农林生物质发电标杆上网电价标准（0.75元/千瓦时），提高了上网电价，但是，促进生物质能发电行业发展的财政金融税收优惠政策仍还是相对滞后，有关补贴政策与实际发展存在脱节现象。

第二，生物质发电原料对运输半径具有较高要求，其运输半径一般不超过80～120千米，否则运输成本的上升会导致生物质发电经济性下降。显然，将生物质能发电企业设置在靠近原料产地的地区，易于提高效益，降低成本，进而扩大生物质能发电的经济效益与实用价值是促进生物质能发电经济与社会效益的有效手段。

第三，生物质发电技术是一个需要多学科交融汇集的新兴跨学科技术，涉及农业、农机，基础性科学、工程设计等方面的研究与技术推广，而这需要各个科研机构与相关单位通力合作，攻克难关，为生物质能发电提供有力的技术支持。

第四，生物质能发电尚处于初始示范项目阶段，国家机构需要在示范基础上，借鉴国内外正反面的经验教训，实时出台相应的规范、扶持以及推广生物质能发电的法律文件与政策法规。

第五，生物质发电产业发展过程中的配套服务产业有待进一步发展。

第六，要通过多种类的金融手段积极促进生物质能发电的健康有序发展。

第五节　新能源使用率影响因素分析

发展可再生能源以替代传统化石能源已经成为世界上大多数国家可持续发展战略的重要组成部分，同时也为学术界所关注的重要理论问题。这里以一个简单的能源市场的供求模型为基础分析了市场需求因素、技术进步因素以及政策扶植因素在新能源产业成长过程中的作用机制，并构建了28个OECD国家34年的面板数据集借以检验市场、政策与技术三因素对新能源利用率变动的影响，以此为依据，从市场、技术和政策三个方面为政府提供一些扶植新能源产业的原则性建议。

一、导论

新能源产业作为确保国家能源安全和减少温室气体排放的战略性产业，其重要性已经被世界上主要工业化国家所充分认识，扶植新能源产业的发展已经成为这些国家可持续发展战略的重要组成部分。但是，世界范围内的新能源使用率在经历了 20 世纪 70—80 年代的高速增长之后，从 90 年代开始逐步趋于停滞，进入 21 世纪以后甚至开始出现下滑。为此，新能源在应用中遇到的障碍以及克服这些障碍的手段也就成为了学术界研究的焦点问题。

相当一部分的文献强调来自市场竞争的压力和技术瓶颈的挑战是造成新能源产业发展停滞的主要原因，并强调了技术进步以及经验和学习效应在降低新能源生产成本、提高其竞争优势中发挥的重要角色。例如，Zimmerman（1982）利用计量手段验证了核能产业中存在的技术溢出效益和学习曲线效益等技术正外部性，Christiansson（1995）研究了新能源产业中的经验曲线和学习曲线，并利用历史数据估计了风能产业和太阳能产业的经验曲线，同时还通过引入这些曲线估计了新技术引入对能源产业将产生的影响。Popp（1998）应用专利数据和美国各个工业部门不同时期的能耗数据检验了新技术的应用对新能源利用率所起的作用。Tahvonen 和 Salo（2001）等人利用内生增长模型，研究了在经济发展的不同阶段上可再生能源与不可再生能源之间的相互转化问题。Jacobsson（2003）以瑞典为例，系统地研究了经济体从依赖化石能源等不可再生能源的能源体系向可持续能源体系转型中所遭遇的各种技术困难和相应的解决之道。Owen（2006）结合能源行业的产业特点，重点讨论了新能源产业发展中存在的市场失灵问题以及政府在其中应该扮演的角色。

另一部分的文献与近年兴起的关于全球变暖问题的讨论有关，这些研究将新能源产业发展与控制温室气体排放结合起来，讨论了新能源使用对控制气候变化所起的关键性作用，强调了控制温室气体排放的政府行为和国际合作对新能源产业发展产生的影响。有代表性的研究包括：Grubler（1998）和 Sims（2003）均把新能源产业的发展看做是控制全球气候变暖的主要手段，从控制全球变暖的角度考察发展新能源产业的必要性。Jaffe 等（2004）则通过把化石能源造成的过度碳排放看做是对新能源发展形成阻碍的市场失灵论证了在新能源产业发展中政府介入的必要性。Edenhofer（2005）通过 MIND 模型分析了技术变革在新能源发展和控制全球变暖中对福利造成的影响。Abrell（2008）使用了一个德国经济的可计算一般均衡模型（CGE）分析了碳排放权交易对可再生能源产业的推动作用。Hoel（2008）使用 Hotelling 模型研究了不可再生的化石能源的消耗路径，并研究了在社会加强对温室气体排放监管的条件下，化石能源消耗路径的变化及对可再生能源产业将产生的影响。

此外，还有相当数量的文献更侧重为政府提供如何扶植新能源产业发展的具体政策建议和成功案例。其中 Haas（2000）和 Held（2010）介绍了欧盟在推广新能源发电方面取得的成功经验。Biswas（2001）提供了孟加拉国在农村地区推广可再生能源的成功案例。Martinot（2002）为在发展中国家建设可再生能源市场提供了路线图，并介绍了一些成功案例。Lewis（2005）比较了不同国家采取的支持新能源发展的产业政策的成效。Benítez（2006）和 Blanco（2008）重点讨论了有关风能产业发展的若干政策建议。

总之，现有文献大多是以新能源产业的技术瓶颈和面临市场挑战为分析重点，着重讨论新能源发展中遭遇的各种障碍以及政府可以采取的各种政策手段，以成功案例分析作为主要的叙述手段，而对于哪些因素会影响新能源产业发展以及这些因素发挥作用的机制的经济学研究相对较少。此外，在不少文献中，模型是以新古典主义资源经济学的 Hotelling 框架为基础来构建的，缺乏现代最优控制论数学基础的读者很难把握其核心思想。另外，结论缺乏严格的计量检验也是现有文献的主要缺陷，绝大部分的文献停留在对描述性统计量的陈述以及简单的数值试验的基础上，在分析的严谨性上存在明显的不足。

为此，本文在上述研究的基础上，尝试使用更加直观的经济学分析工具，侧重从经济学角度考察影响新能源利用率的各种影响因素以及作用机制，并将运用面板数据回归方法对其理论分析进行验证。

二、新能源产业成长的影响因素

新能源产业和传统化石能源产业是能源市场上的两个供给具有完全可替代性产品的相互竞争产业。新能源产业必须通过建立相对于化石能源的竞争优势，使新能源在全部能源消费中所占的比重不断增加，才能实现其产业发展。

而新能源在全部能源消费中所占的比重，即新能源使用率是衡量一国新能源产业发展程度的指标。

综观新能源发展的理论探讨和实践路径，我们不难发现，市场需求、技术进步以及政策规制因素是影响新能源使用率的重要因素，也是新能源产业发展的重要条件。

（一）影响新能源使用率的市场需求因素

影响新能源发展的市场因素主要是市场的需求因素，为分析方便使用一个特殊的供求图（图 9-1），使用阶梯形的能源供给函数代替传统的线性供给函数，同时依然保持线性的需求函数。

图 9-1 中的供给曲线之所以呈阶梯形是为了能够反映用不同的生产技术产出的成本不同，但是具有同样使用价值的能源产品的供给量。为了模拟当前的能源技术发展状况，不妨假设使用不可再生能源比使用可再生能源更便宜。此外，即使同为不可再生能源，使用煤炭的成本也还是要低于用天然气[1]。因此，在不可再生能源中还进一

[1] 以上两个假设在不考虑碳减排成本的前提下成立。

步划分了生产成本更低的不可再生能源 A 和相对而言成本更高的不可再生能源 B，可再生能源方面也做了类似的处理。

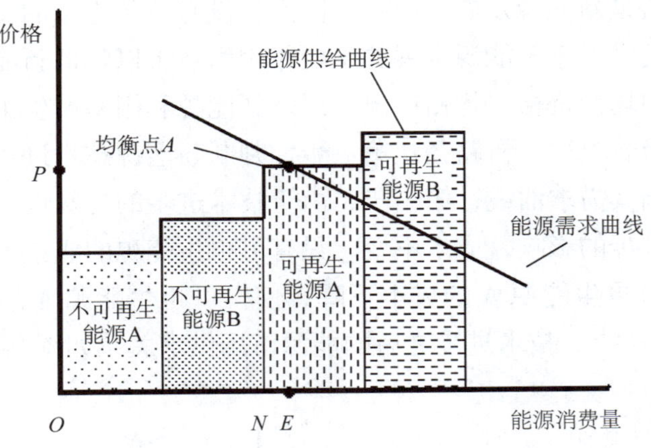

图 9–1 新老能源并存的能源市场分析

在图 9–1 中，能源供给曲线和需求曲线的交点决定了市场的均衡点 *A*，均衡时的价格是可再生能源 *A* 的生产成本，*OE* 是均衡的能源消费量，*ON* 是不可再生能源的使用量，而 *NE* 是可再生能源的使用量，同时 *NE* 与 *OE* 之比表示可再生能源在全部能源消耗中所占的比例，同时反映出一国的新能源产业的发展水平。

首先，考察能源需求增加，即能源需求曲线向外移动时，新能源利用率如何变动，此时的情况如图 9–2 所示。

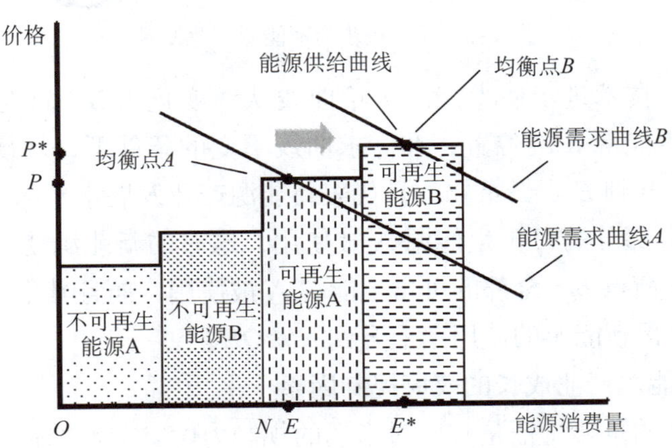

图 9–2 能源需求扩张与新能源产业发展

在图 9–2 中，经济增长对能源需求的扩张作用体现在能源需求曲线从 *A* 外推到 *B*，同时假设技术没有发生变化，因此能源供给曲线依然保持不变。此时，市场均衡点也从 *A* 外推到 *B*，在此均衡点上，能源价格上升到 P^*，能源需求总量上升到 E^*，而且新能源在全部能源消费中所占的比重也上升到 NE^*/OE，一些过去由于成本太高而无法应用的新能源在新的价格水平下就开始逐步地投入商业化运营。原则上，经济增长对能源需求的增加有助于新能源产业的发展。

（二）影响新能源产业发展的技术进步因素

技术进步因素是新能源发展的决定性因素，没有技术进步的支持，新能源也就无法发展。新能源技术对于新能源发展的主要作用为：可以降低新能源的生产成本，为此将对能源市场中均衡价格、均衡产出，以及新能源利用率产生重要影响。为了分析方便，我们继续沿着上述分析路径：第一步，判断新能源技术进步将直接影响能源供给曲线，而不影响其需求曲线；第二步，由于技术进步的特殊性，生产不可再生能源的活动不受技术进步的影响，成本不变，只有可再生能源的成本下降。在不丧失一般性条件下，假设可再生能源 A 的成本下降，使得可再生能源 A 的成本比不可再生能源 B 的成本更低一些❶，技术进步之后的能源市场供求关系如图 9–3 所示。

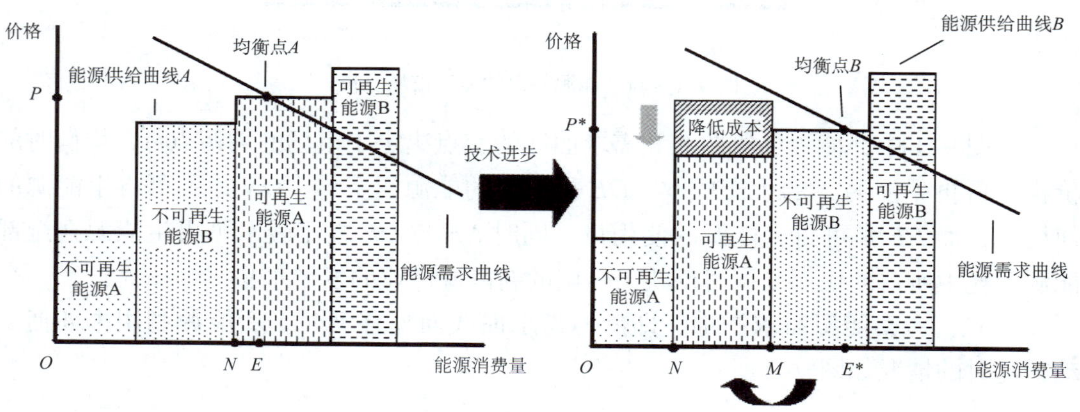

图 9–3 技术进步与新能源产业发展

在图 9–3 中，技术进步使得能源供给曲线从 *A* 变化为 *B*，这时可再生能源 A 取代了原来不可再生能源 B 的位置，在需求曲线不变的条件下，均衡价格从 *P* 下降到 P^*，均衡产量则上升到 E^*。最重要的是代表新能源产业发展水平的新能源使用率，在均衡点 *A* 时，只有部分的可再生能源 A 被使用，这时的新能源使用率是 *NE*/*OE*。而在技术进步后的均衡点 *B*，全部的可再生能源 A 被使用，而且其中有一部分被用于替代传统能源 B，使得新能源的使用率上升到 NM/OE^*。

（三）影响新能源产业成长的政府规制因素

现代市场经济的重要特征是政府对市场的规制力度空前地加强，因此在分析能源市场供求关系时忽略政府政策的影响是比较片面的，为了使分析更加完整，有必要把政府政策引入到分析中，考察各种政府政策会对市场造成的影响。现代市场经济国家对能源产业所采用的经济和产业政策概括起来就是两类：一类立足于促进新能源产业发展，通过在税收、研发以及技术推广方面对新能源产业给予政策倾斜和资金支持来

❶作这个假设是由图形分析固有的局限性和阶梯形能源供给函数的离散性质所导致的，在现实中成本无须发生如此大的变化。

扶植其发展的“补贴政策”；另一类则立足于对传统的化石能源产业发展的“限制政策”。目前最流行的限制政策就是通过向不可再生能源的生产者（或使用者）征收高额的碳排放税，增加化石能源的生产成本，压缩该产业的经济利润，限制其进一步的扩张。这样做一方面有利于实现能源结构从不可再生能源为主向可再生能源为主的转型；另一方面又有利于实现对碳排放的控制。

这两类政策对于新能源利用率产生的影响以及政策效应也是不可忽视的。

补贴政策对新能源利用率的影响是降低新能源使用成本，这与技术进步导致成本下降的分析基本一致，因此不再单独分析补贴政策。

限制政策，特别是各种征收碳排放税的限制政策，主要功能是增加各种化石能源的使用成本，对各种新能源则基本没有影响，风能、水能等新能源一般不存在碳排放的问题。因此，用供求图分析这一政策的效应，与分析新能源技术进步的影响时十分相似，只是方向相反，具体结果见图 9–4。

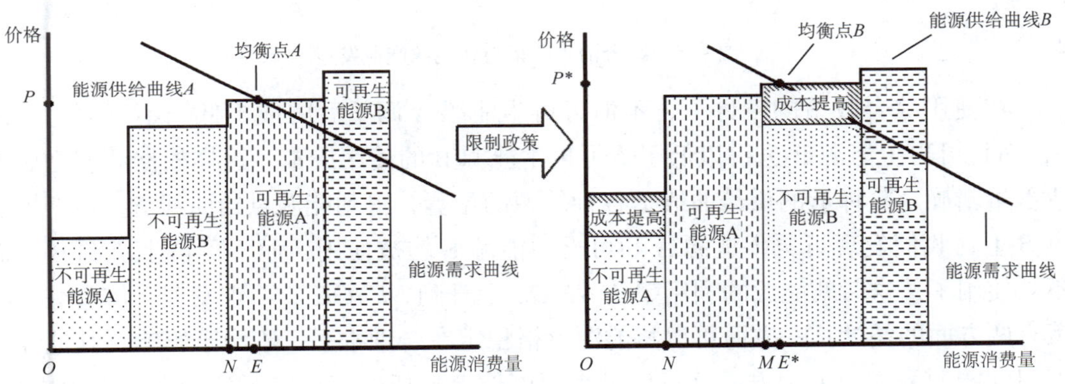

图 9–4 征收碳排放税与新能源产业发展

从图 9–4 中，政府对不可再生能源征收碳排放税使得不可再生能源 A 和不可再生能源 B 的使用成本均在原来水平上出现了上升，其中不可再生能源 B 在征收碳排放税后使用成本超过了可再生能源 A，在阶梯形供给曲线上的位置被可再生能源 A 代替。比较两个均衡点，易知均衡价格从 P 上升到 P^*，均衡使用量下降到 E^*，同时由于可再生能源 A 替代了大量的不可再生能源 B，所以新能源的利用率成功地从 NE/OE 提高到 NM/OE^*。但是单独使用“限制政策”会使能源价格上升，进而影响到经济体中其他部门。所以，在实际应用中一般会将这类限制政策与扶植新能源产业政策结合起来，把从传统能源部门征收的碳排放税以补贴的形式发放给新能源部门。下面进一步分析此种综合政策所产生的影响❶。

由于对化石能源的限制政策会导致均衡的能源价格上升，而对新能源的补贴政策

❶单独使用降低新能源使用成本的补贴政策，与技术进步导致成本下降的分析基本一致，因此不再单独分析补贴政策。

又有降低均衡能源价格的作用，所以在综合使用两种政策时，对均衡价格和均衡产量的影响是不确定的，有可能上升，也有可能持平甚至下降，完全取决于两项政策的效应中哪一个起到决定性作用。在图 9–5 中，“补贴政策”的价格负效应占据上风，均衡价格出现了下降，同时均衡产量上升。

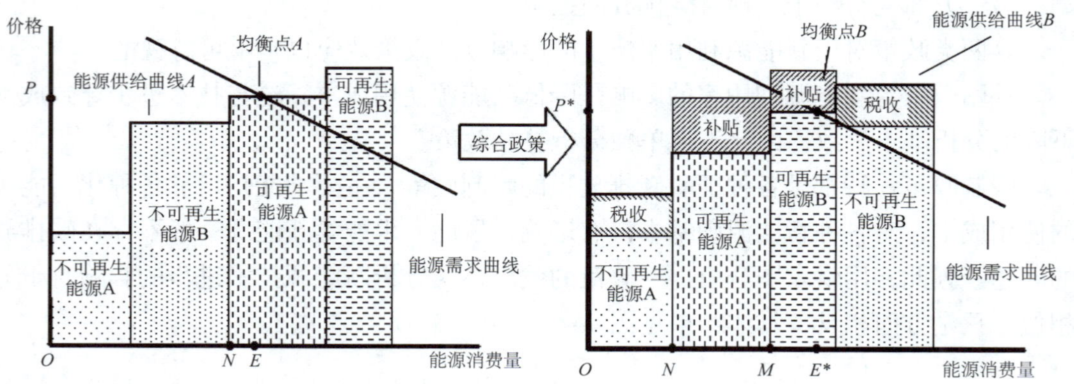

图 9–5　综合治理政策与新能源产业发展

在使用综合政策的条件下，不但可再生能源 A 调整后的成本低于不可再生能源 B，而且可再生能源 B 也得以低于不可再生能源 B 的使用成本。这样根据调整之后的成本重新确定阶梯形的供给曲线上各种能源的位置，得到能源供给曲线 *B*。在新均衡点 *B* 上，我们发现可再生能源 A 和可再生能源 B 均被使用，而不可再生资源 B 反而不被使用了，这时新能源的利用率从 NE/OE 上升到 NE^*/OE^*。不难发现，使用综合政策有两方面的益处：一方面可以将能源价格稳定在合理水平，不至于影响到其他经济部门的能源需求；另一方面又可以最大限度地提高新能源在能源消费中所占的比重，促进新能源产业的发展。

三、实证检验与分析

上述理论分析表明，用可再生的新能源替代不可再生的化石能源是经济克服能源约束，实现经济可持续发展的最终途径，而新老能源之间的替代能否顺利实现，也就是新能源的利用率高低又取决于三大因素：（1）新能源的市场需求，即对能源需求的增加会使新能源的使用更加广泛；（2）新能源技术进步，即降低新能源生产成本的技术革新有助于提高新能源的竞争优势，增加新能源的使用率；（3）政府的能源政策，即政府通过各种针对能源市场的政策干预鼓励企业使用新能源以替代传统化石能源。在这一部分中，我们将使用 OECD 国家的数据对以上三个因素在现实中对新能源利用率的影响进行检验。

（一）模型设定与数据来源

我们使用 28 个 OECD 国家的面板数据集估计以下模型：

$$NEU=\beta_0+\beta_1 lgdp+\beta_2 IEU+\beta_3 lrds+\beta_4 PAT+\beta_5 REG+\beta_6 COE+\beta_7 OPD+\varepsilon$$

式中，*NEU* 代表新能源利用率；*lgdp* 代表人均国内生产总值的对数；*IEU* 代表能源对外依存度；*PAT* 代表一国在新能源领域申请的专利数；*lrds* 代表用于新能源研发的政府预算的对数；*REG* 是代表政府对能源产业管制程度的指标；*COE* 是人均碳排放量；*OPD* 是迪拜市场的原油现货价格。

首先，我们使用世界银行提供的可再生能源生产在全部能源使用中所占的比率，作为一国新能源使用率的指标，同时作为回归模型的因变量。

其次，选择人均国内生产总值作为代表能源市场需求侧的变量，这样选择的原因在于许多先前的研究表明 GDP 与能源消费之间存在长期稳定的相关关系。例如，Shafiee 和 Topal（2008）、Smil（2008）、Payne（2010）以及 Brown（2011）等研究运用国际数据均得到了能源消费与经济增长之间长期稳定的正相关关系，Lin（2003）、Shiu 和 Lam（2004）、Zhou 和 Chau（2006）、Yuan（2007）、Zhang 和 Li（2007）以及 Yuan（2008）运用中国数据的研究也得到了类似的结论。另外，我们选择世界银行公布的能源净进口占全部能源消费的比重作为衡量国内能源市场供不应求程度的指标，也作为代表能源市场需求变动的解释变量。

再次，就代表新能源技术进步的解释变量而言，主要包括政府对新能源技术 R&D 的资金投入量（RDS）和在新能源技术上取得的专利数（*PAT*）两项。这两项指标中一项代表了新能源 R&D 的投入量大小，另一项代表了 R&D 的产出量大小。此外，无论是一笔 R&D 投资还是一项新的专利，其效益都不可能马上显现，从其出现到真正发挥作用都要经历一个时期的酝酿。因此，我们不但要考虑当期指标作为解释变量，而且还要考察其各个滞后期作为解释变量的可能性[1]。两者的原始数据均来自于国际能源机构的能源技术研发统计（IEA Energy Technology R&D Statistics）。

同时，我们还选择了政府对能源产业的干预程度（*REG*）与人均碳排放量（*COE*）两项指标作为代表政策干预因素的指标，其中，政府对能源产业的干预程度（*REG*）反映了政府对能源市场的控制力，较强的干预程度意味着该国的能源产业由极少数政府控制的能源寡头企业组成，而较弱的干预程度意味着该国的能源产业中市场竞争的成分较为浓厚。此数据可以在 OECD 统计摘要（OECD Stat Extract database）中找到。至于人均碳排放量（*COE*）则是作为政府对化石能源的“抑制政策”的替代变量引入的。各种碳减排政策本质上就是对化石能源的“抑制政策”，因此人均碳排放量的变动一方面反映政府二氧化碳减排政策的强弱，另一方面也反映了政府对化石能源的“抑制政策”的强弱（数据来自世界银行）。

最后，我们选择《BP 世界能源统计年鉴》中提供的迪拜市场原油现货价格作为传统能源的价格代表，以便考察作为传统能源替代品的新能源对传统化石能源价格变

[1] 具体而言，在模型分析中，我们考察了从滞后 1 期到滞后 5 期的五种滞后可能性。

化所作出的反应。

（二）估计方法说明与结果报告

受到有关新能源研发预算与专利申请数据的可获得性限制，我们在构建OECD国家的面板数据集时，从全部的34个OECD国家中删去了6个国家，分别是冰岛、墨西哥、以色列、斯洛文尼亚、爱沙尼亚以及智利。这6个国家有关新能源研发预算的数据在全部的34年中完全缺失。至于保留的28个国家也存在不同程度的数据缺失问题，因此标准地说，本文采用的是非平衡的面板数据（Unbalanced Panel Data），但是由于绝大多数统计软件都可以自动处理这类面板数据，所以对计量分析的影响不大。

简单来说，本文使用了标准的面板数据分析方法。首先，分别用固定效应模型（Fixed Effects Model）和随机效应模型（Random Effects Model）对一个含有截距项的线性回归方程的参数进行估计。之后，我们将使用豪斯曼检验（Hausman Test）进行模型设定检验，并最终确定两个模型估计的参数中何者是回归模型的最优估计量。

特别地，我们将28个OECD成员国按照34年的平均GDP（人均）的高低分为四组。对所有的28个国家以及四个组分别使用上述估计方法进行回归分析。通过逐一进行豪斯曼检验，我们发现在所有的5个回归中均没有发现随机效应模型和固定效应模型的参数估计量之间存在系统性差异，可以认为随机效应模型的估计值是一致的，且相较于固定效应模型而言更加有效，因此我们将选择随机效应模型估计的参数作为结果分析的依据。主要的计量结果汇总为表9–4。

首先，考察两个代表能源需求变动的指标，人均GDP（*lgdp*）和能源对外依存度（*IEU*），两者的参数估计值的方向在总体数据回归中均与理论预测保持一致。但是，从绝对量和显著性上看，两者的差异明显。其中，能源对外依存度（*IEU*）对新能源利用率的影响无论从绝对量还是从显著性上看都十分模糊。而人均GDP指标不但绝对量很大而且十分显著。在分组回归中，两个指标在显著性上均表现良好，但是方向却有正有负。

其次，考察两个代表新能源技术进步的指标，与新能源技术相关的专利数（*PAT*）以及政府用于新能源R&D的政府支出（RDS）。两者的参数估计值在总体数据回归中的表现不佳，无论是方向还是显著性都十分不理想，在各项分组回归中，两者有一定改善。其中，专利数指标在最穷7国的回归中方向与经济直觉一致，而且统计上也是显著的。政府支出指标在相对较富裕7国的回归中方向与显著性均表现良好。但是应该看到，这两项指标在大部分情况下均出现与经济直觉显著地不一致的现象，对此问题我们将在进一步分析中加以讨论。

再次，考察两个代表政府能源政策的指标，政府对能源产业的干预程度（*REG*）与人均碳排放量（*COE*）。在总体数据回归中，两者的参数估计值无论是在经济含义上还是在显著性方面表现都十分出色，而且在绝大部分的分组数据回归中也是统计显著的，凸显出政府政策在新能源产业发展上至关重要的地位。但是，值得注意的是两项指标在不同分组间的方向是可正可负，表现出不确定，具体细节和可能成因将留待深入分析时阐明。

表 9–4　随机效应模型的回归系数报告

组别	总体	最富组	较富组	较穷组	最穷组
能源对外依存（t–2）	0.0039 （0.0027）	–0.0189*** （0.0043）	–0.0670** （0.0326）	–0.05117*** （0.01962）	0.1654*** （0.0519）
专利数（t–1）	–0.0106 （0.0074）	0.0025 （0.026）	–0.0541** （0.0265）	–0.3816*** （0.0601）	0.2325*** （0.0746）
研发预算 t	–0.4043** （0.1847）	–2.6309*** （0.7396）	3.6492*** （1.0831）	–1.0578** （0.4589）	–0.9121*** （0.2862）
规制强度	0.6892*** （0.2285）	–6.1862*** （0.7590）	6.7591*** （1.4305）	–4.8482*** （0.6506）	–2.3634*** （0.5001）
碳排放	–1.5938*** （0.1348）	–2.7207*** （0.2341）	–2.1331*** （0.6341）	0.1079 （0.4441）	2.9280*** （0.4784）
人均 GDP	10.2704*** （0.9832）	8.9349* （4.8046）	38.3262*** （8.1329）	–1.6153 （3.6324）	–20.8139*** （4.3416）
原油价格（t–5）	0.0190* （0.0106）	–0.7527 （0.1137）	0.1137 （0.1376）	–0.0342 （0.07145）	–0.01718 （0.0698）
截距	–73.6435*** （10.4192）	–10.5772 （51.0717）	–376.8952*** （89.7949）	55.5981 （34.6495）	189.6578*** （37.0969）
样本数	496	181	165	168	71
Wald chi^2	224.82	262.77	107.24	156.98	158.51

注：括号中的数值为估计参数的标准差。* 代表 10% 的显著性水平，** 代表 5% 的显著性水平，*** 代表 1% 的显著性水平。最富组包括：荷兰、丹麦、加拿大、挪威、瑞士、美国和卢森堡。较富组包括：日本、法国、德国、比利时、澳大利亚、奥地利和瑞典。较穷组包括：希腊、西班牙、爱尔兰、新西兰、芬兰、英国和意大利。最穷组包括：土耳其、波兰、韩国、斯洛伐克、匈牙利和捷克。

最后，考察作为传统能源价格代表的石油价格这项指标，从 28 国总体数据看，这项指标的参数估计值，表现基本正常，统计上相对显著，符号与预测一致，基本证实了新能源与传统化石能源之间的竞争关系。但是从四个分组数据的回归看，这项指标均不显著。滞后 5 期说明：当传统化石能源价格上升后，经济需要 4 ~ 5 年时间作出反应，调整能源使用结构，增加新能源的使用。

四、计量结果的深入分析

我们的研究表明有三个因素可能会影响到新能源使用率，它们分别是市场因素、技术因素和政策因素。这些因素的变动直接影响到能源市场上的供给与需求，进而影响到新能源利用率的变动。观察表 9–4，不难发现我们设定的用以代表三个因素的所有六个指标至少在五种情况中有一种，在其中得到了与模型分析一致的统计显著的估计值。这一实证结果意味着我们所设想的市场因素、技术因素和政策因素对新能源使用率的影响机制至少在经济发展水平满足一定条件的情况下是成立的。因此，我们将分析再推进一步，具体分析技术、政府和市场等三个因素在经济发展的不同阶段对新能源利用率的影响，考察哪个因素在某个经济发展水平下会发挥最重要作用的问题。

（一）市场因素的影响

市场因素主要包括市场需求因素和传统能源价格因素两个组成部分。计量结果表明市场需求扩张确实会对新能源使用率产生影响，但是具体是产生正面影响还是负面影响取决于该国的经济发展水平。一般而言，对于经济发展水平不太高的国家，能源需求上升往往会对新能源利用率产生负面影响，这可能是因为增加化石能源进口、扩大化石能源产量等手段是这些国家平衡能源供求关系的主要途径。相反地，经济发展水平较高的国家更可能通过扩大新能源产量来平衡能源供求关系，因而需求扩张在那些国家对新能源利用率产生正面影响。

理论上讲能源作为一种战略资源，当国内能源供求关系的紧张状况加剧，一国的能源对外依存度提高时，该国政府出于保障本国能源安全的考虑，发展新能源产业，克服对外能源依赖的动机就开始变得强烈，对新能源产业的扶植也变得更加有力，这些措施经过一个时期的酝酿后，就开始逐步地展现出功效。但是实证表明，这种现象只有在最穷 7 国组回归中才相对比较明显。在经济发展水平更高的国家组中很难找到。

当传统能源价格上升信号出现后，我们发现经济会对此信号作出一定的反应，但是需要经过一段 4 ~ 5 年的时滞。这可能是因为经济行为人判断价格因素的变动是暂时性的还是永久性的需要一个较长时期的观察，只有当经济行为人判断化石能源的价格上升具有相当程度的持久性时，才会开始逐步地弃用化石能源，使用新能源。这时，我们才能够观察到新能源产业利用率的扩张性变化。

（二）技术因素的影响

技术因素对新能源利用率的影响，除了在个别组的回归中得到一定程度的证实以外，在大多数回归中始终无法得到统计上显著且与经济直觉一致的参数估计量，这种现象的出现确实令人费解。在 R&D 支出和专利申请数两个指标中，研发支出指标的表现更加令人困扰，在绝大多数情况下，该指标的系数显著地为负，意味着新能源研发投入的增加可能会导致新能源利用率的下滑。我们提出两种解释此种与直觉明显相悖现象的结论。

其一，从计量经济学模型的角度加以解释。我们使用的回归模型只能证明两个变量之间存在相关关系，而无法证明它们之间存在因果关系。从技术上说，我们只能说发现了新能源研发投入与新能源利用率之间呈负相关关系，不能确定到底是新能源研发投入的增加造成了新能源利用率的降低，还是因为政府看到新能源利用率的降低，所以才决定扩大新能源研发预算的规模。

其二，从经济学直觉上加以解释。设想作为一名拥有化石能源存量的资源所有者的决策问题，当这名决策者得知政府将扩大对新能源研发的投资时，他预计作为化石能源替代品的可再生能源的生产成本在未来将会降低，这也就意味着对他而言未来的市场竞争必然加剧，利润必然受到影响。因此，他在当期针对新能源研发支出增加作出的理性反应将是适当降低其拥有的化石能源价格，以便尽快把自己手中的化石能源存量销售出去。这样，新能源研发支出增加就可能会造成新能源使用率当期的下滑。这也就是所谓的“绿色悖论”理论中的重要一种。

虽然存在一些比较合理的假说来解释技术因素对新能源利用率的反常影响，技术进步对于新能源利用率能否起到实质性的推动作用仍然应该是进一步的实证研究需要证实或是证伪的重点之一。

（三）**政策因素的影响**

无论是全体数据回归还是分组数据回归均表明，政府的各种能源政策在新能源产业的成长过程中起到决定性的作用，是对新能源使用率影响最大的因素。但是通过仔细观察表 9-4，不难发现相同的政策在经济发展水平不同的经济体中的效果往往是十分不同的。

以碳减排政策为例，根据理论模型我们预测 *COE* 与新能源利用率应该保持反向变动关系。在总体数据回归中，*COE* 之前的系数也确实显著地为负；但是在最穷 7 国的回归中，*COE* 之前的系数却显著地为正；而在较穷 7 国的回归中，*COE* 之前的系数不显著；在较富有的两组国家中则表现良好。这一发现提醒我们，碳减排政策可能只有在经济发展水平较高的国家中，才能对新能源利用率产生明显的影响，如果经济发展水平没有到达一定高度，则可能无法对新能源产业的发展形成有力的推进作用。

产业管制政策的效应也明显地取决于一国的经济发展水平。理论上讲，政府加强对能源产业的管制有两重作用：一方面当政府对能源行业的控制力较强时，比较容易贯彻其推进扶植可再生能源产业的长远计划，这样政府对能源市场较强的管制将有利于新能源使用率的提高；另一方面，由政府控制的能源垄断寡头在新能源技术的研发和推广上的效率可能不及私营企业，加之在推进新能源产业发展时又缺乏由市场竞争机制提供的激励和导向作用，使得新能源产业的发展可能受到限制。政府加强对能源产业的管制的具体效益取决于哪一方面的因素是占主导地位的。实证结论表明，对于经济发展水平较低的国家原则上放松管制的政策将有利于新能源利用率的提高。

总体而言，我们从计量结果中发现政府的政策扶持在新能源产业的发展中起到很大的作用，因此扶植新能源产业作为我国经济发展方式转变和可持续发展战略的重要组成部分应该受到政府更大程度的重视。此外，虽然计量结果没有证实技术因素对新能源产业发展的短期影响，并不意味着技术进步对新能源产业是无意义的，相反正是由于技术因素对行业发展发挥作用的时滞较长，在现实中时常被急功近利者忽视，因此事实上更加应该得到我们充分的关注与支持。

参考文献

[1] 中投顾问．2010 年太阳能光伏行业分析与 2011 年展望［J］．电子工业专用设备，2011，(1)：49–53.

[2] 霍丽文．2010 新兴能源产业发展年度报告［J］．太阳能，2011，(4)：25–26.

[3] 包婧文，安丽珍．可再生能源：回顾“十一五”展望“十二五”(下)［J］．太阳能，2011，(6)：7–11.

[4]《中国建设动态：阳光能源》编辑部．良好态势——2010 年中国光伏产业形势分析［J］．中国建设动态：阳光能源，2011，(1) 22–23.

[5] 敬平．两岸太阳能光伏产业发展趋势与现状［J］．海峡科技与产业，2011，(2)：36–38.

[6] 王玮玲．太阳能产业发展年度报告［J］．太阳能，2011，(4)：29–30.

[7] 王肖涛．我国太阳能电池产业发展现状、问题及对策浅析［J］．轻工标准与质量，2011，(2)：9–11.

[8] 国家信息中心宏观政策动向课题组，范剑平、郝彦菲．新能源产业 2010 年回顾与 2011 年展望［J］．中国科技投资，2011，(2)：38–40.

[9] 杜艳艳．低碳经济下我国生物质能发展战略思考［J］．安徽农业科学，2011，(20)：12281–12283.

[10] Zhong Shuiying，Liu Chi，Qin Liqiong. Solar industry development and policy support in China［J］. Energy Procedia，2011，(5)：768–773.

[11] The World Wind Energy Association Half–year Report 2011［M］. http：//wwindea. org/home/images/stories/publications/half_year_report_2011_wwea. pdf

[12] 李俊峰．风光无限：中国风电发展报告 2011［M］. 北京，中国环境科学出版社，2011.

[13] International Energy Outlook 2011［M］. www. eia. gov/ieo/pdf/0484 (2011). pdf.

[14] 张洁．台湾生物质能产业的发展与前景［OL］.
http：//www. studa. net/Taiwan/111103/10193234–2. html

[15] Zimmerman M B. Learning effects and the commercialization of new energy technologies：the case of nuclear power［J］. The Bell Journal of Economics，1982，13：297–310.

[16] Christiansson L. Diffusion and learning curves of renewable energy technologies [R]. Working paper, WP-95-126, International Institute for Applied Systems Analysis, 1995.

[17] Popp D. The effect of new technology on energy consumption [J]. Resource and Energy Economics, 2001, 23 : 215-239.

[18] Tahvonen O, Salo S. Economics growth and transitions between renewable and nonrenewable energy resources [J]. European Economic Review, 2001, 45 : 1379-1398.

[19] Jacobsson S, Bergek A. Transforming the energy sector, in : The evolution of technological systems in renewable energy technology [M]. Jacob K, Binder M, Wieczorek A. Berlin : Environmental Policy Research Centre, 2004 : 208 - 236.

[20] Owen A D. Renewable energy : Externality costs as market barriers [J]. Energy Policy, 2006, 34 : 632-642.

[21] Grubler A, Messner S. Technological change and the timing of mitigation measures [J]. Energy Economics, 1998, 20 : 495-512.

[22] Sims R E H, et al. Carbon emission and mitigation cost comparisons between fossil fuel, nuclear and renewable energy resources for electricity generation [J]. Energy Policy, 2003, 31 : 1315-1326.

[23] Jaffe A B. A tale of two market failures : technology and environmental policy [R]. Discussion paper, RFF_DP_04-38, Resources for the Future, 2004.

[24] Edenhofer O B, Kriegler E. The impact of technological change on climate protection and welfare : insights from the model MIND [J]. Ecological Economics, 2005, 54 : 277-292.

[25] Abrell J and Weigt H. The interaction of emissions trading and renewable energy promotion [R]. Working Paper, WP-EGW-05, Faculty of Business and Economics, Dresden University of Technology (2008).

[26] Hoel M. Bush meets hotelling : Effects of improved renewable energy technology on greenhouse gas emissions [R]. Working Paper, CESifo Working Paper No. 2492, Department of Economics, University of Oslo (2008).

[27] Haas R. Promotion strategies for electricity from renewable energy sources in EU countries [R]. The cluster "Green Electricity", 2000.

[28] Held A, et al. On the success of policy strategies for the promotion of electricity from renewable energy sources in the EU [R]. Working Paper, Fraunhofer Institute for Systems and Innovation Research (2010).

[29] Biswas W K, et al. Model for empowering rural poor through renewable energy technologies in Bangladesh [J]. Environmental Science & Policy, 2001. 4: 333-344.

[30] Martinot E, et al. Renewable energy markets in developing countries. Annu. Rev [J]. Energy Environ, 2002, 27: 309-348.

[31] Lewis J, Wiser R. Fostering a renewable energy technology industry: an international comparison of wind industry policy support mechanisms [R]. LBNL-59116, Lawrence Berkeley National Laboratory, 2005.

[32] Benítez P C. The economics of wind power with energy storage [R]. Working Paper 2006-02, Department of Economics, University of Victoria (2006).

[33] Blanco M L. The economics of wind energy. Renewable and Sustainable [J]. Energy Reviews, 2009, 13: 1372-1382.

[34] Shafiee A, Topal E. An econometrics view of worldwide fossil fuel consumption and the role of US [J]. Energy Policy, 2008, 36: 775-786.

[35] Smil. Energy in nature and society: general energetics of complex systems [M]. Cambridge MA: MIT Press, 2008.

[36] Payne J E. Survey of the international evidence on the causal relationship between energy consumption and growth [J]. Journal of Economic Studies, 2010, 37: 53-95.

[37] Brown J H. Energetic limits to economic growth [J]. Bioscience, 2011, 61: 19-26.

[38] Shiu A, Lam P L. Electricity consumption and economic growth in China [J]. Energy Policy, 2004, 32: 47-54.

[39] Zhou G, Chau K W. Short and long-run effects between oil consumption and economic growth in China [J]. Energy Policy, 2006, 34: 3644-4655.

[40] Yuan J H, et al. Electricity consumption and economic growth in China: cointegration and co-feature analysis [J]. Energy Economics, 2007, 29: 1179-1191.

[41] Zhang Y, Li W. Study on causal relationship between coal consumption and economic growth in China [J]. Resources & Industries, 2007, 9: 89-93.

[42] Yuan J H, et al. Energy consumption and economic growth: Evidence from China at both aggregated and disaggregated levels [J]. Energy Economics, 2008, 30: 3077-3094.

[43] 靳胜英．世界燃料乙醇产业发展态势［J］．石油科技论坛，2011，2：52-54.

第十章 新能源汽车

新能源汽车代表了世界汽车产业的发展方向，是未来世界汽车产业的制高点，是世界各主要国家和汽车制造商的共同战略选择。从国家战略的高度来看，发展新能源汽车是新一轮经济增长点的突破口和实现交通能源转型的根本途径。2012 年的政府工作报告中指出，要大力发展新能源汽车产业。我国发展新能源汽车产业需要集中解决技术路线确定、关键核心技术、投资、政策支持等问题。在技术选择上，混合动力汽车是国际市场新能源汽车的主力，中国目前侧重于发展插电式混合动力和纯电动汽车，也逐渐开始认同在中短期内发展混合动力汽车的战略选择。

第一节 新能源汽车产业政策新动向

美国、日本、德国等发达国家对新能源汽车技术高度重视，制定并颁布了许多优惠的政策措施，积极促进本国新能源汽车工业发展，以期在全球汽车工业的新一轮竞争中占据有利地位。2011 年开始，中国政府着重发展纯电动轿车和插电式混合动力车，推出 5 个试点城市和给予高达 6 万元的补贴。

一、国外新动向

美国、日本、德国等发达国家对新能源汽车技术高度重视，从汽车技术变革和产业升级的战略出发，制定并颁布了许多优惠的政策措施，积极促进本国新能源汽车工业发展，以期提升本国汽车工业的国际竞争力，在全球汽车工业的新一轮竞争中占据有利地位。2011 年各国新能源汽车产业政策出现了一些新的动向。

（一）美国

近几年美国政府在新能源汽车研发领域的投入重点为纯电动汽车、混合动力汽车和一些代用燃料汽车。美国政府通过进一步制定严格的汽车燃油排放标准和新能源汽车政策，以及通过政府采购节能汽车、消费者购买节能汽车减税、设立新能源汽车的政府资助项目、投资促进新能源汽车基础设施建设等策略进一步推动汽车产品朝着小型化和低能耗的方向发展。

美国把充电式混合动力汽车作为刺激经济和拯救汽车业的一张王牌。美国政府为推进充电式混合动力汽车计划，紧锣密鼓地出台了一系列强力措施，斥资 140 亿美元支持动力电池、关键零部件的研发和生产，其中 4 亿美元支持充电基础设施建设，消费者购车可以享受 7500 美元的税收抵扣和政府采购。美国还设立了一个总量为 250

亿美元的基金，以低息贷款方式支持厂商对节能和新能源汽车的研发和生产，目标是每年汽车燃油经济性提高一倍。预计到2012年，美国联邦政府购车中一半是充电式混合动力汽车或纯电动汽车，到2015年，美国本土将有100万辆混合动力汽车投入使用。这一揽子计划形成了美国新能源汽车产业化和市场化的第一推动力。

但是，最新的统计数据表明，2011年美国电动汽车，包括混合动力汽车的实际销售量只有1.68万辆，还不到美国汽车市场汽车销售总量的1/50，而且许多电动汽车整车及配件生产企业皆面临市场需求严重不足、资金筹措难的困境，破产或减产已成为普遍现象。例如，曾得到1.18亿美元联邦政府资金资助的电池生产企业EnerDel在其主要用户的电动汽车制造商THINK今年宣布破产后也受到极大打击。得到2.99亿美元联邦基金资助的电动汽车生产企业约翰逊控制公司宣布，由于市场需求小，将建设两家电动汽车工厂的计划改为只建一家，并且从目前的生产情况看，已经建成的这家汽车工厂开工量只有一半。通用汽车生产的颇具价格优势的电动汽车Volt，曾被美国政府期望在2015年产量达到100万辆，2011年的销售量却比预期减少38%。而加利福尼亚电动汽车制动商Aptera则宣布因融资困难而倒闭。但美国政府还是认为，电动汽车项目的实施已经成功地促进了美国汽车产业的发展，对减少石油进口的依赖产生了重大影响。

（二）日本

目前，日本已经在混合动力汽车领域走在了世界前列，在全球混合动力汽车市场上占据主导地位。比如丰田Prius、本田Insight等车型，它们不仅在日本本土市场热销，在国际市场上也占据了超过一半的市场份额。为促进混合动力车、电动汽车产业发展，尤其为攻克电池方面的关键性技术，日本已建立了开发高性能电动汽车动力蓄电池的新能源汽车产业联盟。该联盟成员包括丰田、日产等汽车企业，三洋电机等电动机、电池生产企业以及京都大学等著名学府及研究机构，共20多家成员单位。该联盟单位每家出50名以上专业人员从事合作研究，开发企业需要的基础技术。日本政府计划七年内对此项目投入210亿日元，通过开发高性能电动汽车动力蓄电池，在2020年前，将日本电动车一次充电的续驶里程增加3倍以上，价格则降到目前的1/6。

为推进新能源汽车以及环保汽车，日本从2009年4月1日起实施“绿色税制”，它的适用对象包括纯电动汽车、混合动力车、清洁柴油车、天然气车以及获得认定的低排放且燃油消耗量低的车辆。购买这类车可享受免除多种税赋优惠。例如，丰田混合动力汽车普锐斯（Prius）可以享受到的最高优惠为：免除新车100%的重量税和取得税；个别车辆还有50%自动车税的减免；其次就是补助金的优惠。

此外，日本实施低排放车认定制度。消费者可根据所购车辆的排放水平享受不同的减税待遇，购置以天然气为燃料或混合动力车等低公害车辆的地方公共团体，还可得到政府的补助金。

日本政府将在2011年度第4次修正预算案中采纳对购买燃效好的汽车予以补助的制度。这个制度可以说是2009年曾实施的“环保车补助金”的重新登场，在当时，雷曼危机引发的经济危机曾导致汽车销售出现锐减。新环保车补助金的预算额为3000亿日元，相当于2009年的一半。新购乘用车时，平均每辆补助10万日元，如果是200万日元的汽车，则给予5%的折扣。日本政府的目标是到2020年把电动汽车的年销量提高到80万辆，混合动力汽车的年销量提高到120万辆。

（三）德国

德国在2011年积极推动新能源汽车发展，政府的政策扶持力度明显加大，发展战略也日益明晰。“电动汽车展示”项目即是德国联邦政府于2011年5月通过的《电动汽车政府计划》的一个重要措施。该计划正式确定电动汽车为未来若干年德国新能源汽车发展最重要的方向，同时提出到2020年德国道路上的电动汽车数量达到100万辆，2030年达到600万辆的目标。与主要竞争对手日本相比，德国在电动汽车等新能源汽车领域起步较晚。直到近几年，政府才将其正式提上日程。从内部来看，为了减少对化石燃料的依赖，同时受可持续发展理念的影响，德国汽车业长期以来一直将节能减排作为其发展战略的核心内容，因而越来越重视在新能源领域的突破性技术研究。从外部来看，由于电动汽车领域竞争激烈，日本和美国都斥以巨资并制定了相应的鼓励政策。在诸如混合动力汽车研发等方面，德国已经落后。另外，国际金融危机的爆发也暴露了德国汽车产业中存在的产能过剩等结构性问题，促使德国汽车产业加快结构转型，这在客观上为德国发展电动汽车创造了有利契机。

在发展策略上，与不少国家将重点放在技术攻关上不同，德国更加重视推动电动汽车发展的一整套方案实施，其中包括电力输送网络、相关基础设施、电动汽车新概念的普及等多个关键环节，并将以此构筑新的社会能源与交通系统。

另外，虽然德国已将发展新能源汽车确定为重要的努力方向，但短期来看，其巩固与加强传统能源汽车在节能减排方面优势的努力仍不会放松，比如会继续改进和推广绿色柴油发动机和涡轮增压发动机等传统动力汽车，这一方面是因为德国政府认为全面过渡到电动汽车等新能源汽车时代将是一个长期的过程，另一方面，德国认为加强在传统汽车市场上的竞争优势，也是为产业结构转型积累必要的资金、技术和人力资源的有效途径。

二、中国新动向

2010年前，中国在新能源汽车技术路线上一直将混合动力、电动和燃料电池技术相提并论。2011年，政府开始着重发展纯电动轿车和插电式混合动力车，希望这些技术能帮助中国汽车制造商一举超越欧盟、美国、日本的跨国公司等竞争对手。政府推出在5大试点城市高达6万的补贴，随后16家中央企业又组建了电动汽车联盟，充电站建设也在试点城市稳步推进。各大自主品牌推出的新能源汽车产品也在车展上亮相，阵容强大。

（一）存在的问题

在新能源汽车产业战略部署上，我国与西方发达国家几乎是齐头并进，但是在实施进展和产品实力，尤其是产品研发能力上却不得不承认差距很大。中国发展新能源汽车的问题包括如下几个方面：

（1）无序发展，为争取政策资金，一些地方盲目上项目，导致重复投入、重复建设。

（2）缺乏核心技术，许多领域还处于起步和跟踪模仿外国技术阶段。混合动力车现在有了一些进展，但技术上与发达国家还有较大差距。电动车开发刚刚起步，总体上还处于初级探索和跟踪外国技术阶段，主要设备和材料都依靠进口，没有核心技术。

（3）条块分割，各自为政，科技资源分散，产学研脱节。具体到一些领域或产品，技术路线、发展方向还不十分清楚。

长期以来，新能源汽车发展的思路不清晰，由于各个部门就新能源汽车发展路线无法达成一致，新能源汽车规划也难以推出。政府最初设想的借助新能源汽车产业来实现中国汽车产业技术“弯道超车”的计划显得过于乐观了，但是中国和外国发达国家在新能源汽车这个领域的差距确实不像传统燃油发动机汽车那么大。另外核心技术掌握差距也不是那么大，但是在产业化、市场化、核心技术掌握方面中国汽车企业确实还有不小的差距。

从目前汽车企业对新能源汽车的研发状况来看，国家政策对我国汽车制造商的导向作用更加明显，如我国的新能源汽车战略倾向于电动汽车及其关键零部件的产业化，因此国内汽车制造商的研发方向也随之纷纷转向于电动车。而相对来说，欧盟、美国、日本等国家的新能源汽车研发则更倾向于市场化，它们的国家政策一般仅在排放标准等硬性指标上来提高门槛，并不过多左右车企对新能源技术路线类型的选择。

（二）2011 新能源汽车产业政策及解析

2011 年，几项新能源汽车相关扶持政策相继推出。包括车船税改革、公务车采购新规等政策都为新能源汽车开“绿灯”。2009 年实施的汽车业调整与振兴规划，首次提出了新能源汽车产量和销售规模目标。至今振兴规划已到期，尽管目标没有完成，但随着汽车社会与能源、环保冲突的日益显现，新能源汽车势将成为政策重点扶持的领域。

2009 年开始实施的汽车业调整与振兴规划提出了“电动汽车产销形成规模”的目标，包括“改造现有生产能力，形成 50 万辆纯电动、充电式混合动力和普通型混合动力等新能源汽车产能，新能源汽车销量占乘用车销售总量的 5% 左右。主要乘用车生产企业应具有通过认证的新能源汽车产品。”目前为止，50 万辆和 5% 两个目标都没有达到。目前中国乘用车年产量在 1800 万辆左右，新能源汽车 5% 的销量占比就是要 70 万辆，而现在每年大概只有 1 万辆左右，与之相差甚远。而车企新能源汽车产能目前也远没有达到 50 万辆的规模。

由国务院批准颁发的《车船税法实施条例》也为新能源汽车开“绿灯”。这个已于 2012 年 1 月 1 日正式实施的条例规定：“节约能源、使用新能源的车船可以免征或者减半征收车船税。免征或者减半征收车船税的车船范围，由国务院财政、税务主管部门与国务院有关部门制定，报国务院批准。”

2011 年 11 月，国家财政部、科技部、工信部和发改委等四部委联合发布新能源汽车推广新政策。四部委要求 25 个试点城市积极研究对新能源汽车落实免除车牌拍卖、摇号、限行等限制措施，并出台停车费、电价、道路通行费等扶持政策。随后北京等地就出台了相应的政策。新政策还明确要求大力推进基础设施建设。制定充电基础设施建设规划，为个人新能源汽车用户在其住宅小区停车位或工作场所停车位配套建设充电桩，该类充电桩与新能源车辆的配比不得低于 1∶1；对购买新能源汽车的用户提供充电设施建设的服务；此外，在政府机关和商场、医院等公共设施及社会公共停车场，适当设置专用停车位并配套充电桩；同时，城市要调配资源建设少而精且覆盖示范运行区域的快速充电网络。

另外，公务车采购新政规定的“18 万元”底线也适用于新能源汽车。新规确定：“纯电动、插电式混合动力等新能源轿车扣除财政补助后价格不超过 18 万元。”

如上所述，众多新政策的出台，已为我国发展新能源汽车产业初步构筑起产业政策体系。在新能源汽车的示范推广中，财政补贴是给予企业而不是直接给予消费者。这带来的一个重大弊病是巨大的财政补贴只鼓励了做与不做，而不是按实际效果去补贴。实际上，近年来新能源汽车出现的无序发展，已经引发了国家主管部门的关注。各地发展新能源汽车的热情很高，形成一拥而上的局面，结果欲速不达，错过发展机遇。政府因此需要在标准、准入和协同等方面做更多工作，特别是更好地运用财政补贴这个杠杆。

此外，目前的财政补贴更明显地体现在对车型价格的平衡上。在产业化初期，新能源汽车高昂的价格，是阻碍其大规模进入市场的重要因素。

阻碍电动车发展的因素除了高价格之外，更关键的还是充电设施的缺乏。也正是基于这个原因，在四部委出台的推广新政中，首次明确提出了“充电桩与新能源车辆的配比不得低于 1∶1”的要求。而如何破解基础设施建设中的利益博弈，则成为另一个难题。最终如何真正落实完善基础设施，也需要更有力度的措施。

如何监督新能源汽车财政补贴的运用也是一个重要问题。“巨额的财政补贴，需要投入于研发、基础设施、销售等各个环节，而从近几年的情况看，产生的实际效果实际上不大。”四部委的推广新政也提出了要“兑付补助资金，重点支持充电设施建设”。

另外，新能源汽车推广如何最终导向大规模进入家庭的目标。目前实施的试点城市示范推广，以公用车为重点，向私人购买推进，前者在城市公交车、出租车等领域取得较明显效果，但在私人消费领域则效果不佳。此次四部委推广新政提出了一个关键的问题，要“广泛调动政府、企事业单位和个人购买、使用节能与新能源汽车的积极性。”即在公务车和企事业单位用车上，率先推广新能源汽车，再带动私人购买，在公务车和企事业单位采购中，应按一定比例采购新能源汽车，这样也容易为之配套使用设施。因为中国的公务车数量庞大，大企业集团也很多。如果这样推行一两年，就能看到实效。

新能源汽车最终的一个问题还是要靠企业研发，它们要能够进行足够力度的核心技术创新，提供适应市场的产品，最终打开局面。从近几年的情况来看，国内车企还未能提供真正能够在市场上取得成功的新能源汽车产品。技术创新是一个方面。目前业内的一个共识是，即使在电动车等新领域，国内和国际也存在很大差距，而不是处在同一起跑线上。汽车业振兴规划提出“推动纯电动汽车、充电式混合动力汽车及其关键零部件的产业化”的目标，包括“掌握新能源汽车的专用发动机和动力模块（电动机、电池及管理系统等）的优化设计技术、规模生产工艺和成本控制技术。建立动力模块生产体系，形成10亿安时车用高性能单体动力电池生产能力。发展普通型混合动力汽车和新燃料汽车专用部件。”而目前核心技术仍有待突破。相比美国、欧盟和日本等国家，中国政府对新能源汽车关键共性技术研发的政策支持和资金投入力度明显不足；相比国外主要大企业集团，中国企业在新能源汽车研发和布局方面的投入也有较大差距。大集团发展新能源汽车目前存在的一个问题是，所有的规划都是中短期的，这与发展新能源汽车的长期性存在矛盾。

产业联盟的出现成为新能源汽车的另一个新趋势，这理论上有利于节约资源实现联合技术攻坚。2010年，16家中央企业成立电动车产业联盟，承诺将“整合中央企业资源，建立推动电动车产业整体发展的开放技术平台，统一产业技术标准，共同研发电动车新技术、新产品、新方案、新模式，共享技术成果。”这一联盟最近已达成骨干企业应在关键零部件领域加强合作的共识。而福田汽车在去年则联合IBM等国际企业成立国内首个新能源汽车的国际联盟。

还有一个值得注意的现象是，当前民营企业在新能源汽车技术创新方面表现较为突出，而它们被孤立在各种联盟之外。例如电动车先锋比亚迪，除了与戴姆勒成立合资公司后，基本上处于独立发展的状态。比亚迪无法独享新能源汽车技术，需要引入更多的战略投资者来投资电动车，汇集更多资金来源，避免需要持续投资的电动车在未来出现资金断流的局面。

（三）跨国企业在中国

当前，国际汽车巨头也已加速向中国引入新能源汽车，如通用汽车中国公司近日已上市雪佛兰增程型电动车。与传统汽车不同，进口电动车由于价格昂贵和基础设施不完善，市场空间并不大。因此，如何在合资企业的平台上发展电动车成为另一个选择。广州市和广汽集团采用的一个策略是，通过先行引入丰田、本田、日产等合作方的电动车进行试运营，最终推荐核心技术生产和研发的本土化。大众汽车早在去年就针对中国市场发布了电动车战略，计划从2015年开始，一汽大众将奥迪全系电动车型逐步国产化。沃尔沃汽车公司与上海国际汽车城集团在嘉定签署新能源汽车战略合作备忘录，共同开发运营新能源汽车，沃尔沃将提供多辆C30电动车，参与示范区试乘试驾和电动汽车示范评估等项目。本田技研工业株式会社也已在广州启动了电动车验证实验。这是继美国、日本后，本田首次在中国开展电动车验证实验。这一验证实验计划，将验证"最适合中国市场的电动车"以及为普及电动车所需的"最佳充电基础设施"。随着本田电动车验证实验启动，广汽本田有望在2012年投产电动车。上海通用雪佛兰Volt沃蓝达增程型电动车将以原装进口方式引进中国。宝马、奔驰也在中国积极推出新能源汽车。丰田计划于2013年向中国引入插电式混合动力车型和纯电动车型，目前世界销量第一的混合动力汽车第三代普锐斯也已经重新国产，并已于2012年2月份在中国上市销售。丰田还将在新设立的常熟技术研发中心进行新能源汽车技术的开发和本土化改进。研发中心将设置开发混合动力单元的团队，负责推进混合动力系统的本地化生产，将于2015年向中国市场投放配备了丰田汽车研发中心开发的中国制混合动力单元的车辆。

第二节 新能源汽车新技术及新商业模式

随着电动汽车的产业化和商业化的进行，新能源汽车与智能住宅、智能手机、智能电网、智能城市的融合等新应用技术已经出现，直接更换充电电池等新商业模式也已经开展起来。只有这些新技术和新商业模式逐步完善和发展，新能源汽车才能够真正地普及。

一、作为蓄电器与智能住宅的联动

(一) 丰田汽车

日本丰田住宅公司日前开发出了可使家庭及汽车的能源实现联动的系统，将配备于近期将开始销售的住宅商品上。由家庭能源管理系统（HEMS）、家用蓄电池、电动汽车（EV）及插电式混合动力车（PHV）充电器以及紧急供电系统构成，以HEMS为中心，实现了与汽车进行充电联动，以及利用汽车及家用蓄电池进行紧急供电的实用化。这在日本国内尚属首次。家庭能源管理系统可使太阳能发电、自然制冷剂热泵热水器"Ecocute"及蓄电池等能源设备以及电动汽车和插电式混合动力车相连，利用液晶显示器实现"可视化"，同时还可通过控制相关设备来抑制能源消费。另外，还可与丰田开发的具备通信功能的能源管理系统"丰田智能中心"实现联动，提供可在外出时开关空调，以及回家前向浴缸中放洗澡水等功能。

家用蓄电池使用时的蓄电量为5千瓦时，可通过深夜充电、白天使用，在用电峰值时段减少使用来自电力公司的电力，同时还可通过使用电费较低的深夜电力来削减成本。另外还可结合使用紧急供电系统，在停电时为特定房间的照明器具及插座供电。紧急供电系统可在停电时，利用家用蓄电池及可供应交流100伏电力的汽车等外部电源为家中供电。

充电器具有电力削峰、定时充电以及利用太阳能发电时优先充电等控制功能。丰田住宅将利用上述设备及系统，在实现电力峰值移位、节电及二氧化碳减排的同时，确保发生紧急情况时的电力供应，为用户提供安心感。丰田住宅将把这些设备及系统作为可有效利用能源的机制，针对新建住宅提供，实现与其他公司的差异化。

（二）日产汽车

日产汽车也积极推动其电动汽车LEAF（中文名称：聆风）通过“LEAF to Home”系统（图10-1）向家庭提供电力，或与地方政府合作推进新型城市“智能城市”等新型应用。

如果将电动汽车电池中储存的电力用于家庭，可满足普通家庭大约2天的电力需求，因此，在万一停电时能派上用场。如果将夜间所充的电用在电力需求增大的白天，将有助于削减白天的用电高峰。另外，如果利用供电系统，还可向学校、医院等当地社区供给电力。在智能城市中，运用以电动汽车为中心，与新一代住宅、楼房连接，并且使用可再生能源的发电系统，就可建立可持续的能源管理系统。

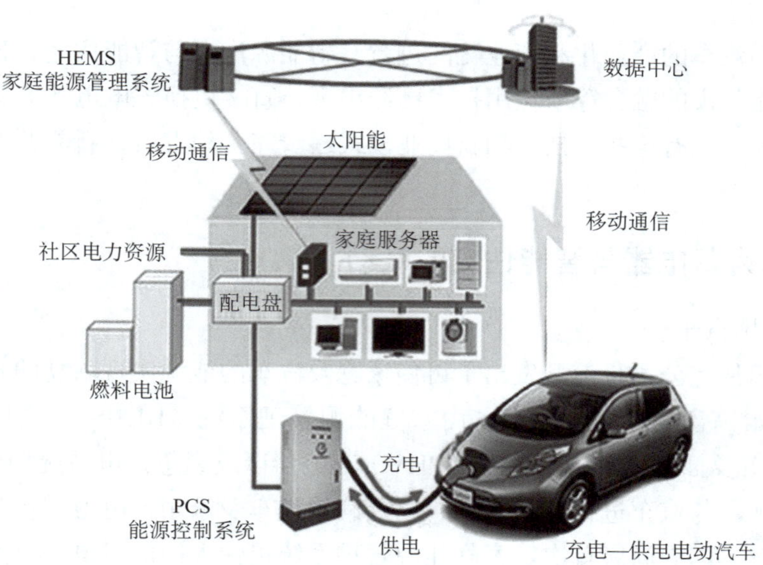

图10-1 日产汽车的LEAF to Home 系统
（资料来源：日产汽车主页）

二、与智能手机的联动

目前的电动汽车（EV）及插电式混合动力汽车（PHV）有一个很明显的倾向是，这些新能源汽车的开发均是以与智能手机的联动为前提的。

丰田的“普锐斯 PHV”，就预定使用智能手机应用程序“eConnect”，提供车载电池的电量及充电管理、远程开启车内冷气、搜索街上的充电站（G-Station）位置，以及管理节能行驶记录等服务。另外，作为丰田自主开发的服务，配合“普锐斯 PHV”上市于 2012 年 1 月底开始提供的“Toyota Friend”，也是以通过智能手机利用为前提。Toyota Friend 力争将汽车拟人化，打造人与车通过社交媒体进行“会话”的环境。本田也公开了预定 2012 年夏季上市的“飞度 EV”，这款车型也计划配备通过智能手机进行充电管理的功能。汽车的“通行记录信息地图”核心技术“Internavi”导航系统是由本田自主开发的。本田今后将推进该系统与智能手机应用程序的融合，Internavi 的团队正在从事应用程序的开发。

汽车厂商一致认为：“对于电动汽车而言，电池剩余电量管理及充电网点位置搜索等功能必不可少，因此必须与智能手机联动。”作为可远程操作及搜索位置的终端，日常使用的智能手机是最有力的终端。另外，不能满足智能手机用户需求的车辆，估计今后消费者也不会选择。

三、新能源汽车与智能电网的融合

电动汽车大规模应用不仅可以提高电能占终端能源消费的比重，通过适当的引导，电动汽车还可以充分利用晚间用电低谷时富余的电力进行充电，从而提高电力设备综合利用效率，调节电网峰谷平衡，改善电网负荷特性。V2G 技术是最近几年发展起来的新型技术，是“智能电网技术”的重要组成部分。V2G 技术的发展将极大地影响未来电动汽车商业运行模式。随着智能电网相关技术的不断成熟和电池性能的不断提升，电动汽车在停驶状态下作为移动储能设备接入电网（V2G），实现电动汽车在受控状态下与电网的双向信息和能量交换。电动汽车通过智能电网平台实现规模化应用，用于电网储能、负荷控制或备用电源等，将进一步延缓电网基础设施投入（图 10–2）。

电动汽车是汽车产业的最终发展方向，智能电网是经济和技术发展的必然趋势，将电动汽车和智能电网结合的 V2G，既解决了电动汽车大规模发展带来的充电压力问题，又可将电动汽车作为移动的、分布式储能单元接入电网，用于削峰填谷、应急安保，旋转备用等，在提高电网供电灵活性、可靠性和能源利用效率的同时，延缓电网建设投资。国家电网上海市电力公司技术与发展中心是国内最早开展 V2G 技术研究的机构，收集掌握了大量 V2G 相关技术研究和进展动态，与国内外科研机构、企业建立了广泛合作关系，着手开展了 V2G 应用试点和示范。目前 V2G 的研究及应用尚处于起步阶段，其发展与电动汽车、储能、分布式电源等相关技术发展密切相关。

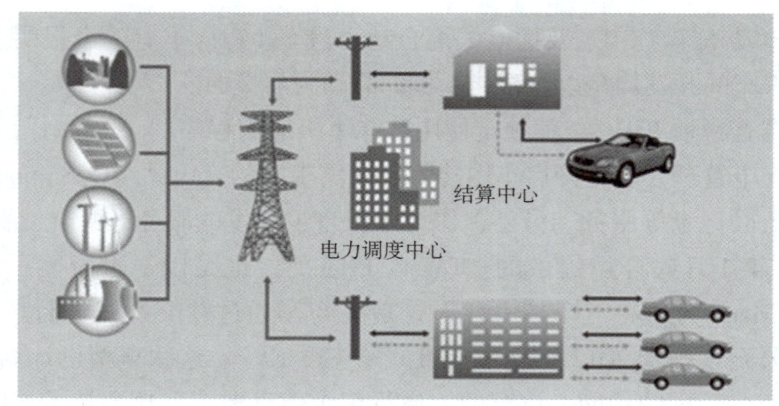

图 10-2 电动汽车与智能电网的融合
（资料来源：国家电网主页）

四、新能源汽车电池交换

2011 年 3 月，南方电网公司与合作伙伴 Better Place 公司在广州签署战略合作框架协议，共同为中国电动汽车基础建设服务。南方电网公司按照“换电为主、充换结合、统一服务、统一配送”的方针，推动制定国家统一的技术标准和运营规范，建设电动汽车智能充换电服务网络。这是一个开放式平台，吸引电池、汽车制造厂商加盟，共同研究形成统一的充换电规范和标准。目前，南方电网公司已与广东、广西、贵州等省（区）政府签订了《电动汽车充电设施建设战略合作框架协议》，与广州、深圳、南宁、海口等地市签订了相关合作协议。“十二五”期间，南方电网将在政府的主导下，建设满足五省区电动汽车发展需要的充换电基础设施网络。2012 年，南方电网公司将在广州科学城新建一座完全采用国产设备的换电站。南方电网电动车、电动汽车换电客户体验推广将分三步走，第一步是在广州、深圳等中心城市推行，第二步在广东珠三角、海南等地实现城际联网，第三步实现五省区乃至全国的联网。南方电网拟或将按照“电池租赁、里程计费”的商业模式，由专业公司购买或租赁电动汽车动力电池，交由客户使用；电池租赁按照使用里程（或使用时间）计费。“购买电动汽车时电池是免费的，然后就根据每个月的里程数使用汽车电池租赁套餐。车主一般都是在充电桩完成正常的充电，在出门旅行或需长时间不间断开车时，便换电池。”截至 2011 年 11 月，南方电网全网已建成充电站 14 座、充电桩 2901 个。2011 年 1—11 月，累计充换电 4.5 万次，电量 206 万千瓦时。

国家电网也选择了换电模式。2011 年 1 月 7 日，国家电网公司已表明“换电”确是国家电网的主打方向，北京、青岛等地早已出现了充换电站；11 月末，又对苏、沪、杭电动汽车智能充换电服务网络城际互联工程进行了验收。

两大电网都选择了“换电池”商业模式，可以想象，这将会大面积地、更有效地推行这种新的模式。这对于制定电动汽车相关标准而言也是卓有成效的。提前统一充电方式，并开放标准让更多的厂家参与。

但汽车制造商则对换电池这一商业模式不太认同。目前市面上很多电动汽车根本不能换电池。目前国内外汽车厂商多数在推充电模式，包括丰田、日产、大众、比亚迪和宝马，选择的都是充电模式。这说明大家都在抢市场。电动汽车市场潜力巨大，谁都想在未来占据主导地位。与发达国家的车库普及率较高不同，中国的很多车主甚至没有固定的停车位，充电的问题相对难以解决。虽然锂离子电池也能够实现快速充电，但是快充次数过多就会缩短电池寿命。也正是基于此，国家电网提出“换电为主、插充为辅、集中充电、统一配送”的模式。国网希望这些环节由它们来连接，车企只生产裸车，电池由国家电网提供。“国家电网将电池收集起来在后半夜的用电低谷充电，之后再集中换电。”但是对于这样的模式，车企却担心会减少它们的利润，如果最后实现了换电模式，那么会不会出现价格垄断等问题。电池更换模式在全球的讨论都是比较多的，但是每个公司都有自己的车型，所以不大可能有一个电池的战略适合所有的车型。与其他电网不同，此次南方电网选中与这家美国公司合作，是看中了 Better Place 在换电技术领域所做的前期试验。而 Better Place 也试图扮演专业换电服务商的角色，从中国充电站市场获利。

第三节 新能源汽车产业构造变化分析

汽车产业的新能源化，尤其是 EV（电动汽车）化是一个巨大的潮流，这种潮流很有可能促使汽车产业及本产业的竞争格局发生巨大的变化。汽车的电动化带来了促使汽车制造商垂直统合型价值链发生大规模变革的潜在可能，如果在这个变化过程中反应不够迅速，那么现有的传统汽车制造商很可能将失去在本产业中的主导地位。

一、产品构架理论

产品架构学说（Product Architecture Analysis）为汽车产品以及主要制造业产品的演变和国际竞争力分析提供了一个全新的视角。产品架构学说可以从西蒙率先提出的复杂性架构和模块化概念中找到源流。产品架构既是产品的设计思想，产品架构从产品的设计思想来思考竞争力问题。具体地说，产品架构是诠释产品结构的基本概念，将一个复杂的系统产品分解成若干个功能单元，功能单元之间的界面以某种方式互动，从而发挥复杂系统的整体功能的一种设计理念。按产品结构分解与界面接口的互动方式不同，分为模块化产品架构（Modular Architecture）和整合型产品架构（Integral Architecture）。

从汽车这一产品架构近一百年演变的历程来看，当前整合型架构居乘用车设计是主流，模块化架构居次。相对来讲，美国汽车厂家在 SUV、皮卡等车身 / 车架分离型产品（Body on Frame）占优势，而日本的汽车厂家在车身/底盘一体型产品（Monocoque Body）即传统的小轿车（Sedan）上发挥了巨大的国际竞争力。在此，前者可以称为模块化架构产品，后者称为整合型架构产品。

美国在建国200多年来，需要将移民迅速转换成生产力，因此不同民族的移民们在共同工作时重视系统化能力和游戏规则、界面标准的制定能力，因此美国人更适合在具有模块化设计思想特征的产业（如IT、金融等）发挥国际竞争力。而日本企业则在重视企业内长期雇用、企业间长期密切合作的企业制度和文化下，更看重紧密协调的团队精神，更适合生产整合度高和高附加值的产品，在具有整合型设计思想特征的产业（如汽车、轻小型家电、精密设备等）发挥国际竞争力。其原因关键在于日本制造业是整合型的，它与日本企业长期培养的组织能力和持续创新能力相匹配。

二、汽车产业将如何变化

在这样的视角下纵观汽车产品架构的演变，新能源汽车的发展无疑将加快模块化设计的速度。

汽车产业的电动化并不会立刻实现，但汽车电动化以后，传统的汽车产业结构将会发生巨大的变化。近一个多世纪来，汽车产业作为全球经济发展的引擎之一，产业涉及范围非常广，形成了以跨国汽车制造商为中心，包括集团内零部件制造商以及销售4S店的垂直统合型的产业结构。这种传统的垂直统合型的产业链主要由研发、采购、生产以及销售四大业务环节构成，在汽车产业电动化的趋势下，这四大环节将会发生巨大的变化。

（一）研发：整合型开发向模块化发展

传统汽车制造领域，发动机的重要性最高，是最重要的零部件。即使一部分汽车制造商采用合作或协作的共同开发体制，但基本上大多数汽车制造商还是倾向于自己制造发动机，并拥有各企业独有的规格设计。另外，为保证由数千种机械零件构成的发动机和变速箱等驱动系统的关键零部件之间的协调性和持久性，汽车制造商如何积累自己企业独有的整合型技术是研发的关键。而且，这种整合型技术积累成为阻碍其他新企业进入汽车制造行业的壁垒。博世、电装等零部件供应商一直在进行自主研发并积累了相当丰富的专业技术，但也尚未能实现整个发动机的自主研发能力。

而未来的混合动力汽车（HEV）结合了发动机和电动机的驱动力，纯电动汽车（EV）仅依靠电动机提供动力。也就是说，在未来的电动汽车制造领域，汽车制造商苦心积累的制造发动机和变速箱的专业技术已不再那么重要了。因为汽车电动化以后不再需要发动机和变速箱。电池、电控系统、电动机将成为新的三大核心零部件（图10-3）。而目前传统汽车公司在这电池、电动机、电控技术上的积累不够，需要依靠新的外部供应商。

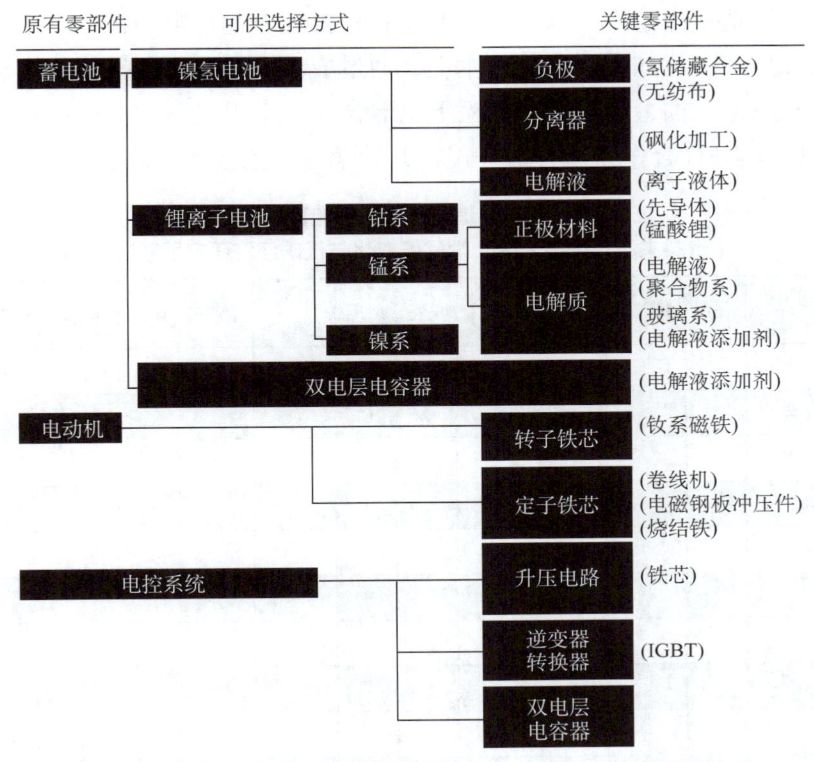

图 10-3 电动汽车的三大核心零部件及其技术（川原英司 2009）

随着汽车产业的电动化，有可能省去传统发动机机械零件所需的整合性设计环节。汽车产业的进入门槛大大降低。因此世界各国已经有许多中小企业或者新兴企业进入电动汽车生产领域，开始销售从低价位到高价位的各种电动汽车。这些新增企业和原有的汽车制造商已经向市场投放 20 多款电动汽车。今后，这些新增企业的进入将进一步加速新能源汽车市场的竞争。这些中小企业如美国 Telsa、Fisker Automotive 公司等，大部分开发都进行外包，与现有汽车制造商自己生产制造的情况相比，开发费用得以压缩。尤其当动力系统的电动化得到加速发展时，现有汽车制造商不仅无法让积累至今的专业技术发挥作用，现有的发动机开发技术人员等开发动力系统所需的资源也可能变得多余。如果继续维持目前这种重视发动机的开发体制来迎接未来的新能源汽车时代，过高的成本将使传统汽车处于劣势。

（二）采购：供应商议价能力的变化

在零部件采购环节方面，目前为止，为了满足汽车制造商整合性开发的需要，汽车制造商和零部件制造商之间形成了具有附属关系的合作体制，即汽车制造商通过出资等手段控制零部件供应商，形成紧密的合作关系。而未来电动化的发展，掌握电池、电动机、电控等核心新兴零部件供应商将具有很大的议价能力。传统汽车制造商不得不从这些零部件供应商采购自身技术积累较少的这些核心零部件，导致新兴供应商拥有很大的议价能力。

大型汽车制造商也意识到这一点，开始积极推动电池、电动机、电控等核心技术的内部开发和生产。比如在电池等技术上，通过成立合资公司等措施，推动巩固合作关系。例如在电池方面，丰田汽车和松下电器合作，本田汽车和 GS Yuasa 公司合作，日产雷诺集团和 NEC 合作建立合资公司，开始学习电池技术（表 10-1）。

表 10-1　汽车制造商与电池制造商的合作关系
（资料来源：中国人民大学气候变化与低碳经济研究所整理）

汽车制造商 / 电池制造商	大众	戴姆勒	BMW	日产雷诺	福特	通用	上海汽车	塔塔	现代	丰田	本田	三菱
松下电器（日本）										*（JV）		
三洋电机（日本）	*				*					*	*	
GS Yuasa（日本）											*（JV）	*（JV）
NEC（日本）				*（JV）								
日立（日本）						*						
东芝（日本）	*											
LG 化学（韩国）						*			*			
三星（韩国）			*									
BYD（中国）	*											
Evonik（欧洲）		*（JV）										
JCI-Saft（北美）		*	*		*	*						
A123（北美）		*				*	*（JV）					
Electrovaya（北美）								*				

注：* 表示合作研发电池，*（JV）表示双方建立合资公司开发生产电池。

无论是大型、中小型还是新兴的汽车制造商，都会增加与原有的集团内供应商以外的供应商之间的交易，附加价值将更多地向零部件制造商方面转移。

（三）生产：不再需要大规模的初期投资和组装技术

一般来说，建设一家传统的汽车组装工厂需要上亿美元的投资，并且需要在这个工厂中将总计超过 3 万件的汽车零部件高效地组装起来的专业技术。因此，一般具备设备投资能力和拥有专业组装技术的汽车制造商才能够投资建设生产线。然而随着汽车产业电动化的发展，可以预见不仅是研发环节，生产环节的进入门槛也将会降低。因为在电动汽车的生产中，电气零部件的比率大大增加，由于这些零件是单元化模块化的，从而使得组装数量有所减少。这就导致传统汽车制造商在组装专业技术的积累方面的竞争优势将减少，并且随着工厂建设的投资规模变小，迄今为止汽车制造商所构筑的行业进入壁垒也会在很大程度上降低，新兴企业将更容易进入汽车生产领域。

（四）销售：专卖店失去优势

销售环节方面，目前基本上各汽车制造商采取的都是各自有独立销售渠道的专卖销售体制，售后服务也需要具备针对各厂家独有规格设计的专业技术。因此，客户一般都是去汽车制造商的专卖店购买新车。

汽车产业的电动化将造成发动机被电动机和电池的组合所替代，于是发动机相关的检修被排除在检修对象之外。那么，目前汽车销售店的重要收益来源之一的机油更换和各种维修服务项目都将随之减少。目前通过检点和更换磨损零件实施对行驶功能的维护，今后会有更多的部分可以通过电动机控制程序的升级和修改等软件上的处理方式来解决。这样的程序更新可以利用互联网等渠道来实现。这就导致销售店和顾客的接触频率就会减少，传统汽车制造商将会丧失凭借遍布全国各地的销售网所构建的销售实力的优势。

汽车制造商应该采取相应的措施早积累汽车电动化所需关键的技术来应对汽车产业正在发生的这些变化，避免在未来竞争中处于不利地位。

第四节 结 论

“十二五”是中国节能与新能源汽车步入产业化的关键时期，明晰的发展路线图、技术与产业化瓶颈的突破、市场需求的扩大、基础设施网络的完善等都是关键要素，政府在这四个方面所起到的引导作用至关重要。

在制定产业发展路线图的过程中，政府一方面需要注意增强各规划的衔接性，以促进节能与新能源汽车、智能电网和可再生能源发电等相关产业的协调发展；另一方面也需要与业界保持充分沟通，保证产业规划的前瞻性和可行性。由于节能与新能源汽车涉及的部门较多，在规划执行的过程中，明确部门分工、建立完善的协调机制也非常重要。

节能与新能源汽车技术和产业化瓶颈的突破依赖于自主创新。随着实力的不断增强，中国企业已经开始通过各种途径提升自身的技术水平和创新能力，国家对企业自主创新的引导和支持也非常重要。政府可以采用的策略包括：通过更加优惠的财税政策来鼓励企业进行创新，通过支持和完善以产学研联盟为代表的创新平台来为自主创新及成果的产业化提供支撑，通过更加严格的排放标准来推动企业技术创新等。

在产业化的初期，政府和企业需要紧密合作，共同培育市场。政府可以考虑的策略包括：继续通过政府采购和消费者补贴来培育市场、通过汽车税收制度改革来引导消费、通过引导和支持商业模式的创新来提高消费者使用电动汽车的经济性和便利度等。

在发展节能与新能源汽车的同时，业界也积极投资于充电基础设施，在这个过程中政府的支持和统筹不可或缺。需要关注的问题包括：促进基础设施与电网协调发展、推动基础设施标准化体系的建设、增强规划和管理等。

近年来，各国政府纷纷加大对节能与新能源汽车技术的支持力度，国际领先的汽车厂商也加快了节能与新能源汽车的研发和生产步伐。在中国，发展新能源汽车已经成为国家战略，支持这一战略性新兴产业发展的政策力度在国际上已经处于领先的水平。我们有理由相信，中国节能与新能源汽车的产业化进程在“十二五”期间将快速地取得突破。

参考文献

[1] 中国人民大学气候变化与低碳经济研究所. 低碳经济——中国用行动告诉哥本哈根 [M]. 北京：石油工业出版社，2010.

[2] 杨志，刘丹萍. 低碳经济与经济社会发展 [M]. 北京：中国人事出版社，2011.

[3] 川原英司. 电动汽车时代的企业战略革新 [M]. 东京：日经 BP 出版中心，2009.

[4] Simon Herbert A. The architecture of complexity [J]. Proceedings of the American Philosophical Society，1962，106（6）：467–482.

第五部分

低碳经济与国际贸易

2009 年，我国赶超德国，成为世界第一出口大国。由于出口产品主要集中于低技术、高耗能、高污染的劳动密集型和资源密集型产业，面对低碳、环保名义掩盖下的各种关税和非关税的壁垒新形式，我国出口发展面临日益严峻的挑战，相关出口产业也成为世界各国碳关税、碳标签政策的主攻目标和制造贸易摩擦的主要对象。从国际产业分工发展态势看，我国实际上已成为美国、日本及欧洲发达国家高耗能、高污染产业向外转移（亦即碳排放转移）的重要目的地。这对我国经济可持续发展将产生极为不利的影响。

第十一章　碳关税对我国贸易的影响及应对之策

2012 年 1 月 1 日，欧盟开始征收国际航空碳排放费（即航空“碳税”），这是“碳关税”的第一个实体存在形式，给我国航空企业带来很大的影响。据中国航空运输协会初步测算，开征第一年，进出欧盟的中国航空公司将因此增加成本 8 亿元人民币，并且这一数字会逐年递增至 2020 年的 30 亿元，此间 9 年累计支出约 176 亿元。随着国际上发达国家对碳关税的呼声渐隆，我国出口企业将与航空企业一起面临严峻的低碳考验。

第一节　碳关税提出的背景、内涵及研究进展

为有效应对碳关税这一新型关税壁垒形式，有必要探讨碳关税的提出背景、内涵及国内外研究进展。

一、提出背景

碳关税这一概念是在倡导低碳经济、提倡碳减排的背景下提出的，在国际层面上主要是以多国组织会议并且签订书面协议的形式来推动的。

2006 年 11 月 6 日至 17 日，第 12 届联合国气候变化大会在肯尼亚内罗毕召开，会上法国前总理多米尼克德维尔潘建议，应对没有签署“后 2012 气候变化国际公约”（即所谓的后《京都议定书》）国家出口的工业产品征收额外关税。该建议遭到欧盟委员会的反对，认为其与世界贸易组织（WTO）规则存有潜在冲突。这里的额外关税其实就是碳关税的雏形。

2007 年 1 月，法国前总统希拉克要求美国签署《京都议定书》和《后京都议定书》时，警告美国如果不签署该协议，则会对从不签署《京都议定书》的国家进口的产品征收碳关税。这时候确定下来的碳关税概念也是现在学术界普遍使用的。

2007 年 11 月，法国现任总统萨科奇重申了碳关税的提议，主要是为了保护欧盟排放交易体系（EU ETS）下面临沉重执行成本的欧盟企业。2009 年 6 月，萨科奇再次将碳关税的讨论升级，建议若哥本哈根气候变化大会没有达成一致协议，则考虑将碳关税作为一种机制来控制温室气体排放，为欧洲公司与来自尚未进行二氧化碳减排国家的公司竞争建立一个“公平的环境”。但法国这种旨在欧盟内部形成一个应对全球变暖的共同战略的提议，遭到各方质疑。瑞典环境大臣安德烈亚斯·卡尔格林呼吁欧盟成员反对这一提议，并表示“我们坚决反对任何绿色保护主义”，“对发展中国家

的进口不应设置任何壁垒或障碍威胁”。2009年7月24日，德国环境部部长马蒂阿斯·马奇戈指责法国的做法是一种“生态帝国主义”，并表示“我们正在对来自发展中国家的产品关闭市场，但我并不认为这有助于达成国际协议”。2009年7月25日，英国能源与气候变化大臣埃德·米利班德代表英国政府质疑法国碳关税的提议。

2009年3月17日，为保护美国制造业，美国新任能源部部长朱棣文提议征收“二氧化碳关税”。2009年6月26日，美国众议院以219比212的微弱优势通过《美国清洁能源与安全法案》，该法案是内含“碳关税”的国家综合气候和能源法。自此，碳关税这个相对陌生的词汇，开始进入人们的视线，引起了国际社会的热议。中国、印度等发展中国家坚决反对美国的这种政策，认为这是一种贸易保护主义的表现。

2012年1月1日，欧洲开始执行航空碳排放税，这是欧盟在2008年11月19日通过的法案中规定的，法案规定将国际航空领域纳入欧盟碳排放交易体系。据有关行业协会估算，到2020年，各航空公司可能要因欧盟实施该法案支付200亿欧元（约合260亿美元），而往返于欧洲及美国间的单张机票价格可能增加50～90美元。也正因为如此，碳关税的相关研究更显重要。

二、碳关税的内涵

关于碳关税（Carbon Tariff）的内涵，学术界并没有达成一致意见。综合起来，主要有以下两种观点。

（一）狭义碳关税：碳关税是传统意义上的关税

持这一观点的学者认为，碳关税是指对进口的高耗能产品征收特别的二氧化碳排放关税，其主要征税对象是铝、钢铁、水泥、玻璃等碳密集型产品，认为碳关税是“以商品碳排放为税基的关税形式”，并认为这种在环境保护和公平贸易华丽外衣下的碳关税，实质上是绿色贸易壁垒全新的表现形式，是发达国家贸易保护主义的再度延伸。从根本上来说，碳关税并不能解决目前全球变暖的问题，反而会对发展中国家经济发展造成严重损害，并且很可能产生碳排放转移[1]问题。

（二）广义碳关税：碳关税是边境调节措施

持这一观点的学者认为，碳关税虽然名为“关税”，但并不是传统意义上的关税，而是一种有别于一般关税的边境调节措施[2]。因为其目的不是像一般关税那样对进口产品施加一种额外的负担，而是为了保证国内外产品承担相同的碳排放成本，从而确保国内产品国际竞争力并防止碳泄漏问题的发生。他们认为碳关税政策，是“虽然不

---

[1] 发达国家凭借技术、标准和软件的垄断，占据价值链的制高点，而将高排放量的产业或是产业的低端制造环节转移到发展中国家，从而转移二氧化碳的排放。

[2] 边境调节措施（Border Adjustment Measures）是指任何全部或部分采纳目的地原则征税的财政措施，它使一国出口产品与那些在进口国国内市场销售的相似国内产品相比，能够全部或部分地免除其在出口国已经征收过的税费，同时，进口国对销售给消费者的进口产品，征收与对国内相似产品所征的税负一样的税收。

以关税方式出现，但同样可以达到影响国际贸易流向的实际作用”的相关涉碳政策。并认为，碳关税是实施排放交易机制或碳税制度的国家“根据进口产品在生产过程中所排放的二氧化碳总量，或者根据进口产品来源地国家所排放的二氧化碳排放总量或所削减的二氧化碳总量”来对相关产品采取的一种关税的边境调节措施。

同时，也有一些学者指出，碳关税本质上是碳排放交易制度、碳税等国内碳减排措施的延伸与拓展。因此，相关国家在理论上都有可能对进口自未实施减排措施的国家的产品征收这种关税。当一国“基于国内的碳排放交易制度而要求进口产品购买与国内产品同样的碳排放许可”时，碳关税表现为碳排放许可的形式；当一国“基于国内的碳税制度而对进口产品征收与国内产品同样的碳税”时，碳关税表现为碳税的形式。有学者进一步主张，凡是进口国基于进口产品的碳排放要求进口商承担的税费，都可称为碳关税，不管其采取何种形式。

世界贸易组织和联合国环境规划署（United Nations Environment Programme）在其2009年6月联合发布的《贸易与气候变化》（Trade and Climate Change）报告[1]中则将边境调整措施分为三大类：第一类是针对国内碳税或者能源税的边境税调整（Border Tax Adjustments）；第二类是针对排放交易机制的边境调整（Border Adjustments）；第三类是其他边境措施（Border Measures），如反环境倾销税。

综合以上分析，我们认为，碳关税是指任何基于碳排放而对进口产品征收一定特别费用的措施；其征收基础可能是该进口产品本身在生产过程中的二氧化碳排放量，也可能是该出口国的二氧化碳排放总量或者减排努力；其表现形式可能是传统意义上的关税，也可能是国内税、配额、排放许可等，具体表现为哪一种形式则取决于各国相关立法的具体规定。

三、研究进展

（一）国内文献

关于碳关税提出的原因，国内学者主要从发达国家的角度进行分析，认为碳关税是发达国家借环境保护之名行发展经济之实。

李平、李淑云、沈得芳等人认为美国征收碳关税具有战略意义，即美国希望通过碳关税来抢占国际上的新能源和环保市场，让其全球环境治理的功能得到进一步发挥，同时希望从碳关税和环保设备的普及中获得额外的收入，并进一步在世界范围内控制全球气候变暖的话语权。

沈可挺对美国征收碳关税的深层次原因进行了分析，指出征收碳关税虽有保护全球环境的目的，但更多的是侧重于保护本国产业的竞争力和推动本国积累的环保技术

[1] 该报告主要通过文献研究和调查各国政策的方法分析了贸易和气候变化的联系，首次阐释自由贸易与气候变化的关系。

商业化，同时发达国家通过向发展中国家提供技术和资金也可解决工业革命时期遗留的大量温室气体。而对美国开始征收碳关税这一问题，作者更多的是从美国为维护世界范围内全球气候变化问题霸主地位的角度来分析，揭示了美国掌控世界经济格局的野心和抱负。

对于我国面临的碳关税问题，尤为重要的一个方面就是贸易结构中的碳含量，很多学者采用不同方法研究了我国对于不同国家和地区贸易结构中的具体碳含量情况。

沈利生在 2007 年利用投入产出方法测算了我国在 2002—2005 年货物进出口对能源消费的影响，结果表明我国货物的国际贸易结构变化不利于我国降低国内的能耗。

齐晔、李惠民、徐明等人以我国出口到日本的产品为代表，采用投入产出法估算了我国在 1997—2006 年进出口产品中的隐含碳总量，并提出我国碳排放量增长与我国国际贸易日益扩大的贸易顺差有关。

黄敏、蒋琴儿等人利用投入产出模型计算分析了外贸对中国二氧化碳的影响，其利用的因素分解结果表明 2002—2007 年我国隐含碳进口结构效应为负向，出口结构效应为正向，并将影响隐含碳出口增长的因素分解为规模效应、结构效应、技术效应三部分。

对于碳关税的征收方法，李平、李淑云、沈得芳等人指出，倘若在全球范围内征收碳关税，设定基于工业化过程中累积人均排放量指标作为核心评估碳关税指标的标准，这对我国应对碳关税制定积极政策具有非常大的启示作用。

关于碳关税对我国的影响，不同的学者也有各自的观点。

2007 年诺贝尔和平奖获得者、联合国政府间气候变化专门委员会主席帕乔里认为，目前气候变化是非常明显的，对于中国来说，将会面临着一系列气候变化所产生的影响，同时，中国还面临着在减少气候变化所带来的成本方面以及减缓技术方面的一些挑战。

张建平指出碳关税对发展中国家是不公平的，征收碳关税将对发展中国家经济造成极大的打击。对于发展中国家而言，严格的减排标准是一种技术性歧视。同时，碳关税更不利于世界经济的复苏，并有可能引发新一轮的国际贸易战。并且碳关税将使中国出口产品竞争力下降，使中国企业特别是出口导向型企业陷入困境。

此外还有很多学者对碳关税的理论机制和我国应对碳关税的措施进行了研究，为我国可否实施碳关税提供了必要的理论和实证基础的支撑。

国际问题专家储昭根认为，中国对于美国提出碳关税的问题不应持有完全否定的态度，而应发挥自身的主动性。他认为低碳化不仅是世界发展的趋势，更是中国发展的内在需要，支持低碳经济并不代表支持碳关税，但我国可以借碳关税的契机积极发展低碳经济。

美国东西方研究部高级研究员张忠祥从美国征收碳关税的背景出发，提醒我国应在美国提出的《美国清洁能源安全法案》通过前未雨绸缪，采取适当策略加以应对。

（二）国外文献

在国外，碳关税很早就进入了欧美学者的研究视野范围之内，而且国外学者对碳关税的研究主要集中在对碳关税的实证研究方面。在国际层面上探讨碳关税是否能够起到改善全球气候条件，发挥调节贸易的作用；在国别层面上，针对不同国家的贸易结构和贸易规模研究碳排放和贸易的关系。

Shurojit Chatterji、Sayantan Ghosal 和 Sean Walsh、John Whalley 等人讨论单边减排措施对全球气候变化的正面作用，并指出这样的措施有在国内外产生积极的溢出效应的潜力，在简单动态模型中显示单一的国家将不会实施低碳减排活动，只有全球参与才对低碳减排有积极的溢出效应，并讨论了基于全球知识产权制度下的加快实施低排放活动的主要特征。

Yan Dong 和 John Whalley 等人陈述了基于碳排放引起的数值模拟结果，结果显示碳关税确实能减少全球的碳排放，但是效果非常小，甚至利用惩罚机制，碳关税的减排效果仍然很小，进一步支持了贸易政策可能只是气候变化中一个比较微小的因素的观点，并且碳关税的征收对福利、贸易、碳排放等的影响并不大；他们还讨论了积极的贸易政策对全球减排潜在的积极贡献和由碳减排导致的跨区域贸易的影响，指出不同国家碳排放强度的差异比不同部门碳排放强度差异更明显，由此导致了国际贸易政策的歧视，最后得出了贸易政策对减缓全球气候变化的作用是有限的结论，从侧面说明了碳关税对改善全球气候变化作用的局限性。

Ben Lockwood 和 John Whalley 在文章中指出碳关税可能对贸易、碳泄漏，或者比较劣势并没有影响，影响上述结果的可能是别的因素而不一定是碳关税，如果有足够先进的生产技术，碳关税甚至对贸易结构都没有影响。

Giovani Machado 和 Roberto Schaeffer 等人在基于投入产出模型的方法上研究了巴西国际贸易的能源和隐含碳，指出国际贸易在改变一个国家的工业结构方面是一个很重要的因素，同时会影响一个国家的能源利用率和二氧化碳的排放。

Hae-ChunRhee 和 Hyun-Sik Chung 等人分析了日本和韩国之间由于国际贸易导致的二氧化碳的转移，结果显示，韩国比日本有更多的能源密集型产业，而韩国和日本之间的贸易类型反映了韩国在碳排放上的比较优势，但这种比较优势在 1995 年有所降低。

Frank Ackerman 等人利用投入产出模型分析了美国和日本之间贸易产品的隐含碳含量，文章提出急需税收政策或者其他的调节二氧化碳排放的政策来减少对竞争力的冲击，但是更重要的政策可能是美国要赶上日本的工业环境标准，美国至少要减少超过 50% 的碳排放。

Евгений Шварц 认为，“人类面对全球气候变暖的威胁，必须要发展人类的科学技术水平，减少碳的排放成为了重中之重。低碳税好像一个武器，它可以刺激企业工厂更新机械设备，以此来减少碳的排放。但是，同时它带来的不仅是好的一方面，还有弊端。例如，发达国家可以以此来限制发展中国家的贸易出口问题，从而导致发展中国家的经济衰退。”

第二节 碳关税效应与政治经济学分析

碳关税在本质上是关税的一种，只是其征收的对象和计量方式有自身的特点。所以，对碳关税经济效应的分析应基于关税的经济效应分析。碳关税虽然是一种贸易政策，但其背后却隐藏着世界各国之间权力和利益的斗争。

一、碳关税的经济效应分析

现把贸易国分为贸易大国和贸易小国，贸易大国是指进口碳关税目标产品相对来说多的国家，贸易小国则是少的一方。

（一）静态分析

1. 贸易小国的碳关税效应

假定进口国是贸易小国，即该国碳关税目标商品的进口量占世界进口量的很小一部分，因此，该国进口量的变动不会影响世界市场价格，该国是价格的接受者。这样，该国征收碳关税后，进口商品国内价格上涨的幅度等于碳关税税率，碳关税全部由进口国消费者负担，如图 11–1 所示。

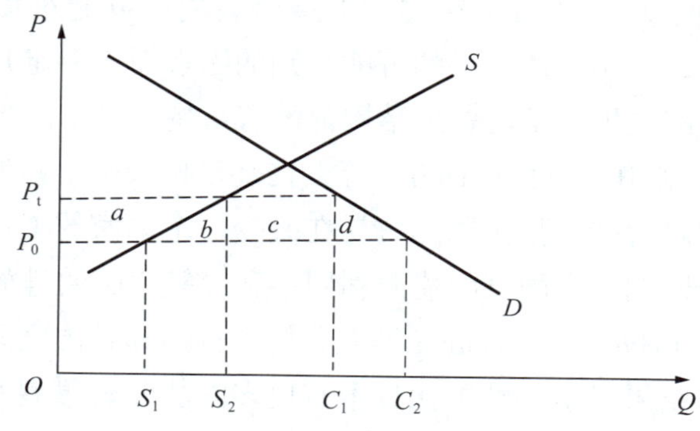

图 11–1 贸易小国的碳关税效应

D—国内需求曲线；S—国内供给曲线；P_0—自由贸易下的国际价格（也是国内价格）；S_1C_1—进口量；P_t—征收碳关税后的国内价格（等于国际价格加碳关税额）；S_2C_2—进口量

贸易小国对某种进口商品征收碳关税后，将产生下列经济效应。

（1）价格效应（Price Effect）。进口国征收碳关税将引起国内价格由 P_0 上涨到 P_t。

（2）消费效应（Consumption Effect）。征收碳关税降低了该商品的国内消费量。征收碳关税前，国内需求量为 C_1，征收碳关税后引起价格上涨，需求量减少到 C_2。由于征收碳关税，引起国内消费量的减少，就是碳关税的消费效应。碳关税给消费者带来损失，其损失为 $a+b+c+d$ 的面积。由于征收碳关税，国内消费者减少消费，从而降低了物质福利水平。

（3）生产效应（Production Effect）。征收碳关税增加了该商品的国内产量。征收碳关税前，国内供给量为 S_1，征收碳关税后价格上涨，供给量增加到 S_2。这种碳关税导致的国内供给量增加，就是碳关税的生产效应。碳关税给生产者带来利益，其利益为 a 的面积。由于征收碳关税，一些国内资源从生产更有效率的可出口商品转移到生产较缺乏效益的可进口商品，由此造成了该国资源配置效率的下降。

（4）贸易效应（Trade Effect）。征收碳关税减少了该商品进口量。征收碳关税前，该国进口量为 S_1C_1，征收碳关税后，进口量减少到 S_2C_2。这种碳关税导致的进口量的减少，就是碳关税的贸易效应。

（5）财政收入效应（Revenue Effect）。征收碳关税给国家带来了财政收入。只要碳关税不提高到禁止贸易的水平，它就会给进口国带来碳关税收入，这项收入等于每单位课税额乘以进口商品数量，其数额为 c 的面积。

（6）收入再分配效应（Redistribution of Income Effect）。征收碳关税使消费者的收入再分配。征收碳关税后，生产者增加了面积为 a 的利益，这是由消费者转移给生产者的；国家财政收入增加了面积为 c 的利益。

（7）净福利效应。征收碳关税后，各种福利效应的净值为 $-(b+d)$。它意味着对贸易小国而言，碳关税会降低其社会福利水平，其净损为 $(b+d)$。这部分损失也称为保护成本或无谓损失（Deadweight Loss）。其中，b 为生产扭曲（Production Distortion），代表征税后国内成本高的生产替代原来来自国外成本低的生产而导致的资源配置效率下降所造成的损失，征收碳关税的压力在早期会使生产者的成本提高，产生更大的生产扭曲。d 为消费扭曲（Consumption Distortion），表示征税后因消费量下降所导致的消费者满意程度降低，是消费者剩余的净损失。

2. 贸易大国的碳关税效应

如果进口国是一个贸易大国，即该国碳关税目标商品的进口量占了世界进口量的较大份额，那么该国进口量的变化就会引起世界价格的变动。因此，大国征收碳关税虽然也有上述小国的种种碳关税经济效应，但由于大国能影响世界价格，因此从局部均衡分析所得的征收碳关税的代价和利益对比的净效果，就不同于小国情况。贸易大国对某种进口商品征收碳关税以后，将产生的经济效应如图 11-2 所示。

大国征收碳关税后，产生几大效应。

消费效应：$-(a+b+c+d)$ 的面积，只是此时的 $(a+b+c+d)$ 的面积小于小国模型中的 $(a+b+c+d)$ 的面积。

生产效应：$+a$ 的面积。

财政收入效应：$+(c+e)$ 的面积。

净福利效应：$e-(b+d)$。它意味着对贸易大国而言，碳关税是增加还是降低其社会福利水平是不确定的，$e>(b+d)$ 时，大国征收碳关税将增加其社会福利水平；

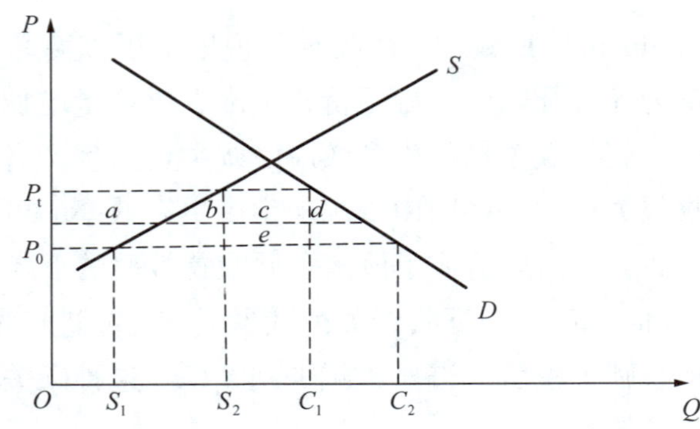

图 11-2　贸易大国的碳关税效应

D—国内需求曲线；S—国内供给曲线；P_0—自由贸易下的国际价格（也是国内价格）；S_1C_1—进口量；P_1—征收碳关税前的进口价格；P_2—征收碳关税后的国内价格（等于进口价格加碳关税额）；S_2C_2—进口量

$e<(b+d)$ 时将降低其社会福利水平。$(b+d)$ 同样是无谓损失，e 相当于外国出口商承担的碳关税部分。

与小国模型相比，大国模型碳关税效应还有以下两个不同点。

（1）价格效应。进口大国因为进口量大而拥有的市场谈判力量，可能迫使该商品的进口价格下降。这就是说，大国进口商品价格上涨的幅度不是等于碳关税税率，而是低于碳关税税率。大国征收碳关税，进口商品国内价格从 P_0 上涨到 P_2；同时国际市场价格从 P_0 下跌到 P_1，价格上涨部分抵消下跌部分等于进口碳关税税额。大国进口商在进口商品时支付的进口碳关税，不是全部由进口国的消费者负担的，而是由进口国消费者和出口国的生产者（通过出口商）共同负担的。大国向出口国转嫁了部分碳关税。

（2）贸易条件效应。由于征收碳关税，大国进口商品的国际价格下降，如果该国出口价格不变，则该国贸易条件得到了改善，其利益为面积 e。但与小国相比，在其他条件不变的前提下，大国碳关税对本国生产者的保护作用相对较小。这是由于大国碳关税引起的价格上涨，部分地被出口国下降的价格所抵消，因此进口的数量下降不像小国情况那么多。一般说来，小国从征收碳关税中遭受的净损失，永远等于面积为 $b+d$ 的保护成本，因为外国出口价格或世界价格不受其影响。而大国征收碳关税对该国净福利的影响，则要把碳关税的保护成本 $b+d$ 与贸易条件改善而获得的利益 e 相比较：如果该国贸易条件改善利益 e 超过碳关税保护的代价 $b+d$，则意味着从征收碳关税中获得了净利益；如果贸易条件改善利益 e 与保护成本 $b+d$ 相等，那该国从碳关税中既未获得收益，也未遭受损失；最后，贸易条件改善的利益 e 比保护成本 $b+d$ 小，该国仍会从征收碳关税中遭受净损失。但这只是碳关税征收初期的短期局部均衡效应分析，碳关税区别于其他的保护性关税的特点之一在于其具有征收的广泛性而不是针对性，若各国对于征收达成共识，从长期看来，碳关税最终只是内化成商品价格上升，最终又恢复贸易平衡。

（二）动态分析

为了更好地理解征收碳关税带来的种种动态影响，在微观角度，我们主要考察对于企业的效应。

在短期内，出口国家的政策调整以及出口企业的技术改造都未得到有效实施，产品被征收碳关税后，出口企业成本增加，如果企业想维持正常利润，就必须提高产品价格，减少亏损。但是，一般情况下，征税产品都是可替代的，产品价格的提高无疑会降低产品相对于进口国同类产品的竞争力，如果价格提高过大，产品将无法进入进口国家市场。所以，碳关税的征收在一段时间内，必然会引起产品价格的提高以及出口数量的大幅度减少，任由福利净损失的发生，所以，碳关税在实施后的一段时间内会给相关产业造成比较大的冲击和挑战。对于进口国来说，短期内，碳关税可以达到有效地保护本国工业和提高政府税收的目的。而出口国为了弥补损失，将会对征税国采取报复性措施，长期发展下去就会引发世界范围的贸易战。

但是，不可否认，碳关税的实施在长期可以一定程度上加强世界各国对环境问题的重视，推动各国产业结构升级和世界经济的可持续发展。碳关税是针对那些未达到碳排放标准并且在出口国也没有合理征税的进口产品征收的，从动态角度看，碳关税只是一种短期有效的贸易壁垒。首先，在中长期内，出口国可以通过政策对相应产品在国内征收碳税，并对企业技术升级提供支持，只要企业通过技术改造达到了碳排放标准或国内对相应产品征税，那么碳关税的实施就失去了现实的支撑。其次，当进口国对产品征收碳关税后，为了防止该产品转向其他国家，其他国家也将会对产品提高市场准入标准。

碳关税使环境成本内在化，各企业对自己的碳排放买单，企业为了降低成本以及维持长久竞争，势必会加大环保投资，改进原有技术和设备，开发利用新能源，这将使环保产品和环保技术的需求大幅度上升，将新能源产业的发展推向繁荣。虽然碳关税导致产业内的环保成本上升，但由此催生出的新型环境保护和新能源产业将成为21世纪新的经济增长点。

同产品的生命周期一样，产业的发展也是有生命周期的。但产业的生命周期存在以下三点差异：第一，产业生命周期曲线更加平缓而漫长，因为一个产业内存在诸多类似的替代产品，个别产品对于整个产业的变化影响越来越小；第二，由于经济技术的发展，新兴产业不断形成并发展壮大，传统产业比重逐渐下降，但对该产品的市场需求仍然存在，所以产业的生命周期最后会以衰退告终，却不会彻底灭亡；第三，产业结构的变化具有偶发性，由于某项技术的进步或者市场需求的变化等原因，陷入衰退的企业也有可能迅速进入下一个发展周期，再次显示出成长期甚至成熟期的特征，再次发展壮大。

回顾世界经济的发展过程，传统工业的确起到了不可忽视的作用，但是随着经济进一步发展，传统工业的负外部性不断显露，并且对资源的要求不断升级，不利于可持续发展，通过实施碳关税，为传统产业的升级和新产业的产生提供了一个机遇，传统产业可以在原有的基础上创造一个新的成长期，满足新的需求，而新的技术密集型环保设备制造业也将会迎来广阔的市场。可见征收碳关税可能会加速产业的发展周期调整，推动产业结构的升级和新型产业的产生。因此，研究如何应对和利用碳关税促进中国经济的发展比一味抵制碳关税要重要得多。

二、碳关税的政治经济学分析

众所周知，从经济学角度看，只有自由贸易才可以带来世界净福利的增加，而贸易保护会破坏国际市场的均衡，使净福利减少，因而世界各国都应该实行自由贸易政策。但现实世界中的情形却是：自由贸易政策与保护贸易政策不仅同时存在于不同的产业之间，甚至同一产业的贸易政策本身也是自由贸易与保护贸易思想的混合体。这就证明，在经济学背后，存在另外一种力量影响着世界经济与贸易的发展，那就是国家间“政治战场”的博弈。碳关税虽然是一种贸易政策，但其背后却隐藏着世界各国之间权力和利益的斗争，只是在这场没有硝烟的战争里，很难说谁会是真正的赢家。本节将对碳关税推行的政治经济学原因进行分析，以美国以及欧盟各国为例，试图找出美国等发达国家推行碳关税背后的秘密。

（一）发达国家方面

以美国为首的发达国家推行碳关税贸易壁垒设置的动机主要来自以下方面：

一是碳关税的征收有利于美国在全球气候变化谈判中处于有利地位，着手后京都时代世界政治经济战略布局。目前针对 2012 年后全球减排目标和减排机制正在进行国际谈判，这将决定后京都时代的全球主导权。

二是推行碳关税，有利于提高本国竞争力，制衡包括中国在内的发展中国家，重塑美国全球经济领导地位。中、俄、印等新兴工业化国家正处在以重化工为主的工业化初中期阶段。美国提出碳关税议案的目标非常明确，就是要借此对中国、印度等未承担约束性温室气体减排目标的主要发展中国家产品征收高额惩罚性关税，实施贸易制裁，以此削弱中国、印度、巴西等发展中大国的制造业出口竞争力。

三是征收碳关税可以获得高额财政收入，减少贸易赤字。同时，美国通过对碳排放较高产品征收关税，将使该类产品进口量减少，导致该类产品国际市场价格降低，美国将能以更低价格进口，获得更大贸易利益。

在今天的国际社会，各个大大小小的主权国家构建起了全球国际政治版图，一种政治理念，如果要转化为国家的实际行动并进而演变成为现实的国际政治关系，就必须要在国家的经济利益层面找到其契合点，使国内的各个利益集团在博弈中达成妥协，从而转化为国家的一致行动。

欧盟的政治体制决定了其贸易政策制定的特殊性，即任何政策的制定和实施都要受到多方面的影响：各国国内的制度，欧盟各成员国之间的相互影响和机构自身的政治行为，以及国际制度。虽然欧盟作为一体化组织在制定决策时必然从总体利益出发，但是任何贸易政策都会对体系内不同国家产生不同的影响，这也就会引起各国基于自身利益出发的政治经济博弈，碳关税也是如此。法国一直是除了美国之外，对碳关税呼声最高的国家，萨科奇曾多次向欧盟建议在欧盟边境征收碳关税；意大利前总理贝卢斯科尼曾与法国总统萨科奇联名致信欧盟委员会，呼吁在欧盟边境设立碳关税；比利时环境部部长 Paul Magnette 也提出，在温室气体排放量最大的几个国家中，如果有国家继续设置障碍，导致减排目标难以实现，欧盟应该考虑对来自这些国家的产品征收碳关税，以避免联盟内部企业遭受不公平竞争。但有关碳关税的提议在欧盟成员国环境部长非正式会议上遭到明确拒绝，德国、瑞典、印度等国批评征收碳关税不仅违反了世界贸易组织的基本规则，也违背了《京都议定书》确立的“共同但有区别的责任”原则，是一种新形式的“生态帝国主义”，将严重损害发展中国家利益。各成员国态度的差异都源于碳关税对不同国家利益的影响不同，法国支持的原因是其核电发展处于世界领先水平，而意大利和西班牙都希望通过碳关税来保护本国企业的竞争力，但以制造业为导向的欧盟出口大国德国自然会对碳关税持反对态度……尽管成员国之间意见不一，但从整体利益出发的欧盟委员会对于碳关税的态度一向明确，那就是反对征收碳关税，认为此举很可能引发贸易战。然而，作为欧盟的主要智囊机构，欧洲政策研究中心在 2009 年 12 月底的最新报告中建言：“欧盟应该考虑对没有采取减排手段国家出口到欧盟的商品征税。”由此可见，欧盟内部无论是各成员国间还是权力机构内部，对于碳关税的态度都是各不相同的，究竟最后的博弈结果如何，还有待欧盟高层的进一步探讨。

从欧盟的整体发展情况来看，碳关税的确会对欧盟有一定的积极意义。由于欧盟在减排技术上一直走在世界的前列，碳关税可以帮助欧盟在未来的气候变化谈判中重得主导地位，也可以促进国内产业结构升级与碳市场的进一步发展。但是，这一切都会以损害联盟内诸多国家利益与未来经济贸易的健康发展为前提，究竟孰轻孰重还需要欧盟内部更长时间的谈判与磋商。

贸易的政治经济学认为，政府在政策选择中不可避免地卷入到不同利益集团的博弈之中。各利益集团希望贸易政策能够满足和实现自己的利益。而哪个利益集团和政府部门拥有更多的权力资源和对选举举足轻重的力量决定着碳关税贸易壁垒就更倾向于哪一方的利益。影响碳关税贸易措施的利益集团主要分为三种：进口替代部门生产者，特殊的利益集团，有代表性的消费者群体。进口替代部门指发达国家碳密集和能源密集型行业；在特殊利益集团中，发达国家制造业在国际竞争中逐渐衰落，国内利益集团担心发展中国家制造业因减排力度较弱而再获商机，极力推动碳关税。

（二）发展中国家方面

发达国家利用其资金、技术、产业等方面的优势，通过发展本国清洁产业或以碳排放转移的方式作出“高调”姿态，居高临下地向发展中国家提出以环境保护为借口的碳关税政策。一方面发达国家希望通过碳关税政策保护本国经济，遏制发展中大国的崛起；另一方面，发达国家深刻地意识到在未来低碳发展的过程中，有关气候问题的各种标准与准则将会成为国际气候谈判的焦点，能否在谈判中拥有足够的话语权与主动权将直接影响着发达国家未来的霸权地位，而碳关税可以让它们在推卸环境污染责任的同时，为自己冠上“环保先锋”的美名。

对于发展中国家来讲，产业结构升级与绿色贸易固然是未来经济发展的必经之路，但前提是扎实的基础设施建设与稳定的社会经济发展。如果发展中国家以经济发展为代价，一味地满足发达国家的不合理要求，只会在未来政治经济的较量中愈加被动，被发达国家玩弄于股掌之间。正因为如此，中国、印度等发展中国家都在碳关税提出的第一时间迅速而坚定地提出了反对意见，这不仅是对一项贸易政策的反对，更是对本国经济与政治安全的保护。

第三节　碳关税影响的一般均衡分析

作为一个贸易大国，中国在世界经济贸易中的地位越来越突出，全球贸易政策的变化也必然通过国际贸易渠道对我国经济产生一定的影响。碳关税作为一种贸易型壁垒，它的征收对我国贸易的影响可以利用一般均衡模型的定量分析加以表述。

一、我国出口含碳产品分类与 CGE 一般均衡分析

（一）出口含碳产品分类

近年来，伴随经济的快速增长和加速的城市化进程，我国能源需求和温室气体排放呈现快速增长的趋势。另外，作为对外贸易大国，我国对外贸易一直处于贸易顺差的状态。而我国传统对外贸易发展模式是出口导向型，出口商品以劳动密集型为主，具有“高投入、高消耗、低效益”的特点。因此，有必要先根据联合国公布的国际贸易分类（表 11–1），对我国出口产品按含碳量高低进行粗略分类。

表 11–1　联合国标准国际贸易分类

类别	产品	类别	产品
0 类	食品及活动物	5 类	化学成品及相关产品
1 类	饮料及烟类	6 类	按原料分类的制成品
2 类	非食用原料（燃料除外）	7 类	机械及运输设备
3 类	矿物燃料、润滑油及有关原料	8 类	杂项产品
4 类	动植物油脂及蜡	9 类	未分类产品

注：0 ~ 4 类可认为是初级产品和自然资源密集型产品；5 ~ 9 类为工业制成品。

我国集中了大量高污染的能源密集型产业，如玻璃、钢铁、化纤、机电等，而这些高耗能产品又大多外销，极易成为碳关税的课税对象。高能耗产品即所谓“高碳产品”在我国对外出口总额中占了很大一部分，包括电解铜、电解铝、各类机电产品、化工产品、钢铁产品、家电产品等各类产品。另外，能源工业以及大量能源密集型和资源密集型工业构成中国经济的强力支柱，而且机电产品、钢铁、水泥、化肥等一些高碳产品在我国出口贸易中占一半以上比重，这些所谓的“高碳产品”大部分属于 5 ~ 8 类。

通过对 1991—2010 年《中国统计年鉴》的分析可以发现，这段时期初级产品和工业制成品的出口依据含碳量排列所呈现出的主要特点是：在初级产品中，占出口份额较大的是 0 类产品（食品及活动物）和 3 类产品（矿物燃料、润滑油及相关原料），在这两类产品中，第 3 类产品属于高耗能产品，占初级产业出口总额的 32%；工业制成品出口方面，在这一期间出口比重较大的商品是 6 类产品（轻纺产品、橡胶制品、矿冶产品及其制品）、7 类产品（机械及运输设备）、8 类产品（杂项制品），这三类产品占了工业制成品总出口额的 94%，而这三类产品均属于高耗能产品。

（二）CGE 一般均衡模型简介

CGE 模型（Computable General Equilibrium）的全称是可计算的一般均衡模型，起源于西方经济学中的瓦尔拉斯一般均衡理论，是由抽象的瓦尔拉斯一般均衡理论演变而成的关于实际经济的数学模型，主要用于与经济相关的政策分析与经济评价。目前国内外对于 CGE 模型并没有统一、严格的定义，本文借鉴樊明太、郑玉歆对于 CGE 模型的界定：同时考虑所有市场之间、具有行为最优化的多个经济主体之间以及经济主体和市场之间相互联系的数值模拟模型。

CGE 模型内容主要表现在以下几个方面：首先，确定所要研究的经济对象，通常包括生产者和消费者，大多数模型还要加上其他一些经济体。其次，一般根据西方经济学的经典理论经济人的假设设定经济主体的行为规则，消费者追求效用最大化，生产者追求利润最大化。另外按照经济制度结构来设定主体的行为规则，一般是设定在完全竞争的市场环境中，即所有参与者的利润为零。在瓦尔拉斯模型中价格是唯一可以观察到的市场信号，经济主体据此作出行为安排。最后还应确定模型必须满足的“系统约束条件”，使供求达到均衡由此决定市场均衡价格，而每个经济主体在单独决策时实际上并没考虑这一点。CGE 模型为评估政策变化对资源配置的影响，以及经济系统中不同经济主体的得失提供了一个理想框架，而这是经验宏观经济模型所不能很好解决的。

总的说来，CGE 模型就是用一组具体方程来描述供给、需求以及供求关系，在这些方程组中不仅商品和生产要素的数量是变量，商品价格、工资、资本利润率等所有的价格都是变量，而且要在一系列优化条件如生产者利润优化、消费者效用优化、进口收益利润优化、出口成本优化等的约束下求解这一方程组，得到在各个市场都达到均衡时的一组价格和数量。模型由生产、消费、投资、政府支出、出口和进口等部门组成。生产部门在投入产出结构的基础上，刻画了生产者追求成本最小化和利润最大化的过程；消费部门强调消费者效用最大化；投资、政府支出和进出口部门也根据严密的经济理论建立起来。在 CGE 模型中任何外生冲击，都将使这个经济运行从一个均衡发展到另一个均衡。

二、我国 CGE 模型框架

基于贺菊煌、沈可挺、徐嵩铃（2002）关于中国环境问题的 CGE 静态模型，万毅（2010）对于碳关税征收的一般均衡分析，鲍勤、汤玲、杨列勋（2010）对于美国征收碳关税对中国的影响分析模型的研究，本文对碳关税的一般均衡分析给出以下模型。

（一）假设前提

第一，经济人的假设，即生产者追求利润最大化，消费者追求效用最大化；第二，完全竞争市场，市场价格由市场供求外生给定，既定价格下可实现供求均衡；第三，劳动力自由流动，就业总量是外生的；第四，资本是不能流动的，一个生产周期内部门内部资本量既定；第五，对外贸易小国作为研究对象，即世界价格是既定的，小国产出的多少不影响世界价格；第六，效用函数选择简单的 Cobb-Douglas 函数，消费者在各种商品上的支出占总的消费支出的比例是一个固定值。

（二）模型中模块的确定

该一般均衡模型主要包括生产模块、需求模块、贸易模块、价格模块、能源替代模块和 CO_2 排放模块。生产模块描述在不同条件下，生产者使用各种生产要素（劳动力、资本、土地、原材料、能源）和中间投入品的过程，各要素之间存在着不完全替代弹性关系。需求模块包括投资需求、居民消费需求、政府支出需求、库存需求等四大块。其中居民需求、政府需求、投资需求表现为对复合商品的总需求，即同类国产品与进口产品的组合。关于贸易模块，模型中进口需求采用 Amington 假设，承认同类国产品与进口品之间的差异和不完全替代；出口需求则假设出口需求用固定价格弹性的向下倾斜曲线描述。在价格模块中，支持商品的生产和销售活动都是零纯利润的，每种商品的生产者价格是唯一的假设前提。能源替代模块，将直接来自自然界的能源如煤、石油、天然气划分为一次能源，将由一次能源经过加工转换得到的能源如煤气、汽油、柴油和电归为二次能源。在实际使用的过程中，这些能源存在着替代和转换。CO_2 排放模块，CO_2 的排放主要依赖含碳产品的最终消费，这些产品消费主要是以上各种燃料的使用，而一次燃料转化为二次燃料不包括在内。

（三）模型中主要的函数表达[1]

1. 生产函数的形式选择

CGE 均衡模型中的生产函数一般形式可写为：

[1] 由于篇幅限制，这里只表示出主要的函数形式。

$$X_i=f_i(A_i, K_i, L_i, V_i)$$

式中，X_i 为部门产出；A_i 为转移参数（常量）；K_i 为资本投入；L_i 为劳动投入；V_i 为中间产品投入。

这里我们选用常替代弹性（CES）函数作为最终的生产函数：

$$y=f(x_1,x_2)=A(\rho)\left[(\alpha x_1^{\rho}+\beta x_2^{\rho})^{1/\rho}\right]$$

式中，α 为投入品 x_1 的份额参数；β 为投入品 x_2 的份额参数（$\beta=1-\alpha$）；ρ 为替代参数。

2. 需求函数的选择

本部分函数形式采用贺菊煌、沈可挺和徐嵩铃关于碳关税减排的相关模型建立，根据国家统计局公布的工业生产数据对主要的工业品出口对碳关税的反应作出大体的分析。

3. 贸易模块的函数形式

若世界上只有两个国家，则一国的出口即为另一个国家的进口。在国内销售的商品来源有两个途径：一是来自于国内生产（D），二是来自于进口（M）。模型认为这两类商品不是完全替代的，国内的消费者在购买这两类商品时，会选择进口品和国内品之间的最优消费比例，以最小化自己的成本，也就是最大化其消费行为。

$$\text{Min}: D\times PD + M\times PM$$
$$\text{s.t}: Q=A(\alpha D^{\rho}+(1-\alpha)M^{\rho})^{1/\rho}$$

式中，A 为 Armington 商品的转移参数；α 为 Armington 商品进口品份额参数；ρ 为进口品与国内产品之间的替代弹性。

相关的详细内容见于振东的分析

4. 价格模块的函数形式

$$P_i^m=Pw_i^m(1+t_i^m)R \tag{11-1}$$

$$P_i^e=Pw_i^e(1+t_i^e)R \tag{11-2}$$

$$P_i^q=(P_i^d D_i+P_i^m M_i)/Q_i \tag{11-3}$$

$$P_i^x=(P_i^d D_i+P_i^e E_i)/X_i \tag{11-4}$$

$$P_i^v=P_i^x(1-t_i^x)-\sum P_j^q a_{ji} \tag{11-5}$$

$$P_i^k=\sum P_j^q \boldsymbol{b}_{ji} \tag{11-6}$$

$$P_{index}=NGDP/RGDP \tag{11-7}$$

价格模块的方程是 CGE 模型关于价格的定义，其中包含“小国假设”，即本国经济对于世界经济而言只是很小的一部分，本国市场价格不影响国际市场的价格，在进出口业务中只能是国际市场价格的接受者。该假设同时也表明，进口商品的国际市场价格（Pw_i^m）和出口商品的国际市场价格（Pw_i^e）在 CGE 模型中被定义为外生变量。

方程（11-1）表明进口商品的国内价格（P_i^m）是包括进口关税（t_i^m）在内的国际价格（Pw_i^m）与汇率（R）的乘积；方程（11-2）表明出口商品的国内价格（p_i^e）是包括出口补贴（t_i^e）在内的国际价格（Pw_i^e）与汇率（R）的乘积。

方程（11-3）和方程（11-4）分别定义了综合商品 Q 的价格（P_i^q）和 X_i 的价格（P_i^x）。其中综合商品 Q_i 表示由国内生产的商品 D_i 和进口商品 M_i 通过 CES 转换的综合产品总量。综合商品 X_i 由国内生产的供国内市场销售的产品 D_i 和供出口的产品 E_i 经常替代弹性转换（CET）而得到的部门总产量。

方程（11-5）是国内增值部分在价格方面的定义（P_i^v）。该定义分为两部分：一是总净产出，即总产出的价格（P_i^x）减去间接税（t_i^x）后所得的价格；二是总投入，即国内综合商品价格（P_j^q）与投入产出直接消耗系数（a_{ji}）相乘的总和。而国内增值则是以上两部分的差额。

方程（11-6）定义了单位资本价格（P_i^k）。该价格变量分部门定义以反映被投入到不同部门的资本用途与收益不同的事实。资本的这种部门性特征可以用资本成分矩阵（$\boldsymbol{b}_{ji}$）的列向量来反映。

方程（11-7）定义了价格指数（P_{index}），它由名义国内生产总值（$NGDP$）除以实际国内生产总值（$RGDP$）而得到。

5. 能源替代模块

该部分生产函数采用了七层嵌套方程，每一类能源产品来源于国内产出和进口，满足 Armington 替代弹性。

$$En = CES_{s-m}\left\{\frac{En_s}{Ae_s};\ \rho,\ b_s\right\}$$

$$CES_{s-m}\{f_s;\ \rho,\ b_s\} = \left(\sum s f_{s-\rho} b_s\right) - \frac{1}{\rho}$$

式中，En 为复合能源束；En_s 为 m 种能源产品；Ae_s 为能源产品的投入系数；当替代弹性为 0.25 时 ρ 取 3。

6. CO_2 排放模块

CO_2 的排放主要依赖于含碳产品的最终消费使用。这些产品主要包括了原煤、原油、天然气、焦炭、汽油、煤油、柴油、燃料油以及蒸汽和热水等燃料。其中，一次能源（原煤、原油、天然气）转化为二次能源（焦炭、成品油等）是能源形式的转化，并不属于最终消费，因此，该部分需要从能源产品消耗总量中扣除。如下所示：

$$QECO_2SC(E_i) = \sum\nolimits_{Y^d} QESC_{Y^d}(E_i) - Q_1TRSSC(E_i)$$

$$TPCO_2 = \sum\nolimits_{E_i} QECO_2SC(E_i) \times EtoCO_2(E_i)$$

式中，E_i 代表含碳的能源产品；Y^d 表示国内销售，包括国产品和进口品投入到生产、投资、家庭消费、政府支出等；$QECO_2SC$ 表示含碳能源品按照标准煤计算的最终消费量；*QESC* 代表国内销售（四种流向）的含碳能源品按照标准煤计算的消费量；Q_1TRSSC 代表生产投入中一次能源转化为二次能源的按标准煤计算的一次能源转换量；$TPCO_2$ 代表 CO_2 的总排放；$EtoCO_2$ 代表含碳能源品使用过程中产生 CO_2 的系数。

三、碳关税政策的模拟应用

（一）碳关税税率的假定

由于碳关税在世界范围内还没有实行，因此其税率的确定仍然无依据可循，这里分两种税率对碳关税征收产生的经济影响进行模拟分析，假设从 2012 年开始征收碳关税，按照公比为 1 的等比数列将征收的碳关税定为 22.5 美元和 55 美元两个挡。碳关税从量征收，即按照各单位生产过程的排放量进行征收。模拟结果将显示对我国出口产品分别征收 22.5 美元和 55 美元的碳关税对我国宏观经济、产业结构及进出口贸易的影响。

（二）不同碳关税税率影响我国贸易的一般分析

模型的基本数据来源于中国 2000—2010 年的中国统计年鉴数据，利用实际国民生产总值增长率、价格指数变化等进行调节，同时根据我国相应年限的《中国投入产出表》数据，并结 合万毅的相关分析方法进行分析。

征收碳关税后，我国总的就业水平短期呈现出先下降后上升的趋势，到 2014 年，总的就业量累计降低了 1.4%，消费与总的就业水平呈现出同样的趋势。征收碳关税后，出口成本增加导致出口量大幅度降低，之后累计变化量趋于稳定（表 11–2）。

表 11–2 征收碳关税的宏观经济变量的变化轨迹

（数据来源：模型运行结果整理得来）

宏观经济变量	22.5 美元碳关税			55 美元碳关税		
	2012 年	2013 年	2014 年	2012 年	2013 年	2014 年
实际国内生产总值	–0.019	–0.018	–0.018	–0.044	–0.043	–0.042
实际消费	–0.030	–0.027	–0.028	–0.066	–0.066	–0.065
出口量	–0.041	–0.040	–0.039	–0.093	–0.092	–0.092
进口量	–0.059	–0.056	–0.054	–0.130	–0.128	–0.125
就业	–0.018	–0.015	–0.014	–0.036	–0.033	–0.026

根据模拟运行的结果（图 11–3）可以看出征收碳关税对 CO_2 排放的主要来源——能源行业和高碳行业影响较明显，以电气机械行业为例，到 2014 年，对该行业征收 22.5 美元的碳关税会使该行业产出降低 4.7%。这对电气机械行业造成一定负效应，若长期不进行技术改进，降低产品的碳排放，无疑会增加中小型企业负担，甚至使其面临倒闭的困境。并且机械制造现在是我国最主要的出口行业，产量的减少势必也会影响出口贸易，进而影响国内经济的增长。

征收 55 美元碳关税的情况下，碳关税对国内高碳、高能源消耗产业的产出量的降低效果更为明显，甚至电气机械和金属制品两个行业在征收碳关税后连续三年中，产出的下降率均超过了 10%（图 11-4）。

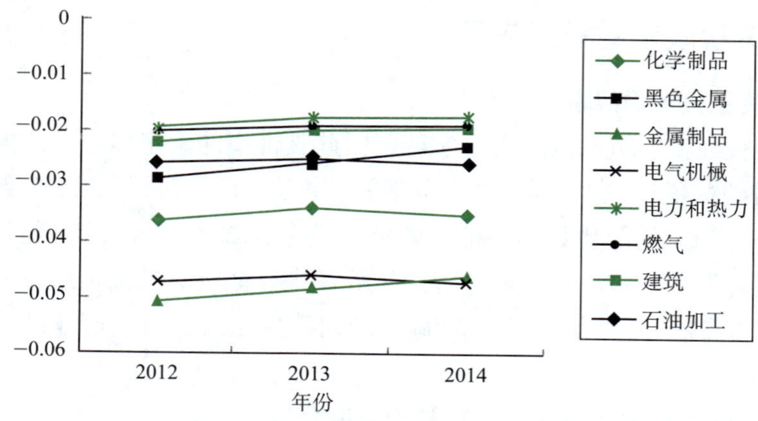

图 11-3　征收 22.5 美元碳关税对主要 CO_2 排放行业的影响
（数据来源：根据模型运行结果整理而来）

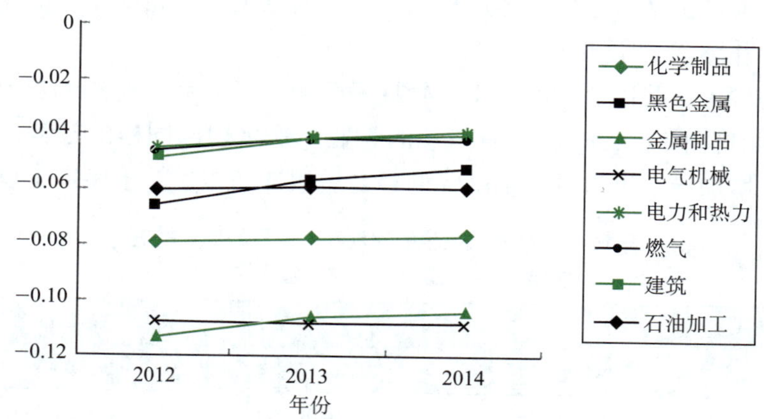

图 11-4　征收 55 美元碳关税对主要 CO_2 排放行业的影响
（数据来源：根据模型运行结果整理而来）

另外，模型通过 Fandcomp 分解将对产业产出的影响分为三类效应。其中，国内市场增长效应指国内市场需求的变化对产出的影响，国内产品替代效应指由于价格变化引起的国产与进口的替代效应，出口效应指出口需求变化对产出的影响。模拟结果显示：当征收 22.5 美元碳关税时，能源行业和高碳行业的受损主要源于本地吸收能力的下降。此外，化学制品、黑色金属、金属制品、电气机械的受损来源于出口能力的受阻。当征收 55 美元碳关税时，各行业受损主要是由出口成本大幅度增加、出口能力下降导致的。同时，结果也表明：部分国产品（如汽油、液化石油气、其他石化制品、电力等）对进口品替代率的增强。可见，碳关税的征收在某种程度上可刺激产业提高节能技术，增强竞争力。

第四节 碳关税对我国贸易的总体影响

本节主要是结合前面的实证分析，对碳关税的征收将会对我国产生的影响作定性的分析，结论也印证了定量分析的结论。

一、我国对外贸易商品结构和碳排放强度

分析碳关税对我国贸易的影响首先应该明确的就是我国的商品出口结构，以及主要出口商品的含碳状况，以此为依据进行碳关税影响的下一步分析。

（一）我国对外贸易商品结构和能源消耗状况

自加入 WTO 以来，我国的商品出口贸易快速增长，出口贸易结构不断得到优化，外贸政策保持基本稳定，外贸发展更趋平衡，转变外贸发展方式取得新进展（图 11–5）。初级产品出口在此期间增长缓慢，占总出口额的比重逐年下降，其在货物出口中的占比由 2001 年的 9.90% 下降到 2009 年的 5.18%；化学品、轻纺产品、橡胶制品、矿冶产品等出口增长相对较快，出口额从 1990 年至 2010 年大约增长了 16 倍；工业制成品在货物出口中的占比由 2001 年的 90.10% 上升到 2009 年的 94.84%，工业制成品中，机电产品和高新技术产品出口稳步增加，二者在货物出口中的占比由 2002 年的 36.24% 提高到 2009 年的 49.38%[1]。2006—2010 年机电产品和高新技术产品出口几乎占据了我国出口的半壁江山。“两高”产品出口得到有效控制，汽车、船舶、飞机、铁路装备、通信产品等大型机电产品和成套设备出口均有新的突破。这些数据说明，中国已成为世界上最重要的制造业基地之一。

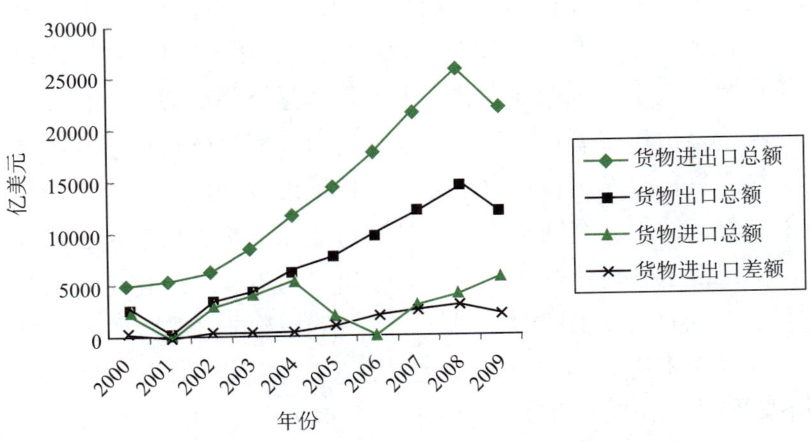

图 11–5 2000—2009 年我国货物进出口概况
（数据来源：《2010 中国统计年鉴》）

[1] 数据来源：《中国统计年鉴 2010》，进出口货物分类金额。

我国传统对外贸易的发展模式是出口导向型，出口产品集中在低技术、高耗能、高污染的劳动密集型和资源密集型产品上。这些商品中矿物燃料、化学产品、原料制成品和高耗能金属制品及一般低端机械设备等产品占出口的比重较高，对生态和环境的影响很大，属于低端加工产业链中环境污染密集型、能源耗费密集型产业。近年来，我国钢铁、水泥等能源密集型产品出口总量大幅度增加，2008 年我国钢铁出口占世界总量的 12.1%。加工贸易在我国出口产品中占据相当高的比重，1993—2009 年，有 12 年加工贸易额超过总出口额的 50%。

（二）我国对外贸易商品结构的碳排放强度分析

碳排放强度是指每单位国内生产总值增长所带来的二氧化碳排放量。该指标主要是用来衡量一国经济增长同碳排放量增长之间的关系，如果一国在经济增长的同时，每单位国内生产总值所带来的二氧化碳排放量在下降，那么说明该国是朝着低碳经济模式发展的。所以，碳排放强度的计算公式是：碳排放强度 = 二氧化碳排放总量 / 国内生产总值。

在对外贸易方面，我国的隐含碳排放呈现较高的行业集中度。其中净出口隐含碳的 60% 以上集中在纺织服装、鞋帽、皮革、羽绒及其制品业，通信设备、计算机及其他电子设备制造业，金属制品业等三类行业；净进口隐含碳的 80% 以上集中在石油和天然气开采业、金属与非金属矿采选业、化学工业、电气机械及器材制造业、通用专用设备制造业等五个行业。另外根据近年来中国学者对于国内产业的研究，对中国出口商品分行业的估计结果显示，通信设备、电器机械器材，纺织业，服装、皮革、羽绒制品加工业以及化工等出口占比相对较高的几个行业，每万元产出的隐含碳排放量分别处于 2.5 ~ 5.5 吨的水平。

总结沈可挺、朱启荣、万毅和董展眉关于中国出口产品含碳分析的文献，在考虑了加工贸易影响的基础上，可以得出自 2002 年以来中国国内消费、出口、进口及净出口中的二氧化碳排放量呈现增加趋势，但增加率呈下降趋势。从行业角度分析，机械设备制造业无论是出口二氧化碳排放量还是进口二氧化碳排放量在各年的总排放量的比重最大。在二氧化碳净出口排放量方面，机械设备制造业和金属产品制造业位于前列。从净出口看，纺织、缝纫及皮革产品制造业，炼焦、煤气及石油加工业，金属产品制造业，机械设备制造业等 4 个部门的净出口污染（二氧化碳）指数有显著上升的趋势，说明这几类产业为国外生产所产生二氧化碳的比重增加；同时，其他制造业，采掘业，批发、零售业和住宿、餐饮业等这几个行业的净出口污染（二氧化碳）指数呈显著下降趋势，说明这几类产业为国外生产所产生的二氧化碳比重下降。

二、碳关税对我国贸易的影响

从环境保护的角度分析，碳关税本身具有抑制二氧化碳排放、促进环境保护的作用。从长期来看，对于促进产业升级和技术创新有一定的促进作用。然而，碳关税作为绿色掩盖下的新贸易壁垒，其危害会远远超过其所能带来的利益。根据以上分析可以看出我国出口企业大多是高能耗、高排放的企业，碳关税一旦开征将会使我国的对外贸易企业受到沉重打击，对外贸易活动将面临困境。

（一）碳关税对我国出口的影响

（1）出口产品成本将大幅提高。

发达国家迫使中国等发展中国家支付碳关税，无疑会增加这些国家高碳企业出口的成本。受“低碳壁垒”影响，环境标准将不断提高，环境成本将逐步内化，大量财力、物力的投入将直接导致生产成本和产品价格上涨。我国出口商品将失去在国际贸易中原有的生产成本优势，甚至处于劣势地位，从而导致产品竞争力和在国际贸易中的获利能力不断减弱，市场份额不断降低。

（2）出口贸易额会有较大幅度的下降。

欧美市场一直是我国出口贸易的主要市场。然而，我国对美国、欧盟出口的商品以机电产品、家具玩具和纺织品及原料为主，这些出口产品大多是高耗能、高含碳而低附加值的产品，极易成为碳关税的课税对象，一旦开征碳关税，出口市场必然缩小。另外出口产品成本的提高也会降低出口企业的外贸积极性，出口贸易额同样面临下滑的可能性。来自世界银行的报道指出，碳关税一旦全面实施，中国产品在国际市场上将面临26%的关税，出口量将因此下滑21%。按照2010年我国出口总额15779.3亿美元计算，碳关税壁垒全面实施后，我国出口额将减少约3155亿美元。

（3）高碳产业遭遇贸易摩擦增多，出口环境恶化。

碳关税是一种新的贸易壁垒，它由发达国家提出，也是根据发达国家国内经济发展状况和自身技术优势来制定的，它并没有考虑中国、印度等发展中国家的利益，高碳排放的发展中国家作为规则的服从者只能按照国际标准来约束自身行为。一旦碳关税开征，对我国高碳产业的出口贸易来说，贸易摩擦数量将不断上升，贸易摩擦种类将不断增多。贸易摩擦金额也会不断增大。自2009年10月26日《美国清洁能源安全法案》通过以后的短短11天时间内，美国连续对我国钢格栅板、钢绞线、无缝管、金属丝网托盘、油井管、铜版纸、焦磷酸钾、磷酸二氢钾和磷酸氢二钾等9种高碳排放产品发起贸易救济调查和征收惩罚性关税。因此，在发达国家大力宣扬“环境保护主义”的背景下，我国高碳产业将成为贸易摩擦的靶子。并且发达国家对我国“碳关税”征收的易得性，将产生碳关税征收的数量、产品和地区的扩散效应，使我国高碳产业成为世界各国实行碳关税征收的主攻目标，严重影响我国高碳产业产品的出口和主导产业的发展。

（4）对我国企业转型升级、节能减排产生倒逼机制。

在节能减排的国际大形势下，我国传统高碳产业将越来越没有立足之地，而碳关税的征收作为一种激励措施将会使众多企业更加注重节能减排问题。现阶段，我国出口企业面临着产业结构调整、产品更新换代、转变能源利用结构等挑战，碳关税的征收将进一步促使我国的高碳出口企业将自身的转型升级作为经营工作中非常重要的一环，并努力使企业向低碳方向发展。也就是说碳关税作为一种外力，也会倒逼国内企业不断地进行转型升级、节能减排，从而在一定程度上起到减少我国碳排放的作用。

（5）外贸依存度高的弊端将凸显，导致经济社会不稳定。

统计数据显示，2005 年至今，我国外贸依存度一直高达 60% 以上，对美贸易依存度也保持在 9% 左右，远高于发达国家同期水平。然而，一国经济在高速增长的同时若伴随着较高的外贸依存度，说明该国经济的脆弱性较大，易受外部风险的冲击。因此，碳关税一旦开征，外贸对我国国民生产总值拉动作用将会减弱，我国经济发展速度将会放缓，失业人员数量将会增加，我国社会经济发展的不稳定将会增强。

我国传统的出口企业具有劳动密集型的特点，为了应对碳关税，企业势必会加大技术创新，由以前的廉价劳动力优势向技术、知识为核心竞争力转变，这样会大大减少出口规模和对劳动力的需求。有些企业在开拓国际市场的进程中，由于前期受到技术等限制，产品不能及时达到碳关税实施国提出的二氧化碳认证标准，致使其被排除在国际市场之外，甚至面临倒闭的困境，这也将对我国经济发展产生不利影响。但是，我们同时也应看到，在保护环境层面上碳关税壁垒对我国贸易也会起到促进作用。由以上可以看出，碳关税壁垒会使国际贸易商品结构逐渐转向技术、知识密集型，这将会抑制高碳密集产品的生产，减少二氧化碳排放，起到保护全球环境的目的。同时，企业为了达到排碳标准，在生产过程中将会不断加大技术创新，调整产品结构，这会促进我国绿色产业乃至整个低碳经济的发展。但我国作为一个发展中国家，碳关税的环境效应还不足以弥补碳关税对我国经济社会造成的损害。

（二）碳关税对我国贸易政策的影响

结合以上碳关税对我国贸易的影响分析可以得出，促进产业升级将是减轻碳关税对我国经济社会影响的最佳途径。而这将从根本上敦促我国贸易政策的进一步改革发展。

现在我国的贸易政策是“有管理的贸易自由化”，即进一步扩大对外开放的同时，适度适时地实行贸易保护政策，分阶段逐步实行贸易自由化。但近一年来中国的对外贸易政策出现了积极变化，中国不再追求过大的贸易顺差，而是进出口之间相互协调，二者并重发展。实现贸易平衡将是中国外贸政策的基本取向，因为外贸要健康和可持续发展，就必须保持贸易的基本平衡。根据中国商务部的信息，为了改善全球发展不平衡现状，中国正在制定相关政策，计划用 3 ~ 5 年时间将贸易顺差占国内生产总值的比例从 2009 年的 5.8% 降至 4%。其实，中国已经开始行动，这从 2010 年贸易顺差减少及贸易顺差占国民生产总值比重开始下降可见一斑。当然，中国要参与全球经济增长再平衡，不能依靠压制出口或单方面扩大进口，而是需要透过改善贸易结构来实现这一目标。这点与应对碳关税的实施对中国贸易的影响要求趋同。

另外，我国《国民经济和社会发展第十二个五年规划纲要（草案）》（下简称

“十二五”规划）提出，优化对外贸易结构，加快转变外贸发展方式，推动外贸发展从规模扩张向质量效益提高转变、从成本优势向综合竞争优势转变。因此，降低出口商品的载能量和碳排放量，大力发展低碳贸易，推动我国出口商品结构逐步由资源密集型、劳动密集型为主向技术密集型、知识密集型转变，实现由“数量型”到“质量型”出口增长方式的转变是改变我国外贸增长方式的内在要求。

在碳关税降低我国出口量、增大贸易摩擦、加重社会经济的不稳定性的情况下，中国在制定经济发展战略和贸易政策过程中，应该把主要精力放在以下几个方面：第一，利用大国优势，培育自主创新能力，力争在能源等重大技术革新上取得突破；第二，健全国内市场制度，实现重要体制上的制度创新，尤其是要完善产权保护制度和法律法规体系；第三，扩大内需，建立国内统一大市场，实现国内自由充分的竞争格局；第四，利用 WTO 等组织授予发展中国家的优惠规则，在开放中保护和扶植国内幼稚产业，同时研究设计反制性的碳关税政策；第五，承担大国义务，争取更多国际规则的制定权。

总之，我国贸易政策的未来发展要符合碳关税对经济环境的诉求，协调经济社会的平衡稳定增长。

第五节　我国的应对之策

2009 年以来，我国已跃居世界第一出口大国。面对碳关税这一全新的贸易壁垒，我国政府、行业、企业需共同努力，积极应对关税新挑战。

一、政府层面

（一）开展多边贸易协商

美国提出的碳关税提案还需要经过一系列的立法等程序才能得以实现，其政策内容也要满足 WTO 规则中的限制性规定，如最惠国待遇条款和国民待遇条款等。WTO 成立的目的便是为促进各成员国之间的贸易往来，减少国家间贸易中的关税和非关税壁垒。美国提出碳关税是以环境保护为借口的，而其实质是为了维护本国产品的竞争力，同时也为减少本国的贸易逆差，但其会受到 WTO 规则中的最惠国待遇条款，和国民待遇条款限制。如碳关税征收的计算方法必须合理，在数量上和国内相同产品所征收的国内碳税也应该相当；对于本国进口产品所征收的碳关税不应高于国内相似产品出口时所征收的碳税；不能将对进口产品征收碳关税的方法应用于对国内生产提供保护等。不过，WTO 规则中还有关于环境保护方面的“一般例外”条款，这会为美国征收碳关税提供依据。在实践中，针对成员方实施的贸易限制措施，其他成员方若认为该项措施与 WTO 贸易条款出现冲突便可向 WTO 争端解决机制提起诉讼。在 WTO 争端解决机制的裁决中，也会对“一般例外”条款施加严格的条件，由此看来我国和其他 WTO 成员国中的发展中国家可以依据美国碳关税违反 WTO 国民待遇条款和最惠国待遇条款而向 WTO 提出对美国该项措施的反对申请，以切实维护本国的利益。

由于贸易壁垒并不是解决环境问题的最佳办法，而且一国的贸易保护措施也容易遭到其他国家实行贸易报复等，由此带来国际贸易中更激烈的冲突。只有通过各国多边的环境合作，才能从根本上消除由于环境问题给国际贸易带来的障碍。因此我国作为最大的发展中国家就要联合其他发展中国家，在 WTO 框架内积极推动国际中关于环境保护方面的谈判。在目前国际环境协议中，还没有关于产品中的碳含量等界定的明确标准，但随着对气候变化的重视，以及国际中对气候问题探讨的不断深入，针对产品碳含量和生产过程中碳排放等的国际标准和准则会相继出现。我国要切实参与到相关国际准则的制定中，使国际标准充分考虑到包括我国在内的广大发展中国家的实际经济水平，减少我国在今后贸易中的被动性，也为我国的产品出口争取有利的国际环境。

同时，我国还要充分利用在国际环境谈判中已经取得的成果。《京都议定书》中确定发达国家和发展中国家在气候变化领域要承担“共同而有区别的责任”。发达国家和发展中国家本就发展不平衡，发达国家已经历过了大量碳排放的工业化进程，同时科技发展的不平衡也会导致各国生产过程中的排放不均。少数发达国家利用设定碳关税等措施也是为了限制低水平国家的发展。在国际气候谈判中，要充分发挥多边贸易和协商机制的作用，避免出现个别国家在环境保护的名义下，维护本国利益而制定限制贸易的措施，损害了广大发展中国家的利益。

（二）引导生产模式转变

根据哥本哈根会议上达成的协议，发达国家有义务在资金支持和技术转让方面帮助发展中国家，我国要以此为契机，利用发达国家的高科技条件，引导企业积极引进先进技术，改善其生产过程中碳排放量过多的问题，同时对于能够实现低碳减排创新的企业实行减税等鼓励措施。

我国的传统生产方式多具有“三高”特点，即高耗能、高排放、高污染。根据国务院“十二五”规划节能减排方案中提出的降低单位国内生产总值中标准煤能耗以及节约能源标准煤的目标，要求生产企业必须改进现有的生产模式，实现向低碳发展的转变。

政府还可以通过对宏观经济政策进行调整，增加对新能源、减排技术的研究开发投入，提高传统的高能耗、高排放产业的进入门槛，控制高耗能、高排放行业过快增长，加快淘汰落后生产能力，制定扶持低碳产业发展的产业政策。

积极发展我国的低碳经济，即以低污染、低排放、低耗能为基础的经济发展模式，实质就是能源利用高效化、清洁化、环保化，核心是促进能源和减排技术的创新发展以及在碳排放基础上的制度改革和人类对创新发展的思想观念的转变。鼓励企业走低碳经济的发展道路，不仅是为了应对国际中的碳关税壁垒，还为我国改变传统的以资源消耗和环境污染为代价的发展模式，真正实现可持续发展的道路奠定基础。通过生产模式的转变，我国的经济发展也会逐步进入良性循环的轨道，这对于提升我国产品的核心竞争力至关重要。

政府还要为低碳产业提供全面的金融服务，消除企业低碳技术的融资困难。企业进行节能减排改革和新的生产技术的提升，都需要大规模的资金支持，完备的金融支持将是企业保持创新动力和提升科技能力的最重要保障。对于低碳产业应开放资本市场，提供全面的融资支持，如贷款优惠、创业板上市和企业债券发放等融资模式都要到位。

（三）改变现有贸易方式

长期以来，我国出口产品主要集中在制造业和加工贸易方面。一旦欧美等国开征碳关税，我国这种依赖劳动力密集型产品出口的方式将面临严峻挑战。

为此，应加快发展我国的高新科技产业和现代服务业，利用高新技术改造传统的钢铁、水泥等高碳行业，降低我国国内生产总值中的碳强度。降低传统高碳行业的出口比重，进一步改善我国出口商品结构，实现产业结构调整和出口企业转型升级。今后我国的贸易发展方向应转向以服务贸易为重心的对外贸易，服务贸易具有高附加值、低污染等特点，我国的服务业起步较晚，发展相对落后，因此今后还有很长一段路要走。但如果能够提升服务贸易在对外贸易中的比重，不断壮大我国服务行业的人员规模，提高人员素质，在面对美国可能要征收的碳关税时，就可以有效降低其对我国经济和就业的影响。

（四）在国内开始征收碳税

欧美等国家提出要针对未实施碳减排措施的国家征收碳关税，关键在于它们认为本国产品在增加碳税后，与别国产品在国际市场相比竞争力下降。虽然现在还没有国家实施碳关税，但挪威、瑞典、芬兰、丹麦、荷兰等一部分欧洲国家已在国内开始征收碳税。在征收碳税的同时，还对整个税收体系进行调整，降低与收入相关的税收，上述税收政策的调整不仅可以推动能效提高和可再生能源发展，减少温室气体排放，而且还对经济发展起到了促进作用。澳大利亚也在德班气候变化大会召开前通过了碳税法案。

为顺应国际潮流，适应当前的国际形势，我国也应该考虑在国内征收碳税。由于WTO中有一个规则，即不能对同一件商品进行双重征税，因此我国出口的商品已征收碳税，则在出口别国时就不能再被征收碳关税。在国内征收碳税也是对高耗能产业进行的一种约束，增加其生产成本，迫使其提高生产技术、转变生产方式等。但是考虑到征收碳税会降低我国出口产品的竞争力，我国可以借鉴欧洲国家的做法，降低企业所得税和企业支付劳保的费率，这样企业的综合成本就并没有提高。

为了不给企业造成过大的成本压力，我国在设计碳税时可以在短期内选择低税率，对经济负面影响较小的单方面国家碳税，而对于国家关键行业和核心企业，可采取一定的补偿措施，并且根据各部门的能源需求价格弹性和能源效率水平，有选择地实施差别税率。

当企业技术提高之后，可以考虑逐步提高碳税税率，完善碳税税制，以逐步适应国际水平。碳税的收入用于节能新技术的研发、低排放新能源的开发等，对于能够不断实现创新、减少排放的企业进行补贴优惠等措施，以达到碳税征收的预期激励效果。

在国内征收碳税，短期来看会提高企业成本，对于产品出口到国际市场会造成不利影响。但从中长期来看，有利于企业提高生产技术、转变生产方式，也有利于我国的产业机构升级。

二、行业层面

（一）拟定低碳标准

美国是我国最大的出口国别市场，机电产品、钢铁、水泥、化肥等高碳产品在我国出口中占一半以上的比重。为积极应对美国在2020年要征收的碳关税，我国这些行业要充分发挥自身优势，建立起符合自己行业的低碳标准体系，逐步改善碳比重过高的现象，这对于提升我国出口相关产业在国际市场上的核心竞争力将有重要影响。

在目前的国际环境下，环境与气候变化的问题越来越成为各国贸易问题中争议的焦点，以往传统的高消耗、高污染、高排放的生产方式急需转变。虽然我们不认同碳关税的合法性，从我们自身来讲，同样需要调整现有的生产方式，其中首要任务便是要形成一套完整的碳排放体系。产品的碳排放不仅涉及生产过程，同时还包括零部件的运输、加工，以及产品在运至销售地的途中。形成产品在各个过程中的碳排放体系，对于指导今后产品的碳减排将具有重要的指导意义。

目前国际上还没有统一的碳排放量标准，因此形成一套完整的碳排放体系在今后国际的贸易谈判中也会处于有利地位，同时为应对可能出现的碳关税，也可以找出对我国产品出口有利的衡量方法，缓解我国产品出口的贸易压力。

（二）加强行业联盟

针对欧美提出的碳关税措施，我国出口导向性产业也要积极应对，提早制定应对及改善的政策建议，减少在今后国际贸易中的被动性。首先，要扩大行业内的合作，加强行业内的交流。一般来说，同一行业生产的技术水平相似，所生产的产品在市场中也存在极大的替代性。所使用原材料等也都差异较小，增加行业内的联系，不仅有利于整个行业制定共同的对外贸易政策，而且在生产技术提高等方面也利于实现技术外溢效应。相互之间经验的交流会加快整个行业寻找新型替代材料和投入中使用新型能源的进程，也会增加对于出口市场的选择、产品的定价等的主动权。其次，加强行业内联盟有利于产生规模效应。企业生产中的技术创新投入相对于单个企业来说会比较高，不利于企业资金的有效使用和短期内企业效益的提高，而加强行业联盟可以克服资金规模小、所耗时间较长的缺点。另外，加强行业内的联盟还可以增强该行业在整个产业链中的比重，这对提升行业的话语权和利润的分配会产生重要作用。

（三）重要出口行业对策

1. 机电产业

机电产品在我国的出口贸易中占有最大比重，近些年我国机电产品出口占总出口比重接近50%，机电产品出口在繁荣市场、扩大出口、吸纳就业等方面发挥了重要作用。但是我国的机电产业一直是高资源投入，还有相当多企业机器设备陈旧，碳排放量大，能耗量也大，在面临碳关税的冲击时将首先受到巨大冲击。

为维持我国机电产品的竞争优势，减少因美国等国家征收碳关税所带来的负面影响，我国的机电产业必须在节能减排、降低碳排放上作出更多的努力。在加大低碳技术的研发投入，实行技术调整和企业结构革新并举的同时，要有效配置资源，开拓市场，并将生产加工环节有选择地迁移到成本相对较低或靠近终端市场的地区。但要应对碳关税，最重要的还是进行机电产业结构转型升级，通过科技创新来降低高碳排放的问题。一方面要加强节能技术与清洁能源技术在机电制造业中的使用，减少由于能源所带来的碳排放过高的问题。另外要重视产品的设计与创新，增加产品附加值，改善我国在国际分工链中的高污染、高排放，而获得利润分成较低的局面。

2. 轻纺服装业

中国的纺织服装出口在对外贸易出口中也占较大比重，如果发达国家开始征收碳关税，我国的纺织服装业出口也会受到成本增加、竞争力下降，进而导致我国就业人数减少等影响。

由于我国的纺织服装业大多以化学工业为主支撑，化学纤维、化学染料一直占据重要地位，对我国的环境造成了重大损害。要改变现有状况，重点在于转变纺织服装业的原材料投入。选择化纤织物为原料的制衣业，碳排放量就较高，如果选择丝绸、棉布、麻布为主要原料将会降低碳排放量。另外，从纺织服装的产业链角度来看，我国纺织服装业产业结构不合理，处于中间的加工环节优势比较显著，而产品开发设计环节和品牌营销环节相对要薄弱。碳排放集中在生产加工环节，得到的利润却少，因此要加强我国纺织服装产品的开发设计和营销环节的建设，促进纺织服装产业的结构升级，同时也能够起到降低碳关税带来的负面冲击的效果。

三、企业层面

（一）改进生产技术

对于企业来说，降低碳排放最核心的部位在于提升企业生产的技术水平。企业加大对于新技术研发的投入，重视科技的创新。在环境问题日益严重的今天，提高资源投入的使用效率，降低生产过程中的碳排放，减少生产中的污染必然会成为今后企业发展的方向。传统行业中能源消耗比重大，企业通过加强自主升级改造，重视产品结构调整和产品的升级换代，减少对化石能源的过度依赖，可以减少生产过程中的碳排放。

但是，自主研发技术一般耗费时间太长，需要较高程度的资金支持，对于企业来说成本较大。为加快改进生产流程的步伐，企业还可以选择和具有技术领先优势的部门进行合作，在引进技术的同时也要注重技术对我国企业生产可能造成的影响，使其符合发展的长期利益。

在人们高度重视环境保护的今天，企业要树立绿色发展理念，增强社会责任感，重视生产过程对环境造成的影响，以实现企业自身经济效益、社会效益和全球环境效益的共同发展。

（二）优化能源要素

分析各国碳税的计税依据可知，碳税往往是对煤、石油、天然气等化石燃料按含碳量设计税率进行征收，只有少数国家直接对 CO_2/CO 的排放进行征税。由此看来，大力发展新型能源与可再生能源，对于减少碳排放、降低企业税收成本、增强我国出口产品竞争力极其重要。

在优化能源要素方面，要逐步降低企业生产中传统的煤、石油等的比重，增加企业生产对于新能源的利用，减少对化石能源的过度依赖，增加清洁能源的使用。通过大力支持风电、核电、太阳能等规模化发展，开展节能与新能源产业示范推广试点，加快实施重点节能工程，加快淘汰落后产能，这将对我国应对碳排放以及国际气候变化的谈判产生积极影响。

从国际新能源市场格局来看，我国在太阳能、水能、核能利用上有重要进展，而生物能源则在农村地区的沼气项目和新兴的生物燃料技术上取得突破。我国可以加强这些新能源的市场化开发，在这些领域中取得全球领先地位。

（三）开拓新的市场

改革开放以来，我国的对外贸易快速发展，这既推动了我国的经济发展，也提高了我国的对外贸易依存度，同时将导致我国的经济容易受到外部的巨大冲击。为缓解某个国家的贸易冲击，中国还需要开拓其他的贸易市场，如深化与东盟、东亚和非盟之间的区域合作，降低对欧美国家的贸易依赖。对于新兴工业化国家，我国出口的产品也同样具有潜在的市场，开拓新的市场对于应对碳关税、扩大我国的对外贸易也具有重要的作用。

我国拥有世界 1/4 左右的人口，如果能够充分利用国内市场，扩大内需，将极大降低我国的对外贸易依存度，也会极大缓解国际上碳关税等方面的贸易壁垒。

参考文献

[1] 李坤望，张伯伟．国际经济学［M］．北京：高等教育出版社，2000.

[2] 李平，李淑云，沈得芳．碳关税问题研究：背景、征收标准及应对措施［J］．国际金融研究，2010，（9）：71–78.

[3] 李艳梅，付加锋．中国出口贸易中隐含碳排放增长的结构分解分析［J］．中国人口资源与环境，2010，（8）：53–57.

[4] 张君．碳关税是一种新型的贸易保护形式［J］．中国经贸，2009，（15）：44–45.

[5] 庄贵阳，陈迎．国际气候制度与中国［M］．北京：世界知识出版社，2005.

[6] 郑玉琳．多边贸易体制下的贸易与环境［M］．北京：中国社会科学出版社，2008.

[7] 林云华．国际气候合作与排放权交易制度研究［M］．北京：中国经济出版社，2007.

[8] 张建平．严防国际贸易保护，主动应对碳关税［J］．中国科技投资，2009，（10）：52–53.

[9] 张忠祥．美国拟征收碳关税，中国应如何面对［J］．国际石油经济，2009，（8）：13–16.

[10] 沈可挺．碳关税争端及其对中国制造业的影响［J］．中国工业经济，2010，（1）：65–74.

[11] 沈可挺，李钢．碳关税对中国工业品出口的影响基于可计算一般均衡模型的评估［J］．财贸经济，2010，（1）：75–82.

[12] 樊明太，郑玉歆．贸易自由化对中国经济影响的一般均衡分析［J］．世界经济，2000，（4）：16–26.

[13] 陈文颖，高鹏飞，何建坤．二氧化碳减排对中国未来 GDP 增长的影响［J］．清华大学学报：自然科学版，2004，44（6）：744–747.

[14] 武亚军，宣晓伟．环境税经济理论及对中国的应用分析［M］．北京：经济科学出版社，2002.

[15] 于振东．基于 CGE 模型的碳关税征收对二氧化碳减排影响的研究［D］．东北大学硕士论文，2006.

[16] 贺菊煌，沈可挺，徐嵩铃．碳税与二氧化碳减排的 CGE 模型［J］．数量经济技术经济研究，2002，（10）：39–47.

[17] 谢丹．“碳关税”对中国经济的潜在影响［J］．北京社会科学，2011，（3）：35-38.

[18] 陈诗一．能源消耗、二氧化碳排放与中国工业的可持续发展［J］．经济研究，2009，（4）：41-55.

[19] 夏先良．碳关税、低碳经济和中美贸易再平衡［J］．国际贸易研究，2009，（2）：78-86．

[20] 万毅．低碳时代碳关税征收的一般均衡分析［D］．湖南大学硕士学位论文，2010.

[21] 张晓庆．发展低碳经济对中国出口贸易的影响分析［D］．内蒙古大学硕士学位论文，2010.

[22] 鲍勤，汤玲，杨列勋．美国征收碳关税对中国的影响——基于可计算一般均衡模型的分析［J］．管理评论，2010，（6）：25-33，24.

[23] 朱启荣．中国出口贸易中的 CO_2 排放问题研究［J］．中国工业经济，2010，（1）：55-64.

[24] 董展眉．我国出口贸易的低碳化探讨［J］．经济问题探讨，2011，（4）：153-156.

[25] 沈利生．我国对外贸易结构变化不利于节能降耗［J］．管理世界，2007，（10）：43-50.

[26] 齐晔，李惠氏，徐明．中国进出口贸易中的隐含碳估算［J］．中国人口资源与环境，2008，（3）：8-13.

[27] 黄敏，蒋琴儿．外贸中隐含碳的计算及其变化的因素分解［J］．上海经济研究，2010，（3）：68-76.

[28] 周馨怡，碳关税来袭．21 世纪经济报道［N］．2010-1-7.

[29] 张建平．撕开“碳关税”华丽的外衣［EB/OL］.http：//news.dayoo.com/szbz/news/67737/67738/200907/24/67738_10077205.html.

[30] 储昭根．碳关税博弈 中国应有长远战略［EB/OL］．http：//money.163.com/09/0714/07/5E5SQJLQ002534M5.html.

[31] 张忠祥．美国因素使哥本哈根气候变化峰会前景暗淡［EB/OL］．http：//www.china.com.cn/news/env/2009-12/07/content_19017702_2.html.

[32] Jordan-Korte K，Mildoner. S. Climate protection and border tax adjustment：economic rationale and political pitfalls of current u.s. cap-and-trade proposals［R］. FACET，2008.

[33] Feldstein M.The exploding carbon tax［J］. The Weekly Standard，2009，38，（14）：22-24.

[34] Shurojit Chatterji，Sayantan Ghosal，Sean Walsh，et al.Unilateral measures

and emissions mitigation［R］.National Bureau of Economic Research，1050 Massachusetts Avenue Cambridge，MA 02138 October，2009.

［35］Whalley J，Dong Y.How large are the impacts of carbon motivated border tax adjustments?［R］.Cambridge：NBER Working Paper No.15613，2009：1–37.

［36］Dong Y，Whalley J. Carbon motivated regional trade arrangements：analytics and simulations［R］.Cambridge：NBER Working Paper No.14880，2009.

［37］Ben Lockwood，John Whalley.Carbon–motivated border tax adjusments：Old wine in green bottles?［J］.The World Econmy，2010，33（6）：810–819.

［38］Giovani Machado，Roberto Schaeffer，Ernst Worrellb.Energy and carbon embod–ied in the international trade of Brazil：an input–output approach［J］.Ecological Econmices，2001，（39）：409–424.

［39］Change in CO_2 emission and its transmissions between Korea and Japan using international input–output analysis［J］.Ecological Economics，2006，58（4）：788–800.

［40］Frank Ackerman，Masanobu Ishikawa，Mikio Suga.The carbon content of Japan–US trade［J］.Energy Policy，2007，（35）：4455–4462.

［41］（俄）Иветта Герасимчук，Илья Соколов Евгений Шварц. Кто заплатит за природу. 谁为自然环境买单［EB/OL］.［Электрон.ресурс］.Режим доступ.http：//www.vedomosti.ru/opinion/news/1358856/stoimost_prirody.

第十二章　碳标签对我国的影响及应对之策

目前，在低碳、环保名义掩盖下的各种贸易壁垒形式不断出现。其中，2006 年以来，英、法、德、美、日等发达国家相继推出的碳标签体系尤为突出。这种新型非关税壁垒形式对我国经济将带来哪些影响，应采取哪些应对措施，值得我们认真研究。

第一节　碳标签的提出背景、内涵与研究进展

为得出有效应对碳标签壁垒的政策措施，有必要了解碳标签的提出背景、内涵及国内外的研究进展。

一、提出背景

早在 20 世纪 90 年代，英国提姆·朗教授（Dr. Tim Lang）就提出了旨在降低食品碳排放的食物里程（Food Miles）的概念。食物里程是指消费者饮食消费与食物原产地之间的距离，它涵盖了农产品供应完整生命周期的实际距离。在这之后，食物里程这个概念一度成为欧美国家广大消费者选择购买低碳产品、环境友好产品和有利于可持续发展产品的衡量标准。但是由于食物里程这个指标片面强调了食品在流通过程中的碳排放，严重误导了公众和消费者。2007 年 3 月，英国最早推出全球第一批标示碳标签的产品，尝试采用碳标签的方法来标注产品中隐含碳的含量。此后英国、法国、瑞士、美国、加拿大陆续为自己的产品加注碳标签。可以说，碳标签正从一个公益性的标志变成一个商品的国际通行证。

二、碳标签的内涵

所谓碳标签（Carbon Labelling），就是指把产品在生命周期（即从原料、制造、储运、废弃到回收的全过程）中的温室气体（Greenhouse Gas，GHG）排放用可量化的指数标示出来，以产品标签的形式告知消费者，以便其进行低碳产品的消费选择，从而达到减少温室气体排放和缓解气候变化的目的。碳标签是一种全过程评价，系统性强，涉及面广，工作量大，偏重对环境影响的评价。

产品或服务标示碳标签有两层意义：一方面碳足迹[1]信息可以为消费者提供绿色

[1] 碳足迹（Carbon Footprint）主要是指生产和消费活动中所排放的温室气体的总量，起源于“生态足迹”（Ecological Footprint，EF）这一概念。碳足迹有两方面的含义：一方面是指产品和服务在整个生命周期过程中释放的温室气体总量，又叫做产品碳足迹；另一方面，碳足迹也可以表示公司生产过程中导致的温室气体的排放量，叫做公司碳足迹。

消费向导，有利于购买者和消费者更快地了解产品的环保性能，选择更低碳排放的商品；另一方面，企业也可通过碳足迹分析实现碳排放来源的透明化，从而了解生产过程中碳排放集中的环节，提出改善措施，从而达到减少温室气体排放的目的，有利于全球低碳经济的发展。

国际贸易中碳标签的实施要达到既定目的取决于四个基本要素：一是公众具有较强的重视环境与气候变化的意识，并愿意支付因加贴碳标签而导致消费品的提价；二是生产者具有可持续发展的战略眼光，并能够承担因碳标签而导致的产品成本上涨；三是政府部门愿意并且有能力为保护全球气候变化采用一系列的政策和措施；四是核定国际贸易产品的标签体系能够兼顾数据的准确性和有用性，并且简单、透明，交易费用在国家、企业和消费者都能承担的范围之内。

英国于 2008 年 10 月，发布了一项公众可获取的规范——PAS2050，即《商品和服务在生命周期内的温室气体排放评价规范》。这项规范是在英国政府环境、食品和农村事务部（DEFRA）的支持下，由英国标准协会（BSI）、英国碳信贷基金（Carbon Trust）联合制定的，旨在寻求在产品设计、生产和供应等全生命周期中降低温室气体排放的机会。碳标签体系基本框架包括碳标签的计算、碳标签的核证与颁发、碳标签的咨询服务机构三大部分。PAS2050 标准体系比较完整，作为英国的国家标准已经部分开始实行，英国多家企业采用该标准并为商品贴上了碳标签。

三、研究进展

（一）国内文献综述

虽然国外关于碳标签的研究和实践已经比较成熟，但在国内，这一领域尚未被深入触及。2009 年底，哥本哈根会议就应对气候变化问题达成新的全球协议，要求国际贸易规则随之作出相应改变。而在这其中，碳标签的推广被越来越多的国际学者提出来，同时也引起了我国学者的关注。吴洁、蒋琪首次在国内比较系统地论述了国际贸易中的碳标签，认为这是一种潜在的新型贸易壁垒，对发展中国家尤为不利。在此基础上，大批关于碳标签的研究开始涌现，并在碳标签的影响和对策研究方面取得了一定成果。

1. 碳标签的贸易效益和影响研究

1）对消费者影响的研究

徐清军研究指出，随着碳标准、碳标签的推广和低碳生活方式的不断普及，产品的碳含量开始成为影响消费者作出购买决策的重要因素。西方消费者会首先形成优先选择低碳产品的消费心理预期，从而对在减排方面相对落后的我国和其他发展中国家的产品形成不利的环境。另外，就国内而言，消费将通过流通反作用于生产，倒逼生产厂商更多地考虑开发低碳产品，降低能源消耗。同时，以公众的消费选择引导和鼓励企业开发低碳产品和技术，也有助于我国加快向低碳生产模式和低碳经济转变。

此外，郭莉指出，目前使用最广泛的碳足迹标准是2008年英国标准协会（BSI）等部门联合发布的PAS2050标准（《商品和服务生命周期温室气体排放评估规范》）。而按照该标准，企业除了测定和降低产品的碳足迹之外，还可以针对公众如何进行环保的选择、使用和处理产品提供建议。

2）对厂商影响的研究

关于碳标签对于厂商影响的众多研究成果中，关于厂商生产成本的提升几乎成为学者们的共识。特别地，吴林海以食品生产企业为例，构建了生产企业碳标签食品生产的决策行为模型，通过计量结果证明了其中主要影响因素有企业规模特征、主观规范、过去行为三个潜变量，其中主观规范对决策行为的影响作用最大，而市场需求高于政府作用；规模越大的企业越趋向于碳标签食品生产；过去食品安全的决策经验、清洁生产投入和中长期清洁生产目标等过去行为也显著影响决策行为。

3）对贸易影响的研究

碳标签逐渐演变成为一种非关税壁垒，这一点在已有的研究中得到了几乎一致的认识。此外，黄志刚还建立了技术性贸易壁垒对进口国经济影响的综合分析模型，同时以中国与欧盟鞋类制品贸易为例建立了大国模型。该研究表明：无论对于大国还是小国，进口国对进口产品设置恰当的技术性贸易措施，都可以增加本国净福利；过分的或歧视性的技术性贸易壁垒则是得不偿失的；如果引起出口国采取报复措施，那么双边贸易的结果就是净福利都受损。而通过对技术性贸易壁垒经济效益分析的弹性条件的分析，黄志刚得出结论：在一般情况下，进口国提高技术性贸易壁垒的门槛将使本国厂商利润不断增加，外国出口厂商的利润不断下降。在特别情况下，进口国也可通过控制本国厂商的符合成本（成本水平和浮动时间）来达到上述目的。

同时，徐清军认为，碳标签会影响跨国投资流向和效率，阻止碳密集行业生产转移至境外减排立法和碳标准较低的国家；跨国公司可能会采取缩短供应。除此之外，尹忠明、胡剑波提出，碳标签的实施要求企业提高能源利用率和采用环保型的生产方法和技术，这将影响我国现有的能源消费结构模式。

2. 我国碳标签对策研究

关于对策的研究主要集中在积极引导低碳经济发展、提高消费者低碳消费意识、优化出口产业结构和提升环境外交的话语权等方面，在这些观点上已有研究的看法比较一致。此外，已有的成果还涉及一些具体的政策研究，比如积极开展应对气候变化对外援助工作，以提升我国在该问题上的国际影响力等。

除此之外，对于如何建立我国碳标签体系和各个行业如何积极应对碳标签这两个问题，也已进行了比较深入的研究。

1）我国碳标签体系的建立研究

胡莹菲、王润、余运俊强调及时建立我国的碳标签体系，不但是应对日益激烈的国际低碳经济竞争的必然要求，也是我国积极参与全球碳交易、规避新型技术壁垒的重要手段。由于碳标签具有全过程评价、系统性强、涉及面广、工作量大和偏重于对环境的关注这五个特点，建立中国碳标签体系需要循序渐进，注重数据的准确性和评级体系中的标准化研究。

胡莹菲等借鉴国际标准组织已经发布的标准和英国碳信贷基金的PAS2050标准，尝试搭建中国碳标签体系的框架，总结并提出了碳足迹的计算方法、碳标签的颁发与核证以及碳标签咨询服务机构的设置与运行方案。

沈一娇、刘正则从法律的角度切入碳标签的研究，认为我国可以率先制定出口产品的低碳标准，将“碳标签”等低碳壁垒内化在产品生产环节中，以消除低碳壁垒的限制作用。除此之外，在制定相应的法律法规时，中国必须参考发达国家保护其国内低碳产品的法律法规，通过和国际接轨打开国际市场。

徐清军建议考虑制定适应中国流通发展特点的碳标签体系，以消费行为引导产业转型。并建议以食品行业为试点，推出碳标签的自愿国家标准，鼓励公众参与低碳饮食活动，对食品企业形成倒逼机制，引导食品行业自主节能减排，实现产能升级改造。在总结试点经验的基础上向其他行业推广。徐清军同时建议尝试碳足迹在加工贸易过程中的“压力测试”，即按照国际通用的产品生命周期理论，启动测算加工贸易产品的碳足迹量化工作，可首先涵盖进口原材料、国内物流、生产加工、出口制成品等主要环节，找出节能减排的节点，也为反制其他国家可能对我国产品征收碳关税打下基础。

2）各行业对策

吴丹丹针对我国纺织业提出了相应的政策建议，认为纺织印染行业作为碳排放大户，有必要切实注重纺织品生产的每道工序的低碳排放，运用LCA技术，选用新型环保纤维、采用适应低碳经济要求的化学助剂和纺织染整生产工艺，更新设备，努力实现纺织印染企业的节能环保低碳，生产低碳排放、环境友好的绿色纺织品。

马爱进则针对食品行业提出，碳标签作为一种环境管理工具，可对食品生产全过程所涉及的碳排放进行评价，是食品行业发展的新起点。食品碳标签的实施和应用，在理论上可以帮助建立我国具有自主知识产权的食品碳标签体系，促进低碳食品的发展；在应用上可以让企业积极运用食品生产碳排放评估技术和方法，帮助企业降低产品或服务的碳排放，提高企业竞争力。

向国成、邓明君提出了推进湖南低碳农业发展的农产品碳标签制度研究框架，在湖南省农产品碳标签制度的经济绩效和制度推动模式、激励机制设计等方面作出了尝试。

帅传敏研究了食物里程和碳标签对世界农产品贸易的影响，认为不但发展中国家农产品出口空间可能会因碳标签的推行而被压缩，而且碳标签实施的高昂成本也可能会使发展中国家的部分农产品被拒之门外。更严重的是，碳标签标准的制定和认证将成为发展中国家面临的新型技术贸易壁垒。

（二）国外文献综述

1. 关于碳标签内涵的探讨

1991 年，Dr. Tim Lang 第一次提出的食品里程概念成为碳标签概念的前身。根据他提出的食品里程的概念，消费当地产品是有利于低碳经济发展的。然而，David Coley 研究发现，碳标签中食品里程概念的使用并不必然意味着要用当地产品代替进口产品；在食品供应链中，由于碳排放的分摊，有时大规模的食品集中供应要比小批量的食品提供更加利于环保，即便前者是进口产品。2007 年和 2010 年，分别有来自新西兰的实证研究证明了当地食品并不是低碳和环保的最佳选择。

Defra（英国政府食品环境监管部门）在 2005 年的研究报告中提出，由于碳标签所标注的食品里程仅仅包含了对于环境问题的考察，而忽略了社会、经济层面的更加复杂的因素，因而只是一个比较片面的指标，内涵过于单一。该报告同时提出了其他四种更加综合和全面的测量指标。

2. 碳标签与消费者行为

Zaina Gadema 和 David Oglethorpe 通过对英国消费者的调查，发现尽管 72% 的消费者对贴有碳标签的产品有明确的偏好，但是 89% 的消费者对碳标签的含义表示困惑和不解。为了真正达到碳标签本身的环保目的，有必要在低碳政策和低碳行为的执行者之间建立有效的连接途径。

Katherine Kemp 等的研究发现，尽管有一部分消费者在接受调查时表示，会在购买商品时把该产品的碳排放因素考虑在内，但是在实际的消费行为中，这种对于低碳产品和非低碳产品的差别对待并没有得到明显的体现。

Paul Brenton 等指出，虽然碳标签大大降低了消费者甄别产品信息的交易费用，对消费者行为产生了一定影响，但是，消费者在选择商品时，对产品的环境影响只是消费者考虑的诸多因素之一。更多的，消费者也会从自身的道德偏好（是否贴有公平贸易标签）和国家发展偏好（是否是国产商品）出发作出决策。因而，碳标签并没有对消费者产生非常强烈的影响。

3. 碳标签与国际贸易

碳标签与贸易公平：Paul Brenton 等（2009）提出碳标签制度容易引发贸易中的不公平。如果碳标签的授予权仅存在于某些国家，则这些国家有机会为了本国利益而不公正地对他国产品进行碳含量测评。同时，由于生产工艺和相应参数标准的不同，发展中国家很可能在碳含量评估方面得不到足够客观的评估结果（Deere，1999）。Duncan Green 和 Gareth Thomas（2007）也从贸易公平的角度反驳了碳里程的观念，认为非洲是对低碳经济回应最少的地区，因而也是受低碳贸易壁垒和本土化食品消费倡导贸易受损最大的地区之一。但是由于经济的落后，非洲其实是碳消耗最少的地区。让贫穷的非洲为高能耗的欧洲和美国等发达国家造成的全球变暖负责，这无疑是不公正的。

然而，杜克大学教授 Joost Pauwelyn 则从反面指出，由于美国强制对本国企业的碳排放施加限额，增加了美国厂商的生产成本，而其他发展中国家并未对本国强制实行类似的规定，因而削弱了美国在国际市场上的价格优势，造成了贸易中对美国的不公。

碳标签面临的挑战：英国碳信贷基金在2009年的一份报告中提出，由于各国经济现状、社会和文化等各方面的差异，在制定相应的涉及低碳要求的贸易要求时，采用的标准存在很大差距。由于这种差异不能被迅速消除，而国际贸易又强烈要求一个统一标准的确立，因而如何更好沟通已有的不同贸易体系是一个很严峻的挑战。同时，White（2007）调研发现，碳标签从数据收集、碳含量测度到碳标签授予，不但需要巨额资金支持，也需要很漫长的工作时间。同时，由于技术和客观经济发展水平的限制，在碳标签的推行过程中，发展中国家首当其冲，出口受到严重影响。因而，"碳标签体系实施过程中，来自发展中国家的阻力是不容忽视的。"更严重的是，"由于碳标签中碳里程的计算方法不够精准且难以实施，其实很难依靠这个指标相应地调整产品供应链，达到降低碳排放的目的。"

碳标签对进出口的影响：碳标签会对发展中国家出口造成很大负面影响，不但由于其出口需要长途交通运输，极大提高了产品的碳含量，更由于发展中国家提供的出口多来自小厂商，而巨额的碳标签鉴定费用相对于其生产规模而言是个沉重的负担。这也是碳标签会造成发展中国家小农场、小厂商在国家市场中被边缘化的重要原因（Dolan 和 Humphrey，2000；Gibbon，2003；Graffham 等，2006；Graffham，MacGregor，2006）。Fogelberg 和 Carlsson Kanyama（2006）更根据碳标签的含义提出了更多消费当地产品而更少消费进口产品的倡导。

G.Edwards Jones 等分析了碳标签的引入对发展中国家出口到英国的种植作物产品脆弱性的影响。该研究指出：距离英国遥远的发展中国家出口的可替代程度高的产品受到的影响最大，而出口热带产品或在英国缺乏替代品的产品的发展中国家受到的影响较小。

Cemal Atici 集中论述了碳排放、自由贸易和东亚地区经济之间的影响。Cemal Atici 发现，尽管总的来说，出口活动都会在促进区域经济增长的同时，增加各国的碳排放，但是从进口的角度看，日本的进口活动没有引起东亚地区污染，而中国的进口却加重了环境污染。可能的原因是日本对进口产品有严格的碳要求，而中国却没有类似的要求。

第二节 碳标签的发展现状

自2006年英国率先推出碳标签以来，德国、法国、瑞典、瑞士、美国、日本、韩国、泰国等均推出了碳标签体系，而我国尚未建立该体系。

一、碳标签在欧洲的发展

（一）英国

2006年，英国碳信贷基金推出全球第一个碳标签。2007年，英国环境部公布了一项计划，建议商家在商品标签上注明该商品在生产、运输和配送等过程中所产生的碳排放量，以告知消费者该商品对环境的损害程度。虽然该项计划属于自愿性质，但英国商家响应十分积极。

Carbon Trust公司首先与英国食品公司Walkers合作，在其产品包装上标示CO_2排放，并与英国Shampoo公司合作，标示其产品减碳百分比。2008年2月，Carbon Trust公司扩大推动碳标签，对象包括英国最大连锁百货TESCO、可口可乐、Boots等20家厂商的75种商品。2008年10月，英国碳信贷基金与国际标准化组织（ISO）、世界资源研究所（WRI）等国际组织联合开发了一种全球通用的、检测产品隐含碳排放的国际标准——PAS 2050—2008《商品和服务在生命周期内的温室气体排放评价规范》。2010年，英国政府给超市食品标上碳足迹标签，借此引导消费者购买低碳食品。目前，英国加贴碳标签的产品类别涉及B2B、B2C的所有产品与服务，主要有食品、服装、日用品等，目前已超过2500种产品。

图12-1　英国碳标签

英国碳减量标签设计为“足印”形象，主要包括五个核心要素，即足迹形象、碳足迹数值、Carbon Trust公司认可标注、制造商作出的减排承诺、碳标签网络地址（图12-1）。

（二）德国

德国产品碳足迹试点项目于2008年7月推出，由世界自然基金会（World Wide Fund for Nature，WWF）、应用生态学研究所（Institute for Applied Ecology）、波茨坦气候影响研究所（the Potsdam Institute for Climate Impact Research，PIK）及Thema1（柏林一个独立的智囊团组织，致力于推动德国向低碳社会过渡）共同完成。该试点项目吸引了BASF、DSM、Henkel、REWE集团等十家德国企业参与，于2009年1月召开总结报告会，针对每个产品提供案例分析报告，并总结整个项目实施经验。2009年2月，德国PCF试点项目推出其碳标签（图12-2）。

德国碳标签以“足迹”为基本形态，足迹两边分别是CO_2与足迹英文名称，并标识“ASSESSED（经评价）”文字，评价以ISO 14040/14044[1]为基础，参考PAS2050，

---

[1] ISO14000系列环境管理标准的目的在于规范组织的环境行为，减少人类的各项活动所造成的环境污染，最大限度地节约资源、改善环境质量，促进环境与经济和社会的可持续发展。1996年9月1日，ISO14001《环境管理体系——规范及使用指南》和ISO14004《环境管理体系——原则、体系和支撑技术通用原则》两个标准正式颁布，10月1日有关环境审核的ISO14010、ISO14011和ISO14012也正式颁布为国际标准。这五个标准是ISO14000系列标准中最基础、最重要的标准。

体现该碳标签蕴含的衡量与评价碳足迹的意义。该碳标签主要加贴于参加试点项目的企业网站之上。

图 12–2 德国碳标签

（三）法国

法国超市巨头卡西诺（Casino）公司于 2008 年 6 月推出的“Group Casino Indic Carbon”碳标签（图 12–3），采用自身的气候变化标签体系，用食物里程概念来衡量温室气体排放量，在自有品牌的商品上同时标注环境友好和二氧化碳排放量两个标签。Casino 公司邀请其约 500 家供应商参与了该碳标签计划，并为其提供了免费的碳足迹计算工具。

图 12–3 法国 Casino 碳标签

据 Casino 公司统计，自该碳标签推出后，已减少了超过 20 万吨二氧化碳排放量。Casino 的碳标签尝试行为得到了法国环境能源管理局的认可，法国政府呼吁其国内所有零售商采用相似的碳足迹和碳标签体系。2010 年，法国国民议会通过一项名为新环保法的环境法案，其中的第 85 条指出，应通过标记、标签、张贴等方式告知消费者产品、包装的碳含量与产品生命周期内对自然资源的消耗和环境的影响。2011 年，法国的环境与能源管理部门（ADEME）出台的相关政策中明确要求在法国境内销售的消费品，强制性披露产品的环境信息，包括碳足迹信息。

Casino 公司的碳足迹标签以绿叶为基本形态。其中标注生产每 100 克该产品所产生的二氧化碳排放量，并告知消费者查看包装背面以了解更多信息。在包装背面，该标签则显示为一把绿色标尺，从左至右以不同的色块体现产品对环境不断增强的影响程度，方便消费者大致了解该产品对环境的影响。该标签一般加贴于产品包装上或在网站上进行展示。

（四）瑞典

瑞典碳标签制度始于食品领域，这种做法是受到瑞典 2005 年的一项研究成果的启示。该研究认为，瑞典 25% 的人均碳排放可最终归因于食品生产。为此瑞典农民协会、食品标签组织等开始给各种食品的碳排放量做标注。该计划从果蔬、奶制品和鱼类产品开始试行，加贴碳标签的产品必须完成生命周期评价并发布第三类环境声明（EPD），主要表示产品碳排量达到相应的标准要求。瑞典碳标签目前主要面向

B2C[1]食品，如水果、蔬菜、乳制品等，产品评价范围主要为运输阶段，其碳足迹计算以 LCA[2]为基础设定标准。

（五）瑞士

瑞士碳标签（Climatop）于 2008 年初推出（图 12–4），主要面向产品与服务。Climatop 标签主要通过以下两种方式降低二氧化碳排放量：一是影响消费决定，通过产品与服务上的碳标签引导客户（B2C、B2B）选择环境友好产品，加快向低碳消费型社会的转变；二是优化产品设计，通过选择环境友好产品带来的公平竞争，优化产品和服务设计。Climatop 标签以圆形与二氧化碳化学式共同组成。表示该产品在碳足迹控制方面宣告领先，即减量 20%。Climatop 标签主要加贴于产品包装上，以在销售点及网站上展示。Climatop 标签的评价范围涉及产品及服务的全生命周期，已查验的产品包括环保购物袋、有机原料蔗糖、奶油、洗衣液、洗衣粉、卫生纸、洗碗巾、电池等，其碳足迹计算以 LCA 为基础设定标准。

图 12–4　瑞士 Climatop 碳标签

（六）欧盟

欧盟碳标签计划（2006 年 10 月至 2008 年 9 月）由欧洲智能能源计划（Intelligent Energy Europe Programme）支持。欧盟的碳标签计划首先在欧洲范围内开展了一系列旨在降低运输类产品及服务二氧化碳排放量的活动，鼓励使用生物能源及开展低碳运输服务。欧盟碳标签以水滴为基本形态，配附“CO_2 Star”英文文字（图 12–5）。

图 12–5　欧盟碳标签

二、碳标签在日、韩的发展

（一）日本

日本紧随英国，鼓励本国企业自愿推出所售产品碳足迹信息。2008 年 4 月，日本经济产业省成立“碳足迹制度实用化、普及化推动研究会”；8 月，宣布日本将在 2009 年初推出碳标签计划；10 月，发布了自愿性碳足迹标签试行建议；12 月，确定了比较科学的二氧化碳排出量计算方法、碳标签适用商品、统一的碳标签图样等内容。

---

❶ B2C 是英文 Business–to–Customer（商家对顾客）的缩写，而其中文简称为“商对客”。“商对客”是电子商务的一种模式，也就是通常说的商业零售，直接面向消费者销售产品和服务。

❷生命周期评价（Life Cycle Assessment，LCA）起源于 1969 年美国中西部研究所受可口可乐委托对饮料容器从原材料采掘到废弃物最终处理的全过程进行的跟踪与定量分析。LCA 已经纳入 ISO14000 环境管理系列标准而成为国际上环境管理和产品设计的一个重要支持工具。

2009年，初日本开始推动碳足迹标签试行计划。Sapporo 啤酒厂、Aeon 超级市场、Lawson 与 7—11 等便利商店、松下电器等企业均已加入该计划，在其产品或服务中引入碳足迹标签制度。2009年4月20日，日本公布了产品碳足迹的技术规范（TSQ 0010）。该标签（图 12–6）加贴于产品包装上或在销售点展示。日本的碳足迹标签主要由经济产业省负责管理，第三方机构负责查验评价。碳足迹标签详细标示了产品生命周期中每一阶段的碳足迹，主要涉及食品、饮料、电器、日用品等十几种产品。2011年4月，日本对农产品开始实施碳标签制度，要求摆放在商店的农产品通过碳标签向消费者展示其生产过程中排放的二氧化碳量。

图 12–6 日本碳足迹标签

（二）韩国

韩国的碳标签由其环境部主管，2008年7月，韩国政府宣布，市场上部分指定商品将贴上标有碳足迹排放量的标签，在实验阶段约有 10 种商品会贴上碳足迹标签，包括 Asiana 航空公司、LG 洗衣机、Livart 衣柜、Pulmuone 豆腐等产品，若实施效果明显，则广泛应用。同时，还设定了每个产品项目的最低减量目标，推出了计算碳足迹的标准方法，并进行了训练碳足迹稽核员、建立国家生命周期盘查数据库等工作。

2009年2月，韩国正式推出碳足迹标签（图 12–7）。韩国碳标签标示产品在生命周期（包括生产、营销、使用与废弃处置等阶段）内的温室气体排放量。其碳标签主要分为两类：一类标示碳排放量，另一类强调减碳的节能商品，也可以说是碳标签认证的两个阶段。韩国的碳足迹标签适用于 B2C 的相关产品和服务（不包含农、渔、牧产品）。其中耗能产品涉及除制造阶段之外的生命周期各阶段，非能耗产品涉及不包含使用阶段的生命周期各阶段。2009年11月，韩、英两国签署了《碳标签制度谅解备忘录》。据此协议，韩国企业在英国申请碳标签认证时，可以由韩国环境产业技术院代办验证业务。

截至2011年，韩国碳标签制度一直以内需产品为对象，但今后将可以对出口产品颁发碳标签认证，吸引诸多出口型企业更加关注碳标签认证制度。该体系目前已涉及 145 种产品，其中非耐用类产品 99 种，非耗能耐用类产品 13 种，制造类产品 10 种，服务类产品 7 种，耗能耐用类产品 16 种。韩国碳足迹计算准则主要有四类：ISO 14040、ISO 14064、ISO 14025；PAS 2050[1]；韩国第三类环境声明标准；其他规范如温室气体议定书[2]等。

[1] 详见德国部分 ISO 系列脚注。

[2] 温室气体议定书提供几乎所有的温室气体度量标准和项目的计算框架，从国际标准化组织（ISO）到气候变暖的注册表（CR），同时也包括由各公司编制的上百种温室气体目录。

(a) (b)

图 12-7　韩国碳标签

三、碳标签在美国的发展

2008 年，Carbon Fund 公司推出美国第一个碳标签——Carbon Free；2009 年，许多知名公司如 Cadbury、PFGBEST、Tropicana，已经开始在产品中引入碳标签；2010 年，全球最大的零售商沃尔玛已经要求 10 万家供应商必须完成碳足迹验证，并贴上不同颜色的碳标签以便消费者辨识。目前，美国已推出了三类碳标签制度。

一是由 Carbon Fund 公司推出的美国第一个适用于碳中和产品的碳标签（图 12-8）。目前，经 Carbon Free 碳标签查验的产品主要有服装、糖果、罐装饮料、电烤箱、组合地板等，其碳足迹计算方法以 LCA 为基础。Carbon Free 碳标签由 Carbon Fund 公司负责管理，并委托第三方机构进行评价，每年需进行生命周期评价的复审工作。

二是由 Carbon Label California 公司推出的碳标签。加利福尼亚州的法案《2009—碳标签法》要求加利福尼亚州空气资源委员会制定并实施自愿评估和验证程序，以此规范该州销售的消费类产品的碳足迹。Carbon Label California 公司负责管理碳标签，而该碳标签主要包括三种形式：低碳封印、碳评分和碳评级。目前，该碳标签主要在食品中使用，如保健品和经认证的有机食品。其计算准则主要为环境输入—产出生命周期评价模式（EIO-LCAs）。

三是由 Climate Conservancy 公司推出的 Climate Conscious 碳标签（图 12-9），旨在帮助消费者在购买过程中选择较低碳足迹的产品和服务，培育一种环境友好的市场

图 12-8　美国 Carbon Fund 碳标签

图 12-9　美国 Climate Conscious 碳标签

机制，从而减少碳排放。该碳标签寓意为某产品或服务宣告达到碳排放标准，使用基于 LCA 的计算方法计算碳足迹，由 Climate Conservancy 公司负责管理并评价。

四、碳标签在其他国家和地区的发展

（一）泰国

泰国温室气体管理办公室（TGO）于 2008 年 8 月规划推动碳标签计划，其国内 Tetra Pak（Thai）、Chevrolet Thailand、Advance Argo（纸业）、SCG（Siam Cement Group）等 26 家制造商参与了该计划，涉及产品包括饮料、食品、轮胎、冷气机、变压器、纸与纸箱、塑料树脂、地毯、瓷砖等。泰国于 2009 年 11 月推出首批贴有碳足迹标签的产品，排量标示以减排 10%、20%、30%、40%、50% 进行分级，并以不同的颜色进行标示，并在圆形下方的箭头中标示减排量（图 12-10）。TGO 专门成立了碳标签促进委员会，开展碳标签的日常监督管理工作。截至 2009 年 3 月，已有 34 种产品申请碳标签注册，其中 25 种产品已经通过查验，获得碳标签认证，主要涉及 9 大类产品，包括罐头 / 干燥食品、水泥、人造木、包装米、保险套、地板砖、瓦砖、食用油、牛奶。泰国碳足迹计算主要依据以下三类准则：PAS 2050；ISO 14040，ISO 14064，ISO 14025；UNFCCC/CDM 方法[1]。

图 12-10　泰国碳标签

（二）中国台湾

2008 年 6 月，台湾“行政院”国家永续发展委员会通过《永续能源政策纲领》，提出“一人一天减少一千克碳足迹”的目标。2008 年 10 月，永续发展委员会秘书处召开台湾碳足迹标签推动研商会，制定了《台湾碳足迹标识及碳标章建置规划》，确定台湾碳足迹标签计划的阶段步骤。第一阶段为自愿标示及能力建置阶段，时间节点为 2009—2010 年，主要任务有：“环保署”成立“碳标签推动委员会”，确定适用商品及基于生命周期的 CO_2 排出计算操作规程（台湾版）；公开征求碳足迹标签设计；年底前以自愿标示方式试行；依 ISO 14067 第一版草案的操作规范修正台湾版本。第二阶段为证明标签及推广阶段，时间节点为 2011—2012 年，主要任务为根据 ISO 大会通过的国际标准文本，修正之前的操作版本，正式推动碳足迹标签实施。

2009 年 9 月，台湾“环保署”以“别让地球碳气 · 迈向低碳社会”为主题，举办了台湾碳足迹标签 logo 设计征选活动，中选标签于 2009 年 12 月正式亮相。目前已有 LCD 显示器、光盘片、茶饮及夹心酥、牛轧糖等厂商，愿配合政府施行碳标签标示政策。台湾碳足迹标签已于 2010 年 4 月开始正式在相关产品上使用（图 12-11）。

---

[1] UNFCCC：United Nations Framework Convention on Climate Change，《联合国气候变化框架公约》。CDM：清洁发展机制（Clean Development Mechanism），是《京都议定书》中引入的灵活履约机制之一。核心内容是允许缔约方（即发达国家）与非缔约方（即发展中国家）进行项目级的减排量抵消额的转让与获得，在发展中国家实施温室气体减排项目。

台湾碳足迹标签依据台湾“环保署”推出的“碳足迹计算准则”进行产品碳足迹评价，该准则吸收了国际上现有的各碳足迹计算准则的精华。同时，台湾“环保署”还表示，待 ISO 14067 国际标准正式公布后，将采用其成为台湾的标准版本。

「台灣碳標籤」意涵說明

图 12-11　台湾碳标签

第三节　碳标签对我国贸易影响的理论分析

尽管碳标签制度目前在各个发达国家处于自愿实施阶段，但可以预见的是，当本国消费者形成对于碳标签的普遍认同后，这些国家很可能将碳标签作为一种国际贸易技术壁垒来对我国出口商品加以限制，即强制要求我国出口产品贴上碳标签，如果出口产品不能满足一定的最低碳排放量，就无法获得该国的进口允许。

本节通过假设他国在国际贸易中对我国实施碳标签壁垒的情况，运用国际贸易经济理论进行分析，旨在从理论角度预测将来碳标签贸易壁垒的可能实施对我国经济运行、产业结构、消费者福利等方面的影响。

由于我国碳标签体系尚未建立，并且在国际贸易中我国通常处于出口国的位置，出口产品也多为高碳排放量产品，因此本节相关分析均以我国作为国际贸易中的出口方为前提，分析我国遭受碳标签壁垒所受到的经济影响，而较少考虑我国作为国际贸易中进口方的情况。为便于简化分析，有以下假设：（1）除碳标签贸易壁垒外，不存在其他贸易壁垒措施；（2）采用两国模型，即国际市场上只有一个进口国和一个出口国，这样进口国的出口产品壁垒措施会对出口国产生直接影响；（3）运输成本为零。

一、碳标签壁垒的作用机制

碳标签对于我国贸易的经济影响，是建立在其作用机制上的。碳标签的作用机制可以分为两类：首先，碳标签具有控制我国出口商品数量的作用，即只有符合一定碳排放量标准的商品才能获得进口允许，导致出口商品数量减少；其次，碳标签具有控制出口商品价格的作用，即我国出口厂商为了满足碳排放量标准，只能增加出口商品成本，导致出口商品的价格提高。根据国内学者冯宗宪、柯大纲的定义，这两种作用机制分别称为数量控制机制和价格抑制机制。

在碳标签贸易壁垒制定的初期，由于我国出口商品难以完全符合进口国的碳标签标准要求，只有少量企业能够及时改进生产，跨越碳标签贸易壁垒，因此也导致了产品成本的上升，从而产生了贸易限制效应。贸易限制效应是指在进口国设置碳标签贸易壁垒后，造成我国国内供给量减少，出口也随之减少，从而产生贸易限制的效果。

如图 12–12 所示，进口国市场上商品 X 的中国商品供给函数在设立碳标签前后分别为图中的 S_f 和 S'_f，而 S_{h+f} 和 S'_{h+f} 表示国内外供给加总后的市场上商品 X 上移的总供给曲线，商品 X 的局部供求均衡点由 E 转移到 E'，相应的商品 X 的进口量由 Q_1 缩减为 Q_0，碳标签贸易壁垒一旦实施，会抑制商品 X 的进口量，其数量为（Q_1-Q_0）。

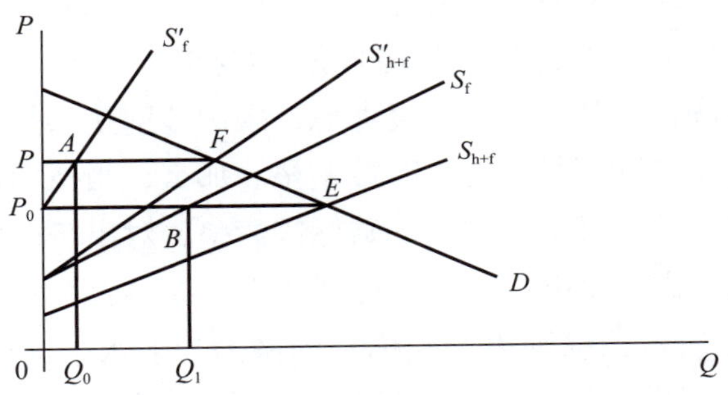

图 12–12 碳标签壁垒的数量控制机制

当碳标签贸易壁垒设置过高、我国出口商品完全不能达到进口的碳标签标准要求时，就会产生贸易的禁止效应。造成我国的国内供给量大幅减少，只能满足国内需求，出口量为零，从而产生完全禁止贸易的效果。

（一）价格抑制机制

我国出口厂商为了跨越贸易中的碳标签壁垒，同时满足目标市场消费者需求，必然会提高产品成本，碳标签对于我国出口企业成本的影响主要体现在以下几个方面：

（1）技术成本 C_1。厂商为了满足碳标签要求，不得不改进工艺，降低产品碳排放量，其中引进技术、更换设备、雇佣新员工、自我检测的费用会导致制造成本的上升。

（2）适应成本 C_2。不同国家的碳标签认证体系并不相同，同时一个国家的碳标签认证体系也在不断更新变化，企业为跨越新的碳标签壁垒，要不断收集信息、重新认证甚至更改工艺流程，聘用新员工，由此增加企业适应性成本。

（3）销售成本 C_3。碳标签壁垒迫使企业更换包装形式，同时，为重塑商誉，企业还须支付额外的广告宣传费用，这将引起出口企业销售支出的上升。

（4）相关费用 C_4。碳标签壁垒引发的检验环节和认证制度产生的相关费用，直接增大我国出口企业的出口成本。

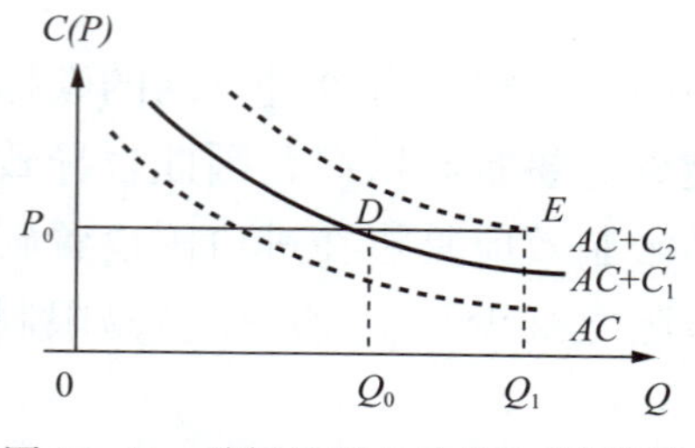

图 12–13 碳标签壁垒的价格抑制机制

由于需要跨越碳标签壁垒，我国出口商品的成本将会上升，而阻碍该种商品出口，最终降低出口企业利润，这就是碳标签壁垒的价格抑制效应。如图 12–13 所示，为简化分析，假设我国出口商品 X 的数量等同于进口国的进口量，当进口国不设置碳标签壁垒时，出口产品在进口国市场上的价格及单位成本分别为 P_0 和 AC，出口量为 Q_0，单位净收益为 P_0-AC；进口国设立碳标签壁垒后，产生了一系列附加成本 C_1 和 C_2，使得出口产品的单位成本增加到 $AC+C_1$ 或 $AC+C_2$。若 $AC+C_1 > P_0$，则出口产品的单位收益相应减少 C_1，产品单位成本上升 C_2 的情况与之相同。

（二）动态抑制效应

前文分析了碳标签壁垒对贸易的静态抑制效应。而将来有可能设置的碳标签壁垒将会随着技术进步而不断调整，例如当减排技术进步时，碳标签壁垒所规定的商品最小碳排放量会相应地降低。从动态的角度考虑，碳标签壁垒只是与进口国当前的减排技术相匹配，可以说是国际贸易中的临时性壁垒。那么，当技术进步时，我国出口企业跨越了碳标签壁垒之后，又会出现新的碳标签壁垒，对出口产生新一轮的抑制。这种循环的抑制过程就是碳标签壁垒的动态抑制效应。

如图 12–14（a）所示，纵轴表示碳标签壁垒的当前水平，横轴代表我国出口商品 X 的数量，出口曲线向下倾斜，当碳标签壁垒为 T_0 时，只有达到或少于该排放量的商品 X 方可允许进入进口国市场，对应的商品 X 的出口量 Q_2；当进口国逐步把碳标签壁垒规定的碳排放量降低，从而碳标签壁垒提高到 T_1 或更高时，出口量随之减少为 Q_1 和 Q_0。在图 12–14（b）中，我国出口厂商提高了减排技术水平，面对进口国更高的碳标签壁垒 T_1 时，商品 X 的出口量较图 12–14（a）明显地提高了很多，表明有更多的 X 商品能顺利进入进口国市场。

由上述分析可以看出，我国企业要想在应对发达国家的碳标签壁垒时占据有利地位，关键在于提高自身的减排技术水平，提升产品的技术优势。

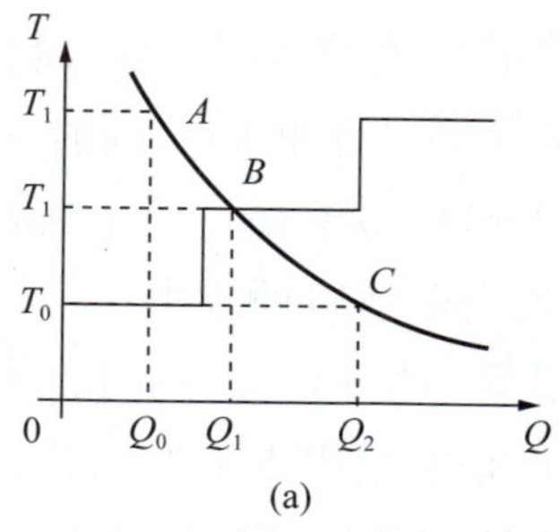

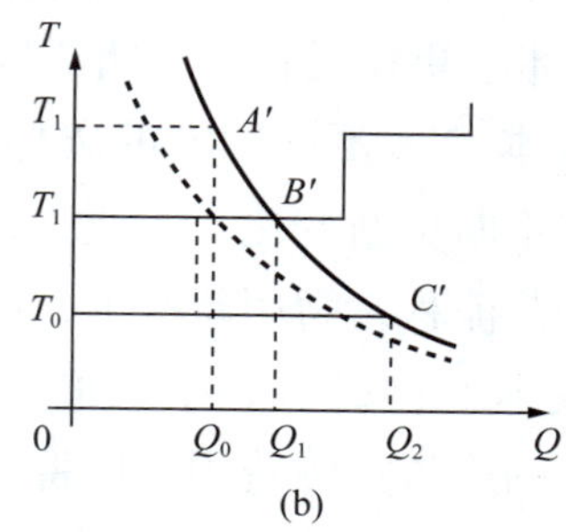

图 12–14 碳标签壁垒的动态抑制效应

二、碳标签壁垒的经济效应分析

（一）消费者效应

通常来说，进口国所设立的碳标签壁垒对于减排技术的要求会高于我国的减排技术水平。面对进口国的碳标签壁垒，由于短期内无法提高技术水平，我国的出口厂商可以选择更换出口市场，绕开碳标签壁垒，即转向第三国市场出口，或者从第三国市场通过转口贸易进入该国；或是停止产品的出口，转向国内继续生产。在中长期内，出口厂商则可以通过提高生产技术水平来直接满足碳标签壁垒的要求。

当我国出口厂商选择转变出口市场策略时，如果因此而开拓出新的市场，导致产量增加，出口规模和国内生产规模扩大，则国内消费者能从规模经济带来的成本降低中获利；如果出口市场萎缩，产量减少，则国内消费者将承受产品价格上升的后果。当采取减产或停产策略时，出口厂商可能将产品转移到国内市场，使产品的供应量增加，价格下降。这样，我国国内消费者福利上升。

在中长期内，我国出口厂商为了跨越碳标签贸易壁垒，最优策略是提高减排技术水平，降低商品碳排放量。由于我国市场建立碳标签体系的滞后，厂商会向我国国内市场上提供不同碳含量的产品，那么我国消费者将获得对更多种产品的选择机会，其消费满足程度和福利水平将会提高。

（二）产业效应

1. 碳标签贸易壁垒的短期效应

短期内，碳标签贸易壁垒限制了我国出口，使相关高碳排放量产品产量下降，对于我国的高碳排放量行业的影响是巨大的。从前面的生产者剩余分析也可以看出，在图 12–15 中，相关行业生产者的损失面积为（$a+b+c+d+e$）。这样行业中一些技术水平低、出口依存度高、资本薄弱企业会受到较大的冲击，有可能会导致这些企业破产。而对于资本雄厚、技术水平较高，具有一定垄断地位的企业来说受到的冲击较小。

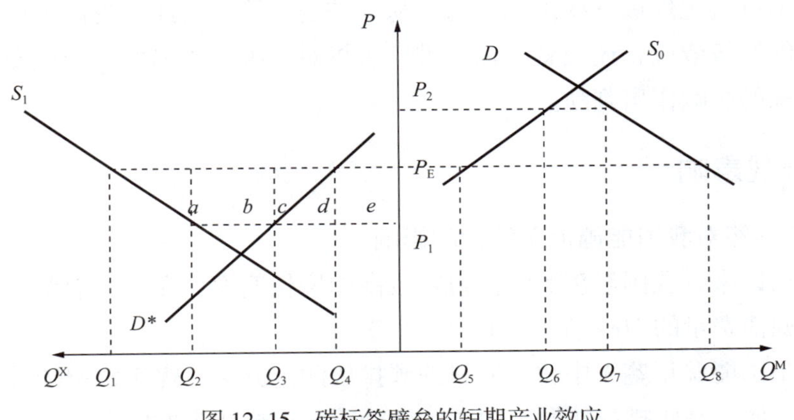

图 12–15 碳标签壁垒的短期产业效应

2. 碳标签贸易壁垒的中长期产业效应

在长期内，技术的变动有利于跨越技术性贸易壁垒，同时会带来出口的增加，图12-16中的*A*到*D*部分反映了这种变化。

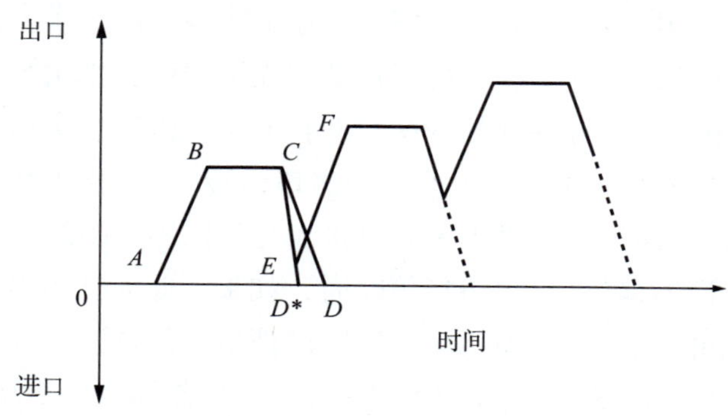

图 12-16　碳标签贸易壁垒的中长期产业效应

一旦我国出口企业能够改进减排技术，跨越碳标签贸易壁垒，使低碳排放量产品能够拥有更强的市场竞争力，则出口量会上升。但若进口国提高碳标签贸易壁垒的标准，我国出口企业就不得不进行进一步的技术提升，从而形成长期的产品出口量变化周期。

可见，碳标签贸易壁垒对于我国来说，既是机遇又是挑战，提升减排技术水平是面对碳标签壁垒的关键措施，通过技术进步可以带动我国走出碳标签壁垒抑制出口的困境。同时对促进我国产业结构升级、改善环境条件、增加消费者福利有积极影响。

第四节　碳标签对我国的总体影响预测

截至2011年，世界上已有10多个国家采用碳标签体系。就目前低碳经济发展的趋势而言，对国际贸易品的碳足迹进行测量，建立统一的碳标签体系已成必然。因而，碳标签不可避免地被一些国家作为贸易保护的手段。为此，我们不仅要从理论上探讨碳标签的经济效应，还应就碳标签推广后将对我国能源消费、产业变革、贸易结构等方面带来的影响作出判断。

一、宏观影响

（一）碳标签对我国能源消费结构的影响

改革开放以来，我国经济始终保持着较高的增长速度。在能源消费结构方面，煤炭占到总能源消费量的70%左右（图12-17）。

根据《中国能源年鉴》中化石原料的碳排放测定方法，煤炭资源碳排放量高于石油与天然气，属于高碳排放能源。图12-18为不同机构测定的以上三种资源的碳排放系数。

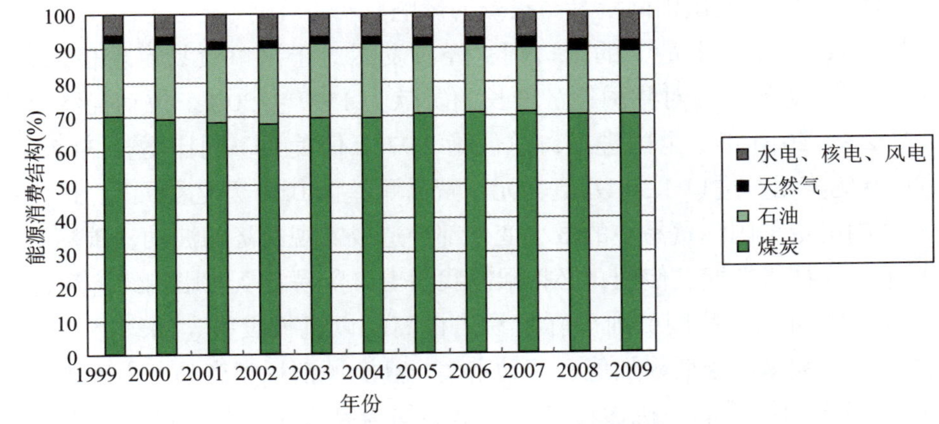

图 12-17 1999—2009 年我国能源消费结构
（数据来源:《中国统计年鉴 2010》）

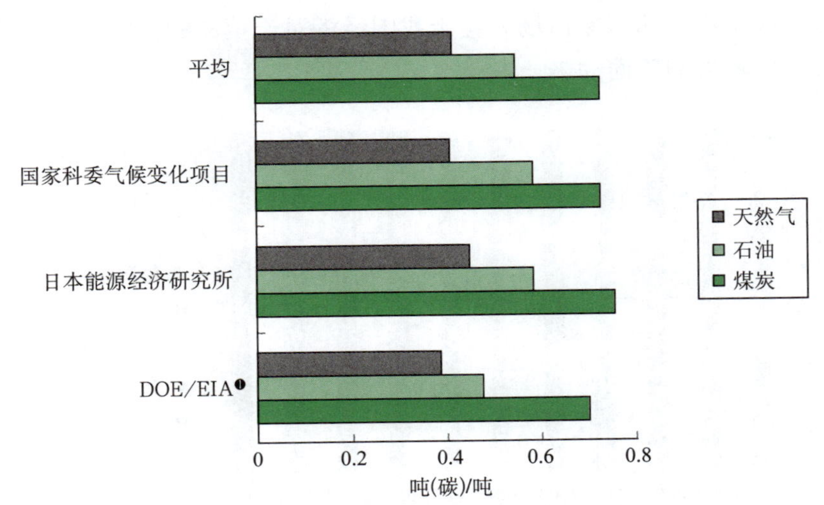

图 12-18 不同能源的碳排放系数
（数据来源：http：//eneken.ieej.or.jp/，http：//www.eia.doe.gov/，http：//www.china5e.com/）

由于能源消费总量的庞大与结构的不合理，目前我国碳排放量为全球第一，占全球总排放量的 1/4。而碳标签的实施必然要求我国的能源消费向低碳模式转变。但是对于煤炭能源的依赖主要是由我国产业落后造成的，而产业结构的调整并非一朝一夕就能完成。同时对于能源的利用与开发的成本太大，而且就储备量而言，我国主要的能源也是煤炭，占到总能源资源的 96%。因此，碳标签一旦实施，我国的能源消费结构必将随之改变，但以煤炭为主的消耗模式不会逆转，太阳能、水、风电能的消费量为了符合碳标签的要求必然会上升，但要进行彻底的调整还需等待长期技术的进步，这也使得我国在短期减排方面面临更大的困难。

❶ DOE（Designated Operational Entity）指清洁发展机制（CDM）中的第三方独立审核机构。EIA 指美国能源信息署。

（二）碳标签对于我国国际贸易与投资的影响

我国作为目前世界上最大的出口国，经济发展对于出口贸易有着极大的依赖。1978—2010 年，对外贸易对我国经济增长的贡献为 15% ~ 20%，拉动经济年均增长在 1.5% ~ 2%。2010 年，全国进出口总值为 2.97 万亿美元，同比增长 34.7%，其中出口 1.58 万亿美元，进口 1.39 万亿美元，贸易顺差为 0.19 万亿美元[1]。正是我国外向经济的体制决定了国际贸易中的微小变化都会造成宏观经济的波动，碳标签一旦在国际贸易中作为技术性壁垒使用，必将限制我国出口贸易，从而影响经济运行。

由图 12-19 可知，我国目前国际贸易出口商品以机械设备、纺织品、化工产品为主。这些产品大多属于低附加值、劳动密集、高资源消耗类产品。由表 12-1 可知，占出口比重最大的纺织品、机械设备、化学品均为高煤炭消耗、高碳排放产品。可见，由于我国贸易产品的结构，其受到碳标签壁垒的影响将会远比其他国家大得多，当碳标签壁垒实施时，这些行业会受到沉重的打击，使产品在国际贸易中的竞争优势丧失，很可能被挤出发达国家市场。鉴于我国经济对于贸易的依赖，出口的萎缩也会对宏观经济产生较大的负面冲击。

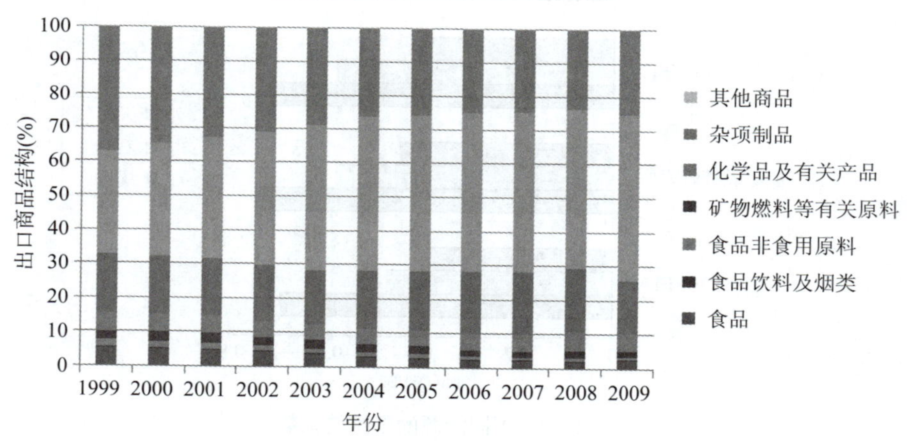

图 12-19　1999—2009 年我国出口商品结构
（数据来源：《中国统计年鉴 2010》）

同时，碳标签也会影响我国与世界之间的资本要素流动，即影响跨国投资流向。碳标签壁垒能有效阻止外国高碳消耗行业生产转移至境外碳标准较低的国家，原来以规避国内严格环保立法限制为目的的在华投资，由于碳标签壁垒的限制，可能会将资金逆向回流至本国。同时，跨国公司可能会采取缩短供应链、减少内部贸易、根据他国减排方案调整海外投资分配等应对措施。此外，发达国家拥有先进的减排技术，通过推行碳标签，迫使我国一些出口企业为规避碳标签壁垒在发达国家生产制造，这会

[1] 商务部网站统计数据页，http：//www.mofcom.gov.cn/tongjiziliao/tongjiziliao.html.

形成我国对发达国家的逆向投资，导致我国资金外流。

表 12-1　2009 年我国主要出口产业能源消耗量
（数据来源:《中国统计年鉴 2010》）

行　　业	煤炭消费量（万吨）	汽油消费量（万吨）	天然气消费量（亿立方米）
食品制造业	1071.85	9.87	2.10
纺织业	2529.12	22.48	1.49
化学品制造业	15067.46	51.75	200.03
矿冶业	50819.18	99.12	68.94
机械运输设备制造业	2184.40	151.38	30.80

二、中观影响

（一）碳标签对我国产业结构的影响

由于碳标签最可能在国际贸易中以技术壁垒的形式出现，因此碳标签对我国行业的影响多集中于出口导向型行业与能源行业。从我国目前的贸易结构看，出口产品集中于低技术、高耗能、高污染的劳动密集型和资源密集型产业，而这些产业均属于低端加工产业链条中的环境污染密集型产业、能源密集型产业。在遭遇碳标签壁垒时，这些产业因出口量受到抑制，有可能转向国内市场。此外，发达国家担心因出口造成的技术外溢，必将对节能减排核心技术和关键领域进行封锁，形成我国进口的被动局面。因而，劳动密集型产业、资源密集型产业的比重有可能进一步加大，使我国成为碳转移目的地与碳生产国，这不利于我国产业结构升级与经济发展。

碳标签在抑制我国出口贸易的同时，也有促进我国产业结构升级的影响。碳标签的实施将会促使我国出口行业转变使用能源的种类，这为我国的风能、太阳能和锂电池等新能源行业提供了发展机遇。而在这些行业上，全球的发展水平差距不大，因此在碳标签在全球普遍发展的前提下，我国可以抓住迅速向低碳经济转型的机会大力发展新能源产业，优化产能结构，实现从能源密集型生产到技术密集型生产的转型。

同时，碳标签的实施能带来新产业发展的契机。随着碳标签的推广，相应咨询服务机构必然会兴起。这些机构可以为企业或组织按照国家标准进行服务，包括按标准进行产品或服务的碳足迹计算；帮助准备申请材料；联系沟通颁发和认证机构；帮助获得碳标签许可。同时，碳标签作为低碳经济的推手，从低碳经济又能衍生出不少商业模式。比较典型的有碳金融行业与合同能源管理行业。所谓碳金融，就是指旨在减少温室气体排放的各种金融制度安排和金融交易活动，主要包括碳排放权及其衍生品的交易和投资、低碳项目开发的投融资以及其他相关的金融中介活动。在发展碳金融方面，渣打银行、美国银行、汇丰银行等欧美金融机构已进行了有益的创新试验。合同能源管理是由节能服务公司（EMC）提供的一种以减少的能源费用来支付节能项目全部成本的节能投资方式。这种节能投资方式允许用户使用未来的节能收益为工厂和设备升级，降低目前的运行成本，提高能源利用效率。

（二）碳标签对我国法规制度的影响

碳标签在一些国家已经初步实施，其全球性的推广与普遍应用将会是必然趋势。就我国而言，碳标签制度的建立需要完善的法规作保障，同时需要标准化的核算规则与实施方法。完整严密的碳标签体系与合理的法规制度，有利于我国出口商品在碳足迹方面的标准化，这对于长期的国际贸易来看是有利的。《世界贸易组织贸易技术壁垒协议》的宗旨是：国际标准和认证制度可以为提高生产效率及加速国际贸易的发展作出更大的贡献。以 ISO 9000 质量体系为例，"在我国华东六省地区，其认证数每增长 1%，将会引起出口贸易增长 0.46%。"因此，碳标签的引入有助于我国相关法规体系的完善，特别是行业法规体系的完善。

三、微观影响

（一）碳标签对我国企业的影响

在产品上加贴碳标签主要通过两种方式进行，分别是由生产商自行加贴和由销售商加贴。下面将分别对这两种方式对企业未来可能造成的影响进行估计。

在前文的理论分析中，我国出口企业会受到碳标签壁垒阻碍而不得不加贴碳标签，从而受到出口抑制影响，出现生产转移、成本上升等现象，最终导致企业造成大量损失。除国际贸易外，为了迎合市场趋势，我国面向国内的厂商在未来的生产中必然也会在产品上加贴碳标签。为了降低碳足迹，适应碳标签制度，我国出口与非出口企业会面临技术上的障碍。目前国外实行碳标签的产品主要有机电、农产品、食品、化工等高碳排放产品，而我国这些产业均存在能源利用效率低下、减排技术落后的现象。以钢铁企业能源消耗为例，"我国大型钢铁联合企业每吨钢综合能耗与小型企业相差 200 千克标准煤左右，大中型合成氨吨产品综合能耗与小型企业相差 300 千克标准煤左右。先进技术的严重缺乏与落后工艺技术的大量并存，使中国企业的能源效率比国际先进水平约低 10 个百分点，高耗能产品单位能耗比国际先进水平高出 40% 左右。"而发达国家，特别是美国，一方面，对我国实行严格的技术出口限制，使我国企业很难引入先进的技术，短期内又无法实现技术的突破；另一方面，发达国家还控制着碳足迹测算标准，它们一旦设定或抬高这个标准，它们的国内企业只需要花费较低的成本，就能较容易地实现碳减排，我国的商品要想获得碳足迹的认定和碳标签的加注，则需承担一定的时间成本和不菲的申请价格，成本上升与技术障碍的同时作用必然会对企业造成负面影响。

就目前来看，除日本提出产品和服务的碳足迹系统项目，试行碳标签制度，要求包括农产品、轻工和部分机电产品在内的 94 类产品加贴碳标签外，其他国家大部分由销售商主动提出产品加贴碳标签以争取消费者。由市场引导并由销售商实行的碳标签加贴很可能是未来我国碳标签推广的主要趋势。以外国为例，“从 2007 年 1 月开始，英国最大的超市特易购（Tesco）就表示将来所有上架的 7 万种商品上都要求加注碳标签，并已在空运的商品上加注飞机小标志，表明空运在商品的生命周期中是主要的碳排放来源之一。法国超市卡西诺（Casino）采用食物里程的概念来表述碳排放量，并在自有品牌的商品上同时标注环境友好和二氧化碳排放量两个标志。”沃尔玛已要求 10 万家供应商必须完成碳足迹认证，贴上不同颜色的碳标签。以每家沃尔玛直接供应商至少有 50 家上下游厂商计算，影响所及超过 500 万家工厂。沃尔玛很可能成为在中国率先采用碳标签的大型零售厂商，并且可预见的是，在售卖产品上加贴碳标签会成为我国零售商未来的共同行为[1]。

（二）**碳标签对我国消费者的影响**

碳标签的产生与发展是建立在消费者对于低碳消费的认同和为低碳消费支付减排溢价的意愿上的。碳标签保护了消费者的知情权，让消费者在知情的基础上作出自由选择。随着低碳环保理念在大众中的普及，大多数碳标签所披露的产品碳足迹将直接面向消费者，越来越多的消费者会选择碳足迹信息表现优秀的产品，而产品零售商也会更多地引进这样的商品以增加销量。我国目前尚未实施碳标签，意味着消费者还没有具备普遍的低碳消费观念。随着碳标签引入我国，它会唤醒我国消费者的全面环保意识，促进我国低碳消费环境的建立，最终形成由消费者开始、由零售商倡导、由生产商实践的碳减排路线。

在本章第三节中，可知碳标签壁垒在短期内会促使我国企业进行市场转移。这是由于在短期内我国企业受限于目前减排技术，可能无法满足碳标签要求的碳排放标准，因此不得不转向国内市场生产，这样产品价格下降，有利于我国消费者。

在长期内，我国厂商为了满足国内与国外市场消费低碳化的趋势，必然需要提升减排技术，降低商品碳足迹。碳标签带来的长期的技术改进，将满足消费者对于产品环保低碳的需求，同样对于消费者来说，有着正面积极的影响。

第五节　我国的应对之策

目前，国外试行碳标签制度的产品主要涉及机电、农产品、食品、化工等类别，这些均是我国的主要出口创汇产品。一旦发达国家在商品进口贸易中强制推行碳标签制度，必将给我国的企业、行业、国家带来极大的负面影响。为此探讨对策措施已成为摆在我们面前亟待解决的重要问题之一。

[1] 沃尔玛官方网站：http：//www.wal-mart.com/.

一、国家层面

（一）制定计算标准

碳排放标准的制定是低碳经济研究的重要课题，伴随着能源和环境问题的日益突出，许多经济体都将低碳经济当成未来经济发展的范式。在这样的预期背景下，有必要及时采取一定的战略措施，特别是在低碳经济尚处于起步阶段的今天，研究和制定适合我国经济发展现状和转型要求的碳排放标准至关重要。这对于深化我国对低碳经济的认识，推动经济低碳化发展，充分利用碳排放标准维护国家利益，避免在其他国家制定的标准下亦步亦趋有着重要的战略意义。国际社会之所以会重视碳排放标准，主要在于其归根结底属于国际规则制定的一部分，一个国家的低碳标准如果不能被国际低碳经济发展认同，则意味着国家在未来发展中话语权和存在感的丧失，不得不在低碳经济进程中处于被动地位。

目前的碳排放量通过模型、测量、估算等诸多方法确定，准确度和适用性还需要进一步完善发展。特别是中国作为世界上最大的发展中国家，建立自主的碳排放计算标准，完善低碳经济测量及报告的基础设施，本身就是对低碳经济发展有力的支持和推动。目前国际上关于碳排放计算标准的话语权一直被发达国家把持，这对于我国发展低碳经济有着极大的负面影响。为了实现我国资源节约型、环境友好型社会的建设和经济低碳化发展的目标，有必要建立起我国自主的碳排放计算标准，进而量化我国的碳排放，为低碳政策的研究和制定打好基础。

我国的碳排放计算标准应当充分考虑本国的具体国情，要符合适当适度的原则，不能超越我国的发展阶段，不能损害增长和发展的目的。操作层面可以考虑参考 WRI 和 WBCSD 共同制定的 GHG 协议[1]，以企业为主要的基层核算单位，仿照一些财务审计标准的做法，根据不同单位的排放和制造设置，并追踪产品的转移路径，核算具体的排放数量。碳核算部门可以大致将碳排放计算标准设定为直接排放和间接排放两个不同的范畴，直接排放的标准用于核算生产流通过程中造成的直观的碳排放，间接排放的标准则可以用于实体不可控的碳排放。碳排放计算标准的确立是制定碳标签制度的前提。

我国的碳排放计算标准除了考虑我国国情、透明度和准确性以外，更需要在一定程度上符合国际标准，得到国际社会的认可，从而可以深化我国同发达国家在低碳经济发展过程中的合作。同时也需要发达国家充分考虑到我国作为发展中国家的现状，理解我国由于发展阶段的限制还无法做到与发达国家相同的标准，尽量减少因为碳排放标准的不接轨造成的贸易障碍。

[1] 温室气体议定书网站：http：//www.ghgprotocol.org.

（二）调整产业结构

前面的研究表明，第二产业所占比重越高（图 12-20），国民经济整体碳排放强度就越高，尤其是第二产业中的高耗能产业对二氧化碳排放的增加影响更大。中国是制造业大国，制造业出口也是我国对外贸易的最大部分。由于我国传统的贸易增长方式为粗放型，对外贸易的发展主要是依靠数量的增长和规模的扩张，出口的产品以劳动密集型和资源密集型为主，具有高投入、高能耗、低效益的特点，出口产业的技术含量、环保标准都很低，不具有可持续性，因而碳标签制度会对我国的出口贸易产生很大的影响。

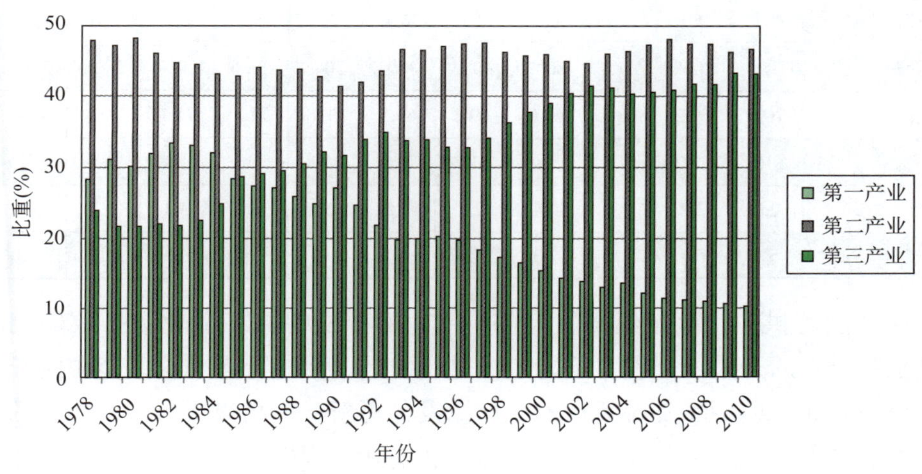

图 12-20 我国三次产业比重
（资料来源:《国家统计年鉴》）

为此，我国必须大力调整产业结构，推动经济增长方式转变，促进传统产业格局的升级改造。政府应积极引导高碳产业发展，并帮助高碳产业进行转型，提高资源利用率，减少产品生产过程中的单位能耗，逐步淘汰落后产能。政府也可以通过限制高耗能产品出口，同时加大低碳产品出口退税率力度等方式，控制高耗能产业过快增长，使竞争优势向低碳产业集中，增加低碳产业在国民经济中的比重，促进产业结构的优化升级。

（三）优化能源结构

目前我国还处于经济高速发展的时期，各个产业对能源的需求十分旺盛。而我国“富煤、少气、缺油”的自然资源条件，决定了能源结构中煤炭的主体地位（表 12-2）。

据理论估算同样发出 1 万千卡的热量，大约需要 1.2 立方米的天然气，产生 2.26 千克二氧化碳；需要原油 1.09 千克，产生 3.37 千克的二氧化碳；需要煤炭 1.73 千克，排放出 5.14 千克二氧化碳。同天然气和原油相比，煤炭在燃烧过程中产生的二氧化碳最多，还会有影响人类呼吸系统健康的少量二氧化硫等气体产生。同时煤炭在开发、生产及运输过程中，还会对大气、水体等造成污染破坏，因此我国要加快优化能源结构，发展新能源，以顺应低碳经济发展的大趋势。

表 12-2 我国能源消费构成

（资料来源:《国家统计年鉴》） 单位：%

年 份	1978	1980	1985	1990	1991	1992	1993	1994	1995	1996	1997	1998
煤炭	70.7	72.2	75.8	76.2	76.1	75.7	74.7	75.0	74.6	73.5	71.4	70.9
石油	22.7	20.7	17.1	16.6	17.1	17.5	18.2	17.4	17.5	18.7	20.4	20.8
天然气	3.2	3.1	2.2	2.1	2.0	1.9	1.9	1.9	1.8	1.8	1.8	1.8
水电、核电、风电	3.4	4.0	4.9	5.1	4.8	4.9	5.2	5.7	6.1	6.0	6.4	6.5
年份	1999	2000	2001	2002	2003	2004	2005	2006	2007	2008	2009	2010
煤炭	70.6	69.2	68.3	68.0	69.8	69.5	70.8	71.1	71.1	70.3	70.4	70.9
石油	21.5	22.2	21.8	22.3	21.2	21.3	19.8	19.3	18.8	18.3	17.9	16.5
天然气	2.0	2.2	2.4	2.4	2.5	2.5	2.6	2.9	3.3	3.7	3.9	4.3
水电、核电、风电	5.9	6.4	7.5	7.3	6.5	6.7	6.8	6.7	6.8	7.7	7.8	8.3

在保证能源供应、满足经济发展的同时，对煤炭等高二氧化碳排放的能源，一方面要限制对它的开采、开发，不能追求过快发展，要充分考虑这些能源的长远利用问题；另一方面，要不断发展新技术，加快设备更新，提高煤炭等传统能源的利用效率，加大节能力度，减少开发、生产、运输和消费过程中对环境的不利影响，实现绿色经济。

同时我国还应促进能源供应的多样化，积极推进天然气、风能、太阳能、核能等新能源的开发利用，加大地热能、海洋能、生物质能等可再生能源在能源消费结构中的比重，降低对煤炭等高碳排放能源的依赖程度和消耗，逐步推进我国的能源结构向低碳化、洁净化、生态化转变和发展。

（四）加强宣传教育

中国经济高速发展了三十多年，在享受国内生产总值快速增长带来的成果的同时，也面临着资源消耗过快、生态和环境恶化的客观现实，并有可能限制我国在未来的进一步发展。我国是世界上人口最多的国家，基数巨大的人口意味着巨量的资源消耗和碳排放，但是如果宣传教育得当，也存在着很大的减排潜力。

与国际社会相比，我国公民个体的环境和低碳意识相对薄弱，对于温室气体和气候变化的认识不足，需要国家相关部门加大宣传教育的力度，对基层单位和个人进行科学有效的引导，将环保和低碳融入到生产和消费主体的意识之中。我国政府要充分利用媒体的宣传力量，倡导低碳的生活方式，转变市场主体高碳的生产消费观念。可以考虑树立低碳环保企业和个人的典型，并给予一定的鼓励和宣传，在全社会树立低碳生产者和消费者的良好榜样。

宣传低碳经济还要注意从小抓起，建立起相关的多层次教育体系，注重培养学生的低碳和环保的意识，建立起长期有效的低碳发展机制。

（五）开展环境外交

近年来，我国在能源节约、环境保护、植树造林以及应对气候变化的政策和行动上，付出了很大的努力。然而这些努力却并不为人所知，国际上仍有很多发达国家意图通过采用碳标签等形式的壁垒来实现对本国弱势产业的保护，给我国出口企业造成很大压力。

因此，我国政府应积极开展环境外交，努力宣传我国在促进低碳经济方面的各项努力和成就，树立起我国负责任的环保大国形象，这有利于我国在低碳经济的国际博弈中占据道德制高点，掌握话语主动权，通过谈判争取减少低碳经济对我国国际贸易的压力。另外，我国还应坚持“共同但有区别的责任”原则，与众多发展中国家团结起来，形成合力，积极参与到国际气候谈判和低碳规则的制定中，维护发展中国家的权利，抵制发达国家提出的不切实际的减排措施，这样才可以在权利义务对等的基础上，客观公平地维护我国及广大发展中国家的相关利益。同时，我国政府还应积极响应《京都议定书》中的清洁发展机制，利用发达国家提供的资金和技术实现双赢。

二、行业层面

（一）规范行业标签标准

有了规范的碳标签标准，出口产品在国际上才会被更好地认可。许多企业的产品就是因为缺少规范的碳标签认证而被拒在国际市场门外，碳标签在国际贸易中的地位越来越重要。碳标签制度一般都是自愿性的，所以规范行业标签标准的任务便成了行业协会的责任。行业协会要结合我国基本国情及本行业具体情况，制定适应自己行业的统一规范的碳标签标准，确保认证机构的公正性和权威性，提高我国出口产品的竞争力。

我国一些产品出口受阻，主要是由于单个企业信息系统不健全、对进口国碳标签制度不了解，提高了交易成本，错失了成交机会。行业协会应吸取这方面的教训，加强对我国主要贸易伙伴国家碳标签政策、结构和内容的研究，密切注视全球碳标签制度变化的新动向，使我国的出口产品避免落入碳标签壁垒的陷阱中。同时行业协会应积极与国外知名认证机构建立合作关系，建立与国际权威碳标签认证机构的相互认可机制。相互认可认证，有利于打破碳标签带来的贸易壁垒，提高我国产品声誉，节约产品在重复认证中的巨额费用。

我国行业协会还应积极参与各种国际标准化组织的活动，推进国际标准的制定、修订和协调等工作的进行。国际标准化组织制定的标准为大部分国家所承认，使产品在全球市场有一个统一规范的并能够被各国认可的标准，而且也能反映出各行业当前最新的技术动态。我国各行业协会应积极关注和研究这些标准，既可以有效突破碳标签技术壁垒，又是一种廉价的碳标签标准的引进。同时行业协会还应积极参与国际标准的制定、修订和协调工作，不断加强与西方工业发达国家的双边或多边碳标签标准化项目合作，这样不仅可以将国际标准和国外先进标准吸收到我国碳标签标准中来，更重要的是还可以将我国在碳标签标准方面的想法和意图反映进去，最大限度地反映我国企业的利益。

（二）发挥协会协调作用

行业协会是由行业内部分散企业组成的民间组织，它为企业提供咨询、沟通、协调的服务，既要协调行业内部企业之间的合作竞争关系，又要作为行业的代表协调企业与政府的关系。行业协会是政府和企业之间的桥梁和纽带，既可以代表行业内企业向政府反映自己的意见，同时还能够帮助政府把相关政策法规宣传到广大企业中去。

在低碳经济不断发展的背景下，行业协会更应树立为企业服务的理念，在国际行业信息收集、组织企业应诉等方面发挥起政府和企业无法取代的作用，积极帮助业内企业应对碳标签等低碳壁垒。行业协会一方面代表行业内广大企业与政府就国内碳标签制度进行沟通、联络、交流；另一方面使企业在反映与表达本行业企业面对低碳经济国际贸易的困难与问题时，有了与政府各行政主管部门进行对话的合理对话权。西方工业发达国家的实践证明，充分发挥行业协会的协调作用，可以更好地发出本行业企业共同的声音，能最终达到维护本行业利益的目的。

行业协会除了协调企业与国内政府的关系，还应积极协调出口企业与国外政府部门或相关组织的关系。各行业协会应该设立专门的部门负责各国碳标签的信息收集和分析工作，及时收集国外同行业的碳标签制度的动态，了解主要贸易伙伴国碳标签的法规、技术和标准，建立相关信息中心、数据库及咨询机构。同时还应加强对有关问题的公共技术的研究，建立咨询点，便于为企业服务。单个企业力量薄弱，很难对国外繁多的碳标签相关政策进行深入研究，也很难在国际上发出自己的声音，只能被动地去接受国外制定的规则。而行业协会可以很好地解决这个难题，代表企业及时深入地对各国相关壁垒进行关注，避免了重复研究，加强了专业化，同时在外国规则制定时也能表达出本国企业的观点，减少国际贸易摩擦，积极参与国际市场竞争。

（三）关联行业集中优化

碳标签关注产品整个生命周期的碳排放，生产、加工、流通各个环节的二氧化碳排放都会记在内，最终产品的出口销售不是一个行业单独的事情，关系着上下游很多行业。为了减少产品的碳排放，除了关注本行业内部碳排放的控制，还要加强关联行业间的配合，更好地实现降低碳排放的目的。

行业协会应在关联行业集中化上发挥积极作用，努力促进相关行业的联合与交流。不同行业的协会加强联系，促进公司在空间上的优化组合，将有利于提高资源、能源的利用效率，实现规模低碳经济。根据产品生产的流程，推动相关企业自发集聚，优化行业布局和调整行业组成结构，实现资源、能源的综合利用和循环使用，最大限度地提高生产效率，降低产品整个生命周期的碳排放。产生关联行业集中化后，还可以通过集中供暖、供冷，集中水电供应，以及集中垃圾肥料管理等，进一步降低二氧化碳的排放。

三、企业层面

（一）推进绿色营销

低碳经济的发展需要市场微观主体在市场行为的转变，而企业作为重要的市场主体，在低碳经济从概念和学术层面逐步走向具体操作时，选择相适应的绿色营销策略对于公司未来生存和发展都有着极大的影响，如果低碳经济能够得到持续发展，绿色营销也将成为未来主流的营销模式。

消费者是企业营销的对象，随着低碳经济逐渐深入人心，消费者绿色消费的意识日益觉醒，绿色营销正是要迎合这种绿色需求。企业要进行绿色营销，要在自身产品的生产和流通过程中减少环境污染和碳排放，促进各种材料的循环再利用和废物的有效回收处理，并通过各种方式培养消费者在消费过程中的环保意识。这就使得企业在生产经营过程中有了新的约束条件，除了对利润的追求以外，还要考虑迎合消费者的绿色需求和社会的低碳发展趋势。

在绿色营销具体的操作层面上，绿色广告是一种直接有效的手段。绿色广告要在广告宣传中突出企业产品和服务绿色低碳的特征，营造负责任的企业形象，将环保低碳的产品信息传送到消费者，不断培养消费者的绿色意识，并吸引更多的客户，培植潜在需求。绿色广告不仅仅是将绿色低碳的意识宣传出去，更重要的是要能够说服消费者，将低碳的意识植于消费者，使得消费者把产品是否绿色低碳作为选择产品的重要考虑因素，从而使在产品和服务低碳方面做得更好的企业在竞争中占据优势。

另外，在产品的运输和配送阶段，建立绿色的物流和分销体系也是企业进行绿色营销的重要组成部分。在产品的运输、仓储和装卸的过程中需要加强对环境保护问题的考虑，净化产品的分销渠道，以绿色的渠道运送绿色产品。比如可以建立零库存制度，提高产品物流的效率，在降低经营成本的同时也能够降低能源消耗，形成绿色的产品供应链。

我国企业的绿色营销虽然有了一定程度的发展，但仍然面临着许多障碍：在消费者层面，绿色消费的意识还未真正形成，尚且不存在真正意义上的绿色需求；政府层面缺乏政策引导和相关立法，对于绿色低碳的企业的鼓励仍然不足，使得企业在进行绿色营销时有可能陷入不公平竞争的泥淖；在企业自身方面，许多企业的管理模式和营销策略仍然比较传统，需要进一步改造以适应绿色营销的需求。总之，在低碳经济发展的大背景下，绿色营销是企业低碳成长的重要手段，随着时间的推延和技术的进步，在低碳意识普及和绿色需求具备相当规模的时候，绿色营销的巨大作用也将体现。

（二）实施多元战略

由于各国低碳经济发展水平不均衡，进口产品碳标签的标准也不一样，因此企业应制定多元化战略，积极开拓新市场，降低由于某一国家提高碳标签标准而导致企业陷入危机的风险。目前，我国大部分产品都出口到了欧盟、美国和日本，而这些国家正是碳标签的主要发起国，其标准远远高于其他国家的水平。因此，企业应注意调整产品出口的地理方向，扩大向广大发展中国家的出口，这样便可以避开相对严格的碳标签制度，降低产品的出口成本，降低出口过度集中隐含的潜在风险，实现出口市场的多元化。

企业还应重视本国市场的开发，扩大国内市场的需求，这样会减少出口中碳标签造成的贸易摩擦，可以给企业更充裕的时间去应对低碳经济下的碳标签制度。我国是一个经济高速发展的大国，国内需求还具有无限的开发潜力，企业应时刻把握好国内这个大市场。同时国家政策也积极偏向于提升国内消费需求，企业应把握住政策倾向的好时机，大力拓展国内市场，在增加自身经济效益的同时提高企业抵御外部风险的能力。

（三）加强技术研发

加强技术研发，努力降低生产过程中的碳排放，是企业应对低碳经济最根本的策略。但是不同行业的企业在技术研发应对碳标签方面都有自己侧重的方面，下面将分几个行业进行讨论：

机电企业应重点通过生产技术改造，鼓励企业使用新技术、新工艺、新设备，加快淘汰落后产能，提高节能减排的技术和管理水平。

纺织品企业应注重于新材料的研发，积极开发低碳环保的材料，生产出低碳纺织品。在一些西方工业发达国家，很多纺织企业会对使用广泛的聚酯瓶进行回收，然后经过清洁、压碎等流程重新制造原材料，再生产出高质量的纤维，如美国有30%的聚酯短纤维是利用再生原料生产的，这对我国纺织企业的低碳发展起了导向作用。

钢铁企业是碳排放的大户，它们产生的二氧化碳具有量大且比较集中的特点，非常适合碳捕捉及封存技术的研发和推广。企业可以把生产过程中产生的二氧化碳收集起来，使其不进入大气层，埋入不会逸出的地下，集中处理，加快碳循环，同时也降低了自身的碳排放。碳标签测算产品整个生命周期的碳排放，各个行业的技术研发都影响着整个产品链条上总的碳排放，只有各个企业都积极加强适合本行业的技术研发，才能真正减少出口产品的碳排放，消除碳标签对贸易的影响。

参考文献

[1] 王丽丽．低碳壁垒及其实施对我国出口的影响及对策［J］．北方经贸，2011，(8)：19–20.

[2] 陈荣圻．低碳经济下的碳标签机制实施［J］．染料与染色，2011，48（4）：57–62.

[3] 吴丹丹，丁雪军，蒋红，等．纺织品碳标签的发展与展望［J］．纺织导报，2011，(3) 19–22.

[4] 王军．国际贸易视角下的低碳经济［J］．世界经济研究，2010，(11)：50–55.

[5] 吴洁，蒋琪．国际贸易中的碳标签［J］．国际经济合作，2009，(7)：82–85.

[6] 尹忠明，胡剑波．国际贸易中的新课题：碳标签与中国的对策［J］．经济学家，2011，(7)：45–53.

[7] 裘晓东．国际碳标签制度浅析［J］．大众标准化，2011，(1)：47–51.

[8] 吴林海，赵丹，王晓莉，等．企业碳标签食品生产的决策行为研究［J］．中国软科学，2011，(6)：87–99.

[9] 齐晔，李惠氏，徐明．中国进出口贸易中的隐含碳估算［J］．中国人口资源与环境，2008，18，(3)：8–13.

[10] 帅传敏，吕婕，陈艳．食物里程和碳标签对世界农产品贸易影响的初探［J］．对外经贸实务，2011，(2)：39–41.

[11] 胡莹菲，王润，余运俊．中国建立碳标签体系的意义［J］．经济研究参考，2010，(30)：30.

[12] 徐俊．碳标签对我国对外贸易的影响及对策分析［J］．中国经贸导刊，2010，(24)：27–28.

[13] 陈泽勇．碳标签在全球的发展［J］．信息技术与标准化，2010，(11)：11–14.

[14] 胡莹菲，王润，余运俊．中国建立碳标签体系的经验借鉴与展望［J］．经济与管理研究，2010，(3)：16–19.

[15] 马爱进，赵海珍．我国食品行业建立食品碳标签标识探析［J］．中国食物与营养，2011，17，(5)：5–8.

[16] 麦文伟．应对国外低碳贸易新壁垒的策略选择［J］．中国检验检疫，2011，

（6）：49–50.

［17］郭莉，崔强，陆敏．低碳生活的新工具——碳标签［J］．生态经济，2011，（7）：84–86.

［18］黄志刚．技术性贸易壁垒经济分析的综合模型和弹性条件［J］．国际贸易问题，2008，（4）：36–42.

［19］沈一娇，刘正．低碳壁垒对我国出口贸易的影响及我国应对的法律措施——以江苏出口贸易为视角［J］．行政与法，2011，（1）：92–96.

［20］郑长德，刘帅．产业结构与碳排放：基于中国省际面板数据的实证分析［J］．开发研究，2011，（4）：26–33.

［21］张国庆．贸易增长与贸易平衡问题［J］．国际贸易，2010，（7）：4–10.

［22］熊明华．ISO9000 质量体系对华东地区出口贸易影响的实证分析［J］．国际贸易问题，2004，（10）：17–19.

［23］徐清军．碳关税、碳标签、碳认证的新趋势，对贸易投资影响及应对建议［J］．国际贸易，2011，（7）：54–56.

［24］向国成，邓明君．推进湖南低碳农业发展的农产品碳标签制度研究框架［J］．湖湘三农论坛，2010：419–421.

［25］冯宗宪，柯大纲．开放经济下的国际贸易壁垒［M］．北京经济科学出版社，2001.

［26］Edwards–Jones G，Vulnerability of exporting countries development of carbon label in UK［J］. Environmental science & policy，2009，（12）：479–490.

［27］David Coley. Local food，food miles and carbon emissions：A comparison of farm shop and mass distribution approaches［J］.Food Policy，2009，34：150–155.

［28］Plassmann K. Methodological complexities of product carbon footprinting：a sensitivity analysis of key variables in a developing country context［J］.Environmental Science & Policy，2010，（13）：393–404.

［29］Stefan Gössling. Food management in tourism：reducing tourism's carbon 'foodprint' tourism［J］.Management，2011，32：534–543.

［30］Katherine Kemp. Food miles：Do UK consumers actually care?［J］.Food Policy，2010，35：504–513.

［31］Zaina Gadema. The use and usefulness of carbon labelling food：a policy perspective from a survey of UK supermarket shoppers［J］.Food Policy，2011，36：815–822.

［32］Paul Brenton，Gareth Edwards–Jones. Carbon labelling and low–income country exports：a review of the development issues［J］.Development Policy Review，2009，27（3）：243–267.

第十三章 我国对外贸易与碳排放转移问题

伴随着对外贸易的迅速发展，美、日、欧等发达国家通过双边贸易向我国进行的碳排放转移也不断增加。只有核实碳排放转移量、明确碳排放责任，才能有效推进各国的碳减排措施，以实现全球范围内的低碳发展。

第一节 碳排放转移的提出背景、内涵与研究进展

目前，我国正面对着国际社会要求减少温室气体排放的巨大压力。事实上，在我国境内排放的温室气体中为发达国家生产商品而造成的碳排放转移占有相当大的比例。因此，有必要对碳排放转移的主要内涵、提出背景及研究进展等问题进行专门探讨。

一、国际贸易中碳排放转移问题的提出

（一）背景

1. 学术探讨不断深入

从对外贸易开始的那一天，碳排放转移问题就同时出现了，但直到最近的十几年间，这个问题才被提出并引发讨论。各国致力于环境保护以及关注国际贸易与环境污染问题的专家学者们对这个问题的层层深入分析研究，使得各国开始关注这一问题。早期学者对碳排放转移的研究多数不谈其责任是否应该由发达国家承担的问题。但是随着时间的推移，就在 2010 年，英国气候变化问题专家、联合国政府间气候变化专门委员会前任主席、英国环境部现任首席科学顾问罗伯特·沃森坦言发达国家应该更加坦诚地计算自己的实际碳排放量。他以英国为例说明，尽管多年来政府一直宣称由于采取了各种减排措施，发生在英国国内的碳排放量已大幅下降，但如果算入进口商品引发的排放，英国的碳排放量实际上升了约 12%，而目前的国际气候谈判中并没有充分考虑这个“碳排放转移”问题。

从另一个角度看，学术界对贸易中污染环境的责任归属问题也一直存在争论。目前，“生产者负责原则”虽然仍然是国际社会气候谈判中使用的判断污染责任归属问题的原则，但是学术界已经一致认为这种原则并不合理，会使本应由发达国家承担的责任转嫁到发展中国家，并且使得发展中国家在气候谈判、碳关税等问题上处于劣势，抛弃这一原则势在必行。使用“消费者负责原则”应该是完全符合公平正义的一种责任归属分配原则。但是一些学者也认为这种原则不见得能真正在实践中起到降低

碳排放的作用。因此，在这两种原则的基础上提出了责任共担的方式。在这些学术讨论过程中，碳排放转移问题也逐渐得到了世界各国尤其是发展中国家的重视。

2. 气候谈判中的国家博弈

国家之间对于环境气候问题的谈判与磋商的背后几乎都和国家利益有撇不清的关系。国际贸易中的碳排放转移问题因为其会涉及所有参与国际贸易的发达国家和发展中国家的截然相反的国家利益，必然会成为国际社会在接下来的气候谈判中讨论的焦点问题。就在罗伯特·沃森对媒体坦言发达国家应该更加坦诚地计算自己的实际碳排放量时，英国能源与气候变化部一位发言人对此回应说，英国官方的观点还是“英国国内的碳排放量已经在1990年的基础上下降了22%”。他表示，虽然英国政府已经注意到了进口商品的碳排放问题，但难以对此进行验证和精确计算。显然，西方发达国家一直在为其推卸责任的行为寻找借口，如果发达国家都不能对碳排放转移进行验证和计算，那么在科技领域更加落后的发展中国家即使通过科学方法测算出了碳排放转移的结果，发达国家也会拒不承认。

中国在碳排放转移问题上的立场十分鲜明，外交部发言人秦刚曾提醒西方媒体记者说，他们所吃、所穿、所用的东西很多都是在中国生产的。秦刚指出，一方面，西方公司越来越多地在中国制造产品，而另一方面又在减排问题上指责中国。根据廷德尔气候变化研究中心（Tyndall Centre for Climate Change Research）2008年的一份报告，中国的排放量大约有23%来自于出口别国的产品。

目前，将责任归于买方的方法更多是一种谈判策略，而非重新划定全球排放地图的正式提案。不过由于新的研究途径和大量数据能够用来计算产品内含的排放量，所以这样的研究可能会影响关于不同国家应采取何种减排力度的争论。最终我们会看到，对于碳排放转移问题的提出与讨论，出发点与落脚点都必然是发达国家与发展中国家的利益博弈。

（二）原因

1. 更科学地制定各国的减排目标，履行各国责任

只有提出碳排放转移问题，明确责任分配，才能帮助各国制定更加科学的减排目标，履行各国应承担的责任。美国的官员承认，为了应付环境政策，高污染行业不断转移到了世界上环保压力最小的地方。正因如此，美国和澳大利亚等发达国家坚决拒绝加入没有将中国和印度这样的发展中国家纳入其中的气候协定。这些国家声称，如果强制发达国家同意减排，而对发展中国家却没有相应限制的话，本土企业的产品价格就会水涨船高，使其竞争力受损。发达国家之所以可以声称自身的碳排放已经降低了相当显著的水平，很重要的一个原因就是他们将产生这些碳排放的生产行为放在了发展中国家进行，这样的减排目标的达标其实是极其不负责任的行为。因此，碳排放转移问题应该被明确地提出，并且要将其被国际社会所认可，在此基础上制定发达国家与发展中国家各自的碳减排目标才更具合理性和生命力，才

能够实现各国减排所代表的真正意义，才能够切实履行各个国家应该承担的责任，最终实现人类的可持续发展。

2. 佐证发达国家有责任为发展中国家提供切实可行的低碳技术援助

只有提出碳排放转移问题，明确责任分配，才能用事实向发达国家证明，他们有责任为发展中国家提供切实可行的低碳技术援助。当前，一些经济学家对发达国家应该承担在国际贸易中产生的碳排放转移的责任这样的论点不以为然，并指出中国乐意从如此安排中受益。哈佛大学企业与政府学教授罗伯特·史蒂文斯（Robert Stavins）说："中国喜欢出口，因此它们为自己出口的产品而指责美国是很荒谬的，这就叫想鱼和熊掌得而兼之。"但是更多的研究数据表明，发达国家想逃避由于要满足它们的消费而在发展中国家产生的碳排放转移问题是不现实的，可以说它们在新时期在它们国土之外的土地上进行着新一轮的无节制的碳排放。但是与工业革命时期不同的是，现在的发达国家拥有许多可以切实减少碳排放降低污染的低碳技术，这些技术确实为其本土的减碳事业起到了不可忽视的作用，而正在替这些发达国家遭受大量碳排放的发展中国家比发达国家更加需要这些技术，在发展中国家运用这些技术会带来比在发达国家更加明显的减碳成效。碳排放转移问题的提出，可以使发达国家在大量的数据事实面前承认自己给发展中国家带来的碳排放，并以更加积极的姿态为其提供切实可行的低碳技术援助。

3. 防止其成为发达国家设置出口壁垒的借口

只有提出碳排放转移问题，明确责任分配，才能防止发达国家以产品未实施碳减排限额为由向发展中国家设置贸易出口壁垒。美国金融危机的阴影还未散去，欧债危机又大有越演越烈之势，抛开其他因素不谈，西方发达国家为了挽救脆弱的国内经济，实行贸易保护主义，对出口到其国内的产品设置贸易壁垒，是政府简单易行的救市政策。而在低碳经济发展的过程中，碳关税等的征收在这些发达国家已经较为完备，向从未实施碳减排限额的国家出口到其国内的产品征收碳关税设置贸易壁垒，成了这些国家顺理成章的选择。就在 2009 年，美国众议院通过《美国清洁能源安全法案》，从 2020 年起美国将对包括中国在内的未实施碳减排限额国家的产品征收惩罚性碳关税。1992 年联合国政府间谈判委员会就气候变化问题达成《联合国气候变化框架公约》，该公约的核心是"共同但有区别责任"原则。发达国家在其两百多年的工业化过程中无约束地大量排放温室气体，对近代和当代气候变化负有不可推卸的责任，理应承担主要义务。广大发展中国家工业化是近几十年的事情，排放也刚刚开始。所有未实施碳减排限额的国家主要是发展中国家，其中很多也是"制造业"大国，如中国、印度、巴西等，但它们的产品大多提供给发达国家消费，而发达国家的碳排放量则很少。因此，应对全球气候变暖，发达国家与发展中国家应当负有"区别"的责任才是公平合理的。碳排放转移问题的提出，明确指出发展中国家既要承担碳排放主要量的恶名，又要向他们交纳碳关税是极不公平、极不公正的，是极其明显的贸易保护主义行为。

二、碳排放转移的内涵

为明确碳排放转移内涵应先了解“隐含碳”概念。《联合国气候变化框架公约》（UNFCCC）将隐含碳定位为：商品由原料的取得、制造加工、运输，到成为消费者手中所购买的产品，这段过程所排放的二氧化碳。由于国际贸易的存在，数以亿计的商品从一国经过取得、制造、运输，最终到达另一国家消费者的手中。可以说，碳排放转移就是指在国际贸易中，进口国将本应在本国国境内生产的商品的隐含碳量通过进口的方式转移给了出口国，而实际消费这些商品的进口国并没有对相应的碳排放量负责的现象。

碳排放转移出现的最根本条件就是存在国际间贸易往来，商品在国与国之间流动的同时其中隐含的碳也在从一个国家向另一个国家转移。单从国家的角度看，进口商品的同时可以将基于生产这些商品所产生的所有碳排放拒于国门之外，这与目前国际社会越来越重视的减少温室气体排放等环保理念颇为契合。但是，如果将全球作为一个整体来看，那么人类为了满足自身需求所产生的碳排放不但不会减少，相反，由于出口这些商品的多是发展中国家，其本身缺乏高效、节能与环保的生产技术，与将这些商品放在发达国家中生产相比，会产生更多的碳排放。

但是，国际社会在分配碳排放责任的时候却并没有将这一显而易见的因素考虑在内，原因应该说是多方面的。一方面，目前还缺乏国际通行的核算这些隐含碳排放量的标准体系，使得排放责任不能在各国政府间得到准确公平的分配；另一方面，发达国家直接受益于国际贸易间的碳排放转移现象，也为其在适当的时机提出相应绿色贸易壁垒或制定政策改变进出口结构等留下伏笔，而这些国家在国际社会享有更多的话语权，其为了自身利益势必会尽量对碳排放转移造成的问题轻描淡写，使得发展中国家继续为其对环境的污染买单。

中国近年来作为“世界工厂”已经从世界各地承接了无数的碳排放转移，只有明确碳排放转移的内涵，尽快制定合理且便于操作的核算碳排放转移的体系模型，才能让发达国家承认进而承担相应的排放责任，最终通过双方共同的努力解决这一全球性的环境气候问题。

三、研究进展

目前，在世界各国大力发展低碳经济的过程中，对外贸易中的碳排放转移问题是近年来学术界逐渐兴起的研究方向。西方学者引入了对外贸易中隐含碳的概念，选择不同角度并运用相关模型计算对外贸易中产生的碳排放转移，有些学者还对对外贸易中污染责任的认定原则进行了探讨，以及通过选择对外贸易中特定的发达国家与发展中国家，对两国间的碳排放转移情况开展实证分析。此外，对碳排放污染责任认定原则的研究也是碳排放转移问题中不可忽视的重要部分。我国一些专家学者也从近几年开始关注相关领域的研究，可以从运用相关模型的类型对不同的研究分类，还有学者以对外贸易中整体的能源排放转移作为研究对象以及对中美商品贸易中碳排放转移进行研究。

由于碳排放转移这一名词的提法还比较新，在梳理整个研究过程的时候，很多文献中提到的都是隐含碳这一概念，我们认为隐含碳与碳排放转移的实质是相同的，因此，在论述有关碳排放转移相关的国内外文献时，涉及隐含碳与碳排放转移的相关研究我们都会进行简单论述。

（一）国内研究状况

1. 有关对外贸易中隐含碳排放及其影响的研究

1）国内相关最早的研究

国内最早的研究应该是马涛和陈家宽（2005）计算了中国工业产品外贸中的污染流，结果显示，1994—2001 年，中国工业产品出口的污染密度要小于进口的污染密度。这一结论与之后相关研究的结论相反，其中的原因之一可能是其研究数据的年份是在中国加入世界贸易组织以前，那时的中国还不是一个开放的世界性的经济体，因此对于出口、进口相关的研究会与之后各学者的研究结果有所出入。

2）基于不同分析模型的研究

在国内研究者中，一般都是按投入产出法对国际贸易中隐含碳进行测算，不同的学者也在运用此方法的过程中发展出自己的独到之处。比如陈红敏（2009）在利用投入产出方法计算隐含碳排放时，对框架进行了扩展，计算结果不仅包括各部门由能源消耗导致的隐含碳排放，还包括由工业生产过程导致的隐含碳排放。作者通过对 2002 年中国碳排放情况的计算，发现建筑业在消耗了大量碳排放的基础上，却贡献了较低的增加值；非金属矿物制品业的生产过程隐含碳排放所占比重最高。针对计算结果，作者同时指出，部门分类标准的粗细不一致也会对生产过程中隐含碳排放的核算结果产生较大影响。张晓平（2009）也对生产和贸易过程中的隐含碳运用投入产出法作了计算。研究结果表明，中国出口商品内涵的二氧化碳排放量从 2000 年的 9.6 亿吨增加到 2006 年的 19.1 亿吨，每年占全国总排放的比重基本为 30% ~ 35%。扣除进口商品使我国避免在本土排放的二氧化碳，货物进出口贸易使净转移到我国的二氧化碳排放量至少从 2.3 亿吨增加到 7.2 亿吨，中美贸易顺差、中国与欧盟贸易顺差是产生净转移的主要原因。魏本勇等（2009）结合部门能源消费数据，从最终需求的角度评估了 2002 年中国进出口贸易中国家和部门的碳排放。2002 年中国为贸易隐含碳排放的净出口国，净出口的碳排放介于 2260 万 ~ 16814 万吨，占国内总排放的 2.03% ~ 15.09%。约 67% 的总出口碳排放来自 11 个部门，超过 50% 的总进口碳排放主要来自 5 个部门，化学原料及化学制品制造业，黑色金属冶炼及压延加工业，通信设备、计算机及其他电子设备制造业是进出口碳排放净平衡中受生产技术影响最显著的部门。黄敏等（2010）将隐含碳的变化进行因素分解，从分解结果来看，贸易规模的扩大是贸易过程中隐含碳增加的重要原因，两阶段规模效应皆为正向。同时，节能减排取得一定的成就，2002—2005 年各部门技术效应有较大的差异，其中出口总技术效应为正向，进口总技术效应却为反向，但 2005—2007 年各部门的技术效应均为反向。另外，贸易结构也至关重要，2005—2007 年出口总结构效应为正向，但进口总结构效应却为反向。2005—2007 年进口总技术效应与结构效应之和超过了规模效应，使得隐含碳总进口减少。

除了投入产出法，生命周期评价法也是一种评价对外贸易中隐含碳排放的方法，是一种对产品、工艺过程和活动在其整个生命周期内的能量与原材料需要量以及对环境排放进行量化评估的研究方法。但是由于其需要大量的研究数据，在国内只有刘强等（2008）运用这种方法进行分析。该研究对中国 46 种主要的出口贸易产品的出口载能量进行了分析，从分析的结果看，这些产品在出口的过程中带走了大约 13.4% 的国内一次能源消耗，碳排放量约占全国碳排放量的 14.4%。但是鉴于该研究仅计算了 46 种出口贸易产品的载能量，对另外一些高载能出口贸易产品如机床、大型机械等由于产品种类过于复杂也没有计算，因此，研究所计算得到的载能量仅能反映中国出口贸易的一部分。按出口金额比例看，研究中所分析产品的出口总额仅占中国 2005 年出口总额的 22%，因此，中国每年由贸易带走的能耗量和碳排放量十分可观。

3）基于其他视角的研究

除对对外贸易中隐含碳排放的研究外，陈迎等（2008）及齐晔等（2008）以外贸贸易中所有的隐含能为研究对象，指出中国是一个隐含的能源净输出国。也有学者在庞大的隐含碳排放中选取代表性行业进行测算分析，比如李丁等（2009）以水泥行业为例对出口贸易中的隐含碳进行计算，结果显示：2006 年，中国的出口水泥贸易中隐含了超过千万吨的二氧化碳排放，因为是在中国进行的生产，所以按照相关国际条约的规定，这部分消耗实际上还需要由中国来承担，其价值大约占到水泥出口贸易额的 15.8%，远远超过一般水泥出口的平均利润率水平。余慧超、王礼茂（2010）对中美商品贸易间的碳排放转移作了相关研究，采用投入产出分析方法，结合经济、能源与贸易 3 个系统，建立了基于国际商品贸易的碳排放转移模型，并分别测算了 1997 年与 2002 年中美商品贸易中各相应部门的碳排放转移量。研究表明：

（1）1997 年与 2002 年，基于中美商品贸易的中国产业部门通过出口转移到美国的载碳量分别达到 4010.13 万吨与 5056.21 万吨，分别占中国相应产业部门载碳总量的 6.61% 与 8.33%；而美国产业部门出口到中国商品的载碳量仅为 290.65 万吨与 335.61 万吨，相应的仅占美国产业部门载碳总量的 0.53% 与 0.66%。

（2）1997 年与 2002 年，中美商品贸易的碳转移总量分别达 3719.75 万吨与 4719.60 万吨，其中化学工业、金属冶炼及其压延加工业是主要的碳转移部门。

（3）1997 年与 2002 年，通过国际商品贸易，美国分别有相当于其相应部门碳排放总量的 6.77% 与 9.32% 的碳被泄漏到了中国，中国为美国的碳减排作出了很大的潜在贡献。

2. 研究的不足之处

首先，对外贸易中隐含碳的研究国内起步相对较晚，中国于 2001 年加入世界贸易组织，造成一个问题即对外贸易的数据在 2001 年前后的可比性问题，由此可能导致对不同时间段的数据进行计算得到的结果不一致。其次，虽然众多的计算采用的大都为投入产出法，但是由于对不同数据的取舍与定义，各研究人员都有独特的想法，以及相关因素庞杂，不同的研究对因素的选择不同，很容易造成结果口径的不一致。再次，目前我国国际贸易各数据最新截至 2006 年，而中国在 2007—2011 年的对外贸易不论从数量上还是结构上与之前相比必然有很大变化，对之前数据进行计算得出的结果不能很好地反映当前的对外贸易碳排放转移问题。最后，基于特定两国间的贸易往来的研究较少，中国与美国、欧盟以及日本等都有巨大的贸易往来，只有更加细致深入地对碳排放转移问题进行研究，才能为政府制定政策奠定更加良好的基础。

（二）国外研究状况

1. 有关对外贸易中隐含碳排放及其影响的研究

1）以多国为研究对象

这一方向的研究主要是针对一些经济发达程度相当、经济结构类似的国家的碳排放转移问题。以多国为研究对象的研究最早由 Wyckoff 等（1994）学者开展，Wyckoff 对加拿大、法国、德国、日本、英国和美国等 6 个 OECD 国家 1984—1986 年进口商品中隐含碳进行定量分析。从研究结果中可以看出，该 6 国同期碳排放总量的 13% 为该时期进口商品中的隐含碳。作者进而指出，传统的衡量一国碳排放量的方法可能会造成偏差，因为诸如人均碳排放、单位 GDP 碳排放等方法可能会被被测量国通过从（碳减排）非合约国进口等方法轻而易举地减少本应在本国发生的碳排放。之后，Ahmad 等（2003）将研究对象从 6 个 OECD 国家扩展到 24 个，研究显示 1995 年这 24 个国家隐含碳的净进口量大约占全体 OECD 国家国内碳排放量的 5%，而这个数值与中国和俄罗斯两国加总后的碳净出口量相等。在这一时期里，还有另外一些相似的研究，这些研究都得到一个相同的结论，即发达国家是隐含碳的净进口国，而发展中国家多是隐含碳的净出口国。

2）以单一国家为研究对象

在上述研究中，研究者以部分 OECD 国家作为整体来研究，得出其为隐含碳净出口国的结论，但是，如果对单个 OECD 国家进行计算分析，也会得出不同的结论。Sanchez-Choliz 等（2004）应用单区域投入产出法按部门分析了贸易对西班牙碳排放的影响。研究结果显示，食品、建筑、材料运输及其他服务是西班牙的主要碳排放部门；煤炭和能源、金属、化学和非金属产业这些西班牙的基础产业中集中了出口中的隐含碳；将各部门的计算结果汇总后，西班牙隐含碳进出口基本处于平衡状态，这是由于西班牙在大量出口能源和碳密集产品（如煤炭、金属、运输材料等）的同时也进口了很多碳密集的产品。西班牙作为西方发达国家，隐含碳进出口基本平衡的结论就和一些学者认为的发达国家为隐含碳净进口国的观点不符。当然，不能因为对外贸易中隐含碳基本达到进出口平衡就不重视其对环境的影响，从该研究中也能清楚地看到西班牙进口和出口的隐含碳排放分别占到总需求排放的 36% 和 37% 左右。Lenzen 等（2004）采用混合单位的投入产出模型对澳大利亚最终消费中的隐含碳排放进行了分析。结果表明，对外贸易对澳大利亚的碳排放具有显著影响，其进口的隐含碳要少于同期出口的隐含碳，更加与先前学者的结论不同。其他学者在对芬兰进行相关研究的时候也得出了其为隐含碳净出口国的结论，且该趋势在不断加强。

再来看看国外学者对发展中国家隐含碳排放的研究分析。Tolmasquim 和 Machado（2003）采用直接系数法计算了 20 世纪 90 年代巴西对外贸易中的隐含碳，研究发现，由于其对外贸易的专业化更加倾向能源密集型，导致巴西是隐含碳的净出口国；因对外贸易导致的能源耗费及碳排放占其工业部门最终耗费的能源总量的 6.6% 及其碳排放总量的 7.1%。Machado 等（2001）通过建立混合单位的投入产出法评估了巴西国际贸易对其能源利用和 CO_2 排放的影响，结果显示，截至 1995 年，巴西是非能源商品国际贸易隐含碳的净出口国，出口量占其碳排放总量的 14%，高于 10% 的进口隐含碳量。巴西不仅是隐含碳净出口国，而且其单位美元出口隐含的碳排放比其单位美元进口隐含的碳量高 56%。国外学者也对中国进行了研究，Pan Jiahua 等（2008）的研究、国际能源机构（IEA）对中国出口隐含碳的评估（2007）以及 Wang Tao 和 Watson Jim（2007）的研究得到了相似的结论，即中国对外贸易引起的 CO_2 为国内排放总量的 20% 左右。通过 Weber 等（2008）的研究，可以发现发达国家的消费需求是引起中国贸易隐含碳出口增加的重要原因。自 1987—2002 年中国出口的隐含碳排放占总排放的比例增加了 9%，2005 年中国约 1/3 的总排放是出口需求。而如果从消费端核算，2006 年中国 CO_2 排放将由以生产端核算的 55 亿吨下降为 38.4 亿吨，且 2001—2006 年的年均排放增长速度将由 12.5% 下降为 8.7%。从各国学者的研究中可以发现，尽管采用的测算方法或者研究的切入点不尽相同，但发展中国家是隐含碳净出口国的结论是一致的。由于这一结论的一致性，使得发展中国家在进行相应的产业结构、出口结构调整的过程中具有明确的调整方向。

3）以存在贸易的特定两国为研究对象

学者选择存在贸易往来的两个国家，对这两个国家互相之间的碳排放量进行测算，进而研究两国贸易中产生的隐含碳排放量对两国贸易的影响。相比于以多国或单一国家为研究对象的研究，这类研究更具针对性，能更全面地反映出一个国家相较于另一个国家是处于隐含碳净进口还是净出口的位置，也允许了同一国家在对不同国家的贸易往来中可以处于不同的隐含碳排放角色，对一国政府制定相应的对外贸易政策也更具借鉴意义。

其中比较重要的研究包括 Rhee 和 Chung（2006）对日韩贸易中隐含碳的研究以及 Shui 和 Harriss（2006）对中美贸易中隐含碳的研究。前者重点从四个方面进行了考察，即碳排放密度、技术水平、需求构成和贸易结构。研究结果表明，韩国在对日贸易中以出口能源密集型产品为主，这是由韩国的生产结构与日本相比更具能源密集型的特点决定的，因而，尽管在对日贸易中韩国处于逆差或赤字的地位，最终韩国因向日本出口而产生的碳排放要远高于日本因向韩国出口而产生的碳排放，此时韩国相对于日本而言就成为了隐含碳的净出口国。这一结论深刻揭示了贸易结构对碳排放的影响，同时也从侧面指出，由于两国的贸易结构、比较优势等因素存在差别，进出口产品的碳排放含量也会因此产生差异，则仅仅是贸易逆差并不能确保一国成为贸易中隐含碳的净进口国。该研究结果同时也证明了以现行的生产者负责原则界定一国碳排放的责任是不具有合理性的。中国和美国作为碳排放大国，其二者之间的贸易往来所产生的隐含碳排放当然不会被研究人员所忽视。Shui 和 Harriss 采用投入产出法对这一问题进行了研究，结果显示，中国目前碳排放量中的 7% ~ 14% 是为了满足美国消费者的需求而产生的；如果将这些为满足美国消费者的需求而出口的商品放在美国本土生产，则美国的碳排放量将增加 3% ~ 6%；中美贸易为全球增加了高达 7.2 亿吨的碳排放量。相似的研究还包括对中英贸易、中国与欧盟贸易等产生的隐含碳排放测算，从这些研究结果中可以看出，中国能源消耗及 CO_2 等温室气体排放的快速增长，国内投资和消费需求膨胀只是其中的一个原因，国外消费需求所引起的中国出口的迅速增加也起到了重要的加速作用。中国不是其碳排放的唯一责任方，上述研究都证明了“碳泄漏”现象的存在，也更加证明了改变现有按生产者负责原则制定碳排放衡量标准的必要性。

2. 关于碳排放污染责任认定原则的研究

1）生产者负责原则

生产者负责原则一直以来都是国际社会，尤其是 OECD 国家在衡量本国碳排放量及制定环境政策时的基本依据。至今，IPCC 公布的国家碳排放数据也是依据基于领土责任的“生产者负责原则”计算的，即要求生产者为其造成的污染支付费用。然而 Munksgaard 等（2001）认为这一方法仅考虑了被计算国内的各个与相关污染排放直接相关的部门的排放，而没有包括与其相关的其他排放源对全球污染排放的贡献，并且将这些污染的排放全部认为是以国内消费为目的，并没有考虑到为满足出口国消费需求而排放的污染。在这种情况下，一些国家通过进口另一些国家的商品代替国内生产，使这些国家拥有高标准的生活水平与低污染排放，而使那些出口国（主要为发展中国家）被迫为出口的这部分污染排放买单，这显然有失公平。Schaeffer 和 Leal de Sá（1996）的研究也表明，通过发展更多的服务业和从发展中国家进口更多能源密集型商品满足国内消费的方式，发达国家正在向发展中国家转移其本国的部分碳排放，而利用国家统计数据判定温室气体排放的方法通常不能反映出国家进出口贸易流中的隐含碳量。

2）消费者负责原则

由于生产者负责原则存在诸多缺陷，并且国际社会对贸易中的污染排放问题越来越关注，有人提出了一种相反角度的分配原则，即消费者负责原则。该原则认为如果消费者对于产品生产过程中产生的整个生态影响负责，那么也应该为与此过程相关的全部温室气体排放负责。这种方法将使发展中国家在整个对外贸易中负担较低排放责任，而使发达国家承担较高的排放责任，因为在发展中国家的国土上生产的相当一部分产品是要出口供发达国家消费的，消费者负责原则可以避免发达国家向发展中国家"碳泄漏"的发生，这是更加公平合理的分配原则。Munksgaard 和 Pedersen 认为，在一个开放的经济体系中核算一个国家的 CO_2 排放时，应采用消费者负责原则，需要包括进口的非能源商品中隐含的 CO_2 排放，将 CO_2 排放目标的基准年确定在国家排放受贸易平衡显著影响的年份是非常不合理的。他们利用生产核算模型和消费核算模型对丹麦进行的对比分析发现，丹麦的对外贸易中有显著的隐含 CO_2 排放，在目前以生产为中心的排放计算体系下，国家 CO_2 排放目标与改善对外贸易平衡目的之间存在内在的冲突。因为国外需求引起的丹麦国内 CO_2 排放的增加，已经严重影响到了其国内 CO_2 排放目标的实现，因而在核算一国 CO_2 排放时，需要从消费角度出发，把贸易中的排放也考虑在内。

3）共同责任原则

从 Bastianoni 等（2004）的研究中可以看出，以消费者负责原则为依据的碳计算方法的施行对于全球减排可能也没有通常所认为的那么有效。一方面，消费者负责使得生产国没有动力主动减排，也可能降低这些国家在生产环节开发低碳技术与提高能源利用效率的积极性；另一方面，消费国可能只有在利益保障或者政策的约束条件下才会去通过制定相应策略选择在减排方面有突出进步的生产国的产品，否则，消费国将不会去在意他们在国际贸易中的环境责任，这对于全球范围的温室气体减排没有太大帮助。因此，Bastianoni 提出了一个折中的碳排放计算方法——附加碳排放方法（Carbon Emission Added Approach），在鼓励消费者选择具有更好环境保护措施的生产者的同时也刺激生产者主动地去减少自身的排放。Lenzen 等（2005）利用生命周期评估方法，站在生态足迹视角上，提出了一种定量计算贸易污染中"共同责任"的数学方法。不过，该方法中消费者的责任主要指消费环节产生的污染，如汽车尾气、生活废水等。利用上述方法对新西兰的研究表明，新西兰国内温室气体排放的 44%是国内生产者的责任；在其余 56% 的消费者责任中，国内消费者负有 28%的责任，而剩下的 27%的排放是由出口引起的，为国外消费者的责任。其研究认为，"共同负责"的分配方法能够体现公平性，与单纯的生产者或消费者负责的方法相比也更容易被接受。

3. 研究的不足之处

国外对隐含碳排放问题研究比国内早，但是与国内的研究类似，同样存在数据更新的问题。另外，国外研究人员采用的模型更多，数据选取更带有研究者个人色彩，因此结论的可比性也大打折扣。在众多的研究中，研究者们更多的是通过模型的运算得出一个客观的结果，但是很少有对政策建议上的突破，即在对外贸易中产生的这部分碳排放究竟应该由谁承担责任或者两国间根据一个什么样的标准共同承担责任，因为只有明确责任归属才能有效推进各国的碳减排措施，进而在全球范围内真正做到低碳发展。

第二节　碳排放转移对我国贸易的总体影响及主要模型简介

国际贸易中的碳排放转移不仅减轻了发达国家的减排义务，还为发达国家在“污染者负责”原则下向发展中国家实施新型绿色壁垒提供了依据。我国对外贸易将面临日益繁杂的低碳壁垒，有关出口企业的国际竞争力必将受到严重影响。一些学者利用投入产出法进行分析，以期说明进出口贸易中隐含碳排放转移的责任问题。

一、碳排放转移对我国贸易的总体影响

（一）贸易壁垒日趋严重

我国作为世界上最大的发展中国家，目前正处于工业化阶段，经济的增长主要由工业生产带动，而我国的工业又以高排放、高污染的以煤炭为主要能源的产业为主，在这一过程中，我国不可避免地成为目前世界上的碳排放大国。同时，我国自加入WTO以来，对外贸易规模逐年迅速增长。2009年我国首次超越德国成为全球最大货物贸易出口国。然而，我国虽然是世界贸易大国，但我国对外贸易也同样主要是建立在低水平、高能耗、高污染的加工贸易的基础上，所以我国实际上也是世界碳排放贸易大国。

1997年12月，在日本京都举行的《联合国气候变化框架公约》第三次缔约方大会上，149个国家和地区的代表通过了旨在限制发达国家温室气体排放量以抑制全球变暖的《京都议定书》,《京都议定书》是《联合国气候变化框架公约》的补充，强制要求发达国家减排，具有法律约束力。根据《京都议定书》，发达国家率先承担减排义务，而发展中国家没有硬性减排任务，实行自主减排。由于发达国家率先承担了减排义务，所以那些采取了较大减排力度的国家在经济上面临严重的压力，与那些没有采取减排措施或减排力度轻微的国家相比，他们的产品在国际贸易中的竞争力下降。同时以美国为代表的部分发达国家对“共同但有区别的责任”原则持反对意见，认为以中国为代表的发展中国家目前占全球二氧化碳排放总量的比例较大，也应该担负减排的义务。于是，有强制减排义务的发达国家利用“污染者负责原则”向发展中国家

转移减排压力。

“污染者负责原则”是目前国际上关于污染责任分担所采用的原则，即污染和破坏环境造成的损失由排放污染物和造成破坏的组织或个人承担的一项原则。在这样的原则下，有减排义务的发达国家为了减少减排带给其贸易竞争力和国民经济的压力而采取“碳排放转移”的方式❶以实现自己的减排任务。

“碳排放转移”不仅减轻了发达国家的减排义务，还为发达国家在“污染者负责原则”下向发展中国家实施新型绿色贸易壁垒提供了依据。发达国家对不减排或减排力度轻微的发展中国家采取贸易限制措施，这种限制措施在国际贸易中形成一种新型的低碳壁垒❷，以弥补减排任务给本国贸易竞争力带来的损失。

同时，2007 年经济危机和 2011 年欧美债务危机的爆发使得国际贸易的紧张形势不断加剧，发达国家主导的贸易保护主义迅速盛行，特别是以美国和法国❸为代表的发达国家率先提出了针对以我国为代表的发展中国家的诸如碳关税、碳标签之类与温室气体减排相关的低碳壁垒，如 2009 年美国国会众议院通过《美国清洁能源安全法案》针对中国、印度等未承担约束性温室气体减排目标的主要发展中国家从 2020 年开始实施碳关税政策。同年，法国政府在欧盟成员国环境部长非正式会议上提出从 2010 年 1 月 1 日开始对来自环保立法不及欧盟严格的发展中国家的进口产品征收碳关税。

我国作为一个尚处于工业化阶段的国家，在加工贸易为主导的对外贸易格局中，出口商品的碳排放含量相当高，在发达国家逐步对以我国为主的发展中国家实施低碳壁垒的过程中已然面临着诸多壁垒。加之，发达国家向发展中国家大量转移高碳产业，并同时大量进口这些高碳商品，使得我国出口的商品所含的碳排放量更进一步激增，面临的低贸易壁垒也日益严重。

（二）竞争力下降

本节所探讨的出口企业国际竞争力衰弱问题，主要是指由于生产成本和产品价格提高而丧失在国际市场上的价格优势，从而在国际市场的竞争中处于相对劣势地位。

国际碳排放转移所带来的日益凸显的低碳壁垒问题，严重影响到我国出口企业的国际竞争力。我国虽然是贸易大国，但我国仍然是处在工业化阶段的发展中国家，

---

❶在《京都议定书》的框架下，一个有二氧化碳减排义务的国家，该国国内一些产品生产（尤其是高耗能产品）可能转移到其他没有二氧化碳减排义务的国家，具体表现为许多发达国家为了减少本国温室气体排放量，而将其高耗能、高污染的产业（外商投资我国最多的行业基本上都是棉印染、毛染、丝印染、制革、毛皮鞣制等制造业，且多数为污染密集型或轻度污染产业）转移到以我国为代表的处于世界产业分工低端的发展中国家，并从发展中国家进口其所需要的高耗能产品，将本来应该在发达国家国内排放的二氧化碳转移给发展中国家排放。

❷低碳壁垒是针对产品在生产、运输、消费和处置缓解产生的碳而设计和实施的碳关税、边境碳税调整、碳标签及碳减排证明及与碳减排有关的补贴和政府采购等影响产品贸易的规章和标准，它以其名义上的合理性、形式上的合法性、保护内容的广泛性、保护方式的隐蔽性、较强的技术性等特点受到发达国家的青睐。

❸法国提出 2010 年推行碳关税，税率将为每吨二氧化碳排放收取 17 欧元，此后还将逐步递增。美国的《清洁能源安全法案》规定，从 2020 年起将对减排不力国家的钢铁、水泥、玻璃和纸张等进口产品征收碳关税。

在低碳科技水平方面明显落后于发达国家。所以，一直以来依靠廉价劳动力所带来的价格优势的加工型企业的国际竞争力将被低碳壁垒严重削弱，甚至彻底丧失国际竞争力。

低碳壁垒最主要的形式是碳关税，沈可挺（2010）指出若以每吨碳 30 ~ 60 美元的碳关税税率测算，则相当于每出口万元产值将加征 6% ~ 14% 甚至 12% ~ 28% 的关税，而每吨碳 60 美元的碳关税税率已经接近甚至超过部分出口产品遭遇的反倾销税，包昊蒙、龙军（2011）提出以对美国出口为例，按照 30 美元 / 吨碳征收关税，将会使得我国对美国出口下降近 1.7%，如果关税上升为 60 美元 / 吨碳，中国对美国的出口下降幅度达 2.6%，2009 年我国出口总额 12016 亿美元，输美商品占比约为 19%，合 2283 亿美元。若美国开征碳税，我国因碳关税损失的直接经济损失将为 39 亿 ~ 60 亿美元。所以，以碳关税为主的新型贸易壁垒与传统贸易壁垒相比其产生的负面影响有过之而无不及。

以碳关税为例，探讨我国出口企业在低碳壁垒下国际竞争力日渐衰弱可从以下三方面来分析。一是我国大部分出口企业的现代化水平不高，关键设备和生产技术更新较缓，能源利用效率低，节能减排技术缺乏。所以，生产同样的产品的单位隐含碳排放量不同，我国高碳产品必然比发达国家低碳产品面临更多的税负，在国际市场上的价格竞争力减少。二是我国的出口产品结构以高耗能产品为主，这与其他部分国家以低耗能产品为主导的出口结构形成鲜明对比，高耗能产品被征的税负必然高于低耗能产品。三是即使我国的单位产品的碳排放控制在国际平均水平，我国的出口目的国生产相同产品的厂商与我国厂商所面临的税负必然也有一定差异，这也将导致我国生产同样产品的厂商面临比目的国厂商更高的税负。以上三种途径都说明了，低碳壁垒将逐步减少我国出口企业的价格优势，严重影响我国出口产品的国际市场份额，极大削弱我国出口企业的国际竞争力。

同时，企业国际竞争力下降不仅表现在价格优势的丧失，也有其他形式的低碳壁垒。如碳标签等使得进口商选择产品时首先要考虑的是供货商在生产过程中对污染物排放的控制情况，尤其是一些大型跨国公司为了保持其社会形象，也往往会被迫取消和中国公司的订单，特别是当这些产品是用于政府项目或有社会效应的大型项目时，我国工业生产和出口的高隐含碳排放的商品订单将减少，出口贸易规模将萎缩。

二、主要模型简介

通过上文分析可知，虽然目前我国正处在工业化阶段，需要大量的工业生产即大量的温室气体排放以拉动经济发展，在气候变化方面负有一定的责任，但是与发达国家的历史排放量和人均排放量相比，我国不应该承担与责任不相匹配的义务。特别是在经济全球化主导下的“低收入国家生产、高收入国家消费”的格局中，作为“世界工厂”的我国是典型的出口型经济，而出口型经济中，绝大部分的碳排放来自于发达国家对我国的碳排放转移。这造就了我国不仅要为许多发达国家承受高污染、高排放产业所带来的环境污染和资源浪费的后果，为有减排义务的发达国家的二氧化碳排放买单，成为世界碳排放转移的最大阵地；同时还要在“污染者负责原则”以及发达国家“借环保之名行贸易保护之实”下，面对发达国家针对我国所设置的种种日渐兴起的低碳壁垒。这种极其不公平的现象使得作为一个依靠廉价劳动力而获得价格优势的我国所面临的贸易形式岌岌可危，我国的贸易竞争力将可能在新一轮的“绿色革命”中完全消失。同时，我们也要看到由于发达国家在“污染者负责原则”下大量转移本国的高碳排放产业，“碳排放转移”事实上也无助于达到全球温室气体总量上的减排目标，甚至还会增加全球温室气体排放总量。

因此，有不少学者认为对各国二氧化碳等温室气体的排放核算不应该只局限于国家边界之内，而应该从对商品和服务的消费角度来重新界定排放责任，需要包括国际贸易引起的国家温室气体的排放变化。发达国家应该在减少温室气体排放方面继续承担主导作用，因为它们除了有历史排放的主要责任外，还因其通过国际贸易转移本国污染排放的行为对发展中国家最近的温室气体排放负有责任。因而在未来的国际谈判中，对一国温室气体的核算不应该只局限于国家边界之内，而应该从对商品或服务的消费角度来重新界定排放责任。所以，相关学者提出了“消费者负责原则”，即消费者应该为产品生产过程的全部温室气体排放负责。他们认为这种方法将减缓发展中国家的减排压力，并且可以避免发达国家向发展中国家“碳排放转移”的发生。

此外，一些学者开展了一系列基于“消费者负责原则”的碳排放转移的估算。目前，在对碳排放转移量的估算方面，主流的数理估计方法主要有三种，即投入产出法、生命周期法和经过投入产出法调整后的生命周期法。

由于气候变化谈判日益白热化，切实准确地评估国际贸易对中国碳排放的影响程度，不仅可以为国家未来进出口政策的调整提供参考，也可以为未来的国家谈判提供可靠、有利的数据支持，以争取更大的发展空间。故本章选取了较为有代表性的投入产出法对我国国际贸易中的碳排放转移进行模型构建以及定量分析。

投入产出模型最早是由美国经济学家里昂惕夫于1936年在发表的《美国经济系统中的投入和产出的数量关系》一文中提出，主要研究的问题是：国民经济各个部门之间存在着关系，一个经济部门的生产依赖于其他部门的产品或者半成品，如何在确定的经济环境下确定各经济部门的投入产出水平以满足整个社会的经济需要。

投入产出模型基于两大假设：第一，国民经济划分为 n 个部门，每个部门生产一种或一类产品；第二，每个生产部门的生产意味着将本部门和其他部门的产品经过加工变成本部门的产品。在这个过程中消耗的产品称“投入”，生产所得的最终产品称为“产出”。对于每个部门而言，投入产出的关系是不变的。

投入产出的基本模型为：

$$x=(\boldsymbol{I}-\boldsymbol{A})^{-1}y,\ y=(\boldsymbol{I}-\boldsymbol{A})x$$

其中：
$$x=\begin{pmatrix}x_1\\x_2\\x_3\\x_4\\\vdots\\x_n\end{pmatrix}\qquad y=\begin{pmatrix}y_1\\y_2\\y_3\\y_4\\\vdots\\y_n\end{pmatrix}\qquad \boldsymbol{A}=(a_{ij})_{n\times n}$$

式中，$\boldsymbol{A}$ 为投入系数矩阵；a_{ij} 为生产每单位 j 产品需要投入的 i 商品的单位；x 为产出水平；$\boldsymbol{I}$ 为单位矩阵；y 为需求。

投入产出法主要用于分析经济系统中不同部门之间通过上下游产业链而建立起的依存关系，作为基本的宏观经济分析工具，投入产出法可以应用于分析经济活动的环境影响。现有的研究多是从封闭经济条件下一般性的投出产出关系式入手，引入开放经济的条件，将进口和出口作为影响供给和需求的因子对传统模型进行拓展。在建立开放经济条件下的投入产出模型的基础上，进一步引入碳排放量因子，通过对每个经济部门生产过程中消耗化石燃料所产生的碳排放进行测度，从而间接地测算出生产过程中的碳排放量，作为衡量经济活动环境效益的一种方式。本书将在第三节中从传统模型入手推导开放经济条件下的投入产出模型，并以此为工具分析我国在国际贸易中的碳排放转移问题。

第三节　我国对外贸易与碳排放转移的实证分析

为弄清我国对外贸易中隐含碳排放转移量的问题，本节以 2010 年中美、中日、中欧双边贸易为例，基于开放经济条件下的投入产出法，对双边贸易中的碳排放转移进行定量分析，以期为明确相关责任提供数理支持。

一、模型构建与数据处理

（一）模型构建

第二节介绍了里昂惕夫投入产出法的基本原理。投入产出法分析了一个经济系统中不同部门之间的相互依存关系，为探讨经济活动的环境效应提供了有利的工具。利用投入产出法可以分析开放经济条件下进出口贸易中隐含的碳排放转移量，进而为我国在国际碳排放谈判中争取更大的话语权。

首先，介绍本文计算隐含碳排放转移量的基本思路。使用本书第三部分关于工业部门各行业 CO_2 排放量的估算方法，计算得到所属 20 个部类的二氧化碳排放率，在此基础上进行投入产出法的分析。以开放经济下的投入产出模型为基础，参考马述忠、陈颖（2010）的计算方法，分别计算出口和进口的二氧化碳排放量。考虑到我国以加工贸易为主的对外贸易格局，对出口二氧化碳排放量的计算考虑了进口原材料再加工的情形。

本文对马述忠、陈颖（2010）的计算方法进行了以下几个方面的修正：第一，考虑到该方法中直接使用国内的投入产出矩阵替代国内利用进口原材料进行生产的投入产出矩阵，这种替代是不严谨的，本文将对进口原材料的投入产出矩阵进行估计；第二，考虑到最新的投入产出表是2007年的数据，本文将对以此数据计算得到的2007年的对外贸易中二氧化碳排放转移量进行合理的调整。

其次，介绍上述方法的具体计算过程。基于封闭经济中单区域的投入产出模型，经济系统之间的内在联系可以用关系式表示：

$$\boldsymbol{X}=(\boldsymbol{E}-\boldsymbol{A})^{-1}\cdot\boldsymbol{Y} \tag{13-1}$$

以上关系式被称为里昂惕夫投入产出公式，其中$(\boldsymbol{E}-\boldsymbol{A})^{-1}$被称为里昂惕夫逆矩阵，又称投入产出系数矩阵。在进行环境效应分析时我们引入行向量，其元素D_j表示第j部门每一单位产出所排放的二氧化碳量，即二氧化碳排放率。第j部分的总产出为X_j，总二氧化碳排放量为C_j，于是有公式（13–2）：

$$D_j=\frac{C_j}{X_j} \tag{13-2}$$

这样各部门排放的二氧化碳总量TE（Total Emissions）可以表示为公式（13–3）：

$$TE=DX=D\cdot(\boldsymbol{E}-\boldsymbol{A})^{-1}\cdot\boldsymbol{Y} \tag{13-3}$$

在开放经济条件下，进出口贸易会对国内产业间的联动关系产生影响。将出口的因素加入考察，最终需求量可以被分解为国内需求$\boldsymbol{Y}^d$和国外需求即出口量$\boldsymbol{Y}^e$，这样各部门二氧化碳排放总量TE可以表示为国内要素生产国内消费品的碳排放量DCE（Domestic Consume Emissions）和国内要素生产出口品的碳排放量ECE'（Export Consume Emissions）：

$$TE=D\cdot(\boldsymbol{E}-\boldsymbol{A})^{-1}\cdot(\boldsymbol{Y}^d+\boldsymbol{Y}^e)=DCE+ECE' \tag{13-4}$$

将进口的因素加入系统进行考察，我国是一个以加工贸易为主的出口导向型国家，作为投入部分的进口商品按照其用途可以分为中间使用品和最终使用品。按照投入产出法的分析思路，中间使用品可以表示为$\boldsymbol{A}^m\cdot\boldsymbol{X}$，其中$\boldsymbol{A}^m$代表进口商品的投入产出矩阵。那么$\boldsymbol{A}^m\cdot\boldsymbol{X}$可以用以下公式（13–5）来表示：

$$\boldsymbol{A}^m\cdot\boldsymbol{X}=\boldsymbol{A}^m\cdot(\boldsymbol{E}-\boldsymbol{A})^{-1}\cdot(\boldsymbol{Y}^d+\boldsymbol{Y}^e)=\boldsymbol{A}^m\cdot(\boldsymbol{E}-\boldsymbol{A})^{-1}\cdot\boldsymbol{Y}^d+\boldsymbol{A}^m\cdot(\boldsymbol{E}-\boldsymbol{A})^{-1}\cdot\boldsymbol{Y}^e \tag{13-5}$$

式中，$\boldsymbol{A}^m\cdot(\boldsymbol{E}-\boldsymbol{A})^{-1}\cdot\boldsymbol{Y}^d$为国内消费部分所消耗的进口品投入；$\boldsymbol{A}^m\cdot(\boldsymbol{E}-\boldsymbol{A})^{-1}\cdot\boldsymbol{Y}^e$为国外需求，即出口部分所消耗的进口品投入，这一部分也是加工贸易形式的主要体现。

加工贸易所产生的碳排放量PTE（Processing Trade Emissions）可以表示为公式（13–6）：

$$PTE=D\cdot(\boldsymbol{E}-\boldsymbol{A})^{-1}\boldsymbol{A}^m\cdot(\boldsymbol{E}-\boldsymbol{A})^{-1}\cdot\boldsymbol{Y}^e \tag{13-6}$$

那么，出口碳排放量 *ECE* 就等于国内要素生产出口品的碳排放量 *ECE′* 与加工贸易所产生的碳排放量 *PTE* 之和［公式（13-7）］：

$$ECE=ECE'+PTE=D\cdot(\boldsymbol{E}-\boldsymbol{A})^{-1}\cdot\boldsymbol{Y}^{e}+D\cdot(\boldsymbol{E}-\boldsymbol{A})^{-1}\boldsymbol{A}^{m}\cdot(\boldsymbol{E}-\boldsymbol{A})^{-1}\cdot\boldsymbol{Y}^{e} \quad (13\text{-}7)$$

由于投出产出表和相关资料中均没有对进口中间品的计算，本文将对进口原材料的投入产出矩阵进行估计。假定进口的中间投入和国内生产的中间投入之比等于进口商品的最终消费与国内商品的最终消费之比。那么，由此可以得到系数 a^{m} 等于总进口量与总产出和净进口量之和的比，用系数 a^{m} 乘以投入产出直接消耗系数矩阵就可以得到进口的投入产出矩阵 $\boldsymbol{A}^{m}$。

再考虑进口的碳排放量。由于各国产业部门的划分各不相同，对其进行整合不具有操作性，参考目前此类研究一般的做法，假设国外生产的投入产出比和国内的相同，即假定进口商品也按照本地区的技术水平进行生产，这样更有利于我们估计进口为我国节省的碳排放量。在以上的假定之下，设进口量为 $\boldsymbol{Y}^{m}$，可以得到进口的碳排放量 *ICE*（Import Carbon Emissions）。

$$ICE=D\cdot(\boldsymbol{E}-\boldsymbol{A})^{-1}\cdot\boldsymbol{Y}^{m} \quad (13\text{-}8)$$

（二）数据获取及处理

首先，需要解决数据匹配的问题。由于对外贸易中碳排放问题主要产生于货物贸易领域，而货物贸易在我国对外贸易中处于主导地位，因此，以下分析将仅涉及货物贸易。目前编制的 2007 年 42 部类投入产出表和《中国能源统计年鉴 2008》分行业能源消费总量在部门划分上有相似之处，可以进行归并。同时，中国与美国、日本和欧盟的贸易数据是按照四位数的国际贸易标准分类（Standard International Trade Classification）进行编制的，本文参考盛斌的方法，进行数据合并。经过数据归并和剔除，得到如表 13-1 所示的 20 个部门。

表 13-1 部门分类

序号	部门名称	序号	部门名称
01	农、林、牧、渔业	11	化学工业
02	煤炭开采和洗选业	12	非金属矿物制品业
03	石油和天然气开采业	13	金属冶炼及压延加工业
04	金属与非金属矿采选业	14	金属制品业
05	食品制造及烟草加工业	15	通用、专用设备制造业
06	纺织业	16	交通运输设备制造业
07	纺织服装、鞋帽、皮革、羽绒及其制品业	17	电气机械及器材制造业
08	木材加工及家具制造业	18	通信设备、计算机及其他电子设备制造业
09	造纸印刷及文教体育用品制造业	19	仪器仪表及文化办公用机械制造业
10	石油加工、炼焦及核燃料加工业	20	工艺品及其他制造业

其次，对二氧化碳排放量的计算采取和第三部分关于工业部门各行业 CO_2 排放量的估算相同的方法。在运用该方法的过程中，本章做出如下调整：由于该方法采取 39 行业的部门分类标准，本部分依照对外贸易行业分类的原则，结合表 13–1 部门分类表进行同类归并，得到 20 行业的二氧化碳排放量（C_j）的数据（表 13–2）。

表 13–2　各部门二氧化碳排放量

序号	部门名称	二氧化碳排放量 C_j（万吨）
01	农、林、牧、渔业	1223.864714
02	煤炭开采和洗选业	17790.12
03	石油和天然气开采业	6772.49
04	金属与非金属矿采选业	7663.17
05	食品制造及烟草加工业	11688.48
06	纺织业	13434.5
07	纺织服装、鞋帽、皮革、羽绒及其制品业	25122.98
08	木材加工及家具制造业	2442.76
09	造纸印刷及文教体育用品制造业	8944.85
10	石油加工、炼焦及核燃料加工业	23138
11	化学工业	73669.66
12	非金属矿物制品业	56062.59
13	金属冶炼及压延加工业	153320.09
14	金属制品业	6513.07
15	通用、专用设备制造业	9898.01
16	交通运输设备制造业	5514.04
17	电气机械及器材制造业	3408.54
18	通信设备、计算机及其他电子设备制造业	4344.55
19	仪器仪表及文化办公用机械制造业	579.78
20	工艺品及其他制造业	2988.3

注：以上数据按照本书统一方法计算得到。

在此基础上，按照公式（13–2），用每个行业的二氧化碳排放量除以每个行业的总产出 X_j，就可以测算出各行业的二氧化碳排放率 D_j，见表 13–3。

表 13–3　各部门二氧化碳排放率

序号	部门名称	碳排放率 D_j（吨 / 万元）
01	农、林、牧、渔业	0.025031491
02	煤炭开采和洗选业	1.844481311
03	石油和天然气开采业	0.710285263

续表

序号	部门名称	碳排放率 D_j（吨 / 万元）
04	金属与非金属矿采选业	0.76624351
05	食品制造及烟草加工业	0.279692979
06	纺织业	0.533171128
07	纺织服装、鞋帽、皮革、羽绒及其制品业	1.390116055
08	木材加工及家具制造业	0.222191688
09	造纸印刷及文教体育用品制造业	0.598998561
10	石油加工、炼焦及核燃料加工业	1.097911197
11	化学工业	1.188256879
12	非金属矿物制品业	2.458413899
13	金属冶炼及压延加工业	2.509495707
14	金属制品业	0.367856275
15	通用、专用设备制造业	0.250667621
16	交通运输设备制造业	0.167201351
17	电气机械及器材制造业	0.125521568
18	通信设备、计算机及其他电子设备制造业	0.105475196
19	仪器仪表及文化办公用机械制造业	0.118815548
20	工艺品及其他制造业	0.48327594

最后，对年度数据进行调整。由于投入产出表是每五年编撰一次，现在可以获得的最新数据是2007年版的投入产出表，为保证数据的匹配，按照本节第一部分的模型计算所得到的结果也只能是2007年的进出口二氧化碳排放转移量。由于受到技术进步、物价水平、贸易总量的影响，经济体每年的二氧化碳排放量会有变化。因此，需要对按照公式（13–6）和公式（13–7）计算得到的2007年分国别、分行业的进出口二氧化碳排放量进行调整，将其调整到2010年的水平。

如果忽略2007—2010年技术进步的因素，考虑物价水平和贸易总量对碳排放量的影响，则可以利用以下公式对数据进行调整。

$$ECE_{\mathrm{t}} = ECE_{\mathrm{t0}} \cdot \frac{y_{\mathrm{t}}^{\mathrm{e}}}{y_{\mathrm{t0}}^{\mathrm{e}}} \cdot \frac{CPI_{\mathrm{t0}}}{CPI_{\mathrm{t}}} \tag{13–9}$$

$$ICE_{\mathrm{t}} = ICE_{\mathrm{t0}} \cdot \frac{y_{\mathrm{t}}^{\mathrm{m}}}{y_{\mathrm{t0}}^{\mathrm{m}}} \cdot \frac{CPI_{\mathrm{t0}}}{CPI_{\mathrm{t}}} \tag{13–10}$$

二、实证结果及分析

考虑到我国进出口贸易是以加工贸易为主的格局，将里昂惕夫投入产出公式［即公式（13-1）] 中的最终消费向量分解为国内消费向量和国外消费向量两部分，用各行业的二氧化碳排放率乘以国内的投入产出系数矩阵再乘以国外消费向量，可以得到国内要素生产出口品的二氧化碳排放量［公式（13-4）]。同样基于我国以加工贸易为主的国情，利用进口商品的投入产出矩阵按照公式（13-6）的计算方法可以得到国外要素生产出口品的二氧化碳排放量。将以上两部分数据进行加总就可以得到总出口的二氧化碳排放量。利用公式（13-7）可以计算得到进口的二氧化碳排放量。

需要说明的是，本部分计算中涉及的 2007 年及 2010 年中美、中日及中欧的进出口贸易数据来源于国研网对外贸易数据库❶；2007 年中国投入产出表来源于国家统计局国民经济核算司编撰的中国地区投入产出表（2007），具体数据参照本书附录三。所有计算均使用 Matlab 软件进行操作。

（一）中美贸易与碳排放转移

1. 中国对美国出口商品的二氧化碳排放分析

从表 13-4 可以看出，2010 年中国向美国出口商品导致中国各部门二氧化碳排放总量高达 80197.70268 万吨；从表 13-5 可以看出，2010 年中国从美国进口商品节省的碳排放量仅有 13671.50342 万吨。在中美双边贸易中，中国是碳排放的净出口国，在生产者负责的前提下，我国正在为美国的碳消费买单。

具体来看，居于出口商品二氧化碳排放量前五位的分别是通用、专用设备制造业，通信设备、计算机及其他电子设备制造业，纺织服装、鞋帽、皮革、羽绒及其制品业，电气机械及器材制造业，纺织业。这些部门不仅仅是中美贸易中占主要份额的产业，同时也是典型的高碳产业。

表 13-4　2010 年中国对美国出口商品二氧化碳排放量

序号	部门名称	出口商品二氧化碳排放量（万吨）
01	农、林、牧、渔业	60.10098677
02	煤炭开采和洗选业	2.355732272
03	石油和天然气开采业	53.63105516
04	金属与非金属矿采选业	106.8375442
05	食品制造及烟草加工业	416.1660375
06	纺织业	5696.188548
07	纺织服装、鞋帽、皮革、羽绒及其制品业	8236.788443
08	木材加工及家具制造业	2518.320361
09	造纸印刷及文教体育用品制造业	3385.254058
10	石油加工、炼焦及核燃料加工业	270.0858632

❶国研网教育版对外贸易数据库，http：//edu.drcnet.com.cn/DRCNet.Edu.Web/.

续表

序号	部门名称	出口商品二氧化碳排放量（万吨）
11	化学工业	2353.201186
12	非金属矿物制品业	1501.001748
13	金属冶炼及压延加工业	695.7490809
14	金属制品业	6113.85855
15	通用、专用设备制造业	18251.30648
16	交通运输设备制造业	2931.557458
17	电气机械及器材制造业	7305.713433
18	通信设备、计算机及其他电子设备制造业	18187.29118
19	仪器仪表及文化办公用机械制造业	1280.771578
20	工艺品及其他制造业	831.5233529
合 计		80197.70268

2. 美国对中国出口商品的二氧化碳排放分析

从表 13-5 可以看出，居于美国对中国出口商品二氧化碳排放量前五位的依次是：通用、专用设备制造业，化学工业，通信设备、计算机及其他电子设备制造业，交通运输设备制造业，金属冶炼及压延加工业。结合中美贸易结构进行分析，美国对中国出口的商品以技术密集型为主，生产过程中整体的碳排放量明显小于其从中国进口商品中节省的碳排放量。

表 13-5 2010 年美国对中国出口商品二氧化碳排放量

序号	部门名称	出口商品二氧化碳排放量（万吨）
01	农、林、牧、渔业	259.7089518
02	煤炭开采和洗选业	0.044253576
03	石油和天然气开采业	4.132520582
04	金属与非金属矿采选业	222.0562972
05	食品制造及烟草加工业	160.1913023
06	纺织业	371.2632978
07	纺织服装、鞋帽、皮革、羽绒及其制品业	115.7925755
08	木材加工及家具制造业	93.04486612
09	造纸印刷及文教体育用品制造业	635.7915554
10	石油加工、炼焦及核燃料加工业	85.13779796
11	化学工业	2300.845657
12	非金属矿物制品业	177.9846425
13	金属冶炼及压延加工业	1329.967851

续表

序号	部门名称	出口商品二氧化碳排放量（万吨）
14	金属制品业	388.1105493
15	通用、专用设备制造业	2802.914791
16	交通运输设备制造业	1536.886533
17	电气机械及器材制造业	796.9776338
18	通信设备、计算机及其他电子设备制造业	1713.099158
19	仪器仪表及文化办公用机械制造业	630.6992638
20	工艺品及其他制造业	46.85392034
合　计		13671.50342

（二）中日贸易与碳排放转移

在现行的中日贸易结构下，日本正将大量的碳排放转移到中国，具体从以下两方面进行分析。

1. 中国对日本出口商品的二氧化碳排放分析

如表 13–6 所示，2010 年由于中国向日本出口商品导致中国主要经济部门碳排放量为 33641.61712 万吨，即日本通过进口贸易的形式将这部分碳排放转移到了中国。具体来看，中国对日本出口商品的碳排放量居于前五位的行业分别是：通用、专用设备制造业，纺织业，通信设备、计算机及其他电子设备制造业，纺织服装、鞋帽、皮革、羽绒及其制品业，电气机械及器材制造业。

表 13–6　2010 年中国对日本出口商品二氧化碳排放量

序号	部门名称	出口商品二氧化碳排放量（万吨）
01	农、林、牧、渔业	176.6681824
02	煤炭开采和洗选业	331.7347151
03	石油和天然气开采业	40.2232269
04	金属与非金属矿采选业	73.19768157
05	食品制造及烟草加工业	774.4392982
06	纺织业	4819.20591
07	纺织服装、鞋帽、皮革、羽绒及其制品业	4177.515311
08	木材加工及家具制造业	611.1538474
09	造纸印刷及文教体育用品制造业	657.7968559
10	石油加工、炼焦及核燃料加工业	448.5262703
11	化学工业	1371.588995
12	非金属矿物制品业	681.4741511
13	金属冶炼及压延加工业	1118.766991
14	金属制品业	1505.058247

续表

序号	部门名称	出口商品二氧化碳排放量（万吨）
15	通用、专用设备制造业	6157.647164
16	交通运输设备制造业	1216.12877
17	电气机械及器材制造业	4033.532912
18	通信设备、计算机及其他电子设备制造业	4455.468382
19	仪器仪表及文化办公用机械制造业	826.7821747
20	工艺品及其他制造业	164.7080357
合 计		33641.61712

2. 日本对中国出口商品的二氧化碳排放分析

如表 13–7 所示，2010 年中国从日本进口商品中隐含的二氧化碳排放量仅为 27461.34265 万吨。日本对中国出口商品碳排放量居于前五位的分别是：通用、专用设备制造业，电气机械及器材制造业，通信设备、计算机及其他电子设备制造业，化学工业，金属冶炼及压延加工业。

结合表 13–6 和表 13–7 的数据，2010 年日本通过从中国进口高碳商品而为本国节省的碳排放量为 6180.27447 万吨。中日贸易不仅仅为日本提供了廉价的初级工业品和生活必需品，同时还转移了日本工业生产的碳排放；中国不自觉地承担了贸易的环境成本。

表 13–7　2010 年日本对中国出口商品二氧化碳排放量

序号	部门名称	出口商品二氧化碳排放量（万吨）
01	农、林、牧、渔业	2.068436599
02	煤炭开采和洗选业	0.04062462
03	石油和天然气开采业	0.019536366
04	金属与非金属矿采选业	34.44112288
05	食品制造及烟草加工业	27.479946
06	纺织业	369.3285506
07	纺织服装、鞋帽、皮革、羽绒及其制品业	64.62688684
08	木材加工及家具制造业	27.53027101
09	造纸印刷及文教体育用品制造业	329.781359
10	石油加工、炼焦及核燃料加工业	495.9622123
11	化学工业	3923.417567
12	非金属矿物制品业	508.8935607
13	金属冶炼及压延加工业	2605.189672
14	金属制品业	1060.135482

续表

序号	部门名称	出口商品二氧化碳排放量（万吨）
15	通用、专用设备制造业	6187.499743
16	交通运输设备制造业	1663.770896
17	电气机械及器材制造业	4178.425215
18	通信设备、计算机及其他电子设备制造业	4020.16816
19	仪器仪表及文化办公用机械制造业	1751.299124
20	工艺品及其他制造业	211.2642883
合计		27461.34265

（三）中欧贸易与二氧化碳排放转移

2010年中国对欧盟出口商品中隐含的碳排放量为80785.84076万吨，而中国从欧盟进口商品中隐含的碳排放量仅为24154.30485万吨。在中欧贸易中，中国也是碳排放的净出口国，贸易带来的经济效益也是以环境的污染为代价的。

1. 中国对欧盟出口商品的二氧化碳排放分析

如表13-8所示，中国对欧盟出口商品二氧化碳排放量居于前五位的分别是：通用、专用设备制造业，通信设备、计算机及其他电子设备制造业，电气机械及器材制造业，纺织服装、鞋帽、皮革、羽绒及其制品业，金属制品业。这些行业不仅是我国对欧盟贸易中的重点行业，同时也均属于碳排放量较高的行业。

表13-8　2010年中国对欧盟出口商品二氧化碳排放量

序号	部门名称	出口商品二氧化碳排放量（万吨）
01	农、林、牧、渔业	153.7552537
02	煤炭开采和洗选业	12.43700253
03	石油和天然气开采业	0.015910987
04	金属与非金属矿采选业	8.665532175
05	食品制造及烟草加工业	441.6010718
06	纺织业	3345.609872
07	纺织服装、鞋帽、皮革、羽绒及其制品业	7622.71467
08	木材加工及家具制造业	1611.008226
09	造纸印刷及文教体育用品制造业	2066.034005
10	石油加工、炼焦及核燃料加工业	414.2878283
11	化学工业	2805.827988
12	非金属矿物制品业	1945.518194
13	金属冶炼及压延加工业	1111.390652
14	金属制品业	5809.651732
15	通用、专用设备制造业	20504.68143

续表

序号	部门名称	出口商品二氧化碳排放量（万吨）
16	交通运输设备制造业	3883.309122
17	电气机械及器材制造业	7847.70773
18	通信设备、计算机及其他电子设备制造业	18756.06629
19	仪器仪表及文化办公用机械制造业	1677.431005
20	工艺品及其他制造业	768.1272425
合　计		80785.84076

2. 欧盟对中国出口商品的二氧化碳排放分析

如表 13–9 所示，中国从欧盟进口商品二氧化碳排放量居于前五位的分别是：通用、专用设备制造业，交通运输设备制造业，电气机械及器材制造业，金属冶炼及压延加工业，化学工业。

表 13–9　2010 年欧盟对中国出口商品二氧化碳排放量

序号	部门名称	出口商品二氧化碳排放量（万吨）
01	农、林、牧、渔业	14.21835
02	煤炭开采和洗选业	1.042246
03	石油和天然气开采业	11.39402
04	金属与非金属矿采选业	57.46581
05	食品制造及烟草加工业	153.4813
06	纺织业	226.9068
07	纺织服装、鞋帽、皮革、羽绒及其制品业	399.4347
08	木材加工及家具制造业	128.2265
09	造纸印刷及文教体育用品制造业	540.8336
10	石油加工、炼焦及核燃料加工业	47.53142
11	化学工业	2588.99
12	非金属矿物制品业	352.1059
13	金属冶炼及压延加工业	2600.614
14	金属制品业	1121.348
15	通用、专用设备制造业	7353.428
16	交通运输设备制造业	3218.838
17	电气机械及器材制造业	2646.839
18	通信设备、计算机及其他电子设备制造业	1486.657
19	仪器仪表及文化办公用机械制造业	769.1048
20	工艺品及其他制造业	435.8454
合　计		24154.30485

第四节　结论与对策建议

2009年，我国超过美国成为世界第一碳排放大国。研究表明，伴随着对外贸易的迅速发展，美、日、欧等发达国家利用双边贸易向我国进行碳排放转移，他们在享用中国供应的廉价商品的同时，却把“碳”留在了中国，而我国不得不为美国、日本、欧盟等发达国家的碳消费买单。这正是现今基于生产国的碳排放核算体系运行的必然结果。为此，在国际气候谈判中，应积极呼吁确立碳排放生产国与消费国共同负担的原则。与此同时，我国还须对各种低碳壁垒采取积极有效的应对之策。

一、结论

（一）2010年美国通过国际贸易向我国净转移6.7亿吨二氧化碳

本报告研究表明，在现行中美双边贸易结构下，美国正将大量的碳排放转移到我国。也就是说，在生产者负责的前提下，我国必须为美国的高额碳消费买单。

2010年，我国对美国出口商品导致我国二氧化碳排放量多出80197.70268万吨，而同年我国从美国进口商品仅节省13671.50342万吨二氧化碳排放量。在与中美双边贸易相伴的碳排放转移问题上，2010年美国向我国净转移了高达66526.19926万吨的二氧化碳排放量。

2010年，就我国各行业对美出口商品占全部对美出口商品二氧化碳排放的比率来看，位居前五位的是：通用、专用设备制造业（22.76%），通信设备、计算机及其他电子设备制造业（22.68%），纺织服装、鞋帽、皮革、羽绒及其制品业（10.27%），电气机械及器材制造业（9.11%），纺织业（7.10%）。而同年美国对我国出口商品二氧化碳排放占比前五位的是：通用、专用设备制造业（20.50%），化学工业（16.83%），通信设备、计算机及其他电子设备制造业（12.53%），交通运输设备制造业（11.24%），金属冶炼及压延加工业（9.73%）。

结合中美双边贸易结构来看，2010年美国从我国进口商品以机电产品、家具玩具、纺织品及原料为主，而美国对中国出口的主要商品为机电产品、植物产品、运输设备、贱金属及制品、化工产品等。我国的家具玩具、鞋靴伞等轻工产品和皮革制品箱包分别占美国进口市场的65.9%、76.4%和69.8%[1]。而这些产品主要是通过低水平、高能耗、高污染的加工贸易生产出来的。在现行贸易结构下，美国对我国出口的商品以技术密集型为主，生产过程中整体的碳排放量明显小于其从中国进口商品中节省的碳排放量。

[1]据美国商务部统计，转引自商务部综合司，商务部国际贸易经济合作研究院。国别贸易报告：美国2011年第1期，http://countryreport.mofcom.gov.cn/record/qikan.asp?id=3082。

再从中美贸易收支状况看，2010 年中美双边贸易额为 4568.2 亿美元，我国对美国出口 3649.4 亿美元，从美国进口 918.8 亿美元。美中贸易逆差 2730.7 亿美元[❶]。我国是美国的最大逆差来源国，我国也是美国二氧化碳排放的净出口国。也就是说，美国正在将大量的碳排放转移到我国。

从 2009 年起至今，我国一直是美国第二大贸易伙伴和首要进口来源地。在生产国的碳排放核算体系下，伴随着中美双边贸易的迅速发展，美国在享用"中国制造"的同时，却不需承担二氧化碳排放的责任，这显然是不公平的。

（二）2010 年日本通过国际贸易向我国净转移 6.2 千万吨二氧化碳

研究表明，在现行的中日双边贸易结构下，日本通过进口贸易形式将大量的碳排放转移到我国。在生产者负责的前提下，我国须为日本的高额碳消费买单。

2010 年，对日本出口导致我国二氧化碳排放多出 33641.61712 万吨，而同年从日本进口商品节省 27461.34265 万吨二氧化碳排放量。因此，2010 年日本向我国净转移了 6180.27447 万吨的二氧化碳排放量。

2010 年，就我国各部门对日本出口商品占全部对日本出口商品二氧化碳排放的比率来看，通用、专用设备制造业占 18.30%，纺织业占 14.33%；通信设备、计算机及其他电子设备制造业占 13.24%，纺织服装、鞋帽、皮革、羽绒及其制品业占 12.42%，电气机械及器材制造业占 11.99%。而同年日本对我国出口商品二氧化碳排放占比前五位的是：通用、专用设备制造业（22.53%），电气机械及器材制造业（15.22%），通信设备、计算机及其他电子设备制造业（14.64%），化学工业（14.29%），交通运输设备制造业（6.06%）。

结合中日双边贸易结构来看，2010 年日本自我国进口的主要商品为机电产品、纺织品及原料和家具玩具，而对我国出口的主要产品是机电产品、贱金属及制品和运输设备。在日本市场上，我国的劳动密集型产品占有比较大的优势，如纺织品及原料、鞋靴伞和箱包等轻工产品，在日本进口市场的占有率均为 50% 以上，这些具有低水平、高能耗、高污染生产特点的商品，其碳排放量要远远高于我国从日本进口的主要商品碳排放量。

再从中日贸易收支状况看，2010 年中日双边贸易额为 3030.6 亿美元，其中，日本自我国进口 1533.7 亿美元，对我国出口 1496.9 亿美元。日中贸易逆差 36.8 亿美元[❷]。我国也是日本二氧化碳排放的净出口国。也就是说，日本正在将大量的碳排放转移到中国。

我国为日本第一大贸易伙伴和最大进口来源地。长期来看，我国劳动密集型产品

---

❶据美国商务部统计，转引自商务部综合司，商务部国际贸易经济合作研究院。国别贸易报告：美国 2011 年第 1 期，http：//countryreport.mofcom.gov.cn/record/qikan.asp?id=3082。

❷据日本海关统计，转引自商务部综合司，商务部国际贸易经济合作研究院。国别贸易报告：日本 2011 年第 1 期，http：//countryreport.mofcom.gov.cn/record/qikan.asp?id=3042。

在日本市场仍将占有较大优势。在“生产者负责”原则下，日本通过进口贸易在消费“高碳”产品的同时，却无须承担环境污染的相关责任。

（三）2010 年欧盟各国通过国际贸易向我国净转移 5.7 亿吨二氧化碳

研究表明：在现行的中欧双边贸易结构下，欧盟也将大量的碳排放转移到我国，在生产者负责的前提下，我国同样必须为欧盟的巨额碳消费买单。

2010 年，我国对欧盟出口商品导致我国二氧化碳排放量多出 80785.84076 万吨，而同年从欧盟进口商品隐含的二氧化碳排放量仅为 24154.3 万吨。因此，2010 年欧盟向我国净转移了高达 56631.54076 万吨的二氧化碳排放量。

2010 年，我国对欧盟出口商品二氧化碳排放占比居前五位的是：通用、专用设备制造业（25.38%），通信设备、计算机及其他电子设备制造业（23.22%），电气机械及器材制造业（9.71%），纺织服装、鞋帽、皮革、羽绒及其制品业（9.44%），金属制品业（7.19%）。而同年欧盟对我国出口商品二氧化碳排放占比前五位的是：交通运输设备制造业（13.33%），电气机械及器材制造业（10.96%），金属冶炼及压延加工业（10.77%），化学工业（10.72%），通信设备、计算机及其他电子设备制造业（6.16%）。

在我国对欧盟出口商品隐含的碳排放方面，与美国相同的是，通用、专用设备制造业和通信设备、计算机及其他电子设备制造业均位居第一和第二，且都占 20% 以上。与美国不同的是，电气机械及器材制造业位居第三，纺织服装、鞋帽、皮革、羽绒及其制品业位居第四，金属制品业列第五。而美国纺织服装、鞋帽、皮革、羽绒及其制品业位居第三，电气机械及器材制造业位居第四，纺织业列第五。

我国从欧盟进口商品隐含的碳排放，与美国不尽相同。其中，交通运输设备制造业位居第一，而美国位居第四；电气机械及器材制造业位居第二，美国没进入前五位；化学工业位居第四，美国位居第二；金属冶炼及压延加工业位居第三，美国位居第五；通信设备、计算机及其他电子设备制造业位居第五，美国位居第三；通用、专用设备制造业美国位居第一，欧盟则没有进入前五位。

结合中欧双边贸易结构来看，2010 年欧盟从我国进口商品以机电产品、纺织品及原料和家具玩具为主，其当年出口额占我国对欧盟出口总额的 69.5%。这些产品在欧盟进口市场中分别占有 39.1%、41.7% 和 69.9% 的份额[1]。同样，这些在欧洲占优势的产品仍具有高能耗、高污染的特点。2010 年我国从欧盟进口商品主要有机电产品、运输设备和贱金属及制品等。

再从中欧贸易收支状况看，2010 年中欧双边贸易额为 5220.9 亿美元，其中，我国对欧盟出口 3731.5 亿美元，从欧盟进口 1489.4 亿美元，欧中贸易逆差 2242.1 亿美

[1] 据欧盟统计局统计，转引自商务部综合司，商务部国际贸易经济合作研究院。国别贸易报告欧盟 27 国 2011 年第 1 期，http：//countryreport.mofcom.gov.cn/record/qikan.asp?id=3250。

元[1]。我国是欧盟的最大逆差来源国，我国也是欧盟二氧化碳排放的净出口国。

目前，我国是欧盟第二大出口贸易伙伴和第一大进口来源地。中欧双边贸易结构和贸易收支状况如得不到及时调整，我国仍须承受环境污染的巨大代价，且为欧盟巨额的碳消费承担责任。

综上，从中美、中日、中欧的双边贸易结构、规模和贸易收支状况可知，美、日、欧等发达国家利用双边贸易向我国进行大量碳排放转移，他们在享用中国供应的廉价商品的同时，把二氧化碳留在了中国。

二、对策建议

（一）明确发达国家在碳减排方面的主要责任

在当今的国际分工和基于生产国的碳排放核算体系下，我国成了世界碳排放转移的最大阵地。一方面，为许多发达国家承担高污染、高排放产业转移带来的环境污染和资源浪费的最终后果；另一方面，还要为本应有减排义务的发达国家碳排放买单。我国目前碳排放量中相当大的比例是为了满足美、日、欧等发达国家消费者的需求而产生的。而从进口国的角度看，他们在进口商品的同时将生产这些商品产生的所有碳排放拒于国门之外。可见，我国为美国、日本、欧盟等国家的碳减排作出了很大的贡献。

目前基于生产国的碳排放核算体系忽略了我国因参与全球分工而出口大量隐含碳这一事实，将我国为满足发达国家的消费需求而产生的碳排放全部计入中国名下。因而，按现行的生产者负责原则界定一国碳排放责任是片面的，也是不合理的。美、日、欧等发达国家理应对附着在商品上的隐含碳承担义务，如提供切实有效的节能减排技术援助，帮助中国等发展中国家减少经济增长过程中的碳排放等，最终实现人类的可持续发展。

（二）呼吁确立生产国与消费国共同负担的碳排放核算新标准

生产者负责原则一直以来都是国际社会衡量本国碳排放量及制定环境政策时的基本依据，它没有考虑到为满足出口国消费需求而排放的污染责任问题。一些国家通过进口另一些国家的商品代替国内生产，使这些国家拥有高标准的生活水平与低污染排放，而使那些出口国（主要为发展中国家）被迫为出口的这部分污染排放买单，这显然是不公平的。

实际上，无论从造成污染的最源头看，还是从负担能力看，都应由发达国家承担主要责任。为此，我们主张，积极呼吁国际社会，从维护公平正义和全面推进节能减排出发，确立新的、由生产国与消费国共同负担的碳排放核算标准。这是解决问题的

[1] 据欧盟统计局统计，转引自商务部综合司，商务部国际贸易经济合作研究院。国别贸易报告欧盟 27 国 2011 年第 1 期，http ://countryreport.mofcom.gov.cn/record/qikan.asp?id=3250。

最根本的办法。

（三）努力开辟国内市场以减少对国际市场的依赖

要通过统筹城乡发展、统筹东中西部发展以及调整社会收入分配结构、扩大中等收入人群、提高低收入者收入等办法，努力开辟我国国内市场。这一方面有利于适当减轻我国作为重要生产国在碳排放问题上的压力，同时，也有利于减少与他国的贸易摩擦。

（四）不断优化出口贸易结构，大力推进绿色产品出口

一是对一些高污染、高能耗、低附加值产品，要采取严格的限制性措施，降低或取消出口退税甚至加征出口关税。

二是对绿色高新产品出口，要通过税收、金融优惠等措施，给予鼓励。

三是对所占比重较大的中度污染型产品出口，要根据我国社会经济发展需要和国际贸易发展态势，采取灵活适度的调节政策。即在保证我国社会经济持续稳定发展的前提下，适当调整出口退税水平，以避免政策“急刹车”带来过多的负面影响。

参 考 文 献

［1］马涛，陈家宽．中国工业产品国际贸易的污染足迹分析［J］．中国环境科学，2005，25（4）：508-512.

［2］陈红敏．包含工业生产过程碳排放的产业部门隐含碳研究［J］．中国人口资源与环境，2009，（3）：25-30.

［3］张晓平．中国对外贸易产生的 CO_2 排放区位转移分析［J］．地理学报，2009，（2）：234-242.

［4］魏本勇，方修琪，王媛，等．基于投入产出分析的中国国际贸易碳排放研究［J］．北京师范大学学报：自然科学版，2009，（4）：413-419.

［5］黄敏，蒋琴儿．外贸中隐含碳的计算及其变化的因素分解［J］．上海经济研究，2010，（3）：68-76.

［6］黄敏，伍世林．贸易中隐含碳问题溯源及其研究进展［J］．上海商学院学报，2010，（3）：77-80.

［7］刘强，庄幸，姜克隽，等．中国出口贸易中的载能量及碳排放量分析［J］．中国工业经济，2008，（8）：46-55.

［8］陈迎，潘家华，谢来辉．中国外贸进出口商品中的内涵能源及其政策含义［J］．经济研究，2008，（7）：11-25.

［9］齐晔，李惠氏，徐明．中国进出口贸易中的隐含碳估算［J］．中国人口资

源与环境，2008，（3）：8–13.

［10］李丁，汪云林，牛文元．出口贸易中的隐含碳计算——以水泥行业为例［J］．生态经济，2009，（2）：58–60.

［11］刘竹，耿涌，薛冰，等．城市能源消费碳排放核算方法［J］．资源科学，2011，33（7）：1325–1330.

［12］赵玉焕．国际贸易中隐含碳研究综述［J］．黑龙江对外经贸，2011，（7）：22–25.

［13］魏本勇，王媛，杨会民，等．国际贸易中的隐含碳排放研究综述［J］．世界地理研究，2010，19，（6）：138–147.

［14］蒙英华，裴瑱．中国对美出口贸易中的隐含碳排放——基于出口排名前十位货物的比较分析［J］．亚太经济，2011，（3）：46–50.

［15］夏蓉．中国进出口贸易中隐含碳排放量分析——基于投入产出模型［J］．中南财经政法大学研究生学报，2010，（6）：77–82.

［16］林骋，李娜．中国能源消费的LMDI Ⅰ分解分析［J］．中国电力教育：上，2010，（A02）：12–14.

［17］王媛，魏本勇，方修琦，等．基于LMDI方法的中国国际贸易隐含碳分解［J］．中国人口资源与环境，2011，21（2）：141–146.

［18］黄水灵，黄敏．碳关税对我国外贸出口的影响述评［J］．上海商学院学报，2011，（1）：49–55.

［19］国家统计局能源统计司，国家能源局综合司．中国能源统计年鉴2007［M］．北京：中国统计出版社，2008.

［20］盛斌．中国对外贸易政策的政治经济分析［M］．上海：上海人民出版社，2002.

［21］国家经委，国家统计局．1986年重点工业、交通运输业能源统计报表制度［M］．北京：中国统计出版社，1988.

［22］于荣，朱喜安．中国经济增长的碳排放约束机制探微［J］．经济纵横，2009，（13）：99–101.

［23］马述忠，陈颖．进出口贸易对中国隐含碳排放量的影响［J］．2000—2009年——基于国内消费视角的单区域投入产出模型分析［J］．财贸经济，2010，（12）：82–89.

［24］国家统计局国民经济核算司．中国地区投入产出表2007［M］．北京：中国统计出版社，2008.

［25］张为付，杜运苏．中国对外贸易中隐含碳排放失衡度研究［J］．中国工业经济，2011，（4）：138–147.

［26］沈可挺．碳关税争端及其对中国制造业的影响［J］．中国工业经济，2010，

（1）：65-74.

[27] 包昊蒙，龙军．低碳经济与我国外贸发展的对策研究［J］．学术论坛，2011，（1）：117-119.

[28] 郭文生．我国急需制订符合国情的碳排放核算标准体系［OL］．http：//www.tianjinwe.com/rollnews/201012/t20101215_2850619.html.

[29] 孙晓华，宋然平，杨抒．国内首个温室气体排放计算工具面世［OL］．http：//www.syntao.com/PageDetail.asp?Page_ID=14433.

[30] Jane Spencer. 进口国应为中国碳排放买单吗？［N/OL］．华尔街日报，2007-11-12.

[31] 英专家：计算发达国家碳排放量应包括进口商品一项［OL］．新华社．http：//www.cnr.cn/allnews/201009/t20100906_507004920.html

[32] 余慧超，王礼茂．Carbon emission transfer by international trade：taking the case of Sino-U.S. merchandise trade as an example［J］. Journal of Resources and Ecology，2010，1（1）：155-163.

[33] Wyckoff A W，Roop M J. The embodiment of carbon in imports of manufactured products：implications for international agreements on greenhouse gas emissions［J］.Energy Policy，1994，22（3）：187-194.

[34] Ahmad N，Wyckoff A. Carbon dioxide emissions embodies in international trade of goods［M］. OECD STI Working Papers，2003.

[35] Sánchez-Chóliz J，Duarte R. CO_2 emissions embodied in international trade：evidence for spain［J］. Energy Policy，2004，32（18）：1999-2005.

[36] Manfred Lenzen，Lise L Pade，Jesper Munksgaard.CO_2 multipliers in multi-region input-output models［J］. Economic Systems Research，2004，16（4）：391-412.

[37] Mauricio T Tolmasquim，Giovani Machado.Energy and carbon embodied in the international trade of Brazil［J］. Energy and Carbon Embodied in the International Trade of Brazil，2003，8（2）：139-155.

[38] Giovani Machado，Roberto Schaeffer，Ernst Worrell .Energy and carbon embodied in the international trade of Brazihan input-output approach［J］. Ecological Economics，2001，39（3）：409-424.

[39] Roberto Schaeffer，Andre Leal de Sá .The embodiment of carbon associated with Brazilian imports and exports［J］. Energy Conversion and Management，1996，37（6-8）：955-960.

[40] International Energy Agency. World Energy Outlook 2007：China and India Insights［M］，2009.

[41] Wang Tao, Watson Jim .Who Owns China's Carbon Emissions [J] .Tyndoll Briefing Note, 2007, (23) : 1–7.

[42] Christopher L Weber, Glen P Peters, Da B Guan .The contribution of Chinese exports to climate change [J] . Energy Policy, 2008, 36 (9) : 3572–3577.

[43] Pan Jiahua, Phillips Jonathan, Chen Ying. China' s balance of emissions embodied in trade : approaches to measurement and allocating international responsibility [J] . Oxford Review of Economic Policy, 2008, 24 (2) : 354–376.

[44] Hae C Rhee, Hyun S Chung. Change in CO_2 emission and its transmissions between Korea and Japan us–ing international input—output analysis [J] . Ecological Economics, 2006, 58 (4) : 788–800.

[45] Bin Shui, Robert C Harriss. The role of embodiment in US–China trade [J] . Energy Policy, 2006, 34 (18) : 4063–4068.

[46] Jesper Munksgaard, Klaus A Pedersen. CO_2 accounts for open economies : producer or consumer responsibility [J] . Energy Policy, 2001, 29 (4) : 327–335.

[47] Simone Bastianoni, Federico M Pulselli, Enzo Tiezzi. The problem of assigning responsibility for greenhouse gas emissions [J] . Ecological Economics, 2004, 49 : 253–257.

[48] Blanca Gallego, Manfred Lenzen. A consistent input–output formulation of shared consumer and producer responsibility [J] . Economic Systems Research, 2005, 17 (4) : 365–391.

[49] Manfred Lenzen, Joy Murray, Fabian Sack, et a1. Shared producer and consumer responsibility—theory and practice [J] . Ecological Economics, 2007, 61 (1) : 27–42.

[1] Wang Tao, Watson Jim. Who Owns China's Carbon Emissions? [J]. Tyndall Briefing Note, 2007, (2[illegible]): 1-7.

[2] Christopher L Weber, Glen P Peters, [illegible]. The contribution of Chinese exports to climate change. Energy Policy, 2008, 36(9): 3572-3577.

[3] Pan Jiahua, Phillips Jonathan, Chen Ying. China's balance of emissions embodied in trade: approaches to measurement and allocating international responsibility. Oxford Review of Economic Policy, 2008, 24(2): 354-376.

[4] Hae-Chun Rhee, Hyun-Sik Chung. Change in CO2 emission and its transmissions between Korea and Japan using international input-output analysis. Ecological Economics, 2006, 58(4): 788-800.

[5] [illegible]. The role of embodied carbon [illegible]. Energy Policy, 2008, 3[illegible]: [illegible].

[6] Jesper Munksgaard, Klaus A Pedersen. CO2 accounts for open economies: producer or consumer responsibility? Energy Policy, 2001, 29(4): 327-334.

[7] [illegible] responsibility for greenhouse gas emissions [illegible]. 2004, [illegible]: 2[illegible].

[8] Blanca Gallego, Manfred Lenzen. A consistent input-output formulation of shared producer and consumer responsibility. Economic Systems Research, 2005, 17(4): 365-391.

[9] Manfred Lenzen, Joy Murray, Fabian Sack, Thomas Wiedmann. Shared producer and consumer responsibility — Theory and practice. Ecological Economics, 2007, 61(1): 27-42.

第六部分

构建中国特色的碳交易市场

中国从1990年开始把应对气候变化作为政府工作最重要的议程之一。在经历了20多年的能力建设之后，2011年底正式把建立碳交易市场作为应对气候变化的重要工具，设定在2013年开始进行试点的省份与城市的区域市场到2015年链接为全国统一市场的路线图和时间表。借助市场机制运作、借助碳金融的力量，降低节能减排的总成本，这是中国政府2011年一系列政策给地方政府与企业发展低碳经济发出的信号。因此，如何从基础设计、主体设计、顶层设计的不同层面，系统探讨中国碳交易市场运行模式，应该成为我们急需解决的机制设计问题。

第十四章　中国碳交易现状与市场萌芽

中国碳交易市场从清洁发展机制开始启蒙，通过自发进行自愿减排交易，进入了萌芽阶段。2011 年底，中国政府明确表示要建立总量控制的碳排放权交易市场。清洁发展机制的确为中国碳交易市场的构建提供了基础，但是清洁发展机制本身高昂的交易成本、不合理的市场定价等种种问题使它不能成为中国碳交易市场的运作机制。因此，借鉴国际经验，构建中国特色的碳交易市场成为中国低碳经济发展进程的当务之急。

第一节　清洁发展机制的启蒙

中国已经成为核证减排量的最大供应国，并且这种趋势仍在逐步扩大。尽管中国主导了清洁发展机制的供应方，但在全球碳市场上仍然缺少话语权，处于产业链的底端。

一、中国清洁发展机制的制度规范

中国作为《联合国气候变化框架公约》的非附件一国家、《京都议定书》的非附件 B 国家，没有受到国际社会的强制量化减排要求。中国目前主要是通过清洁发展机制来参与国际碳交易市场。

清洁发展机制是《京都议定书》设立的三种市场化的灵活减排机制之一，是发达国家通过提供资金与技术的方式与发展中国家进行碳减排项目合作的机制。

中国一直认真履行《联合国气候变化框架公约》，并于 2002 年 8 月批准了《京都议定书》。根据《京都议定书》，中国作为发展中国家，可以以清洁发展机制为基础，作为供应方参与以项目为基础的温室气体排放交易。清洁发展机制为中国引进先进技术和资金，实现社会与环境协调发展提供了机遇。

2004 年 7 月 1 日，中国颁布了《清洁发展机制项目运行管理暂行办法》，提出清洁发展机制项目实施的优先领域、许可条件、管理和实施机构、实施程序以及其他相关安排，并于 2005 年 10 月 12 日开始实施。

2011 年 8 月 3 日，中国国家发改委、科技部、外交部、财政部发布了修订后的《清洁发展机制项目运行管理办法》，该办法自发布之日起施行，2005 年 10 月 12 日施行的《清洁发展机制项目运行管理办法》同时废止。

《清洁发展机制项目运行管理办法》要求，清洁发展机制项目合作应促进环境友好技术转让，在中国开展合作的重点领域为节约能源和提高能源效率、开发利用新能源和可再生能源、回收利用甲烷。

国家设立清洁发展机制项目审核理事会。项目审核理事会组长单位为国家发改委和科技部，副组长单位为外交部，成员单位为财政部、环境保护部、农业部和中国气象局。中国境内的中资、中资控股企业作为项目实施机构，可以依法对外开展清洁发展机制项目合作。

《清洁发展机制项目运行管理办法》规定，清洁发展机制项目因转让温室气体减排量所获得的收益归国家和项目实施机构所有，其他机构和个人不得参与减排量转让交易额的分成。国家从清洁发展机制项目减排量转让交易额收取的资金，用于支持与应对与气候变化相关的活动，由中国清洁发展机制基金管理中心根据《中国清洁发展机制基金管理办法》收取。

二、中国主导清洁发展机制的供应方

目前，中国已经成为核证减排量的最大供应国，并且这种趋势仍在逐步扩大。截至 2012 年 2 月 5 日，联合国清洁发展机制执行理事会已注册的清洁发展机制项目预计年均减排量约为 5.65 亿吨 CO_2e[1]，中国约为 3.62 亿吨 CO_2e，占其中的 64.03%（图 14–1）；执行理事会成功注册的清洁发展机制项目为 3821 个，中国为 1802 个，占其中的 47.16%（图 14–2）；执行理事会签发的核证减排量约为 8.54 亿吨 CO_2e，中国约为 5.07 亿吨 CO_2e，占其中的 59.38%（图 14–3）。这三项衡量一国清洁发展机制规模的数据都反映出中国是目前卖方市场的主导。

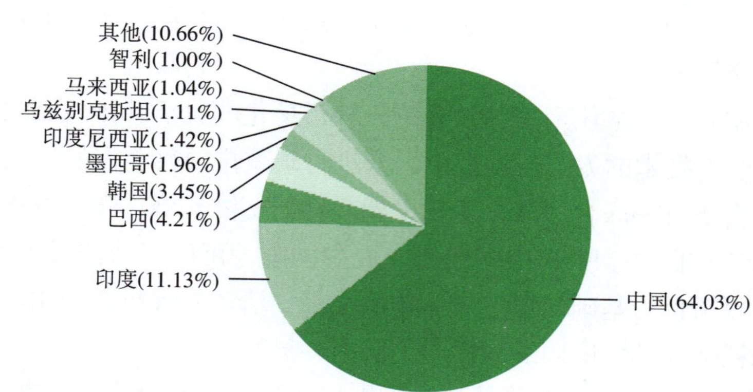

图 14–1　已注册的清洁发展机制项目预计年均减排量比例按国家分布图
（来源：http ://cdm.unfccc.int，中国人民大学气候变化与低碳经济研究所制作）

从表 14–1 我们可以发现，从 2006 年至 2012 年，中国的清洁发展机制项目在经国家发改委批准的项目数量、在联合国清洁发展机制执行理事注册的项目数量、获核

[1] CO_2e 是指 CO_2 当量。

证减排量签发的项目数量这三项指标上都一直保持较快的增长趋势。

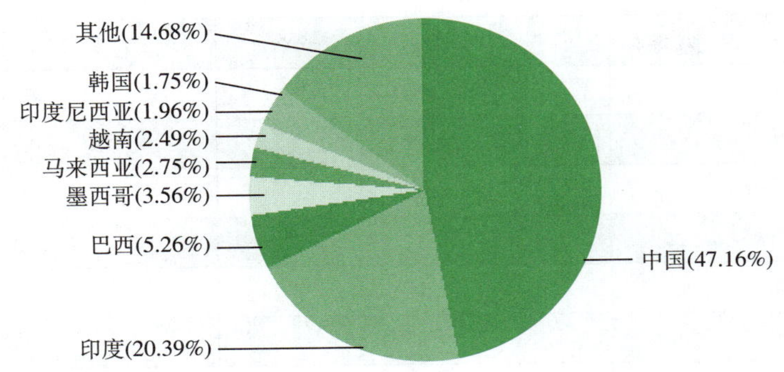

图 14-2 已注册的清洁发展机制项目按国家分布图
（来源：http：//cdm.unfccc.int，中国人民大学气候变化与低碳经济研究所制作）

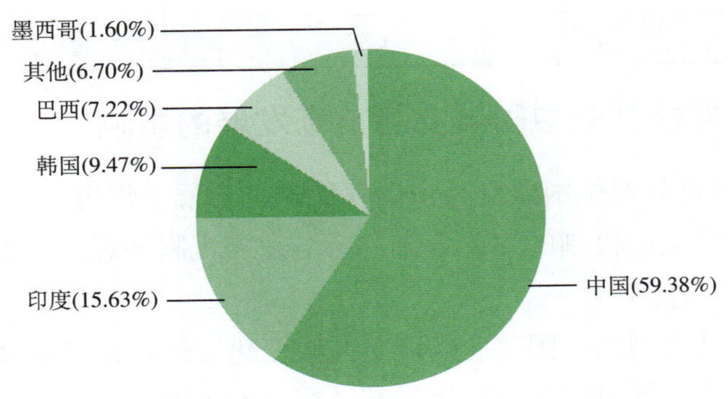

图 14-3 已签发的核证减排量按国家分布图
（来源：http：//cdm.unfccc.int，中国人民大学气候变化与低碳经济研究所制作）

表 14-1 2006—2012 年中国清洁发展机制进展情况
（来源：http：//cdm.ccchina.gov.cn，中国人民大学气候变化与低碳经济研究所制作）

项目获准机构	项目数量					
	截至 2006 年 12 月 30 日	截至 2007 年 11 月 20 日	截至 2008 年 7 月 6 日	截至 2009 年 9 月 11 日	截至 2011 年 9 月 20 日	截至 2012 年 2 月 5 日
经国家发改委批准	255	932	1388	2174	3240	3559
在联合国清洁发展机制执行理事注册	36	141	239	491	1581	1800
获核证减排量签发	4	26	55	131	547	684

截至 2012 年 2 月 5 日，经国家发改委批准的清洁发展机制项目中，新能源和可再生能源项目量最大，占了 73.16%。这主要是由于：一方面，这类项目开发的方法学简单，额外性易于确定，项目申报批准率高；另一方面，中国目前正大力发展新能源和可再生能源，项目数量增长迅速（表 14-2）。

表 14-2 经国家发改委批准的清洁发展机制项目按减排类型分布表（截至 2012 年 2 月 5 日）
（来源：http ://cdm.ccchina.gov.cn，中国人民大学气候变化与低碳经济研究所制作）

类 型	项目数	占比（%）
新能源和可再生能源	2603	73.16
N_2O 分解消除	28	0.79
甲烷回收利用	254	7.14
HFC-23 分解	11	0.31
节能与提高能效	545	15.32
燃料替代	47	1.32
垃圾焚烧发电	15	0.42
造林和再造林	4	0.11
其他	51	1.43
合计	3558	100.00

三、清洁发展机制对中国碳交易市场发展的影响

（一）清洁发展机制对中国碳交易市场发展的“启蒙”作用

中国占据了清洁发展机制的主要卖方，清洁发展机制客观上对中国碳交易市场的发展起到了“启蒙”作用。

第一，清洁发展机制为中国政府的应对气候变化工作提供了资金支持。

中国政府从清洁发展机制项目减排量转让交易额收取资金，用于支持与应对与气候变化相关的活动。

清洁发展机制项目因转让温室气体减排量所获得的收益归国家和项目实施机构所有。国家与项目实施机构减排量转让交易额分配比例如下：（1）氢氟碳化物（HFC）类项目，国家收取温室气体减排量转让交易额的 65%；（2）己二酸生产中的氧化亚氮（N_2O）项目，国家收取温室气体减排量转让交易额的 30%；（3）硝酸等生产中的氧化亚氮（N_2O）项目，国家收取温室气体减排量转让交易额的 10%；（4）全氟碳化物（PFC）类项目，国家收取温室气体减排量转让交易额的 5%；（5）其他类型项目，国家收取温室气体减排量转让交易额的 2%。

第二，清洁发展机制为中国企业的低碳发展提供了资金支持。

清洁发展机制项目业主投资的各类减排项目，如可再生能源发电项目（风电、水电、生物质发电）、能源效率提高项目，如果可以开发为清洁发展机制项目，则业主不仅可以获得项目本身所产生的常规效益，还能获得额外的出售核证减排量的收入。项目运行产生的减排量，会以核证减排量的形式出售给承担减排义务的发达国家。按照目前国家发改委批准交易的最低限价 8 欧元 / 吨计算，假设某个热点联产项目年供电 1000 万千瓦时，估计年减排量可达 10 万吨，出售一年的核证减排量就可有 80 万

欧元的收益。

因此中国企业通过清洁发展机制已经获取了数十亿美元的收益。这也促进了这些企业进一步的低碳化发展。

第三，清洁发展机制为中国构建自身的碳交易市场培育人才。

由于中国清洁发展机制发展迅速，大批与之相关的机构相继设立，大批企业参与交易。

在政府层面，国家设立了清洁发展机制项目审核理事会。国家发改委、科技部、外交部、财政部、环境保护部、农业部和中国气象局等部委也都设置了相应的为清洁发展机制服务的机构。这些机构的官员成为中国目前制定未来碳交易市场制度的中坚力量。2011 年底，国家发改委新成立了“国家应对气候变化战略研究与国际合作中心”，主要负责气候变化国际谈判和国内履约方面的战略研究和国际合作，很多人员都来自原各部委负责清洁发展机制的部门。

在企业层面，大量企业开发了清洁发展机制的项目，截至 2012 年 2 月 5 日，一共有 3559 个项目被国家发改委批准。许多企业设立了专门运行清洁发展机制的部门，一些项目较多的大型国有企业还设立了相应的子公司，比如华能集团就于 2010 年 7 月 9 日成立了华能碳资产经营有限公司。相应地，大量相关人才在这些企业中被培养出来。

在中介服务层面，各个省市几乎都建立了省级清洁发展机制服务中心，许多为清洁发展机制提供编写项目设计文件、项目开发文件，项目申报咨询等中介服务的公司也大量建立。还有一些交易所成立，为清洁发展机制项目交易提供交易平台。

在指定经营实体层面，截至 2011 年 6 月，联合国清洁发展机制执行理事会批准了 52 家指定经营实体，对清洁发展机制项目活动进行审定或核查和核证。其中，中国有 4 家，包括中环联合认证中心有限公司（CEC）、中国质量认证中心（CQC），以及 2010 年底刚刚获联合国批准的中国船级社和深圳赛宝认证中心。其他一些国际指定经营实体也在国内设立了代表处或分部。这为中国温室气体清单的编制以及今后碳交易市场排放量的监测工作进行人才积累打下基础。

（二）**清洁发展机制不是中国碳交易市场的发展方向**

但是清洁发展机制内在的局限与发展中出现的种种问题，使其不能成为中国碳交易市场的发展方向。

第一，清洁发展机制的内在问题制约了中国低碳发展，并导致大量风险。

清洁发展机制本身存在大量问题，和中国具体情况结合后，导致了中国清洁发展机制的众多问题。

由于项目基准线与额外性确定比较困难，联合国清洁发展机制执行理事会经常以项目基准线与额外性的问题为由不批准中国企业的项目，导致了大量的纠纷，比如，2009 年中国的 10 个风电清洁发展机制项目被联合国以“怀疑中国政府有意系统性降低风电项目的上网电价，从而鼓励将风电项目开发为清洁发展机制项目”为由拒绝审批。

由于项目审批程序复杂且不透明，导致了大量交易成本。清洁发展机制的项目全部要个案审查，审批时间极其冗长，会带来大量交易成本。交易成本具体包括项目搜寻，开发、选择基准线方法学并且估计项目减排量，准备相关技术文件，东道国的批准，利益相关方的咨询和环境影响评价，准备核证减排量购买协定，指定经营实体对项目的审定等成本，注册费，监测、核查和核证费用，适应性费用，清洁发展机制的管理费用。据估计，一个大型清洁发展机制项目的交易成本有可能高达20万～25万美元。

由于制度本身没有排放总量的限制，而且实施中存在问题，清洁发展机制也会造成对环境的不良影响。有些中国企业为获取减排量的收益而新建项目，有些企业制造虚假材料获取减排量，这些行为实际上反而增加了中国实际的碳排放。还有部分企业在环境评估报告没有落实的情况下，私自开始项目建设，导致原先的减排项目成为污染项目。

随着2012年《京都议定书》第一承诺期的到期，国际气候谈判前景堪忧，《京都议定书》第二承诺期很有可能达不成国际协议。因此，清洁发展机制作为《京都议定书》的产物，前途未卜，这将给参与到清洁发展机制的中国企业带来极大的风险。

第二，中国处于清洁发展机制交易的最底端，没有话语权。

表面上看来，中国主导了清洁发展机制的供应方，实际上，清洁发展机制市场的隐患已经浮现出来：在中国的实体经济企业为碳市场创造了众多减排额的同时，中国处在整个碳交易产业链的最底端。中国所创造的核证减排量被发达国家以低廉的价格购买后，通过它们的金融机构包装、开发，作为价格更高的金融产品、衍生产品及担保产品进行交易。两者实质都代表一吨CO_2e减排量，从经济学的市场无套利原理来说，两者的价格应该是相同的，但是现实中两者存在着巨大价差，见图14–4。

而且，虽然国家发改委批准交易的最低限价为8欧元/吨，但是实践中还存在许多虚假合同的问题，实际交易价格甚至低于8欧元/吨，这就导致中国企业面对更大的核证减排量与欧盟配额等碳配额的价差。

碳交易市场的核心话语权掌握在发达国家手里；中国提供了产品，但产品的标准和评估都是发达国家制定的，中国没有自己的交易体系，没有定价权，也没有完善的碳交易机构和人才，这里面包含着重大的系统风险和隐患。发达国家还正在全力吸引中国的金融机构参与到它们所建立的碳市场中，进而赚取中国资本的利润。这就像中国为发达国家提供众多原材料与初级产品，发达国家再出售给中国高端产品一样，它们轻而易举地赚取了“剪刀差”利润！

第三，中国清洁发展机制交易规模相对于排放总量过小，不可能成为减排的主要手段。

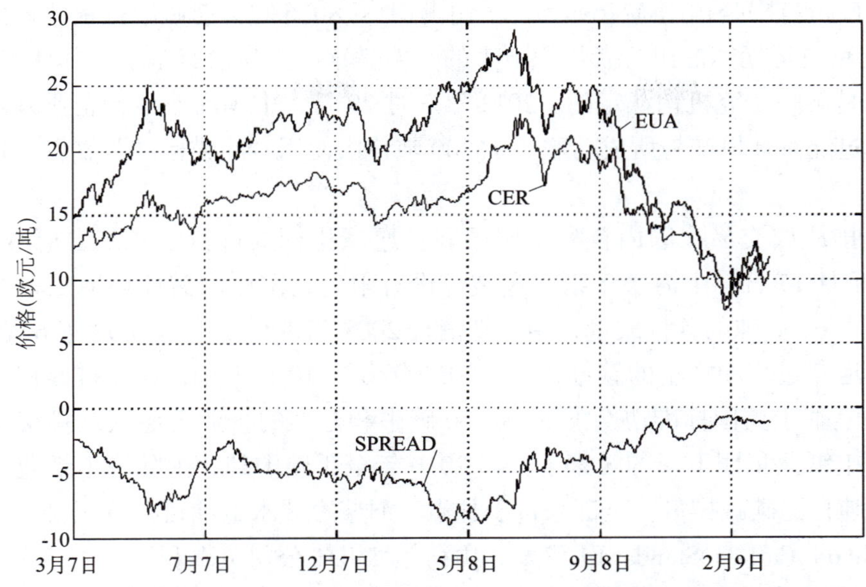

图 14-4 核证减排量（CER）与欧盟配额（EUA）的价差（2007 年 3 月 9 日至 2009 年 3 月 31 日）
（来源：路透社碳价格指数）

中国虽然已经成为清洁发展机制的最大项目来源国与最大核证减排量出售国，但是所有的减排额累加也只有 4.31 亿吨 CO_2e，这个数字相对于中国的约 70 亿吨碳排放总量而言只是一个零头。虽然清洁发展机制刺激中国新能源的发展，比如水电与风能，但是不足以真正地解决中国的碳排放问题，达到中国低碳发展的目标。而且，清洁发展机制必须与国外的上限与交易体系连接才能形成交易，并非真正意义的碳交易市场。

综上所述，清洁发展机制本身高昂的交易成本、不合理的市场定价等种种问题决定了它作为全球性的减排机制，不具备大规模发展的前景。因此，清洁发展机制的确为中国碳交易市场的构建提供了基础，但是它不能成为中国碳交易市场的运作机制。

第二节 中国碳交易市场的萌芽

中国政府与企业在清洁发展机制的启蒙下，开始探索一条中国建立碳交易市场的道路，但是目前还处在萌芽阶段。

一、中国开始尝试自愿碳交易市场

2008 年，北京环境交易所、上海能源环境交易所、天津排放权交易所相继建立。目前中国已经有几十家以“碳交易”为内容的交易所建立。这些交易所开始尝试中国的自愿碳交易，以企业自发的行为来推动中国碳交易市场建立。

（一）自愿碳交易的试水

北京环境交易所率先完成了第一笔自愿减排量的交易。2009 年 8 月 5 日，天平汽车保险股份有限公司用 277699 元人民币购买了 8026 吨自愿碳减排量，这批指标是 2008 年北京奥运期间的出行者累积下来的。但是这次交易没有基于国际认可的标准，其减排量是某一研究机构认定的。2011 年 3 月 29 日，中国商业地产企业方兴地产有限公司通过北京环境交易所成功购买 16800 吨首次使用“熊猫标准”签发的自愿碳减排量。

天津排放权交易在国内首先按照国际自愿减排标准进行了一笔自愿减排交易。2009 年 11 月 17 日，上海济丰纸业包装股份有限公司向厦门赫仕环境工程有限公司成功购买了 6266 吨的碳排放量，用于抵消自 2008 年 1 月 1 日至 2009 年 6 月 30 日在上海济丰运营过程中产生的碳排放量。2011 年 6 月 10 日上午，天津排放权交易所又促成了一笔基于英国标准协会的 PAS2060 碳中和标准的企业自愿碳减排交易。为实现国际济丰纸业集团下属的 8 家子公司 2010 年全年碳中和，国际济丰纸业集团将购买 25078 吨自愿碳减排量，全部来自于甘肃黄河柴家峡水电项目，按照自愿碳减排标准（Voluntary Carbon Standard）签发，由荷兰 CVDT 公司负责开发。

（二）研究自愿碳交易的标准与体系

随着一些自愿碳交易的进行，一些交易所也开始研究建立自己的交易标准与交易体系。

北京环境交易所推动自愿碳交易的中国标准，称为“熊猫标准”（Panda Standard）。2009 年 9 月 23 日，北京环境交易所和法国 BlueNext 交易所宣布，双方共同启动中国第一个自愿碳减排标准——“熊猫标准”的开发。熊猫标准 1.0 版在 2009 年 12 月的哥本哈根气候峰会上发布。这个自愿碳交易的标准适用于中国的农林及其他土地利用项目活动（Agriculture，Forestry and Other Land Use，AFOLU）。2011 年 11 月 10 日，北京环境交易所开始在网上公示熊猫标准的第一份方法学——竹林碳汇方法学（退化土地上的竹子造林方法学）。

北京环境交易所也在推进企业层面的自愿碳交易市场的构建。2010 年 1 月 8 日，北京环境交易所成立了中国碳中和联盟，开始招募会员企业，为会员提供碳足迹测算与核证、碳中和交易与认证、碳资产管理与咨询等服务。

天津排放权交易主要通过沿着其股东芝加哥交易所的制度与交易方法推动中国的自愿碳交易。2009 年 9 月 8 日，天津排放权交易所发起“中国企业自愿减排联合行动”首次推介会，希望试点建立符合中国国情和企业实际的 CO_2 温室气体测量、报告、核实体系，以及减排和交易体系等。2010 年 6 月 10 日，天津排放权交易所开发的温室气体自愿减排服务平台上线试运行并为首批项目 37.59 万吨自愿减排量提供电子编码和公示服务。

上海环境能源交易所为 2010 年上海世界博览会构建了自愿碳交易机制和交易平台。2009 年 8 月 4 日，上海环境能源交易所对外宣布，已正式启动“绿色世博”自愿碳交易机制和交易平台的构建，准备在世博会会展期间，由各国参观者通过这个平台来购买支付自己行程中的碳排放，实现自愿减排。目前，上海环境能源交易所正在为世博万科馆建造过程的碳排放量的核算与第三方认证机构接洽，进入初步碳排放量审核环节，希望最终核查出排放量后，通过上海环境能源交易所的世博自愿减排平台寻求适当的碳抵消项目，抵消万科馆的碳排放。上海环境能源交易所也开始积极推动一些自愿碳交易的基础性工作。2011 年 3 月起，上海环境能源交易所对首批 9 家上海虹口区的重点工业企业展开碳核算，正式启动了上海企业碳核算试点工作。

二、自愿碳交易市场发展的国际经验

（一）自愿碳交易市场在全球碳交易市场中比重很小

在实践中，自愿碳交易表现差强人意，虽然近几年交易量与交易额有所发展，但是仍然只在全球碳市场中占很小的比例（表 14–3）。

表 14–3 自愿碳交易市场在全球碳交易市场的份额
（来源：世界碳市场发展状况与趋势分析（2011），中国人民大学气候变化与低碳经济研究所制作）

年份	碳市场交易额（10 亿美元）					
	欧盟排放交易体系配额	其他配额	一级清洁发展机制	二级清洁发展机制	其他碳抵消额（部分为自愿碳抵消额）	总计
2005	7.9	0.1	2.6	0.2	0.3	11.1
2006	24.4	0.3	5.8	0.4	0.3	31.2
2007	49.1	0.3	7.4	5.5	0.8	63.1
2008	100.5	1.0	6.5	26.3	0.8	135.1
2009	118.5	4.3	2.7	17.5	0.7	143.7
2010	119.8	1.1	1.5	18.3	1.2	141.9

（二）自愿碳交易市场不是碳交易市场的重要类型

从表 14–4 中列举的目前正在运行和提议中的碳交易市场来看，除了日本自愿实验型综合性的排放交易体系（Voluntary Experimental Integrated Emissions Trading Scheme）与美国芝加哥气候交易所（Chicago Climate Exchange，CCX）使用自愿碳交易市场设计外，其他碳交易市场都是采用强制交易的，尤其是提议中的碳交易市场都是强制市场。

表 14–4 正在运行和提议中的碳交易市场所采用的交易类型（截至 2011 年 12 月）
（来源：中国人民大学气候变化与低碳经济研究所制作）

	碳交易市场名称	交易类型
正在运行的碳交易市场	欧盟排放交易体系（European Union Emission Trading Scheme，EU ETS）	强制的上限与交易体系
	新西兰排放交易体系（New Zealand Emission Trading Scheme，NZ ETS）	强制的上限与交易体系
	北美区域性温室气体倡议（Regional Greenhouse Gas Initiative，RGGI）	强制的上限与交易体系
	日本东京排放交易体系（Tokyo Emissions Trading Scheme）	强制的上限与交易体系

续表

	碳交易市场名称	交易类型
正在运行的碳交易市场	日本埼玉县交易体系（Saitama Prefecture Trading Scheme）	强制的上限与交易体系
	日本自愿实验型综合性的排放交易体系（Voluntary Experimental Integrated Emissions Trading Scheme）	自愿的上限与交易体系及碳抵消体系的综合体系
	澳大利亚新南威尔士、首都地区温室气体减排体系（Greenhouse Gas Abatement Scheme，GGAS）	强制的碳抵消体系
	美国加州气候行动储备（Climate Action Reserve，CAR）	自愿的碳抵消体系
	美国芝加哥气候交易所（Chicago Climate Exchange，CCX）	自愿的碳抵消体系
	加拿大艾伯塔省减排体系（Alberta Emissions Trading Scheme）	基于碳强度的强制的碳抵消体系
提议中的碳交易市场	日本排放交易体系（Japan Emissions Trading Scheme）	强制的上限与交易体系
	韩国上限与交易体系（Korea Cap-and-Trade Program）	强制的上限与交易体系
	澳大利亚碳污染减排体系（Carbon Pollution Reduction Scheme，CPRS）	强制的上限与交易体系
	美国加州上限与交易体系（California Cap-and-Trade Program）	强制的上限与交易体系
	北美西部气候倡议（Western Climate Initiative，WCI）	强制的上限与交易体系
	加拿大萨斯喀彻温省减排体系（Saskatchewan Emissions Trading Scheme）	强制的碳抵消体系

（三）日本发展自愿碳交易市场的经验

2008年10月，日本自愿实验型综合性的排放交易体系（Voluntary Experimental Integrated Emissions Trading Scheme）启动，由日本经济团体联合会自愿行动计划（Keidanren Voluntary Action Plan）、日本国内碳抵消体系计划（Plans for A Domestic Offsets Scheme）和日本自愿排放交易体系（Japan-Voluntary Emissions Trading Scheme，J-VETS）整合而成，至2009年7月，已有715个组织参与其中，其中521个设定了减排目标。试行的体系为了建立一个国内的碳抵消额交易体系，将几个现存的体系结合在一起。其中，日本自愿排放交易体系以小型的排放者为目标。潜在的参与者必须申请加入到实验型综合性的排放交易体系，并申报减排目标（无论是绝对的还是基于强度的）便于审查。此外，除了它们自身内在的减排成果，参与者可以利用国内的配额、国内项目的碳抵消额交易或京都机制来达到遵约目标。这个体系覆盖了近70%的来自于工业的CO_2排放。

日本试行这一自愿碳交易市场的最主要目的是为了日本的管制机构与被管制企业能通过自愿碳交易的形式更好地了解强制的上限与交易体系的运作，进而能适应2010年3月12日日本通过的《应对全球变暖基本法》(Basic Act on Global Warming Countermeasures）决定建立的日本排放交易体系（Japan Emissions Trading Scheme）。

（四）芝加哥气候交易所自愿上限与交易体系关闭的教训

2010年7月初，芝加哥气候交易所的母公司气候交易所（Climate Exchange）被位于美国亚特兰大的洲际交易所（Intercontinental Exchange，ICE）以6.22亿美元（42

亿人民币）的价格收购。之后不久，洲际交易所便宣布芝加哥气候交易所的自愿上限与交易体系于 2010 年 12 月，即体系的第二阶段的末期关闭，并于 2011—2012 年继续运行芝加哥气候交易所的资源碳抵消体系。2011 年 1 月底，这个于 2003 年建立、全球第一个自愿上限与交易体系正式关闭。芝加哥气候交易所的自愿上限与交易体系的交易产品——碳金融工具（一个单位代表 100 吨的二氧化碳当量，简称 CFI）的价格在 2010 年下半年跌到 10 美分左右，而 2008 年的历史最高价格则是 7.4 美元，见图 14–5。

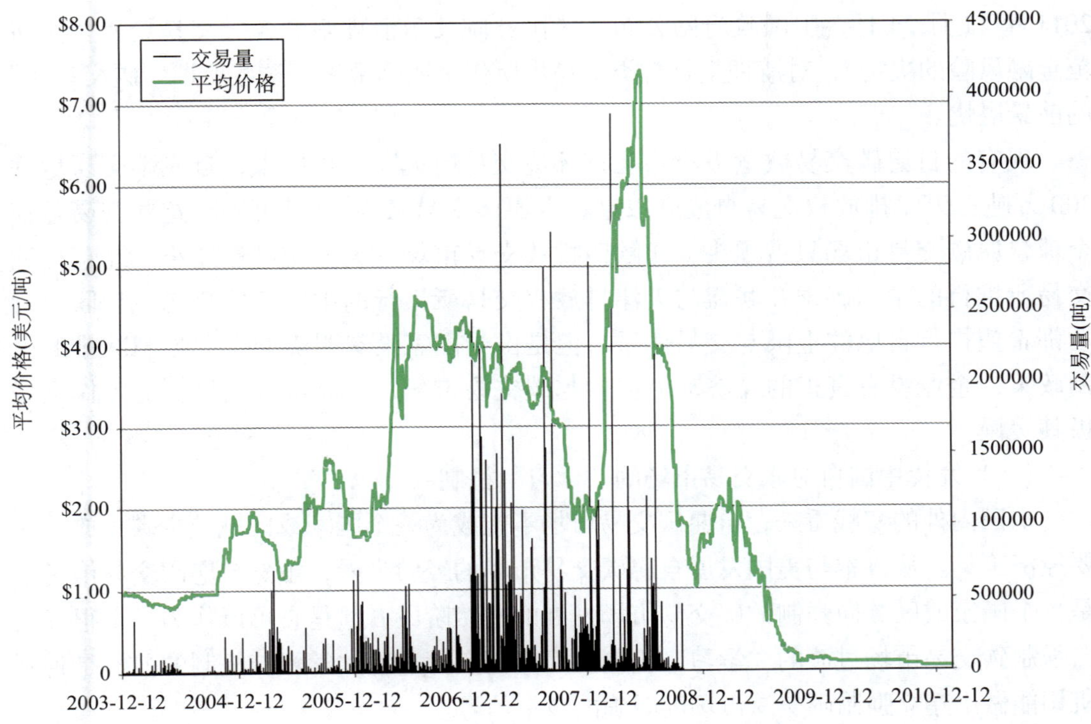

图 14–5　芝加哥气候交易所交易量与交易额
（来源：芝加哥气候交易所网站 https：//www.theice.com/publicdocs/ccx/CCX_Historical_Price_and_Volume.xls）

从芝加哥气候交易所的网站上可以查到，芝加哥气候交易所的自愿上限与交易体系从 2003—2011 年共交易了 1.5 亿吨 CO_2[1]。相比之下，美国仅在 2008 年的总排放量就达到 70 亿吨。从真正的减排效果上来看，芝加哥气候交易所没有起到多大的作用，但是它一直被作为美国向强制市场过渡的一种“学习”机制，但是 2010 年 6 月 22 日，美国参议院没有通过 2009 年 6 月众议院通过的《清洁能源和安全法案》（ACES）的修改版，依然包括建立全国的上限与交易体系的美国电力法案（APA）。

[1] 数据来源：https：//www.theice.com/publicdocs/ccx/CCX_Historical_Price_and_Volume.xls。

这导致参与芝加哥气候交易所的自愿上限与交易体系的企业丧失了对美国建立强制上限与交易体系的信心，成为了其关闭的最重要原因。

三、自愿碳交易市场是中国碳交易市场的过渡阶段

（一）中国自愿碳交易市场发展存在的问题

从目前中国自愿碳交易的进展来看，存在不少问题。各类以“碳交易”为名的交易所在中国“遍地开花”。全国还有多家碳交易所在建或列入当地政府规划，遍及全国各区域、各省市，甚至到区县。我国目前在筹建的碳交易所已经多达 100 多家。2011 年 11 月 24 日，中国政府网公布了《国务院关于清理整顿各类交易场所切实防范金融风险的决定》，对清理整顿各类交易场所作出明确部署。这些所谓“碳交易所”的前景堪忧。

现有的自愿碳交易数量极小。北京环境交易所成立 3 年以来，自愿碳交易量约 300 万吨；天津排放权交易自成立以来，自愿碳交易量为 50 多万吨。这些交易量在全球自愿碳交易市场只占零头，比欧盟排放交易市场一天的交易量还小。北京环境交易所推行的中国碳中和联盟与天津排放权交易所推行的中国企业自愿减排联合行动都希望推行自愿的上限与交易体系，但是由于国家没有明确的企业强制减排的限制政策，企业没有真正的经济动力去参与碳交易市场，因此这些交易所的工作进展极其缓慢。

（二）发挥中国自愿碳交易市场的“学习”机制

从国内外的实践看来，自愿碳交易市场不能成为一个国家或区域减少碳排放的主要经济工具。从日本与美国发展自愿碳交易市场的经验来看，虽然自愿碳交易市场不是一个国家或区域向强制的碳交易市场发展的必然阶段，但是它可以作为一个很好的向强制碳交易市场过渡的“学习”机制。而真正发挥这种“学习”机制的前提是管制机构能做出建立强制碳交易市场的明确的政策信号。

我国目前已经在发展自愿碳交易市场上获得了一定的经验与成绩，企业也开始熟悉碳交易的形式与制度。中国不能把自愿碳交易市场作为构建自身碳交易市场的最终目标，应尽快确定强制碳交易市场的基本制度设计及实施路线图，给企业一个清晰的政策信号，使企业通过现有的“萌芽期”的中国自愿碳交易市场尽快学习碳交易市场的基本规则与运行方式。

因此，我们认为自愿碳交易市场可以作为中国建立强制的碳交易市场的过渡阶段。

参 考 文 献

[1] 国务院发展研究中心课题组．全球温室气体减排：一个理论框架和解决方案[J]．经济研究，2009,(3):10–16.

[2] 刘铮，陈波．清洁发展机制的局限性和系统风险提示[J]．广东社会科学，2009,(6):50–56.

[3] 潘圆．我国碳市场进入快速发展[N/OL]．中国青年报，2011–11–21.

[4] 齐慧．排放权交易所探访记[N/OL]．经济日报，2011–10–25.

[5] 温泉．中国碳交易所进退[J]．瞭望，2011,(43):38–41.

[6] 杨志，郭兆晖．气候变化与低碳经济（专题讨论）——低碳经济的由来、现状与运行机制[J]．学习与探索，2010,(2):124–128.

[7] 杨志，王梦友．绿色经济与生产方式全球性转变——刍议基于‘资本·网络·绿色’框架的新经济[J]．经济学家，2010,(8):33–38.

第十五章　中国碳交易市场设计

中国政府已经深刻地认识到运用碳交易市场减少碳排放的有效性与紧迫性。2011年一系列的政策为中国碳交易市场的发展指出了明确方向，为地方政府与企业的低碳发展提供了清晰的信号。因此，我们沿着这一政策思路，设计了中国碳交易市场的基本制度。

第一节　中国碳交易市场的路线图

中国借鉴国际碳排放交易市场建设的经验，结合中国国情，提出开展碳排放交易试点，建立自愿减排机制，推进碳排放权交易市场建设。根据中国目前的具体情况与政策导向，我们认为，中国比较适合采用自上而下与自下而上混合的构建方式，分阶段逐步推进。

一、中国政府建立碳交易市场的决心

2011 年 3 月 16 日发布的《国民经济和社会发展第十二个五年规划纲要》中中国政府首次正式提出“逐步建立碳排放交易市场”。

2011 年 8 月 31 日，国务院发布《“十二五”节能减排综合性工作方案》，其中明确提出“推进排污权和碳排放权交易试点。完善主要污染物排污权有偿使用和交易试点，建立健全排污权交易市场，研究制定排污权有偿使用和交易试点的指导意见。开展碳排放交易试点，建立自愿减排机制，推进碳排放权交易市场建设。”

2011 年 11 月 9 日，国务院总理温家宝主持召开国务院常务会议讨论通过《“十二五”控制温室气体排放工作方案》，明确了我国控制温室气体排放的总体要求和重点任务。会议要求，各地区、各部门要按照“十二五”规划纲要提出的到 2015 年单位国内生产总值二氧化碳排放比 2010 年下降 17% 的目标要求，把积极应对气候变化作为经济社会发展的重大战略，作为加快转变经济发展方式、调整经济结构和推进新的产业革命的重大机遇，落实各项任务。方案对目标任务作了分解，明确了各地区单位国内生产总值二氧化碳排放下降指标。

2011 年 11 月 14 日，国家发改委在北京召开了国家碳排放交易试点工作启动会议，北京、广东、上海、天津、重庆、湖北和深圳被确定为首批碳排放交易试点省市，并提出 2013 年我国全面启动基于国家碳排放总量控制下的碳排放交易。同时，国家发改委办公厅下发了《关于开展碳排放权交易试点工作的通知》，指出开展碳排

放权交易试点工作是落实党中央、国务院关于应对气候变化工作总体部署的重要举措，是加快转变经济发展方式和产业结构升级的重要选择，是低成本实现2020年我国控制温室气体排放目标的重要手段。各试点地区要高度重视碳排放权交易试点工作，切实加强组织领导，落实建立专职工作队伍，安排试点工作专项资金，抓紧组织编制碳排放权交易实施方案，报国家发改委审核后实施。通知对各地碳排放权交易试点工作进行了具体部署，要求试点地区高度重视碳排放权交易试点工作，切实加强组织领导，抓紧组织编制碳排放权交易试点实施方案，明确总体思路、工作目标、主要任务、保障措施及进度安排。与此同时，要着手研究制定碳排放权交易试点管理办法，明确试点的基本规则，测算并确定本地区温室气体排放总量控制目标，研究制定温室气体指标分配方案，建立本地区碳排放权交易监管体系和登记注册系统，培育和建设交易平台，做好碳排放权交易试点支撑体系建设，保障试点工作的顺利进行。

2011年11月22日，国务院发表《中国应对气候变化的政策与行动（2011）》白皮书，提出要逐步建立碳排放交易市场。借鉴国际碳排放交易市场建设经验，结合中国国情，逐步推进碳排放交易市场建设。通过规范自愿减排交易和排放权交易试点，完善碳排放交易价格形成机制，逐步建立跨省区的碳排放权交易体系，充分发挥市场机制在优化资源配置上的基础性作用，以最小化成本实现温室气体排放控制目标。

二、构建碳交易市场的基本路径

从中国政府发布的政策来看，中国已经明确要建立基于国家碳排放总量控制下的碳排放交易，即全国性强制的上限与交易体系，这首先要充分借鉴国外碳交易市场的经验与教训。

表15-1分析了各国构建全国性强制的上限与交易体系碳交易市场的路径，主要存在三种方式。第一种方式是以欧盟为代表的自上而下的构建方式。首先通过构建碳交易市场的立法，设计碳交易市场的基本制度与运行机制，然后按照法律要求，对管制企业进行碳盘查，分配配额，启动碳交易。新西兰、澳大利亚、韩国等国沿着这条途径进行。第二种方式是以美国为代表的自下而上的构建方式。首先由各个州或地区或企业自发建立区域性的碳交易市场，然后汇集基本制度与运行机制的实践经验形成立法提案，最后由联邦政府通过立法提案成为法律，建立全国性的碳交易市场。加拿大沿着这条途径进行。第三种方式是以日本为代表的自上而下与自下而上混合的构建方式。首先由地方政府或企业自发建立自愿碳交易市场，等到其发展到一定规模由政府整合形成一个全国性的自愿碳交易市场。同时，政府推动进行区域性强制碳交易市场试点。之后，政府吸取各方面的经验、教训形成立法，建立全国性强制的上限与交易体系。

表 15-1　各国构建全国性强制的上限与交易体系碳交易市场的路径（截至 2011 年 12 月）
（来源：中国人民大学气候变化与低碳经济研究所制作）

构建方式	国家	已经或提议建立国家层面的碳交易市场的构建进程
自上而下	欧盟	1998 年 6 月，欧盟委员会发布报告《气候变化：迈向后京都的欧盟策略》，提出应在 2005 年前建立欧盟内部的碳交易体系。2001 年，欧盟排放交易体系意见稿被提交并经正式讨论；2002 年 10 月，欧洲议会通过了该意见稿；2003 年 7 月经修改的意见稿在欧洲议会和部长理事会上通过；2003 年 10 月 31 日，欧盟委员会通过《建立欧盟境内温室气体排放交易体系指令》确定了建立强制上限与交易体系的方案，当时一些欧盟配额的远期交易便开始进行了；2004 年 3 月，完成配额分配；2005 年 1 月开始运行，确定第一遵约期（试行期）（2005—2007 年）和第二遵约期（2007—2012 年）。欧洲议会在 2008 年 12 月 7 日通过了《气候和能源一揽子计划》制定了第三遵约期（2012—2020 年）的具体规则
	新西兰	2002 年 11 月，新西兰议会通过了《气候变化应对法》，其中包括建立全国性强制的上限与交易体系，之后法案进入了漫长的修订阶段；2008 年 1 月，新西兰排放交易体系运行；2008 年 9 月，新西兰议会通过该法案修订案，包括对碳交易体系规则的修改；2008 年 11 月，新当选政府暂停了新西兰排放交易体系，进入重新评估阶段；2009 年 11 月 25 日，议会通过再次修订的法案；2010 年 7 月 1 日，新西兰排放交易体系正式运行，过渡阶段（2010—2012 年）是没有上限控制的；2011 年 2—6 月，按照《气候变化应对法》规定，新西兰议会评估了新西兰排放交易体系
	澳大利亚	澳大利亚新南威尔士州通过 1995 年《电力供应法》及 2001 年电力供应条例修改案，于 2003 年 1 月建立强制的碳抵消体系，首都地区 2005 年 1 月加入，2005 年 11 月将遵约期从 2012 年延期到 2020 年。2008 年 9 月 30 日，发布《Garnaut 气候变化报告》设计了全国性强制的上限与交易体系，成为政策依据；2009 年 3 月，相关法案公布，但是两次在参议院被否决，经过反复多次的艰难立法过程，2011 年 11 月 8 日，澳大利亚参议院通过《清洁能源法案》，2012 年 7 月 1 日征收碳税，2015 年 7 月 1 日转换为上限与交易体系
	韩国	2009 年 2 月，韩国政府公布《低碳绿色增长法》，规定 2011 年 1 月 1 日开始施行企业温室气体盘查，2013 年 1 月 1 日开始施行全国性强制的上限与交易体系。2011 年 3 月，韩国宣布将碳交易市场启动时间推迟到 2015 年
自下而上	美国	美国有着极其丰富的使用排放交易体系减少环境污染的实践经验。2003 年芝加哥气候交易所建立，运行自愿的上限与交易体系，2010 年底关闭，转为交易碳抵消额；2005 年 12 月，区域性温室气体倡议建立，采用强制的上限与交易体系，从 4 个州扩展到东北部和大西洋中部的 10 个州，设置了三个遵约期（2009—2011 年、2012—2014 年、2015—2019 年）；2001 年，加州建立气候行动登记处作为碳排放自愿登记机构，2009 年改称气候储备行动，发展为自愿的碳抵消体系；2006 年 8 月，加州议会通过了包括建立强制的上限与交易体系的《加州全球变暖解决法案》，2011 年 12 月 13 日确定上限与交易体系的具体规则，2012 年运行；2007 年 8 月，西部气候倡议建立，包括了美国西北部与中西部的 7 个州与加拿大的 4 个省，原计划 2012 年启动强制的上限与交易体系，目前可能只有加利福尼亚州，加拿大的不列颠哥伦比亚省、安大略省、魁北克省可以交易；2007 年 1 月，美国第 110 届国会上有 12 份包括建立全国性碳交易体系的立法提案提交；2009 年 6 月，美国众议院通过包括建立全国性强制的上限与交易体系的《清洁能源和安全法案》；但 2010 年 6 月 22 日，美国参议院没有通过该法案的修改版——《美国电力法案》；目前美国全国性碳交易市场构建处于停滞中
	加拿大	2007 年 4 月 26 日，加拿大政府公布了气候变化方案，2008 年 3 月 10 日，发布了包括碳交易体系的具体方案；2007 年 7 月，艾伯塔省启动了基于碳强度的强制的碳抵消体系；不列颠哥伦比亚省、马尼托巴省、安大略省、魁北克省都通过了建立强制的上限与交易体系的法案，它们将加入西部气候倡议的上限与交易体系；萨斯喀彻温省正在审议建立碳抵消体系的法案

续表

构建方式	国家	已经或提议建立国家层面的碳交易市场的构建进程
自上而下与自下而上混合	日本	1997 年，日本经济团体联合会开始了进行自愿行动计划；2003 年日本环境省开始推行国内排放交易试行体系，尝试自愿碳交易，过渡为日本自愿排放交易体系，2005 年 4 月开始运行，2006 年 4 月开始交易；2008 年，日本经济产业省推行日本国内碳抵消体系；2008 年 10 月，日本经济团体联合会自愿行动计划、日本国内碳抵消体系和日本自愿排放交易体系整合成日本自愿试行综合性排放交易体系；2002 年日本东京都政府配合环境省开始推动自愿性排放交易制度，2005 年修正自愿性排放交易制度，2009 年开始规划强制的上限与交易体系，2010 年 4 月 1 日开始收集减排数据，2011 年进行交易，设置了两个遵约期（2010—2014 年、2015—2019 年）；2011 年 4 月 1 日，埼玉县加入；2010 年 3 月 12 日，日本议会通过《应对全球变暖基本法》，确定全国强制的上限与交易体系的方案，计划 2013 年运行，初期和中期目标期为 2013—2020 年，分多阶段进行，长期目标至 2050 年

这三种方式都是基于不同国情发展起来的。第一种方式比较适合已经对碳交易市场有充分研究的国家，而且政府需要有很强的政策实施推行的能力，优势在于可以尽快地建立强制的上限与交易体系，问题在于被管制企业能否一开始就适应强制的上限与交易体系。第二种方式比较适合地方政府、企业进行碳交易的意愿比较强烈的国家，优势在于能够为全国性碳交易市场的构建提供有效性，给企业一个学习、适应的过程，问题在于中央政府必须在区域碳交易市场发展比较成熟时给予明确的构建全国市场的政策信号，否则会出现目前美国经历的因为联邦层面碳交易市场立法迟迟不能通过导致区域市场发展受阻的状况。第三种方式则结合以上两种方式的优势，问题在于各类体系能否连接成全国性强制的上限与交易体系。

根据中国目前的具体情况与政策导向，我们认为中国比较适合采用自上而下与自下而上混合的构建方式。

第一，虽然中国自愿碳交易市场有了一定发展，但仍然处于“萌芽”阶段，尚不具备直接构建全国性强制的上限与交易体系的条件，地方政府与企业尚需一个学习、适应阶段。

第二，国际上已经有比较充分的碳交易市场的理论与实践经验，中国没有必要再经历漫长的制度设计的研究与讨论的过程，可以发挥“干中学”的作用，边实践边总结经验。

第三，中国面临巨大的国内外减排压力，需要尽快建立一个碳交易市场，达到成本有效的减排。

第四，目前中国还不具备建立一整套完善的强制的上限与交易体系的立法能力，但是这又是一项紧迫的工作，而混合的构建方式有助于一个有效法令的形成。

三、构建碳交易市场的基本步骤

根据国际碳交易市场的经验以及中国的自身国情，我们描绘了一幅中国特色碳交易市场的路线图（图 15–1）。

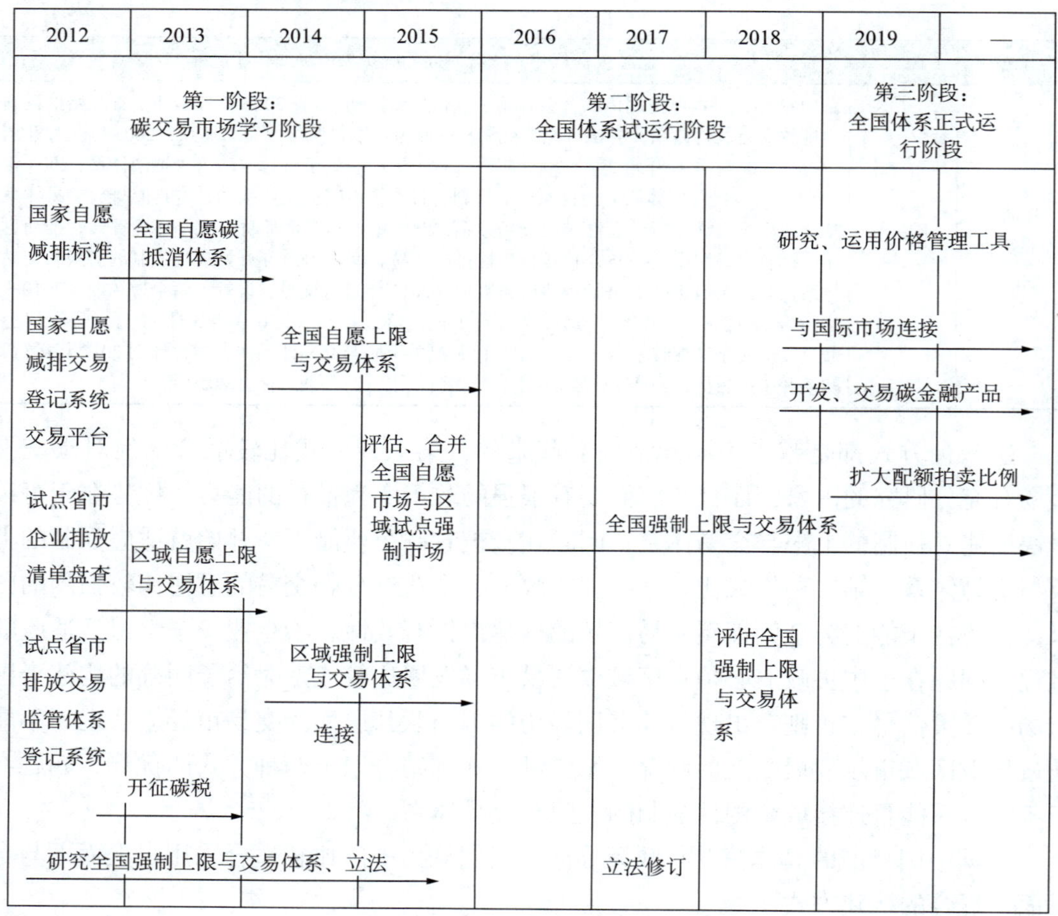

图 15-1　中国碳交易市场路线图
（来源：中国人民大学气候变化与低碳经济研究所制作）

（一）第一阶段：碳交易市场学习阶段（2012—2015 年）

我们把从政府发布明确的构建全国性强制的上限与交易体系碳交易市场的政策信号到碳交易市场开始或计划运行的阶段称为“学习阶段”，该阶段的主要工作是管制机构与企业通过自愿市场学习碳交易市场的基本制度与运行机制，做好向强制的上限与交易体系过渡的准备工作，并建立全国性强制的上限与交易体系的基本制度。从表 15-1 中总结的国际经验来看，各国都经历了这个阶段：欧盟、新西兰和澳大利亚均为 6 年，日本为 3 年，韩国为 5 年。综合考虑我国情况，学习阶段不宜过短，应该为 3 ~ 5 年。学习阶段的具体设计（这几个环节是交错进行、同步推进的）如下：

（1）构建全国性自愿的碳抵消体系，将目前已经开展的各类自愿碳减排标准综合后纳入国家标准，建立国家自愿减排交易登记系统与交易平台；逐步向全国性自愿的上限与交易体系过渡。

（2）首批碳排放交易试点省市进行企业碳排放清单盘查，建立本地区碳排放权交易监管体系和登记系统，构建区域性自愿的上限与交易体系；设计强制的上限与交易体系的基本制度，逐步向区域性强制的上限与交易体系过渡；比较成熟的区域碳交易市场可以建立连接机制。

（3）具体研究全国性强制的上限与交易体系的排放总量控制量、管制行业、交易对象、遵约期长度、配额分配、盘查、验证、登记、交易、处罚等基本制度；建立全国性强制的上限与交易体系的基本制度；全国性自愿的上限与交易体系逐步完善，准备向强制市场过渡；各个区域性强制的上限与交易体系连接。

（4）开征碳税，为碳交易市场的合理价格水平提供参照基准。

（5）2015 年是"十二五"规划的最后一年，通过全面评估全国性自愿市场与区域性试点强制市场的情况，对全国性强制上限与交易体系碳交易市场的基本制度与运行机制进一步完善。全国性自愿市场与区域性试点强制市场合并。

（6）制定包括碳交易市场设计的气候变化或低碳经济相关法律，对内清晰地表达政府政策，提供一个明确的控制碳排放的信号，加速国内各界对这一领域的研究；对外有力表达中国政府承认国际责任的具体行动。

（二）第二阶段：全国体系试运行阶段（2016—2018 年）

我们把全国性强制的上限与交易体系的启动初期称为"试运行阶段"，这一阶段的主要工作是启动全国性强制上限与交易体系碳交易市场，调试形成一套完善的运行机制，适当修正基本制度。已运行的各国碳交易市场也都经历了这一阶段，通过试运行，为正式运行积累了经验。

2016 年碳交易市场启动后，开始向被管制的企业分配配额，进行交易；政府开始进一步研究对碳交易市场宏观调控的手段，尝试价格控制政策工具，建立与国际市场的连接，研发碳金融产品。2018 年试运行期末对运行情况做全面评估，通过气候变化或低碳经济相关法律修订案。

（三）第三阶段：全国体系正式运行阶段（2019—2025 年）

通过 3 年的试运行，全国性强制的上限与交易体系的基本制度与运行机制逐步完善，扩大配额拍卖，设立有效的价格控制政策工具，与国际市场有效连接，交易碳金融产品，碳交易市场更顺利地持续发挥减排作用，促进企业的低碳发展。

第二节　中国碳交易市场的基本制度设计

根据所设定的原则，设计全国性强制的上限与交易体系基本制度。

一、构建上限与交易体系的设计原则

（一）环境有效性

就环境效益而言，由于碳交易须事先决定一个总量管制的目标，所以此政策可达

到管制机构认可的环境目标，例如，《京都议定书》规定各国在 2012 年的排放量要在 1990 年排放量的基础上再减 5.2%。要注意的是，过于宽松的减排目标，可能无法达到环境目标，这是目前对碳交易市场争议很大的问题。

此外，造成温室效应的气体，除了 CO_2 外，还有数量少但全球升温潜力高的气体。因此，碳交易市场是否纳入其他温室气体管制，也是值得重视的问题。

（二）成本有效性

成本有效是碳交易市场所遵循的最基本的经济学原理。一个运作良好且参与者众多的碳交易市场，可以确保整体企业的减排成本最低，符合经济效益：第一，企业可以通过减排，获取出售多余排放配额的利益；第二，排放空间可以在产业部门间移转。

此外，碳交易价格的波动影响经济发展。依国际经验，在经济增长、高能源价格、严寒气候或上限较严的状况下，碳价格走高。相反地，在经济衰退、能源价格下降、温暖气候或上限较宽松的状况下，碳价格走低。

（三）公平性

排放权的分配容易引起利益团体的逐利行为，运作不当的碳交易市场容易受人为操控影响，例如，刻意地规避某产业，操纵及行贿等。另外，排放权分配原则的确立、监测与处罚措施对中小企业的影响，如何处理垄断问题等都需要纳入考虑。

（四）行政可行性

碳交易市场的制度设计涵盖面很广，包括遵约期长度、排放目标、管制行业、交易对象、排放权分配以及各类遵约机制与宏观调控机制。制度设计如果过于复杂，以致产生高额的行政成本与交易成本，会减弱总体市场的经济效率。

（五）产业接受性

相较于碳税，目前依各国经验发现，产业对碳交易政策的接受度较高。但其制度设计是否可吸引较多企业参与，也是一个重要的问题。一个产业接受度高的交易制度，可扩大交易规模，增加流动性，并促成边际成本最小化。另外，产业是否愿意配合培育相关人才，也是需要考虑的。

根据这些原则，我们设计中国强制性的上限与交易体系碳交易市场的基本制度，如图 15-2 所示。

二、中国上限与交易体系的要素设计

按照目前中国政府的政策分工，我们认为今后碳交易市场的管制机构还将是国家发改委，因此以下这些工作都是发改委需要在碳交易市场启动前完成的。

碳交易市场是一个重要的碳减排政策工具。因此，为了达到合意的环境目标，科学合理地设计碳交易市场制度是至关重要的。设计碳交易市场涉及了一系列的要素，每个要素都会影响市场的其他方面。下文将对中国碳交易市场的设计要素分类进行详细分析，但是所有设计要素都是相互结合的整体。

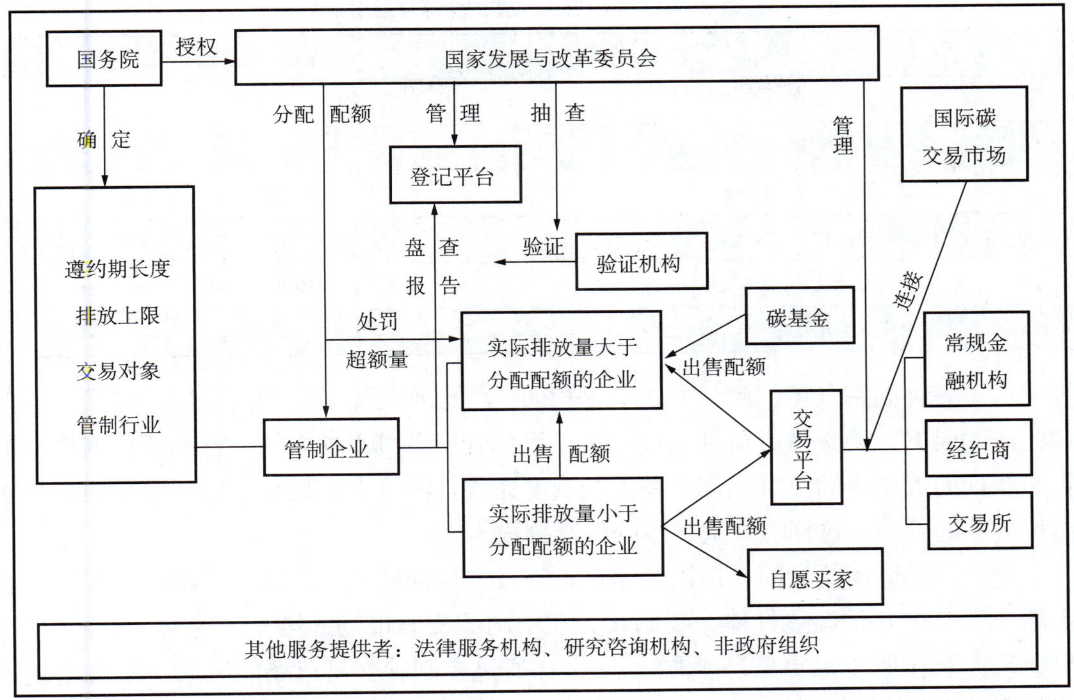

图 15-2 中国碳交易市场基本制度设计

（来源：中国人民大学气候变化与低碳经济研究所制作）

（一）配额的来源

在确认碳交易市场是碳减排的重要工具后，政策制定者需要确定市场配额的来源。具体需要决定哪些温室气体用于交易，市场覆盖哪些管制的行业与实体等问题。这些决定还要受到执行能力、行政负担及政治可行性等一系列因素的制约。

1. 交易对象

碳交易市场的交易对象（Gases Covered）是指其管制覆盖的具体几类温室气体。地球大气中重要的温室气体包括下列数种：水蒸气（H_2O）、臭氧（O_3）、二氧化碳（CO_2）、氧化亚氮（N_2O）、甲烷（CH_4）、氢氟氯碳化物类（CFCs，HFCs，HCFCs）、全氟碳化物（PFCs）及六氟化硫（SF_6）等。由于水蒸气及臭氧的时空分布变化较大，因此在进行碳减排时，一般都不将这两种气体纳入考虑。《京都议定书》附件 A 明确规定要对六种温室气体进行削减，包括上述所提及的：二氧化碳（CO_2）、甲烷（CH_4）、氧化亚氮（N_2O）、氢氟碳化物（HFCs）、全氟碳化物（PFCs）及六氟化硫（SF_6）。各种气体造成温室效应的能力不同，一般都以 CO_2 为标准折换成全球增温潜能（Global Warming Potentials，GWP）（表 15-2），但对全球升温的贡献百分比来说，二氧化碳由于含量较多，所占的比例也最大，约为 55%。通常减排量是把其他五种温室气体按照各自全球增温潜能折算成二氧化碳，以二氧化碳当量为单位计算的。

表 15-2　各种温室气体的全球增温潜能

温室气体	全球增温潜能
二氧化碳（CO_2）	1
甲烷（CH_4）	21
氧化亚氮（N_2O）	310
氢氟碳化物（HFCs）	1300 ~ 11700
全氟碳化物（PFCs）	6500 ~ 9200
六氟化硫（SF_6）	23900

由于各种温室气体的测量方式不尽相同，考虑到具体运行的简易性，测量、报告和核证的成本，碳交易市场可能只管制二氧化碳或者可以纳入统一框架下，测量、报告和核证的成本小的温室气体。在市场制度完善、测量水平提高之后，逐步加入其他温室气体的管制，这样可以进一步降低减排成本。

考虑到具体运行的简易性以及测量、报告和核证的成本，碳交易市场只管制二氧化碳或者其中几种温室气体。我们认为在中国碳交易市场的第一遵约期（试行阶段）只交易二氧化碳（主要来自能源活动），在通过控制碳交易市场能源活动二氧化碳排放的同时，控制非能源活动二氧化碳排放和甲烷、氧化亚氮、氢氟碳化物、全氟化碳、六氟化硫等温室气体排放。在第二遵约期可以考虑根据纳入新的管制行业而纳入新的温室气体，比如，相对容易监测的甲烷与一些工业排放的气体，这样可以增加减排的范围，进而降低减排成本。

2. 被管制实体

被管制实体（Covered Entities）指被碳交易市场管制的个人、工厂、企业、协会、组织、政府机构等。选择被管制实体是碳交易市场明确配额来源、适用范围的重要手段。

确定被管制实体的过程一般是先按照碳排放源从化石燃料的生产到消费的顺序来确定具体管制碳排放源的哪个环节，下面介绍管制不同碳排放源的方式与优劣。

（1）上游排放实体，如化石燃料制造商及进口商等（表 15-2）。其优点为：涵盖排放量范围最广，被认为是一种全经济范围的管制，因为从化石燃料使用的源头入手涉及了几乎所有的经济部门，这导致减排成本较低；可以给排放实体一个独立的价格信号，通过增加整个产业链的能源使用成本以抑制能源使用量；由于管制企业数目少，因此交易成本与行政成本最低。其缺点为：对碳交易市场设计而言，参与企业数目太少，市场流动性低；被管制实体可以将减排成本直接转嫁到下游排放实体，其本身将缺乏减排动力；要充分考虑进口管制的问题。

（2）中游排放实体，如石化厂及化石燃料运输等（表 15-2）。其优点为：涵盖主要排放者；被管制实体数目与下游相比较少，交易成本与行政成本较低；被管制实体相对于上游有更多的遵约选择；管制会相对比较有效；排放数据相对容易获得；可以激励更大范围的温室气体减排技术使用，而不仅仅是减少化石燃料中碳含量的技术；有最多的碳交易市场选择这种方法，因此有大量的实践经验。其缺点为：未纳入中小厂商，可能产生碳泄漏问题。

（3）下游排放实体，包括发电厂、工业、商业与居民锅炉及汽车排放（表15-2）。其优点为：涵盖最多排放者；具有公平性。其缺点为：排放实体能源使用多有重叠现象，因此减排边界不易清楚区分；由于管制排放实体最多，交易成本与行政成本最高。

表 15-3　不同管制源包括的具体行业

（来源：Cambridge Energy Research Associates，2006）

管制源	化石燃料分类		
	煤	石油	天然气
上游	采矿、进口	生产油井、进口	生产油井、进口
中游	铁路、运输船、卡车	炼油厂	管道、运送公司、液化天然气加工厂
下游	火力发电厂	汽车、工业锅炉、发电厂	工业锅炉、商业与居民锅炉、发电厂

具体实践中，考虑到成本有效性，管制机构会选择一些行业及其重点企业首先进行管制。

管制行业的选择涉及减排目标的数量、交易气体的种类、配额分配方式的确定，管制行业的资本周转速度也会影响到遵约期长度的设置，各类遵约措施也会由于管制行业的不同而有差异，因此，合理科学地确定管制行业是一个碳交易市场良好发展的重要因素。选择管制行业一般需要考虑以下因素。第一，排放数据的完整性：管制行业能获得完整的排放数据，可以保证设定排放基准，实现测量、报告和核证。一般而言，排放量的测量、报告和核证不应过于复杂，这样能减少行政成本。第二，环境的影响：需要考虑管制行业直接、间接、累积的与当地化的环境影响，防止增加其他有害大气污染物的排放，使其他的环境收益最大化。第三，管制的排放量：一般而言，管制行业的排放量越大，减排成本越低。因此管制机构应选择整体排放量大与减排潜力大的行业，保障实现减排目标。第四，管制的排放实体的数量：管制行业中排放实体太多，会导致行政成本过大；但是排放实体太少，会导致无法创造一个竞争性的市场。第五，与其他政策的协调：综合考虑管制行业的现有或将要实施的可能带来减排的政策，分析其与碳交易市场的互补性和互斥性。第六，碳泄漏：考虑管制行业是否存在碳泄漏问题。

在选择被管制实体上还要研究是否设置管制的准入门槛，要综合行政成本与涉及范围，考虑多大的排放量的实体将会被管制，是否引入退出、进入机制，即当排放实体在参与碳交易市场过程中，实现了减排，导致排放量低于管制准入门槛，是否可以申请退出管制，或者是，一个未被管制实体在碳交易市场运行中，排放量超过了准入门槛，是否会被纳入管制。

另外，在实际设计中，还要考虑的重要机制就是在碳交易市场发展的不同阶段，引入更多管制行业的问题，是否可以引入，在什么条件下引入。

还有一种“接入”的可选机制。由于一些没有受到管制的行业中一些实体可能符合管制的各种要求。这些实体可以被允许自愿“接入”碳交易市场。它们可以获得配额的分配，并要履行与被管制实体同样的要求。

“接入”对要求加入的实体而言，可以获得有价的碳资产（尤其是在免费分配的情况下），可以提前获得遵约的经验。对于碳交易市场而言，扩大了覆盖面，相对降低了减排成本。但是这种机制也存在一些问题：一些实体的减排量可能是不接入碳交易市场本身存在的，通过接入市场“免费”获得了碳资产，管制机构将发行额外的配额，损害碳交易市场的环境有效性。

中国碳排放量大的行业主要是金属加工业、非金属矿物制造业、化工业、电力等重工业行业，而且理论与实践均表明，电力行业比较适合采用上限与交易体系，因此我们建议管制首先从电力行业开始。目前，中国电力行业输电、供电环节为寡头垄断，不适合进行碳上限管制，企业的市场势力会导致配额分配的有效性扭曲，碳交易市场无法达到成本有效性；用电（电力用户）环节涉及企业数量过多，会造成碳交易市场的行政成本与交易成本过高；而发电环节企业数量适中，市场结构也处于竞争状态，我们认为第一遵约期的管制行业应选择在发电企业。之后，随着碳交易市场的成熟，再不断纳入新的管制行业。

（二）配额的预算

在一个给定的时期（遵约期）内，排放上限的下降路径决定了被管制实体可以排放的温室气体的量。这一下降路径成为“减排路径”，减排路径曲线下的区域代表的排放总量称为“配额预算”。可见，配额预算包括排放上限、遵约期长度与减排路径的设定。

1. 排放上限

碳交易市场是减少碳排放的一种数量型经济工具，因此，确定排放上限（Emission Cap）是一个重要的设计要素。

由于碳排放具有累积性，排放上限是在给定的时期（遵约期）内，建立了一个所有被管制实体可允许的排放总量的限制，例如，每年排放多少吨碳。碳交易市场要在遵约期开始之前分配对所有被管制实体的限制总量。

排放上限的另一种类型是使用一个碳排放强度目标，碳强度即碳排放量与经济产出的比率，一般常用每单位 GDP 的碳排放量。在这种碳强度上限下，每年允许的排放量将等于碳强度乘以 GDP。给定一个 GDP 的预期，一个碳强度上限可以设计成与绝对量上限产生出相同预期排放的水平。

但是，碳强度上限存在一些缺陷：第一，碳强度上限导致了排放水平的不确定性，同时也导致了减排成本的不确定性；第二，碳强度上限给不同碳交易市场间的连接制造困难。连接体系的总排放量既可能增加，也可能减少；第三，GDP 和排放的关系在国家间变化巨大，从美国的 0.70 到法国的 0.10，GDP 与排放的关系很强时，碳强度上限经常要根据经济波动来调整，这将加剧减排的波动；第四，碳强度上限不仅仅是一个简单的比例形式，会受到更多复杂、敏感的因素影响。

排放上限也取决于被管制实体。管制机构要建立一个全国性或区域性的减排目标，需要把碳交易市场与其他减排管制手段结合起来，必须理清哪些减排来自上限管制的实体，哪些减排来自上限没有管制的实体。理论上，上限管制的行业越多，越可以达到成本有效性。但是正如上一部分讨论的，由于存在种种问题，上限不能管制所有行业。因此就需要使用其他管制手段来管制没有上限管制的行业。

中国政府已经明确承诺到 2020 年单位国内生产总值二氧化碳排放将实现比 2005 年下降 40%～45%，以及到 2015 年全国单位国内生产总值二氧化碳排放比 2010 年下降 17% 的减排目标，首先需要澄清的是，这两个减排目标都是是相对量的减排指标，不是绝对量的减排指标。碳交易市场是减少排放的一种经济工具，它管制的温室气体的数量是所有被其管制的排放企业的限制总量，而不是一国的温室气体总量。比如，目前做的最大的碳交易市场——欧盟排放交易体系，一共有约 12000 个排放设施受到管制，管制规模约为 15 亿吨，约涵盖欧盟温室气体总排放量的 45%。由于中国目前仍处在快速发展阶段，碳排放还没有达到排放峰值，上限的设置也可以灵活些，不一定要绝对量减排，主要起到控制中国碳排放过快增长的作用。由于中国目前还没有受到国际条约强制减排的约束，因此要确定全国的排放上限，主要根据被管制企业的历史排放量、一切照常（Business as usual，BAU）的排放情景，或目前产业状况设定减量目标。在确定减排目标时，还要综合考虑其他相关政策工具，如低碳项目补贴、能源政策等与碳交易市场的交互作用。

目前政府公布了各省（区、市）"十二五"碳排放强度下降目标（表 15-4），但是将配额预算分解到被管制实体还是有大量工作需要完成的。我们建议第一遵约期（试行阶段）可以考虑借鉴新西兰排放交易体系试行阶段的做法，先不设排放上限。但是，排放企业需要对它们的排放负责，当排放超过免费配额时，需要购买配额。这样能使碳交易市场在第一遵约期（试行阶段）逐渐扩张，做出优化调整，进一步收集企业的历史排放数据，测试在不同行业配额管理的规则，为第二遵约期设定上限做好充分准备。被管制企业也将有时间熟悉这个强制的上限与交易体系，并开发最低遵约成本的策略。

2. 遵约期长度

遵约期（Compliance Period）是指被管制实体必须交付规定数量的配额的时间。遵约期长度设定对碳交易市场的运行有很大的影响。

表 15-4 “十二五”期间各地区单位国内生产总值二氧化碳排放下降指标
（来源:《国务院关于印发“十二五”控制温室气体排放工作方案的通知》）

地区	单位国内生产总值二氧化碳排放下降（%）	单位国内生产总值能源消耗下降（%）	地区	单位国内生产总值二氧化碳排放下降（%）	单位国内生产总值能源消耗下降（%）
北京	18	17	湖北	17	16
天津	19	18	湖南	17	16
河北	18	17	广东	19.5	18
山西	17	16	广西	16	15
内蒙古	16	15	海南	11	10
辽宁	18	17	重庆	17	16
吉林	17	16	四川	17.5	16
黑龙江	16	16	贵州	16	15
上海	19	18	云南	16.5	15
江苏	19	18	西藏	10	10
浙江	19	18	陕西	17	16
安徽	17	16	甘肃	16	15
福建	17.5	16	青海	10	10
江西	17	16	宁夏	16	15
山东	18	17	新疆	11	10
河南	17	16			

较长的遵约期使企业能在遵约期内更灵活地作出减排时间的选择，为被管制的减排企业提供长期的价格信号，鼓励企业投资与创新。此外，较长的遵约期将给企业的研发与创新提供更大的激励，这使企业可以发明更多的减排新技术。设定长期的减排目标还将为政策制定者提示最优的市场减排时间路径。企业在较长的遵约期中会更加明确地参与到碳交易市场中，这样提高了市场的流动性。较长的遵约期的缺陷在于如果气候变化的科学证明或减排技术发生急剧的变化，政策调整会有难度。

较短的遵约期也有一些好处。较短的遵约期使政府可以根据气候变化科学依据的变化或者新的减排技术的使用来设定未来的排放上限。而且，较短的遵约期可能较为可信，尤其是它能符合政治选举的周期。较短的遵约期的缺陷也很明显，难以给投资者有效的价格信号激励。当投资者对减排活动的投资需要数年才能收回成本时，如果遵约期过短，投资者不得不猜测政府未来的排放上限，并试图预测碳交易市场结构的潜在变动。这些不确定性会显著地增加企业的风险，减少低碳投资。但是如果政府选择了较短的遵约期，必须使用其他的机制设计（主要是价格控制机制）去克服随之带来的众多问题。

我们建议第一遵约期（试行阶段）的长度设置不宜过长，设定为 3 年，2016—2018 年，这样比较容易使政府把握对碳交易市场的基本制度的调整，并适当地运用一些价格控制工具调整因遵约期较短引起的价格波动。第二遵约期的长度可以适当长一些，初步建议定位 2019—2025 年，直到“十四五”规划结束。

（三）配额的分配

配额分配（Permit Allocation），是指管制机构以排放配额的形式对经济个体规定容量资源使用权。获取配额的被管制实体拥有了相应的环境容量资源使用的权利。由于这一权利由配额供给与排放需求产生价值并在碳交易市场上交易，因此权利的所有者就相当于获取了相应数量的有价资产。在每个遵约期末，被管制实体必须交付给管制机构等于它的遵约期内排放量的配额。

有一系列的可选方式分配配额。配额既可以免费分配，也可以拍卖，还可以采用混合的方式，即部分免费分配，部分拍卖。建立一套公平有效的配额分配规则是碳交易市场设计的难点。

免费分配是指管制机构按照一定的标准来分配碳排放配额，排放实体无须为此付出成本的代价。由于免费分配方案不增加现有排放实体的成本，还为排放实体增加了一笔资产，在需要的时候可以在市场上出售。因此，免费分配比较容易被排放实体所接受，但是也有排放实体抱怨免费分配是基于它们将为减排付出的成本之上的。

配额免费分配有两种分配原则：

（1）基准原则（Benchmarking），这是一种相对的配额权分配方式。被管制实体根据单位产出或单位投入所允许碳排放量（如 x 克 / 千瓦时的发电量或 y 克 / 千焦的能源投入可以排放一吨碳）获得配额。但是对于覆盖几个行业的上限与交易体系，在各行业的排放基准制定之前，排放上限必须先在行业间进行分配。基准原则是把最大的配额给予排放最有效率的被管制实体。其优点为可考虑不同产业特性，减少被管制实体的成本负担，可以鼓励被管制实体在碳交易市场启动前的早期减排行动。但其缺点为由于基准原则是基于一个行业的最佳或平均的绩效水平，各企业的特性、生产过程、生产效率等都不同，难以取得一致基准，而且当该行业的技术、燃料与产品等变化时，基准也会变化，这就经常要对基准升级或修改，进而导致过多的行政成本。

（2）追溯原则（Grandfathering），依据历史碳排放量水平来进行分配，即管制机构根据现存企业某一历史年份的碳排放量直接进行分配。追溯原则是把最大的配额给予排放量最高的被管制实体。其优点是简单、透明度高、可横跨不同行业设施、可减少被管制实体的成本支出等。但其缺点是公平性常受质疑，而且会阻碍被管制实体在碳交易市场启动前的早期减排行动。

在实践中，两种分配原则可以在不同的管制行业中使用。而且，两种分配原则可以在同一管制行业中混合使用。

按照定价方式的差别，配额拍卖的形式一般分为两大类：静态（密封）拍卖与动态（时钟）拍卖。其中，静态（密封）拍卖按照出清价格的不同可以分为统一价格拍卖、歧视价格拍卖和第二价格拍卖（Vickrey 拍卖）三种类型；动态（时钟）拍卖可以分为升序拍卖（英式拍卖）和降序拍卖（荷兰式拍卖）（表 15-5）。

表 15-5　标准的拍卖类型

静态（密封）拍卖			动态（时钟）拍卖	
统一价格拍卖	歧视价格拍卖	第二价格拍卖（Vickrey 拍卖）	升序拍卖（英式拍卖）	降序拍卖（荷兰式拍卖）

在配额分配上，根据各国经验，往往在“公平性”与“企业接受程度”两方面难以取舍。

（1）以追溯原则免费分配配额的优点为可减少排放源的成本支出，但缺点是公平性常受质疑，而且忽视了部分排放源在施行碳交易市场前的减排努力。

（2）以基准原则免费分配配额，其优点为可考虑不同产业特性，减少排放源成本负担，但其缺点为由于各产业的特性、生产过程、效率等都存在差异，基准原则难以取得一致标准。

（3）以拍卖法分配配额：主要实施方式为政府以拍卖方式分配配额，排放源必须有价取得配额，其主要优点为最具有公平性，较易制定遵行原则，而且可以带来“双重红利”（用拍卖收益补偿因碳交易市场而受损失的行业、企业，还可以用于抵消其他税收带来的扭曲效应），但缺点为排放源成本负担较大。

结合中国具体情况，在分配配额前国家发改委还需要做好以下准备工作：

（1）根据排放上限，依据具体被管制企业历史排放数据，预测企业未来排放增长趋势以及减排成本分配配额。

（2）被管制企业把自己预测的未来排放上限上报国家发改委。

（3）综合两方面信息，寻找差别原因，确定具体分配给被管制企业的配额数量，确定免费分配与拍卖的比例。

（4）确定新进入企业或新增排放设施的分配方案。

（5）分配方案应提前公示，以便被管制企业与相关利益者提前知晓并提出疑问。

（6）确定方案后交由国务院审批，国务院从管制效率、经济冲击、社会利益与可持续发展等角度进行评估，通过后由国家发改委在上限与交易体系启动一年前（2015年）完成分配。

在分配方法方面，回顾各国碳交易市场经验，依据分配方法的优缺点，我们建议短期先对现有企业采用追溯原则免费分配。一方面，相对行政执行阻力较小，便于落实；另一方面，降低产业冲击，减少被管制企业的反对。新设施则采用最佳可行技术为基准分配。由于基准原则的初期制定需要完整的产业信息，比较复杂，我们建议中长期逐步引进基准原则。由于拍卖已经成为公认有效的分配方式，我们建议逐步加大拍卖比例，拍卖收益汇集到一个专门的低碳基金中，用于低碳领域，以达到社会经济公平性与环境有效性。

（四）配额的补充

碳抵消额是排放实体由于管制、日常生产或其他行为获取的碳减排量，可以用于上限与交易体系中作为配额的补充。如果碳抵消额要用于上限与交易体系中遵约，这个碳抵消体系的项目的减排必须是真实的、额外的、永久的、可测量的、可验证的、可实施的。额外性是指一个给定项目比在一切照常的情景下没有这个项目时减少的排放量。额外性的关键要素是透明与可预测，这将产生公众的信心并最小化行政成本。

通常，碳抵消额是来自一个没有被上限与交易体系直接管制的排放源。没有被管制的排放源在上限与交易体系下没有遵约义务，但是其减排量可用于有遵约义务的被管制实体。一个碳抵消额是在一个设定的基准线上减排的一吨碳。与配额一样，碳抵消额赋予持有者排放一吨碳的权利。碳抵消额可以作为上限与交易体系外一种作为补充的遵约机制。

使用碳抵消额就好处而言，主要包括：第一，碳抵消体系可以为在上限下为被管制实体提供实现其遵约责任的更大的灵活性。这种灵活性创造了找到更低成本减排的机会，减少了整个碳交易市场的成本。第二，碳抵消体系能够激励没有上限管制的排放源的减排。第三，如果两个不同国家、区域的碳交易市场允许使用同一碳抵消体系的碳抵消额，碳抵消体系可以帮助碳交易市场的有效连接。就缺陷而言，主要包括：第一，碳抵消额可能来自不能正确、可靠与可持续监测的排放源的减排。这可能也是这个排放源没有被直接管制的原因。第二，碳抵消的项目与被上限直接管制的排放源相比，通常有很高的行政成本。这种行政成本既包括排放企业自身的，还包括管制机构的。第三，碳抵消机制会减少被管制排放源的减排量。这可能会减少对被管制排放源的创新的激励，导致向低碳转型的速度被拖延。第四，某些碳抵消项目，比如能效项目、新能源项目，减少被管制实体的间接排放，如果这些碳抵消额可以在碳交易市场使用，就会导致“双重计算”的问题。

基于中国已经在清洁发展机制项目的碳抵消额的开发以及自愿碳抵消市场的发展上获得了很多经验，因此中国的碳交易市场可以使用碳抵消额作为配额的一种补充。

但是，首先国家发改委需要建立固定的对碳抵消额管制的规则。减排必须是真实的、额外的、永久的、可测量的、可验证的、可实施的。这些规则由于给项目开发商带来了减排量的有效性的不确定性，因此会潜在地减少创造碳抵消额的激励，这会进一步增加投资风险，增加减排成本。从根本上说，这是一个要设立多严格的碳抵消额的规则的问题。除了规则外，还要考虑是否限制碳抵消额的使用。这包括了限制使用碳抵消额实现遵约责任的比例或只能使用特定地区的合格的碳抵消项目。

目前尚存在 2012 年后清洁发展机制的存留问题，如果清洁发展机制仍被使用，一些项目的碳抵消额可以“出口转内销”，在具体规则下用于国内碳交易市场的遵约；如果清洁发展机制被取消，国内的碳交易市场正好起到了保护已经开展清洁发展机制的企业的作用，可以有步骤、有计划把这些项目纳入到碳交易市场中。

对于自愿碳抵消项目，按照既定的路线图，一部分项目由于所在实体被纳入碳交易市场管制后，自动进入碳交易市场，另一部分没有被碳交易市场所管制的项目，可以通过类似清洁发展机制项目管理的模式，由国家发改委审批决定是否用于碳交易市场的遵约。

另外，针对国外的碳抵消额的进口问题，我们建议分阶段管制。在碳交易市场第一遵约期（试行阶段）禁止使用国外的碳抵消额，因为当时纳入管制的国内企业不多，国内的碳抵消额的潜在数量巨大，不宜再进口碳抵消额。在第二遵约期，随着更多实体被纳入管制，逐步、有比例地放开国外碳抵消额的进口。

（五）配额的遵约

有效的强制配额遵约机制是保障碳交易市场环境完整性的关键因素。如果在碳交易市场中没有有效的强制遵约机制，一个受管制的排放企业将不会减排，还会通过出售它的所有配额未获利。这样对于该排放企业而言，它获得了逃避掉的减排成本与配额出售获取的收益的双重经济利益。这样，碳交易市场会扩大潜在非遵约行为。有效的遵约机制包括了对排放企业的碳排放量的盘查、登记、验证、交易等机制，以及对非遵约行为的处罚。

盘查（Inventory）指计算、分析及汇总排放量或碳汇量，形成排放清单。

登记（Registration）指将经由验证机构完成验证的排放量、碳汇量、分配量、交易量及拍卖量等登记于管制机构指定登记平台。

验证（Verification）指排放量数据或碳汇量数据，经验证机构验证。

交易（Trade）指被管制企业实际排放量超过其配额数量购买配额或被管制企业实际排放量低于其配额数量出售配额。

处罚（Penalty）指对被管制企业无法达到排放上限的一种经济惩罚。处罚的具体金额包括过量排放相应的配额价格，加上弥补非遵约行为带来的成本。

我们建议中国的盘查、验证、登记、交易及处罚等机制可以如下设定。被管制企业应每年进行排放量盘查，其排放清单及相关资料应经验证机构查证，并应于规定期限前，登录于国家发改委指定的登记平台及其排放账户。其中，排放账户指由国家发改委设立用以登记企业的排放量、分配量、交易量及拍卖量的账户。被管制的企业应于上限与交易体系实施日起前一年取得排放许可；而新设或变更的排放源应于设置或变更前，取得或变更国家发改委的排放许可，并依许可条件操作、监测、登记及报告其排放量。验证机构必须为国际认可的第三方验证机构或国外机构在国内开设的分支机构，并应向国家发改委申请认证并取得许可后，才能进行验证工作。为了保证数据的可靠性，国家发改委不定期地组织抽查。

取得配额的排放企业，在规定期间的实际排放量不得超过国家发改委规定的交付配额期限日其账户中已登记可供该规定期间扣减的排放量。如果企业实际排放量超过其配额数量（以下称超额量），要于规定交付配额期限日前，向未超额的被管制企业或交易中介购买配额，登记在排放账户上，以供扣减其超额量；未经验证的实际排放量低于分配配额量的企业的配额不得用以进行交易。如果排放企业关闭，其配额不得转让，应由国家发改委收回。如果排放企业停工或停业，国家发改委应管控其配额，必要时收回。

这些机制的顺利实施要求有合格的基础设施作保证。建立标准盘查程序与登记平台；由于国内缺乏本土验证的规范标准与第三方中介机构，而国际性验证机构的成本高而且排放量信息具有国际敏感性，因此要建立中国的验证机制并扶持本国的验证机构；由于中国推动企业自愿盘查经验不足，大部分排放系数均引用国际系数，造成实质排放信息有较高的不确定性，因此要尽早建立本土性的排放系数资料库，建立排放系数审验与公告机制，使企业盘查有据可循。

处罚机制在初期可以考虑对完成排放上限的企业进行一定的奖励，之后逐步加大处罚力度，需要注意两点：第一，罚金不能定得过低，否则等于鼓励企业排放；第二，罚金应归入专门的基金，用于低碳发展。

三、中国上限与交易体系的调控机制

碳交易市场与普通市场相比，最大的不同是一个直接由管制政策直接创造出来的市场，政府的政策就是市场的供给曲线。由于碳交易市场机制并非完美，保证中国的碳交易市场能达到碳减排的成本有效性，需要管制机构对其进行调控，目的是为了保障碳交易市场在时间、空间各个维度有更大的灵活性。

（一）价格控制机制

碳交易市场的价格控制机制主要包括使用最低价格担保的价格下限、价格上限与下限、配额预留、基本型期权和碳抵消额放松（表 15–6）。

这些机制都可以在价格限制下减少价格波动，但是这是以给排放上限水平带来一个不可预测的变动为代价的。未知量的配额被发放到市场或从市场缴回增加了排放配额发行数量的不确定性。

在这些机制下，被管制实体的预期遵约成本都得到了降低，带来了众多好处：（1）减少了被管制机构参与碳交易市场的风险；（2）使投资能与资本积累的自然更新周期相吻合；（3）使商业周期的波动趋于平缓；（4）使被管制机构更好地管理自身债务；（5）刺激被管制机构在低碳领域的创新与投资；（6）激励被管制机构提前进行减排；（7）允许被管制机构在它们最优的时间段内减排；（8）增加碳交易市场的流动性；（9）保障了一些大规模的减排项目能够获得融资；（10）抑制碳交易市场投资者的非理性投资；（11）增加政策的可信度；（12）获得更大的市场透明度以传递动态效率。

表 15-6　碳交易市场各种价格控制机制的比较
（来源：中国人民大学气候变化与低碳经济研究所制作）

机制	使用最低价格担保的价格下限	价格上限与下限	配额预留	标准期权	碳抵消额放松
调控手段	管制机构提供最低价格担保	管制机构在价格上限时，出售无限量的配额；在价格下限时，购买无限量的配额	管制机构在价格上限时，出售有限量的配额	管制机构发行期权	有弹性的限制碳抵消额的使用
相当于纯粹的碳交易市场加何种期权形式	免费的交割价为价格下限的欧式卖出期权	免费的无限量的交割价为价格上限 / 下限的美式买入 / 卖出期权	免费的有限量的交割价为价格上限的美式买入期权	固定价格的欧式或美式的买入和卖出期权	不能分解
价格限制	管制机构能有效地保障等于最低价格担保的价格下限	管制机构能有效地保障预先设定的价格上限与下限	管制机构不能有效保障在所有情况下的价格上限	拥有期权的被管制实体有效地保障价格上限与下限	导致了更低的配额价格，管制机构不能有效保障在所有情况下的价格上限
不确定性	价格下限减少价格波动是以已发行的配额数量一些变动为代价的	市场增加或减少的配额是额外的随机变量，与对排放与减排的预期相结合增加了供给侧不确定性，减少价格波动是以排放上限的更大的不确定性为代价的	预留配额量的有限性不能保证价格上限	不会给上限水平或已发行的配额数量增加不确定性	可用于遵约的合格碳抵消额最大量是一个无法事先确定的变量，因此限制了控制价格波动的能力；同样也给参与减排的项目也带来了不确定性
被管制实体的预期遵约成本	比纯粹的碳交易市场低，降低程度取决于最低价格担保的水平	比纯粹的碳交易市场低，但难以事先定量	比纯粹的碳交易市场低，降低程度取决于预留配额的数量	比纯粹的碳交易市场低	比使用固定量的碳抵消额的纯粹的碳交易市场低
初始的环境目标（排放上限）	不受影响	严重放松（如果市场价格冲击价格上限）	一定程度的放松，放松的程度取决于预留配额的数量	不受影响	一定程度的放松，放松的程度取决于用于遵约的合格碳抵消额数量

续表

机制	使用最低价格担保的价格下限	价格上限与下限	配额预留	标准期权	碳抵消额放松
管制机构的行政成本	巨大的难以事先定量的资金负担，用于提供最低价格担保	巨大的难以事先定量的资金负担。如果市场价格冲击价格下限，管制机构需要以价格下限的价格购买无限量的配额	有限的成本，如果预留量用完，它不能保证价格上限，管制机构面临新的成本	几乎无成本（可能的成本是防止有可能出现的市场价格操控及设计出适当的排放配额的期权合约）	几乎无成本（可能的成本是设计合适的价格阈值）
其他优势	相对易于实施；有助于减排目标的实现			复制了其他可以分解成期权的机制的结果，并协调其他相冲突的政策目标；避免了其他混合体系下排放配额数量相关信息导致的不适当的市场价格操控	相对易于实施
其他劣势	无法防止价格过高的情况		无法防止价格过低的情况	价格限制需要对期权有支付意愿的被管制实体保障	无法防止价格过低的情况

在使用这些机制时，管制机构面临了不同程度的行政成本：巨大的成本（使用最低价格担保的价格下限、价格上限与下限），有限的成本（配额预留）或几乎无成本（基本型期权、碳抵消额放松）。管制机构的行政成本主要是购买市场配额的资金负担。但是，管制机构的成本将被转嫁到纳税人身上，增加了公众的资产负债表的负债风险。特别是在初始配额已经是免费分配给被管制实体的情况下，这将导致更大的税负扭曲。

初始的环境目标，即初始的排放上限也面临了不同程度的影响：被严重放松（价格上限与下限），或一定程度的放松（配额预留、碳抵消额放松），或不受影响（使用最低价格担保的价格下限、基本型期权）。

首先，需要明确碳交易市场的定价机制。由于碳交易市场还不完善，我国的市场经济整体发展尚不发达，因此碳交易市场运行初期，我们建议先由政府为市场定价提供一个基准水平。这一点上可以借鉴澳大利亚的模式，澳大利亚目前的碳交易市场方案就是通过先征收碳税，通过碳税明确碳价后，再逐步启动碳交易市场。因此，中国可以在 2012—2015 年碳交易市场的第一阶段——学习阶段，开征碳税，进而为碳交易市场的正式启动确定合理的碳价。

价格控制机制不仅能减少碳交易市场的价格波动，而且能带来“时间”灵活性。基于对各种价格控制机制的比较，我们认为基本型期权能够协调其他相互冲突的政策目标的机制，是最具“时间”灵活性的机制。首先。它复制了每一个其他价格控制机制的结果，避免了一些不适当的影响，如放松了初始环境目标或增加了管制机构的额外资金负担。其次，通过购买一个期权的适当组合，每个被管制实体可以创造出最优情况的价格控制机制。它们获得了设计符合自身情况的减排选择的机会。因此我们建议在 2016—2018 年碳交易市场的第二阶段——全国体系试运行阶段，研发出合适的以碳基本型期权为代表的碳金融产品，在 2019—2025 年碳交易市场的第三阶段——全国体系正式运行阶段，开始交易碳金融产品。这样一方面在中国碳交易市场设立了有效的价格控制政策工具，另一方面还会为中国碳交易市场带来更多的金融市场的参与者——作为卖方的碳基金会，作为交易平台的常规金融机构、碳经纪商与碳交易所。

随着碳金融产品的发展，中国碳交易市场的构建可以成为中国金融市场改革的一个突破口。国外的碳交易市场都已经模仿自己的金融市场的模式，有了一整套较为完善的金融交易体制。中国的碳交易市场可以直接建立一整套类似的金融交易体制，由于我们拥有后发优势，还可以把这套金融交易体系做得更加完善。目前中国现有的金融市场的改革面临很大成本与不确定性，因此碳交易市场完全可以作为金融改革的突破口与试点。一些在常规金融市场上暂时无法试验的金融工具与金融产品可以在碳交易市场上先试先行。如果试验成功，可以将做法与经验推行到常规金融市场，即使试验出现问题，由于碳交易市场初期规模就小，便于调整，而且这方面有大量的国外经验与教训可以借鉴。

（二）连接机制

碳交易市场的连接可以分为直接连接与间接连接。直接连接是指碳交易市场与至少一个其他的碳交易市场建立明确的连接。直接连接允许不同市场间的交易。根据是否允许一个或多个方向的交易，直接连接又分为单边连接、双边连接与多边连接，后两者统称为完全连接。

通过接受另一碳交易市场发行的配额或碳抵消额用于遵约，一个碳交易市场的管制机构就可以与另一碳交易市场建立单边连接。

在完全连接下，配额可以自由在连接的碳交易市场中交易，并且每个碳交易市场的配额都具有同等的遵约适用性。参与连接的碳交易市场多于两个，就是多边连接。为了实施双边或多边连接，需要协调融合每个市场中的相关设计要素。这个协调融合可以是正式的、有约束力的，也可以是非正式的、没有约束力的。因此，完全连接既可以通过一个正式规则，如规定参与方必须实施连接的国际条约，也可以通过谈判达成非正式规则，如通过互换连接意向的备忘录等来实现。有约束力的协议通过明确规定各种规则，给市场参与者更大的确定性。

如果两个碳交易市场不是直接连接的，它们可以通过各自与一个第三方市场的单边连接来相互连接，这就是间接连接。通过每个市场与第三方市场的交易，一个市场中配额的供给与需求也会影响另一个市场中配额的供给与需求。

碳交易市场连接有诸多的优势：第一，我们把可以使碳减排活动跨空间的分布的灵活性称为“空间”灵活性，这使碳交易市场能最小化遵约成本。理论上讲，市场设计中建立越多“空间”灵活性，市场越成本有效。第二，没有调整机制，比如交换比例、进口限制下，碳交易市场的双边连接导致价格趋同。在标准的局部均衡分析中，根据连接前的配额价格差异，连接同比例地减少减排的总经济成本。第三，市场连接减少管制引起的价格波动，因为价格波动和市场灵活性是相联系的。在其他因素不变的情况下，市场越是跨空间的融合，价格波动就越小。市场更广阔，任何一个区域的冲击对全球碳价格影响更小；而市场更封闭、更小，冲击对该区域的价格影响更大。虽然与其他区域市场连接也会遭受来自其他市场的冲击的敞口，但是整个市场的融合会减少价格波动。第四，连接前的碳交易市场的价格差异会引起竞争扭曲，连接的碳交易市场通过同化价格去除了一些竞争扭曲。考虑到碳泄漏到第三方市场的效应。任何导致市场连接的改变取决于每个市场对于价格变动的敏感性。由于连接而导致价格上涨的碳交易市场会面临加剧的碳泄漏，然而由于连接而导致价格下跌的碳交易市场会面临碳泄漏减少。第五，连接作为政府承诺增强了气候政策的动态效率，因为连接的碳交易市场与封闭的碳交易市场相比，更难调整已公布的上限路径。连接是多边承诺的一个信号，有助于加强气候变化政策的国际合作。

由于中国一开始不具备建立全国统一的碳交易市场的条件，因此我们设计先从区域试点开始，逐步通过连接机制将区域碳交易市场整合成为全国碳交易市场。

在2012—2015年碳交易市场的第一阶段——学习阶段，我们先构建区域性自愿的上限与交易体系；设计强制的上限与交易体系的基本制度，逐步向区域性强制的上限与交易体系过渡；比较成熟的区域碳交易市场可以建立连接机制。之后逐步地把各个区域性强制的上限与交易体系连接。这一系列国内市场的连接首先可以在有条件的试点地区先试先行，为尽快建立起碳交易市场提供了机制保障。

中国的碳交易市场不能孤立地存在，要建立合理的碳减排量的对外贸易机制，这就需要与国际碳交易市场建立连接。在2016—2018年碳交易市场的第二阶段——全国体系试运行阶段，开始尝试建立与国际市场的连接，如果不能一开始建立有效的完全连接，可以先建立单边连接，或者通过清洁发展机制等碳抵消体系与其他碳交易市场建立间接连接。在2019—2025年碳交易市场的第三阶段——全国体系正式运行阶段，与国际市场形成有效的双边或多边连接。

参考文献

[1] Aldy J，Krupnick A，Newell R，et al.Designing climate mitigation policy [M]. Washington：Rescources for the Future，2009.

[2] Baumol W，Oates W. The use of standard and pricing for the protection of the environment [J]. Swedish Journal of Economics，1971，73：42-54.

[3] Cornwell A，Gunasekera D. Essentici al elements of tradable permits schemes，trading greenhouse emission：some australian perspectives [M]. Canberra：Bureau of Transport Economics，1998.

[4] Tietenberg T. Emissions trading：principles and practice [M]. Washington：Resources for the Future，2006.

[5] 杨志，郭兆晖. 碳交易市场的现状发展与中国的对策 [J]. 中国经济报告，2009，(4)：16-21.

[6] 曾刚，万志宏. 碳排放权交易：理论及应用研究综述 [J]. 金融评论，2010，(4)：54-67.

[7] 陈波，刘铮. 全球碳交易市场构建与发展现状研究 [J]. 内蒙古大学学报：哲学社会科学版，2010，3：22-26.

[8] 杨志，陈波. 我国建立区域碳交易市场势在必行 [J]. 学术月刊，2010，(6)：57-63.

附 录

低碳经济指标体系相关数据

附录一　第六章数据表

一、计算二氧化碳排放需要的各类系数

（一）各种燃料热值及含碳量

如表 1 和表 2 所示。

表 1　各种燃料热值
（数据来源：国家经委、国家统计局编写的《1986 年重点工业、交通运输业能源统计报表制度》，中国统计出版社，1988 年）

能源名称	平均低位发热量
原煤	20934 千焦 / 千克
洗精煤	26377 千焦 / 千克
其他洗煤	8374 千焦 / 千克
焦炭	28470 千焦 / 千克
原油	41868 千焦 / 千克
燃料油	41868 千焦 / 千克
汽油	43124 千焦 / 千克
煤油	43124 千焦 / 千克
柴油	42705 千焦 / 千克
液化石油气	47472 千焦 / 千克
炼厂干气	46055 千焦 / 千克
其他油制品	41868 千焦 / 千克
天然气	35588 千焦 / 立方米
焦炉煤气	16746 千焦 / 立方米
其他煤气	10463 千焦 / 立方米
其他焦化产品	35999 千焦 / 千克
电力	4.04 吨 / 万千瓦时

表 2　单位热值燃料含碳量
（数据来源:〔2011〕1041 号《国家发改委关于省级温室气体清单编制指南》）

能源名称	单位热值含碳量（吨 / 万亿焦）
原煤	26.37
洗精煤	25.77
其他洗煤	25.41
焦炭	29.42

续表

能源名称	单位热值含碳量（吨 / 万亿焦）
原油	20.08
燃料油	21.1
汽油	18.9
煤油	19.6
柴油	20.2
液化石油气	17.2
炼厂干气	18.2
天然气	15.32
焦炉煤气	13.58
其他煤气	12.2
其他焦化产品	29.42
其他油制品	20

（二）电力碳排放系数

如表 3 所示。

表 3　电力历年碳排放系数

（数据来源：中国能源协会网）　　单位：克 / 千瓦时

年份	1998	1999	2000	2001	2002	2003
碳排放系数	834.91	830.03	811.53	800.08	802.75	812.25
年份	2004	2005	2006	2007	2008	2009
碳排放系数	798.53	774.38	791.01	767.88	726.97	717.16

（三）各种燃料碳氧化率

如表 4 所示。

表 4　各种燃料碳氧化率

（数据来源：〔2011〕1041 号《国家发改委关于省级温室气体清单编制指南》

能源名称	氧化率
原煤	0.94
洗精煤	0.94
其他洗煤	0.94
焦炭	0.93
原油	0.98
燃料油	0.98
汽油	0.98

续表

能源名称	氧化率
煤油	0.98
柴油	0.98
液化石油气	0.99
其他油制品	0.98
炼厂干气	0.98
天然气	0.99
焦炉煤气	0.99
其他煤气	0.99
其他焦化产品	0.93
电力	0.98

（四）各种燃料折标准煤系数

如表 5 所示。

表 5　各种燃料折标准煤系数
（数据来源：国家发展和改革委员会）

能源名称	折标准煤系数
原煤	0.7143（吨标准煤 / 吨）
洗精煤	0.9（吨标准煤 / 吨）
其他洗煤	0.285（吨标准煤 / 吨）
焦炭	0.9714（吨标准煤 / 吨）
原油	1.4286（吨标准煤 / 吨）
燃料油	1.4286（吨标准煤 / 吨）
汽油	1.4714（吨标准煤 / 吨）
煤油	1.4714（吨标准煤 / 吨）
柴油	1.4571（吨标准煤 / 吨）
液化石油气	1.7143（吨标准煤 / 吨）
其他油制品	1.2（吨标准煤 / 吨）
炼厂干气	1.5714（吨标准煤 / 吨）
天然气	12.143（吨标准煤 / 万立方米）
焦炉煤气	5.714（吨标准煤 / 万立方米）
其他煤气	3.5701（吨标准煤 / 万立方米）
其他焦化产品	1.3（吨标准煤 / 吨）
电力	4.04（吨标准煤 / 万千瓦时）

二、计算二氧化碳排放需要的能源消费数据

（一）1998—2009年各产业部门能源消费数据

如表6～表17所示。

表6 中国1998年各产业部门能源消耗量
（数据来源：《中国能源统计年鉴1998》）

产业部门	原煤（万吨）	洗精煤（万吨）	其他洗煤（万吨）	焦炭（万吨）	焦炉煤气（亿立方米）	其他煤气（亿立方米）
农、林、牧、渔、水利业	1165.59	10.57	19.84	75.97	0	0
工业	43289.51	1248.92	2449.81	11070.6	174.46	428.6
建筑业	600.96	0.09	10.58	19.6	0.01	0
交通运输、仓储及邮电通信业	1175.38	4.78	16.44	10.3	0	0
批发和零售贸易业、餐饮业	1478.34	0.15	12.23	38.79	1.78	1.96
其他	1233.52	0.01	56.71	12.8	3.85	1.77

产业部门	其他焦化产品（万吨）	原油（万吨）	汽油（万吨）	煤油（万吨）	柴油（万吨）	燃料油（万吨）
农、林、牧、渔、水利业	0	0	80.79	1.61	564.13	0.32
工业	176.3	455.4	576.76	52.19	1022.17	1565.13
建筑业	0	2.21	112.59	3.45	153.36	16.57
交通运输、仓储及邮电通信业	0	21.33	1551.61	425.49	2612.93	845.56
批发和零售贸易业、餐饮业	0	0.24	71.53	8.99	83.31	7.43
其他	0	1.47	705.73	141.61	524.01	21.37

产业部门	液化石油气（万吨）	炼厂干气（万吨）	其他石油制品（万吨）	天然气（亿立方米）	电力（亿千瓦时）
农、林、牧、渔、水利业	0	0	0	0	473.49
工业	236.14	427.71	3401.8	146.15	7705.02
建筑业	5.68	0	450	0.12	168.84
交通运输、仓储及邮电通信业	0.53	0	0	2.26	275.63
批发和零售贸易业、餐饮业	49.5	0	0	2.53	333.35
其他	30.58	0	0	0.63	556.67

表 7　中国 1999 年各产业部门能源消耗量
（数据来源：《中国能源统计年鉴 1999》）

产业部门	原煤（万吨）	洗精煤（万吨）	其他洗煤（万吨）	焦炭（万吨）	焦炉煤气（亿立方米）	其他煤气（亿立方米）
农、林、牧、渔、水利业	955.78	0	18.83	72.07	0	0
工业	40923.24	1034.43	2884.01	10337.1	171.66	360.54
建筑业	526.54	4.33	11.59	17.1	0	0
交通运输、仓储及邮电通信业	905.65	3.8	18.56	10.14	0	0.2
批发和零售贸易业、餐饮业	1376.03	0.1	10.25	36.52	1.81	2.92
其他	1091.56	0.11	55.85	12.98	3.12	1.09

产业部门	其他焦化产品（万吨）	原油（万吨）	汽油（万吨）	煤油（万吨）	柴油（万吨）	燃料油（万吨）
农、林、牧、渔、水利业	0	0	84.7	1.43	629.29	0.35
工业	186.41	495.4	625.4	78.35	1331.37	1807.57
建筑业	0	3.19	113.77	3.87	188.06	16.18
交通运输、仓储及邮电通信业	0	19.28	1507.52	525.62	2971.64	840
批发和零售贸易业、餐饮业	0	0.17	66.32	11.45	90.91	10.54
其他	0	1.37	769.35	152.68	609.67	19.36

产业部门	液化石油气（万吨）	炼厂干气（万吨）	其他石油制品（万吨）	天然气（亿立方米）	电力（亿千瓦时）
农、林、牧、渔、水利业	0.31	0	0	0	510.35
工业	251.97	504.78	3047.27	153.26	8185.29
建筑业	7.93	0	474.25	0.68	157.34
交通运输、仓储及邮电通信业	0.61	0	0	3.79	284.78
批发和零售贸易业、餐饮业	47.85	0	0	2.94	362.82
其他	17.86	0	0	0.63	581.42

表 8　中国 2000 年各产业部门能源消耗量
（数据来源：《中国能源统计年鉴 2000》）

产业部门	原煤（万吨）	洗精煤（万吨）	其他洗煤（万吨）	焦炭（万吨）	焦炉煤气（亿立方米）	其他煤气（亿立方米）
农、林、牧、渔、水利业	915.67	0	17.7	70.93	0	0
工业	38568.56	1150.58	2836.23	10411.7	181.71	375
建筑业	518.94	4.37	13.51	18.98	0	0

续表

产业部门	原煤（万吨）	洗精煤（万吨）	其他洗煤（万吨）	焦炭（万吨）	焦炉煤气（亿立方米）	其他煤气（亿立方米）
交通运输、仓储及邮电通信业	860.48	4	17.42	11.24	0	0.21
批发和零售贸易业、餐饮业	1298.06	0.1	10.24	35.71	1.9	2.64
其他	1100.56	0.01	57.01	12.15	3.14	1.11

产业部门	其他焦化产品（万吨）	原油（万吨）	汽油（万吨）	煤油（万吨）	柴油（万吨）	燃料油（万吨）
农、林、牧、渔、水利业	0	0	89.16	1.5	697.1	0.4
工业	216.2	612.34	680.78	83.95	1468.8	1843.72
建筑业	0	3.3	115.55	4	205.86	16.71
交通运输、仓储及邮电通信业	0	19.58	1527.78	535.9	3293.81	850
批发和零售贸易业、餐饮业	0	0.18	69.84	14	95.94	11.59
其他	0	1.4	792.67	160.09	638.7	19

产业部门	液化石油气（万吨）	炼厂干气（万吨）	其他石油制品（万吨）	天然气（亿立方米）	电力（亿千瓦时）
农、林、牧、渔、水利业	0.35	0	0	0	532.96
工业	424.07	561.51	3184.82	167.69	9067.91
建筑业	8.91	0	486.24	0.82	159.77
交通运输、仓储及邮电通信业	14.64	0	0	4	281.2
批发和零售贸易业、餐饮业	55.48	0	0	3.44	418.68
其他	24	0	0	0.64	623.2

表 9　中国 2001 年各产业部门能源消耗量
（数据来源:《中国能源统计年鉴 2001》）

产业部门	原煤（万吨）	洗精煤（万吨）	其他洗煤（万吨）	焦炭（万吨）	焦炉煤气（亿立方米）	其他煤气（亿立方米）
农、林、牧、渔、水利业	881.8	0	17.95	67.46	0	0
工业	36724	1180.07	3156.85	11488.8	196.11	390.75
建筑业	491	3.98	10	23.91	0	0
交通运输、仓储及邮电通信业	823	3.9	13.93	11.68	0	0.25
批发和零售贸易业、餐饮业	1243	0.1	9.87	39.73	2	3
其他	1111	0.01	50.2	12.08	3.07	1.22

续表

产业部门	其他焦化产品（万吨）	原油（万吨）	汽油（万吨）	煤油（万吨）	柴油（万吨）	燃料油（万吨）
农、林、牧、渔、水利业	0	0	93.42	1.52	742.95	0.42
工业	230.82	630.82	704.42	86	1559.42	1788.4
建筑业	0	3.37	116.7	3.5	223.08	16.18
交通运输、仓储及邮电通信业	0	18.58	1564.37	560.69	3421	855
批发和零售贸易业、餐饮业	0	0.15	69.04	12.47	98.07	12.28
其他	0	1.2	804.3	151.09	673.89	17.02

产业部门	液化石油气（万吨）	炼厂干气（万吨）	其他石油制品（万吨）	天然气（亿立方米）	电力（亿千瓦时）
农、林、牧、渔、水利业	0.3	0	0	0	582.39
工业	440.51	559	3129.82	183.94	9911.19
建筑业	9.51	0	561.49	0.72	154.91
交通运输、仓储及邮电通信业	15.7	0	0	6.2	309.32
批发和零售贸易业、餐饮业	60.4	0	0	5	459.89
其他	26.21	0	0	0.7	663.06

表 10 中国 2002 年各产业部门能源消耗量
（数据来源:《中国能源统计年鉴 2002》）

产业部门	原煤（万吨）	洗精煤（万吨）	其他洗煤（万吨）	焦炭（万吨）	焦炉煤气（亿立方米）	其他煤气（亿立方米）
农、林、牧、渔、水利业	920	0	16.02	73.69	0	0
工业	35705.88	925	3277	11927.7	204.79	389.57
建筑业	500	3.25	10.3	23.38	0	0
交通运输、仓储及邮电通信业	834.95	4	12.51	11.44	0	0.21
批发和零售贸易业、餐饮业	1240	0.1	10.01	42.6	1.7	3.87
其他	1209.5	0	53.7	12.34	2.67	0

产业部门	其他焦化产品（万吨）	原油（万吨）	汽油（万吨）	煤油（万吨）	柴油（万吨）	燃料油（万吨）
农、林、牧、渔、水利业	0	0	101.55	1.4	819.02	0.41
工业	250	663	716.9	107.35	1650.34	1772.63
建筑业	0	4.2	112.32	0	241.99	19.1
交通运输、仓储及邮电通信业	0	15.65	1603.5	716.75	3664.81	852.1

续表

产业部门	其他焦化产品（万吨）	原油（万吨）	汽油（万吨）	煤油（万吨）	柴油（万吨）	燃料油（万吨）
批发和零售贸易业、餐饮业	0	0.12	74.22	13	110.79	12.3
其他	0	1.29	866.29	40	740	19.1

产业部门	液化石油气（万吨）	炼厂干气（万吨）	其他石油制品（万吨）	天然气（亿立方米）	电力（亿千瓦时）
农、林、牧、渔、水利业	0	0	0	0	606.23
工业	518.77	570	3675.29	192.94	11233.5
建筑业	12.76	0	656.23	0.68	154.14
交通运输、仓储及邮电通信业	27	0	0	11.56	303
批发和零售贸易业、餐饮业	62.59	0	0	6.1	500
其他	31.92	0	0	0	728.5

表 11　中国 2003 年各产业部门能源消耗量
（数据来源:《中国能源统计年鉴 2003》）

产业部门	原煤（万吨）	洗精煤（万吨）	其他洗煤（万吨）	焦炭（万吨）	焦炉煤气（亿立方米）	其他煤气（亿立方米）
农、林、牧、渔、水利业	1062	0	16.33	73.69	0	0
工业	40406	1117.25	4300.86	14844	234.02	436.32
建筑业	512.4	3.02	11.73	20.79	0	0
交通运输、仓储及邮电通信业	948.48	3.84	5.5	10.79	0	0.31
批发和零售贸易业、餐饮业	1339.45	0.13	11.12	47.46	2	4.44
其他	1380.71	0	66.9	11.39	2.67	0

产业部门	其他焦化产品（万吨）	原油（万吨）	汽油（万吨）	煤油（万吨）	柴油（万吨）	燃料油（万吨）
农、林、牧、渔、水利业	0	0	116.5	1.35	939.08	0.6
工业	304	793	632.4	87.77	1644.23	1898.31
建筑业	0	4	113.66	0	276.23	17.8
交通运输、仓储及邮电通信业	0	13.93	1915.14	741.68	4135.2	940.29
批发和零售贸易业、餐饮业	0	0.09	78.09	11.24	105.53	13
其他	0	1.2	877	43.19	790	12.08

续表

产业部门	液化石油气（万吨）	炼厂干气（万吨）	其他石油制品（万吨）	天然气（亿立方米）	电力（亿千瓦时）
农、林、牧、渔、水利业	0	0	0	0	693.15
工业	540	586	4087	232	12909
建筑业	8.87	0	770	0.7	179.78
交通运输、仓储及邮电通信业	35	0	0	13.75	406.94
批发和零售贸易业、餐饮业	64.38	0	0	6.85	612.97
其他	32.92	0	0	0	911.04

表 12　中国 2004 年各产业部门能源消耗量
（数据来源:《中国能源统计年鉴 2004》）

产业部门	原煤（万吨）	洗精煤（万吨）	其他洗煤（万吨）	焦炭（万吨）	焦炉煤气（亿立方米）	其他煤气（亿立方米）
农、林、牧、渔、水利业	1408.47	0	17.36	68.69	0	0
工业	49921.24	2164	4535.78	17616.8	267.32	472.49
建筑业	563.89	3.1	4.54	16.79	0	0
交通运输、仓储及邮电通信业	826.89	0	1.1	1.79	0	0.21
批发和零售贸易业、餐饮业	1447.84	0	11.03	53.36	1.83	6.44
其他	1566.66	0	61.4	10.09	2.2	0

产业部门	其他焦化产品（万吨）	原油（万吨）	汽油（万吨）	煤油（万吨）	柴油（万吨）	燃料油（万吨）
农、林、牧、渔、水利业	0	0	134.09	1.08	1092.01	0.66
工业	394.47	844.94	506.95	60.89	1749.9	1917.37
建筑业	0	0	156.49	0	333.13	21.36
交通运输、仓储及邮电通信业	0	0	2334.46	919.71	4985.24	1150.45
批发和零售贸易业、餐饮业	0	0	119.8	3.63	108.99	24.98
其他	0	0	986.94	48.19	918	15.63

产业部门	液化石油气（万吨）	炼厂干气（万吨）	其他石油制品（万吨）	天然气（亿立方米）	电力（亿千瓦时）
农、林、牧、渔、水利业	3.58	0	0	0	768.87
工业	483.71	668.65	5223.19	237.6	15003.69
建筑业	8.71	0	872.62	1.39	202.14
交通运输、仓储及邮电通信业	35.02	0	0	20.03	449.65

续表

产业部门	液化石油气（万吨）	炼厂干气（万吨）	其他石油制品（万吨）	天然气（亿立方米）	电力（亿千瓦时）
批发和零售贸易业、餐饮业	91.31	0	0	9.18	705.35
其他	32.92	0	0	14.14	1036.58

表 13　中国 2005 年各产业部门能源消耗量

（数据来源：《中国能源统计年鉴 2005》）

产业部门	原煤（万吨）	洗精煤（万吨）	其他洗煤（万吨）	焦炭（万吨）	焦炉煤气（亿立方米）	其他煤气（亿立方米）
农、林、牧、渔、水利业	1488.4	0	25.4	63.47	0	0
工业	51898.77	2164	4817.59	24633	403.75	624.7
建筑业	594.5	3.41	5.65	18.38	0	0
交通运输、仓储及邮电通信业	810.35	0	0.82	1.07	0	0.23
批发和零售贸易业、餐饮业	1652.08	0	11.03	64.08	2.93	6
其他	1651.33	0	61.73	7.59	3.22	0

产业部门	其他焦化产品（万吨）	原油（万吨）	汽油（万吨）	煤油（万吨）	柴油（万吨）	燃料油（万吨）
农、林、牧、渔、水利业	0	0	159.59	1.6	1286.35	0.66
工业	389.76	870.36	440.91	57.5	1624.53	1632.59
建筑业	0	0	172.14	0	386.64	14.18
交通运输、仓储及邮电通信业	0	0	2430.05	952.42	5890.41	1261.02
批发和零售贸易业、餐饮业	0	0	129.39	3.67	116.03	27.52
其他	0	0	998.2	36.19	895.06	13.91

产业部门	液化石油气（万吨）	炼厂干气（万吨）	其他石油制品（万吨）	天然气（亿立方米）	电力（亿千瓦时）
农、林、牧、渔、水利业	3.49	0	0	0	776.33
工业	531.1	791.35	5079.19	266.76	16815.22
建筑业	6.32	0	922.91	1.49	233.93
交通运输、仓储及邮电通信业	47.05	0	0	30.77	430.34
批发和零售贸易业、餐饮业	99.03	0	0	10.79	752.31
其他	25.82	0	0	9.12	1340.91

表 14　中国 2006 年各产业部门能源消耗量
（数据来源：《中国能源统计年鉴 2006》）

产业部门	原煤（万吨）	洗精煤（万吨）	其他洗煤（万吨）	焦炭（万吨）	焦炉煤气（亿立方米）	其他煤气（亿立方米）
农、林、牧、渔、水利业	1483.93	0	18.67	55.73	0	0
工业	54035.64	1880.09	4917.1	27425.7	389.07	893.08
建筑业	643.47	3.41	5.11	18.5	0	0
交通运输、仓储及邮电通信业	720.4	35.3	14.23	0.85	0	0.26
批发和零售贸易业、餐饮业	1769.12	0	11.09	65.39	2.87	6.46
其他	1718.58	0	81.3	8.3	3.32	0

产业部门	其他焦化产品（万吨）	原油（万吨）	汽油（万吨）	煤油（万吨）	柴油（万吨）	燃料油（万吨）
农、林、牧、渔、水利业	0	0	167.75	1.54	1365.53	0.69
工业	488.53	977.1	498.4	48.19	1648.86	1735.48
建筑业	0	0	180.75	0	428.67	16.34
交通运输、仓储及邮电通信业	0	0	2592.35	1010.54	6547.32	1480.61
批发和零售贸易业、餐饮业	0	0	123.34	3.77	129.77	21.44
其他	0	0	1064.11	37.97	932.96	13.14

产业部门	液化石油气（万吨）	炼厂干气（万吨）	其他石油制品（万吨）	天然气（亿立方米）	电力（亿千瓦时）
农、林、牧、渔、水利业	4.69	0	0	0	827.04
工业	535.89	818.29	5445.28	315.8	19408.91
建筑业	7.55	0	1015.2	1.66	271.05
交通运输、仓储及邮电通信业	53.09	0	0	38.02	467.37
批发和零售贸易业、餐饮业	113.88	0	0	13.16	847.25
其他	29.43	0	0	12.77	1555.94

表 15　中国 2007 年各产业部门能源消耗量
（数据来源：《中国能源统计年鉴 2007》）

产业部门	原煤（万吨）	洗精煤（万吨）	其他洗煤（万吨）	焦炭（万吨）	焦炉煤气（亿立方米）	其他煤气（亿立方米）
农、林、牧、渔、水利业	2305.80	0	32.00	81.76	0	0
工业	42743.51	2141.02	5122.97	29814.20	434.18	657.24
建筑业	555.69	3.00	6.64	17.48	0	0

续表

产业部门	原煤（万吨）	洗精煤（万吨）	其他洗煤（万吨）	焦炭（万吨）	焦炉煤气（亿立方米）	其他煤气（亿立方米）
交通运输、仓储及邮电通信业	647.84	22.44	15.17	0.55	0	0.21
批发和零售贸易业、餐饮业	834.79	0	16.64	71.00	2.80	9.17
其他	722.75	0	85.56	7.23	2.99	0

产业部门	其他焦化产品（万吨）	原油（万吨）	汽油（万吨）	煤油（万吨）	柴油（万吨）	燃料油（万吨）
农、林、牧、渔、水利业	0	0	246.83	0.94	1875.34	1.00
工业	600.89	984.12	574.37	45.24	1491.37	1932.16
建筑业	0	0	198.83	0	433.81	15.74
交通运输、仓储及邮电通信业	0	0	2763.19	1129.98	6794.36	1389.95
批发和零售贸易业、餐饮业	0	0	351.73	4.90	603.94	24.78
其他	0	0	949.67	43.17	857.48	11.83

产业部门	液化石油气（万吨）	炼厂干气（万吨）	其他石油制品（万吨）	天然气（亿立方米）	电力（亿千瓦时）
农、林、牧、渔、水利业	6.23	0	0	0	978.96
工业	480.50	865.30	6031.19	400.28	22569.10
建筑业	7.20	0	1167.48	2.09	309.00
交通运输、仓储及邮电通信业	53.91	0	0	10.43	531.91
批发和零售贸易业、餐饮业	131.56	0	0	17.11	929.82
其他	33.80	0	0	16.09	1708.60

表 16　中国 2008 年各产业部门能源消耗量

（数据来源：《中国能源统计年鉴 2008》）

产业部门	原煤（万吨）	洗精煤（万吨）	其他洗煤（万吨）	焦炭（万吨）	焦炉煤气（亿立方米）	其他煤气（亿立方米）
农、林、牧、渔、水利业	1493.77	0	28.8	53.14	0	0
工业	56557.94	2333.5	6367.52	29569.1	478.66	1790.1
建筑业	593.21	2	7.97	10.7	0	0
交通运输、仓储及邮电通信业	635.88	14.6	14.93	0.29	0	0.28
批发和零售贸易业、餐饮业	1747.88	0	23.29	7.54	1.11	8.94
其他	1656.4	0	128.34	6.93	1.79	0

续表

产业部门	其他焦化产品（万吨）	原油（万吨）	汽油（万吨）	煤油（万吨）	柴油（万吨）	燃料油（万吨）
农、林、牧、渔、水利业	0	0	160.44	1.26	1098.87	1.5
工业	695.95	1192.75	585.98	49.08	2331.89	1560.11
建筑业	0	0	196.19	9.67	370.79	37.7
交通运输、仓储及邮电通信业	0	0	3090.43	1174.59	7649.31	1142.77
批发和零售贸易业、餐饮业	0	0	135.28	20.82	152.72	6.25
其他	0	0	1121.93	25.9	1151.8	9.46

产业部门	液化石油气（万吨）	炼厂干气（万吨）	其他石油制品（万吨）	天然气（亿立方米）	电力（亿千瓦时）
农、林、牧、渔、水利业	3.71	0	0	0	887.05
工业	493.18	884.96	6072.84	416.75	23250.75
建筑业	6.16	0	896.97	0.99	367.34
交通运输、仓储及邮电通信业	54.68	0	0	63.16	571.82
批发和零售贸易业、餐饮业	51.35	0	0	17.75	1017.44
其他	44.68	0	0	20.92	1912.97

表 17　中国 2009 年各产业部门能源消耗量

（数据来源:《中国能源统计年鉴 2009》）

产业部门	原煤（万吨）	洗精煤（万吨）	其他洗煤（万吨）	焦炭（万吨）	焦炉煤气（亿立方米）	其他煤气（亿立方米）
农、林、牧、渔、水利业	1547.55	0	34.56	44.59	0	0
工业	58440.87	2916.87	5985.66	31583	467.24	2114.2
建筑业	625.78	1.12	8.69	5.68	0	0
交通运输、仓储及邮电通信业	616.74	9.1	15.05	0.14	0	0.31
批发和零售贸易业、餐饮业	1919	0	32.6	3.94	0.89	13.41
其他	1829	0	147.59	3.47	2.33	0

产业部门	其他焦化产品（万吨）	原油（万吨）	汽油（万吨）	煤油（万吨）	柴油（万吨）	燃料油（万吨）
农、林、牧、渔、水利业	0	0	168.06	0.76	1134.15	1.05
工业	807.82	826.16	670.98	32.04	2196.99	1227.48
建筑业	0	0	235.43	10.39	415.28	34.18

续表

产业部门	其他焦化产品（万吨）	原油（万吨）	汽油（万吨）	煤油（万吨）	柴油（万吨）	燃料油（万吨）
交通运输、仓储及邮电通信业	0	0	2881.59	1314.25	7891.96	1250.63
批发和零售贸易业、餐饮业	0	0	147.52	29.15	181.74	8.11
其他	0	0	1069.93	33.67	1131.8	12.3

产业部门	液化石油气（万吨）	炼厂干气（万吨）	其他石油制品（万吨）	天然气（亿立方米）	电力（亿千瓦时）
农、林、牧、渔、水利业	4.08	0	0	0	939.9
工业	477.41	932.69	6789.99	402.71	24596.27
建筑业	6.53	0	1240.49	0.97	421.9
交通运输、仓储及邮电通信业	54.64	0	0	81.48	617.01
批发和零售贸易业、餐饮业	63.16	0	0	23.96	1136.77
其他	48.55	0	0	23.64	2189.92

（二）1998—2009 年工业分行业终端能源消费数据

如表 18 ~ 表 29 所示。

表 18　1998 年中国工业分行业能源消费量

（数据来源：《中国能源统计年鉴 1998》）

行业	原煤（万吨）	洗精煤（万吨）	其他洗煤（万吨）	焦炭（万吨）	焦炉煤气（亿立方米）	其他煤气（亿立方米）	其他焦化产品（万吨）	原油（万吨）	汽油（万吨）
I1	2604.53	123.21	366.42	46.84	0.39	0.00	3.39	1.16	28.64
I2	216.42	0.05	6.18	4.98	0.00	0.00	0.00	312.52	32.89
I3	59.76	0.37	31.18	79.91	0.00	0.00	0.00	0.00	5.52
I4	114.76	1.22	0.29	20.16	0.00	0.00	0.00	0.00	5.26
I5	311.13	6.73	10.76	29.57	0.00	0.00	0.00	0.00	7.90
I6	175.19	0.01	0.02	2.93	0.00	0.00	0.00	0.00	15.18
I7	1317.53	5.15	119.90	15.20	0.08	0.01	0.00	0.56	27.14
I8	736.42	62.61	2.35	13.50	0.05	0.13	0.00	0.24	11.93
I9	814.84	2.60	6.91	3.00	0.00	0.01	0.00	0.06	10.44
I10	173.41	0.55	0.02	1.53	0.00	0.01	0.00	0.00	18.34
I11	1709.22	3.24	8.97	12.65	0.10	0.12	0.00	1.49	32.10
I12	157.47	0.55	2.96	2.11	0.00	0.00	0.00	0.29	7.16
I13	105.50	0.01	0.57	4.18	0.00	0.00	0.00	0.00	5.24

续表

行业	原煤（万吨）	洗精煤（万吨）	其他洗煤（万吨）	焦炭（万吨）	焦炉煤气（亿立方米）	其他煤气（亿立方米）	其他焦化产品（万吨）	原油（万吨）	汽油（万吨）
I14	301.19	0.13	2.99	1.87	0.00	0.00	0.23	0.00	3.49
I15	52.96	0.00	0.02	1.22	0.00	0.07	0.01	0.02	2.64
I16	1489.60	2.22	25.92	3.53	0.00	0.01	0.00	0.22	11.96
I17	70.05	0.21	0.12	0.27	0.01	0.01	0.00	0.00	5.35
I18	23.29	0.07	0.00	1.97	0.00	0.00	0.00	0.00	2.32
I19	728.39	159.25	43.60	54.24	9.07	4.43	10.58	78.56	12.63
I20	7039.65	74.12	100.69	1264.05	9.78	3.62	36.08	31.59	40.05
I21	578.36	1.86	2.80	1.10	1.57	0.05	3.25	0.00	9.59
I22	435.68	43.72	0.73	32.59	0.00	0.00	0.00	5.85	4.78
I23	415.65	0.80	0.34	2.30	0.01	0.01	0.00	1.54	8.10
I24	209.35	0.49	0.07	7.26	0.52	0.02	0.00	0.58	11.69
I25	12173.41	111.96	737.93	314.50	2.17	7.14	13.69	10.95	42.82
I26	3955.07	475.29	279.15	8354.93	145.66	383.39	95.76	6.28	47.69
I27	935.76	44.30	56.62	216.77	0.03	7.18	10.63	0.83	9.53
I28	374.17	5.32	0.68	147.86	0.07	0.35	0.01	0.01	16.18
I29	618.34	45.22	3.33	227.45	0.26	1.78	0.76	0.03	24.15
I30	400.71	25.73	9.56	81.12	0.15	8.18	0.16	0.05	29.66
I31	627.32	2.24	4.39	40.94	0.07	2.47	0.10	0.12	21.61
I32	264.28	2.06	16.24	14.66	0.48	0.60	0.00	1.25	17.18
I33	105.94	0.91	0.95	2.67	0.35	0.49	0.00	0.00	7.85
I34	48.06	0.82	0.15	2.04	0.00	0.04	0.00	0.00	2.25
I35	533.67	1.36	5.59	31.44	0.00	1.04	0.00	0.03	15.46
I36	0.00	0.00	0.00	0.00	0.00	0.00	0.00	0.00	0.00
I37	3258.32	29.68	600.99	9.25	0.01	6.17	0.09	1.07	17.33
I38	122.05	27.74	0.07	19.97	3.63	1.29	1.57	0.00	1.90
I39	32.05	0.58	0.00	0.08	0.00	0.00	0.00	0.12	2.55

行业	煤油（万吨）	柴油（万吨）	燃料油（万吨）	液化石油气（万吨）	炼厂干气（万吨）	其他石油制品（万吨）	电力（亿千瓦时）	天然气（亿立方米）
I1	2.54	34.89	4.18	0.02	0.00	0.08	428.59	0.01
I2	0.54	104.73	130.36	16.07	43.75	28.79	298.47	38.84

续表

行业	煤油（万吨）	柴油（万吨）	燃料油（万吨）	液化石油气（万吨）	炼厂干气（万吨）	其他石油制品（万吨）	电力（亿千瓦时）	天然气（亿立方米）
I3	0.04	6.99	0.05	0.00	0.00	0.00	57.93	0.12
I4	0.18	8.37	0.30	0.01	0.00	0.00	66.54	0.00
I5	0.23	20.33	0.09	0.00	0.00	0.04	60.72	0.00
I6	0.01	10.36	0.00	0.00	0.00	0.00	18.73	0.00
I7	0.22	31.04	4.35	1.37	0.00	0.49	193.21	0.28
I8	0.04	10.05	8.76	1.40	0.00	0.42	87.40	0.11
I9	0.03	7.79	6.08	0.05	0.00	1.85	59.05	0.04
I10	0.03	2.17	2.44	0.03	0.00	0.10	22.23	0.06
I11	2.48	25.68	41.25	5.86	0.10	1.84	334.60	0.74
I12	0.08	10.70	8.04	0.16	0.00	0.60	40.56	0.00
I13	0.09	9.33	2.10	0.01	0.00	2.42	24.60	0.00
I14	0.49	5.59	1.77	0.01	0.00	0.30	24.68	0.00
I15	0.04	2.08	0.48	0.23	0.00	0.02	9.40	0.00
I16	2.39	17.56	11.02	0.42	0.32	1.81	185.90	0.08
I17	3.32	5.20	1.05	0.15	0.00	0.71	24.60	0.04
I18	1.27	8.44	21.83	0.21	0.00	0.04	16.62	0.00
I19	8.86	31.45	288.72	86.48	305.50	2107.19	194.59	11.18
I20	6.08	100.73	257.86	48.55	33.54	952.94	1065.74	76.60
I21	0.08	4.45	4.95	0.62	0.00	0.97	77.66	0.12
I22	0.27	6.14	35.31	4.97	40.01	185.23	151.88	3.11
I23	0.13	6.48	8.74	0.02	0.00	1.05	82.38	0.00
I24	0.34	30.96	6.13	2.14	0.00	6.39	99.00	0.00
I25	1.60	203.72	264.48	46.28	3.84	53.21	656.77	3.47
I26	2.75	52.75	260.69	0.43	0.00	1.62	947.70	2.78
I27	0.42	43.85	48.00	0.44	0.00	10.53	544.97	0.70
I28	1.89	27.52	7.52	4.60	0.00	0.67	144.58	0.24
I29	2.30	23.93	8.21	0.86	0.00	4.90	158.10	0.22
I30	1.26	14.65	7.22	1.32	0.00	5.65	79.64	0.83

续表

行业	煤油（万吨）	柴油（万吨）	燃料油（万吨）	液化石油气（万吨）	炼厂干气（万吨）	其他石油制品（万吨）	电力（亿千瓦时）	天然气（亿立方米）
I31	3.57	34.50	7.31	0.84	0.00	6.00	203.93	1.40
I32	0.25	18.30	8.92	3.38	0.00	0.61	80.00	0.83
I33	0.28	21.94	9.63	3.18	0.65	0.00	86.25	1.51
I34	0.62	6.21	0.25	0.27	0.00	3.30	18.62	0.02
I35	7.16	13.59	4.73	1.51	0.00	19.09	136.84	1.48
I36	0.00	0.00	0.00	0.00	0.00	0.00	0.00	0.00
I37	0.29	51.24	90.14	0.00	0.00	2.91	865.64	0.75
I38	0.01	7.09	2.11	4.23	0.00	0.02	26.62	0.61
I39	0.01	1.36	0.02	0.01	0.00	0.02	130.30	0.00

表 19　1999 年中国工业分行业能源消费量
（数据来源：《中国能源统计年鉴 1999》）

行业	原煤（万吨）	洗精煤（万吨）	其他洗煤（万吨）	焦炭（万吨）	焦炉煤气（亿立方米）	其他煤气（亿立方米）	其他焦化产品（万吨）	原油（万吨）	汽油（万吨）
I1	2364.50	127.11	210.65	47.48	0.70	0.70	4.39	1.88	35.74
I2	179.35	0.11	4.43	5.45	0.00	0.00	0.00	330.52	41.80
I3	63.26	0.29	21.26	39.63	0.00	0.00	0.00	0.00	6.69
I4	79.01	0.07	0.66	19.88	0.00	0.00	0.00	0.00	4.92
I5	300.14	1.65	1.70	23.63	0.00	0.00	1.33	0.00	8.20
I6	105.52	0.01	0.01	0.31	0.00	0.00	0.00	0.00	16.64
I7	1101.40	4.58	97.48	14.99	0.00	0.01	0.00	0.38	32.55
I8	736.77	62.90	5.02	16.59	0.23	0.06	0.00	0.44	12.66
I9	773.63	2.06	1.83	3.37	0.00	0.00	0.09	0.48	11.45
I10	219.17	0.07	1.78	1.20	0.00	0.01	0.00	0.00	33.28
I11	1625.68	2.72	8.92	3.98	0.23	0.14	0.00	0.04	39.50
I12	162.89	0.48	0.02	1.62	0.00	0.01	0.00	0.12	8.48
I13	107.37	0.06	0.02	1.64	0.00	0.00	0.00	0.00	4.49
I14	291.60	0.25	0.06	1.43	0.00	0.00	0.25	0.00	2.86
I15	65.14	0.00	0.03	1.09	0.00	0.00	0.00	0.00	3.19
I16	1408.66	13.71	40.53	1.54	0.00	0.00	0.00	0.53	10.74

续表

行业	原煤（万吨）	洗精煤（万吨）	其他洗煤（万吨）	焦炭（万吨）	焦炉煤气（亿立方米）	其他煤气（亿立方米）	其他焦化产品（万吨）	原油（万吨）	汽油（万吨）
I17	66.29	0.47	0.23	0.28	0.03	0.01	0.00	0.00	6.23
I18	25.45	0.07	0.00	1.63	0.00	0.01	0.00	0.09	2.47
I19	737.10	103.63	26.53	39.90	10.31	2.56	15.99	79.22	13.67
I20	5605.32	89.69	161.30	1040.96	8.45	1.98	41.52	53.84	43.50
I21	636.20	1.34	14.13	0.70	0.18	0.01	4.39	0.00	10.02
I22	394.23	0.09	2.63	26.15	0.01	0.00	0.00	6.73	3.61
I23	429.24	0.83	0.76	2.58	0.02	0.01	0.00	0.04	8.86
I24	205.68	0.71	1.67	6.51	0.00	0.01	0.00	0.33	12.38
I25	12056.88	94.27	1642.05	298.47	2.66	5.52	12.34	8.25	47.14
I26	3983.80	342.20	314.35	7999.95	141.38	332.23	94.18	9.10	28.30
I27	921.92	55.50	65.93	209.59	0.18	7.64	9.56	0.67	11.15
I28	354.67	6.24	1.25	135.56	0.10	0.26	0.09	0.03	17.13
I29	520.36	39.95	4.58	213.68	0.33	1.15	0.27	0.10	21.91
I30	408.06	30.64	8.88	71.32	0.09	5.13	0.08	0.25	31.11
I31	717.24	3.51	2.25	39.33	0.12	1.13	0.20	0.05	22.75
I32	267.97	1.92	2.14	11.88	0.37	0.41	0.00	0.45	17.01
I33	97.11	1.19	0.13	0.34	0.48	0.07	0.00	0.00	9.59
I34	53.61	0.09	0.02	5.02	0.00	0.03	0.00	0.00	3.04
I35	440.35	0.36	8.22	27.76	0.00	0.43	0.00	0.57	14.23
I36	0.00	0.00	0.00	0.00	0.00	0.00	0.00	0.00	0.00
I37	3091.41	20.05	232.40	9.52	0.00	0.00	0.13	1.29	23.39
I38	281.52	24.51	0.17	12.00	5.79	1.02	1.60	0.00	1.76
I39	44.73	1.10	0.00	0.06	0.00	0.00	0.00	0.00	2.96

行业	煤油（万吨）	柴油（万吨）	燃料油（万吨）	液化石油气（万吨）	炼厂干气（万吨）	其他石油制品（万吨）	电力（亿千瓦时）	天然气（亿立方米）
I1	5.01	46.75	5.51	0.08	0.00	2.32	405.88	0.11
I2	0.41	145.31	148.81	16.59	56.22	28.50	307.93	45.59
I3	0.04	11.09	0.00	0.00	0.00	0.00	60.44	0.00
I4	1.19	11.65	0.21	0.01	0.00	0.00	70.80	0.00

续表

行业	煤油（万吨）	柴油（万吨）	燃料油（万吨）	液化石油气（万吨）	炼厂干气（万吨）	其他石油制品（万吨）	电力（亿千瓦时）	天然气（亿立方米）
I5	0.31	25.69	1.19	0.00	0.00	0.00	71.33	0.04
I6	0.01	10.81	0.00	0.02	0.00	0.00	20.86	0.00
I7	0.26	31.78	7.36	1.63	0.11	7.62	154.96	0.14
I8	0.08	16.54	8.58	1.36	0.00	0.16	98.90	0.06
I9	0.09	9.92	7.55	0.06	0.00	0.20	56.91	0.02
I10	0.09	4.03	2.78	0.02	0.00	0.18	30.52	0.07
I11	3.52	35.74	77.59	4.17	0.23	7.57	314.17	0.91
I12	0.38	13.88	11.93	0.87	0.00	0.81	44.86	0.00
I13	0.17	16.11	3.59	0.15	0.00	0.97	24.72	0.00
I14	0.10	6.15	2.60	0.01	0.00	0.02	28.74	0.00
I15	0.04	2.77	0.67	0.21	0.00	0.02	11.15	0.00
I16	3.39	19.42	16.13	0.56	0.38	3.44	198.07	0.26
I17	5.34	6.37	2.60	0.28	0.00	1.76	27.61	0.07
I18	1.21	10.69	1.03	0.18	0.00	0.04	17.75	0.00
I19	16.79	62.91	282.00	95.01	345.20	1925.09	213.04	9.22
I20	8.12	102.87	321.24	57.33	38.35	728.18	1086.63	82.30
I21	0.13	6.38	5.78	0.22	0.00	1.24	78.95	0.56
I22	0.41	8.57	50.15	4.32	59.50	228.09	163.02	0.04
I23	0.06	6.74	11.15	0.01	0.00	3.30	78.82	0.00
I24	0.43	34.47	9.52	2.20	0.00	2.97	96.43	0.09
I25	2.24	277.30	308.15	38.81	4.15	18.40	678.49	2.17
I26	5.03	64.22	287.24	0.50	0.00	0.78	1031.76	1.12
I27	0.57	39.26	51.74	1.00	0.00	24.23	624.43	0.44
I28	1.54	34.70	10.04	6.54	0.00	0.99	164.93	0.56
I29	3.04	33.70	8.05	0.60	0.00	4.38	140.96	0.19
I30	1.24	15.64	11.90	1.72	0.00	2.67	82.84	1.20
I31	5.84	48.67	11.98	0.88	0.00	3.62	175.33	1.18
I32	0.25	25.59	12.14	4.23	0.10	0.99	80.20	0.77

续表

行业	煤油（万吨）	柴油（万吨）	燃料油（万吨）	液化石油气（万吨）	炼厂干气（万吨）	其他石油制品（万吨）	电力（亿千瓦时）	天然气（亿立方米）
I33	0.17	36.03	10.74	3.28	0.19	0.39	108.50	2.85
I34	0.13	10.70	0.14	0.07	0.00	0.63	21.87	0.02
I35	10.32	18.92	9.00	1.17	0.16	44.35	198.65	1.69
I36	0.00	0.00	0.00	0.00	0.00	0.00	0.00	0.00
I37	0.36	71.25	107.42	0.86	0.12	1.46	1039.90	0.18
I38	0.01	6.12	1.05	7.02	0.07	1.35	28.78	1.43
I39	0.03	2.59	0.01	0.00	0.00	0.56	146.15	0.02

表 20　2000 年中国工业分行业能源消费量

（数据来源:《中国能源统计年鉴 2000》）

行业	原煤（万吨）	洗精煤（万吨）	其他洗煤（万吨）	焦炭（万吨）	焦炉煤气（亿立方米）	其他煤气（亿立方米）	其他焦化产品（万吨）	原油（万吨）	汽油（万吨）
I1	2203.32	176.06	202.15	53.06	0.71	0.73	4.69	2.32	36.32
I2	191.58	0.10	4.01	5.76	0.00	0.00	0.00	408.54	45.38
I3	60.94	0.30	15.55	52.38	0.00	0.00	0.00	0.00	6.81
I4	88.90	0.06	0.60	22.12	0.00	0.00	0.00	0.00	5.87
I5	314.15	1.60	1.20	26.95	0.00	0.00	1.44	0.00	9.07
I6	108.69	0.01	0.01	0.31	0.00	0.00	0.00	0.00	17.34
I7	1049.13	4.00	93.29	16.15	0.00	0.01	0.00	0.42	34.04
I8	638.15	63.03	4.01	14.67	0.24	0.06	0.00	0.48	13.62
I9	676.57	2.00	1.20	3.14	0.00	0.00	0.10	0.52	11.35
I10	149.06	0.06	0.00	1.26	0.00	0.01	0.00	0.00	34.04
I11	1470.05	2.50	8.22	4.19	0.23	0.15	0.00	0.05	39.63
I12	133.49	0.37	0.02	1.68	0.00	0.01	0.00	0.16	7.94
I13	80.88	0.05	0.02	1.76	0.00	0.00	0.00	0.00	5.68
I14	248.11	0.20	0.05	1.47	0.00	0.00	0.24	0.00	3.68
I15	49.05	0.00	0.02	1.05	0.00	0.00	0.00	0.00	3.97
I16	1432.47	10.57	46.65	1.57	0.00	0.00	0.00	0.48	13.62
I17	56.55	0.40	0.20	0.29	0.03	0.01	0.00	0.00	6.81
I18	20.19	0.06	0.00	1.68	0.00	0.01	0.00	0.10	2.55

续表

行业	原煤（万吨）	洗精煤（万吨）	其他洗煤（万吨）	焦炭（万吨）	焦炉煤气（亿立方米）	其他煤气（亿立方米）	其他焦化产品（万吨）	原油（万吨）	汽油（万吨）
I19	720.21	158.53	31.10	44.00	10.90	2.79	19.55	102.47	16.43
I20	5634.78	94.54	158.99	1097.58	9.08	2.46	48.16	65.55	51.05
I21	531.57	1.00	15.55	0.68	0.19	0.00	5.09	0.00	10.22
I22	367.50	0.08	2.31	27.49	0.01	0.00	0.00	7.32	4.31
I23	311.49	0.70	0.70	2.62	0.02	0.00	0.00	0.05	9.69
I24	155.53	0.60	1.50	6.29	0.00	0.00	0.00	0.40	13.73
I25	11925.11	97.53	1616.14	312.35	3.13	6.72	15.31	9.25	51.73
I26	3876.63	356.67	311.00	8016.99	149.44	344.11	106.95	10.25	34.04
I27	793.37	52.53	62.20	208.23	0.19	8.72	12.10	0.80	12.49
I28	259.97	6.50	1.20	126.05	0.11	0.27	0.10	0.03	20.42
I29	344.35	40.02	4.01	208.23	0.33	1.16	0.31	0.11	23.82
I30	299.85	31.52	9.03	73.93	0.09	4.69	0.09	0.27	34.12
I31	572.59	3.00	2.01	32.28	0.13	1.03	0.23	0.06	22.70
I32	207.24	1.70	2.01	10.92	0.38	0.42	0.00	0.50	18.15
I33	77.17	1.00	0.10	0.31	0.50	0.07	0.00	0.00	9.07
I34	37.04	0.07	0.02	4.19	0.00	0.03	0.00	0.00	3.40
I35	367.38	0.20	7.73	30.07	0.00	0.44	0.00	0.60	16.20
I36	0.00	0.00	0.00	0.00	0.00	0.00	0.00	0.00	0.00
I37	2829.64	21.01	233.25	0.00	0.00	0.00	0.14	1.61	27.23
I38	251.84	21.01	0.17	0.00	6.00	1.10	1.70	0.00	1.95
I39	34.03	1.00	0.00	0.00	0.00	0.00	0.00	0.00	2.32

行业	煤油（万吨）	柴油（万吨）	燃料油（万吨）	液化石油气（万吨）	炼厂干气（万吨）	其他石油制品（万吨）	电力（亿千瓦时）	天然气（亿立方米）
I1	5.37	54.46	5.61	0.08	0.00	2.30	417.16	0.10
I2	0.42	161.57	150.50	28.13	61.77	30.71	321.64	50.31
I3	0.04	12.54	0.00	0.00	0.00	0.00	63.46	0.00
I4	1.26	13.62	0.22	0.02	0.00	0.00	80.79	0.00
I5	0.34	29.38	1.20	0.00	0.00	0.00	84.83	0.04
I6	0.01	12.77	0.00	0.03	0.00	0.00	25.84	0.00

续表

行业	煤油（万吨）	柴油（万吨）	燃料油（万吨）	液化石油气（万吨）	炼厂干气（万吨）	其他石油制品（万吨）	电力（亿千瓦时）	天然气（亿立方米）
I7	0.25	31.53	7.46	2.63	0.10	7.70	161.24	0.15
I8	0.08	17.71	9.04	2.26	0.00	0.15	98.83	0.07
I9	0.08	10.73	8.00	0.09	0.00	0.20	58.98	0.03
I10	0.08	4.29	3.00	0.03	0.00	0.15	32.85	0.08
I11	3.78	37.62	60.75	6.93	0.20	7.70	370.42	1.09
I12	0.42	14.69	12.44	1.39	0.00	0.80	49.07	0.00
I13	0.17	14.69	3.50	0.25	0.00	1.00	27.12	0.00
I14	0.08	6.97	2.70	0.02	0.00	0.02	32.24	0.00
I15	0.04	2.58	0.67	0.31	0.00	0.02	12.48	0.00
I16	3.61	24.02	17.44	0.77	0.30	3.60	237.41	0.29
I17	5.71	7.70	2.30	0.46	0.00	1.80	31.21	0.08
I18	1.26	12.20	1.04	0.29	0.00	0.04	20.81	0.00
I19	18.06	73.44	295.00	163.89	381.83	1969.83	245.60	10.06
I20	8.73	120.36	331.87	97.54	43.71	791.53	1153.74	88.73
I21	0.15	7.18	5.50	0.32	0.00	1.30	88.36	0.59
I22	0.42	10.40	55.31	6.93	67.38	256.97	194.79	0.05
I23	0.07	8.25	12.44	0.02	0.00	3.40	98.74	0.00
I24	0.42	41.91	10.44	3.62	0.00	3.10	120.82	0.10
I25	2.43	308.45	313.43	63.61	5.62	20.71	763.74	2.46
I26	5.37	73.44	290.97	0.76	0.00	0.80	1121.08	1.68
I27	0.59	44.06	55.31	0.93	0.00	26.71	697.58	0.49
I28	1.68	39.77	11.44	10.13	0.00	1.10	196.30	0.59
I29	3.27	30.11	7.05	0.93	0.00	4.50	160.77	0.20
I30	1.34	13.62	11.44	2.69	0.00	2.70	94.49	1.29
I31	6.30	51.24	12.44	1.39	0.00	3.70	203.42	1.48
I32	0.25	25.09	12.44	6.78	0.09	1.00	90.68	0.79
I33	0.18	37.62	11.44	4.24	0.18	0.40	125.88	3.35
I34	0.15	10.40	0.15	0.11	0.00	0.65	25.37	0.02

续表

行业	煤油（万吨）	柴油（万吨）	燃料油（万吨）	液化石油气（万吨）	炼厂干气（万吨）	其他石油制品（万吨）	电力（亿千瓦时）	天然气（亿立方米）
I35	11.08	20.98	9.40	2.37	0.14	36.73	217.42	1.69
I36	0.00	0.00	0.00	0.00	0.00	0.00	0.00	0.00
I37	0.42	73.44	110.62	1.39	0.12	1.50	1157.40	0.20
I38	0.01	7.18	1.15	12.72	0.07	1.40	34.41	1.68
I39	0.03	2.80	0.01	0.00	0.00	0.60	150.94	0.02

表 21　2001 年中国工业分行业能源消费量
（数据来源：《中国能源统计年鉴 2001》）

行业	原煤（万吨）	洗精煤（万吨）	其他洗煤（万吨）	焦炭（万吨）	焦炉煤气（亿立方米）	其他煤气（亿立方米）	其他焦化产品（万吨）	原油（万吨）	汽油（万吨）
I1	2203.45	187.41	193.41	52.27	0.77	0.72	5.44	2.33	35.29
I2	170.06	0.00	3.11	5.84	0.00	0.00	0.00	422.65	43.62
I3	60.40	0.35	14.88	55.88	0.00	0.00	0.00	0.00	5.90
I4	90.55	0.06	0.41	21.44	0.00	0.00	0.00	0.00	5.59
I5	316.65	1.50	0.81	28.49	0.00	0.00	1.65	0.00	9.36
I6	101.06	0.00	0.00	0.33	0.00	0.00	0.00	0.00	16.91
I7	1045.60	5.00	89.26	17.53	0.00	0.01	0.00	0.40	36.36
I8	646.45	61.20	3.11	16.98	0.23	0.07	0.00	0.45	14.60
I9	655.54	2.50	0.88	3.18	0.00	0.00	0.09	0.50	10.67
I10	162.88	0.07	0.00	1.33	0.00	0.01	0.00	0.00	34.23
I11	1468.96	2.70	8.28	4.60	0.25	0.14	0.00	0.06	42.27
I12	133.88	0.30	0.02	1.79	0.00	0.01	0.00	0.17	9.32
I13	82.82	0.06	0.01	1.81	0.00	0.00	0.00	0.00	5.64
I14	258.36	0.21	0.03	1.51	0.00	0.00	0.31	0.00	4.56
I15	53.59	0.00	0.02	1.19	0.00	0.00	0.00	0.00	4.07
I16	1425.93	10.20	46.71	1.71	0.00	0.00	0.00	0.51	13.92
I17	59.89	0.45	0.00	0.32	0.02	0.01	0.00	0.00	7.04
I18	22.05	0.05	0.00	1.82	0.00	0.01	0.00	0.11	3.11
I19	728.11	152.01	30.28	45.25	11.80	3.20	22.86	104.19	17.51
I20	5572.30	101.81	173.71	1151.65	9.80	2.50	48.41	70.39	57.06

续表

行业	原煤（万吨）	洗精煤（万吨）	其他洗煤（万吨）	焦炭（万吨）	焦炉煤气（亿立方米）	其他煤气（亿立方米）	其他焦化产品（万吨）	原油（万吨）	汽油（万吨）
I21	536.56	0.86	14.88	0.71	0.21	0.00	5.44	0.00	11.81
I22	334.22	0.00	2.41	26.88	0.00	0.00	0.00	6.31	4.05
I23	329.02	0.50	0.75	2.87	0.01	0.00	0.00	0.06	9.17
I24	153.22	0.54	1.62	7.24	0.00	0.00	0.00	0.35	12.95
I25	10777.37	99.44	2003.82	345.33	3.92	7.82	15.28	8.62	54.07
I26	3672.40	386.62	279.95	8916.33	161.76	357.96	116.60	9.85	35.22
I27	734.48	36.00	65.58	232.19	0.18	9.00	11.84	0.77	12.78
I28	251.25	10.20	1.04	143.64	0.12	0.26	0.11	0.03	24.55
I29	354.50	40.80	4.25	225.43	0.35	1.03	0.30	0.12	24.76
I30	284.48	30.60	9.84	77.08	0.10	4.70	0.10	0.26	32.94
I31	572.94	3.05	2.17	42.61	0.12	1.10	0.25	0.07	21.33
I32	176.84	1.80	1.86	13.20	0.40	0.40	0.00	0.45	19.99
I33	69.18	1.10	0.07	0.38	0.50	0.08	0.00	0.00	10.67
I34	32.53	0.06	0.01	5.59	0.00	0.02	0.00	0.00	3.76
I35	320.10	0.23	9.40	34.33	0.00	0.50	0.00	0.54	17.63
I36	0.00	0.00	0.00	0.00	0.00	0.00	0.00	0.00	0.00
I37	2570.68	19.36	194.13	0.00	0.00	0.00	0.16	1.63	27.04
I38	265.17	22.00	0.14	0.00	5.56	1.20	1.98	0.00	1.83
I39	30.53	1.03	0.00	0.00	0.00	0.00	0.00	0.00	2.85

行业	煤油（万吨）	柴油（万吨）	燃料油（万吨）	液化石油气（万吨）	炼厂干气（万吨）	其他石油制品（万吨）	电力（亿千瓦时）	天然气（亿立方米）
I1	5.50	56.72	0.00	0.09	0.00	2.50	467.35	0.00
I2	0.43	177.12	154.17	27.29	60.49	28.91	355.54	58.43
I3	0.03	13.56	0.00	0.00	0.00	0.00	67.75	0.00
I4	1.29	13.36	0.20	0.00	0.00	0.00	89.48	0.00
I5	0.34	34.54	1.30	0.00	0.00	0.00	93.16	0.03
I6	0.00	12.51	0.00	0.03	0.00	0.00	23.67	0.00
I7	0.26	33.56	7.50	2.90	0.00	8.35	177.35	0.16
I8	0.09	18.31	8.45	2.65	0.00	0.14	98.17	0.08

续表

行业	煤油（万吨）	柴油（万吨）	燃料油（万吨）	液化石油气（万吨）	炼厂干气（万吨）	其他石油制品（万吨）	电力（亿千瓦时）	天然气（亿立方米）
I9	0.09	12.24	9.00	0.11	0.00	0.15	62.70	0.02
I10	0.09	3.96	2.70	0.03	0.00	0.15	33.90	0.09
I11	3.87	39.53	62.90	7.29	0.20	6.90	402.52	1.05
I12	0.43	16.19	13.88	1.52	0.00	0.50	56.44	0.00
I13	0.17	13.96	3.10	0.23	0.00	0.94	31.29	0.00
I14	0.09	7.59	3.00	0.03	0.00	0.02	38.60	0.00
I15	0.05	3.02	0.60	0.38	0.00	0.01	14.60	0.00
I16	3.70	23.37	19.00	0.91	0.30	3.00	262.20	0.26
I17	5.85	7.94	2.15	0.53	0.00	2.00	36.51	0.09
I18	1.29	12.24	1.07	0.27	0.00	0.05	26.08	0.00
I19	18.47	77.97	286.14	174.11	384.00	1955.39	277.83	11.49
I20	8.94	129.46	300.91	95.26	44.72	749.34	1235.96	93.97
I21	0.14	7.82	5.35	0.35	0.00	1.40	103.50	0.66
I22	0.43	10.27	50.65	5.78	63.08	258.39	204.69	0.00
I23	0.08	7.82	13.10	0.02	0.00	3.50	111.26	0.00
I24	0.43	42.31	10.80	3.40	0.00	3.20	132.63	0.09
I25	2.49	327.48	320.00	68.25	5.59	22.21	827.27	2.76
I26	5.50	81.32	271.14	0.73	0.00	1.00	1214.30	1.64
I27	0.60	46.46	59.00	1.06	0.00	26.91	747.87	0.52
I28	1.72	45.66	11.80	11.71	0.00	1.20	233.20	0.74
I29	3.35	28.91	8.00	0.76	0.00	4.80	175.48	0.17
I30	1.38	12.24	9.00	2.90	0.00	3.00	98.17	1.57
I31	6.45	56.80	11.65	1.52	0.00	3.60	238.07	1.87
I32	0.26	25.13	12.82	8.81	0.08	0.99	102.34	0.69
I33	0.17	43.55	13.50	4.41	0.19	0.60	135.72	3.92
I34	0.17	11.28	0.12	0.12	0.00	0.55	27.12	0.03
I35	11.36	22.78	7.00	2.58	0.16	36.92	228.68	1.47
I36	0.00	0.00	0.00	0.00	0.00	0.00	0.00	0.00

续表

行业	煤油（万吨）	柴油（万吨）	燃料油（万吨）	液化石油气（万吨）	炼厂干气（万吨）	其他石油制品（万吨）	电力（亿千瓦时）	天然气（亿立方米）
I37	0.44	71.27	107.30	1.29	0.13	1.40	1288.28	0.25
I38	0.01	8.49	1.08	13.22	0.06	1.30	38.66	1.89
I39	0.04	2.68	0.02	0.00	0.00	0.50	152.82	0.03

表 22　2002 年中国工业分行业能源消费量
（数据来源:《中国能源统计年鉴 2002》）

行业	原煤（万吨）	洗精煤（万吨）	其他洗煤（万吨）	焦炭（万吨）	焦炉煤气（亿立方米）	其他煤气（亿立方米）	其他焦化产品（万吨）	原油（万吨）	汽油（万吨）
I1	2286.26	118.16	184.98	48.08	0.64	0.70	5.00	1.19	34.20
I2	162.75	0.00	2.56	5.04	0.00	0.00	0.00	448.17	44.43
I3	90.30	0.40	12.65	52.53	0.00	0.00	0.00	0.00	7.02
I4	92.83	0.03	0.43	28.33	0.00	0.00	0.00	0.00	5.53
I5	314.50	1.74	0.71	32.86	0.00	0.00	1.50	0.00	9.74
I6	91.58	0.00	0.00	0.37	0.00	0.00	0.00	0.00	17.36
I7	1076.68	5.05	89.24	14.33	0.00	0.00	0.00	0.30	34.84
I8	656.39	38.00	4.17	14.10	0.26	0.09	0.00	0.43	14.98
I9	671.96	2.47	1.02	3.32	0.00	0.00	0.00	0.59	9.61
I10	169.00	0.04	0.00	1.27	0.00	0.02	0.00	0.00	34.70
I11	1524.19	2.38	7.73	4.57	0.31	0.18	0.00	0.05	40.27
I12	138.91	0.33	0.02	2.19	0.00	0.01	0.00	0.12	9.16
I13	85.92	0.06	0.00	1.54	0.00	0.00	0.00	0.00	5.47
I14	267.45	0.15	0.03	1.56	0.00	0.00	0.21	0.00	3.41
I15	52.55	0.00	0.01	1.15	0.00	0.00	0.00	0.00	4.40
I16	1535.33	10.25	49.05	1.74	0.00	0.00	0.00	0.50	17.78
I17	61.76	0.50	0.00	0.26	0.03	0.02	0.00	0.00	7.40
I18	20.98	0.01	0.00	1.71	0.00	0.00	0.00	0.09	3.25
I19	725.31	112.08	32.00	46.24	13.50	3.80	21.09	111.19	18.03
I20	5962.31	77.53	200.08	1170.54	12.26	3.00	45.41	65.39	62.53
I21	556.73	1.23	15.37	0.73	0.17	0.00	5.00	0.00	12.10
I22	346.78	0.00	2.65	25.75	0.00	0.00	0.00	7.46	4.14

续表

行业	原煤（万吨）	洗精煤（万吨）	其他洗煤（万吨）	焦炭（万吨）	焦炉煤气（亿立方米）	其他煤气（亿立方米）	其他焦化产品（万吨）	原油（万吨）	汽油（万吨）
I23	337.83	0.54	0.55	2.39	0.01	0.00	0.00	0.06	9.42
I24	136.57	0.67	1.32	5.17	0.00	0.00	0.00	0.50	13.27
I25	8991.27	110.04	2098.50	374.44	3.36	7.64	22.11	9.68	63.29
I26	3467.79	288.43	273.54	9321.29	165.94	356.67	136.16	13.57	35.48
I27	899.15	37.10	70.56	224.77	0.19	8.05	9.96	1.01	12.52
I28	260.69	10.36	1.32	153.69	0.15	0.29	0.10	0.04	22.48
I29	367.82	39.18	3.84	229.16	0.51	1.08	0.53	0.09	25.16
I30	263.27	30.54	9.04	69.85	0.11	4.61	0.06	0.25	31.23
I31	663.01	2.10	2.41	43.69	0.12	1.22	0.31	0.05	22.49
I32	183.33	1.14	2.03	10.54	0.33	0.45	0.00	0.50	20.67
I33	71.78	0.83	0.08	0.49	0.48	0.09	0.00	0.00	11.02
I34	33.74	0.04	0.01	5.72	0.00	0.02	0.00	0.00	3.44
I35	298.69	0.27	9.25	28.29	0.00	0.43	0.00	0.44	14.69
I36	0.00	0.00	0.00	0.00	0.00	0.00	0.00	0.00	0.00
I37	2604.26	12.80	201.71	0.00	0.00	0.00	0.19	1.30	26.94
I38	206.61	20.55	0.14	0.00	6.42	1.20	2.37	0.00	1.67
I39	29.58	0.00	0.00	0.00	0.00	0.00	0.00	0.00	2.77

行业	煤油（万吨）	柴油（万吨）	燃料油（万吨）	液化石油气（万吨）	炼厂干气（万吨）	其他石油制品（万吨）	电力（亿千瓦时）	天然气（亿立方米）
I1	7.36	60.00	0.00	0.08	0.00	2.73	520.84	0.00
I2	0.49	197.59	145.74	32.08	63.54	35.71	364.94	59.31
I3	0.04	17.01	0.00	0.00	0.00	0.00	78.89	0.00
I4	1.61	15.04	0.11	0.00	0.00	0.00	91.89	0.00
I5	0.52	37.07	1.04	0.00	0.00	0.00	99.77	0.01
I6	0.00	12.62	0.00	0.03	0.00	0.00	21.33	0.00
I7	0.36	35.93	7.57	2.93	0.00	10.82	203.81	0.15
I8	0.09	21.41	9.21	3.14	0.00	0.14	118.71	0.10
I9	0.10	12.95	8.11	0.18	0.00	0.13	70.85	0.02
I10	0.12	4.99	1.49	0.03	0.00	0.13	32.61	0.12

续表

行业	煤油（万吨）	柴油（万吨）	燃料油（万吨）	液化石油气（万吨）	炼厂干气（万吨）	其他石油制品（万吨）	电力（亿千瓦时）	天然气（亿立方米）
I11	5.33	40.38	64.45	7.31	0.21	6.05	474.16	0.79
I12	0.63	16.83	14.84	1.87	0.00	0.81	61.57	0.00
I13	0.18	13.76	2.88	0.31	0.00	1.01	37.28	0.00
I14	0.12	6.68	2.87	0.02	0.00	0.03	39.25	0.00
I15	0.06	3.61	0.75	0.49	0.00	0.03	11.70	0.00
I16	3.60	31.43	20.05	1.63	0.33	3.63	297.55	0.26
I17	7.32	8.09	1.67	0.57	0.00	1.76	35.29	0.10
I18	1.47	13.59	1.15	0.39	0.00	0.04	33.47	0.00
I19	20.89	82.51	263.67	205.02	391.43	2196.17	345.22	11.25
I20	12.60	134.66	319.09	114.67	47.15	976.77	1415.41	99.44
I21	0.12	7.47	4.68	0.42	0.00	1.71	102.25	0.96
I22	0.45	10.74	52.31	7.01	60.83	305.70	215.58	0.00
I23	0.06	7.83	12.54	0.00	0.00	4.20	113.68	0.00
I24	0.60	40.08	9.27	2.60	0.00	3.52	149.87	0.10
I25	2.11	325.83	337.99	80.36	6.00	26.82	918.48	3.41
I26	7.94	88.01	238.14	1.14	0.00	0.73	1381.53	2.24
I27	0.77	46.71	67.13	1.38	0.00	29.36	860.18	0.64
I28	2.67	47.83	12.91	12.21	0.00	3.21	294.56	0.80
I29	4.34	34.90	8.51	0.98	0.00	5.23	210.42	0.21
I30	1.45	12.26	9.80	2.99	0.00	3.52	107.40	2.16
I31	8.16	46.10	10.85	1.95	0.00	4.05	269.94	1.74
I32	0.39	27.56	12.33	12.42	0.09	1.48	135.72	0.99
I33	0.31	64.69	14.45	3.89	0.20	0.81	156.78	4.71
I34	0.41	12.56	0.14	0.11	0.00	0.51	33.45	0.03
I35	14.00	26.10	6.70	2.83	0.00	44.26	238.59	1.28
I36	0.00	0.00	0.00	0.00	0.00	0.00	0.00	0.00
I37	0.61	70.87	109.23	0.52	0.15	2.34	1505.92	0.21
I38	0.00	12.06	0.93	17.20	0.07	1.27	38.58	1.88
I39	0.05	2.59	0.02	0.00	0.00	0.60	146.06	0.02

表 23　2003 年中国工业分行业能源消费量

（数据来源:《中国能源统计年鉴 2003》）

行业	原煤（万吨）	洗精煤（万吨）	其他洗煤（万吨）	焦炭（万吨）	焦炉煤气（亿立方米）	其他煤气（亿立方米）	其他焦化产品（万吨）	原油（万吨）	汽油（万吨）
I1	2703.11	147.00	288.53	45.70	1.06	0.00	6.00	1.34	33.04
I2	171.79	0.00	2.55	7.47	0.00	0.00	0.00	551.83	39.07
I3	111.48	0.50	12.25	60.29	0.00	0.00	0.00	0.00	5.98
I4	92.57	0.04	0.00	30.14	0.00	0.00	0.00	0.00	4.99
I5	396.46	1.90	0.70	23.01	0.00	0.00	2.50	0.00	8.39
I6	96.13	0.00	0.00	0.18	0.00	0.00	0.00	0.00	14.65
I7	1013.03	7.33	98.77	15.46	0.00	0.00	0.00	0.34	21.74
I8	579.55	45.00	5.10	12.75	0.25	0.00	0.00	0.40	8.35
I9	675.79	3.72	0.61	3.90	0.00	0.00	0.00	0.61	8.19
I10	173.29	0.05	0.00	0.85	0.00	0.00	0.00	0.00	27.97
I11	1662.63	3.00	14.89	3.24	0.96	0.00	0.00	0.03	26.24
I12	153.95	0.35	0.02	1.45	0.00	0.00	0.00	0.40	9.31
I13	85.77	0.04	0.00	2.72	0.00	0.00	0.00	0.00	4.05
I14	319.67	0.14	0.00	2.50	0.00	0.00	0.00	0.00	3.07
I15	60.43	0.00	0.00	0.91	0.00	0.00	0.00	0.00	4.56
I16	1478.52	11.56	51.12	2.12	0.00	0.00	0.00	0.63	19.10
I17	76.55	0.60	0.00	0.00	0.00	0.00	0.00	0.00	6.27
I18	22.48	0.01	0.00	1.49	0.00	0.00	0.00	0.10	2.79
I19	831.85	151.20	45.93	59.71	17.72	3.57	22.33	134.33	22.60
I20	6714.11	93.65	227.61	1186.12	12.49	3.35	58.00	73.45	45.18
I21	563.38	2.01	19.05	1.06	0.00	0.00	6.00	0.00	13.56
I22	359.04	0.00	3.06	31.87	0.00	0.00	0.00	6.74	3.02
I23	346.56	0.60	1.41	2.12	0.00	0.00	0.00	0.10	8.94
I24	170.60	0.78	2.40	1.52	0.00	0.00	0.00	0.55	9.96
I25	11137.73	135.00	2414.01	302.72	2.70	8.65	25.00	9.93	59.14
I26	4162.72	350.93	882.90	12240.03	190.26	397.44	172.73	8.39	36.85
I27	1067.79	40.04	55.12	239.26	0.00	12.00	8.12	1.00	11.94

续表

行业	原煤（万吨）	洗精煤（万吨）	其他洗煤（万吨）	焦炭（万吨）	焦炉煤气（亿立方米）	其他煤气（亿立方米）	其他焦化产品（万吨）	原油（万吨）	汽油（万吨）
I28	234.66	9.00	1.02	134.93	0.00	0.00	0.00	0.00	21.99
I29	330.62	40.00	5.51	261.41	0.56	1.25	0.82	0.00	28.65
I30	372.68	34.00	12.14	56.66	0.00	6.63	0.00	0.27	24.24
I31	509.63	2.76	3.06	55.75	0.00	1.43	0.00	0.27	21.51
I32	158.70	2.00	2.04	16.80	0.00	0.00	0.00	0.53	23.14
I33	78.05	0.70	0.00	0.00	0.00	0.00	0.00	0.00	11.76
I34	39.67	0.03	0.00	7.95	0.00	0.00	0.00	0.00	6.39
I35	275.08	0.30	10.21	31.87	0.00	0.00	0.00	0.40	5.79
I36	0.00	0.00	0.00	0.00	0.00	0.00	0.00	0.00	0.00
I37	2934.89	15.00	140.86	0.00	0.00	0.00	0.00	1.37	25.41
I38	211.59	18.00	0.00	0.00	8.03	2.00	2.49	0.00	1.10
I39	29.46	0.00	0.00	0.00	0.00	0.00	0.00	0.00	3.47

行业	煤油（万吨）	柴油（万吨）	燃料油（万吨）	液化石油气（万吨）	炼厂干气（万吨）	其他石油制品（万吨）	电力（亿千瓦时）	天然气（亿立方米）
I1	6.37	52.73	0.00	0.00	0.00	2.01	533.99	0.00
I2	0.28	168.32	124.89	31.50	60.00	20.54	356.80	61.82
I3	0.00	20.43	0.00	0.00	0.00	0.00	111.33	0.00
I4	1.32	16.79	0.00	0.00	0.00	0.00	129.71	0.00
I5	0.13	46.10	1.02	0.00	0.00	0.00	114.91	0.00
I6	0.00	11.93	0.00	0.00	0.00	0.00	29.82	0.00
I7	0.40	34.00	7.00	1.98	0.00	10.07	174.20	0.00
I8	0.10	22.03	9.56	3.00	0.00	0.00	95.03	0.00
I9	0.14	9.49	6.58	0.09	0.00	0.00	66.39	0.00
I10	0.00	5.42	1.00	0.01	0.00	0.00	32.04	0.00
I11	3.71	36.99	51.97	9.00	0.00	5.04	556.44	0.90
I12	0.50	19.34	11.77	1.04	0.00	0.00	67.27	0.00
I13	0.18	17.93	3.65	0.19	0.00	0.00	43.37	0.00
I14	0.21	7.38	3.00	0.00	0.00	0.00	54.44	0.00
I15	0.00	4.22	0.54	0.30	0.00	0.00	15.36	0.00

续表

行业	煤油（万吨）	柴油（万吨）	燃料油（万吨）	液化石油气（万吨）	炼厂干气（万吨）	其他石油制品（万吨）	电力（亿千瓦时）	天然气（亿立方米）
I16	1.90	36.91	21.05	1.99	0.00	3.02	318.28	0.00
I17	6.00	6.33	1.61	0.27	0.00	1.51	79.67	0.00
I18	1.63	14.30	1.00	0.48	0.00	0.00	29.62	0.00
I19	16.79	91.95	322.95	224.13	408.14	2584.97	342.78	15.53
I20	9.68	134.75	334.00	112.50	50.00	1328.29	1665.17	128.13
I21	0.08	5.27	4.87	0.38	0.00	1.80	126.65	0.96
I22	0.42	9.70	49.34	4.89	59.74	1.01	211.97	0.00
I23	0.08	8.88	13.72	0.00	0.00	3.02	130.42	0.00
I24	0.67	41.85	11.17	3.21	0.00	2.01	174.65	0.00
I25	1.52	302.68	373.63	82.50	7.00	20.15	1052.95	3.74
I26	3.00	99.62	255.10	1.36	0.00	1.51	1683.21	3.16
I27	1.14	54.81	71.54	2.35	0.00	39.00	1094.55	0.80
I28	2.40	46.65	9.64	11.50	0.00	2.01	363.45	0.97
I29	5.72	36.91	12.00	0.75	0.00	4.03	253.30	0.00
I30	1.64	18.54	10.00	2.52	0.00	2.52	122.56	2.36
I31	7.18	50.62	12.17	2.79	0.00	3.02	288.54	1.84
I32	0.49	30.66	14.36	13.50	0.10	1.84	172.61	1.23
I33	0.30	51.98	19.00	4.74	0.00	0.04	221.64	5.46
I34	0.42	18.12	0.10	0.12	0.00	0.81	36.61	0.00
I35	12.85	21.19	5.56	2.78	0.00	45.33	236.96	0.97
I36	0.00	0.00	0.00	0.00	0.00	0.00	10.21	0.00
I37	0.53	74.04	133.43	0.60	0.17	2.22	1734.76	0.27
I38	0.00	12.65	1.07	19.50	0.84	1.21	29.81	3.85
I39	0.00	2.73	0.02	0.00	0.00	0.00	147.51	0.00

表 24　2004 年中国工业分行业能源消费量
（数据来源：《中国能源统计年鉴 2004》）

行业	原煤（万吨）	洗精煤（万吨）	其他洗煤（万吨）	焦炭（万吨）	焦炉煤气（亿立方米）	其他煤气（亿立方米）	其他焦化产品（万吨）	原油（万吨）	汽油（万吨）
I1	4817.95	175.21	275.27	25.55	0.79	2.66	2.07	0.00	17.69

续表

行业	原煤（万吨）	洗精煤（万吨）	其他洗煤（万吨）	焦炭（万吨）	焦炉煤气（亿立方米）	其他煤气（亿立方米）	其他焦化产品（万吨）	原油（万吨）	汽油（万吨）
I2	170.29	0.06	0.00	0.22	0.00	2.60	0.00	498.96	36.56
I3	111.28	4.83	0.27	64.67	0.40	0.00	0.00	0.00	6.77
I4	99.22	7.06	2.10	12.69	0.01	0.06	0.00	0.00	3.07
I5	369.15	10.67	4.39	9.75	0.00	0.00	0.00	0.00	6.58
I6	2.10	0.00	0.00	0.00	0.00	0.00	0.00	0.00	0.03
I7	1176.41	7.37	61.17	6.08	0.01	0.00	0.00	0.14	16.07
I8	676.90	7.36	5.07	4.07	0.00	0.14	0.00	0.20	7.80
I9	753.17	10.83	5.42	1.45	0.00	0.00	0.00	0.43	8.05
I10	152.96	1.49	2.54	0.00	0.02	0.18	0.00	0.00	0.93
I11	1975.14	10.67	12.17	2.27	0.55	0.09	0.00	0.20	21.26
I12	190.17	3.70	2.17	1.01	0.03	0.04	0.00	0.47	7.95
I13	100.96	0.21	0.97	0.30	0.02	0.02	0.00	0.07	4.05
I14	422.00	3.62	2.07	1.49	0.00	0.00	0.00	0.10	3.43
I15	32.13	0.08	0.36	1.22	0.00	0.00	0.00	0.04	2.28
I16	1957.94	31.94	82.88	7.15	0.13	0.01	0.00	0.38	8.88
I17	44.91	0.12	0.13	0.11	0.00	0.07	0.00	0.00	5.89
I18	20.75	0.04	0.21	3.36	0.00	0.00	0.00	0.07	3.33
I19	931.81	197.09	83.34	55.95	20.28	4.99	50.90	181.72	25.08
I20	7579.45	344.32	164.63	1176.27	6.81	5.63	125.41	138.60	45.72
I21	534.70	17.59	4.44	0.86	0.12	0.04	0.00	0.00	7.67
I22	252.54	1.90	0.44	36.69	0.00	0.00	0.00	8.48	0.74
I23	380.76	4.53	7.14	2.91	0.00	0.09	0.00	0.72	9.66
I24	270.90	3.16	1.82	1.98	0.01	0.00	0.00	0.10	14.80
I25	15320.77	341.13	3558.35	213.81	3.63	11.78	38.79	11.62	34.41
I26	4979.01	834.28	108.75	15218.35	218.37	406.72	152.79	0.11	22.13
I27	1157.81	61.86	48.09	268.42	4.77	20.14	19.24	0.44	7.06
I28	305.05	8.04	4.76	76.64	0.23	0.18	0.00	0.10	19.92
I29	337.41	9.64	5.61	268.58	0.63	2.08	0.00	0.25	30.37

续表

行业	原煤（万吨）	洗精煤（万吨）	其他洗煤（万吨）	焦炭（万吨）	焦炉煤气（亿立方米）	其他煤气（亿立方米）	其他焦化产品（万吨）	原油（万吨）	汽油（万吨）
I30	457.43	34.25	1.70	60.42	0.47	10.14	0.00	0.08	23.66
I31	644.12	8.36	8.94	61.95	0.54	1.49	0.00	0.10	28.46
I32	165.91	4.00	1.48	15.60	0.51	1.81	0.00	0.16	20.69
I33	109.19	1.84	0.37	0.81	0.06	0.12	0.00	0.45	10.41
I34	23.49	0.03	1.96	2.20	0.01	0.04	0.00	0.06	5.35
I35	328.85	12.30	7.69	3.97	0.00	0.02	0.00	0.02	7.33
I36	5.07	0.02	2.37	2.25	0.00	0.15	0.00	0.00	0.41
I37	2929.09	4.20	66.52	6.04	1.08	1.08	2.31	0.34	26.99
I38	97.05	0.19	0.16	1.68	7.83	2.78	2.97	0.52	1.63
I39	37.42	0.01	0.03	0.07	0.00	0.00	0.00	0.00	3.84

行业	煤油（万吨）	柴油（万吨）	燃料油（万吨）	液化石油气（万吨）	炼厂干气（万吨）	其他石油制品（万吨）	电力（亿千瓦时）	天然气（亿立方米）
I1	4.37	65.46	6.15	0.21	0.00	1.84	582.75	1.07
I2	0.17	184.60	33.83	1.88	37.19	21.72	363.06	48.52
I3	0.71	34.24	0.95	0.01	0.00	0.07	141.64	0.04
I4	0.84	17.48	0.33	0.13	0.00	0.05	146.18	0.02
I5	0.70	57.80	1.05	0.06	0.00	0.20	133.11	0.03
I6	0.01	1.25	0.01	0.00	0.00	0.00	20.34	0.00
I7	0.33	44.70	11.82	3.54	12.00	4.23	204.35	0.19
I8	0.33	21.42	14.56	3.91	0.00	0.98	101.20	1.40
I9	0.54	14.03	10.03	0.22	0.00	0.00	67.48	0.53
I10	0.03	6.68	1.07	0.02	0.00	0.00	31.61	0.27
I11	2.05	56.25	57.85	2.64	0.13	2.71	727.56	0.47
I12	0.70	27.71	5.26	0.62	0.00	1.21	73.40	0.09
I13	0.37	18.18	10.83	0.30	0.00	0.27	45.96	0.02
I14	1.36	9.67	2.30	0.29	0.00	0.20	62.27	0.08
I15	0.24	5.99	0.21	1.06	0.00	0.00	20.83	0.03
I16	0.91	26.28	26.12	8.01	0.00	0.29	363.45	0.35
I17	0.74	7.87	1.45	0.90	0.00	0.31	79.27	0.19

续表

行业	煤油（万吨）	柴油（万吨）	燃料油（万吨）	液化石油气（万吨）	炼厂干气（万吨）	其他石油制品（万吨）	电力（亿千瓦时）	天然气（亿立方米）
I18	0.35	14.21	2.42	1.43	0.00	0.18	38.76	0.00
I19	2.06	93.62	429.33	160.23	555.73	3388.26	417.58	14.32
I20	8.70	140.04	357.05	82.97	58.16	1655.54	1870.39	122.52
I21	0.52	10.22	5.65	0.43	0.00	0.20	132.42	0.66
I22	0.50	8.25	25.21	1.15	1.56	0.92	227.91	0.20
I23	0.27	10.70	17.27	1.78	0.00	1.57	151.12	0.36
I24	0.74	44.35	16.02	2.02	0.00	7.46	232.80	0.38
I25	3.06	242.53	478.40	68.35	1.94	54.23	1223.11	18.40
I26	1.92	87.66	199.46	6.91	0.00	5.46	2087.28	7.19
I27	2.32	63.85	83.92	4.41	0.00	54.95	1272.35	2.65
I28	2.61	54.89	11.47	9.81	0.00	0.78	437.75	0.75
I29	7.03	64.25	13.27	3.71	0.00	3.11	282.99	1.24
I30	1.69	36.55	7.01	1.92	0.00	1.22	154.06	1.85
I31	10.16	73.73	10.52	8.69	0.00	2.38	361.77	3.31
I32	1.60	49.18	11.03	14.13	0.56	2.21	225.47	0.85
I33	0.82	45.50	25.44	8.21	0.00	0.05	280.39	4.40
I34	1.13	8.43	0.18	0.18	0.00	0.91	35.76	0.06
I35	0.70	15.26	4.01	2.66	0.00	4.49	218.13	0.03
I36	0.04	1.36	1.53	0.01	0.00	0.20	5.17	0.00
I37	0.21	65.73	33.93	0.08	0.20	4.79	1972.20	0.41
I38	0.01	17.92	0.43	80.85	1.17	0.20	34.72	4.70
I39	0.04	2.06	0.01	0.01	0.00	0.00	177.14	0.04

表 25　2005 年中国工业分行业能源消费量

（数据来源：《中国能源统计年鉴 2005》）

行业	原煤（万吨）	洗精煤（万吨）	其他洗煤（万吨）	焦炭（万吨）	焦炉煤气（亿立方米）	其他煤气（亿立方米）	其他焦化产品（万吨）	原油（万吨）	汽油（万吨）
I1	4917.87	175.21	292.39	36.79	1.12	2.75	2.94	0.00	14.56
I2	170.14	0.06	0.00	0.29	0.00	0.01	0.00	503.65	25.71
I3	132.24	4.83	3.00	83.71	0.54	0.07	0.00	0.00	4.60

续表

行业	原煤（万吨）	洗精煤（万吨）	其他洗煤（万吨）	焦炭（万吨）	焦炉煤气（亿立方米）	其他煤气（亿立方米）	其他焦化产品（万吨）	原油（万吨）	汽油（万吨）
I4	99.13	8.01	2.10	16.32	0.00	0.00	0.00	0.00	3.30
I5	449.75	10.67	3.38	12.86	0.00	0.00	0.00	0.00	3.65
I6	2.10	0.00	0.00	0.00	0.00	0.00	0.00	0.00	0.02
I7	1141.29	7.37	64.87	8.52	0.02	0.00	0.00	0.07	13.24
I8	759.97	7.36	4.90	5.36	0.01	0.15	0.00	0.10	7.36
I9	752.51	10.83	5.80	1.03	0.00	0.00	0.00	0.50	6.93
I10	129.90	1.99	2.12	0.01	0.01	0.15	0.00	0.00	0.75
I11	1973.41	11.39	8.51	2.99	0.34	0.05	0.00	0.20	16.74
I12	216.70	3.70	1.41	1.33	0.02	0.05	0.00	0.24	9.28
I13	100.87	0.22	0.58	0.31	0.01	0.01	0.00	0.04	4.30
I14	421.63	3.32	2.00	1.81	0.00	0.01	0.00	0.12	4.72
I15	32.10	0.09	0.26	1.03	0.00	0.00	0.00	0.03	2.74
I16	1956.22	31.94	57.93	4.35	0.18	0.01	0.00	0.51	8.05
I17	44.87	0.10	0.18	0.15	0.00	0.06	0.00	0.00	6.64
I18	20.73	0.06	0.13	3.57	0.00	0.00	0.00	0.09	3.70
I19	1061.99	247.27	54.09	65.71	47.43	5.30	42.00	154.67	20.85
I20	8062.77	344.31	172.74	1713.30	8.91	5.96	146.96	182.38	42.14
I21	534.23	17.59	2.75	1.13	0.07	0.06	0.00	0.00	7.34
I22	252.32	1.90	0.40	51.22	0.00	0.00	0.00	10.62	1.10
I23	380.42	4.55	3.99	1.77	0.00	0.06	0.00	0.82	9.09
I24	270.66	2.02	2.02	2.62	0.01	0.00	0.00	0.08	11.97
I25	15512.47	341.13	3797.83	208.27	3.84	17.11	39.73	14.17	24.03
I26	5588.02	785.70	157.55	21310.19	323.55	550.30	128.04	0.13	21.17
I27	1179.93	61.86	62.95	367.53	6.81	20.67	26.92	0.31	6.14
I28	304.78	8.33	5.49	78.33	0.31	0.29	0.00	0.06	17.14
I29	337.11	8.26	5.99	455.52	0.85	3.59	0.00	0.15	26.21
I30	457.03	34.25	2.00	68.89	0.72	11.05	0.00	0.11	15.84
I31	643.55	7.08	4.47	93.91	0.33	0.79	0.00	0.15	34.92

续表

行业	原煤（万吨）	洗精煤（万吨）	其他洗煤（万吨）	焦炭（万吨）	焦炉煤气（亿立方米）	其他煤气（亿立方米）	其他焦化产品（万吨）	原油（万吨）	汽油（万吨）
I32	165.76	4.00	1.18	16.75	0.31	0.79	0.00	0.26	20.62
I33	109.09	1.84	0.22	0.69	0.08	0.12	0.00	0.40	10.55
I34	23.47	0.03	1.18	2.75	0.01	0.00	0.00	0.05	3.45
I35	308.50	12.30	4.61	3.79	0.01	0.16	0.00	0.01	6.87
I36	5.06	0.02	2.00	2.33	0.00	0.22	0.00	0.00	0.31
I37	3245.81	4.20	86.35	6.13	0.66	0.71	1.38	0.17	19.56
I38	96.97	0.19	0.22	1.70	7.58	4.19	1.78	0.26	2.36
I39	37.39	0.01	0.02	0.07	0.00	0.00	0.00	0.00	2.95

行业	煤油（万吨）	柴油（万吨）	燃料油（万吨）	液化石油气（万吨）	炼厂干气（万吨）	其他石油制品（万吨）	电力（亿千瓦时）	天然气（亿立方米）
I1	3.26	61.90	4.95	0.25	0.00	1.07	589.53	1.57
I2	0.17	185.86	27.18	2.82	39.06	19.22	385.35	48.79
I3	1.42	33.29	0.61	0.00	0.00	0.03	205.63	0.02
I4	0.74	13.45	0.24	0.10	0.00	0.05	157.66	0.02
I5	0.80	61.00	0.59	0.05	0.00	0.15	114.14	0.02
I6	0.01	0.99	0.00	0.00	0.00	0.00	28.04	0.00
I7	0.40	54.64	11.68	3.02	11.44	2.11	253.35	0.27
I8	0.33	20.87	17.06	3.48	0.00	0.49	114.81	1.28
I9	0.54	14.24	12.29	0.30	0.00	0.00	76.55	0.50
I10	0.03	5.61	1.38	0.03	0.00	0.00	35.86	0.26
I11	2.05	39.95	39.96	2.76	0.17	2.14	823.57	0.56
I12	0.70	27.87	6.29	0.62	0.00	0.60	87.60	0.09
I13	0.37	14.06	11.21	0.26	0.00	0.14	54.85	0.03
I14	1.09	11.11	2.47	0.19	0.00	0.10	105.57	0.11
I15	0.24	8.30	0.27	1.10	0.00	0.00	24.28	0.04
I16	0.91	23.90	26.46	8.37	0.00	0.12	407.73	0.50
I17	0.74	6.83	1.69	0.93	0.00	0.12	60.71	0.19
I18	0.35	11.36	2.41	0.97	0.00	0.09	42.54	0.00
I19	2.06	50.50	240.73	170.42	677.02	3403.94	313.49	13.50

续表

行业	煤油（万吨）	柴油（万吨）	燃料油（万吨）	液化石油气（万吨）	炼厂干气（万吨）	其他石油制品（万吨）	电力（亿千瓦时）	天然气（亿立方米）
I20	6.09	137.17	285.98	99.72	58.15	1497.89	2129.77	138.60
I21	0.52	8.60	5.17	0.50	0.00	0.30	153.21	0.97
I22	0.50	7.41	30.88	0.98	1.27	1.03	233.20	0.29
I23	0.27	9.78	16.67	1.10	0.00	1.01	209.30	0.35
I24	0.74	36.92	16.99	1.91	0.00	11.13	322.42	0.55
I25	3.06	252.89	495.30	73.46	2.09	40.01	1419.51	23.81
I26	1.92	91.68	175.73	11.28	0.00	7.49	2550.47	9.76
I27	2.32	52.72	84.46	5.74	0.00	72.39	1473.10	3.87
I28	2.64	52.16	14.73	12.09	0.00	0.53	507.25	0.69
I29	5.80	56.60	8.75	5.02	0.00	2.56	344.77	1.81
I30	1.69	26.28	6.21	2.43	0.00	1.00	182.90	2.70
I31	11.08	68.20	10.98	8.13	0.00	2.53	300.72	4.83
I32	1.60	46.03	12.68	13.70	0.58	2.01	245.80	1.23
I33	0.82	46.44	25.80	10.03	0.00	0.08	327.89	4.77
I34	1.13	8.33	0.19	0.23	0.00	0.45	42.52	0.08
I35	0.70	11.52	2.64	2.83	0.00	2.23	275.62	0.04
I36	0.04	1.15	0.86	0.04	0.00	0.10	6.66	0.00
I37	0.32	52.85	30.55	0.06	0.19	5.99	1991.81	0.41
I38	0.02	9.67	0.53	86.16	1.39	0.10	29.86	4.20
I39	0.03	2.39	0.01	0.01	0.00	0.00	187.20	0.06

表 26　2006 年中国工业分行业能源消费量
（数据来源：《中国能源统计年鉴 2006》）

行业	原煤（万吨）	洗精煤（万吨）	其他洗煤（万吨）	焦炭（万吨）	焦炉煤气（亿立方米）	其他煤气（亿立方米）	其他焦化产品（万吨）	原油（万吨）	汽油（万吨）
I1	5122.60	155.08	299.22	41.08	1.03	3.76	3.23	0.00	17.00
I2	177.13	0.05	0.00	0.31	0.00	0.01	0.00	565.40	29.46
I3	137.68	4.27	2.90	97.89	0.49	0.10	0.00	0.00	5.11
I4	103.21	7.09	2.00	17.83	0.00	0.00	0.00	0.00	3.73
I5	468.24	9.44	4.00	14.42	0.00	0.00	0.00	0.00	4.06

续表

行业	原煤（万吨）	洗精煤（万吨）	其他洗煤（万吨）	焦炭（万吨）	焦炉煤气（亿立方米）	其他煤气（亿立方米）	其他焦化产品（万吨）	原油（万吨）	汽油（万吨）
I6	2.19	0.00	0.00	0.00	0.00	0.00	0.00	0.00	0.02
I7	1188.22	6.53	64.00	8.10	0.02	0.00	0.00	0.06	14.96
I8	791.22	6.51	4.90	5.60	0.01	0.20	0.00	0.09	8.32
I9	783.46	9.59	5.70	1.08	0.00	0.00	0.00	0.49	7.71
I10	135.25	1.11	2.20	0.01	0.01	0.19	0.00	0.00	0.83
I11	2054.57	10.86	8.50	3.27	0.31	0.07	0.00	0.19	18.99
I12	225.61	3.53	1.40	1.49	0.02	0.08	0.00	0.23	10.32
I13	105.02	0.20	0.58	0.34	0.01	0.01	0.00	0.04	4.78
I14	438.97	3.10	2.00	1.98	0.00	0.01	0.00	0.11	5.26
I15	33.42	0.07	0.26	1.08	0.00	0.00	0.00	0.03	3.04
I16	2036.67	28.27	57.90	4.34	0.17	0.01	0.00	0.50	9.11
I17	46.72	0.10	0.18	0.17	0.00	0.07	0.00	0.00	7.39
I18	21.58	0.05	0.13	3.73	0.00	0.00	0.00	0.08	4.12
I19	1105.66	195.59	54.09	74.93	45.00	7.26	54.49	173.63	23.20
I20	8394.36	304.76	172.74	2015.32	8.24	8.18	187.74	205.86	48.28
I21	556.20	15.57	2.75	1.27	0.07	0.10	0.00	0.00	8.16
I22	262.70	1.68	0.40	57.20	0.00	0.00	0.00	11.89	1.34
I23	396.07	4.03	4.00	1.77	0.00	0.08	0.00	0.81	10.27
I24	281.79	1.93	2.02	2.98	0.01	0.00	0.00	0.08	13.53
I25	16150.44	301.94	3888.51	237.52	3.55	23.37	54.36	14.57	26.72
I26	5817.84	682.01	158.00	23586.07	313.80	791.38	148.04	0.13	25.23
I27	1228.45	54.75	63.00	419.15	6.30	28.36	36.90	0.31	6.90
I28	317.32	7.37	5.49	87.47	0.29	0.38	0.00	0.06	19.38
I29	350.98	8.00	5.99	519.49	0.79	4.92	0.00	0.15	29.63
I30	475.83	30.32	2.00	76.59	0.67	15.20	0.00	0.11	17.73
I31	670.02	6.26	4.47	107.10	0.31	1.11	0.00	0.15	39.61
I32	172.58	3.54	1.18	17.51	0.29	1.09	0.00	0.26	23.25
I33	113.58	1.63	0.22	0.73	0.07	0.16	0.00	0.40	11.90

续表

行业	原煤（万吨）	洗精煤（万吨）	其他洗煤（万吨）	焦炭（万吨）	焦炉煤气（亿立方米）	其他煤气（亿立方米）	其他焦化产品（万吨）	原油（万吨）	汽油（万吨）
I34	24.44	0.04	1.18	3.07	0.01	0.00	0.00	0.05	3.83
I35	321.19	10.89	4.61	3.78	0.01	0.22	0.00	0.01	7.26
I36	5.27	0.03	2.00	2.33	0.00	0.29	0.00	0.00	0.35
I37	3379.29	3.72	88.35	6.70	0.60	0.97	1.80	1.16	21.71
I38	100.96	0.16	0.22	1.90	7.00	5.50	1.96	0.25	2.66
I39	38.93	0.01	0.02	0.07	0.00	0.00	0.00	0.00	3.25

行业	煤油（万吨）	柴油（万吨）	燃料油（万吨）	液化石油气（万吨）	炼厂干气（万吨）	其他石油制品（万吨）	电力（亿千瓦时）	天然气（亿立方米）
I1	2.93	62.42	5.26	0.28	0.00	0.97	580.45	1.72
I2	0.16	187.43	28.89	3.94	42.97	22.10	316.32	54.58
I3	1.27	33.57	0.65	0.00	0.00	0.04	248.85	0.02
I4	0.66	13.57	0.25	0.10	0.00	0.04	173.77	0.02
I5	0.70	61.52	0.62	0.05	0.00	0.14	122.76	0.02
I6	0.01	1.00	0.00	0.00	0.00	0.00	37.14	0.00
I7	0.35	54.52	10.56	3.01	10.00	1.68	296.02	0.27
I8	0.29	20.60	15.43	4.18	0.00	0.39	134.15	1.28
I9	0.48	14.51	13.45	0.30	0.00	0.00	89.45	0.58
I10	0.03	5.66	1.44	0.03	0.00	0.00	34.41	0.26
I11	1.84	40.71	39.93	3.04	0.20	2.12	1032.21	0.56
I12	0.61	28.70	6.89	0.60	0.00	0.42	108.80	0.09
I13	0.32	14.18	12.27	0.30	0.00	0.18	64.39	0.03
I14	0.97	11.60	2.23	0.27	0.00	0.12	127.34	0.13
I15	0.21	8.37	0.28	1.15	0.00	0.00	28.49	0.04
I16	0.81	24.10	28.20	6.69	0.00	0.09	447.76	0.59
I17	0.66	6.89	1.80	1.00	0.00	0.16	66.54	0.23
I18	0.31	11.46	2.64	0.97	0.00	0.09	43.44	0.00
I19	1.85	50.39	263.44	152.51	693.51	3434.65	357.36	15.98
I20	4.58	140.81	329.42	104.69	65.71	1797.46	2439.33	173.49
I21	0.46	8.67	5.17	0.70	0.00	0.27	159.60	1.14

续表

行业	煤油（万吨）	柴油（万吨）	燃料油（万吨）	液化石油气（万吨）	炼厂干气（万吨）	其他石油制品（万吨）	电力（亿千瓦时）	天然气（亿立方米）
I22	0.44	7.67	32.91	1.10	1.44	1.13	244.80	0.35
I23	0.23	9.86	17.77	1.00	0.00	1.12	237.25	0.34
I24	0.66	37.23	18.11	1.81	0.00	8.90	355.15	0.65
I25	2.75	258.71	542.02	85.64	2.07	50.72	1675.48	23.78
I26	1.71	92.45	150.50	13.08	0.00	8.99	3039.00	11.22
I27	2.07	53.17	88.40	6.88	0.00	94.11	1829.51	4.56
I28	2.35	52.61	15.42	12.24	0.00	0.64	605.77	0.81
I29	5.18	57.08	7.50	6.02	0.00	2.85	389.30	2.35
I30	1.49	26.51	5.62	2.43	0.00	1.31	207.23	2.97
I31	7.76	68.78	10.97	9.94	0.00	3.29	345.42	5.55
I32	1.40	46.90	13.52	15.06	0.62	2.61	282.33	1.42
I33	0.80	47.82	27.50	7.77	0.00	0.10	401.97	5.24
I34	0.99	8.40	0.20	0.30	0.00	0.36	51.81	0.10
I35	0.59	11.87	2.39	2.91	0.00	2.06	281.77	0.05
I36	0.03	1.20	0.74	0.05	0.00	0.08	11.30	0.00
I37	0.24	55.10	32.54	0.10	0.21	5.99	2306.58	0.39
I38	0.02	10.27	0.56	85.74	1.57	0.10	31.40	4.95
I39	0.03	2.54	0.01	0.00	0.00	0.00	204.26	0.06

表 27　2007 年中国工业分行业能源消费量

（数据来源:《中国能源统计年鉴 2007》）

行业	原煤（万吨）	洗精煤（万吨）	其他洗煤（万吨）	焦炭（万吨）	焦炉煤气（亿立方米）	其他煤气（亿立方米）	其他焦化产品（万吨）	原油（万吨）	汽油（万吨）
I1	5922.90	173.42	309.97	44.10	1.15	4.87	4.20	0.00	18.29
I2	174.54	0.06	0.00	0.35	0.00	0.01	0.00	569.47	30.99
I3	145.72	4.71	2.99	107.91	0.62	0.19	0.00	0.00	5.38
I4	100.59	7.92	1.99	19.66	0.00	0.00	0.00	0.00	3.93
I5	497.44	10.49	4.18	15.90	0.00	0.00	0.00	0.00	4.27
I6	2.44	0.00	0.00	0.00	0.00	0.00	0.00	0.00	0.02
I7	1285.47	7.29	69.73	8.92	0.02	0.00	0.00	0.06	15.74

续表

行业	原煤（万吨）	洗精煤（万吨）	其他洗煤（万吨）	焦炭（万吨）	焦炉煤气（亿立方米）	其他煤气（亿立方米）	其他焦化产品（万吨）	原油（万吨）	汽油（万吨）
I8	825.13	7.26	5.07	6.18	0.01	0.42	0.00	0.09	8.75
I9	763.59	10.71	5.90	1.18	0.00	0.00	0.00	0.49	7.39
I10	119.46	1.28	2.29	0.01	0.01	0.32	0.00	0.00	0.87
I11	2172.60	12.14	8.96	3.57	0.35	0.08	0.00	0.19	19.98
I12	233.08	3.92	1.52	1.64	0.02	0.13	0.00	0.25	10.86
I13	102.36	0.23	0.60	0.38	0.01	0.00	0.00	0.04	5.03
I14	430.40	3.20	1.99	2.19	0.00	0.00	0.00	0.14	5.53
I15	32.57	0.09	0.26	1.19	0.00	0.03	0.00	0.03	3.20
I16	1991.43	31.60	56.78	4.79	0.19	0.02	0.00	0.52	9.58
I17	45.53	0.10	0.20	0.19	0.00	0.13	0.00	0.00	7.11
I18	21.03	0.06	0.13	5.78	0.00	0.00	0.00	0.08	3.70
I19	1039.16	229.23	54.79	81.85	51.00	15.53	72.12	174.85	24.40
I20	8972.29	341.16	178.95	2241.79	9.48	16.59	244.22	207.33	45.00
I21	543.63	17.40	2.85	1.43	0.07	0.16	0.00	0.10	10.26
I22	256.04	1.88	0.40	62.48	0.00	0.00	0.00	11.97	1.88
I23	386.02	4.50	3.98	1.95	0.00	0.11	0.00	0.78	10.91
I24	274.65	1.95	2.04	3.29	0.01	0.00	0.00	0.05	14.23
I25	16188.11	326.73	4037.41	261.84	3.96	62.47	70.72	14.66	31.56
I26	6109.43	802.91	164.36	24399.97	349.55	1507.13	177.76	0.10	26.55
I27	1222.97	61.20	64.75	474.65	7.57	56.23	27.36	0.31	7.25
I28	309.27	8.24	5.69	96.43	0.29	0.69	0.00	0.06	23.75
I29	344.64	8.05	6.27	572.67	0.76	10.64	0.00	0.19	33.88
I30	466.62	33.89	2.19	84.44	0.80	41.68	0.00	0.13	20.76
I31	659.46	7.00	4.71	118.06	0.40	1.86	0.00	0.11	41.27
I32	168.20	3.96	1.24	18.95	0.35	1.86	0.00	0.24	23.20
I33	110.70	1.82	0.22	0.80	0.09	0.29	0.00	0.40	13.39
I34	23.82	0.04	1.22	3.38	0.01	0.03	0.00	0.04	4.66
I35	313.04	12.17	4.77	4.16	0.01	0.40	0.00	0.01	5.62

续表

行业	原煤（万吨）	洗精煤（万吨）	其他洗煤（万吨）	焦炭（万吨）	焦炉煤气（亿立方米）	其他煤气（亿立方米）	其他焦化产品（万吨）	原油（万吨）	汽油（万吨）
I36	5.14	0.03	2.09	2.57	0.00	0.48	0.00	0.00	0.34
I37	3298.70	4.15	92.23	7.45	0.56	2.04	2.16	1.17	18.96
I38	99.68	0.18	0.22	2.06	6.90	13.88	2.35	0.25	2.62
I39	37.94	0.01	0.02	0.08	0.00	0.00	0.00	0.00	3.25

行业	煤油（万吨）	柴油（万吨）	燃料油（万吨）	液化石油气（万吨）	炼厂干气（万吨）	其他石油制品（万吨）	电力（亿千瓦时）	天然气（亿立方米）
I1	2.71	65.92	4.93	0.24	0.00	1.78	600.28	2.01
I2	0.15	197.84	27.09	3.32	33.25	25.64	310.70	63.99
I3	1.16	35.45	0.61	0.00	0.00	0.10	304.56	0.03
I4	0.62	14.33	0.24	0.08	0.00	0.23	203.62	0.02
I5	0.66	64.97	0.58	0.42	0.00	1.80	135.13	0.04
I6	0.00	1.06	0.00	0.00	0.00	0.00	35.49	0.00
I7	0.33	57.61	9.62	2.53	8.95	1.03	334.95	0.33
I8	0.27	21.76	14.05	3.71	0.00	0.11	151.79	1.39
I9	0.45	15.32	12.75	0.30	0.00	0.07	101.20	0.68
I10	0.03	5.98	1.35	0.02	0.00	0.00	36.57	0.30
I11	1.72	43.02	37.43	2.56	0.21	2.11	1124.38	0.69
I12	0.57	30.29	6.53	0.51	0.00	0.18	124.50	0.09
I13	0.30	14.97	11.64	0.13	0.00	0.34	73.68	0.04
I14	0.91	13.08	2.09	0.23	0.00	0.08	148.80	0.15
I15	0.20	8.84	0.27	1.02	0.00	0.01	29.63	0.05
I16	0.76	25.45	26.46	5.62	0.00	0.13	435.69	0.69
I17	0.62	7.28	1.68	0.89	0.00	0.12	74.18	0.27
I18	0.29	12.10	2.50	0.82	0.00	0.26	46.01	0.00
I19	1.73	52.95	248.34	126.27	747.21	3780.51	409.63	18.74
I20	4.20	148.71	309.62	63.12	69.48	1990.87	2779.33	202.24
I21	0.43	9.15	4.80	0.59	0.00	0.69	170.71	1.34
I22	0.41	8.89	30.87	0.93	1.52	17.06	276.92	0.41
I23	0.22	10.41	16.65	0.84	0.00	1.83	263.09	0.41

续表

行业	煤油（万吨）	柴油（万吨）	燃料油（万吨）	液化石油气（万吨）	炼厂干气（万吨）	其他石油制品（万吨）	电力（亿千瓦时）	天然气（亿立方米）
I24	0.52	39.38	16.98	1.52	0.00	4.58	381.05	0.76
I25	2.58	272.23	510.09	86.16	2.19	56.30	1855.92	28.91
I26	1.61	97.58	137.53	15.15	0.00	9.96	3661.70	13.15
I27	1.94	56.15	82.86	6.75	0.00	112.93	2398.44	5.35
I28	2.21	55.56	14.45	13.16	0.00	0.69	677.09	0.95
I29	4.82	60.25	6.98	5.06	0.00	3.15	447.78	3.00
I30	1.38	28.00	5.26	3.10	0.00	1.57	229.16	3.48
I31	7.57	72.28	10.28	8.35	0.00	3.95	417.69	6.50
I32	1.31	49.50	12.67	15.92	0.59	3.39	341.54	1.66
I33	0.75	50.36	25.78	5.80	0.00	0.14	479.75	6.16
I34	0.93	8.87	0.18	0.36	0.00	0.40	61.16	0.12
I35	0.55	12.61	2.24	3.32	0.00	2.39	289.36	0.05
I36	0.03	1.28	0.70	0.06	0.00	0.09	11.07	0.00
I37	0.25	58.29	30.51	0.03	0.22	6.59	2541.23	0.42
I38	0.03	10.89	0.53	71.61	1.66	0.11	44.87	5.80
I39	0.03	2.73	0.01	0.00	0.00	0.00	220.43	0.08

表 28　2008 年中国工业分行业能源消费量

（数据来源:《中国能源统计年鉴 2008》）

行业	原煤（万吨）	洗精煤（万吨）	其他洗煤（万吨）	焦炭（万吨）	焦炉煤气（亿立方米）	其他煤气（亿立方米）	其他焦化产品（万吨）	原油（万吨）	汽油（万吨）
I1	5997.35	189.01	373.43	34.79	0.61	7.20	4.32	0	22.33
I2	142.88	0.06	0	0.01	0	0	0	696.25	27.84
I3	170.26	5.13	3.90	102.92	1.54	1.80	0	0	5.96
I4	84.62	8.63	2.50	12.17	0	0	0	0	4.39
I5	406.83	11.43	4.80	10.97	0	0	0	0	5.14
I6	1.39	0	0	0	0	0	0	0	0.04
I7	1321.65	7.95	86.80	13.20	0.02	0	0	0.08	17.58
I8	809.79	7.91	6.00	7.92	0.02	0.40	0	0.11	9.87
I9	743.45	11.67	7.11	1.05	0	0	0	0.60	9.14

续表

行业	原煤（万吨）	洗精煤（万吨）	其他洗煤（万吨）	焦炭（万吨）	焦炉煤气（亿立方米）	其他煤气（亿立方米）	其他焦化产品（万吨）	原油（万吨）	汽油（万吨）
I10	88.40	1.40	2.60	0.83	0.07	0.16	0	0	0.88
I11	1903.69	12.28	11.80	5.28	0.37	0.10	0	0.23	22.48
I12	208.78	3.97	1.84	3.23	0.01	0.07	0	0.31	12.58
I13	84.51	0.40	0.69	0.22	0	0	0	0.05	6.05
I14	416.55	3.76	2.60	2.59	0	0	0	0.17	7.89
I15	32.98	0.10	0.38	1.06	0	0.02	0	0.05	4.03
I16	2180.03	34.44	71.25	5.66	0.11	0.01	1.10	0.60	11.96
I17	40.78	0.10	0.25	0.32	0	0.02	0	0	8.18
I18	18.02	0.07	0.16	5.30	0	0	0	0.10	4.23
I19	849.87	247.92	69.00	96.84	53.45	32.40	82.86	205.86	20.05
I20	9471.69	375.65	220.97	2244.71	14.22	20.00	285.99	251.30	51.75
I21	570.01	18.96	3.57	1.55	0.10	0.08	0	0.10	11.33
I22	249.28	2.05	0.50	18.48	0	0	3.57	14.51	2.04
I23	402.90	4.91	5.00	2.50	0	0.03	0	0.85	13.73
I24	299.49	1.99	2.60	4.38	0.01	00	0	0.07	17.14
I25	17233.82	379.01	5048.86	305.49	8.32	18.00	72.27	17.78	38.03
I26	6462.07	850.91	208.00	25355.82	378.54	1585.56	227.11	0.15	24.72
I27	1268.29	66.70	80.00	490.47	10.44	77.00	13.31	0.38	7.00
I28	317.97	8.98	6.85	90.83	0.09	0.26	0	0.11	29.38
I29	375.82	9.12	7.61	473.50	0.85	12.60	0	0.23	40.51
I30	433.02	36.94	2.50	91.58	1.00	21.80	1.73	0.16	21.60
I31	590.70	7.63	5.92	139.70	0.51	0.77	0	0.14	46.46
I32	170.32	4.32	1.49	25.78	0.15	0.98	0	0.29	26.68
I33	139.61	1.98	0.24	0.87	0.13	0.12	0	0.49	16.13
I34	25.04	0.04	1.47	3.77	0	0.01	0	0.04	5.15
I35	336.48	13.27	5.85	2.18	0.02	2.94	0	0	5.84
I36	6.80	0.04	2.70	3.04	0.14	0.20	0	0.01	0.38
I37	2595.05	4.53	118.00	7.13	0.34	3.36	1.51	1.43	21.89

续表

行业	原煤（万吨）	洗精煤（万吨）	其他洗煤（万吨）	焦炭（万吨）	焦炉煤气（亿立方米）	其他煤气（亿立方米）	其他焦化产品（万吨）	原油（万吨）	汽油（万吨）
I38	73.76	0.20	0.26	2.84	7.59	4.20	2.17	0.31	2.10
I39	33.98	0.01	0.02	0.07	0	0	0	0	3.51

行业	煤油（万吨）	柴油（万吨）	燃料油（万吨）	液化石油气（万吨）	炼厂干气（万吨）	其他石油制品（万吨）	电力（亿千瓦时）	天然气（亿立方米）
I1	2.87	90.33	6.44	0.25	0	1.80	639.93	1.96
I2	0.13	272.32	38.60	1.41	36.55	28.11	318.43	86.47
I3	1.03	54.66	0.65	0	0	0.05	320.08	0.04
I4	0.77	19.64	0.20	0.03	0	0.16	222.46	0.04
I5	0.58	83.47	0.41	0.32	0	0.90	146.00	0.05
I6	0	1.90	0	0	0	0	54.37	0
I7	0.42	59.21	10.86	4.01	8.75	2.06	362.28	0.54
I8	0.26	30.17	15.43	4.20	0	0.20	166.44	2.10
I9	0.49	20.57	11.35	0.59	0	0.06	110.97	0.95
I10	0	6.66	1.06	0.01	0	0	38.62	0.38
I11	1.38	50.87	35.66	3.39	0.32	2.63	1126.38	1.49
I12	0.49	37.97	6.98	1.37	0	0.13	130.07	0.20
I13	0.24	19.69	11.12	0.14	0	0.31	76.99	0.06
I14	0.46	16.80	1.99	0.27	0	0.05	175.40	0.22
I15	0.18	13.81	0.29	1.53	0	0.02	34.90	0.39
I16	0.91	36.00	22.40	3.60	0	0.19	471.79	1.11
I17	0.53	17.19	1.80	1.68	0	0.18	77.26	0.46
I18	0.17	18.37	2.67	1.38	0	0.21	47.72	0
I19	2.08	58.96	235.51	140.26	767.97	3795.36	423.80	16.51
I20	3.87	192.84	256.66	64.34	66.25	1991.69	2761.34	194.36
I21	0.43	15.03	5.99	1.18	0	0.60	182.90	1.81
I22	0.29	13.57	31.81	0.53	0.79	13.65	264.28	0.48
I23	0.15	9.09	15.85	0.42	0	1.68	271.06	0.53
I24	1.04	51.00	16.13	2.33	0	4.42	435.88	1.09
I25	2.32	329.56	515.13	86.81	2.34	67.56	1959.68	43.75

续表

行业	煤油（万吨）	柴油（万吨）	燃料油（万吨）	液化石油气（万吨）	炼厂干气（万吨）	其他石油制品（万吨）	电力（亿千瓦时）	天然气（亿立方米）
I26	2.25	124.40	97.69	24.24	0	8.50	3693.10	17.06
I27	2.18	75.16	97.73	8.63	0	129.87	2511.23	6.08
I28	2.65	74.89	15.44	17.16	0	0.83	728.52	2.06
I29	6.32	71.25	9.33	6.48	0	5.94	490.99	5.50
I30	0.98	41.04	6.25	4.60	0	1.89	251.28	5.08
I31	9.05	118.79	13.43	10.25	0	3.55	471.93	10.90
I32	1.58	69.28	12.04	20.06	0.35	4.07	402.25	2.33
I33	0.86	75.83	30.31	8.33	0	0.13	530.93	6.26
I34	1.39	13.49	0.2	0.26	0	0.4	66.35	0.25
I35	0.44	18.13	2.53	3.76	0	1.49	313.06	0.05
I36	0.05	3.74	0.65	0.13	0	0.11	11.47	0
I37	0.23	108.00	28.98	0.04	0.22	3.95	2667.00	0.36
I38	0.01	14.55	0.01	69.19	1.40	0.12	55.08	5.73
I39	0.01	3.68	0.56	0	0	0	238.52	0.1

表 29　2009 年中国工业分行业能源消费量

（数据来源：《中国能源统计年鉴 2009》）

行业	原煤（万吨）	洗精煤（万吨）	其他洗煤（万吨）	焦炭（万吨）	焦炉煤气（亿立方米）	其他煤气（亿立方米）	其他焦化产品（万吨）	原油（万吨）	汽油（万吨）
I1	5854.58	233.35	351.02	27.83	1.07	8.46	2.87	0	21.19
I2	141.45	0.00	0.00	0.00	0.00	0.01	0.00	486.91	25.04
I3	151.96	6.42	3.63	83.82	0.77	1.54	0.00	0.00	6.46
I4	83.85	9.16	1.25	14.89	0.00	0.00	0.00	0.00	7.64
I5	438.95	8.00	4.80	12.07	0.00	0.00	0.00	0.00	5.08
I6	2.26	0.00	0.00	0.00	0.00	0.00	0.00	0.00	0.03
I7	1271.23	7.16	81.59	10.56	0.03	0	0.00	0.10	32.98
I8	834.44	8.41	5.64	7.13	0.02	0.45	0.00	0	14.16
I9	735.29	7.00	6.05	0.94	0.00	0	0.00	0.20	10.39
I10	79.56	1.26	3.12	0	0.03	0.12	0.00	0	0.75
I11	1808.42	12.73	14.16	4.10	1.27	0.01	0.00	0.20	26.25

续表

行业	原煤（万吨）	洗精煤（万吨）	其他洗煤（万吨）	焦炭（万吨）	焦炉煤气（亿立方米）	其他煤气（亿立方米）	其他焦化产品（万吨）	原油（万吨）	汽油（万吨）
I12	200.90	2.38	1.69	1.40	0.01	0.07	0.00	0.33	17.18
I13	84.82	0.36	0.55	0.31	0.00	0.00	0.00	0.03	9.22
I14	414.67	6.97	2.66	2.46	0.00	0.00	0.00	0.28	7.94
I15	29.35	0.08	0.30	1.01	0.00	0.01	0.00	0	7.84
I16	2212.88	25.83	57.00	4.35	0.12	0	1.26	0.36	12.83
I17	38.95	0.08	0.16	0.56	0.01	0.01	0.00	0.00	8.77
I18	17.39	0.03	0.21	5.06	0.00	0.00	0.00	0.04	4.43
I19	903.92	441.70	75.90	97.16	45.92	38.94	106.14	142.73	39.81
I20	9342.07	433.16	207.71	2103.77	14.93	17.91	299.78	173.47	49.80
I21	526.41	15.17	4.64	1.24	0.31	0.05	0	0.03	12.07
I22	259.95	2.56	0.00	5.54	0.00	0.00	2.73	10.01	1.61
I23	399.37	3.44	5.50	3.25	0.28	0.03	0.00	0.40	11.06
I24	284.49	3.92	3.69	3.07	0.00	0.00	0.00	0.02	18.24
I25	18175.08	492.71	4786.38	384.65	10.82	27.37	98.43	8.89	36.95
I26	7436.51	1041.13	193.44	27083.17	371.58	1881.71	273.41	0.04	15.52
I27	1282.01	60.03	64.00	648.57	8.85	86.57	6.18	0.61	10.14
I28	312.57	7.64	6.85	98.22	0.17	0.26	0.00	0.18	31.13
I29	372.06	9.03	5.33	663.64	1.17	16.91	2.48	0.06	50.48
I30	446.33	39.89	2.54	100.74	1.21	23.14	0.40	0.05	28.30
I31	590.99	10.30	4.14	163.67	0.32	1.00	0.00	0.10	42.74
I32	161.44	7.12	1.19	23.21	0.11	0.39	0.00	0.12	35.60
I33	137.96	1.68	0.32	1.74	0.06	0.14	0.00	0.25	19.25
I34	23.79	0.00	1.37	8.32	0.00	0.01	0.00	0.01	6.85
I35	286.01	9.29	3.51	1.81	0.00	1.18	0.00	0.02	8.18
I36	7.82	0.00	2.54	4.25	0.18	0.16	0.00	0	0.69
I37	2984.31	8.60	82.60	8.13	0.04	3.13	12.50	0.50	26.46
I38	79.66	0.25	0.16	2.27	7.97	4.62	1.64	0.21	2.88
I39	27.19	0.01	0.02	0.09	0.00	0.00	0.00	0.00	5.04

续表

行业	煤油（万吨）	柴油（万吨）	燃料油（万吨）	液化石油气（万吨）	炼厂干气（万吨）	其他石油制品（万吨）	电力（亿千瓦时）	天然气（亿立方米）
I1	2.90	108.40	4.83	0.05	0	2.34	691.13	1.86
I2	0.05	230.21	27.02	0.20	33.60	34.23	333.34	89.07
I3	0.45	51.92	0.32	0.00	0.00	0.10	289.73	0.03
I4	0.87	18.85	0.04	0.02	0.00	0.16	215.72	0.04
I5	0.37	87.64	0.26	0.02	0.00	0.54	155.26	0.18
I6	0.00	1.14	0.00	0.00	0.00	0.00	76.59	0.01
I7	0.22	51.83	12.68	2.73	7.24	0.96	389.32	0.65
I8	0.11	30.22	13.76	3.05	0.00	0.15	166.54	2.31
I9	0.29	15.73	11.06	0.94	0.00	0.10	117.03	1.43
I10	0	4.71	0.90	0.01	0.00	0.00	41.70	0.50
I11	0.43	43.86	23.96	3.37	0.25	1.32	1147.50	1.35
I12	0.28	33.62	6.63	1.12	0.00	0.06	132.54	0.24
I13	0.29	16.05	8.43	0.25	0.00	0.12	78.45	0.07
I14	0.20	15.23	0.50	0.29	0.00	0.06	191.53	0.34
I15	0.13	12.62	0.26	1.00	0.00	0.01	35.59	0.44
I16	0.41	30.54	18.75	2.58	0.00	1.35	482.73	1.06
I17	0.23	13.74	1.44	1.56	0.00	0.07	83.01	0.52
I18	0.12	15.90	2.14	1.65	0.00	0.26	48.09	0.11
I19	1.24	68.59	201.96	140.08	816.38	4399.46	475.07	20.57
I20	3.69	200.48	195.33	75.89	69.86	2081.18	2907.12	170.84
I21	0.07	17.15	5.39	1.82	0.12	0.46	188.99	2.35
I22	0.11	9.56	18.42	0.30	0.71	15.44	269.93	0.29
I23	0.08	7.72	11.90	0.46	0.00	1.34	280.28	0.69
I24	0.23	46.65	14.51	2.05	0.00	3.37	460.29	1.36
I25	1.23	317.07	411.12	95.30	2.46	81.07	2126.16	44.62
I26	1.39	111.72	58.61	28.58	0.00	8.20	4020.52	18.76
I27	1.65	64.53	77.31	12.41	0.00	136.96	2576.15	6.69
I28	1.64	73.24	14.67	15.20	0.01	1.50	744.40	2.47

续表

行业	煤油（万吨）	柴油（万吨）	燃料油（万吨）	液化石油气（万吨）	炼厂干气（万吨）	其他石油制品（万吨）	电力（亿千瓦时）	天然气（亿立方米）
I29	3.88	68.25	11.50	9.38	0.01	3.81	502.04	6.06
I30	0.53	42.81	5.62	4.51	0.00	1.70	256.94	4.56
I31	7.16	105.60	12.75	14.43	0.02	3.20	565.40	12.12
I32	0.50	68.55	9.63	19.88	0.18	5.20	423.49	3.03
I33	0.22	69.74	27.34	4.40	0.00	0.12	558.96	4.88
I34	0.69	12.56	0.18	0.26	0.00	0.34	68.54	0.36
I35	0.23	18.15	2.28	4.01	0.00	1.17	335.49	0.06
I36	0.03	4.08	0.48	0.12	0.00	0.15	12.15	0.00
I37	0.12	93.92	14.49	0.03	0.20	3.32	2821.76	0.47
I38	0.00	10.21	0.51	29.44	1.64	0.18	70.23	2.22
I39	0.00	4.20	0.50	0.02	0.00	0.00	256.53	0.12

（三）1998—2009 年生活部门终端能源消费量

如表 30 所示。

表 30　中国生活部门能源消费量

（数据来源：1999—2010 年《中国能源统计年鉴》）

1998 年	原煤（万吨）	其他洗煤（万吨）	焦炭（万吨）	焦炉煤气（亿立方米）	其他煤气（亿立方米）	汽油（万吨）	煤油（万吨）	柴油（万吨）	液化石油气（万吨）	天然气（亿立方米）	电力（亿千瓦时）
城镇	2908	354.3	73.6	36.73	83.21	172.05	10.73	104.44	776.38	24.12	866.5
农村	5440	378.7	76.4	0	0.87	35.02	62.34	41.46	82.85	0	428

1999 年	原煤（万吨）	其他洗煤（万吨）	焦炭（万吨）	焦炉煤气（亿立方米）	其他煤气（亿立方米）	汽油（万吨）	煤油（万吨）	柴油（万吨）	液化石油气（万吨）	天然气（亿立方米）	电力（亿千瓦时）
城镇	2770	358.3	70	35.07	81.61	180.77	6.28	120.27	761	25.72	881.65
农村	5225	405.1	73.1	0	0.83	40.36	64.53	47.39	87.45	0	479.13

2000 年	原煤（万吨）	其他洗煤（万吨）	焦炭（万吨）	焦炉煤气（亿立方米）	其他煤气（亿立方米）	汽油（万吨）	煤油（万吨）	柴油（万吨）	液化石油气（万吨）	天然气（亿立方米）	电力（亿千瓦时）
城镇	2544	381.1	67.6	36.96	88.67	185.17	6.5	128.83	768.67	32.32	926.97
农村	5096	435.5	69.6	0	0.79	42.41	65.67	49.53	89.67	0	524.98

续表

2001 年	原煤（万吨）	其他洗煤（万吨）	焦炭（万吨）	焦炉煤气（亿立方米）	其他煤气（亿立方米）	汽油（万吨）	煤油（万吨）	柴油（万吨）	液化石油气（万吨）	天然气（亿立方米）	电力（亿千瓦时）
城镇	2528	400	68.25	35.37	82.8	199.92	7.02	141.12	767.67	42.11	996.16
农村	5027	455	65.95	0	0.81	44.68	67.98	58.05	88.37	0	613.07
2002 年	原煤（万吨）	其他洗煤（万吨）	焦炭（万吨）	焦炉煤气（亿立方米）	其他煤气（亿立方米）	汽油（万吨）	煤油（万吨）	柴油（万吨）	液化石油气（万吨）	天然气（亿立方米）	电力（亿千瓦时）
城镇	2464	325.8	59.3	36.22	88.51	219.9	6.32	159.49	856.49	46.16	1098.94
农村	5162	460.4	55.9	0	1.07	53.9	34.38	54.43	112.56	0	672.48
2003 年	原煤（万吨）	其他洗煤（万吨）	焦炭（万吨）	焦炉煤气（亿立方米）	其他煤气（亿立方米）	汽油（万吨）	煤油（万吨）	柴油（万吨）	液化石油气（万吨）	天然气（亿立方米）	电力（亿千瓦时）
城镇	2608	330.6	57.2	39.12	91	263.88	6	183.35	969.19	51.89	1277.37
农村	5564	502.5	55.3	0	0.99	74.87	30.38	64.54	143.54	0	780.67
2004 年	原煤（万吨）	其他洗煤（万吨）	焦炭（万吨）	焦炉煤气（亿立方米）	其他煤气（亿立方米）	汽油（万吨）	煤油（万吨）	柴油（万吨）	液化石油气（万吨）	天然气（亿立方米）	电力（亿千瓦时）
城镇	2723	343.1	54.7	41.17	95.78	343.92	2.06	273.72	1126.71	66.92	1463.33
农村	6147	555.8	50.5	0	1.13	112.62	25.3	99.95	223.77	0.3	921.15
2005 年	原煤（万吨）	其他洗煤（万吨）	焦炭（万吨）	焦炉煤气（亿立方米）	其他煤气（亿立方米）	汽油（万吨）	煤油（万吨）	柴油（万吨）	液化石油气（万吨）	天然气（亿立方米）	电力（亿千瓦时）
城镇	2650	361.7	49.9	44.2	99.37	389.59	1.86	300.46	1066.04	79.13	1794.43
农村	6437	590.4	40.4	0	1.22	134.23	23.6	105.94	262.7	0.3	1090.38
2006 年	原煤（万吨）	其他洗煤（万吨）	焦炭（万吨）	焦炉煤气（亿立方米）	其他煤气（亿立方米）	汽油（万吨）	煤油（万吨）	柴油（万吨）	液化石油气（万吨）	天然气（亿立方米）	电力（亿千瓦时）
城镇	2730	313.5	50.8	45.8	119.31	440.53	1.49	351.06	1167.64	102.26	2025.59
农村	6420	573	39.6	0	1.26	175.21	21.24	118.53	288.52	0.36	1325.99

续表

2007 年	原煤（万吨）	其他洗煤（万吨）	焦炭（万吨）	焦炉煤气（亿立方米）	其他煤气（亿立方米）	汽油（万吨）	煤油（万吨）	柴油（万吨）	液化石油气（万吨）	天然气（亿立方米）	电力（亿千瓦时）
城镇	2553	352.9	48.9	41.22	143.01	550.63	1.64	402.08	1290.52	142.93	2391.86
农村	6338	517.1	32.5	0	1.3	227.77	17.84	143.23	347.4	0.45	1670.85
2008 年	原煤（万吨）	其他洗煤（万吨）	焦炭（万吨）	焦炉煤气（亿立方米）	其他煤气（亿立方米）	汽油（万吨）	煤油（万吨）	柴油（万吨）	液化石油气（万吨）	天然气（亿立方米）	电力（亿千瓦时）
城镇	2110	325.2	42.4	41.63	140.81	608.63	1.72	439.33	1108.1	169.52	2557.28
农村	6128	584.5	22.6	0	1.43	246.51	10.96	152.75	348.87	0.6	1838.82
2009 年	原煤（万吨）	其他洗煤（万吨）	焦炭（万吨）	焦炉煤气（亿立方米）	其他煤气（亿立方米）	汽油（万吨）	煤油（万吨）	柴油（万吨）	液化石油气（万吨）	天然气（亿立方米）	电力（亿千瓦时）
城镇	1837	319.7	29.6	39.06	125.75	703.88	1.65	491.2	1143.3	177.07	2832
农村	6351	614.9	19.2	0	1.51	295.2	17.5	161.71	352.36	0.6	2040.16

附录二　第七章数据表

一、LMDI 因素分解所需国内生产总值、工业行业增加值、人均消费、人口规模

(一) 中国 1998—2009 年各生产分部门国内生产总值

如表 31 所示。

表 31　中国 1998—2009 年各生产分部门国内生产总值（2005 年价格）
（数据来源：根据 1999—2010 年《中国统计年鉴》计算）　单位：亿元

年份	农、林、牧、渔、水利业	工业	建筑业	交通运输、仓储和邮政业	批发、零售业和住宿、餐饮业	其他行业
1998	17560.26	38668.27	5761.01	5561.13	9552.52	22484.32
1999	18051.95	41961.43	6007.68	6238.03	10363.78	24536.91
2000	18485.20	46067.75	6348.27	6773.27	11338.01	27173.60
2001	19002.88	50061.98	6778.88	7369.79	12333.44	30297.24
2002	19553.97	55053.39	7374.59	7894.95	13508.04	33905.56

续表

年份	农、林、牧、渔、水利业	工业	建筑业	交通运输、仓储和邮政业	批发、零售业和住宿、餐饮业	其他行业
2003	20042.81	62073.14	8265.69	8378.62	14922.07	37312.58
2004	21305.51	69217.76	8937.69	9591.55	16094.03	41086.10
2005	22419.95	77230.78	10367.32	10666.16	18161.89	46091.22
2006	23541.00	87175.08	12153.38	11729.37	21407.65	52374.53
2007	24422.38	100170.13	14120.51	13113.60	25234.73	60831.42
2008	25735.93	110117.41	15462.24	14074.11	28910.92	66512.33
2009	26812.60	119731.40	18331.30	14661.90	32034.00	73273.60

（二）2004—2009年工业分行业工业增加值（2005年价格）

如表32所示。

表32　2004—2009年工业分行业工业增加值（2005年价格）
（数据来源：根据2005—2010年《中国统计年鉴》计算）　　单位：亿元

部门	2004年	2005年	2006年	2007年	2008年	2009年
I1	2570.48	2888.25	3178.06	3621.07	5236	5401
I2	3751.20	4813.96	5303.75	4973.86	5787	3769
I3	463.81	426.50	521.01	716.13	1150	1069
I4	349.03	427.60	600.28	750.47	813.7	772.2
I5	453.12	280.51	334.99	398.81	496.7	562.6
I6	3.65	2.70	1.60	2.52	2.162	2.67
I7	2646.57	2745.96	3093.74	3579.52	4451	4785
I8	1101.34	1168.32	1299.88	1435.34	1659	1823
I9	1119.82	1164.73	1274.92	1452.38	1625	1785
I10	2070.41	2059.99	2108.28	2250.53	2433	2455
I11	3267.16	3240.19	3510.92	3788.84	3936	3887
I12	1439.94	1419.86	1624.53	1746.49	1972	2008
I13	931.09	944.38	1039.07	1141.44	1183	1191
I14	611.23	510.86	607.37	794.40	986.2	1087
I15	436.98	384.87	443.93	498.68	574.8	590.3
I16	1208.03	1146.40	1228.29	1343.96	1522	1469

续表

部门	2004年	2005年	2006年	2007年	2008年	2009年
I17	629.06	463.06	494.14	533.51	615.4	626.7
I18	410.30	379.71	411.90	427.60	463	448.3
I19	1884.09	1981.64	2050.24	2387.90	2754	2405
I20	4187.36	4391.92	4782.94	5659.77	6523	6521
I21	1341.57	1529.80	1601.84	1763.06	1985	2189
I22	433.75	485.31	535.25	624.10	546.9	485
I23	631.44	595.36	633.40	739.43	821.6	852
I24	1465.57	1272.05	1478.51	1647.82	1827	1862
I25	3412.92	2807.92	3239.13	3738.93	4579	4995
I26	5323.50	5776.90	6205.44	6944.88	8386	7352
I27	1549.16	1929.65	3198.00	4477.61	4732	4273
I28	1728.39	1929.65	2833.20	3452.43	4124	4058
I29	3197.66	2966.96	3365.87	3938.13	4802	4894
I30	1752.71	1681.56	2034.40	2365.06	2950	3136
I31	4072.16	3830.52	4370.65	5377.62	6017	6916
I32	3442.61	3574.13	4091.18	4667.72	5378	5488
I33	5443.70	5722.11	6276.18	6110.18	6220	5807
I34	719.59	733.19	857.53	896.91	943.9	885.4
I35	646.24	570.83	625.22	707.52	776.9	780.3
I36	60.79	59.93	83.92	124.95	190	221.8
I37	7045.57	5719.79	6123.94	6807.44	7034	7195
I38	131.35	134.52	169.84	236.46	327.8	362
I39	294.83	261.64	279.19	282.17	293.9	299.8

注：I1为煤炭开采和洗选业；I2为石油和天然气开采业；I3为黑色金属矿采选业；I4为有色金属矿采选业；I5为非金属矿采选业；I6为其他采矿业；I7为农副食品加工业；I8为食品制造业；I9为饮料制造业；I10为烟草制品业；I11为纺织业；I12为纺织服装、鞋、帽制造业；I13为皮革、毛皮、羽毛（绒）及其制品业；I14为木材加工及木、竹、藤、棕、草制品业；I15为家具制造业；I16为造纸及纸制品业；I17为印刷业和记录媒介的复制；I18为文教体育用品制造业；I19为石油加工、炼焦及核燃料加工业；I20为化学原料及化学制品制造业；I21为医药制造业；I22为化学纤维制造业；I23为橡胶制品业；I24为塑料制品业；I25为非金属矿物制品业；I26为黑色金属冶炼及压延加工业；I27为有色金属冶炼及压延加工业；I28为金属制品业；I29为通用设备制造业；I30为专用设备制造业；I31为交通运输设备制造业；I32为电气机械及器材制造业；I33为通信设备、计算机及其他电子设备制造业；I34为仪器仪表及文化、办公用机械制造业；I35为工艺品及其他制造业；I36为废弃资源和废旧材料回收加工业；I37为电力、热力的生产和供应业；I38为燃气生产和供应业；I39为水的生产和供应业。

（三）1998—2009 年中国城镇农村居民人均消费

如表 33 和表 34 所示。

表 33　1998—2009 年中国城镇农村居民人均消费（2005 年价格）
（数据来源：根据 1999—2010 年《中国统计年鉴》计算）　　单位：元

年 份	1998	1999	2000	2001	2002	2003
城镇人均消费	4527	4893	5277	5566	6385	6833
农村人均消费	1720	1730	1825	1887	1996	2081
年 份	2004	2005	2006	2007	2008	2009
城镇人均消费	7297	7943	8568	9426	10038	11049
农村人均消费	2233	2555	2787	3013	3213	3516

表 34　1998—2009 年中国城镇人口规模和农村人口规模
（数据来源：根据 1999—2010 年《中国统计年鉴》计算）　　单位：万人

年 份	1998	1999	2000	2001	2002	2003
城镇人口	41608	43748	45906	48064	50212	52376
农村人口	83153	82038	80837	79563	78241	76851
年 份	2004	2005	2006	2007	2008	2009
城镇人口	54283	56212	57706	59379	60667	62186
农村人口	75705	74544	73742	72750	72135	71288

二、LMDI 因素分解所需能源消费结构

（一）中国产业部门能源消费结构

如表 35 ~ 表 41 所示。

表 35　中国 1998—2009 年农、林、牧、渔、水利业能源消费结构
（数据来源：根据 1999—2010 年《中国能源统计年鉴》计算）　　单位：%

能源种类	1998 年	1999 年	2000 年	2001 年	2002 年	2003 年
原煤	22.04	17.67	16.22	14.73	14.51	14.65
洗精煤	0.25	0.00	0.00	0.00	0.00	0.00
其他洗煤	0.15	0.14	0.13	0.12	0.10	0.09
焦炭	1.95	1.81	1.71	1.53	1.58	1.38
焦炉煤气	0.00	0.00	0.00	0.00	0.00	0.00
其他煤气	0.00	0.00	0.00	0.00	0.00	0.00

续表

能源种类	1998年	1999年	2000年	2001年	2002年	2003年
其他焦化产品	0.00	0.00	0.00	0.00	0.00	0.00
原油	0.00	0.00	0.00	0.00	0.00	0.00
汽油	3.15	3.22	3.25	3.21	3.30	3.31
煤油	0.06	0.05	0.05	0.05	0.05	0.04
柴油	21.76	23.73	25.20	25.31	26.36	26.43
燃料油	0.01	0.01	0.01	0.01	0.01	0.02
液化石油气	0.00	0.01	0.01	0.01	0.00	0.00
炼厂干气	0.00	0.00	0.00	0.00	0.00	0.00
其他石油制品	0.00	0.00	0.00	0.00	0.00	0.00
天然气	0.00	0.00	0.00	0.00	0.00	0.00
电力	50.63	53.35	53.41	55.02	54.09	54.08

能源种类	2004年	2005年	2006年	2007年	2008年	2009年
原煤	16.82	16.65	15.80	18.72	16.27	16.10
洗精煤	0.00	0.00	0.00	0.00	0.00	0.00
其他洗煤	0.08	0.11	0.08	0.10	0.13	0.14
焦炭	1.12	0.97	0.81	0.90	0.79	0.63
焦炉煤气	0.00	0.00	0.00	0.00	0.00	0.00
其他煤气	0.00	0.00	0.00	0.00	0.00	0.00
其他焦化产品	0.00	0.00	0.00	0.00	0.00	0.00
原油	0.00	0.00	0.00	0.00	0.00	0.00
汽油	3.30	3.68	3.68	4.13	3.60	3.60
煤油	0.03	0.04	0.03	0.02	0.03	0.02
柴油	26.60	29.35	29.66	31.05	24.42	24.07
燃料油	0.02	0.01	0.01	0.02	0.03	0.02
液化石油气	0.10	0.09	0.12	0.12	0.10	0.10
炼厂干气	0.00	0.00	0.00	0.00	0.00	0.00
其他石油制品	0.00	0.00	0.00	0.00	0.00	0.00
天然气	0.00	0.00	0.00	0.00	0.00	0.00
电力	51.93	49.11	49.81	44.94	54.65	55.31

表 36 中国 1998—2009 年工业能源消费结构

（数据来源：根据 1999—2010 年《中国能源统计年鉴》计算） 单位：%

能源种类	1998 年	1999 年	2000 年	2001 年	2002 年	2003 年
原煤	34.50	32.62	29.61	27.12	24.82	24.50
洗精煤	1.25	1.04	1.11	1.10	0.81	0.85
其他洗煤	0.78	0.92	0.87	0.93	0.91	1.04
焦炭	12.00	11.21	10.87	11.54	11.28	12.24
焦炉煤气	1.11	1.09	1.12	1.16	1.14	1.13
其他煤气	1.71	1.44	1.44	1.44	1.35	1.32
其他焦化产品	0.26	0.27	0.30	0.31	0.32	0.34
原油	0.73	0.79	0.94	0.93	0.92	0.96
汽油	0.95	1.03	1.08	1.07	1.03	0.79
煤油	0.09	0.13	0.13	0.13	0.15	0.11
柴油	1.66	2.16	2.30	2.35	2.34	2.03
燃料油	2.49	2.88	2.83	2.64	2.46	2.30
液化石油气	0.45	0.48	0.78	0.78	0.87	0.79
炼厂干气	0.75	0.89	0.95	0.91	0.87	0.78
其他石油制品	4.56	4.08	4.11	3.88	4.29	4.16
天然气	1.98	2.08	2.19	2.31	2.28	2.39
电力	34.73	36.90	39.37	41.40	44.16	44.26

能源种类	2004 年	2005 年	2006 年	2007 年	2008 年	2009 年
原煤	25.71	23.85	22.38	16.85	20.21	19.89
洗精煤	1.40	1.25	0.98	1.06	1.05	1.25
其他洗煤	0.93	0.88	0.81	0.81	0.91	0.81
焦炭	12.34	15.39	15.45	15.98	14.37	14.62
焦炉煤气	1.10	1.48	1.29	1.37	1.37	1.27
其他煤气	1.22	1.43	1.85	1.29	3.20	3.60
其他焦化产品	0.37	0.33	0.37	0.43	0.45	0.50
原油	0.87	0.80	0.81	0.78	0.85	0.56
汽油	0.54	0.42	0.43	0.47	0.43	0.47
煤油	0.06	0.05	0.04	0.04	0.04	0.02

续表

能源种类	2004 年	2005 年	2006 年	2007 年	2008 年	2009 年
柴油	1.84	1.52	1.39	1.20	1.70	1.53
燃料油	1.97	1.50	1.44	1.52	1.12	0.84
液化石油气	0.60	0.59	0.53	0.45	0.42	0.39
炼厂干气	0.76	0.80	0.75	0.75	0.70	0.70
其他石油制品	4.52	3.92	3.79	3.99	3.65	3.88
天然气	2.08	2.08	2.22	2.68	2.53	2.33
电力	43.70	43.70	45.47	50.32	47.00	47.34

表 37　中国 1998—2009 年建筑业能源消费结构

（数据来源：根据 1999—2010 年《中国能源统计年鉴》计算）　　单位：%

能源种类	1998 年	1999 年	2000 年	2001 年	2002 年	2003 年
原煤	20.38	17.90	17.20	15.69	15.02	13.72
洗精煤	0.00	0.19	0.18	0.16	0.12	0.10
其他洗煤	0.14	0.16	0.18	0.13	0.12	0.13
焦炭	0.90	0.79	0.86	1.04	0.96	0.76
焦炉煤气	0.00	0.00	0.00	0.00	0.00	0.00
其他煤气	0.00	0.00	0.00	0.00	0.00	0.00
其他焦化产品	0.00	0.00	0.00	0.00	0.00	0.00
原油	0.15	0.22	0.22	0.22	0.25	0.21
汽油	7.87	7.97	7.89	7.68	6.95	6.27
煤油	0.24	0.27	0.27	0.23	0.00	0.00
柴油	10.61	13.04	13.92	14.54	14.83	15.09
燃料油	1.12	1.10	1.11	1.03	1.15	0.95
液化石油气	0.46	0.65	0.71	0.73	0.92	0.57
炼厂干气	0.00	0.00	0.00	0.00	0.00	0.00
其他石油制品	25.64	27.08	27.07	30.15	33.13	34.64
天然气	0.07	0.39	0.46	0.39	0.35	0.32
电力	32.39	30.25	29.94	28.00	26.20	27.23

能源种类	2004 年	2005 年	2006 年	2007 年	2008 年	2009 年
原煤	13.14	12.62	12.28	9.79	10.81	9.54

续表

能源种类	2004 年	2005 年	2006 年	2007 年	2008 年	2009 年
洗精煤	0.09	0.09	0.08	0.07	0.05	0.02
其他洗煤	0.04	0.05	0.04	0.05	0.06	0.05
焦炭	0.53	0.53	0.48	0.42	0.27	0.12
焦炉煤气	0.00	0.00	0.00	0.00	0.00	0.00
其他煤气	0.00	0.00	0.00	0.00	0.00	0.00
其他焦化产品	0.00	0.00	0.00	0.00	0.00	0.00
原油	0.00	0.00	0.00	0.00	0.00	0.00
汽油	7.51	7.53	7.11	7.22	7.37	7.39
煤油	0.00	0.00	0.00	0.00	0.36	0.33
柴油	15.84	16.74	16.69	15.60	13.79	12.91
燃料油	1.00	0.60	0.62	0.55	1.37	1.04
液化石油气	0.49	0.32	0.35	0.30	0.27	0.24
炼厂干气	0.00	0.00	0.00	0.00	0.00	0.00
其他石油制品	34.17	32.91	32.55	34.57	27.47	31.76
天然气	0.55	0.54	0.54	0.63	0.31	0.25
电力	26.64	28.08	29.26	30.80	37.88	36.36

表 38　中国 1998—2009 年交通运输、仓储和邮政业能源消费结构
（数据来源：根据 1999—2010 年《中国能源统计年鉴》计算）

单位：%

能源种类	1998 年	1999 年	2000 年	2001 年	2002 年	2003 年
原煤	8.43	6.21	5.63	5.19	4.96	4.89
洗精煤	0.04	0.03	0.03	0.03	0.03	0.02
其他洗煤	0.05	0.05	0.05	0.04	0.03	0.01
焦炭	0.10	0.09	0.10	0.10	0.09	0.08
焦炉煤气	0.00	0.00	0.00	0.00	0.00	0.00
其他煤气	0.00	0.01	0.01	0.01	0.01	0.01
其他焦化产品	0.00	0.00	0.00	0.00	0.00	0.00
原油	0.31	0.26	0.26	0.23	0.19	0.14
汽油	22.93	21.30	20.58	20.34	19.63	20.33

续表

能源种类	1998 年	1999 年	2000 年	2001 年	2002 年	2003 年
煤油	6.29	7.43	7.22	7.29	8.77	7.87
柴油	38.24	41.58	43.94	44.04	44.43	43.46
燃料油	12.13	11.52	11.12	10.79	10.13	9.69
液化石油气	0.01	0.01	0.23	0.24	0.39	0.43
炼厂干气	0.00	0.00	0.00	0.00	0.00	0.00
其他石油制品	0.00	0.00	0.00	0.00	0.00	0.00
天然气	0.28	0.44	0.44	0.67	1.17	1.20
电力	11.19	11.05	10.40	11.04	10.18	11.86

能源种类	2004 年	2005 年	2006 年	2007 年	2008 年	2009 年
原煤	3.60	3.19	2.58	2.26	2.00	1.88
洗精煤	0.00	0.00	0.16	0.10	0.06	0.03
其他洗煤	0.00	0.00	0.02	0.02	0.02	0.02
焦炭	0.01	0.01	0.00	0.00	0.00	0.00
焦炉煤气	0.00	0.00	0.00	0.00	0.00	0.00
其他煤气	0.00	0.00	0.00	0.00	0.00	0.00
其他焦化产品	0.00	0.00	0.00	0.00	0.00	0.00
原油	0.00	0.00	0.00	0.00	0.00	0.00
汽油	20.93	19.72	19.12	19.86	20.03	18.05
煤油	8.25	7.73	7.45	8.12	7.61	8.23
柴油	44.27	47.33	47.82	48.36	49.11	48.95
燃料油	10.02	9.93	10.60	9.70	7.19	7.61
液化石油气	0.37	0.44	0.46	0.45	0.41	0.40
炼厂干气	0.00	0.00	0.00	0.00	0.00	0.00
其他石油制品	0.00	0.00	0.00	0.00	0.00	0.00
天然气	1.48	2.06	2.31	0.62	3.38	4.21
电力	11.07	9.59	9.46	10.50	10.18	10.61

表 39　中国 1998—2009 年批发、零售业和住宿、餐饮业能源消费结构
（数据来源：根据 1999—2010 年《中国能源统计年鉴》计算）　单位：%

能源种类	1998 年	1999 年	2000 年	2001 年	2002 年	2003 年
原煤	37.35	34.04	29.97	27.28	25.58	23.88
洗精煤	0.00	0.00	0.00	0.00	0.00	0.00
其他洗煤	0.12	0.10	0.09	0.09	0.08	0.08
焦炭	1.33	1.23	1.12	1.19	1.20	1.15
焦炉煤气	0.36	0.36	0.35	0.35	0.28	0.29
其他煤气	0.25	0.36	0.30	0.33	0.40	0.40
其他焦化产品	0.00	0.00	0.00	0.00	0.00	0.00
原油	0.01	0.01	0.01	0.01	0.00	0.00
汽油	3.72	3.38	3.32	3.12	3.15	2.87
煤油	0.47	0.58	0.67	0.56	0.55	0.41
柴油	4.29	4.59	4.52	4.39	4.66	3.84
燃料油	0.38	0.52	0.54	0.54	0.51	0.46
液化石油气	3.00	2.84	3.07	3.18	3.10	2.75
炼厂干气	0.00	0.00	0.00	0.00	0.00	0.00
其他石油制品	0.00	0.00	0.00	0.00	0.00	0.00
天然气	1.09	1.24	1.35	1.87	2.14	2.08
电力	47.63	50.76	54.68	57.09	58.34	61.80
能源种类	2004 年	2005 年	2006 年	2007 年	2008 年	2009 年
原煤	22.40	23.47	22.75	9.39	20.22	19.68
洗精煤	0.00	0.00	0.00	0.00	0.00	0.00
其他洗煤	0.07	0.06	0.06	0.07	0.11	0.13
焦炭	1.12	1.24	1.14	1.09	0.12	0.05
焦炉煤气	0.23	0.33	0.30	0.25	0.10	0.07
其他煤气	0.50	0.43	0.42	0.52	0.52	0.69
其他焦化产品	0.00	0.00	0.00	0.00	0.00	0.00
原油	0.00	0.00	0.00	0.00	0.00	0.00
汽油	3.82	3.79	3.27	8.15	3.22	3.12
煤油	0.12	0.11	0.10	0.11	0.50	0.62

续表

能源种类	2004 年	2005 年	2006 年	2007 年	2008 年	2009 年
柴油	3.44	3.36	3.40	13.86	3.60	3.80
燃料油	0.77	0.78	0.55	0.56	0.14	0.17
液化石油气	3.39	3.38	3.51	3.55	1.43	1.55
炼厂干气	0.00	0.00	0.00	0.00	0.00	0.00
其他石油制品	0.00	0.00	0.00	0.00	0.00	0.00
天然气	2.41	2.61	2.88	3.27	3.49	4.18
电力	61.73	60.45	61.62	59.17	66.56	65.94

表 40　中国 1998—2009 年其他部门能源消费结构

（数据来源：根据 1999—2010 年《中国能源统计年鉴》计算）　　单位：%

能源种类	1998 年	1999 年	2000 年	2001 年	2002 年	2003 年
原煤	16.66	14.20	13.64	13.25	13.62	13.52
洗精煤	0.00	0.00	0.00	0.00	0.00	0.00
其他洗煤	0.31	0.29	0.28	0.24	0.24	0.26
焦炭	0.24	0.23	0.20	0.20	0.19	0.15
焦炉煤气	0.42	0.32	0.31	0.29	0.24	0.21
其他煤气	0.12	0.07	0.07	0.07	0.00	0.00
其他焦化产品	0.00	0.00	0.00	0.00	0.00	0.00
原油	0.04	0.04	0.03	0.03	0.03	0.02
汽油	19.63	20.61	20.23	19.77	20.09	17.69
煤油	3.94	4.09	4.09	3.71	0.93	0.87
柴油	14.43	16.18	16.14	16.40	16.99	15.78
燃料油	0.58	0.50	0.47	0.41	0.43	0.24
液化石油气	0.99	0.56	0.71	0.75	0.86	0.77
炼厂干气	0.00	0.00	0.00	0.00	0.00	0.00
其他石油制品	0.00	0.00	0.00	0.00	0.00	0.00
天然气	0.14	0.14	0.13	0.14	0.00	0.00
电力	42.51	42.77	43.68	44.74	46.38	50.47

能源种类	2004 年	2005 年	2006 年	2007 年	2008 年	2009 年
原煤	13.23	12.23	11.40	4.94	9.33	9.42

续表

能源种类	2004 年	2005 年	2006 年	2007 年	2008 年	2009 年
洗精煤	0.00	0.00	0.00	0.00	0.00	0.00
其他洗煤	0.21	0.18	0.22	0.23	0.29	0.30
焦炭	0.12	0.08	0.07	0.07	0.05	0.02
焦炉煤气	0.15	0.19	0.18	0.16	0.08	0.10
其他煤气	0.00	0.00	0.00	0.00	0.00	0.00
其他焦化产品	0.00	0.00	0.00	0.00	0.00	0.00
原油	0.00	0.00	0.00	0.00	0.00	0.00
汽油	17.17	15.23	14.54	13.37	13.02	11.35
煤油	0.84	0.55	0.52	0.61	0.30	0.36
柴油	15.82	13.53	12.62	11.96	13.24	11.89
燃料油	0.26	0.21	0.17	0.16	0.11	0.13
液化石油气	0.67	0.46	0.47	0.55	0.60	0.60
炼厂干气	0.00	0.00	0.00	0.00	0.00	0.00
其他石油制品	0.00	0.00	0.00	0.00	0.00	0.00
天然气	2.03	1.15	1.44	1.87	2.00	2.07
电力	49.51	56.19	58.37	66.07	60.97	63.77

表 41　中国产业部门总体 1999—2009 年能源消费结构

（数据来源：根据 2000—2010 年《中国能源统计年鉴》计算）　　单位：%

能源种类	1999 年	2000 年	2001 年	2002 年	2003 年	2004 年	2005 年	2006 年	2007 年	2008 年	2009 年
原煤	0.29	0.26	0.24	0.22	0.22	0.22	0.21	0.20	0.15	0.18	0.17
洗精煤	0.01	0.01	0.01	0.01	0.01	0.01	0.01	0.01	0.01	0.01	0.01
其他洗煤	0.01	0.01	0.01	0.01	0.01	0.01	0.01	0.01	0.01	0.01	0.01
焦炭	0.09	0.09	0.09	0.09	0.10	0.10	0.12	0.12	0.13	0.11	0.12
焦炉煤气	0.01	0.01	0.01	0.01	0.01	0.01	0.01	0.01	0.01	0.01	0.01
其他煤气	0.01	0.01	0.01	0.01	0.01	0.01	0.01	0.01	0.01	0.03	0.03
其他焦化产品	0.00	0.00	0.00	0.00	0.00	0.00	0.00	0.00	0.00	0.00	0.00
原油	0.01	0.01	0.01	0.01	0.01	0.01	0.01	0.01	0.01	0.01	0.00
汽油	0.04	0.04	0.04	0.04	0.04	0.04	0.03	0.03	0.03	0.03	0.03
煤油	0.01	0.01	0.01	0.01	0.01	0.01	0.01	0.01	0.01	0.01	0.01

续表

能源种类	1999 年	2000 年	2001 年	2002 年	2003 年	2004 年	2005 年	2006 年	2007 年	2008 年	2009 年
柴油	0.07	0.08	0.08	0.08	0.08	0.08	0.08	0.07	0.08	0.07	0.07
燃料油	0.03	0.03	0.03	0.03	0.03	0.03	0.02	0.02	0.02	0.02	0.01
液化石油气	0.00	0.01	0.01	0.01	0.01	0.01	0.01	0.01	0.01	0.00	0.00
炼厂干气	0.01	0.01	0.01	0.01	0.01	0.01	0.01	0.01	0.01	0.01	0.01
其他石油制品	0.04	0.04	0.04	0.04	0.04	0.04	0.04	0.04	0.04	0.03	0.04
天然气	0.02	0.02	0.02	0.02	0.02	0.02	0.02	0.02	0.02	0.03	0.02
电力	0.36	0.38	0.39	0.42	0.42	0.41	0.42	0.43	0.47	0.45	0.45

（二）2004—2009 年中国工业分行业能源消费结构

如表 42 ~ 表 47 所示。

表 42　2004 年工业分行业能源消费结构

（数据来源：根据《中国能源统计年鉴 2005》数据计算）　　单位：%

行业	原煤	洗精煤	其他洗煤	焦炭	焦炉煤气	其他煤气	其他焦化产品	原油	汽油
I1	55.28	2.53	1.26	0.40	0.07	0.15	0.04	0.00	0.42
I2	3.62	0.00	0.00	0.01	0.00	0.28	0.00	21.22	1.60
I3	10.14	0.55	0.01	8.01	0.29	0.00	0.00	0.00	1.27
I4	9.94	0.89	0.08	1.73	0.01	0.03	0.00	0.00	0.63
I5	28.70	1.05	0.14	1.03	0.00	0.00	0.00	0.00	1.05
I6	1.75	0.00	0.00	0.00	0.00	0.00	0.00	0.00	0.05
I7	45.80	0.36	0.95	0.32	0.00	0.00	0.00	0.01	1.29
I8	48.64	0.67	0.15	0.40	0.00	0.05	0.00	0.03	1.15
I9	61.26	1.11	0.18	0.16	0.00	0.00	0.00	0.07	1.35
I10	42.72	0.52	0.28	0.00	0.04	0.25	0.00	0.00	0.54
I11	30.79	0.21	0.08	0.05	0.07	0.01	0.00	0.01	0.68
I12	27.03	0.66	0.12	0.20	0.03	0.03	0.00	0.13	2.33
I13	23.39	0.06	0.09	0.09	0.04	0.02	0.00	0.03	1.93
I14	51.56	0.56	0.10	0.25	0.00	0.00	0.00	0.02	0.86
I15	18.59	0.06	0.08	0.96	0.00	0.00	0.00	0.05	2.72
I16	46.07	0.95	0.78	0.23	0.02	0.00	0.00	0.02	0.43
I17	8.43	0.03	0.01	0.03	0.00	0.07	0.00	0.00	2.28

续表

行业	原煤	洗精煤	其他洗煤	焦炭	焦炉煤气	其他煤气	其他焦化产品	原油	汽油
I18	7.16	0.02	0.03	1.58	0.00	0.00	0.00	0.05	2.37
I19	7.20	1.92	0.26	0.59	1.25	0.19	0.72	2.81	0.40
I20	27.92	1.60	0.24	5.89	0.20	0.10	0.84	1.02	0.35
I21	38.99	1.62	0.13	0.09	0.07	0.01	0.00	0.00	1.15
I22	14.93	0.14	0.01	2.95	0.00	0.00	0.00	1.00	0.09
I23	28.42	0.43	0.21	0.30	0.00	0.03	0.00	0.11	1.49
I24	15.27	0.22	0.04	0.15	0.00	0.00	0.00	0.01	1.72
I25	57.46	1.61	5.33	1.09	0.11	0.22	0.26	0.09	0.27
I26	11.47	2.42	0.10	47.68	4.02	4.68	0.64	0.00	0.11
I27	12.24	0.82	0.20	3.86	0.40	1.06	0.37	0.01	0.15
I28	9.78	0.32	0.06	3.34	0.06	0.03	0.00	0.01	1.32
I29	12.96	0.47	0.09	14.03	0.19	0.40	0.00	0.02	2.40
I30	27.09	2.56	0.04	4.87	0.22	3.00	0.00	0.01	2.89
I31	20.56	0.34	0.11	2.69	0.14	0.24	0.00	0.01	1.87
I32	9.74	0.30	0.03	1.25	0.24	0.53	0.00	0.02	2.50
I33	5.57	0.12	0.01	0.06	0.02	0.03	0.00	0.05	1.09
I34	8.90	0.01	0.30	1.13	0.03	0.08	0.00	0.05	4.18
I35	19.85	0.94	0.19	0.33	0.00	0.01	0.00	0.00	0.91
I36	10.97	0.05	2.05	6.62	0.00	1.62	0.00	0.00	1.83
I37	20.32	0.04	0.18	0.06	0.06	0.04	0.03	0.00	0.39
I38	13.93	0.03	0.01	0.33	8.99	1.99	0.78	0.15	0.48
I39	3.56	0.00	0.00	0.01	0.00	0.00	0.00	0.00	0.75

行业	煤油	柴油	燃料油	液化石油气	炼厂干气	其他石油制品	电力	天然气
I1	0.10	1.53	0.14	0.01	0.00	0.04	37.82	0.21
I2	0.01	8.01	1.44	0.10	1.74	0.78	43.67	17.54
I3	0.13	6.36	0.17	0.00	0.00	0.01	72.98	0.06
I4	0.17	3.57	0.07	0.03	0.00	0.01	82.80	0.03
I5	0.11	9.17	0.16	0.01	0.00	0.03	58.52	0.04
I6	0.02	2.13	0.02	0.00	0.00	0.00	96.03	0.00

续表

行业	煤油	柴油	燃料油	液化石油气	炼厂干气	其他石油制品	电力	天然气
I7	0.03	3.55	0.92	0.33	1.03	0.28	45.00	0.13
I8	0.05	3.14	2.09	0.67	0.00	0.12	41.13	1.71
I9	0.09	2.33	1.63	0.04	0.00	0.00	31.04	0.73
I10	0.02	3.81	0.60	0.01	0.00	0.00	49.93	1.28
I11	0.07	1.79	1.80	0.10	0.00	0.07	64.15	0.12
I12	0.20	8.03	1.50	0.21	0.00	0.29	59.01	0.22
I13	0.18	8.59	5.02	0.17	0.00	0.11	60.21	0.08
I14	0.34	2.41	0.56	0.09	0.00	0.04	43.03	0.17
I15	0.29	7.07	0.24	1.47	0.00	0.00	68.17	0.30
I16	0.04	1.26	1.23	0.45	0.00	0.01	48.37	0.14
I17	0.29	3.01	0.54	0.41	0.00	0.10	84.20	0.61
I18	0.25	10.00	1.67	1.18	0.00	0.10	75.60	0.00
I19	0.03	1.48	6.63	2.97	9.45	43.98	18.25	1.88
I20	0.07	1.05	2.63	0.73	0.47	10.24	38.97	7.67
I21	0.08	1.52	0.82	0.08	0.00	0.02	54.61	0.82
I22	0.06	0.99	2.98	0.16	0.20	0.09	76.19	0.20
I23	0.04	1.63	2.58	0.32	0.00	0.20	63.80	0.46
I24	0.09	5.10	1.81	0.27	0.00	0.71	74.24	0.36
I25	0.02	1.86	3.59	0.62	0.02	0.34	25.95	1.17
I26	0.01	0.41	0.92	0.04	0.00	0.02	27.20	0.28
I27	0.05	1.38	1.77	0.11	0.00	0.98	76.10	0.48
I28	0.17	3.59	0.74	0.75	0.00	0.04	79.38	0.41
I29	0.56	5.03	1.02	0.34	0.00	0.20	61.48	0.81
I30	0.21	4.42	0.83	0.27	0.00	0.12	51.61	1.86
I31	0.67	4.80	0.67	0.67	0.00	0.13	65.32	1.80
I32	0.19	5.89	1.30	1.99	0.07	0.22	74.88	0.85
I33	0.09	4.73	2.59	1.00	0.00	0.00	80.83	3.81
I34	0.88	6.52	0.14	0.16	0.00	0.58	76.66	0.39
I35	0.09	1.88	0.48	0.39	0.00	0.46	74.46	0.03

续表

行业	煤油	柴油	燃料油	液化石油气	炼厂干气	其他石油制品	电力	天然气
I36	0.18	6.00	6.62	0.05	0.00	0.73	63.27	0.00
I37	0.00	0.93	0.47	0.00	0.00	0.06	77.37	0.05
I38	0.00	5.25	0.12	27.85	0.37	0.05	28.19	11.47
I39	0.01	0.40	0.00	0.00	0.00	0.00	95.21	0.06

表 43　2005 年工业分行业能源消费结构

（数据来源：根据《中国能源统计年鉴 2006》数据计算）　单位：%

行业	原煤	洗精煤	其他洗煤	焦炭	焦炉煤气	其他煤气	其他焦化产品	原油	汽油
I1	55.45	2.49	1.32	0.56	0.10	0.15	0.06	0.00	0.34
I2	3.55	0.00	0.00	0.01	0.00	0.00	0.00	20.99	1.10
I3	8.80	0.40	0.08	7.57	0.29	0.02	0.00	0.00	0.63
I4	9.34	0.95	0.08	2.09	0.00	0.00	0.00	0.00	0.64
I5	35.61	1.06	0.11	1.38	0.00	0.00	0.00	0.00	0.60
I6	1.29	0.00	0.00	0.00	0.00	0.00	0.00	0.00	0.03
I7	40.40	0.33	0.92	0.41	0.01	0.00	0.00	0.00	0.97
I8	48.96	0.60	0.13	0.47	0.01	0.05	0.00	0.01	0.98
I9	58.70	1.06	0.18	0.11	0.00	0.00	0.00	0.08	1.11
I10	36.36	0.70	0.24	0.00	0.02	0.21	0.00	0.00	0.43
I11	28.70	0.21	0.05	0.06	0.04	0.00	0.00	0.01	0.50
I12	26.62	0.57	0.07	0.22	0.02	0.03	0.00	0.06	2.35
I13	21.27	0.06	0.05	0.09	0.02	0.01	0.00	0.02	1.87
I14	39.46	0.39	0.07	0.23	0.00	0.00	0.00	0.02	0.91
I15	16.21	0.06	0.05	0.71	0.00	0.00	0.00	0.03	2.85
I16	43.64	0.90	0.52	0.13	0.03	0.00	0.00	0.02	0.37
I17	10.51	0.03	0.02	0.05	0.00	0.07	0.00	0.00	3.20
I18	6.79	0.02	0.02	1.59	0.00	0.00	0.00	0.06	2.50
I19	8.48	2.49	0.17	0.71	3.03	0.21	0.61	2.47	0.34
I20	27.00	1.45	0.23	7.80	0.24	0.10	0.90	1.22	0.29
I21	35.89	1.49	0.07	0.10	0.04	0.02	0.00	0.00	1.02
I22	14.36	0.14	0.01	3.97	0.00	0.00	0.00	1.21	0.13

续表

行业	原煤	洗精煤	其他洗煤	焦炭	焦炉煤气	其他煤气	其他焦化产品	原油	汽油
I23	22.93	0.35	0.10	0.15	0.00	0.02	0.00	0.10	1.13
I24	11.93	0.11	0.04	0.16	0.00	0.00	0.00	0.01	1.09
I25	55.01	1.52	5.37	1.00	0.11	0.30	0.26	0.10	0.18
I26	9.91	1.75	0.11	51.37	4.59	4.88	0.41	0.00	0.08
I27	10.91	0.72	0.23	4.62	0.50	0.96	0.45	0.01	0.12
I28	8.67	0.30	0.06	3.03	0.07	0.04	0.00	0.00	1.00
I29	10.57	0.33	0.07	19.42	0.21	0.56	0.00	0.01	1.69
I30	24.76	2.34	0.04	5.08	0.31	2.99	0.00	0.01	1.77
I31	22.57	0.31	0.06	4.48	0.09	0.14	0.00	0.01	2.52
I32	9.13	0.28	0.03	1.26	0.14	0.22	0.00	0.03	2.34
I33	4.86	0.10	0.00	0.04	0.03	0.03	0.00	0.04	0.97
I34	7.88	0.01	0.16	1.26	0.03	0.00	0.00	0.03	2.39
I35	15.85	0.80	0.09	0.26	0.00	0.04	0.00	0.00	0.73
I36	9.57	0.05	1.51	5.99	0.00	2.08	0.00	0.00	1.21
I37	21.93	0.04	0.23	0.06	0.04	0.02	0.02	0.00	0.27
I38	14.67	0.04	0.01	0.35	9.17	3.17	0.49	0.08	0.74
I39	3.37	0.00	0.00	0.01	0.00	0.00	0.00	0.00	0.55

行业	煤油	柴油	燃料油	液化石油气	炼厂干气	其他石油制品	电力	天然气
I1	0.08	1.42	0.11	0.01	0.00	0.02	37.59	0.30
I2	0.01	7.90	1.13	0.14	1.79	0.67	45.42	17.28
I3	0.19	4.52	0.08	0.00	0.00	0.00	77.38	0.02
I4	0.14	2.59	0.05	0.02	0.00	0.01	84.05	0.03
I5	0.13	9.85	0.09	0.01	0.00	0.02	51.11	0.03
I6	0.01	1.24	0.00	0.00	0.00	0.00	97.43	0.00
I7	0.03	3.95	0.83	0.26	0.89	0.13	50.73	0.16
I8	0.04	2.74	2.20	0.54	0.00	0.05	41.83	1.40
I9	0.09	2.27	1.92	0.06	0.00	0.00	33.77	0.66
I10	0.02	3.20	0.77	0.02	0.00	0.00	56.78	1.24
I11	0.06	1.19	1.16	0.10	0.01	0.05	67.73	0.14

续表

行业	煤油	柴油	燃料油	液化石油气	炼厂干气	其他石油制品	电力	天然气
I12	0.18	6.98	1.55	0.18	0.00	0.12	60.86	0.19
I13	0.16	6.05	4.73	0.13	0.00	0.05	65.40	0.11
I14	0.21	2.12	0.46	0.04	0.00	0.02	55.88	0.18
I15	0.25	8.55	0.27	1.33	0.00	0.00	69.34	0.34
I16	0.04	1.09	1.18	0.45	0.00	0.00	51.44	0.19
I17	0.36	3.26	0.79	0.52	0.00	0.05	80.39	0.76
I18	0.24	7.59	1.58	0.76	0.00	0.05	78.81	0.00
I19	0.03	0.82	3.84	3.26	11.89	45.65	14.15	1.83
I20	0.04	0.94	1.92	0.80	0.43	8.43	40.33	7.89
I21	0.07	1.18	0.69	0.08	0.00	0.03	58.21	1.11
I22	0.06	0.86	3.52	0.13	0.16	0.10	75.08	0.28
I23	0.03	1.20	2.01	0.16	0.00	0.10	71.37	0.36
I24	0.07	3.32	1.50	0.20	0.00	0.82	80.35	0.41
I25	0.02	1.83	3.51	0.63	0.02	0.24	28.47	1.44
I26	0.01	0.33	0.62	0.05	0.00	0.02	25.57	0.29
I27	0.04	0.99	1.56	0.13	0.00	1.12	77.02	0.61
I28	0.15	3.03	0.84	0.83	0.00	0.03	81.61	0.33
I29	0.37	3.62	0.55	0.38	0.00	0.13	61.12	0.96
I30	0.19	2.90	0.67	0.32	0.00	0.09	56.04	2.49
I31	0.80	4.88	0.77	0.68	0.00	0.15	59.65	2.88
I32	0.18	5.17	1.40	1.81	0.07	0.19	76.61	1.15
I33	0.08	4.22	2.30	1.07	0.00	0.01	82.64	3.61
I34	0.78	5.70	0.13	0.19	0.00	0.25	80.74	0.46
I35	0.07	1.21	0.27	0.35	0.00	0.19	80.09	0.03
I36	0.16	4.44	3.25	0.18	0.00	0.32	71.25	0.00
I37	0.00	0.73	0.41	0.00	0.00	0.07	76.13	0.05
I38	0.01	2.98	0.16	31.29	0.46	0.03	25.55	10.80
I39	0.01	0.44	0.00	0.00	0.00	0.00	95.53	0.09

表 44　2006 年工业分行业能源消费结构

（数据来源：根据《中国能源统计年鉴 2007》数据计算）　　单位：%

行业	原煤	洗精煤	其他洗煤	焦炭	焦炉煤气	其他煤气	其他焦化产品	原油	汽油
I1	56.79	2.17	1.32	0.62	0.09	0.21	0.07	0.00	0.39
I2	3.79	0.00	0.00	0.01	0.00	0.00	0.00	24.23	1.30
I3	7.77	0.30	0.07	7.51	0.22	0.03	0.00	0.00	0.59
I4	8.91	0.77	0.07	2.09	0.00	0.00	0.00	0.00	0.66
I5	35.13	0.89	0.12	1.47	0.00	0.00	0.00	0.00	0.63
I6	1.02	0.00	0.00	0.00	0.00	0.00	0.00	0.00	0.02
I7	38.23	0.26	0.82	0.35	0.01	0.00	0.00	0.00	0.99
I8	46.76	0.48	0.12	0.45	0.00	0.06	0.00	0.01	1.01
I9	56.36	0.87	0.16	0.11	0.00	0.00	0.00	0.07	1.14
I10	38.22	0.40	0.25	0.00	0.02	0.27	0.00	0.00	0.48
I11	25.23	0.17	0.04	0.05	0.03	0.00	0.00	0.00	0.48
I12	23.81	0.47	0.06	0.21	0.02	0.04	0.00	0.05	2.24
I13	19.60	0.05	0.04	0.09	0.01	0.01	0.00	0.01	1.84
I14	36.25	0.32	0.07	0.22	0.00	0.00	0.00	0.02	0.89
I15	14.92	0.04	0.05	0.66	0.00	0.00	0.00	0.03	2.80
I16	42.53	0.74	0.48	0.12	0.03	0.00	0.00	0.02	0.39
I17	10.05	0.03	0.02	0.05	0.00	0.08	0.00	0.00	3.28
I18	6.90	0.02	0.02	1.62	0.00	0.00	0.00	0.05	2.71
I19	8.54	1.90	0.17	0.79	2.78	0.28	0.77	2.68	0.37
I20	24.94	1.14	0.20	8.14	0.20	0.12	1.01	1.22	0.30
I21	35.89	1.27	0.07	0.11	0.04	0.03	0.00	0.00	1.08
I22	14.20	0.11	0.01	4.21	0.00	0.00	0.00	1.29	0.15
I23	21.57	0.28	0.09	0.13	0.00	0.02	0.00	0.09	1.15
I24	11.41	0.10	0.03	0.16	0.00	0.00	0.00	0.01	1.13
I25	52.91	1.25	5.08	1.06	0.09	0.38	0.32	0.10	0.18
I26	9.16	1.35	0.10	50.50	3.95	6.23	0.42	0.00	0.08
I27	9.41	0.53	0.19	4.37	0.39	1.09	0.51	0.00	0.11
I28	7.73	0.23	0.05	2.90	0.06	0.05	0.00	0.00	0.97

续表

行业	原煤	洗精煤	其他洗煤	焦炭	焦炉煤气	其他煤气	其他焦化产品	原油	汽油
I29	9.84	0.28	0.07	19.82	0.18	0.69	0.00	0.01	1.71
I30	23.37	1.88	0.04	5.12	0.26	3.73	0.00	0.01	1.79
I31	21.13	0.25	0.06	4.59	0.08	0.17	0.00	0.01	2.57
I32	8.44	0.22	0.02	1.16	0.11	0.27	0.00	0.03	2.34
I33	4.24	0.08	0.00	0.04	0.02	0.03	0.00	0.03	0.92
I34	6.93	0.01	0.13	1.18	0.02	0.00	0.00	0.03	2.24
I35	16.11	0.69	0.09	0.26	0.00	0.06	0.00	0.00	0.75
I36	6.62	0.05	1.00	3.98	0.00	1.82	0.00	0.00	0.91
I37	20.20	0.03	0.21	0.05	0.03	0.03	0.02	0.01	0.27
I38	14.63	0.03	0.01	0.37	8.11	3.98	0.52	0.07	0.79
I39	3.22	0.00	0.00	0.01	0.00	0.00	0.00	0.00	0.55

行业	煤油	柴油	燃料油	液化石油气	炼厂干气	其他石油制品	电力	天然气
I1	0.07	1.41	0.12	0.01	0.00	0.02	36.40	0.32
I2	0.01	8.19	1.24	0.20	2.03	0.80	38.33	19.88
I3	0.15	3.86	0.07	0.00	0.00	0.00	79.40	0.02
I4	0.12	2.39	0.04	0.02	0.00	0.01	84.88	0.03
I5	0.11	9.42	0.09	0.01	0.00	0.02	52.09	0.03
I6	0.01	0.95	0.00	0.00	0.00	0.00	98.00	0.00
I7	0.02	3.58	0.68	0.23	0.71	0.09	53.87	0.15
I8	0.04	2.48	1.82	0.59	0.00	0.04	44.84	1.29
I9	0.07	2.13	1.94	0.05	0.00	0.00	36.39	0.71
I10	0.02	3.26	0.81	0.02	0.00	0.00	55.00	1.25
I11	0.05	1.02	0.98	0.09	0.01	0.04	71.69	0.12
I12	0.13	6.18	1.45	0.15	0.00	0.07	64.94	0.16
I13	0.12	5.40	4.58	0.13	0.00	0.06	67.96	0.10
I14	0.17	1.95	0.37	0.05	0.00	0.02	59.48	0.18
I15	0.19	7.62	0.25	1.23	0.00	0.00	71.92	0.30
I16	0.03	1.03	1.18	0.34	0.00	0.00	52.89	0.21
I17	0.29	3.02	0.77	0.52	0.00	0.06	80.99	0.84

续表

行业	煤油	柴油	燃料油	液化石油气	炼厂干气	其他石油制品	电力	天然气
I18	0.20	7.47	1.69	0.74	0.00	0.05	78.53	0.00
I19	0.03	0.79	4.07	2.83	11.78	44.54	15.60	2.10
I20	0.03	0.85	1.96	0.75	0.43	8.97	40.98	8.76
I21	0.06	1.14	0.67	0.11	0.00	0.03	58.25	1.25
I22	0.05	0.85	3.56	0.14	0.17	0.10	74.85	0.32
I23	0.03	1.10	1.94	0.13	0.00	0.10	73.07	0.31
I24	0.06	3.08	1.47	0.18	0.00	0.61	81.33	0.45
I25	0.02	1.73	3.55	0.67	0.01	0.28	31.04	1.32
I26	0.01	0.30	0.47	0.05	0.00	0.02	27.06	0.30
I27	0.03	0.83	1.35	0.13	0.00	1.21	79.26	0.59
I28	0.12	2.61	0.75	0.72	0.00	0.03	83.46	0.34
I29	0.30	3.27	0.42	0.41	0.00	0.13	61.76	1.12
I30	0.15	2.66	0.55	0.29	0.00	0.11	57.57	2.48
I31	0.50	4.42	0.69	0.75	0.00	0.17	61.61	2.98
I32	0.14	4.68	1.32	1.77	0.07	0.21	78.05	1.18
I33	0.06	3.64	2.05	0.70	0.00	0.01	84.86	3.33
I34	0.58	4.86	0.11	0.20	0.00	0.17	83.05	0.48
I35	0.06	1.21	0.24	0.35	0.00	0.17	79.95	0.04
I36	0.08	3.08	1.86	0.15	0.00	0.17	80.29	0.00
I37	0.00	0.67	0.39	0.00	0.00	0.06	77.98	0.04
I38	0.01	3.04	0.16	29.82	0.50	0.02	25.73	12.19
I39	0.01	0.43	0.00	0.00	0.00	0.00	95.69	0.08

表 45　2007 年工业分行业能源消费结构

（数据来源：根据《中国能源统计年鉴 2008》数据计算）　　单位：%

行业	原煤	洗精煤	其他洗煤	焦炭	焦炉煤气	其他煤气	其他焦化产品	原油	汽油
I1	59.31	2.19	1.24	0.60	0.09	0.24	0.08	0.00	0.38
I2	3.63	0.00	0.00	0.01	0.00	0.00	0.00	23.70	1.33
I3	6.89	0.28	0.06	6.94	0.23	0.04	0.00	0.00	0.52
I4	7.56	0.75	0.06	2.01	0.00	0.00	0.00	0.00	0.61

续表

行业	原煤	洗精煤	其他洗煤	焦炭	焦炉煤气	其他煤气	其他焦化产品	原油	汽油
I5	34.38	0.91	0.12	1.49	0.00	0.00	0.00	0.00	0.61
I6	1.19	0.00	0.00	0.00	0.00	0.00	0.00	0.00	0.02
I7	37.45	0.27	0.81	0.35	0.00	0.00	0.00	0.00	0.94
I8	45.10	0.50	0.11	0.46	0.00	0.11	0.00	0.01	0.99
I9	53.04	0.94	0.16	0.11	0.00	0.00	0.00	0.07	1.06
I10	33.90	0.46	0.26	0.00	0.02	0.45	0.00	0.00	0.51
I11	24.72	0.17	0.04	0.06	0.03	0.00	0.00	0.00	0.47
I12	22.25	0.47	0.06	0.21	0.02	0.06	0.00	0.05	2.14
I13	17.45	0.05	0.04	0.09	0.01	0.00	0.00	0.01	1.77
I14	32.42	0.30	0.06	0.22	0.00	0.00	0.00	0.02	0.86
I15	14.09	0.05	0.04	0.70	0.00	0.06	0.00	0.03	2.85
I16	42.56	0.85	0.48	0.14	0.03	0.00	0.00	0.02	0.42
I17	8.98	0.02	0.02	0.05	0.00	0.13	0.00	0.00	2.89
I18	6.38	0.02	0.02	2.38	0.00	0.00	0.00	0.05	2.31
I19	7.41	2.06	0.16	0.79	2.91	0.55	0.94	2.49	0.36
I20	24.01	1.15	0.19	8.16	0.20	0.22	1.19	1.11	0.25
I21	33.74	1.36	0.07	0.12	0.03	0.05	0.00	0.01	1.31
I22	12.43	0.12	0.01	4.13	0.00	0.00	0.00	1.16	0.19
I23	19.54	0.29	0.08	0.13	0.00	0.03	0.00	0.08	1.14
I24	10.54	0.09	0.03	0.17	0.00	0.00	0.00	0.00	1.12
I25	50.57	1.29	5.03	1.11	0.10	0.98	0.40	0.09	0.20
I26	8.42	1.39	0.09	45.74	3.85	10.38	0.45	0.00	0.08
I27	7.40	0.47	0.16	3.91	0.37	1.70	0.30	0.00	0.09
I28	6.82	0.23	0.05	2.89	0.05	0.08	0.00	0.00	1.08
I29	8.59	0.25	0.06	19.41	0.15	1.33	0.00	0.01	1.74
I30	20.13	1.84	0.04	4.95	0.28	8.98	0.00	0.01	1.84
I31	18.26	0.24	0.05	4.45	0.09	0.26	0.00	0.01	2.35
I32	7.03	0.21	0.02	1.08	0.12	0.39	0.00	0.02	2.00
I33	3.53	0.07	0.00	0.03	0.02	0.05	0.00	0.03	0.88

续表

行业	原煤	洗精煤	其他洗煤	焦炭	焦炉煤气	其他煤气	其他焦化产品	原油	汽油
I34	5.83	0.01	0.12	1.12	0.02	0.04	0.00	0.02	2.35
I35	15.42	0.76	0.09	0.28	0.00	0.10	0.00	0.00	0.57
I36	6.46	0.05	1.05	4.39	0.00	3.01	0.00	0.00	0.88
I37	18.34	0.03	0.20	0.06	0.02	0.06	0.02	0.01	0.22
I38	12.63	0.03	0.01	0.36	7.00	8.79	0.54	0.06	0.68
I39	2.92	0.00	0.00	0.01	0.00	0.00	0.00	0.00	0.52

行业	煤油	柴油	燃料油	液化石油气	炼厂干气	其他石油制品	电力	天然气
I1	0.06	1.35	0.10	0.01	0.00	0.03	34.00	0.34
I2	0.01	8.40	1.13	0.17	1.52	0.90	36.57	22.64
I3	0.11	3.42	0.06	0.00	0.00	0.01	81.42	0.02
I4	0.10	2.20	0.04	0.01	0.00	0.03	86.61	0.03
I5	0.09	9.16	0.08	0.07	0.00	0.21	52.83	0.05
I6	0.00	1.05	0.00	0.00	0.00	0.00	97.74	0.00
I7	0.02	3.42	0.56	0.18	0.57	0.05	55.19	0.16
I8	0.03	2.43	1.54	0.49	0.00	0.01	46.93	1.29
I9	0.06	2.17	1.77	0.05	0.00	0.01	39.76	0.80
I10	0.02	3.46	0.77	0.01	0.00	0.00	58.69	1.45
I11	0.04	1.00	0.85	0.07	0.01	0.04	72.36	0.13
I12	0.11	5.90	1.25	0.12	0.00	0.03	67.21	0.15
I13	0.11	5.21	3.97	0.05	0.00	0.10	71.03	0.12
I14	0.14	2.01	0.31	0.04	0.00	0.01	63.40	0.19
I15	0.18	7.80	0.23	1.06	0.00	0.01	72.52	0.37
I16	0.03	1.11	1.13	0.29	0.00	0.00	52.67	0.25
I17	0.25	2.93	0.66	0.42	0.00	0.04	82.71	0.90
I18	0.18	7.49	1.52	0.60	0.00	0.13	78.93	0.00
I19	0.03	0.77	3.54	2.16	11.73	45.30	16.53	2.27
I20	0.02	0.81	1.66	0.41	0.41	8.95	42.06	9.20
I21	0.05	1.16	0.60	0.09	0.00	0.07	59.92	1.41

续表

行业	煤油	柴油	燃料油	液化石油气	炼厂干气	其他石油制品	电力	天然气
I22	0.04	0.88	3.00	0.11	0.16	1.39	76.05	0.34
I23	0.02	1.07	1.69	0.10	0.00	0.16	75.32	0.35
I24	0.04	3.08	1.30	0.14	0.00	0.30	82.68	0.50
I25	0.02	1.73	3.19	0.65	0.02	0.30	32.79	1.54
I26	0.00	0.27	0.38	0.05	0.00	0.02	28.55	0.31
I27	0.02	0.69	1.00	0.10	0.00	1.15	82.09	0.55
I28	0.10	2.50	0.64	0.70	0.00	0.03	84.48	0.36
I29	0.25	3.06	0.35	0.30	0.00	0.13	63.10	1.27
I30	0.12	2.46	0.45	0.32	0.00	0.11	55.90	2.55
I31	0.43	4.08	0.57	0.55	0.00	0.18	65.41	3.06
I32	0.11	4.22	1.06	1.60	0.05	0.24	80.69	1.18
I33	0.05	3.28	1.65	0.44	0.00	0.01	86.61	3.34
I34	0.47	4.43	0.09	0.21	0.00	0.16	84.63	0.50
I35	0.06	1.27	0.22	0.39	0.00	0.20	80.61	0.04
I36	0.08	3.28	1.76	0.18	0.00	0.19	78.67	0.00
I37	0.00	0.66	0.34	0.00	0.00	0.06	79.93	0.04
I38	0.01	2.82	0.13	21.78	0.46	0.02	32.17	12.50
I39	0.00	0.43	0.00	0.00	0.00	0.00	96.01	0.10

表 46　2008 年工业分行业能源消费结构

（数据来源：根据《中国能源统计年鉴 2009》数据计算）　　单位：%

行业	原煤	洗精煤	其他洗煤	焦炭	焦炉煤气	其他煤气	其他焦化产品	原油	汽油
I1	57.75	2.29	1.43	0.46	0.05	0.35	0.08	0.00	0.44
I2	2.54	0.00	0.00	0.00	0.00	0.00	0.00	24.74	1.02
I3	7.47	0.28	0.07	6.14	0.54	0.39	0.00	0.00	0.54
I4	5.95	0.76	0.07	1.16	0.00	0.00	0.00	0.00	0.64
I5	28.06	0.99	0.13	1.03	0.00	0.00	0.00	0.00	0.73
I6	0.44	0.00	0.00	0.00	0.00	0.00	0.00	0.00	0.03
I7	36.16	0.27	0.95	0.49	0.00	0.00	0.00	0.00	0.99
I8	41.83	0.51	0.12	0.56	0.01	0.10	0.00	0.01	1.05

续表

行业	原煤	洗精煤	其他洗煤	焦炭	焦炉煤气	其他煤气	其他焦化产品	原油	汽油
I9	49.78	0.98	0.19	0.10	0.00	0.00	0.00	0.08	1.26
I10	26.30	0.52	0.31	0.34	0.17	0.24	0.00	0.00	0.54
I11	22.22	0.18	0.05	0.08	0.03	0.01	0.00	0.01	0.54
I12	19.32	0.46	0.07	0.41	0.01	0.03	0.00	0.06	2.40
I13	14.12	0.08	0.05	0.05	0.00	0.00	0.00	0.02	2.08
I14	28.18	0.32	0.07	0.24	0.00	0.00	0.00	0.02	1.10
I15	11.78	0.04	0.05	0.51	0.00	0.04	0.00	0.04	2.96
I16	42.71	0.85	0.56	0.15	0.02	0.00	0.04	0.02	0.48
I17	7.45	0.02	0.02	0.08	0.00	0.02	0.00	0.00	3.08
I18	5.13	0.03	0.02	2.05	0.00	0.00	0.00	0.06	2.48
I19	5.99	2.20	0.19	0.93	3.01	1.14	1.06	2.90	0.29
I20	24.98	1.25	0.23	8.05	0.30	0.26	1.37	1.33	0.28
I21	32.86	1.38	0.08	0.12	0.05	0.02	0.00	0.01	1.35
I22	12.87	0.13	0.01	1.30	0.00	0.00	0.34	1.50	0.22
I23	19.74	0.30	0.10	0.17	0.00	0.01	0.00	0.08	1.39
I24	10.05	0.08	0.03	0.20	0.00	0.00	0.00	0.00	1.18
I25	50.09	1.39	5.86	1.21	0.19	0.26	0.38	0.10	0.23
I26	8.59	1.43	0.11	45.84	4.03	10.54	0.55	0.00	0.07
I27	7.26	0.48	0.18	3.82	0.48	2.20	0.14	0.00	0.08
I28	6.48	0.23	0.06	2.52	0.01	0.03	0.00	0.00	1.23
I29	8.82	0.27	0.07	15.11	0.16	1.48	0.00	0.01	1.96
I30	18.12	1.95	0.04	5.21	0.33	4.56	0.13	0.01	1.86
I31	14.52	0.24	0.06	4.67	0.10	0.09	0.00	0.01	2.35
I32	6.06	0.19	0.02	1.25	0.04	0.17	0.00	0.02	1.95
I33	3.96	0.07	0.00	0.03	0.03	0.02	0.00	0.03	0.94
I34	5.53	0.01	0.13	1.13	0.00	0.01	0.00	0.02	2.34
I35	15.22	0.76	0.11	0.13	0.01	0.66	0.00	0.00	0.54
I36	6.41	15.77	1.02	3.90	1.06	0.94	0.00	0.02	0.74
I37	14.34	0.00	0.26	0.05	0.02	0.09	0.02	0.02	0.25

续表

行业	原煤	洗精煤	其他洗煤	焦炭	焦炉煤气	其他煤气	其他焦化产品	原油	汽油
I38	9.43	0.73	0.01	0.49	7.76	2.68	0.51	0.08	0.55
I39	2.43	0.02	0.00	0.01	0.00	0.00	0.00	0.00	0.52

行业	煤油	柴油	燃料油	液化石油气	炼厂干气	其他石油制品	电力	天然气
I1	0.06	1.77	0.12	0.01	0.00	0.03	34.85	0.32
I2	0.00	9.87	1.37	0.06	1.43	0.84	32.00	26.12
I3	0.09	4.89	0.06	0.00	0.00	0.00	79.48	0.03
I4	0.11	2.81	0.03	0.01	0.00	0.02	88.40	0.05
I5	0.08	11.74	0.06	0.05	0.00	0.10	56.96	0.06
I6	0.00	1.24	0.00	0.00	0.00	0.00	98.29	0.00
I7	0.02	3.30	0.59	0.26	0.53	0.09	56.07	0.25
I8	0.03	3.18	1.59	0.52	0.00	0.02	48.62	1.84
I9	0.07	2.81	1.52	0.09	0.00	0.01	42.03	1.08
I10	0.00	4.04	0.63	0.01	0.00	0.00	64.99	1.92
I11	0.03	1.21	0.83	0.09	0.01	0.05	74.35	0.30
I12	0.09	7.17	1.29	0.30	0.00	0.02	68.06	0.31
I13	0.08	6.71	3.72	0.06	0.00	0.09	72.77	0.17
I14	0.06	2.32	0.27	0.04	0.00	0.01	67.11	0.25
I15	0.13	10.06	0.21	1.31	0.00	0.01	70.48	2.37
I16	0.04	1.44	0.88	0.17	0.00	0.01	52.27	0.37
I17	0.20	6.41	0.66	0.74	0.00	0.06	79.85	1.43
I18	0.10	10.68	1.52	0.94	0.00	0.10	76.89	0.00
I19	0.03	0.85	3.32	2.37	11.91	44.93	16.89	1.98
I20	0.02	1.04	1.35	0.41	0.38	8.83	41.20	8.72
I21	0.05	1.77	0.69	0.16	0.00	0.06	59.63	1.77
I22	0.03	1.43	3.28	0.07	0.09	1.18	77.14	0.42
I23	0.02	0.91	1.55	0.05	0.00	0.14	75.11	0.44
I24	0.07	3.49	1.08	0.19	0.00	0.25	82.73	0.62
I25	0.01	1.95	2.99	0.61	0.01	0.33	32.22	2.16
I26	0.01	0.34	0.26	0.08	0.00	0.02	27.77	0.39

续表

行业	煤油	柴油	燃料油	液化石油气	炼厂干气	其他石油制品	电力	天然气
I27	0.03	0.88	1.12	0.12	0.00	1.25	81.36	0.59
I28	0.11	3.11	0.63	0.84	0.00	0.03	84.00	0.71
I29	0.31	3.41	0.44	0.36	0.00	0.23	65.17	2.19
I30	0.08	3.50	0.52	0.46	0.00	0.13	59.46	3.61
I31	0.46	5.95	0.66	0.60	0.00	0.15	65.59	4.55
I32	0.12	5.03	0.86	1.71	0.03	0.24	80.90	1.41
I33	0.05	4.39	1.72	0.57	0.00	0.01	85.17	3.02
I34	0.63	6.07	0.09	0.14	0.00	0.15	82.82	0.94
I35	0.04	1.67	0.23	0.41	0.00	0.11	80.07	0.04
I36	0.10	7.19	1.23	0.29	0.00	0.17	61.17	0.00
I37	0.00	1.22	0.32	0.00	0.00	0.04	83.35	0.03
I38	0.00	3.80	0.00	21.23	0.39	0.03	39.84	12.46
I39	0.00	0.54	0.08	0.00	0.00	0.00	96.29	0.12

表 47　2009 年工业分行业能源消费结构

（数据来源：根据《中国能源统计年鉴 2010》数据计算）　　单位：%

行业	原煤	洗精煤	其他洗煤	焦炭	焦炉煤气	其他煤气	其他焦化产品	原油	汽油
I1	55.19	2.77	1.32	0.36	0.08	0.40	0.05	0.00	0.41
I2	2.71	0.00	0.00	0.00	0.00	0.00	0.00	18.65	0.99
I3	7.41	0.39	0.07	5.56	0.30	0.38	0.00	0.00	0.65
I4	6.02	0.83	0.04	1.45	0.00	0.00	0.00	0.00	1.13
I5	28.50	0.65	0.12	1.07	0.00	0.00	0.00	0.00	0.68
I6	0.52	0.00	0.00	0.00	0.00	0.00	0.00	0.00	0.01
I7	33.77	0.24	0.86	0.38	0.01	0.00	0.00	0.01	1.80
I8	42.43	0.54	0.11	0.49	0.01	0.11	0.00	0.00	1.48
I9	48.60	0.58	0.16	0.08	0.00	0.00	0.00	0.03	1.41
I10	23.36	0.47	0.37	0.00	0.07	0.18	0.00	0.00	0.45
I11	21.12	0.19	0.07	0.07	0.12	0.00	0.00	0.00	0.63
I12	18.57	0.28	0.06	0.18	0.01	0.03	0.00	0.06	3.27
I13	14.12	0.08	0.04	0.07	0.00	0.00	0.00	0.01	3.16

续表

行业	原煤	洗精煤	其他洗煤	焦炭	焦炉煤气	其他煤气	其他焦化产品	原油	汽油
I14	26.46	0.56	0.07	0.21	0.00	0.00	0.00	0.04	1.04
I15	10.30	0.04	0.04	0.48	0.00	0.02	0.00	0.00	5.67
I16	42.87	0.63	0.44	0.11	0.02	0.00	0.04	0.01	0.51
I17	6.81	0.02	0.01	0.13	0.01	0.01	0.00	0.00	3.16
I18	4.99	0.01	0.02	1.97	0.00	0.00	0.00	0.02	2.62
I19	5.70	3.51	0.19	0.83	2.32	1.23	1.22	1.80	0.52
I20	24.57	1.44	0.22	7.52	0.31	0.24	1.43	0.91	0.27
I21	30.31	1.10	0.11	0.10	0.14	0.01	0.00	0.00	1.43
I22	13.57	0.17	0.00	0.39	0.00	0.00	0.26	1.05	0.17
I23	19.23	0.21	0.11	0.21	0.11	0.01	0.00	0.04	1.10
I24	9.19	0.16	0.05	0.13	0.00	0.00	0.00	0.00	1.21
I25	50.00	1.71	5.25	1.44	0.24	0.38	0.49	0.05	0.21
I26	9.06	1.60	0.09	44.89	3.62	11.46	0.61	0.00	0.04
I27	7.11	0.42	0.14	4.89	0.39	2.40	0.06	0.01	0.12
I28	6.25	0.19	0.05	2.67	0.03	0.03	0.00	0.01	1.28
I29	8.03	0.25	0.05	19.48	0.20	1.82	0.10	0.00	2.24
I30	18.12	2.04	0.04	5.56	0.39	4.70	0.03	0.00	2.37
I31	12.78	0.28	0.04	4.81	0.06	0.11	0.00	0.00	1.90
I32	5.49	0.30	0.02	1.07	0.03	0.07	0.00	0.01	2.49
I33	3.79	0.06	0.00	0.07	0.01	0.02	0.00	0.01	1.09
I34	5.04	0.00	0.12	2.40	0.00	0.01	0.00	0.00	2.99
I35	12.56	0.51	0.06	0.11	0.00	0.26	0.00	0.00	0.74
I36	8.07	0.00	1.05	5.97	1.49	0.83	0.00	0.00	1.47
I37	15.44	0.06	0.17	0.06	0.00	0.08	0.12	0.01	0.28
I38	11.21	0.04	0.01	0.43	8.97	3.25	0.42	0.06	0.83
I39	1.81	0.00	0.00	0.01	0.00	0.00	0.00	0.00	0.69

行业	煤油	柴油	燃料油	液化石油气	炼厂干气	其他石油制品	电力	天然气
I1	0.06	2.08	0.09	0.00	0.00	0.04	36.85	0.30
I2	0.00	8.99	1.03	0.01	1.42	1.10	36.10	29.00

续表

行业	煤油	柴油	燃料油	液化石油气	炼厂干气	其他石油制品	电力	天然气
I3	0.05	5.17	0.03	0.00	0.00	0.01	79.96	0.02
I4	0.13	2.76	0.01	0.00	0.00	0.02	87.57	0.05
I5	0.05	11.61	0.03	0.00	0.00	0.06	57.02	0.20
I6	0.00	0.53	0.00	0.00	0.00	0.00	98.90	0.04
I7	0.01	2.81	0.67	0.17	0.42	0.04	58.50	0.29
I8	0.01	3.13	1.40	0.37	0.00	0.01	47.89	2.00
I9	0.04	2.12	1.46	0.15	0.00	0.01	43.75	1.61
I10	0.00	2.82	0.53	0.01	0.00	0.00	69.25	2.50
I11	0.01	1.04	0.56	0.09	0.01	0.03	75.80	0.27
I12	0.05	6.34	1.23	0.25	0.00	0.01	69.29	0.38
I13	0.10	5.45	2.81	0.10	0.00	0.03	73.84	0.20
I14	0.03	1.98	0.06	0.04	0.00	0.01	69.13	0.37
I15	0.09	9.04	0.18	0.84	0.00	0.01	70.66	2.63
I16	0.02	1.21	0.73	0.12	0.00	0.04	52.89	0.35
I17	0.08	4.90	0.50	0.65	0.00	0.02	82.13	1.55
I18	0.07	9.30	1.23	1.14	0.00	0.13	77.98	0.54
I19	0.02	0.88	2.55	2.12	11.33	46.63	16.95	2.21
I20	0.02	1.08	1.03	0.48	0.40	9.20	43.24	7.64
I21	0.01	2.01	0.62	0.25	0.02	0.04	61.54	2.30
I22	0.01	1.02	1.92	0.04	0.08	1.35	79.71	0.26
I23	0.01	0.76	1.15	0.05	0.00	0.11	76.35	0.56
I24	0.02	3.08	0.94	0.16	0.00	0.18	84.13	0.75
I25	0.01	1.78	2.26	0.63	0.01	0.37	33.08	2.09
I26	0.00	0.28	0.14	0.08	0.00	0.02	27.71	0.39
I27	0.02	0.73	0.86	0.17	0.00	1.28	80.79	0.63
I28	0.07	2.99	0.59	0.73	0.00	0.05	84.22	0.84
I29	0.17	3.01	0.50	0.49	0.00	0.14	61.30	2.22
I30	0.04	3.55	0.46	0.44	0.00	0.12	59.00	3.15
I31	0.32	4.66	0.55	0.75	0.00	0.12	69.16	4.46

续表

行业	煤油	柴油	燃料油	液化石油气	炼厂干气	其他石油制品	电力	天然气
I32	0.04	4.75	0.65	1.62	0.01	0.30	81.40	1.75
I33	0.01	3.91	1.50	0.29	0.00	0.01	86.94	2.28
I34	0.30	5.43	0.08	0.13	0.00	0.12	82.09	1.30
I35	0.02	1.63	0.20	0.42	0.00	0.09	83.35	0.04
I36	0.06	8.59	0.99	0.30	0.00	0.26	70.93	0.00
I37	0.00	0.99	0.15	0.00	0.00	0.03	82.57	0.04
I38	0.00	2.93	0.14	9.94	0.51	0.04	55.89	5.31
I39	0.00	0.57	0.07	0.00	0.00	0.00	96.71	0.14

（三）居民生活能源消费结构

如表 48 和表 49 所示。

表 48　1998—2009 年城镇居民生活能源消费结构

（数据来源：根据 1999—2010 年《中国能源统计年鉴》计算）　　单位：%

年份	原煤	其他洗煤	焦炭	焦炉煤气	其他煤气	汽油	煤油	柴油	液化石油气	天然气	电力
1998	25.02	1.22	0.86	2.53	3.58	3.05	0.19	1.83	16.03	3.53	42.17
1999	23.93	1.23	0.82	2.42	3.52	3.22	0.11	2.12	15.77	3.78	43.07
2000	21.52	1.29	0.78	2.50	3.75	3.23	0.11	2.22	15.60	4.65	44.35
2001	20.42	1.29	0.75	2.28	3.34	3.33	0.12	2.32	14.88	5.78	45.50
2002	18.59	0.98	0.61	2.19	3.34	3.42	0.10	2.45	15.51	5.92	46.90
2003	17.44	0.88	0.52	2.09	3.04	3.64	0.08	2.50	15.56	5.90	48.33
2004	15.89	0.80	0.43	1.92	2.79	4.14	0.02	3.26	15.78	6.64	48.31
2005	13.81	0.75	0.35	1.84	2.59	4.18	0.02	3.19	13.34	7.01	52.90
2006	12.69	0.58	0.32	1.70	2.77	4.22	0.01	3.33	13.03	8.08	53.26
2007	10.29	0.57	0.27	1.33	2.88	4.57	0.01	3.30	12.48	9.79	54.51
2008	8.28	0.51	0.23	1.31	2.76	4.92	0.01	3.52	10.43	11.30	56.74
2009	6.76	0.47	0.15	1.15	2.31	5.34	0.01	3.69	10.10	11.08	58.95

表 49　1998—2009 年农村居民生活能源消费结构

（数据来源：根据 1999—2010 年《中国能源统计年鉴》计算）　　单位：%

年份	原煤	其他洗煤	焦炭	焦炉煤气	其他煤气	汽油	煤油	柴油	液化石油气	天然气	电力
1998	63.23	1.76	1.21	0.00	0.05	0.84	1.49	0.98	2.31	0.00	28.13

续表

年份	原煤	其他洗煤	焦炭	焦炉煤气	其他煤气	汽油	煤油	柴油	液化石油气	天然气	电力
1999	59.90	1.85	1.14	0.00	0.05	0.95	1.52	1.11	2.41	0.00	31.07
2000	57.41	1.96	1.07	0.00	0.04	0.98	1.52	1.14	2.42	0.00	33.45
2001	53.87	1.95	0.96	0.00	0.04	0.99	1.50	1.27	2.27	0.00	37.16
2002	52.71	1.88	0.78	0.00	0.05	1.13	0.72	1.13	2.76	0.00	38.84
2003	50.80	1.83	0.69	0.00	0.05	1.41	0.57	1.20	3.15	0.00	40.31
2004	48.46	1.75	0.54	0.00	0.04	1.83	0.41	1.61	4.23	0.04	41.08
2005	45.73	1.67	0.39	0.00	0.04	1.96	0.35	1.54	4.48	0.04	43.81
2006	41.28	1.47	0.35	0.00	0.04	2.32	0.28	1.55	4.45	0.04	48.22
2007	35.84	1.17	0.25	0.00	0.04	2.65	0.21	1.65	4.71	0.04	53.44
2008	33.15	1.26	0.17	0.00	0.04	2.75	0.12	1.69	4.53	0.06	56.25
2009	31.76	1.23	0.13	0.00	0.04	3.04	0.18	1.65	4.23	0.05	57.70

三、LMDI 因素分解所需能源消耗强度

（一）中国 1998—2009 年各生产部门能源消耗强度

如表 50 所示。

表 50　中国 1998—2009 年各生产部门能源消耗强度

（数据来源：根据 1999—2010 年《中国统计年鉴》、1999—2010 年《中国能源统计年鉴》计算）

单位：吨标准煤 / 万元

年份	农、林、牧、渔、水利业	工业	建筑业	交通运输、仓储和邮政业	批发、零售业和住宿、餐饮业	其他部门
1998	0.22	2.32	0.37	1.79	0.30	0.24
1999	0.21	2.14	0.35	1.67	0.28	0.22
2000	0.22	2.02	0.34	1.61	0.27	0.21
2001	0.23	1.93	0.33	1.54	0.26	0.20
2002	0.23	1.87	0.32	1.52	0.26	0.19
2003	0.26	1.90	0.32	1.65	0.27	0.20
2004	0.28	2.00	0.34	1.71	0.29	0.21
2005	0.28	2.01	0.32	1.70	0.28	0.21
2006	0.28	1.98	0.31	1.70	0.26	0.21
2007	0.36	1.81	0.29	1.56	0.25	0.17
2008	0.25	1.81	0.25	1.61	0.21	0.19
2009	0.26	1.75	0.26	1.60	0.21	0.19

（二）中国 2004—2009 年工业分行业能源消耗强度

如表 51 所示。

表 51　中国工业分行业能源消耗强度

（数据来源：根据 2005—2010 年《中国统计年鉴》、2005—2010 年《中国能源统计年鉴》计算）

单位：吨标准煤 / 万元

行业	2004 年	2005 年	2006 年	2007 年	2008 年	2009 年
I1	2.42	2.19	2.03	1.97	1.42	1.40
I2	0.90	0.71	0.63	0.69	0.69	0.99
I3	1.69	2.52	2.43	2.11	1.42	1.37
I4	2.04	1.77	1.38	1.27	1.25	1.29
I5	2.03	3.22	2.84	2.59	2.08	1.96
I6	23.43	43.06	95.48	58.18	103.37	117.17
I7	0.69	0.73	0.72	0.68	0.59	0.56
I8	0.90	0.95	0.93	0.91	0.83	0.77
I9	0.78	0.79	0.78	0.71	0.66	0.61
I10	0.12	0.12	0.12	0.11	0.10	0.10
I11	1.40	1.52	1.66	1.66	1.56	1.57
I12	0.35	0.41	0.42	0.43	0.39	0.38
I13	0.33	0.36	0.37	0.37	0.36	0.36
I14	0.96	1.49	1.42	1.19	1.07	1.03
I15	0.28	0.37	0.36	0.33	0.35	0.34
I16	2.51	2.79	2.78	2.49	2.40	2.51
I17	0.60	0.66	0.67	0.68	0.64	0.65
I18	0.50	0.57	0.54	0.55	0.54	0.56
I19	4.91	4.52	4.51	4.19	3.68	4.71
I20	4.63	4.86	5.03	4.72	4.15	4.16
I21	0.73	0.70	0.69	0.65	0.62	0.57
I22	2.79	2.59	2.47	2.36	2.53	2.82
I23	1.52	1.99	2.07	1.91	1.77	1.74
I24	0.86	1.27	1.19	1.13	1.16	1.19
I25	5.58	7.17	6.73	6.12	5.37	5.20

续表

行业	2004 年	2005 年	2006 年	2007 年	2008 年	2009 年
I26	5.82	6.97	7.31	7.46	6.41	7.97
I27	4.36	4.00	2.92	2.64	2.64	3.02
I28	1.29	1.30	1.04	0.94	0.85	0.88
I29	0.58	0.77	0.76	0.73	0.63	0.68
I30	0.69	0.78	0.71	0.70	0.58	0.56
I31	0.55	0.53	0.52	0.48	0.48	0.48
I32	0.35	0.36	0.36	0.37	0.37	0.38
I33	0.26	0.28	0.30	0.37	0.40	0.45
I34	0.26	0.29	0.29	0.33	0.34	0.38
I35	1.83	2.44	2.28	2.05	2.06	2.08
I36	0.54	0.63	0.68	0.45	0.40	0.31
I37	1.46	1.85	1.95	1.89	1.84	1.92
I38	3.79	3.51	2.90	2.38	1.70	1.40
I39	2.55	3.03	3.09	3.29	3.41	3.57

（三）1998—2009 年中国城镇农村居民生活能源耗费强度

如表 52 所示。

表 52　1998—2009 年中国城镇农村居民生活能源耗费强度
（数据来源：根据 1999—2010 年《中国能源统计年鉴》计算）

单位：吨标准煤 / 万元

年　份	1998	1999	2000	2001	2002	2003
城镇居民生活能源耗费强度	0.44	0.39	0.35	0.33	0.30	0.30
农村居民生活能源耗费强度	0.43	0.44	0.43	0.44	0.45	0.49
年　份	2004	2005	2006	2007	2008	2009
城镇居民生活能源耗费强度	0.31	0.31	0.31	0.32	0.3	0.28
农村居民生活能源耗费强度	0.54	0.53	0.54	0.58	0.57	0.57

四、LMDI 因素分解所需部门（行业）结构

（一）中国 1998—2009 年各产业部门的部门结构

如表 53 所示。

表 53　中国 1998—2009 年各产业部门的部门结构
（数据来源：根据 1999—2010 年《中国统计年鉴》计算）　　单位：%

年份	农、林、牧、渔、水利业	工业	建筑业	交通运输、仓储和邮政业	批发、零售业和住宿、餐饮业	其他部门
1998	17.63	38.83	5.78	5.58	9.59	22.58
1999	16.85	39.16	5.61	5.82	9.67	22.90
2000	15.91	39.65	5.46	5.83	9.76	23.39
2001	15.10	39.78	5.39	5.86	9.80	24.08
2002	14.24	40.10	5.37	5.75	9.84	24.70
2003	13.27	41.11	5.47	5.55	9.88	24.71
2004	12.82	41.64	5.38	5.77	9.68	24.72
2005	12.12	41.76	5.61	5.77	9.82	24.92
2006	11.30	41.83	5.83	5.63	10.27	25.13
2007	10.27	42.11	5.94	5.51	10.61	25.57
2008	9.87	42.22	5.93	5.40	11.08	25.50
2009	9.41	42.03	6.43	5.15	11.24	25.72

（二）中国工业分行业 2004—2009 年行业结构

如表 54 所示。

表 54　中国工业分行业 2004—2009 年行业结构
（数据来源：根据 2005—2010 年《中国统计年鉴》计算）　　单位：%

行业	2004 年	2005 年	2006 年	2007 年	2008 年	2009 年
I1	3.56	3.99	3.88	3.92	4.93	5.16
I2	5.19	6.65	6.47	5.38	5.45	3.60
I3	0.64	0.59	0.64	0.77	1.08	1.02
I4	0.48	0.59	0.73	0.81	0.77	0.74
I5	0.63	0.39	0.41	0.43	0.47	0.54
I6	0.01	0	0	0	0.00	0.00
I7	3.66	3.79	3.78	3.87	4.19	4.57
I8	1.52	1.61	1.59	1.55	1.56	1.74
I9	1.55	1.61	1.56	1.57	1.53	1.70
I10	2.87	2.84	2.57	2.44	2.29	2.35

续表

行业	2004年	2005年	2006年	2007年	2008年	2009年
I11	4.52	4.47	4.29	4.1	3.71	3.71
I12	1.99	1.96	1.98	1.89	1.86	1.92
I13	1.29	1.3	1.27	1.24	1.11	1.14
I14	0.85	0.71	0.74	0.86	0.93	1.04
I15	0.6	0.53	0.54	0.54	0.54	0.56
I16	1.67	1.58	1.5	1.45	1.43	1.40
I17	0.87	0.64	0.6	0.58	0.58	0.60
I18	0.57	0.52	0.5	0.46	0.44	0.43
I19	2.61	2.74	2.5	2.58	2.59	2.30
I20	5.8	6.06	5.84	6.12	6.15	6.23
I21	1.86	2.11	1.96	1.91	1.87	2.09
I22	0.6	0.67	0.65	0.68	0.52	0.46
I23	0.87	0.82	0.77	0.8	0.77	0.81
I24	2.03	1.76	1.8	1.78	1.72	1.78
I25	4.73	3.88	3.95	4.05	4.31	4.77
I26	7.37	7.98	7.58	7.52	7.90	7.02
I27	2.14	2.66	3.9	4.85	4.46	4.08
I28	2.39	2.66	3.46	3.74	3.89	3.88
I29	4.43	4.1	4.11	4.26	4.52	4.67
I30	2.43	2.32	2.48	2.56	2.78	2.99
I31	5.64	5.29	5.34	5.82	5.67	6.60
I32	4.77	4.94	4.99	5.05	5.07	5.24
I33	7.54	7.9	7.66	6.61	5.86	5.55
I34	1	1.01	1.05	0.97	0.89	0.85
I35	0.89	0.79	0.76	0.77	0.73	0.75
I36	0.08	0.08	0.1	0.14	0.18	0.21
I37	9.75	7.9	7.48	7.37	6.63	6.87
I38	0.18	0.19	0.21	0.26	0.31	0.35
I39	0.41	0.36	0.34	0.31	0.28	0.29

五、工业分行业 LMDI 因素分解结果

（一）工业行业的经济规模变化引起的 CO_2 排放量

如表 55 ~ 表 57 所示。

表 55　第一类工业行业的经济规模变化引起的 CO_2 排放量　　单位：万吨

行业	2005 年	2006 年	2007 年	2008 年	2009 年
I3	5.27	304.12	349.65	447.00	−42.37
I14	4.24	228.90	245.70	304.01	−31.45
I24	8.06	429.08	446.81	555.31	−58.06
I26	249.97	13748.09	14886.62	18235.67	−1866.91
I27	40.80	2196.35	2615.26	3398.04	−342.31
I28	13.25	687.40	757.39	935.61	−94.46
I32	6.93	346.35	385.78	510.75	−54.37
I33	8.06	428.30	491.40	639.10	−66.45

表 56　第二类工业行业经济规模变化引起的 CO_2 排放量　　单位：万吨

行业	2005 年	2006 年	2007 年	2008 年	2009 年
I1	40.77	1950.58	2037.46	2503.03	−246.90
I4	4.10	200.70	218.17	271.45	−26.66
I5	5.51	262.93	274.23	320.92	−31.53
I11	28.37	1439.34	1575.72	1824.78	−172.23
I12	3.19	169.22	185.52	223.52	−21.72
I13	1.89	95.33	102.64	121.79	−11.79
I15	0.76	38.88	40.87	51.51	−5.46
I16	19.65	954.12	950.35	1119.80	−113.37
I17	1.86	79.93	84.63	103.47	−10.57
I18	1.17	55.14	56.34	67.68	−6.68
I19	56.85	2599.81	2689.00	3208.55	−329.00
I20	128.19	6478.00	7063.60	8560.21	−833.16
I23	6.28	329.70	349.09	416.58	−41.08
I25	131.07	6450.69	6654.86	8048.40	−827.60

续表

行业	2005 年	2006 年	2007 年	2008 年	2009 年
I29	12.56	674.78	735.27	898.65	−92.86
I30	7.37	376.41	404.17	492.50	−49.29
I31	12.59	580.90	632.25	802.84	−86.67
I34	1.10	57.95	65.90	84.25	−8.75
I37	60.14	2949.83	3149.18	3667.40	−364.64
I38	2.53	114.65	120.86	145.43	−13.35
I39	4.11	200.13	209.93	256.86	−26.55

表 57　第三类工业行业经济规模变化引起的 CO_2 排放量　　单位：万吨

行业	2005 年	2006 年	2007 年	2008 年	2009 年
I2	18.26	828.61	810.42	1009.97	−100.44
I6	0.52	32.14	35.07	48.19	−6.75
I7	12.16	602.85	645.71	795.00	−79.59
I8	6.74	336.47	357.85	432.63	−43.03
I9	5.97	290.42	297.34	348.12	−34.05
I10	1.59	70.70	68.82	74.41	−6.89
I21	6.19	301.47	307.21	368.08	−36.55
I22	7.07	338.12	355.39	408.25	−37.77
I35	7.24	362.49	361.18	430.42	−43.58
I36	0.20	10.87	14.02	16.85	−1.83

（二）工业行业的行业结构变化引起的 CO_2 排放量

如表 58 ~ 表 60 所示。

表 58　第一类工业行业的行业结构变化引起的 CO_2 排放量　　单位：万吨

行业	2005 年	2006 年	2007 年	2008 年	2009 年
I3	−169.31	190.29	573.04	1082.69	−191.61
I14	−286.41	92.79	301.51	171.15	244.22
I24	−431.50	95.07	−44.90	−140.83	130.45
I26	7327.27	−5757.84	−982.77	6612.76	−15586.88
I27	3282.68	6815.40	4687.10	−2042.35	−2179.54

续表

行业	2005 年	2006 年	2007 年	2008 年	2009 年
I28	528.07	1456.83	484.67	265.89	-17.74
I32	89.37	33.72	36.17	12.39	123.54
I33	141.07	-106.80	-600.68	-556.65	-256.11

表 59　第二类工业行业的行业结构变化引起的 CO_2 排放量　　单位：万吨

行业	2005 年	2006 年	2007 年	2008 年	2009 年
I1	1721.43	-435.72	168.36	4168.78	803.01
I4	304.41	352.23	186.01	-112.69	-76.57
I5	-985.26	116.08	122.55	188.21	319.89
I11	-115.60	-501.24	-579.85	-1322.83	10.80
I12	-19.81	15.86	-74.10	-27.15	50.46
I13	8.06	-21.35	-22.62	-90.20	17.45
I15	-36.38	6.20	-1.44	1.38	14.87
I16	-401.24	-419.48	-240.73	-112.65	-177.72
I17	-213.20	-37.76	-30.79	3.37	23.55
I18	-34.88	-18.69	-38.86	-28.80	-9.28
I19	1007.47	-1881.21	712.11	97.08	-2826.30
I20	2139.24	-1990.68	2800.66	224.17	807.22
I23	-143.35	-163.84	99.15	-99.44	149.54
I25	-9615.55	1034.00	1267.51	3738.96	5842.04
I29	-361.27	16.57	222.54	389.07	210.95
I30	-120.67	205.91	100.82	293.74	265.10
I31	-298.32	41.45	455.28	-150.52	884.65
I34	6.53	15.78	-41.35	-53.13	-30.89
I37	-4709.99	-1314.12	-384.73	-2800.69	955.15
I38	19.84	102.46	210.92	197.87	118.42
I39	-186.37	-94.60	-191.44	-181.42	61.79

表 60　第三类工业行业的行业结构变化引起的 CO_2 排放量　　单位：万吨

行业	2005 年	2006 年	2007 年	2008 年	2009 年
I2	1670.51	-176.53	-1242.19	95.38	-3032.99
I6	-58.55	-168.14	96.61	-101.76	78.20
I7	154.04	-18.97	135.60	456.49	493.29
I8	140.88	-44.87	-63.55	20.99	336.36
I9	81.05	-77.20	24.13	-65.98	269.77
I10	-4.56	-57.40	-31.54	-32.38	12.02
I21	295.41	-188.80	-62.78	-52.47	295.99
I22	287.28	-69.14	97.43	-797.88	-314.97
I35	-340.51	-94.56	9.39	-139.53	55.20
I36	-1.28	18.84	32.28	34.21	20.45

（三）工业行业能源消耗强度变化引起的 CO_2 排放量

如表 61 ~ 表 63 所示。

表 61　第一类工业行业能源消耗强度变化引起的 CO_2 排放量　　单位：万吨

行业	2005 年	2006 年	2007 年	2008 年	2009 年
I3	778.59	-86.91	-409.29	-1291.17	-106.63
I14	701.68	-89.18	-359.85	-238.87	-86.51
I24	1160.59	-229.46	-201.87	122.45	74.55
I26	16711.32	5267.36	2493.26	-20066.27	28802.99
I27	-1289.20	-5655.93	-2190.10	-6.73	3306.98
I28	46.38	-1277.77	-619.35	-667.69	235.73
I32	66.80	-42.64	80.81	71.21	93.01
I33	252.44	294.76	747.32	463.43	460.42

表 62　第二类工业行业能源消耗强度变化引起的 CO_2 排放量　　单位：万吨

行业	2005 年	2006 年	2007 年	2008 年	2009 年
I1	-1497.46	-1249.34	-484.13	-5962.67	-179.61
I4	-216.41	-410.28	-153.68	-25.29	60.83
I5	942.31	-264.13	-210.24	-504.26	-148.95
I11	819.77	1038.94	-0.27	-836.31	156.02

续表

行业	2005 年	2006 年	2007 年	2008 年	2009 年
I12	189.43	23.54	43.35	-146.13	-27.41
I13	56.16	20.46	-2.91	-14.18	-2.06
I15	73.84	-6.11	-28.94	18.65	-3.55
I16	770.29	-23.91	-892.11	-302.20	375.90
I17	59.25	12.52	7.75	-50.05	19.01
I18	56.15	-25.47	7.01	-8.25	12.72
I19	-1752.21	-11.08	-1637.88	-3025.16	5703.29
I20	2267.02	1812.65	-3743.90	-7894.56	196.85
I23	634.67	106.58	-236.64	-218.89	-57.85
I25	12213.79	-3333.25	-5305.05	-7588.28	-1865.77
I29	1295.65	-82.51	-235.74	-898.77	418.25
I30	357.31	-282.58	-69.25	-678.19	-110.39
I31	-153.70	-121.31	-404.87	40.23	-66.44
I34	41.78	5.99	55.83	31.70	64.11
I37	5233.57	1302.63	-876.66	-697.09	1140.48
I38	-71.76	-176.86	-197.58	-352.56	-204.97
I39	261.40	33.43	108.35	65.55	90.14

表 63　第三类工业行业能源消耗强度变化引起的 CO_2 排放量　　单位：万吨

行业	2005 年	2006 年	2007 年	2008 年	2009 年
I2	-1551.77	-838.41	627.16	48.06	2584.14
I6	116.91	207.85	-144.13	200.18	43.63
I7	262.76	-115.90	-249.71	-890.74	-247.02
I8	125.71	-56.08	-62.67	-276.37	-245.50
I9	5.84	-22.33	-235.06	-189.97	-203.35
I10	1.56	-18.70	-39.64	-67.49	2.20
I21	-113.29	-14.36	-144.95	-119.27	-257.26
I22	-195.92	-127.03	-136.35	209.67	320.28
I35	765.90	-197.91	-315.23	15.42	35.99
I36	11.22	6.40	-46.32	-16.09	-29.85

（四）工业行业的能源消费结构变化引起的 CO_2 排放量

如表 64 ~ 表 66 所示。

表 64　第一类工业行业能源消费结构变化引起的 CO_2 排放量　　单位：万吨

行业	2005 年	2006 年	2007 年	2008 年	2009 年
I3	−16.24	−14.21	−23.03	−5.78	−7.84
I14	−71.80	−24.32	−31.57	−38.36	−17.70
I24	−48.72	−11.20	−18.87	−8.83	−22.61
I26	667.41	−1140.09	−4360.93	115.79	−558.00
I27	−0.82	−156.12	−334.97	−69.62	104.64
I28	−35.80	−31.18	−27.49	−22.12	−3.83
I32	−5.47	−12.68	−26.09	−8.54	−14.80
I33	−11.36	−10.93	−17.08	19.39	−2.20

表 65　第二类工业行业能源消费结构变化引起的 CO_2 排放量　　单位：万吨

行业	2005 年	2006 年	2007 年	2008 年	2009 年
I1	25.07	62.95	147.42	−93.58	−163.38
I4	−1.62	−4.60	−12.20	−23.42	5.06
I5	59.92	−5.14	−5.86	−59.66	0.73
I11	−104.54	−170.56	−30.68	−140.46	−74.28
I12	−1.90	−17.64	−11.15	−16.31	−10.10
I13	−8.27	−5.98	−8.62	−11.65	−2.47
I15	−2.63	−2.03	−1.06	−3.95	−2.60
I16	−76.66	−38.05	4.72	9.18	−9.43
I17	5.26	−1.52	−3.88	−1.83	−4.27
I18	−1.66	0.42	1.07	−1.84	−4.39
I19	49.44	−59.82	−58.02	−142.18	187.17
I20	5.68	−319.61	−231.27	289.73	−144.28
I23	−57.40	−16.13	−25.75	2.60	−14.46
I25	−452.62	−462.80	−557.33	161.49	−68.12
I29	76.16	−10.19	−58.00	−155.18	132.99
I30	−26.04	−28.17	−100.01	22.18	8.04

续表

行业	2005 年	2006 年	2007 年	2008 年	2009 年
I31	79.88	-30.06	-71.75	-80.52	-58.14
I34	-2.28	-2.72	-3.29	0.67	2.97
I37	147.98	-176.88	-212.42	-504.86	198.11
I38	-7.10	-0.43	-14.69	-2.05	25.34
I39	-1.36	-0.97	-1.81	-4.23	-5.32

表 66　第三类工业行业能源消费结构变化引起的 CO_2 排放量　　单位：万吨

行业	2005 年	2006 年	2007 年	2008 年	2009 年
I2	-3.19	12.42	-32.86	-43.57	-91.47
I6	0.74	-0.38	0.26	-1.04	-0.43
I7	-90.11	-47.83	-19.01	-23.45	-66.28
I8	5.31	-23.63	-20.39	-37.75	6.42
I9	-19.39	-21.94	-30.37	-30.99	-19.74
I10	-14.22	3.53	-10.05	-16.05	-6.16
I21	-27.60	-1.84	-21.15	-8.11	-34.86
I22	11.43	1.90	-14.11	-38.27	-15.09
I35	-48.12	1.57	-8.30	-9.45	-40.41
I36	-1.52	0.84	-0.18	-18.14	24.94

附录三　第十三章数据表

一、各部门终端能源消费量

如表 67 所示。

表 67　各部门终端能源消费量
（数据来源：《中国能源统计年鉴 2007》）

部门名称	原煤（万吨）	洗精煤（万吨）	其他洗煤（万吨）
01 农、林、牧、渔业	2337.8037	0	0
02 煤炭开采和洗选业	4613.346054	173.42262	311.1888
03 石油和天然气开采业	135.94917	0.05566652	0

续表

部门名称	原煤（万吨）	洗精煤（万吨）	其他洗煤（万吨）
04 金属与非金属矿采选业	579.3089476	23.123016	9.2
05 食品制造及烟草加工业	2331.750644	26.54222494	83.3220032
06 纺织业	1653.291282	12.14016647	9
07 纺织服装、鞋帽、皮革、羽绒及其制品业	261.273956	4.15213664	2.12946
08 木材加工及家具制造业	360.6090597	3.293476933	2.2592
09 造纸印刷及文教体育用品制造业	1602.967982	31.7656858	57.3323
10 石油加工、炼焦及核燃料加工业	809.4043037	229.226082	55
11 化学工业	7892.300216	366.8944244	188.9571165
12 非金属矿物制品业	12360.45	326.73	4053.232352
13 金属冶炼及压延加工业	5594.371002	864.1148583	230
14 金属制品业	240.886978	8.242927	5.7096
15 通用、专用设备制造业	631.89	41.94020558	8.4916
16 交通运输设备制造业	513.65	7.00327642	4.7329
17 电气机械及器材制造业	131.0144196	3.960887	1.2432
18 通信设备、计算机及其他电子设备制造业	86.22045112	1.81772598	0.222
19 仪器仪表及文化办公用机械制造业	18.55	0.04067938	1.22304
20 工艺品及其他制造业	243.828	12.17383972	4.79232
部门名称	焦炭（万吨）	原油（万吨）	燃料油（万吨）
01 农、林、牧、渔业	81.76	246.8292	1
02 煤炭开采和洗选业	43.48813	0	5.850038
03 石油和天然气开采业	0.341	569.4709	32.16523
04 金属与非金属矿采选业	141.46	0	1.686911
05 食品制造及烟草加工业	16.0666	0.644176	44.85728
06 纺织业	3.5207	0.191368	44.44094
07 纺织服装、鞋帽、皮革、羽绒及其制品业	1.991	0.29	21.5837
08 木材加工及家具制造业	3.333	0.17	2.80205
09 造纸印刷及文教体育用品制造业	10.60162	0.602532	36.38495
10 石油加工、炼焦及核燃料加工业	80.7036	174.8454	294.8876

续表

部门名称	焦炭（万吨）	原油（万吨）	燃料油（万吨）
11 化学工业	2278.686	220.2323	449.9486
12 非金属矿物制品业	258.181	14.66199	605.699
13 金属冶炼及压延加工业	26077.5	0.412232	261.7073
14 金属制品业	95.084	0.055254	17.15562
15 通用、专用设备制造业	647.933	0.321863	14.53668
16 交通运输设备制造业	116.413	0.11	12.20554
17 电气机械及器材制造业	18.684	0.24	15.04438
18 通信设备、计算机及其他电子设备制造业	0.792	0.40288	30.61786
19 仪器仪表及文化办公用机械制造业	3.333	0.035	0.21967
20 工艺品及其他制造业	4.103	0.008985	2.66466
部门名称	汽油（万吨）	煤油（万吨）	柴油（万吨）
01 农、林、牧、渔业	0	0	1875.34
02 煤炭开采和洗选业	20.03069	2.710684	56.45889
03 石油和天然气开采业	33.94988	0.15	169.4367
04 金属与非金属矿采选业	14.87629	2.439044	98.28297
05 食品制造及烟草加工业	35.87242	1.081456	86.20981
06 纺织业	21.8882	1.717392	36.84255
07 纺织服装、鞋帽、皮革、羽绒及其制品业	17.40572	0.873084	38.76352
08 木材加工及家具制造业	9.563609	1.107784	18.77067
09 造纸印刷及文教体育用品制造业	22.3314	1.671064	38.39603
10 石油加工、炼焦及核燃料加工业	26.7318	1.72678	45.351
11 化学工业	90.12029	5.780156	185.4591
12 非金属矿物制品业	34.57488	2.5817	233.1438
13 金属冶炼及压延加工业	37.02229	3.548664	131.6671
14 金属制品业	26.02	2.20618	47.58575
15 通用、专用设备制造业	59.84764	6.201796	75.57862
16 交通运输设备制造业	45.20695	7.565088	61.902
17 电气机械及器材制造业	25.41444	1.31432	42.3976
18 通信设备、计算机及其他电子设备制造业	14.66765	0.75104	43.13364

续表

部门名称	汽油（万吨）	煤油（万吨）	柴油（万吨）
19 仪器仪表及文化办公用机械制造业	5.1	0.929412	7.5978
20 工艺品及其他制造业	6.153665	0.553892	10.8017
部门名称	液化石油气（万吨）	炼厂干气（万吨）	天然气（亿立方米）
01 农、林、牧、渔业	0	0	0
02 煤炭开采和洗选业	0.252	0	2.1735
03 石油和天然气开采业	3.537	33.25	69.17818
04 金属与非金属矿采选业	0.54	0	0.096839
05 食品制造及烟草加工业	6.988993	8.95	2.9108
06 纺织业	2.727	0.21	0.74725
07 纺织服装、鞋帽、皮革、羽绒及其制品业	0.683423	0	0.1408
08 木材加工及家具制造业	1.3355	0	0.219944
09 造纸印刷及文教体育用品制造业	7.817	0	1.030264
10 石油加工、炼焦及核燃料加工业	134.68	747.21	20.258
11 化学工业	71.46	71.00441	221.7687
12 非金属矿物制品业	91.9	2.188818	31.248
13 金属冶炼及压延加工业	23.3518	2.00414E-05	20.00333
14 金属制品业	14.04	0.003507244	1.030264
15 通用、专用设备制造业	8.7033	0	7.0004
16 交通运输设备制造业	8.91	0.000100207	7.026632
17 电气机械及器材制造业	16.98	0.592724263	1.79428
18 通信设备、计算机及其他电子设备制造业	6.19	0.00200414	6.6584
19 仪器仪表及文化办公用机械制造业	0.3891	0.001105283	0.127336
20 工艺品及其他制造业	3.54	0	0.058
部门名称	焦炉煤气（亿立方米）	其他煤气（亿立方米）	其他焦化产品（万吨）
01 农、林、牧、渔业	0	0	0
02 煤炭开采和洗选业	1.149377	1.84	4.199
03 石油和天然气开采业	0	0.005431	0
04 金属与非金属矿采选业	0.616	0.072082	0

续表

部门名称	焦炉煤气（亿立方米）	其他煤气（亿立方米）	其他焦化产品（万吨）
05 食品制造及烟草加工业	0.037648	0.28	0
06 纺织业	0.347724	0.0315	0
07 纺织服装、鞋帽、皮革、羽绒及其制品业	0.031269	0.05	0
08 木材加工及家具制造业	0	0.01	0.003938
09 造纸印刷及文教体育用品制造业	0.187754	0.0558	0
10 石油加工、炼焦及核燃料加工业	51	5.8734	72.12
11 化学工业	9.565176	6.3747	244.22
12 非金属矿物制品业	3.962561	23.62	70.72
13 金属冶炼及压延加工业	357.1159	591.1121	205.12
14 金属制品业	0.287768	0.26	0
15 通用、专用设备制造业	1.563822	19.78458	0
16 交通运输设备制造业	0.396881	0.702702	0
17 电气机械及器材制造业	0.349668	0.703125	0
18 通信设备、计算机及其他电子设备制造业	0.09	0.11	0
19 仪器仪表及文化办公用机械制造业	0.012284	0.01	0
20 工艺品及其他制造业	0.006	0.15	0

部门名称	电力（亿千瓦时）
01 农、林、牧、渔业	978.9552
02 煤炭开采和洗选业	609.46
03 石油和天然气开采业	315.4568
04 金属与非金属矿采选业	653.15
05 食品制造及烟草加工业	634.0724
06 纺织业	1141.58
07 纺织服装、鞋帽、皮革、羽绒及其制品业	201.2106
08 木材加工及家具制造业	181.1589
09 造纸印刷及文教体育用品制造业	564.37
10 石油加工、炼焦及核燃料加工业	415.8934
11 化学工业	3930.299

续表

部门名称	电力（亿千瓦时）
12 非金属矿物制品业	1884.308
13 金属冶炼及压延加工业	6152.821
14 金属制品业	687.4504
15 通用、专用设备制造业	687.2941
16 交通运输设备制造业	424.0787
17 电气机械及器材制造业	346.7682
18 通信设备、计算机及其他电子设备制造业	487.0923
19 仪器仪表及文化办公用机械制造业	62.1
20 工艺品及其他制造业	293.79

二、各种燃料热值

如表 5 所示。

三、20 部类投入产出表

如表 68 所示。

表 68　20 部类投入产出表

（数据来源：国家统计局国民经济核算司，《中国地区投入产出表 2007》，中国统计出版社，2008）

单位：万元

部门名称	01 农、林、牧、渔业	02 煤炭开采和洗选业	03 石油和天然气开采业
01 农、林、牧、渔业	68771565	700959.3	1618.17
02 煤炭开采和洗选业	268212.1	9698763	224912.9
03 石油和天然气开采业	13476.38	90452.81	1282450
04 金属与非金属矿采选业	49165.11	39181.39	49017.68
05 食品制造及烟草加工业	47022865	195642.9	187763.5
06 纺织业	69117.09	30224.8	79122
07 纺织服装、鞋帽、皮革、羽绒及其制品业	202481.9	388702.8	368090.4
08 木材加工及家具制造业	492320.4	821564	391487.6
09 造纸印刷及文教体育用品制造业	428354.3	130096.5	221610.8
10 石油加工、炼焦及核燃料加工业	3942660	1355775	3595764
11 化学工业	37291506	1713572	2495815

续表

部门名称	01 农、林、牧、渔业	02 煤炭开采和洗选业	03 石油和天然气开采业
12 非金属矿物制品业	692877	992062	817149.3
13 金属冶炼及压延加工业	117895.8	4725331	4900740
14 金属制品业	1341068	2207797	789083.8
15 通用、专用设备制造业	3119090	5788367	5719111
16 交通运输设备制造业	1806451	870973.3	722679.2
17 电气机械及器材制造业	153434	1858636	1008280
18 通信设备、计算机及其他电子设备制造业	67907.98	221248.6	162946.6
19 仪器仪表及文化办公用机械制造业	163567.3	665090.8	1340284
20 工艺品及其他制造业	520827	389418	135530.1
部门名称	04 金属与非金属矿采选业	05 食品制造及烟草加工业	06 纺织业
01 农、林、牧、渔业	78694.67	159461184.4	36176812
02 煤炭开采和洗选业	344529	917597.0128	1025698
03 石油和天然气开采业	1166859	444900.4985	247444.4
04 金属与非金属矿采选业	8986458	136631.7993	0
05 食品制造及烟草加工业	262140.2	79566495.7	1783389
06 纺织业	60479.07	215273.3454	96583918
07 纺织服装、鞋帽、皮革、羽绒及其制品业	438566.7	534079.1426	4211067
08 木材加工及家具制造业	272213.4	443668.9478	206366.1
09 造纸印刷及文教体育用品制造业	215455.1	8798774.992	2341916
10 石油加工、炼焦及核燃料加工业	5327000	1299830.38	881756.2
11 化学工业	6965768	12303066.29	30322954
12 非金属矿物制品业	1999922	2827726.032	583822.4
13 金属冶炼及压延加工业	1180336	459761.5599	170462.2
14 金属制品业	1790715	1961251.787	466034.6
15 通用、专用设备制造业	6563752	1430363.888	3094860
16 交通运输设备制造业	1266025	555097.8304	526853.1
17 电气机械及器材制造业	1370523	649893.0054	615621.4
18 通信设备、计算机及其他电子设备制造业	181814.7	203043.4977	263676.4

部门名称	04 金属与非金属矿采选业	05 食品制造及烟草加工业	06 纺织业
19 仪器仪表及文化办公用机械制造业	363251.1	312393.3335	191788.2
20 工艺品及其他制造业	509921.6	637326.9097	714504.7

部门名称	07 纺织服装、鞋帽、皮革、羽绒及其制品业	08 木材加工及家具制造业	09 造纸印刷及文教体育用品制造业
01 农、林、牧、渔业	7915396	13203479	5555932
02 煤炭开采和洗选业	425895.1	556454.7	784473.3
03 石油和天然气开采业	164029.2	36697.74	73112.26
04 金属与非金属矿采选业	0	0	0
05 食品制造及烟草加工业	9020189	529468.2	554990.9
06 纺织业	59211986	1144561	2750886
07 纺织服装、鞋帽、皮革、羽绒及其制品业	28110780	2137405	1118891
08 木材加工及家具制造业	312437.6	31860103	3163920
09 造纸印刷及文教体育用品制造业	2507925	1654352	42627766
10 石油加工、炼焦及核燃料加工业	1068016	597667.8	777097.1
11 化学工业	10427448	9717444	20700403
12 非金属矿物制品业	228287.8	995188	411578.4
13 金属冶炼及压延加工业	245479.9	2667139	1897409
14 金属制品业	773504	2750625	2269216
15 通用、专用设备制造业	1191370	1636614	2009967
16 交通运输设备制造业	286971.6	529338.4	1227412
17 电气机械及器材制造业	355748.1	385143.8	1069295
18 通信设备、计算机及其他电子设备制造业	263516	56018.84	1531509
19 仪器仪表及文化办公用机械制造业	92039.76	86263.81	346965.6
20 工艺品及其他制造业	651760.1	396070.2	664684.6

部门名称	10 石油加工、炼焦及核燃料加工业	11 化学工业	12 非金属矿物制品业
01 农、林、牧、渔业	4924.729	16674823	86862.15
02 煤炭开采和洗选业	11195970	7970755	11383790
03 石油和天然气开采业	118913644	14310051	1490449
04 金属与非金属矿采选业	24524.69	12382043	16036120

续表

部门名称	10 石油加工、炼焦及核燃料加工业	11 化学工业	12 非金属矿物制品业
05 食品制造及烟草加工业	1230794	9160297	768893.4
06 纺织业	13206.61	4464859	494420.7
07 纺织服装、鞋帽、皮革、羽绒及其制品业	111977.3	1424186	586946.9
08 木材加工及家具制造业	81885.09	929162.1	1458736
09 造纸印刷及文教体育用品制造业	146314.8	8157433	5225136
10 石油加工、炼焦及核燃料加工业	12143139	39363815	6937576
11 化学工业	3935725	258000000	17365493
12 非金属矿物制品业	861753.3	4271377	37839322
13 金属冶炼及压延加工业	171204.8	5815997	5540925
14 金属制品业	854287.7	5133656	6385797
15 通用、专用设备制造业	3455309	9439009	6571701
16 交通运输设备制造业	617928.2	2034158	1281888
17 电气机械及器材制造业	318628.5	1708205	968285.2
18 通信设备、计算机及其他电子设备制造业	43015.77	444708.4	169104.3
19 仪器仪表及文化办公用机械制造业	403372.2	2541913	495821.4
20 工艺品及其他制造业	115398.8	1532419	929046.5
部门名称	13 金属冶炼及压延加工业	14 金属制品业	15 通用、专用设备制造业
01 农、林、牧、渔业	41693.91615	31112.97257	34161.96576
02 煤炭开采和洗选业	11771371.82	497611.6704	1317979.701
03 石油和天然气开采业	1769009.184	260954.8657	367601.1752
04 金属与非金属矿采选业	89266738.59	2044412.538	1202724.627
05 食品制造及烟草加工业	1956499.349	531587.6891	1212820.397
06 纺织业	60671.8225	257210.9607	479091.3911
07 纺织服装、鞋帽、皮革、羽绒及其制品业	1326411.045	498796.9769	800049.2355
08 木材加工及家具制造业	397524.9978	2650356.191	1196639.719
09 造纸印刷及文教体育用品制造业	577844.0561	1604692.187	1633808.2
10 石油加工、炼焦及核燃料加工业	28127663.85	1713137.824	3955867.19
11 化学工业	7955176.517	6984015.049	13447209.54

续表

部门名称	13 金属冶炼及压延加工业	14 金属制品业	15 通用、专用设备制造业
12 非金属矿物制品业	8318150.603	1830001.912	2158572.204
13 金属冶炼及压延加工业	205693603.2	63024223.53	83861530.5
14 金属制品业	6328449.704	22182910.27	16686530.85
15 通用、专用设备制造业	19356269.76	8381299.946	84878961.9
16 交通运输设备制造业	3700795.75	1596800.615	5989511.857
17 电气机械及器材制造业	2153823.284	1495218.27	21069067
18 通信设备、计算机及其他电子设备制造业	184885.0666	231338.0675	9271385.085
19 仪器仪表及文化办公用机械制造业	1564096.249	279086.4102	2079749.192
20 工艺品及其他制造业	1599801.128	603531.5259	2719293.812

部门名称	16 交通运输设备制造业	17 电气机械及器材制造业	18 通信设备、计算机及其他电子设备制造业
01 农、林、牧、渔业	14008.33455	3377.706632	0
02 煤炭开采和洗选业	278173.7652	147404.4561	52568.65869
03 石油和天然气开采业	244659.882	145155.9555	136326.3259
04 金属与非金属矿采选业	162555.6845	333863.3613	9738.034899
05 食品制造及烟草加工业	967814.7965	933868.7234	1322988.938
06 纺织业	553222.1379	481204.5556	94715.22386
07 纺织服装、鞋帽、皮革、羽绒及其制品业	3243135.076	536063.036	667386.4247
08 木材加工及家具制造业	3007558.801	629363.3092	579505.4418
09 造纸印刷及文教体育用品制造业	1101000.808	2816707.526	3396491.285
10 石油加工、炼焦及核燃料加工业	1431800.672	1257857.818	1047810.824
11 化学工业	17654380.21	23004227.77	25793745.78
12 非金属矿物制品业	2148536.052	4369310.117	6576805.331
13 金属冶炼及压延加工业	37833399.28	76387001.77	11780216.26
14 金属制品业	5398601.346	12435592.6	10538949.45
15 通用、专用设备制造业	30644239.84	12547786.73	4594500.222
16 交通运输设备制造业	108847798.9	723694.0656	1389689.811
17 电气机械及器材制造业	11882594.35	38868441.43	12782031.49
18 通信设备、计算机及其他电子设备制造业	3744970.533	16658046.17	215799299

续表

部门名称	16 交通运输设备制造业	17 电气机械及器材制造业	18 通信设备、计算机及其他电子设备制造业
19 仪器仪表及文化办公用机械制造业	3321213.333	1421639.1	2058827.254
20 工艺品及其他制造业	923358.8046	1315451.625	1203817.782

部门名称	19 仪器仪表及文化办公用机械制造业	20 工艺品及其他制造业
01 农、林、牧、渔业	1227.865743	6572356.559
02 煤炭开采和洗选业	79944.88446	347396.0653
03 石油和天然气开采业	4469.935473	40038.1637
04 金属与非金属矿采选业	46286.13211	162410.983
05 食品制造及烟草加工业	150772.3108	777528.7002
06 纺织业	61306.25944	5497831.149
07 纺织服装、鞋帽、皮革、羽绒及其制品业	135681.2897	905381.895
08 木材加工及家具制造业	123808.0133	1821347.44
09 造纸印刷及文教体育用品制造业	540201.7155	1276333.256
10 石油加工、炼焦及核燃料加工业	150890.3943	446156.1969
11 化学工业	4942586.572	5861270.102
12 非金属矿物制品业	1608513.773	1235668.907
13 金属冶炼及压延加工业	1659448.15	6402091.618
14 金属制品业	1903769.768	3094805.228
15 通用、专用设备制造业	1329881.371	253550.2169
16 交通运输设备制造业	278895.1549	828379.1527
17 电气机械及器材制造业	2867707.647	428510.8462
18 通信设备、计算机及其他电子设备制造业	12512403.53	173537.5029
19 仪器仪表及文化办公用机械制造业	5014248.129	140257.0556
20 工艺品及其他制造业	500782.2477	3507332.107

四、中美、中日、中欧分行业进出口贸易额

如表 69 ~表 71 所示。

表 69 2007 年中美分行业进出口贸易额

（数据来源：国研网对外贸易数据库，http://edu.drcnet.com.cn/DRCNet.Edu.Web/）

单位：万元

部门名称	中国对美国出口	美国对中国进口
01 农、林、牧、渔业	633970.8257	4295305.055
02 煤炭开采和洗选业	5663.107895	117.2354304
03 石油和天然气开采业	227885.5618	21451.86187
04 金属与非金属矿采选业	369448.7782	966871.8447
05 食品制造及烟草加工业	2702004.919	1459311.081
06 纺织业	16987681.82	1553298.869
07 纺织服装、鞋帽、皮革、羽绒及其制品业	18219513.7	315702.8439
08 木材加工及家具制造业	9350926.305	520653.4148
09 造纸印刷及文教体育用品制造业	9865924.173	2538426.878
10 石油加工、炼焦及核燃料加工业	715882.6748	271266.813
11 化学工业	4870617.512	5995622.329
12 非金属矿物制品业	2479214.017	327144.7735
13 金属冶炼及压延加工业	942636.8002	2077122.085
14 金属制品业	11409363.98	1019078.336
15 通用、专用设备制造业	40095377.16	9164872.182
16 交通运输设备制造业	6795826.949	5689433.168
17 电气机械及器材制造业	14263739.09	2338968.672
18 通信设备、计算机及其他电子设备制造业	51715095.79	8497099.335
19 仪器仪表及文化办公用机械制造业	3469123.036	2822466.857
20 工艺品及其他制造业	2208104.717	172768.5518

表 70 2007 年中日分行业进出口贸易额

（数据来源：国研网对外贸易数据库，http://edu.drcnet.com.cn/DRCNet.Edu.Web/）

单位：万元

部门名称	中国对日本出口	日本对中国进口
01 农、林、牧、渔业	1863571.29	34209.7033
02 煤炭开采和洗选业	797480.0475	107.621693
03 石油和天然气开采业	170913.8974	101.413027

续表

部门名称	中国对日本出口	日本对中国进口
04 金属与非金属矿采选业	253120.7004	149962.656
05 食品制造及烟草加工业	5028134.457	250336.873
06 纺织业	14372265.93	1545204.23
07 纺织服装、鞋帽、皮革、羽绒及其制品业	9240530.818	176202.074
08 木材加工及家具制造业	2269311.989	154051.805
09 造纸印刷及文教体育用品制造业	1917071.449	1316667.17
10 石油加工、炼焦及核燃料加工业	1188852.25	1580239.23
11 化学工业	2838892.576	10223775.7
12 非金属矿物制品业	1125595.136	935372.099
13 金属冶炼及压延加工业	1515763.32	4068742.71
14 金属制品业	2808661.209	2783642.71
15 通用、专用设备制造业	13527425.32	20231669
16 交通运输设备制造业	2819184.268	6159149.11
17 电气机械及器材制造业	7875105.09	12262835.6
18 通信设备、计算机及其他电子设备制造业	12669010.01	19940333.3
19 仪器仪表及文化办公用机械制造业	2239438.427	7837306.96
20 工艺品及其他制造业	437381.09	779013.258

表 71　2007 年中欧分行业进出口贸易额

（数据来源：国研网对外贸易数据库，http://edu.drcnet.com.cn/DRCNet.Edu.Web/）

单位：万元

部门名称	中国对欧盟出口	欧盟对中国进口
01 农、林、牧、渔业	1621875.953	235156.0998
02 煤炭开采和洗选业	29898.1714	2761.090721
03 石油和天然气开采业	67.6079244	59146.21449
04 金属与非金属矿采选业	29965.77933	250216.1716
05 食品制造及烟草加工业	2867144.746	1398184.283
06 纺织业	9977576.326	949337.2807
07 纺织服装、鞋帽、皮革、羽绒及其制品业	16861202.08	1089039.213
08 木材加工及家具制造业	5981931.224	717520.26

续表

部门名称	中国对欧盟出口	欧盟对中国进口
09 造纸印刷及文教体育用品制造业	6021212.73	2159303.004
10 石油加工、炼焦及核燃料加工业	1098100.712	151445.0394
11 化学工业	5807457.102	6746477.435
12 非金属矿物制品业	3213424.622	647188.3897
13 金属冶炼及压延加工业	1505769.475	4061596.28
14 金属制品业	10841669.08	2944369.859
15 通用、专用设备制造业	45045703.23	24043980.8
16 交通运输设备制造业	9002142.089	11915884.04
17 电气机械及器材制造业	15321933.51	7767939.785
18 通信设备、计算机及其他电子设备制造业	53332393.22	7373929.379
19 仪器仪表及文化办公用机械制造业	4543522.546	3441851.013
20 工艺品及其他制造业	2039756.769	1607130.792